KB149879

2025

한눈압축
사회복지사

1급 기출문제 해설

방사협(한국**방**송통신대학교 **社**회복지사**협**회) 엮음

에피스테메
EPISTEME

2025 한눈압축
사회복지사 1급 기출문제 해설

제1판 1쇄 펴낸날 | 2023년 9월 5일
제2판 1쇄 펴낸날 | 2024년 5월 24일

엮은이 | 한국방송통신대학교 사회복지사협회
펴낸이 | 고성환
펴낸곳 | (사) 한국방송통신대학교출판문화원
　　　　 03088 서울시 종로구 이화장길 54
　　　　 전화 | 1644-1232　　팩스 | 02-741-4570
　　　　 출판등록 | 1982년 6월 7일 제1-491호

출판위원장 | 박지호
편집 | 신경진
본문디자인 | 성지이디피
표지디자인 | 플러스

ISBN 978-89-20-05089-3　13330

값 28,000원

프레이리 선생님, 우리가 걸어가면 길이 될까요?

'우리가 걸어가면 길이 됩니다.'

정말 길이 될 것이라 믿었기에 방사협(한국방송통신대학교 사회복지사협회)은 방송대 사회복지학과 1기와 선배라는 이름만으로 아무도 가지 않은 곳에 길을 내기 시작하였다. 때론 금방 길의 모습을 갖추기도 하고 때론 여전히 가시덤불 숲속을 헤매고 있지만 방사협은 포기하지 않고 여전히 그 길 위에 있다.

한국방송통신대학교 사회복지학과 학생들은 사회복지사 2급 자격증 취득을 통해 직업적 선택이나 사회봉사의 전문성을 확보하고 싶다는 목적을 갖고 학부에 편입학하는 경우가 대부분이다. 그리고 학생회 중심의 스터디 역시 학사일정 중 치러지는 각종 시험과 과제물, 사회복지실습 등 자격증 취득의 요건을 갖추기 위한 과정에 집중하는 경향이 있다.

또한 일사대(1급 **사회복지사 자격증 대**비반) 스터디를 통해 졸업 시 사회복지사 2급과 더불어 1급 자격증까지 취득하고 졸업하는 것을 목표로 하는 학생과, 연계전공을 통해 사회복지사 2급 자격을 취득하려는 여러 학과의 학생이 늘어나고 있다. 이런 추세에서 방사협은 선배로서의 경험과 자격증 취득의 노하우를 나누고, 사회복지가 시혜와 자선이 아닌 권리이고 정치라는 것을 인식한 사회복지사와 사회복지기관의 장이 많아지길 바라는 마음에서 창립 첫해부터 일사대 무료강의를 시작하였다.

함께 공부한다는 것은 결코 쉬운 일이 아니다. 그러나 부족한 시간과 공부를 서로서로 채워 주며 지나온 우리의 시간이 같은 길을 걸어가는 전국의 후배들에게 힘이 된다는 것을 알기에 지난해에 『2024 한눈 압축 사회복지사 1급 시험 문제 해설』을 출간하였고, 수험서에 대한 수강생들의 호응과 응원에 힘입어 다시 2025년 개정판을 내놓게 되었다.

사회복지사 1급을 준비하는 후배들을 위한 방사협의 노력이 결실을 맺게 된 가장 큰 힘은 방송대출판문화원에 있다. 처음 이 책을 기획한 장빛나 선생과 개정판을 완성도 높게 만들어 준 신경진 선생에게 고마움을 전한다. 사회복지에 대한 자각과 실천하는 사회복지사가 되도록 이끌어 준 방송대 사회복지학과와 '배워서 남주는 방사협'을 응원해 주는 교육학과에 애정을 보낸다. 더욱이 포기하고 싶을 때 한마음으로 격려하고 지지해 준 방사협의 회원과 동료들에게 감사하며, 또다시 수개월 간 집필에 몰두해 준 일사대 집필진에게 깊은 존경과 사랑을 전한다.

한국방송통신대학교 사회복지사협회 이사장 **서 강 민**

출제 경향·기출 해설·핵심요약까지 한눈에 압축적으로!

수험 공부에서 가장 중요한 것은 무엇을 알고 무엇을 모르는지 파악하는 일이다. 이것을 '메타인지'라고 하는데, 아는 내용은 더욱 확실하게 다잡고 모르는 내용은 반복적으로 철저히 익혀야 효율적인 공부 방법이라 할 수 있다. 범위가 방대하고 내용이 복잡할수록 메타인지가 중요하다. 그래프로 경향 파악 → 과목 조감도로 중요 내용 일별 → 기출문제 익힘 → 핵심요약으로 이론 복습 → 기출 선지 확인의 순서로 공부하면, 내용 정리는 물론 부족한 부분의 점검과 보충을 한 번에 해결할 수 있다.

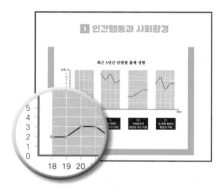

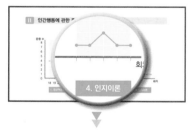

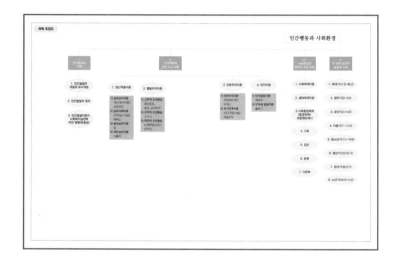

과목 조감도

최근 5년간 단원별 출제 경향

- 그래프를 통해 이미 출제되었던 개념의 빈도를 살펴보고 개념의 중요도를 파악한다.
- 이에 맞춰 학습 시간을 할애하면 효율적으로 공부할 수 있다.
- 기출문제에서 다룬 개념은 다른 문제로 변형되어 다시 출제되기 때문이다.

- 처음부터 내용을 전부 이해하려고 노력하기보다는 과목 조감도를 통해 전체 구성을 간략하게 파악한다.
- 최근 5회분 단원별 출제 경향과 과목 조감도를 대조해 중요도를 구분한다.
- 한 과목 공부를 끝낸 후에 조감도를 보고 각 카테고리에서 중요하게 다룬 내용을 떠올리거나 메모한다. 아는 내용과 모르는 내용을 보다 용이하게 구분할 수 있다.
- 복합 개념으로 구성되어 변별력을 가르는 어려운 문제의 경우, 조감도로 이미지화하면 이해하는 데 도움이 된다.
- 부족하거나 모르는 개념 혹은 새롭게 알게 된 내용을 조감도에 노트하면 반복 학습을 할 수 있다.
- 이러한 과정을 통해 나만의 참고서를 단권(노트-기출-요약)으로 만들 수 있다.

단원별 기출문제 및 해설 ◀◀

- 2024년도에 치러진 22회를 포함, 최신 5회분 기출문제를 단원별로 조감도에 따라 분류하여 수록했다. 문제 풀이를 통해 본인의 개념 이해도를 스스로 파악할 수 있다.
- 개념 이해가 많이 부족하더라도 반복해서 문제를 읽어 가다 보면, 문제와 지문 내용에 익숙해져 공부 방향을 설정할 때 도움이 된다.
- 오답을 비교 분석할 수 있도록 조감도와 핵심요약의 분류에 따라 기출문제를 배치했다. 이번 시험에서 함정으로 나온 오답의 개념이 다음 시험에서 정답으로 나올 수 있기 때문이다.

▶▶ 핵심요약

- 기출문제를 통해 기본 개념을 확장해서 공부할 수 있도록 핵심요약을 단원별 기출문제 뒷부분에 배치했다. 이미 나왔던 문제는 똑같이 나오지 않기 때문에 기출문제 자체보다 개념을 이해하는 것이 중요하다.
- 기본 개념에 대해 가장 중요하고 필요한 부분만 요약 정리했으므로 공부를 처음 시작하는 학생은 입문서로, 시험 직전에 마지막 정리가 필요한 학생은 파이널 교재로 활용할 수 있다.

과락科落 말고 과락科樂 기출 선지 ◀◀

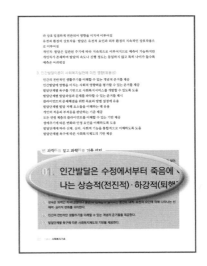

- 암기하면 바로 문제 풀이에 적용할 수 있도록 핵심 개념을 기출 선지를 활용하여 정리했다.
- 기출 선지에 나왔던 중요한 지문을 선별했으므로 이해 정도를 확인하고 보강하는 '완성학습'에 용이하다.

과락 없어야 합격

· 사회복지사 1급 시험은 연 1회 실시하는 국가자격증 취득시험이므로 응시의 기회가 매우 제한적이다. 평균 합격률 또한 33~37%로, 60%대의 합격률을 기록한 2000년을 제외하고는 합격률이 높다고 단언하기 어려운 시험이다.

· 과목별 4할 이상, 전 과목 총점 6할 이상을 득점한 자를 합격예정자로 결정한다. 이후 한국사회복지사협회에서 응시자격 서류심사를 실시하여 서류를 기한 내에 제출하지 않았거나 심사결과 부적격자인 경우 최종적으로 불합격 처리한다. 필기시험에서 6할 이상의 점수로 합격한 후 서류심사를 통과해야 최종 합격이 결정되는 것이다.

· 최종 합격 발표 후라 할지라도 제출된 서류 등이 사실과 다르거나 부적격 사유가 발견될 시 합격이 취소된다.

· 시험과목은 교시별 세부영역 전체를 합친 것으로서 1문제당 1점이 배점된다. 과락을 면하기 위해서는 최소 1교시 20점, 2교시 30점, 3교시 30점 이상을 득점해야 한다. 합격하기 위해서는 전체 120문항 이상을 정답으로 맞혀야 한다.

· 평균적으로 1분에 한 문항씩 풀어야 하기 때문에 문제를 빠르게 읽고 이해할 수 있도록 훈련하는 것이 중요하다.

구분	시험과목(배점)	시험시간	세부영역	문항	출제방식
1교시	사회복지기초 (50점)	50분	인간행동과 사회환경	각 영역별 25문항 × 8영역 = 200문항	객관식 5지 택일형
			사회복지조사론		
2교시	사회복지실천 (75점)	75분	사회복지실천론		
			사회복지실천기술론		
			지역사회복지론		
3교시	사회복지정책과 제도 (75점)	75분	사회복지정책론		
			사회복지행정론		
			사회복지법제론		

시험에 관련한 더 자세한 사항은 QR코드를 스캔하면 볼 수 있다.

1교시 사회복지기초

1 인간행동과 사회환경

2 사회복지조사론

2교시 사회복지실천

1 사회복지실천론

2 사회복지실천기술론

3교시 사회복지정책과 제도

1 인간행동과 사회환경

2 사회복지조사론

1교시
사회복지기초

1 인간행동과 사회환경

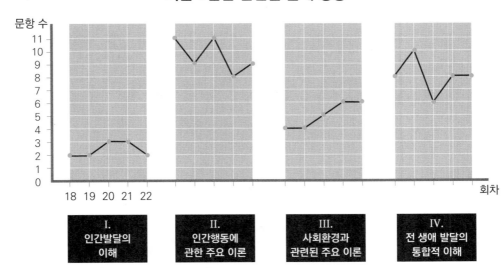

최근 5년간 단원별 출제 경향

- I. 인간발달의 이해
- II. 인간행동에 관한 주요 이론
- III. 사회환경과 관련된 주요 이론
- IV. 전 생애 발달의 통합적 이해

과목 조감도

```
                    ┌──────────────────────────────────────────────┐
            ┌───────┴───────┐                              ┌────────┴────────┐
            │      I.        │                              │      II.          │
            │   인간발달의    │                              │   인간행동에      │
            │     이해       │                              │  관한 주요 이론   │
            └───────┬───────┘                              └────────┬────────┘
                    │                                   ┌───────────┴───────────┐
            ┌───────┴───────┐                   ┌───────┴───────┐       ┌───────┴───────┐
            │ 1. 인간발달의  │                   │ 1. 정신역동이론 │       │ 2. 행동주의이론 │
            │ 개념과 유사개념 │                   └───────┬───────┘       └───────┬───────┘
            └───────┬───────┘
```

- I. 인간발달의 이해
  - 1. 인간발달의 개념과 유사개념
  - 2. 인간발달의 원리
  - 3. 인간발달이론이 사회복지실천에 미친 영향(유용성)

- II. 인간행동에 관한 주요 이론
  - 1. 정신역동이론
    - 1) 심리성적이론 (정신분석이론): 프로이트
    - 2) 심리사회이론 (자아심리이론): 에릭슨
    - 3) 분석심리이론: 융
    - 4) 개인심리이론: 아들러
  - 2. 행동주의이론
    - 1) 고전적 조건형성: 파블로프, 왓슨, 손다이크
    - 2) 조작적 조건형성: 스키너
    - 3) 대리적 조건형성 (사회학습이론): 반두라

인간행동과 사회환경

III. 사회환경과 관련된 주요 이론

- 1. 사회체계이론
- 2. 생태체계이론
- 3. 사회환경체계 (환경체계): 브론펜브레너
- 4. 가족
- 5. 집단
- 6. 문화
- 7. 다문화

IV. 전 생애 발달의 통합적 이해

- 1. 태내기(수정~출산)
- 2. 영아기(0~2세)
- 3. 유아기(3~6세)
- 4. 아동기(7~12세)
- 5. 청소년기(13~19세)
- 6. 청년기(성인초기)
- 7. 장년기(중년기)
- 8. 노년기(65세 이상)

3. 인본주의이론

1) 인본주의이론 (현상학이론): 로저스
2) 욕구단계이론 (욕구계층이론): 매슬로우

4. 인지이론

1) 인지발달이론: 피아제
2) 도덕성 발달이론: 콜버그

1. 인간발달의 개념과 유사개념

☐ 20회 02번

인간발달 및 그 유사개념에 관한 설명으로 옳지 않은 것은?

① 성장(growth)은 시간의 경과에 따라 나타나는 양적 변화이다.
② 성숙(maturation)은 환경과의 상호작용에 의한 사회적 발달이다.
③ 학습(learning)은 경험이나 훈련의 결과로 나타나는 행동변화이다.
④ 인간발달은 유전과 환경의 상호작용 결과이다.
⑤ 인간발달은 상승적 변화와 하강적 변화를 모두 포함한다.

해설 ② 성숙은 유전에 의한 변화로 경험이나 훈련과 관계없이 일어나는 신체적, 심리적 변화를 말한다. ☑ 사회화는 개인이 속한 사회구성원들과의 상호작용을 통해 사회생활에 필요한 가치, 기술, 지식, 규범 들을 배우는 과정을 말한다. 정답 ②

☐ 18회 03번

다음의 설명으로 옳은 것을 모두 고른 것은?

> ㄱ. 성장은 키가 커지거나 몸무게가 늘어나는 등의 양적 변화를 의미한다.
> ㄴ. 성숙은 유전인자에 의해 발달 과정이 방향 지어지는 것을 의미한다.
> ㄷ. 학습은 직·간접 경험 및 훈련과정을 통한 변화를 의미한다.

① ㄱ   ② ㄴ   ③ ㄱ, ㄴ
④ ㄴ, ㄷ   ⑤ ㄱ, ㄴ, ㄷ

해설 모두 정답 정답 ⑤

2. 인간발달의 원리

☐ 22회 02번

인간발달에 관한 설명으로 옳은 것은?

① 긍정적·상승적 변화는 발달로 간주하지만, 부정적·퇴행적 변화는 발달로 보지 않는다.
② 순서대로 진행되고 예측가능하다는 특징이 있다.
③ 인간의 전반적 변화를 다루기 때문에 개인차는 중요하지 않다고 본다.
④ 키·몸무게 등의 질적 변화와 인지특성·정서 등의 양적 변화를 모두 포함하는 개념이다.
⑤ 각 발달단계에서의 발달 속도는 거의 일정한 것으로 알려져 있다.

해설 ① 긍정적·상승적 변화와 부정적·퇴행적 변화까지 전 생애에 일어나는 변화를 모두 포함한다. ③ 인간의 전반적 변화를 다루며 개인차는 중요하다. ④ 키·몸무게 등의 양적 변화와 인지특성·정서 등의 질적 변화를 모두 포함하는 개념 ⑤ 각 발달단계에서의 발달 속도는 일정하지 않으며 특히 제1성장 급등기(영아기)와 제2성장 급등기(청소년기)가 있다. 정답 ②

☐ 21회 01번

인간발달에 관한 설명으로 옳지 않은 것은?

① 영아기에서 노년기까지 시간 흐름의 과정이다.
② 일정한 순서와 방향성이 있어 예측이 가능하다.
③ 생애 전 과정에 걸쳐 진행되는 환경적, 유전적 상호작용의 결과이다.
④ 각 발달 단계별 인간행동의 특성이 있다.
⑤ 발달에는 개인차가 있다.

해설 ① 수정에서부터 죽음에 이르는 순간까지 전 생애에 일어나는 변화를 모두 포함한다. 정답 ①

□ 20회 01번

인간발달의 원리에 관한 설명으로 옳지 않은 것은?

① 발달에는 최적의 시기가 존재하지 않는다.
② 발달의 각 영역은 상호 밀접한 연관이 있다.
③ 일정한 순서와 방향이 있어서 예측 가능하다.
④ 대근육이 있는 중심부위에서 소근육의 말초부위 순으로 발달한다.
⑤ 연속적 과정이지만 발달의 속도는 일정하지 않다.

해설 ① 발달에는 신체 및 심리발달이 가장 용이하게 이루어지는 최적의 시기(결정적 시기)가 존재한다. 정답 ①

□ 20회 03번

동갑 친구들 A~C의 대화에서 알 수 있는 인간발달의 원리는?

> A: 나는 50세가 되니 확실히 노화가 느껴져. 얼마 전부터 노안이 와서 작은 글씨를 읽기 힘들어.
> B: 나는 노안은 아직 안 왔는데 흰머리가 너무 많아지네. A는 흰머리가 거의 없구나.
> C: 나는 노안도 왔고 흰머리도 많아. 게다가 기억력도 예전 같지 않아.

① 발달에는 개인차가 있다.
② 발달의 초기단계가 일생에서 가장 중요하다.
③ 발달은 학습에 따른 결과이다.
④ 발달은 분화와 통합의 과정이다.
⑤ 발달은 이전의 발달과업 성취에 기초하여 이루어진다.

해설 ① 발달은 일관된 주기에 따라 지속적으로 이루어지므로 예측이 가능하지만 개인차가 존재하여 발달의 진행 정도와 속도는 개인마다 다르다. 특히 인간발달은 연령이 높을수록 예측이 어렵다. 정답 ①

□ 19회 02번

인간발달의 원리에 관한 설명으로 옳은 것은?

① 무작위적으로 발달이 진행되기 때문에 예측이 불가능하다.
② 발달에는 결정적 시기가 있다.
③ 안정적 속성보다 변화적 속성이 강하게 나타난다.
④ 신체의 하부에서 상부로, 말초부위에서 중심부위로 진행된다.
⑤ 순서와 방향성이 정해져 있으므로 발달속도에는 개인차가 존재하지 않는다.

해설 ① 인간발달은 일정한 순서와 방향성으로 진행되기 때문에 예측이 가능하다. ③ 변화적 속성보다 안정적 속성이 강하게 나타난다. ④ 신체의 상부에서 하부로, 중심부위에서 말초부위로 진행된다. ⑤ 순서와 방향성이 정해져 있지만 발달속도에는 개인차가 존재한다.

정답 ②

□ 18회 01번

인간발달의 원리에 관한 설명으로 옳지 않은 것은?

① 환경적 요인보다 유전적 요인을 중요시한다.
② 결정적 시기가 있다.
③ 일정한 순서가 있다.
④ 개인차이가 존재한다.
⑤ 특정단계의 발달은 이전의 발달과업 성취에 기초한다.

해설 ① 인간발달은 유전적 요인과 환경적 요인의 상호작용으로 이루어진다. 정답 ①

3. 인간발달이론이 사회복지실천에 미친 영향

☐ 22회 01번

인간발달이론이 사회복지실천에 미친 영향으로 옳지 않은 것은?

① 스키너(B. Skinner) 이론은 행동결정요인으로 인지와 정서의 중요성을 이해하는 계기를 제공하였다.

② 융(C. Jung) 이론은 중년기 이후의 발달을 이해하는데 도움을 제공하였다.

③ 에릭슨(E. Erikson) 이론은 생애주기별 실천개입의 기반을 제공하였다.

④ 프로이트(S. Freud) 이론은 인간행동의 무의식적 측면을 심층적으로 분석할 수 있는 기반을 제공하였다.

⑤ 매슬로우(A. Maslow) 이론은 인간의 욕구를 파악할 수 있는 근거를 마련하였다.

해설 스키너 이론은 인간행동이 내적 동기보다 외적(강화) 자극에 의해 동기화된다고 보았다. **정답** ①

☐ 21회 03번

인간발달이론과 사회복지실천에 관한 설명으로 옳지 않은 것은?

① 다양한 연령층의 클라이언트와 일할 수 있는 토대가 된다.

② 발달단계별 욕구를 기반으로 사회복지서비스를 개발할 수 있다.

③ 발달단계별 발달과제는 문제해결의 목표와 방법 설정에 유용하다.

④ 발달단계별 발달 저해 요소들을 이해하는데 유용하다.

⑤ 인간발달이론은 문제 사정단계에서만 유용하다.

해설 ⑤ 인간발달이론은 사회복지실천의 전 과정에서 유용하다. **정답** ⑤

☐ 21회 25번

이상행동과 사회복지실천에 관한 설명으로 옳지 않은 것은?

① 사회문화적 규범에서 벗어나거나 개인과 타인에게 불편과 고통을 유발하는 행동이다.

② 유일한 진단분류체계로 '정신질환 진단 및 통계편람(DSM)'이 있다.

③ 이상행동의 개념은 사회문화, 역사진행과정의 영향을 받는다.

④ 정신건강사회복지사가 전문실천가로 활동한다.

⑤ 이상행동은 클라이언트들이 겪는 문제의 원인이나 결과가 되기도 한다.

해설 ② '정신질환 진단 및 통계편람'은 미국정신의학협회에서 출간하는 가장 널리 쓰이는 정신질환의 진단분류체계이지만 유일한 분류체계는 아니다. 이와 비슷한 목적으로 많이 사용되는 세계보건기구(WHO)의 '국제질병분류(ICD)'가 있다. **정답** ②

☐ 19회 01번

인간발달 이론이 사회복지실천에 미친 영향으로 옳은 것은?

① 아들러(A. Adler)의 이론은 인간을 하나의 통합된 유기체로 인식하는데 공헌하였다.

② 피아제(J. Piaget)의 이론은 발달단계의 순서가 개인과 문화에 따라 다르게 나타날 수 있음을 인식하는데 공헌하였다.

③ 프로이트(S. Freud)의 이론은 모방학습의 중요성을 인식하는데 공헌하였다.

④ 스키너(B. Skinner)의 이론은 인간행동이 내적 동기에 의해 강화됨을 이해하는데 공헌하였다.

⑤ 로저스(C. Rogers)의 이론은 클라이언트의 생애발달 단계를 파악하고 평가하는데 공헌하였다.

② 피아제의 이론에서 발달단계 진행의 속도는 개인차가 있으나 순서는 개인과 문화에 따라 다르게 나타나지 않는다고 보았다. ③ 반두라의 사회학습이론은 모방학습의 중요성을 인식하는 데 공헌하였다. ④ 스키너의 이론은 인간행동이 내적 동기보다 외적(강화) 자극에 의해 동기화된다고 보았다. ⑤ 로저스의 이론은 구체적인 발달단계를 제시하지 않았다. 클라이언트의 생애발달 단계를 파악하고 평가하는 데 공헌한 것은 에릭슨의 이론이다. **정답** ①

☑ 핵심요약

1. 인간발달의 개념과 유사 개념

(1) 인간발달의 개념

- 수정에서부터 죽음에 이르는 순간까지 신체적·심리적·사회적인 영역에서 점진적으로 일어나는 상승적(전진적)·하강적(퇴행적)인 모든 변화

(2) 인간발달의 유사 개념

- 성장(growth): 신체 크기의 증대, 근력의 증가 등과 같은 양적 확대
- 성숙(maturation): 외적인 자극(경험이나 훈련)과 관계없이 일어나는 인간의 내적·유전적 요인에 의해 나타나는 신체적·심리적 변화
- 학습(learning): 훈련·경험·연습 등과 같은 외부 자극에 의해 후천적으로 일어나는 개인의 내적인 변화
- 사회화(socialization): 개인이 속한 사회구성원으로서 자연스럽게 동화되어 가는 과정

2. 인간발달의 원리

- 일정한 순서와 방향성: 상부(머리)에서 하부로, 중심부위에서 말초부위로, 전체운동에서 특수운동으로, 대근육에서 소근육의 방향으로 발달이 진행
- 연속성(지속성): 인간의 발달은 전 생애 동안 진행되지만 발달의 속도는 불규칙
- 기초성: 어릴 때의 발달이 이후 모든 발달의 기초가 됨
- 결정적 시기(적기성): 신체적·심리적으로 발달이 가장 용이하게 이루어지는 적절한 시기가 존재
- 점성원리: 발달은 이전 단계의 발달의 기초 위에서 이후의 발달이 이루어짐
- 누적성: 어느 시점에서 발달의 결손이 생기면 누적되어 다음 발달단계에 영향을 미치게 됨
- 불가역성: 특정 시기에 문제가 생겨 발달이 잘 이루어지지 않으면 원래의 발달 상태의 회복 어려움
- 분화와 통합의 과정: 발달은 분화(≠분열)와 통합의 과정으로 진행
- 상호 연관성: 인간의 다양한 측면의 발달이 각각 독립적으로 이루어지는 것이 아니

라 상호 밀접하게 연관되어 영향을 미치며 이루어짐
- 유전과 환경의 상호작용: 발달은 유전적 요인과 외부 환경의 지속적인 상호작용으로 이루어짐
- 개인차: 발달은 일관된 주기에 따라 지속적으로 이루어지므로 예측이 가능하지만 개인차가 존재하여 발달의 속도나 진행 정도는 동일하지 않고 특히 나이가 들수록 예측은 어려워짐

3. 인간발달이론이 사회복지실천에 미친 영향(유용성)

- 인간의 전반적인 생활주기를 이해할 수 있는 개념적 준거틀 제공
- 인간발달에 영향을 미치는 사회적 영향력을 평가할 수 있는 준거틀 제공
- 발달단계별 욕구를 기반으로 사회복지서비스를 개발할 수 있도록 도움
- 발달단계별 발달과업과 문제를 파악할 수 있는 준거틀 제시
- 클라이언트의 문제해결을 위한 목표와 방법 설정에 유용
- 발달단계별 발달 저해 요소들을 이해하는 데 유용
- 개인의 적응과 부적응을 판단하는 기준 제공
- 모든 연령 계층의 클라이언트를 이해할 수 있는 기반 제공
- 생애주기에 따른 변화와 안정 요인을 이해하도록 도움
- 발달단계에 따라 신체, 심리, 사회적 기능을 통합적으로 이해하도록 도움
- 발달단계별 욕구에 따른 사회복지제도의 기반 제공

☑ **과락**科落 말고 **과락**科樂 **기출 선지**

1. 인간발달은 수정에서부터 죽음에 이르는 순간까지 신체적·심리적·사회적인 영역에서 점진적으로 일어나는 상승적(전진적)·하강적(퇴행적)인 모든 변화를 의미한다.

2. 인간의 발달은 전 생애 동안 진행된다. 그러나 발달의 속도는 불규칙하다.

3. 상부(머리)에서 하부로, 중심부위에서 말초부위로, 전체운동에서 특수운동으로, 대근육에서 소근육의 일정한 방향으로 발달이 진행된다.

4. 성장은 신체 크기의 증대, 근력의 증가 등과 같은 양적 확대를 의미한다.

5. 성숙은 외적인 자극(경험이나 훈련)과 관계없이 일어나는 인간의 내적·유전적 요인에 의해 나타나는 신체적·심리적 변화를 의미한다.

6. 인간의 전반적인 생활주기를 이해할 수 있는 개념적 준거틀을 제공한다.

7. 발달단계별 욕구에 따른 사회복지제도의 기반을 제공한다.

최근 5년간 출제 경향

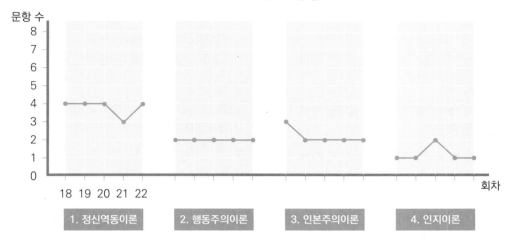

1. 정신역동이론　　2. 행동주의이론　　3. 인본주의이론　　4. 인지이론

1. 정신역동이론

1) 심리성적이론(정신분석이론): 프로이트

(1) 특징과 주요 개념

□ 21회 06번

프로이트(S. Freud)의 정신분석이론에 관한 설명으로 옳은 것은?

① 인간이 가진 자유의지의 중요성을 강조하였다.
② 거세불안과 남근선망은 주로 생식기(genital stage)에 나타난다.
③ 성격구조를 원초아, 자아, 초자아로 구분하였다.
④ 초자아는 현실원리에 지배되며 성격의 실행자이다.
⑤ 성격의 구조나 발달단계를 제시하지 않았다.

해설 ① 인간을 성(性)적 에너지인 리비도에 의해 지배되는 수동적 존재로 보았다. ② 거세불안과 남근선망은 주로 남근기에 나타난다. ④ 초자아는 도덕원리에 지배된다. 현

실원리에 지배되며 성격의 실행자는 자아이다. ⑤ 성격의 구조는 구조적 모델을 제시했고, 심리성적 발달 5단계를 제시했다. **정답** ③

□ 20회 04번

프로이트(S. Freud)의 정신분석이론에 관한 설명으로 옳은 것을 모두 고른 것은?

ㄱ. 자아(ego)는 일차적 사고과정과 현실원칙을 따른다.
ㄴ. 잠복기에 원초아(id)는 약해지고 초자아(superego)는 강해진다.
ㄷ. 신경증적 불안은 자아의 욕구를 초자아가 통제하지 못하고 압도될 때 나타난다.
ㄹ. 방어기제는 외부세계의 요구로부터 스스로를 보호하고자 하는 무의식적 시도이다.

① ㄷ　　　　② ㄱ, ㄷ　　　　③ ㄴ, ㄹ
④ ㄱ, ㄴ, ㄹ　　⑤ ㄱ, ㄴ, ㄷ, ㄹ

해설 ㄱ. 자아는 이차적 사고과정과 현실원칙을 따른다.

☑ 원초아는 일차적 사고과정과 쾌락원칙을 따른다. ㄷ. 신경증적 불안은 원초아의 욕구를 자아가 통제하지 못하고 압도될 때 원초아의 충동이 의식될지도 모른다는 위협을 느끼며 생기는 두려움이다. **정답** ③

(2) 심리성적 발달 5단계

□ 19회 04번

프로이트(S. Freud)의 심리성적발달단계에 관한 설명으로 옳은 것은?

① 남근기: 동성 부모에 대한 동일시의 기제가 나타나는 시기이다.

② 항문기: 양육자와의 상호작용과정에서 최초로 갈등을 경험하는 시기이다.

③ 구강기: 자율성과 수치심을 주로 경험하는 시기이다.

④ 생식기: 오이디푸스·엘렉트라 콤플렉스가 강해지는 시기이다.

⑤ 잠복기: 리비도(libido)가 항문부위로 집중되는 시기이다.

해설 ② 구강기: 양육자와의 상호작용과정에서 최초로 갈등을 경험하는 시기 ③ 항문기: 자율성과 수치심을 주로 경험하는 시기 ④ 남근기: 오이디푸스·엘렉트라 콤플렉스가 강해지는 시기 ⑤ 항문기: 리비도가 항문부위로 집중되는 시기 **정답** ①

(3) 자아방어기제

□ 22회 11번

방어기제와 그 예시로 옳지 않은 것은?

① 합리화(rationalization): 지원한 회사에 불합격한 후 그냥 한번 지원해본 것이며 합격했어도 다니지 않았을 것이라 생각한다.

② 억압(repression): 시험을 망친 후 성적발표 날짜를 아예 잊어버린다.

③ 투사(projection): 자신이 싫어하는 직장 상사에 대해서 상사가 자기를 싫어하기 때문에 사이가 나쁘다고 여긴다.

④ 반동형성(reaction formation): 관심이 가는 이성에게 오히려 짓궂은 말을 하게 된다.

⑤ 전치(displacement): 낮은 성적을 받은 이유를 교수가 중요치 않은 문제만 출제한 탓이라 여긴다.

해설 ⑤ 전치: 본능적 충동의 대상을 원래의 대상에서 덜 위협적인 대상으로 옮겨서 발산하는 것 예 종로에서 뺨 맞고 한강에서 눈 흘긴다. **정답** ⑤

□ 18회 12번

받아들일 수 없는 자신의 욕망이나 충동을 타인에게 돌리는 방어기제는?

① 전치(displacement)

② 억압(repression)

③ 투사(projection)

④ 합리화(rationalization)

⑤ 반동형성(reaction formation)

해설 ① 전치: 본능적 충동의 대상을 원래의 대상에서 덜 위협적인 대상으로 옮겨서 발산하는 것 ② 억압: 가장 보편적인 일차적 방어기제로 '선택적 망각'을 하는 것 ③ 투사: 받아들일(용납할) 수 없는 자신의 충동, 생각, 행동을 무의식적으로 다른 사람의 탓으로 돌리는 것으로 '남 탓'을 하는 것 ④ 합리화: 정당하지 못한 자신의 행동에 사회적으로 그럴듯한 이유를 붙여 '정당화'하는 것 ⑤ 반동형성: 무의식적으로 자신의 감정과 반대되는 행동을 하는 것 **정답** ③

2) 심리사회이론(자아심리이론): 에릭슨

(1) 특징과 주요 개념

☐ 21회 05번

에릭슨(E. Erikson)의 이론으로 옳지 않은 것은?

① 개인의 성격은 전 생애를 통하여 발달한다.
② 청소년기의 주요 발달과업은 자아정체감 형성이다.
③ 각 단계의 발달은 이전 단계의 발달을 토대로 이루어진다.
④ 성격발달에 있어서 환경과의 상호작용이 중요하다고 본다.
⑤ 학령기(아동기)는 자율성 대 수치와 의심의 심리사회적 위기를 겪는다.

해설 ⑤ 학령기(아동기)는 근면성 대 열등감의 심리사회적 위기를 겪는다. ☑ 초기아동기는 자율성 대 수치와 의심의 심리사회적 위기를 겪는다. **정답** ⑤

☐ 19회 05번

에릭슨(E. Erikson)의 이론에 관한 설명으로 옳은 것은?

① 발달에 영향을 미치는 유전적·생물학적 요인을 배제하였다.
② 발달에 영향을 미치는 사회적·문화적 요인을 인정하지 않았다.
③ 성인기 이후의 발달을 고려하지 않았다.
④ 자아(ego)의 자율적, 창조적 기능을 고려하지 않았다.
⑤ 과학적 근거나 경험적 증거가 미흡하다.

해설 ① 발달에 유전적·생물학적 요인이 영향을 미친다고 보았다. ② 사회적·문화적 요인이 성격발달에 영향을 미친다고 보았다. ③ 성인기 이후 노년기까지 고려하여 심리사회적 발달 8단계를 제시하였다. ④ 인간행동의 동기

화를 통제가능한 자아의 기능으로 보면서 자아의 자율적, 창조적 기능을 강조하였다. ⑤ 에릭슨의 심리사회이론은 발달단계의 구분에 있어 과학적 근거를 제시하지 않았으며, 이론에 대한 경험적(실증적) 연구가 부족하다는 비판을 받는다. **정답** ⑤

☐ 18회 09번

에릭슨(E. Erikson)의 이론에 관한 설명으로 옳지 않은 것은?

① 사회적 관심, 창조적 자아, 가족형상 등을 강조한다.
② 청소년기의 자아정체감 발달을 강조한다.
③ 성격 발달에 있어서 환경과의 상호작용이 중요하다고 본다.
④ 각 단계의 발달은 이전 단계의 심리사회적 갈등해결과 통합을 토대로 이루어진다.
⑤ 발달은 점성의 원리에 기초한다.

해설 ① 아들러의 개인심리이론: 사회적 관심, 창조적 자아, 가족형상(출생서열 등) 등을 강조 **정답** ①

(2) 심리사회적 발달 8단계

☐ 22회 07번

에릭슨(E. Erikson)의 심리사회적 발달단계 위기와 성취 덕목(virtue)이 옳게 연결된 것은?

① 근면성 대 열등감 – 성실(fidelity)
② 주도성 대 죄의식 – 목적(purpose)
③ 신뢰 대 불신 – 의지(will)
④ 자율성 대 수치심과 의심 – 능력(competence)
⑤ 정체감 대 정체감 혼란 – 희망(hope)

해설 ① 근면성 대 열등감 – 능력 ③ 신뢰 대 불신 – 희망 ④ 자율성 대 수치심과 의심 – 의지 ⑤ 정체감 대 정체감 혼란 – 성실 **정답** ②

□ 20회 20번

에릭슨(E. Erickson)의 심리사회이론에서 아동기(7-12세) 발달과업을 성취하지 못할 경우 경험하는 심리사회적 위기는?

① 불신감   ② 절망감
③ 침체감   ④ 고립감
⑤ 열등감

해설 ① 불신감: 유(乳)아기(영아기, 0-2세)의 심리사회적 위기 ② 절망감: 노년기(65세 이후)의 심리사회적 위기 ③ 침체감: 성인기(24-65세)의 심리사회적 위기 ④ 고립감: 성인초기(20-24세)의 심리사회적 위기 **정답** ⑤

3) 분석심리이론: 융

□ 22회 09번

융(C. Jung)의 이론에 관한 설명으로 옳은 것은?

① 정신분석(psychoanalysis)이론이라 불린다.
② 사회적 관심과 활동수준을 기준으로 심리적 유형을 8가지로 구분하였다.
③ 발달단계에 관하여 언급하지 않았다는 특징을 지니고 있다.
④ 개성화(individuation)를 통한 자기실현과정을 중요시하였다.
⑤ 성격형성에 있어서 창조적 자기(creative self)의 역할을 강조하였다.

해설 ① 분석심리이론이라 불린다. ② 심리적 유형을 8가지로 구분 ☑ 아들러는 사회적 관심과 활동수준을 기준으로 생활양식을 분류 ③ 성격발달 4단계를 제시: 아동기(출생~사춘기) → 청년기(~40세) → 중년기(~65세) → 노년기(65세 이후) ⑤ 아들러는 성격형성에 있어서 창조적 자기(creative self)의 역할을 강조하였다. **정답** ④

□ 21회 13번

융(C. Jung)의 이론으로 옳은 것을 모두 고른 것은?

> ㄱ. 무의식을 개인무의식과 집단무의식으로 구분하였다.
> ㄴ. 그림자(shadow)는 인간에게 있는 동물적 본성을 포함하는 부정적인 측면이다.
> ㄷ. 페르소나(persona)는 개인이 외부세계에 보여주는 이미지 혹은 가면이다.
> ㄹ. 남성의 여성적 면은 아니무스(animus), 여성의 남성적 면은 아니마(anima)이다.

① ㄱ, ㄴ   ② ㄷ, ㄹ
③ ㄱ, ㄴ, ㄷ   ④ ㄱ, ㄴ, ㄹ
⑤ ㄱ, ㄴ, ㄷ, ㄹ

해설 ㄹ. 남성의 여성적 면은 아니마, 여성의 남성적 면은 아니무스 **정답** ③

□ 20회 05번

융(C. Jung)의 분석심리이론에 관한 설명으로 옳은 것은?

① 페르소나(persona)는 외부의 요구나 기대에 부응하는 과정에서 생긴 자아의 가면이라고 한다.
② 인간을 성(性)적 에너지인 리비도(libido)에 의해 지배되는 수동적 존재로 보았다.
③ 원형(archetype)이란 개인의 의식 속에 존재하는 유일한 정신기관이다.
④ 아니무스(animus)는 남성이 억압시킨 여성성이다.
⑤ 자아의 기능에서 감각(sensing)과 직관(intuiting)은 이성을 필요로 하는 합리적 기능이다.

해설 ② 프로이트의 이론 ③ 원형이란 개인의 의식 속에 존재하는 보편적인 이미지 ④ 아니무스는 여성이 억압시킨 남성성 ⑤ 자아의 기능에서 감각과 직관은 이성을 필요로 하지 않는 비합리적 기능 **정답** ①

융(C. Jung)의 이론에 관한 설명으로 옳은 것을 모두 고른 것은?

> ㄱ. 자기(Self)는 중년기 이후에 나타나는 원형(archetype)이다.
> ㄴ. 과거의 사건 및 미래에 대한 열망이 성격발달에 동시에 영향을 미친다.
> ㄷ. 리비도(libido)는 전반적인 삶의 에너지를 말한다.
> ㄹ. 성격발달은 개성화를 통한 자기실현의 과정이다.

① ㄴ
② ㄱ, ㄴ
③ ㄷ, ㄹ
④ ㄱ, ㄷ, ㄹ
⑤ ㄱ, ㄴ, ㄷ, ㄹ

해설 모두 정답 **정답** ⑤

융(C. Jung)의 이론에 관한 설명으로 옳은 것은?

① 남성의 여성적인 면은 아니무스(animus), 여성의 남성적인 면은 아니마(anima)이다.
② 원초아(id), 자아(ego), 초자아(super-ego)의 중요성을 강조한다.
③ 음영(shadow)은 자기나 자아상과 같은 개념으로 인간의 어둡고 동물적인 측면이다.
④ 페르소나(persona)는 개인이 외부 세계에 보여주는 이미지이며, 사회적 요구에 대한 반응이다.
⑤ 집단무의식(collective unconscious)은 다양한 콤플렉스에 기초한다.

해설 ① 남성의 여성적인 면은 아니마, 여성의 남성적인 면은 아니무스 ② 원초아, 자아, 초자아의 중요성을 강조한 학자는 프로이트 ③ 음영은 자기나 자아상과 반대의 개념으로 인간의 어둡고 동물적인 측면 ⑤ 집단무의식은 전 인류가 공통으로 가지고 있는 보편적인 무의식 **정답** ④

4) 개인심리이론: 아들러

아들러(A. Adler)의 이론에 관한 설명으로 옳은 것은?

① 성격은 점성원리에 따라 발달한다.
② 개인의 창조성을 부정한다.
③ 무의식적 결정론을 고수하고 있다.
④ 유전적·환경적 요인의 중요성을 배제한다.
⑤ 인간을 목표지향적 존재로 본다.

해설 ① 에릭슨은 성격이 점성원리에 따라 발달한다고 보았다. ② 개인의 창조성을 강조 ③ 프로이트의 이론 ④ 사회적 관심, 창조적 자아, 가족 형상(출생순위 등)과 같은 유전적·환경적 요인의 중요성을 강조 **정답** ⑤

아들러(A. Adler)의 개인심리이론에 관한 설명으로 옳지 않은 것은?

① 지배형 생활양식은 사회적 관심은 낮으나 활동수준이 높은 유형이다.
② 개인이 궁극적으로 추구하는 목적은 가상적 목표이다.
③ 인간은 목적론적 존재이다.
④ 아동에 대한 방임은 병적 열등감을 초래할 수 있다.
⑤ 사회적 관심은 선천적으로 타고나는 것이어서 의식적인 개발과 교육이 필요하지 않다.

해설 ⑤ 사회적 관심은 선천적으로 타고나는 것이지만 의식적인 개발과 교육이 필요하다. **정답** ⑤

□ 19회 07번

아들러(A. Adler)의 이론에 관한 설명으로 옳지 않은 것은?

① 개인이 지닌 창조성과 주관성을 강조한다.

② 위기와 전념을 기준으로 생활양식을 4가지 유형으로 구분하였다.

③ 열등감은 모든 인간이 지닌 보편적인 감정이다.

④ 사회적 관심은 선천적으로 타고 나는 것이다.

⑤ 개인이 추구하는 목표는 현실에서 검증하기 어려운 가상적 목표이다.

해설 ② 위기와 전념은 마샤(마르시아)의 자아정체감 4범주의 기준

정답 ②

□ 18회 10번

아들러(A. Adler)의 이론에 관한 설명으로 옳은 것을 모두 고른 것은?

> ㄱ. 인간을 사회적 존재로 보았다.
> ㄴ. 인간의 성격발달 단계를 제시하였다.
> ㄷ. 출생순위, 가족과 형제관계에서의 경험은 생활양식에 영향을 준다.

① ㄱ   ② ㄴ   ③ ㄷ

④ ㄱ, ㄴ   ⑤ ㄱ, ㄷ

해설 ㄴ. 인간의 성격발달 단계를 제시하지 않았다. ☑ 인간의 성격발달 단계를 제시한 대표적인 학자는 프로이트, 에릭슨, 융, 피아제, 콜버그 등이 있다.

정답 ⑤

☑ 핵심요약

1. 정신역동이론

1) 심리성적이론(정신분석이론): 프로이트

(1) 특징과 주요 개념

① 특징
- 정신적 결정론: 인간의 성격구조를 어린시절(과거)의 경험에 의해 결정된다고 봄
- 무의식 강조: 인간행동의 원인을 무의식에 의한 동기 유발로 봄
- 심리성적 욕구: 인간을 성(性)적 에너지인 리비도(libido)에 의해 지배되는 수동적 존재로 봄

② 주요 개념
- 리비도: 에로스(삶의 에너지), 타나토스(죽음의 에너지)
- 지형학적 모델(정신의 3요소): 무의식, 전의식, 의식
- 성격의 구조적 모델
  - 원초아(id): 쾌락의 원칙, 일차적 사고과정
  - 자아(ego): 현실의 원칙, 이차적 사고과정
  - 초자아(superego): 도덕의 원칙
- 심리성적 발달 5단계: 구강기 → 항문기 → 남근기 → 잠복기 → 생식기
- 자유연상, 꿈의 해석, 자아방어기제, 전이, 훈습

- 불안: 공포상태로서 위급한 상황에 적합한 방법으로 반응하는 것
  - 신경증적 불안: 원초아의 욕구를 자아가 통제하지 못하고 압도될 때 원초아의 충동이 의식될지도 모른다는 위협을 느끼며 생기는 두려움
  - 현실적 불안: 자아(ego)가 지각한 현실세계에 있는 위협 상황에 대한 두려움
  - 도덕적 불안: 원초아와 초자아 간의 갈등에서 느끼는 양심에 대한 두려움

(2) 심리성적 발달 5단계

구분	특징
① 구강기 (구순기, 0~1세)	• 리비도가 구강부위로 집중 • 주양육자와 애착관계 형성 • 양육자와의 상호작용과정에서 최초로 갈등(양가감정)을 경험
② 항문기 (1~3세)	• 리비도가 항문부위로 집중 • 배변훈련을 통해 처음 사회에 순응하라는 기대와 욕구에 직면 • 항문보유적 성격과 항문폭발적 성격 • 자율성과 수치심을 주로 경험
③ 남근기 (3~6세)	• 리비도가 성기부위로 집중 • 오이디푸스 콤플렉스 ⇒ 남아의 거세불안, 부와 동일시 • 엘렉트라 콤플렉스 ⇒ 여아의 남근선망, 모와 동일시 • 초자아 확립
④ 잠복기 (6~12세)	• 성적 욕구(원초아)가 약해지는 시기 • 사회성의 발달 • 활발한 지적 탐색
⑤ 생식기 (12세 이후)	• 2차 성징, 생식기관 발달 • 이성에 대한 관심 증가

(3) 자아방어기제

- 방어기제는 자아가 무의식적으로 채택함

구 분	특 징
억압(repression)	가장 보편적인 일차적 방어기제로 '선택적 망각'
합리화 (rationalization)	정당하지 못한 자신의 행동에 사회적으로 그럴듯한 이유를 붙여 '정당화'하는 것. 현실의 왜곡 정도가 가장 낮아 위계서열이 가장 높은 방어기제 예 달콤한 레몬, 신포도 기제 등
반동형성 (reaction formation)	무의식적으로 자신의 감정과 반대되는 행동을 하는 것 예 미운 놈 떡 하나 더 준다.

투사 (projection)	받아들일(용납할) 수 없는 자신의 충동, 생각, 행동을 무의식적으로 다른 사람의 탓으로 돌리는 '남 탓' 예 선무당이 장구 탓, 일이 안 풀리면 조상 탓
퇴행(regression)	이전의 발달단계로 후퇴하는 것
전치 (displacement)	본능적 충동의 대상을 원래의 대상에서 덜 위협적인 대상으로 옮겨서 발산하는 것 예 종로에서 뺨 맞고 한강에서 눈 흘긴다.
대치(substitution)	받아들일 수 없는 대상을 받아들일 수 있는 대상으로 바꾸는 것 예 꿩 대신 닭
해리(dissociation)	의식이나 인격 일부를 분리하는 것 예 『지킬박사와 하이드』, 이중인격자
보상(compensation)	다른 분야의 약점을 보충하여 장점을 고양시키는 것 예 작은 고추가 맵다.
승화 (sublimation)	공격적 욕구를 사회적으로 용납 가능하게 표출하는 형태로 가장 성숙한 방어기제 예 예술가가 자신의 성적 욕망을 예술로 승화하는 경우
신체화 (somatization)	심리적 갈등이 감각기관이나 수의근 계통 이외의 신체 증상으로 표출되는 것 예 사촌이 땅을 사면 배가 아프다.
전환(conversion)	심리적 갈등이 감각기관(눈 등) 또는 수의근계(손, 발 등) 기관의 증상으로 표출되는 것
동일시(identification)	자기가 좋아하거나 존경하는 대상의 태도나 행동을 닮는 것
원상복귀(취소, undoing)	어떤 대상에 피해를 주었을 경우, 취소 또는 무효화하는 것

2) 심리사회이론(자아심리이론): 에릭슨

(1) 특징과 주요개념
① 개인의 성격은 전 생애를 통하여 발달. 성인기 이후 노년기까지 고려해 심리사회적 발달 8단계 제시
② 각 단계의 발달은 이전 단계의 심리사회적 갈등해결과 통합을 토대로 이루어짐
③ 성격발달에 있어서 환경과의 상호작용이 중요
④ 발달에 유전적·생물학적·사회적·문화적 요인이 영향을 미친다고 봄
⑤ 발달은 점성원리 또는 점성원칙(epigenetic principle)에 기초
⑥ 인간행동의 동기화를 통제가능한 자아의 기능으로 보면서 자아의 자율적, 창조적 기능을 강조

⑦ 에릭슨의 심리사회이론은 발달단계의 구분에 있어 과학적 근거를 제시하지 않았으며, 이론에 대한 경험적(실증적) 연구가 부족하다는 비판을 받음

(2) 심리사회적 발달 8단계

단계	심리사회적 위기	주요 관계	심리사회적 능력
1. 유(乳)아기(영아기, 0~2세)	기본적 신뢰감 vs 불신감	어머니	희망
2. 초기아동기(유아기, 2~4세)	자율성 vs 수치심 · 회의	부모	의지
3. 유희기(학령전기, 4~6세)	주도성 vs 죄의식	가족	목적의식
4. 학령기(아동기, 7~12세)	근면성 vs 열등감	이웃, 학교	능력
5. 청소년기(12~19세)	자아정체감 vs 정체감 혼란	또래집단	성실성
6. 성인초기(20~24세)	친밀감 vs 고립감	성적 · 사회적 관계	사랑
7. 성인기(24~65세)	생산성 vs 침체	직장	배려
8. 노년기(65세 이후)	자아통합 vs 절망	인류, 동족	지혜

3) 분석심리이론: 융

(1) 특징과 주요 개념

① 특징
- 융은 리비도를 프로이트가 말한 성적 에너지의 개념에서 확장시켜 인생 전반에 작동하는 생활에너지로 봄
- 무의식을 개인무의식과 집단무의식으로 구분
- 성격발달은 개성화를 통한 자기실현의 과정
- 과거의 사건과 미래에 대한 열망이 함께 성격발달에 영향을 미침

② 주요 개념
- 자기(self): 중년기 이후에 나타나는 원형(archetype)으로 의식과 무의식을 포함하는 전체 성격의 중심
- 집단무의식(collective unconscious): 전 인류가 공통으로 가지고 있는 보편적인 무의식
- 개인무의식(personal unconscious): 다양한 콤플렉스에 기초
- 원형: 개인의 의식 속에 존재하는 보편적인 이미지로 근본적인 핵
- 리비도: 전반적인 삶의 에너지
- 페르소나(persona): 개인이 외부세계에 보여 주는 이미지 혹은 자아의 가면
- 그림자(음영, shadow): 인간에게 있는 동물적 본성을 포함하는 부정적인 측면
- 아니무스(animus): 여성이 억압시킨 남성성

- 아니마(anima): 남성이 억압시킨 여성성
- 콤플렉스(complex): 특별한 감정으로 이루어진 무의식 속의 관념 덩어리
- 개성화(individuation): 모든 콤플렉스와 원형을 끌어들여 성격을 조화하고 안정성을 유지하는 것
- 성격의 태도 유형
  - 외향형(외향성): 정신에너지(리비도)가 외부세계를 지향
  - 내향형(내향성): 정신에너지(리비도)가 내부세계를 지향
- 자아의 기능 유형

	합리적 기능		비합리적 기능
사고	객관적인 진실과 원리원칙에 의해 판단하며 논리적, 분석적이고 규범과 기준을 중시	감각	구체적이고 사실적인 측면에 초점을 두고 매우 일관성 있는 현실수용을 중시
감정	외부자극에 초점을 두고 사람 간의 관계와 상황적 판단을 중시	직관	미래의 가능성과 육감에 초점을 두어 변화와 다양성을 중시하며 이성을 필요로 하지 않음

(2) 성격발달 4단계

아동기(출생~사춘기) → 청년기(~40세) → 중년기(~65세) → 노년기(65세 이후)

4) 개인심리이론: 아들러

(1) 특징과 주요개념

① 특징
- 사회적 관심, 창조적 자아, 가족형상(출생서열 등) 등을 강조
- 개인이 지닌 창조성과 주관성을 강조
- 인간은 목적론적 존재이며, 개인이 궁극적으로 추구하는 목적은 가상적 목표
- 사회적 관심은 선천적으로 타고나는 것이지만 의식적인 개발과 교육 필요
- 아동에 대한 방임은 병적 열등감을 초래할 수 있음
- 출생순위, 가족과 형제관계에서의 경험은 생활양식에 영향을 줌
- 인간의 성격발달 단계를 제시하지 않았음

② 주요개념
- 열등감: 모든 인간으로 하여금 무언가를 추구할 수 있는 동기
- 보상: 잠재력을 발휘하도록 유도하는 자극, 열등감을 극복하기 위한 연습이나 훈련에의 노력과 연결
- 열등감과 보상을 위한 노력이 모든 발달의 근원이라고 봄
- 우월성의 추구(우월성을 향한 노력): 우월성에 대한 욕구는 열등감을 보상하려는

선척적인 욕구에서 비롯됨
- 창조적 자기: 인간은 스스로 자신의 삶을 만들어 나간다는 것
- 가상적 목표: 미래에 대한 기대로서의 목표
- 사회적 관심: 사회적 관심은 선천적으로 타고나는 것으로 사회에 공헌하려는 성향
- 생활양식: 개인의 사회적 관심과 활동수준을 기준으로 4가지 유형으로 분류
  - 지배형: 사회적 관심↓ 활동수준↑
  - 획득형: 사회적 관심↓ 활동수준→
  - 회피형: 사회적 관심↓ 활동수준↓
  - 사회적으로 유용한 유형: 사회적 관심↑ 활동수준↑

☑ 과락科落 말고 과락科樂 기출 선지

1. **프로이트**의 자아방어기제는 자아가 무의식적으로 채택한다.

2. 심리성적 발달 5단계는 ① 구강기→ ② 항문기→ ③ 남근기 → ④ 잠복기 → ⑤ 생식기이다.

3. 성격의 구조적 모델은 ① 원초아 ② 자아 ③ 초자아이다.

4. 리비도는 성적 에너지이다.

5. 정신의 3요소는 지형학적 모델이라고 불리며 ① 무의식 ② 전의식 ③ 의식이다.

6. **에릭슨**의 심리사회이론(자아심리이론)에 따르면 개인의 성격은 전 생애를 통하여 발달한다. 성인기 이후 노년기까지 고려하여 심리사회적 발달 8단계를 제시하였다.

7. 발달은 점성원리 또는 점성원칙에 기초한다.

8. 인간행동의 동기화를 통제가능한 자아의 기능으로 보면서 자아의 자율적, 창조적 기능을 강조하였다.

9. 에릭슨의 심리사회이론은 발달단계의 구분에 있어 과학적 근거를 제시하지 않았으며, 이론에 대한 경험적(실증적) 연구가 부족하다는 비판을 받는다.

10. **융**은 리비도를 프로이트가 말한 성(性)적 에너지의 개념에서 확장시켜 인생 전반에 작동하는 생활에너지로 보았다.

11. 주요 개념으로 자기, 집단무의식, 원형, 페르소나, 그림자, 아니무스, 아니마 등이 있다.

12. 성격발달은 개성화를 통한 자기실현의 과정으로 보았다.

13. 성격의 태도 유형은 2가지로 ① 외향형(외향성) ② 내향형(내향성)이다.

14. 자아의 기능 유형은 4가지로 ① 사고형 ② 감정형 ③ 감각형 ④ 직관형이다.

---

15. **아들러**의 개인심리이론에서는 사회적 관심, 창조적 자아, 가족형상(출생서열 등) 등을 강조한다.

16. 인간은 목적론적 존재이며, 개인이 궁극적으로 추구하는 목적은 가상적 목표이다.

17. 열등감은 모든 인간으로 하여금 무언가를 추구할 수 있는 동기이다.

18. 우월성의 추구는 우월성에 대한 욕구로서 열등감을 보상하려는 선척적인 욕구에서 비롯된다.

19. 생활양식이란 개인의 사회적 관심과 활동수준을 기준으로 4가지 유형으로 분류한 것으로 ① 지배형 ② 획득형 ③ 회피형 ④ 사회적으로 유용한 유형이 있다.

2. 행동주의이론

1) 고전적 조건형성: 파블로프, 왓슨, 손다이크

☐ 20회 07번

고전적 조건형성의 학습 원리에 관한 설명으로 옳은 것을 모두 고른 것은?

> ㄱ. 시간의 원리: 무조건자극보다 조건자극이 늦게 제공되어야 조건형성이 이루어진다.
> ㄴ. 강도의 원리: 무조건자극에 대한 반응이 조건자극에 대한 반응보다 약해야 한다.
> ㄷ. 일관성의 원리: 무조건자극과 조건자극은 조건이 형성될 때까지 지속적으로 제시되어야 한다.
> ㄹ. 계속성의 원리: 자극과 반응 과정의 반복 횟수가 많을수록 조건형성이 잘 이루어진다.

① ㄱ, ㄴ   ② ㄴ, ㄹ   ③ ㄷ, ㄹ
④ ㄱ, ㄴ, ㄷ   ⑤ ㄱ, ㄷ, ㄹ

해설 ㄱ. 시간의 원리: 무조건자극보다 조건자극이 먼저 또는 동시에 제공되어야 조건형성이 이루어진다. ㄴ. 강도

의 원리: 무조건자극에 대한 반응이 조건자극에 대한 반응보다 강해야 한다. **정답** ③

2) 조작적 조건형성: 스키너

☐ 22회 04번

스키너(B. Skinner)의 이론에 관한 설명으로 옳지 않은 것은?

① 강화계획 중 반응율이 가장 높은 것은 가변비율(variable-ratio) 계획이다.
② 정적 강화물의 예시로 음식, 돈, 칭찬 등을 들 수 있다.
③ 인간행동은 예측가능하며 통제될 수 있다고 본다.
④ 인간의 창조성과 자아실현을 강조한다.
⑤ 부적 강화는 바람직한 행동의 빈도를 증가시키는데 초점을 둔다.

해설 ④ 인간은 내적 동기보다 외적(강화) 자극에 의해 동기화된다고 보았다. ☑ 매슬로우는 인간의 창조성과 자아실현을 강조 **정답** ④

행동주의 이론에 관한 설명으로 옳은 것을 모두 고른 것은?

> ㄱ. 인간행동에 대한 환경의 결정력을 강조한다.
> ㄴ. 강화계획은 행동의 반응 가능성을 증가시키고 유지시키기 위한 방법이다.
> ㄷ. 행동조성(shaping)은 복잡한 행동의 점진적 습득을 설명하는 개념이다.
> ㄹ. 고정간격 강화계획은 정해진 수의 반응이 일어난 후 강화를 주는 것이다.

① ㄱ, ㄴ
② ㄱ, ㄹ
③ ㄴ, ㄹ
④ ㄷ, ㄹ
⑤ ㄱ, ㄴ, ㄷ

해설 ㄹ. 고정간격 강화계획은 반응에 대해 일정한 시간 간격이 지난 후 강화를 주는 것이다. 정답 ⑤

스키너(B. Skinner)의 조작적 조건형성을 위한 강화 계획 중 '가변(변동)간격 강화'에 해당하는 사례는?

① 정시 출근한 아르바이트생에게 매주 추가수당을 지급하여 정시 출근을 유도한다.
② 어린이집에서 어린이가 규칙을 지킬 때마다 바로 칭찬해서 규칙을 지키는 행동이 늘어나도록 한다.
③ 수강생이 평균 10회 출석할 경우 상품을 1개 지급하되, 출석 5회 이상 15회 이내에서 무작위로 지급하여 성실한 출석을 유도한다.
④ 영업사원이 판매 목표를 10%씩 초과 달성할 때마다 초과 달성분의 3%를 성과급으로 지급하여 의욕을 고취한다.
⑤ 1년에 6회 자체 소방안전 점검을 하되, 불시에 실시하여 소방안전 관리를 철저히 하도록 장려한다.

해설 ① 매주(고정간격): 고정간격 강화계획 ② 규칙을 지킬 때마다(고정비율 – 횟수): 고정비율 강화계획 ③ 평균 10회 출석할 경우 상품을 1개(비율), 무작위(변동): 변동비율 강화계획 ④ 목표를 10%씩 초과 달성할 때마다(고정비율): 고정비율 강화계획 ⑤ 1년에 6회(간격), 불시(변동) 정답 ⑤

스키너(B. Skinner)의 이론에 관한 설명으로 옳은 것은?

① 행동조성(shaping)은 복잡한 행동의 점진적 습득을 설명하는 개념이다.
② 조작적 행동보다 반응적 행동을 강조한다.
③ 변동간격계획은 평균적으로 일정한 수의 반응이 일어난 후에 강화물을 제공하는 것을 말한다.
④ 인간행동은 인간이 지닌 자유의지의 결과이다.
⑤ 부적 강화는 특정 행동의 빈도를 감소시키는 효과를 지닌다.

해설 ② 파블로프의 고전적 조건형성 ③ 변동간격계획은 평균적으로 확인할 수 있는 시간이 지나면 강화물을 제공하는 것을 말한다. ④ 인간행동은 인간이 지닌 자유의지와 같은 내적 자극보다 외적 자극에 의해 동기화된다고 보았다. ⑤ 부적 강화는 부정적 자극을 제거(철회)하는 방법으로 특정 행동의 빈도를 증가시키는 효과가 있다. ☑ 처벌은 특정 행동의 빈도를 감소시키는 효과를 지닌다. 정답 ①

□ 18회 14번

행동주의이론의 주요개념에 관한 설명으로 옳은 것을 모두 고른 것은?

> ㄱ. 인간의 행동은 환경적 자극에 의해 동기화
> 된다.
> ㄴ. 변별자극은 어떤 반응이 보상될 것이라는
> 단서 혹은 신호로 작용하는 자극이다.
> ㄷ. 강화에는 즐거운 결과를 의미하는 정적 강
> 화와 혐오적 결과를 제거하는 부적 강화가
> 있고 이 두 가지는 모두 행동의 빈도를 증가
> 시킨다.

① ㄱ   ② ㄴ   ③ ㄱ, ㄴ
④ ㄴ, ㄷ   ⑤ ㄱ, ㄴ, ㄷ

해설 모두 정답   정답 ⑤

---

3) 대리적 조건형성(사회학습이론): 반두라

□ 22회 10번

반두라(A. Bandura)의 이론에 관한 설명으로 옳은 것을 모두 고른 것은?

> ㄱ. 개인의 신념, 기대와 같은 인지적 요인을 중
> 요시 하였다.
> ㄴ. 대리적 강화(vicarious reinforcement)의 중
> 요성을 강조하였다.
> ㄷ. 자기효능감을 높이는 가장 효과적인 방법
> 으로 대리적 경험을 제시하였다.
> ㄹ. 외부로부터 주어지는 강화의 중요성을 강
> 조하는 자기강화(self reinforcement)의 개
> 념을 제시하였다.

① ㄱ   ② ㄴ   ③ ㄱ, ㄴ
④ ㄴ, ㄷ, ㄹ   ⑤ ㄱ, ㄴ, ㄷ, ㄹ

해설 ㄷ. 자기효능감의 형성요인: 대리적 경험, 언어적 설득, 성취경험, 정서적 각성 등 ☑ 대리적 경험이 가장 효과적인 자기효능감의 형성요인이라고 단정 지을 수 없다.
ㄹ. 자기강화: 자기 스스로(내부) 목표한 일을 달성하고 자신에게 강화물을 주어서 행동을 유지하고 변화해 나가는 과정   정답 ③

□ 21회 08번

반두라(A. Bandura)의 사회학습이론의 주요 개념으로 옳지 않은 것은?

① 모델이 관찰자와 유사할 때 관찰자는 모델을 더욱 모방하는 경향이 있다.
② 자신이 통제할 수 있는 보상을 자신에게 줌으로써 자기 행동을 유지시키거나 개선시킬 수 있다.
③ 학습은 사람, 환경 및 행동의 상호작용에 의해 이루어짐을 강조한다.
④ 조작적 조건화에 의해 행동은 습득된다.
⑤ 관찰학습은 주의집중과정 → 보존과정(기억과정) → 운동재생과정 → 동기화과정을 통해 이루어진다.

해설 ④ 스키너의 조작적 조건화 개념   정답 ④

□ 19회 08번

반두라(A. Bandura)의 이론에 관한 설명으로 옳지 않은 것은?

① 학습은 사람, 환경 및 행동의 상호작용에 의해 이루어짐을 강조한다.
② 특정행동을 성공적으로 수행할 수 있다는 신념을 강조한다.
③ 개인이 지닌 인지적 요인의 영향력을 강조한다.
④ 관찰학습의 첫 번째 단계는 동기유발 과정이며, 학습한 내용의 행동적 전환을 강조한다.
⑤ 인간은 스스로 자신의 행동을 강화할 수 있음을 강조한다.

해설 ④ 관찰학습의 첫 번째 단계는 주의집중 과정이며, 모델 행동에 집중하여 지각하는 것을 강조 **정답** ④

□ 18회 11번

반두라(A. Bandura)의 사회학습이론으로 옳지 않은 것은?

① 자기강화란 자기 스스로 목표한 일을 달성하고 자신에게 강화물을 주어서 행동을 유지하고 변화해 나가는 과정이다.

② 자기효능감은 자신이 바라는 목적을 이루기 위해 특정 행동을 성공적으로 수행할 수 있다는 신념이다.

③ 관찰학습은 단순한 환경적 자극에 대한 반응을 통하여 행동을 학습하는 것이 아니라 타인의 행동을 관찰함으로써 행동을 습득하는 것이다.

④ 관찰학습의 마지막 단계는 운동재생단계이다.

⑤ 인간의 성격은 개인적, 행동적, 환경적 요소들 간의 지속적인 상호작용에 의하여 발달한다.

해설 ④ 관찰학습의 마지막 단계는 동기화 과정 **정답** ④

☑ 핵심요약

2. 행동주의이론

1) 고전적 조건형성: 파블로프, 왓슨, 손다이크

(1) 특징과 주요 개념

① 조작적 행동보다 반응적 행동을 강조

② 고전적 조건형성의 학습 원리
- 시간의 원리(근접의 원리): 무조건자극보다 조건자극이 먼저 또는 동시에 제공되어야 조건형성이 이루어짐
- 강도의 원리: 무조건자극에 대한 반응이 조건자극에 대한 반응보다 강해야 함
- 일관성의 원리: 무조건자극과 조건자극은 조건이 형성될 때까지 지속적으로 제시되어야 함
- 계속성의 원리: 자극과 반응 과정의 반복 횟수가 많을수록 조건형성이 잘 이루어짐

2) 조작적 조건형성: 스키너

(1) 특징과 주요 개념

① 인간행동에 대한 환경의 결정력을 강조

② 변별자극은 어떤 반응이 보상될 것이라는 단서 혹은 신호로 작용하는 자극

③ 행동조성(shaping)은 복잡한 행동의 점진적 습득을 설명하는 개념

④ 행동주의 치료기법으로 체계적 둔감법(예 알레르기 치료에 적용: 최소 자극에서 점진적으로 자극의 강도를 높임), 토큰경제(예 착한 행동에 스티커 제공 후 약속한 수량이 되었을 때 보상물 지급), 타임아웃(격리) 등이 있음

⑤ 강화와 처벌

구분	정적(+): 자극 제공	부적(-): 자극 제거 또는 철회
강화(+): 빈도 증가	정적 강화 예 지각하지 않는 학생에게 과자를 주어 (+) 정시의 출석 빈도를 증가(+)시킴	부적 강화 예 지각하지 않는 학생에게 화장실 청소를 면제(-)해 출석 빈도를 증가(+)시킴
처벌(-): 빈도 감소	정적 처벌 예 지각하는 학생에게 하기 힘든 과제를 주어(+) 지각의 빈도를 감소(-)시킴	부적 처벌 예 지각하는 학생에게 간식을 주지 않아(-) 지각의 빈도를 감소(-)시킴

⑥ 강화계획은 행동의 반응 가능성을 증가시키고 유지시키기 위한 방법

　☑ 고정 ⇒ 일정한, 가변(변동) ⇒ 불규칙한, 간격 ⇒ 시간, 비율 ⇒ 횟수

구분		특징
계속적(연속적) 강화계획		기대하는 반응이 나타날 때마다 강화를 부여
간헐적 강화계획	고정간격계획	일정한 시간 간격에 따라 강화를 부여 예 주급, 월급, 일당, 정기적 시험 등
	변동간격계획	평균적으로 확인할 수 있는 시간이 지나면 강화물을 제공 예 낚시 등
	고정비율계획	일정한 횟수의 강화하려는 반응이 나타난 다음에 강화를 부여 예 양말 100켤레를 만들면 1만원 지급처럼 건당 지급
	변동비율계획	평균적으로 일정한 수의 반응이 일어난 후에 강화물을 제공 예 도박, 로또 등
	반응률	변동비율(가장 높음) > 고정비율 > 변동간격 > 고정간격

3) 대리적 조건형성(사회학습이론): 반두라

(1) 특징과 주요 개념

① 특징
- 반두라의 사회학습이론은 스키너의 이론적 한계를 비판하고 관찰학습에 의하여 행동은 습득될 수 있다고 보았음
- 모델이 관찰자와 유사할 때 관찰자는 모델을 더욱 모방하는 경향이 있음
- 자신이 통제할 수 있는 보상을 자신에게 줌으로써 자기 행동을 유지시키거나 개선시킬 수 있음
- 학습은 사람, 환경 및 행동의 상호작용에 의해 이루어짐을 강조
- 특정 행동을 성공적으로 수행할 수 있다는 신념을 강조
- 개인이 지닌 인지적 요인의 영향력을 강조
- 인간의 성격은 개인적, 행동적, 환경적 요소들 간의 지속적인 상호작용에 의하여 발달

② 주요 개념
- 관찰학습: 단순한 환경적 자극에 대한 반응을 통하여 행동을 학습하는 것이 아니라 타인의 행동을 관찰함으로써 행동을 습득하는 것
  ☑ 반두라의 관찰학습 4단계
  ① 주의집중과정(주의과정, **관찰**) → ② 보존과정(기억과정, 파지과정, **기억**) →
  ③ 운동재생과정(재생과정, **행동**) → ④ 동기화과정(동기과정, 자기강화과정, **강화**)
- 자기강화: 자기 스스로 목표한 일을 달성하고 자신에게 강화물을 주어서 행동을 유지하고 변화해 나가는 과정
- 자기효능감: 자신이 바라는 목적을 이루기 위해 특정 행동을 성공적으로 수행할 수 있다는 신념
  ☑ 자기효능감의 형성요인:
  ① 대리경험(대리학습) ② 언어적 설득 ③ 성취경험 ④ 정서적 각성

☑ 과락科落 말고 과락科樂 기출 선지

01. 고전적 조건형성의 학습 원리는 ① 시간의 원리(근접의 원리) ② 강도의 원리 ③ 일관성의 원리 ④ 계속성의 원리이다.

02. 행동주의 치료기법으로 체계적 둔감법, 토큰경제, 타임아웃(격리) 등이 있다.

03. 강화와 처벌은 ① 정적 강화 ② 부적 강화 ③ 정적 처벌 ④ 부적 처벌로 구분할 수 있다.

04. 강화계획은 행동의 반응 가능성을 증가시키고 유지시키기 위한 방법으로 ① 계속적(연속적) 강화계획 ② 간헐적 강화계획이 있다.

05. 간헐적 강화계획은 ① 고정간격계획 ② 변동간격계획 ③ 고정비율계획 ④ 변동비율계획이 있다.

06. 반두라의 사회학습이론은 스키너의 이론적 한계를 비판하고 관찰학습에 의하여 행동은 습득될 수 있다고 보았다.

07. 관찰학습은 단순한 환경적 자극에 대한 반응을 통하여 행동을 학습하는 것이 아니라 타인의 행동을 관찰함으로써 행동을 습득하는 것이다.

08. 관찰학습 4단계는 ① 주의집중과정(주의과정) → ② 보존과정(기억과정, 파지과정) → ③ 운동재생과정(재생과정) → ④ 동기화과정(동기과정, 자기강화과정)이다.

09. 자기강화는 자기 스스로 목표한 일을 달성하고 자신에게 강화물을 주어서 행동을 유지하고 변화해 나가는 과정이다.

10. 자기효능감은 자신이 바라는 목적을 이루기 위해 특정 행동을 성공적으로 수행할 수 있다는 신념이다.

11. 자기효능감의 형성요인은 ① 대리경험(대리학습) ② 언어적 설득 ③ 성취경험 ④ 정서적 각성이다.

3. 인본주의이론

1) 인본주의이론(현상학이론): 로저스

☐ 22회 08번

로저스(C. Rogers) 이론에 관한 설명으로 옳지 않은 것은?

① 개인의 잠재력 실현을 위하여 조건적 긍정적 관심의 제공이 중요함을 강조하였다.
② 자기실현을 완성하는 사람의 특성을 완전히 기능하는 사람(fully functioning person)이라는 용어로 제시하였다.
③ 클라이언트에 대한 공감적 이해의 중요성을 강조하였다.
④ 주관적이고 사적인 경험 세계를 강조하였다.
⑤ 인간을 긍정적이며 창조적인 존재로 보았다.

해설 ① 개인의 잠재력 실현을 위하여 무조건적 긍정적 관심의 제공이 중요함을 강조하였다. **정답** ①

☐ 21회 12번

로저스(C. Rogers)의 인본주의 이론에 관한 설명으로 옳은 것을 모두 고른 것은?

> ㄱ. 인간의 주관적 경험을 강조한다.
> ㄴ. 인간은 자아실현경향을 가지고 있다.
> ㄷ. 인간의 욕구발달단계를 제시했다.
> ㄹ. 완전히 기능하는 사람은 자신의 경험에 개방적이다.

① ㄱ, ㄹ
② ㄴ, ㄷ
③ ㄱ, ㄴ, ㄹ
④ ㄴ, ㄷ, ㄹ
⑤ ㄱ, ㄴ, ㄷ, ㄹ

해설 ㄷ. 인간의 욕구발달단계를 제시하지 않았다.

정답 ③

☐ 20회 09번

로저스(C. Rogers)의 이론에 관한 설명으로 옳은 것을 모두 고른 것은?

> ㄱ. 인간의 주관적 경험을 강조하였다.
> ㄴ. 공감과 지시적인 상담을 강조하였다.
> ㄷ. 인간을 통합적 존재로 규정하였다.
> ㄹ. 인간의 욕구발달단계를 제시하였다.

① ㄱ
② ㄱ, ㄷ
③ ㄴ, ㄹ
④ ㄴ, ㄷ, ㄹ
⑤ ㄱ, ㄴ, ㄷ, ㄹ

해설 ㄴ. 공감과 비지시적인 상담을 강조하였다. ㄹ. 인간의 욕구발달단계를 제시하지 않았다. **정답** ②

☐ 19회 10번

로저스(C. Rogers)의 이론에 관한 설명으로 옳지 않은 것은?

① 개입 과정에서 상담가의 진실성 및 일치성을 강조하였다.
② 자아실현을 하는 사람을 완전히 기능하는 인간(fully functioning person)이라는 용어로 정리하였다.
③ 인간이 지닌 보편적·객관적 경험을 강조하였다.
④ 무조건적 긍정적 관심과 수용을 강조하였다.
⑤ 인간 본성이 지닌 낙관적이고 긍정적인 측면을 강조하였다.

해설 ③ 인간의 주관적 경험을 강조하였다. **정답** ③

□ 18회 02번

로저스(C. Rogers)의 이론이 사회복지실천에 미친 영향으로 옳지 않은 것은?

① 비지시적인 상담의 중요성을 강조한다.
② 공감적 상담의 중요성을 강조한다.
③ 비심판적 태도는 원조관계에 유용하다.
④ 클라이언트 자기결정권의 중요성을 강조한다.
⑤ 클라이언트의 과거 정신적 외상의 중요성을 강조한다.

해설 ⑤ 클라이언트의 과거 정신적 외상의 중요성을 강조하지 않는다. 인간 본성의 긍정적인 측면과 자아개념의 중요성을 강조한다. **정답 ⑤**

□ 18회 08번

로저스(C. Rogers)의 이론에 관한 설명으로 옳은 것을 모두 고른 것은?

> ㄱ. 인간은 합목적적이며 건설적인 존재이다.
> ㄴ. 모든 인간에게는 객관적 현실만 존재한다.
> ㄷ. 완전히 기능하는 사람은 자신의 경험에 대해 개방적이다.
> ㄹ. 무조건적인 긍정적 관심이 건강한 성격 발달을 위한 중요한 요소이다.

① ㄱ, ㄴ   ② ㄴ, ㄷ
③ ㄱ, ㄴ, ㄷ   ④ ㄱ, ㄷ, ㄹ
⑤ ㄱ, ㄴ, ㄷ, ㄹ

해설 ㄴ. 모든 인간에게 객관적 현실은 존재하지 않는다고 보았다. **정답 ④**

2) 욕구단계이론(욕구계층이론): 매슬로우

□ 21회 07번

매슬로우(A. Maslow)의 이론으로 옳지 않은 것은?

① 인간에 대해 희망적이고 낙관적인 관점을 갖는다.
② 자아존중감의 욕구는 욕구 위계에서 가장 높은 단계이다.
③ 일반적으로 욕구 위계서열이 높을수록 욕구의 강도가 낮다.
④ 인간은 삶을 유지하려는 동기와 삶을 창조하려는 동기를 가진다.
⑤ 인간은 자아실현을 이루려고 노력하는 존재이다.

해설 ② 자아존중감의 욕구는 욕구 위계에서 4단계이다. **정답 ②**

□ 20회 10번

매슬로우(A. Maslow)의 이론에 관한 설명으로 옳은 것은?

① 대부분의 사람들이 자아실현의 욕구를 달성한다.
② 자존감의 욕구는 소속과 사랑의 욕구보다 상위 단계의 욕구이다.
③ 인간본성에 대해 비관적인 태도를 갖고 있다.
④ 인간의 성격은 환경에 의해 수동적으로 결정된다.
⑤ 무조건적인 긍정적 관심을 강조하였다.

해설 ① 대부분의 사람들이 자아실현의 욕구를 달성하지 못한다. ③ 인간본성에 대해 낙관적인 태도를 갖고 있다. ④ 스키너의 이론 ⑤ 로저스의 이론 **정답 ②**

매슬로우(A. Maslow)의 욕구이론에 관한 설명으로 옳지 않은 것은?

① 생리적 욕구는 가장 하위 단계에 있는 욕구이다.

② 극소수의 사람들만이 자아실현을 달성할 수 있다.

③ 자아실현의 욕구는 가장 상위단계에 있는 욕구이다.

④ 상위단계의 욕구는 하위단계의 욕구가 완전히 충족된 이후에 나타난다.

⑤ 인간의 욕구는 강도와 중요도에 따라 위계적으로 구성되어 있다.

해설 ④ 상위단계의 욕구는 하위단계의 욕구가 어느 정도 충족된 이후에 나타난다. **정답** ④

매슬로우(A. Maslow)의 이론에 관한 설명으로 옳지 않은 것은?

① 인간의 창조성은 잠재적 본성이다.

② 각 개인은 통합된 전체로 간주된다.

③ 안전의 욕구는 소속과 사랑의 욕구보다 상위단계의 욕구이다.

④ 인간의 욕구는 자신을 성장하도록 동기부여한다.

⑤ 인간본성에 대해서 낙관적인 태도를 보이고 있다.

해설 ③ 안전의 욕구는 소속과 사랑의 욕구보다 하위단계의 욕구이다. **정답** ③

☑ 핵심요약

3. 인본주의이론

1) 인본주의이론(현상학이론): 로저스

(1) 특징과 주요 개념

① 인간의 주관적 경험을 강조

② 인간은 자아실현경향을 가지고 있음

③ 인간을 통합적 존재로 규정

④ 공감과 비지시적인 상담을 강조

⑤ 무조건적 긍정적 관심과 수용을 강조

⑥ 인간의 욕구발달단계를 제시하지 않음

⑦ 인간 본성이 지닌 낙관적이고 긍정적인 측면을 강조

⑧ 개입 과정에서 상담가의 진실성 및 일치성을 강조

⑨ 완전히 기능하는 인간은 자아실현을 하는 사람, 자신의 경험에 개방적인 사람

⑩ 비심판적 태도는 원조관계에 유용

⑪ 클라이언트 자기결정권의 중요성을 강조

2) 욕구단계이론(욕구계층이론): 매슬로우

(1) 특징과 주요 개념

① 인간에 대해 희망적이고 낙관적인 관점을 가짐

② 인간은 삶을 유지하려는 동기와 삶을 창조하려는 동기를 가짐

③ 인간은 자아실현을 이루려고 노력하는 존재이지만 극소수의 사람들만이 자아실현을
   달성할 수 있음

④ 인간의 창조성은 잠재적 본성

⑤ 각 개인은 통합된 전체로 간주됨

⑥ 인간의 욕구는 자신을 성장하도록 동기부여함

⑦ 일반적으로 욕구 위계서열이 높을수록 욕구의 강도가 낮음

⑧ 매슬로우(A. Maslow)의 욕구 위계 5단계

☑ 1단계: 생리적 욕구 → 2단계: 안전의 욕구 → 3단계: 소속감과 사랑의 욕구 → 4단계:
   자아존중감의 욕구(자존감의 욕구) → 5단계: 자아실현의 욕구(자기실현의 욕구)

☑ 과락科落 말고 과락科樂 기출 선지

01. **로저스**의 인본주의이론(현상학이론)에서는 인간의 주관적 경험을 강조한다.

02. 공감과 비지시적인 상담을 강조하였다.

03. 무조건적 긍정적 관심과 수용을 강조하였다.

04. 완전히 기능하는 인간은 ① 자아실현을 하는 사람, ② 자신의 경험에 개방적이다.

---

05. **매슬로우**의 욕구단계이론(욕구계층이론)에 따르면 인간은 자아실현을 이루려고 노력하는 존재이지만 극소수의 사람들만이 자아실현을 달성할 수 있다.

06. 매슬로우의 욕구 위계 5단계는 ① 1단계: 생리적 욕구 → ② 2단계: 안전의 욕구 → ③ 3단계: 소속감과 사랑의 욕구 → ④ 4단계: 자아존중감의 욕구(자존감의 욕구) → ⑤ 5단계: 자아실현의 욕구(자기실현의 욕구)이다.

4. 인지이론

1) 인지발달이론: 피아제

☐ 22회 12번

피아제(J. Piaget)의 이론에 관한 설명으로 옳지 않은 것은?

① 인간은 자신과 환경 사이에 조화로운 관계인 평형화(equilibration)를 이루고자 하는 경향성이 있다.
② 감각운동기에 대상영속성(object permanence)을 획득한다.
③ 조절(accommodation)은 새로운 정보를 접했을 때 기존의 도식을 변경하는 것을 말한다.
④ 구체적 조작기에는 추상적 사고가 가능해진다.
⑤ 보존(conservation) 개념 획득을 위해서는 동일성, 가역성, 보상성의 원리를 이해해야 한다.

해설 구체적 조작기에는 논리적 사고가 가능해진다. ☑ 형식적 조작기에는 추상적 사고가 가능 **정답** ④

☐ 21회 17번

피아제(J. Piaget)의 인지발달이론에 관한 설명으로 옳은 것은?

① 전 생애의 인지발달을 다루고 있다.
② 문화적·사회경제적·인종적 차이를 고려하였다.
③ 추상적 사고의 확립은 구체적 조작기의 특징이다.
④ 인지는 동화와 조절의 과정을 통하여 발달한다.
⑤ 전조작적 사고 단계에서 보존개념이 획득된다.

해설 ① 성인기 이후의 인지발달을 다루지 않는다. ② 문화적·사회경제적·인종적 차이를 충분히 고려하지 않는다. ③ 추상적 사고의 확립은 형식적 조작기의 특징 ⑤ 구체적 조작사고 단계에서 보존개념 획득 **정답** ④

☐ 20회 11번

피아제(J. Piaget)의 인지발달이론에서 '전조작기'의 발달 특성으로 옳지 않은 것은?

① 상징놀이를 한다.
② 비가역적 사고를 한다.
③ 물활론적 사고를 한다.
④ 직관에 의존해 판단한다.
⑤ 다중 유목화의 논리를 이해한다.

해설 ⑤ 구체적 조작기의 발달 특성 **정답** ⑤

☐ 19회 12번

피아제(J. Piaget)가 제시한 인지발달의 촉진요인이 아닌 것은?

① 성숙 ② 애착 형성
③ 평형화 ④ 물리적 경험
⑤ 사회적 상호작용

해설 ② 영유아기의 사회적 발달의 특징 **정답** ②

☐ 18회 13번

피아제(J. Piaget)의 인지이론에 관한 설명으로 옳은 것은?

① 구체적 조작기에는 추상적으로 사고하고 추론을 통해 가설을 검증할 수 있다.
② 인지능력의 발달은 아동과 환경 간의 상호작용에 의해 단계적으로 성취되며 발달단계의 순서는 변하지 않는다.
③ 인간의 무의식에 초점을 둔다.
④ 도덕발달단계를 1단계에서 6단계로 제시한다.
⑤ 보존개념은 전조작기에 획득된다.

해설 ① 구체적 조작기에는 구체적인 수준에서 논리적으로 사고 ③ 프로이트의 정신역동이론 ④ 콜버그의 도덕성 발달이론 ⑤ 보존개념은 구체적 조작기에 획득 **정답** ②

2) 도덕성 발달이론: 콜버그

□ 20회 12번

콜버그(L. Kohlberg)의 도덕성 발달 이론에 관한 설명으로 옳지 않은 것은?

① 법과 질서 지향 단계는 인습적 수준에 해당한다.
② 피아제(J. Piaget)의 도덕성 발달 이론에 기초를 제공하였다.
③ 전인습적 수준에서는 행동의 원인보다 결과에 따라 옳고 그름을 판단한다.
④ 보편적 윤리 지향 단계에서는 정의, 평등 등 인권적 가치와 양심적 행위를 지향한다.
⑤ 도덕적 딜레마가 포함된 이야기를 아동, 청소년 등에게 들려주고, 이야기 속 주인공의 행동에 대한 도덕적 판단과 그 근거를 질문한 후 그 응답에 따라 도덕성 발달 단계를 파악하였다.

해설 ② 피아제의 도덕성 발달 이론에 영향을 받았다.

정답 ②

✅ 핵심요약

4. 인지이론

1) 인지발달이론: 피아제

(1) 특징과 주요개념

① 특징
- 성인기 이후의 인지발달을 다루고 있지 않음
- 문화적·사회경제적·인종적 차이를 충분히 고려하지 않았음
- 인지능력의 발달은 아동과 환경 간의 상호작용에 의해 단계적으로 성취되며 발달 단계의 순서는 변하지 않음

② 주요 개념
- 도식(schema): 인지 구조의 틀
- 적응(adaptation) : 동화 혹은 조절을 통한 평형화의 과정에 의해 발달
- 조직화(organization): 도식들의 결합
- 피아제는 도덕성 발달을 ① 타율적 도덕성(전조작기 수준), ② 자율적 도덕성(구체적 조작기 수준)의 2가지 유형으로 나눔
- 인지발달 4단계
  - ☑ 감각운동기(0~2세) → 전조작기(2~7세) → 구체적 조작기(7~12세) → 형식적 조작기(12세 이상)
  - 감각운동기(0~2세): 대상영속성 발달
    반사활동(0~1개월) → 1차 순환반응(1~4개월) → 2차 순환반응(4~8개월) → 2차 도식 협응(8~12개월: 대상영속성 개념 발달) → 3차 순환반응(12~18개월) → 정신적 표상

또는 사고의 시작(18~24개월)

- 전조작기(2~7세): 대상영속성 확립, 언어기술 획득, 상징놀이, 비가역적 사고, 물활론적 사고, 직관적 수준의 사고, 자기중심성
- 구체적 조작기(7~12세): 구체적인 수준에서 논리적으로 사고, 논리적 사고의 확립, 보존개념 획득, 다중 유목화의 논리를 이해
- 형식적 조작기(12세 이상): 추상적으로 사고하고 추론을 통해 가설을 검증 가능
- 인지발달의 촉진요인: 성숙, 평형화, 물리적 경험, 사회적 상호작용

2) 도덕성 발달이론: 콜버그

(1) 특징과 주요 개념

① 피아제의 도덕성 발달 이론에 영향을 받음
② 도덕적 딜레마가 포함된 이야기를 아동, 청소년 등에게 들려주고, 이야기 속 주인공의 행동에 대한 도덕적 판단과 근거를 질문한 후 응답에 따라 도덕성 발달단계를 파악함
③ 남성위주의 도덕성으로 여성이 남성보다 도덕수준이 낮다는 성차별적 관점을 가짐
④ 도덕성 발달 단계

전인습적 수준 (4~10세)	1단계	• 타율적 도덕성 • 처벌과 복종 지향	원인보다 결과에 따라 옳고 그름을 판단
	2단계	• 개인적 도덕성 • 상대적 쾌락주의 • 물질적 이해타산을 추구	
인습적 수준 (10~13세)	3단계	• 규준적(대인관계적) 도덕성 • 착한 소년·소녀를 지향 • 개인 상호 간 대인관계의 조화를 바탕으로 행동	
	4단계	• 사회체계적 도덕성 • 법과 사회질서 지향 • 권위와 사회질서를 존중	
후인습적 수준 (13세 이상)	5단계	• 민주적 절차로 수용된 법을 존중 • 개인적 가치가 법보다 우선	
	6단계	• 법을 초월한 개인의 양심 • 보편적인 윤리원칙 지향 • 인권적 가치와 양심적 행위를 지향	

01. **피아제**의 인지발달이론에 따르면 인지능력의 발달은 아동과 환경 간의 상호작용에 의해 단계적으로 성취되며 발달단계의 순서는 변하지 않는다.

02. 도식은 인지 구조의 틀이다.

03. 적응은 동화 또는 조절을 통한 평형화의 과정에 의해 발달한다.

04. 인지발달 4단계는 ① 감각운동기(0~2세) → ② 전조작기(2~7세) → ③ 구체적 조작기(7~12세) → ④ 형식적 조작기(12세 이상)이다.

05. 전조작기(2~7세)의 인지발달의 특징은 대상영속성 확립, 언어기술 획득, 상징놀이, 비가역적 사고, 물활론적 사고, 직관적 수준의 사고, 자기중심성이다.

06. 구체적 조작기(7~12세)는 구체적인 수준에서 논리적으로 사고, 논리적 사고의 확립, 보존개념 획득, 다중 유목화의 논리를 이해한다.

07. 형식적 조작기(12세 이상)는 추상적으로 사고하고 추론을 통해 가설 검증이 가능하다.

---

08. **콜버그**의 도덕성 발달이론은 피아제의 도덕성 발달 이론에 영향을 받았다.

09. 남성위주의 도덕성으로 여성이 남성보다 도덕수준이 낮다는 성차별적 관점을 가지고 있다.

10. 도덕성 발달단계는 총 6단계로 ① **전인습적 수준**: 1단계 타율적 도덕성, 2단계 개인적 도덕성 ② **인습적 수준**: 3단계 규준적(대인관계적) 도덕성, 4단계 법과 질서의 사회체계적 도덕성 ③ **후인습적 수준**: 5단계 민주적 사회계약적 도덕성, 6단계 보편윤리적 도덕성이다.

☑ 인간행동에 관한 주요 이론 복합문제

□ **22회 05번**

학자와 주요개념의 연결로 옳은 것을 모두 고른 것은?

> ㄱ. 로저스(C. Rogers) – 자기실현 경향성
> ㄴ. 벡(A. Beck) – 비합리적인 신념
> ㄷ. 반두라(A. Bandura) – 행동조성
> ㄹ. 아들러(A. Adler) – 집단무의식

① ㄱ
② ㄱ, ㄴ
③ ㄴ, ㄷ
④ ㄱ, ㄴ, ㄷ
⑤ ㄴ, ㄷ, ㄹ

해설 ㄴ. 벡 – 인지적 왜곡 ☑ 앨리스 – 비합리적인 신념 ㄷ. 반두라 – 관찰과 모방 ☑ 스키너 – 행동조성 ㄹ. 아들러 – 열등감과 보상 ☑ 융 – 집단무의식 **정답** ①

다음 학자와 그의 주요 기법이 옳게 연결된 것은?

① 반두라(A. Bandura) – 행동조성
② 로저스(C. Rogers) – 타임아웃
③ 스키너(B. Skinner) – 모델링
④ 피아제(J. Piaget) – 가족조각
⑤ 프로이트(S. Freud) – 자유연상

해설 ① 스키너 – 행동조성 ② 스키너 – 타임아웃 ③ 반두라 – 모델링 ④ 피아제 – 반복학습기법　**정답** ⑤

다음 학자의 주요이론과 기법의 연결이 옳은 것은?

① 스키너(B. Skinner) – 행동주의이론 – 강화계획
② 프로이드(S. Freud) – 정신분석이론 – 타임아웃기법
③ 피아제(J. Piaget) – 분석심리이론 – 합리정서치료
④ 매슬로우(A. Maslow) – 인본주의이론 – 자유연상
⑤ 융(C. Jung) – 개인심리이론 – 행동조성

해설 ② 프로이트 – 정신분석이론 – 자유연상, 꿈의 분석, 해석, 훈습 등 ③ 피아제 – 인지발달이론 – 반복학습기법 ④ 매슬로우 – 인본주의이론 – 욕구충족지원 ⑤ 융 – 분석심리이론 – 단어연상검사, 재구성기법, 전이분석 등　**정답**

III　사회환경과 관련된 주요 이론

1. 사회체계이론

체계로서의 지역사회에 관한 설명으로 옳은 것을 모두 고른 것은?

> ㄱ. 지역을 중심으로 형성된 공동체적 특징을 지닌다.
> ㄴ. 구성원에게 사회규범에 순응하도록 규제하는 사회통제의 기능을 지닌다.
> ㄷ. 사회가 향유하는 지식, 가치 등을 구성원에게 전달하는 기능을 지닌다.
> ㄹ. 외부와 상호작용을 통하여 엔트로피(entropy) 상태를 유지하는 것이 필요하다.

① ㄱ　　　② ㄱ, ㄴ　　　③ ㄱ, ㄴ, ㄷ
④ ㄴ, ㄷ, ㄹ　　⑤ ㄱ, ㄴ, ㄷ, ㄹ

해설 ㄹ. 외부와 상호작용을 통하여 넥엔트로피

(negentropy) 상태를 유지하는 것이 필요하다.　**정답** ③

다음에 해당하는 개념으로 옳은 것은?

> • 한 체계에서 일부가 변화하면 그 변화가 체계의 나머지 부분들의 변화를 초래하게 되는 개념을 말한다.
> • 예시로는 회사에서 간부 직원이 바뀌었을 때, 파생적으로 나타나는 조직의 변화 및 직원 역할의 변화 등을 들 수 있다.

① 균형(equilibrium)
② 호혜성(reciprocity)
③ 안정상태(steady state)
④ 항상성(homeostasis)
⑤ 적합성(goodness of fit)

해설 ① 균형: 폐쇄체계적인 속성으로 외부체계로부터 투입이 없어 체계의 구조변화가 고정된 평형상태 ③ 안정상태: 환경과의 상호작용에서 부분들 간의 관계를 유지하기 위하여 에너지를 계속적으로 사용하는 상태 ④ 항상성: 비교적 안정적이며 지속적인 균형상태를 유지하기 위한 체계의 경향 ⑤ 적합성: 인간의 적응욕구와 환경자원의 부합 정도로서 전 생애를 통해 성취 **정답** ②

□ 22회 25번

체계이론에 관한 설명으로 옳지 않은 것은?

① 넥엔트로피(negentropy)란 체계를 유지하고, 발전을 도모하고, 생존하는 것을 의미한다.
② 항상성(homeostasis)은 비교적 안정적으로 균형 상태를 유지하기 위한 체계의 경향을 말한다.
③ 경계(boundary)는 체계를 외부 환경과 구분 짓는 둘레를 말한다.
④ 다중종결성(multifinality)은 서로 다른 경로와 방법을 통해 같은 결과에 도달할 수 있음을 말한다.
⑤ 부적 환류(negative feedback)는 체계가 목적 달성이 어려운 방식으로 움직이고 있다는 정보를 제공하여 체계의 변화를 도모한다.

해설 ④ 다중종결성: 유사한 경로와 방법을 통해도 다른 결과에 도달할 수 있다. ☑ 동등종결성: 서로 다른 경로와 방법을 통해 같은 결과에 도달할 수 있다. **정답** ④

□ 20회 13번

사회체계이론의 주요개념에 관한 설명으로 옳지 않은 것은?

① 넥엔트로피(negentropy)는 폐쇄체계가 지속되면 나타나는 현상이다.
② 항상성(homeostasis)은 비교적 안정적이며 지속적인 균형상태를 유지하기 위한 체계의 경향을 말한다.

③ 시너지(synergy)는 체계 내부 간 혹은 외부와의 상호작용이 증가함으로써 체계 내에서 유용한 에너지양이 증가하는 현상이다.
④ 경계(boundary)란 체계와 환경 혹은 체계와 체계 간을 구분하는 일종의 테두리를 의미한다.
⑤ 균형(equilibrium)은 외부체계로부터의 투입이 없어 체계의 구조변화가 거의 없이 고정된 평형상태를 의미한다.

해설 ① 넥엔트로피는 개방체계적인 속성으로 체계 내의 불필요한 에너지양이 감소되며 체계의 질서, 형태, 분화가 있는 상태 **정답** ①

□ 19회 13번

체계이론의 개념에 관한 설명으로 옳은 것을 모두 고른 것은?

> ㄱ. 균형(equilibrium): 환경과 상호작용하기 위하여 체계의 구조를 변화시키는 과정 또는 상태
>
> ㄴ. 넥엔트로피(negentropy): 체계내부의 유용하지 않은 에너지가 감소되는 상태
>
> ㄷ. 공유영역(interface): 두 개 이상의 체계가 공존하는 부분으로 체계 간의 교류가 일어나는 장소
>
> ㄹ. 홀론(holon): 외부와의 상호작용으로 체계 내의 에너지가 증가하는 현상 또는 상태

① ㄱ　　　　② ㄱ, ㄹ　　　　③ ㄴ, ㄷ
④ ㄴ, ㄷ, ㄹ　　⑤ ㄱ, ㄴ, ㄷ, ㄹ

해설 ㄱ. 균형: 폐쇄체계적인 속성으로 외부체계로부터 투입이 없어 체계의 구조변화가 고정된 평형상태 ㄹ. 홀론: 하나의 체계는 상위체계에 속한 하위체계이면서 동시에 또 다른 하위체계의 상위체계가 된다는 개념 **정답** ③

1 인간행동과 사회환경　47

사회체계이론의 개념 중 체계 내부 간 또는 체계 외부와의 상호작용이 증가함으로써 체계 내의 에너지양이 증가하는 것을 의미하는 것은?

① 엔트로피(entropy)
② 시너지(synergy)
③ 항상성(homeostasis)
④ 넥엔트로피(negentropy)
⑤ 홀론(holon)

해설 ① 엔트로피: 폐쇄체계적인 속성으로 체계 내의 에너지양이 감소하는 상태 ③ 항상성: 개방체계적인 속성으로 체계의 균형이 위협을 받았을 때 이를 회복하려고 하는 상태 ④ 넥엔트로피: 개방체계적인 속성으로 체계 내의 불필요한 에너지양이 감소되며 체계의 질서, 형태, 분화가 있는 상태 ⑤ 홀론: 하나의 체계는 상위체계에 속한 하위체계이면서 동시에 또 다른 하위체계의 상위체계가 된다는 개념 **정답** ②

2. 생태체계이론(환경체계적 관점)

생태체계 이론의 중간체계(meso system)에 관한 설명으로 옳은 것은?

① 미시체계 간의 상호작용에 초점을 둔다.
② 개인이 직접적으로 대면하는 체계를 의미한다.
③ 신념, 태도, 전통 등을 통해 영향력을 행사한다.
④ 대표적인 중간체계로 가족과 집단을 들 수 있다.
⑤ 문화, 정치, 사회, 법, 종교 등이 해당된다.

해설 ②, ④ 개인이 직접적으로 대면, 가족과 소집단 등: 미시체계 ③, ⑤ 신념, 태도, 전통 등을 통해 영향력을 행사, 문화, 정치, 사회, 법, 종교 등: 거시체계 **정답** ①

생태체계이론의 유용성에 관한 설명으로 옳지 않은 것은?

① 문제에 대한 총체적 이해와 조망을 제공한다.
② 각 체계들로부터 다양하고 객관적인 정보획득이 용이하다.
③ 각 환경 수준별 개입의 근거를 제시한다.
④ 구체적인 방법과 기술 제시에는 한계가 있다.
⑤ 개인보다 가족, 집단, 공동체 등의 문제에 적용하는데 유용하다.

해설 ⑤ 개인과 가족, 집단, 공동체와 환경과의 상호작용에 적용하는 데 유용하다. **정답** ⑤

생태체계이론의 주요 개념에 관한 설명으로 옳은 것은?

① 시너지는 폐쇄체계 내에서 체계 구성요소들 간 유용한 에너지의 증가를 의미한다.
② 엔트로피는 체계 내 질서, 형태, 분화 등이 정돈된 상태이다.
③ 항상성은 모든 사회체계의 기본 속성으로 체계의 목표와 정체성을 유지하려는 의도적 노력에 의해 수정된다.
④ 피드백은 체계의 순환적 성격을 반영하는 개념으로 안정 상태를 유지하는데 필요하다.
⑤ 적합성은 인간의 적응욕구와 환경자원의 부합 정도로서 특정 발달단계에서 성취된다.

해설 ① 시너지는 개방체계로 체계 내부 간 혹은 외부와의 상호작용이 증가함으로써 체계 내에서 유용한 에너지양이 증가하는 현상 ② 엔트로피는 폐쇄체계적인 속성으로 체계 내의 에너지양이 감소하는 상태 ③ 항상성은 비교적 안정적이며 지속적인 균형상태를 유지하기 위한 체계의 경향 ⑤ 적합성은 인간의 적응욕구와 환경자원의 부합 정도로서 전 생애를 통해 성취 **정답** ④

☐ 20회 14번

생태체계이론에 관한 설명으로 옳지 않은 것은?

① 인간은 목적 지향적이다.
② 적합성은 개인이 환경과 효과적으로 상호작용을 할 수 있는 능력이다.
③ 생활상의 문제는 전체 생활공간 내에서 이해해야 한다.
④ 스트레스는 개인과 환경 간 상호교류에서의 불균형이 야기하는 현상이다.
⑤ 환경 속의 인간을 강조한다.

해설 ② 적합성은 인간의 적응욕구와 환경자원의 부합 정도이다.　　　**정답** ②

☐ 19회 03번

생태학 이론에 관한 설명으로 옳지 않은 것을 모두 고른 것은?

ㄱ. 인간과 환경을 서로 영향을 주고받는 단일체계로 간주한다.
ㄴ. 인간본성에 대한 정신적·환경적 결정론을 이론적 바탕으로 한다.
ㄷ. 성격을 개인과 환경 사이의 상호교류의 산물로 이해한다.
ㄹ. 타인과 관계를 맺는 인간의 능력은 환경과의 상호작용을 통하여 후천적으로 습득된다고 전제한다.

① ㄷ　　　　② ㄱ, ㄷ　　　③ ㄴ, ㄹ
④ ㄱ, ㄴ, ㄹ　　⑤ ㄱ, ㄴ, ㄷ, ㄹ

해설 ㄴ. 생태학 이론은 체계이론과 생태학적 관점을 통합한 이론 ㄹ. 타인과 관계를 맺는 인간의 능력은 타고난 것
정답 ③

☐ 18회 16번

생태학적 이론에 관한 설명으로 옳지 않은 것은?

① 개인을 환경과 상황 속에서 이해한다.
② 성격은 개인과 환경 사이의 상호작용의 산물이다.
③ 적합성은 인간의 욕구와 환경자원이 부합되는 정도를 말한다.
④ 생활상의 문제는 전체적 생활공간 내에서 이해한다.
⑤ 환경과의 상호작용에서 인간을 수동적인 존재로 본다.

해설 ⑤ 환경과의 상호작용에서 인간을 적극적으로 상호작용하는 능동적인 존재로 본다.　　**정답** ⑤

3. 사회환경체계(환경체계): 브론펜브레너

☐ 22회 15번

브론펜브레너(U. Bronfenbrenner)의 생태체계이론에서 다음에 해당하는 개념으로 옳은 것은?

• 전 생애에 걸쳐 발생하는 변화와 사회역사적인 환경을 포함한다.
• 인간의 생에 단일 사건 뿐 아니라 시간의 경과와 함께 연속적으로 일어나는 사건들이 누적되어 영향을 미친다는 것을 보여주고 있다.

① 미시체계(micro system)
② 외체계(exo system)
③ 거시체계(macro system)
④ 환류체계(feedback system)
⑤ 시간체계(chrono system)

해설 ① 미시체계: 개인에게 직접적인 영향을 미치는 환경 ② 외체계: 사회적 환경 ③ 거시체계: 사회적 맥락 ④ 환류체계: 순환적 성격 사회체계　　**정답** ⑤

브론펜브레너(U. Bronfenbrenner)의 사회환경 체계에 관한 설명으로 옳은 것은?

① 문화, 정치, 교육정책 등 거시체계는 개인의 삶에 직접적이고 강력한 영향을 미친다.
② 인간을 둘러싼 사회환경을 미시체계, 중간체계, 내부체계, 거시체계로 구분했다.
③ 중간체계는 상호작용하는 둘 이상의 미시체계 간의 관계로 구성된다.
④ 내부체계는 개인이 직접 참여하거나 관여하지는 않으나 개인에게 영향을 미치는 체계로 부모의 직장 등이 포함된다.
⑤ 미시체계는 개인이 새로운 환경으로 이동할 때마다 형성되거나 확대된다.

해설 ① 문화, 정치, 교육정책 등 거시체계는 개인의 삶에 간접적으로 강력한 영향을 미친다. ② 인간을 둘러싼 사회환경을 미시체계, 중간체계, 외부체계, 거시체계, 시간체계로 구분 ④ 외부체계는 개인이 직접 참여하거나 관여하지는 않으나 개인에게 영향을 미치는 체계로 부모의 직장 등이 포함 ⑤ 중간체계는 개인이 새로운 환경으로 이동할 때마다 형성되거나 확대된다. **정답** ③

브론펜브레너(U. Bronfenbrenner)의 미시체계 (micro system)에 관한 설명으로 옳은 것은?

① 개인의 생활에 직접적으로 개입하지 않는다.
② 조직수준에서 영향을 미칠 수 있는 체계이다.
③ 개인의 성장 시기에 따라 달라지며 상호호혜성에 기반을 두는 체계이다.
④ 개인의 발달에 영향을 미치는 부모의 직업, 자녀의 학교 등을 중시한다.
⑤ 개인이 사회관습과 유행을 통해 자신의 가치관을 표현한다.

해설 ① 개인의 생활에 직접적으로 개입 ② 조직수준: 거시체계 ④ 부모의 직업, 자녀의 학교: 외부체계 ⑤ 사회관습과 유행: 거시체계 **정답** ③

브론펜브레너(U. Bronfenbrenner)의 거시체계 (macro system) 수준에서 학교폭력 피해 청소년에게 개입한 사례는?

① 피해 청소년과 개별 상담을 실시한다.
② 피해 청소년의 성장사와 가족력 등을 파악한다.
③ 피해 청소년 부모의 근무 환경, 소득 등을 살펴본다.
④ 피해 청소년이 다시 피해를 입지 않도록 학교폭력에 대한 처벌을 강화하는 특별법을 제정한다.
⑤ 피해 청소년의 부모, 교사, 사회복지사가 함께 피해 청소년 보호를 위한 구체적 방법을 정기적으로 의논한다.

해설 ① 개별 상담: 미시체계 ② 성장사와 가족력: 시간체계 ③ 부모의 근무 환경, 소득: 외부체계 ④ 특별법: 거시체계 ⑤ 부모, 교사, 사회복지사가 함께: 중간체계 **정답** ④

브론펜브레너(U. Bronfenbrenner)의 생태체계 이론에 관한 설명이다. (   )의 내용으로 옳은 것은?

> • (ㄱ)는 개인이 참여하는 둘 이상의 미시체계 간의 상호작용으로서, 미시체계간의 연결망을 의미한다.
> • (ㄴ)는 개인이 직접 참여하고 있지는 않지만, 그 개인의 발달에 영향을 주는 사회적 환경을 의미한다.

① ㄱ: 외체계, ㄴ: 중간체계
② ㄱ: 미시체계, ㄴ: 외체계
③ ㄱ: 중간체계, ㄴ: 외체계
④ ㄱ: 미시체계, ㄴ: 중간체계
⑤ ㄱ: 중간체계, ㄴ: 미시체계

해설 ㄱ. 미시체계 간의 상호작용 또는 연결망은 중간체계이다. ㄴ. 직접 참여하고 있지는 않지만 영향을 주는 사회적 환경은 외체계(외부체계)이다. **정답** ③

□ 19회 24번

브론펜브레너(U. Bronfenbrenner)의 거시체계 (macro system)에 관한 설명으로 옳은 것은?

① 가족 체계를 구성하는 요소는 개인이다.
② 역사적·사회적·문화적 요인에 의해서 형성되고 수정되는 특성이 있다.
③ 개인이 가장 밀접하게 상호작용하는 사회적·물리적 환경을 말한다.
④ 개인, 가족, 이웃, 소집단, 문화를 의미한다.
⑤ 인간의 삶과 행동에 일방적인 영향을 미친다.

해설 ① 개인: 미시체계 ③ 개인이 가장 밀접하게 상호작용: 미시체계 ④ 개인, 가족, 이웃, 소집단: 미시체계, 문화: 거시체계 ⑤ 인간의 삶과 행동에 상호작용을 통해 서로 영향을 미침: 거시체계＝사회적 맥락 **정답** ②

☑ 핵심요약

1. 사회체계이론

(1) 특징과 주요 개념

① 특징
- 환경 속의 인간 관점
- 체계는 부분성과 전체성을 동시에 가지며 위계질서가 존재하는 경우가 많음
- 전체 체계는 부분의 합 이상의 의미를 지니며, 모든 체계는 부분인 동시에 전체로서의 속성을 지님
- 체계의 한 부분이 변화하면 그 변한 부분이 다른 부분들을 변화시키기 위해 상호작용을 하는 특성

② 주요 개념
- 넥엔트로피(역엔트로피, 네겐트로피): 개방체계적인 속성으로 체계 내의 불필요한 에너지양이 감소되며 체계의 질서, 형태, 분화가 있는 상태
- 엔트로피: 폐쇄체계적인 속성으로 체계 내의 에너지양이 감소하는 상태
- 항상성: 비교적 안정적이며 지속적인 균형상태를 유지하기 위한 체계의 경향
- 시너지: 체계 내부 간 혹은 외부와의 상호작용이 증가함으로써 체계 내에서 유용한 에너지양이 증가하는 현상
- 경계: 체계와 환경 혹은 체계와 체계 간을 구분하는 일종의 테두리를 의미
- 공유영역: 두 개 이상의 체계가 공존하는 부분으로 체계 간의 교류가 일어나는 장소
- 균형: 폐쇄체계적인 속성, 외부체계로의 투입이 없어 체계의 구조변화가 고정된 평형상태

- 홀론: 하나의 체계는 상위체계에 속한 하위체계이면서 동시에 또 다른 하위체계의 상위체계
- 환류: 정보의 투입에 대한 반응으로 일종의 적응기제
- 호혜성: 한 체계에서 일부의 변화가 체계의 나머지 부분들의 변화를 초래하게 되는 개념
- 안정상태: 환경과의 상호작용에서 부분들 간의 관계를 유지하기 위하여 에너지를 계속적으로 사용하는 상태

2. 생태체계이론(환경체계적 관점)

(1) 특징

① 생태학 이론은 체계이론과 생태학적 관점을 통합한 이론
② 인간과 환경을 서로 영향을 주고받는 단일체계로 간주
③ 타인과 관계를 맺는 인간의 능력은 타고난 것
④ 환경과의 상호작용에서 인간을 적극적으로 상호작용하는 능동적인 존재로 봄
⑤ 성격을 개인과 환경 사이의 상호교류의 산물로 이해
⑥ 스트레스는 개인과 환경 간 상호교류에서의 불균형이 야기하는 현상
⑦ 개인과 가족, 집단, 공동체와 환경과의 상호작용에 적용하는 데 유용
⑧ 문제에 대한 총체적 이해와 조망을 제공
⑨ 구체적인 방법과 기술 제시에는 한계가 있음
⑩ 적합성은 인간의 적응욕구와 환경자원의 부합 정도로서 전 생애를 통해 성취
⑪ 유능성은 개인이 환경과 효과적으로 상호작용을 할 수 있는 능력

3. 사회환경체계(환경체계): 브론펜브레너

- 5가지 환경체계: 인간의 사회환경을 미시체계, 중간체계, 외부체계, 거시체계, 시간 체계로 구분

미시체계	• 개인의 생활에 직접적으로 개입 • 개인의 성장 시기에 따라 달라지며 상호호혜성에 기반을 두는 체계 예 개인, 가족, 이웃, 소집단
중간체계	• 미시체계 간의 연결망 • 상호작용하는 둘 이상의 미시체계 간의 관계 • 개인이 새로운 환경으로 이동할 때마다 형성되거나 확대 예 부모와 교사와의 관계 등
외체계 (외부체계)	• 개인이 직접 참여하거나 관여하지는 않으나 개인의 발달에 영향을 미치는 체계 예 부모의 직장, 부모의 직업, 자녀의 학교 등

거시체계	• 개인의 삶에 간접적으로 강력한 영향 • 조직 수준에서 영향을 미칠 수 있는 체계 예 문화, 정치, 교육정책, 사회관습과 유행
시간체계	• 개인의 전 생애에 걸쳐 일어나는 변화 • 사회역사적인 환경 예 전쟁 등

☑ 과락科落 말고 과락科樂 기출 선지

01. **사회체계이론**은 환경 속의 인간 관점을 취한다.

02. 체계는 부분성과 전체성을 동시에 가지며 위계질서가 존재하는 경우가 많다.

03. 넥엔트로피는 개방체계적인 속성으로 체계 내의 불필요한 에너지양이 감소되며 체계의 질서, 형태, 분화가 있는 상태이다.

04. 엔트로피는 폐쇄체계적인 속성으로 체계 내의 에너지양이 감소하는 상태이다.

05. 항상성은 비교적 안정적이며 지속적인 균형상태를 유지하기 위한 체계의 경향이다.

06. 시너지는 체계 내부 간 혹은 외부와의 상호작용이 증가함으로써 체계 내에서 유용한 에너지양이 증가하는 현상이다.

---

07. **생태체계이론**은 환경 속의 인간 관점(생태체계적 관점, PIE)을 취한다.

08. 생태학 이론은 체계이론과 생태학적 관점을 통합한 이론이다.

09. 적합성은 인간의 적응욕구와 환경자원의 부합정도로서 전 생애를 통해 성취된다.

10. 유능성은 개인이 환경과 효과적으로 상호작용을 할 수 있는 능력이다.

11. 브론펜브레너의 5가지 환경체계: 인간을 둘러싼 사회환경을 미시체계, 중간체계, 외부체계, 거시체계, 시간체계로 구분했다.

4. 가족

☐ 18회 04번

개방형 가족체계에 관한 설명으로 옳은 것은?

① 외부체계와의 상호작용을 하지 않는다.
② 체계 내의 가족기능은 쇠퇴하게 된다.
③ 에너지, 정보, 자원을 다른 체계들과 교환한다.
④ 주변 환경으로부터 고립되어 있다.
⑤ 지역사회와의 교류가 제한된다.

해설 ① 외부체계와 지속적으로 상호작용을 한다. ② 체계 내의 가족기능을 발전시킨다. ④ 주변 환경과 상호작용한다. ⑤ 지역사회와의 교류가 활발하다. **정답** ③

5. 집단

☐ 21회 15번

집단에 관한 설명으로 옳은 것은?

① 2차집단은 인간의 성격형성을 목적으로 한다.
② 개방집단은 구성원의 개별화와 일정 수준 이상의 심도 깊은 목적 달성에 적합하다.
③ 구성원의 상호작용이 중요하므로 최소 단위는 4인 이상이다.
④ 형성집단은 특정 목적 없이 만들 수 있다.
⑤ 집단활동을 통해 집단에 관한 정체성인 '우리의식'이 형성된다.

해설 ① 2차집단은 목적 달성을 위해 인위적으로 만들어진 집단 ② 개방집단은 집단이 진행되는 동안 새로운 구성원의 가입과 탈퇴가 가능하기 때문에 구성원의 개별화와 일정 수준 이상의 심도 깊은 목적 달성에 적합하지 않다. ③ 구성원의 상호작용이 중요하므로 최소 단위는 2인 이상 ④ 형성집단은 일정한(달성 가능한) 공통의 목적을 갖고 만들어진다. **정답** ⑤

☐ 18회 17번

집단에 관한 설명으로 옳은 것은?

① 일차집단(primary group)은 목적 달성을 위해 인위적으로 만들어진 집단이다.
② 이차집단(secondary group)은 혈연이나 지연을 바탕으로 자연발생적으로 이루어진 집단이다.
③ 자연집단(natural group)은 특정위원회나 팀처럼 일정한 목적을 갖는 것이 특징이다.
④ 자조집단(self-help group)은 유사한 어려움과 관심사를 가진 구성원들의 경험을 나누며 바람직한 변화를 추구한다.
⑤ 개방집단(open-end group)은 집단이 진행되는 동안 새로운 구성원의 입회가 불가능하다.

해설 ① 일차집단은 혈연이나 지연을 바탕으로 자연발생적으로 이루어진 집단 ② 이차집단은 목적 달성을 위해 인위적으로 만들어진 집단 ③ 자연집단은 가족이나 또래 친구 등 일정한 목적을 갖지 않고 자연발생적으로 만들어진다. ⑤ 개방집단은 집단이 진행되는 동안 새로운 구성원의 입회가 가능 **정답** ④

6. 문화

☐ 22회 03번

문화와 관련된 설명으로 옳지 않은 것은?

① 문화는 인간집단의 생활양식의 총체로 정의할 수 있다.
② 다문화주의는 다양한 문화나 언어를 공유하고 상호 존중하여 적극 수용하려는 입장을 취한다.
③ 베리(J. Berry)의 이론에서 동화(assimilation)는 자신의 고유문화와 새로운 문화를 모두 존중하는 상태를 의미한다.
④ 문화는 학습되고 전승되는 특징이 있다.
⑤ 주류와 비주류 문화 사이의 권력 차이로 차별이 발생할 수 있다.

해설 ③ 베리의 이론에서 통합은 자신의 고유문화와 새로운 문화를 모두 존중하는 상태를 의미한다. **정답** ③

□ 21회 16번

문화에 관한 설명으로 옳은 것은?

① 선천적으로 습득된다.
② 개인행동에 대한 규제와 사회통제의 기능은 없다.
③ 고정적이며 구체적이다.
④ 다른 사회의 구성원과 구별되는 공통적 속성이 있다.
⑤ 다양성은 차별을 의미한다.

해설 ① 후천적으로 습득 ② 개인행동에 대한 규제와 사회통제의 기능을 가진다. ③ 가변적이며 추상적 ⑤ 다양성은 차이를 의미 **정답** ④

□ 20회 17번

문화에 관한 설명으로 옳지 않은 것은?

① 사회체계로서 중간체계에 해당된다.
② 사회구성원들 간에 공유된다.
③ 문화변용은 둘 이상의 문화가 지속적으로 접촉하여 한쪽이나 양쪽에 변화가 일어나는 현상이다.
④ 세대 간에 전승되며 축적된다.
⑤ 사회화에 대한 지침을 제공한다.

해설 ① 사회체계로서 거시체계에 해당한다. **정답** ①

7. 다문화

□ 21회 19번

다문화에 관한 설명으로 옳지 않은 것은?

① 대표적인 사회문제로 인종차별이 있다.
② 다양한 문화를 수용하고 문화의 단일화를 지향한다.
③ 서구화, 근대화, 세계화는 다문화의 중요성을 표면으로 부상시켰다.
④ 동화주의는 이민을 받는 사회의 문화적 우월성을 전제로 한다.
⑤ 용광로 개념은 동화주의와 관련이 있다.

해설 ② 다양한 문화를 수용하고 문화의 다양화를 지향한다. **정답** ②

☑ 핵심요약

4. 가족

• 가족체계 외부와의 경계 속성에 따른 분류

개방형	• 외부체계와의 지속적인 상호작용 • 체계 내의 가족기능은 발전 • 주변 환경과 상호작용
폐쇄형	• 외부체계와 상호작용을 하지 않음 • 체계 내의 가족기능은 쇠퇴 • 주변 환경으로부터 고립
임의형	• 외부와 교류제한이 없음 • 각자 자신의 영역과 가족의 영역을 확보하여 개별적 패턴을 만듦

5. 집단

(1) 특징과 주요 개념

① 구성원의 상호작용이 중요하므로 최소 단위는 2인 이상
② 집단활동을 통해 집단에 관한 정체성인 '우리의식'이 형성

(2) 집단의 유형

① 목적에 따른 분류

치료집단	교육집단, 성장집단, 지지집단, 치유집단, 사회화집단
과업집단	• 특정 과업의 달성 • 구성원의 개별화와 일정 수준 이상의 심도 깊은 목적 달성에 적합
자조집단 (self-help group)	유사한 어려움과 관심사를 가진 구성원들의 경험을 나누며 바람직한 변화를 추구

② 형성 원인에 따른 분류

1차 집단(자연집단)	특정 목적 없이 자연발생적으로 이루어진 집단	예 가족이나 또래 친구
2차 집단(형성집단)	목적 달성을 위해 인위적으로 만들어진 집단	예 특정위원회나 팀

③ 개방 정도에 따른 분류

개방집단	집단이 진행되는 동안 새로운 구성원의 가입과 탈퇴가 가능하기 때문에 구성원의 개별화와 일정 수준 이상의 심도 깊은 목적 달성에 부적합
폐쇄집단	집단이 진행되는 동안 새로운 구성원의 입회가 불가능

6. 문화

(1) 문화의 특징

① 사회체계로서 거시체계에 해당
② 구성원 간 공유되는 생활양식으로 다른 사회구성원과 구별
③ 세대 간에 전승, 축적되며 후천적으로 습득
④ 사회화에 대한 지침을 제공하고, 개인행동에 대한 규제와 사회통제의 기능
⑤ 문화변용은 둘 이상의 문화가 지속적으로 접촉해 한쪽이나 양쪽에 변화가 일어나는 현상
⑥ 문화는 외부의 요구와 관련하여 변화할 수 있는 가변적 속성을 가짐
⑦ 규범적 문화는 법과 관습 등으로 구성
⑧ 관념적 문화는 종교적 신념, 신화, 사상 등으로 구성

7. 다문화

(1) 특징
① 대표적인 사회문제로 인종차별이 있음
② 다양한 문화를 수용하고 문화의 다양화 지향
③ 서구화, 근대화, 세계화는 다문화의 중요성을 표면으로 부상시킴
④ 동화주의는 이민을 받는 사회의 문화적 우월성을 전제로 함
⑤ 용광로 개념은 동화주의와 관련

☑ 베리(J. Berry)의 문화적응모형

문화변용 양상		출신 문화 정체성 유지	
		O	X
주류 문화 정체성 수용	O	통합	동화
	X	분리	주변화

☑ **과락**科落 말고 **과락**科樂 **기출 선지**

01. **가족체계**는 외부체계와의 경계에 따라 ① 개방형 ② 폐쇄형 ③ 임의형으로 나뉜다.

02. **집단**은 구성원의 상호작용이 중요하므로 최소 단위는 2인 이상이다.

03. 집단의 형성 목적에 따라 ① 치료집단 ② 과업집단 ③ 자조집단으로 구분한다.

04. 집단의 형성 원인에 따라 ① 1차 집단(자연집단) ② 2차 집단(형성집단)으로 나뉜다.

05. **문화**란 구성원 간 공유되는 생활양식으로 다른 사회구성원과 구별된다.

06. 규범적 문화는 법과 관습 등으로 구성된다.

07. 관념적 문화는 종교적 신념, 신화, 사상 등으로 구성된다.

08. **다문화**의 중요성이 부상된 대표적인 이유로 서구화, 근대화, 세계화가 있다.

09. 동화주의는 이민을 받는 사회의 문화적 우월성을 전제로 한다.

IV 전 생애 발달의 통합적 이해

1. 태내기(수정-출산)

☐ 22회 22번

다음 중 태내기(수정-출산)에 관한 설명으로 옳지 않은 것은?

① 배종기(germinal period)는 수정 후 수정란이 자궁벽에 착상할 때까지의 시기를 말한다.

② 임신 3개월이 지나면 태아의 성별구별이 가능해진다.

③ 양수검사(amniocentesis)를 통해서 다운 증후군 등 다양한 유전적 결함을 판별할 수 있다.

④ 임신 중 어머니의 과도한 음주는 태아알콜증후군(fetal alcohol syndrome)을 초래할 수 있다.

⑤ 배아의 구성은 외배엽과 내배엽으로 이루어지며, 외배엽은 폐, 간, 소화기관 등을 형성하게 된다.

해설 ⑤ 배아의 구성은 내배엽과 외배엽, 그 사이에 중배엽을 만들어 삼배엽으로 이루어지며, 외배엽은 조직의 표피를 만들고, 내배엽은 폐, 간, 소화기관 등을 형성하게 된다. ☑ 중배엽은 근골격, 심장 등을 형성한다. **정답** ⑤

☐ 20회 18번

태내기(수정-출산)에 유전적 요인으로 인해 발생할 수 있는 장애에 관한 설명으로 옳은 것은?

① 다운증후군은 지능 저하를 동반하지 않는다.

② 헌팅톤병은 열성 유전인자 질병으로서 단백질의 대사장애를 일으킨다.

③ 클라인펠터증후군은 X염색체를 더 많이 가진 남성에게 나타난다.

④ 터너증후군은 Y염색체 하나가 더 있는 남성에게 나타난다.

⑤ 혈우병은 여성에게만 발병한다.

해설 ① 다운증후군(몽고증)은 대부분 지능 저하를 동반 ② 헌팅톤병은 상염색체 우성 유전인자 질환으로서 유전성 뇌질환 ④ 터너증후군은 성염색체 이상으로 X염색체를 하나만 가진 여성에게 발병 ⑤ 혈우병은 대부분 남성에게만 발병 **정답** ③

☐ 19회 16번

태내기(수정-출산)에 관한 설명으로 옳지 않은 것은?

① 성염색체 이상증세로는 클라인펠터 증후군(Klinefelter's syndrome), 터너증후군(Turner's syndrome)이 있다.

② 임산부의 심각하고 지속적인 불안은 높은 비율의 유산이나 난산, 조산, 저체중아 출산과 연관이 있다.

③ 태아의 성장, 발육을 위하여 칼슘, 단백질, 철분, 비타민 등을 충분히 섭취하여야 한다.

④ 다운증후군은 47개의 염색체를 가짐으로 나타나는 증후군이다.

⑤ 기형발생물질이란 태내발달에 영향을 미쳐 심각한 손상을 일으키는 환경적 매개물을 말한다.

해설 다운증후군과 클라인펠터 증후군은 47개의 염색체 때문에 나타나는 대표적인 증후군이다.

정답 출제 오류로 모두 정답 처리됨

☐ 18회 18번

태내기(prenatal period)의 발달에 관한 설명으로 옳지 않은 것은?

① 환경호르몬, 방사능 등 외부환경과 임신부의 건강상태, 정서상태, 생활습관 등이 태아의 발달에 영향을 미친다.

② 터너(Turner)증후군은 남아가 XXY, XXXY 등의 성염색체를 가져 외모는 남성이지만 사춘기에 여성적인 2차 성징이 나타난다.

③ 양수검사는 임신초기에 할 경우 자연유산의 위험성이 있으므로 임신중기에 실시하는 것이 좋다.

④ 융모막검사는 정확도가 양수검사에 비해 떨어지고 유산의 위험성이나 사지 기형의 가능성이 있어 염색체 이상이나 노산일 경우에 제한적으로 실시하는 것이 좋다.

⑤ 다운증후군은 23쌍의 염색체 중 21번 염색체가 하나 더 존재해서 유발된다.

해설 ② 터너증후군은 여아가 XO 성염색체를 가져 사춘기에 여성적인 2차 성징이 나타나지 않는다.　정답 ②

2. 영아기(0-2세)

□ 22회 17번

영아기(0-2세)에 관한 설명으로 옳은 것은?

① 콜버그(L. Kohlberg): 전인습적 도덕기에 해당한다.

② 에릭슨(E. Erikson): 주 양육자와의 "신뢰 대 불신"이 중요한 시기이다.

③ 피아제(J. Piaget): 보존(conservation) 개념이 확립되는 시기이다.

④ 프로이트(S. Freud): 거세불안(castration anxiety)을 경험하는 시기이다.

⑤ 융(C. Jung): 생활양식이 형성되는 시기이다.

해설 ① 콜버그: 전인습적 도덕기는 4-10세 ③ 피아제: 대상영속성 발달 ④ 프로이트: 최초의 양가감정을 경험하는 시기　정답 ②

□ 21회 09번

영아기(0-2세)에 관한 설명으로 옳지 않은 것은?

① 인지발달은 감각기관과 운동기능을 통해 이루어지며 언어나 추상적 개념은 포함되지 않는다.

② 정서발달은 긍정적 정서를 표현하는 것에서 시작하여 점차 부정적 정서까지 표현하게 된다.

③ 언어발달은 인지 및 사회성 발달과 밀접한 관련이 있다.

④ 영아와 보호자 사이에 애착관계 형성이 중요하다.

⑤ 낯가림이 시작된다.

해설 ② 정서발달은 기쁨, 분노, 슬픔, 혐오, 공포 등의 기초적인 1차 정서에서 점진적으로 분화되어 공감, 당혹감, 질투, 수치심 등의 2차 정서로 나타난다.　정답 ②

□ 21회 21번

신생아기(출생-1개월)의 반사운동에 관한 설명으로 옳지 않은 것은?

① 바빈스키반사(babinski reflect)는 입 부근에 부드러운 자극을 주면 자극이 있는 쪽으로 입을 벌리는 반사운동이다.

② 파악반사(grasping reflect)는 손에 닿는 것을 움켜쥐고 놓지 않으려는 반사운동이다.

③ 연하반사(swallowing reflect)는 입 속에 있는 음식물을 삼키려는 반사운동이다.

④ 모로반사(moro reflect)는 갑작스러운 외부 자극에 팔과 다리를 쭉 펴면서 껴안으려고 하는 반사운동이다.

⑤ 원시반사(primitive reflect)에는 바빈스키, 모로, 파악, 걷기 반사 등이 있다.

해설 ① 바빈스키반사는 신생아의 발바닥을 자극하면 발가락을 펴고 오므리는 반사운동　정답 ①

□ 19회 17번

영아기(0-2세)에 관한 설명으로 옳지 않은 것은?

① 양육자와의 애착형성은 사회·정서적 발달에 중요하다.
② 피아제(J. Piaget)의 감각운동기에 해당한다.
③ 프로이트(S. Freud)의 구강기에 해당한다.
④ 에릭슨(E. Erikson)의 자율성 대 수치심 단계에 해당한다.
⑤ 제1성장 급등기라고 할 정도로 일생 중 신체적으로 급격한 성장이 일어난다.

해설 에릭슨의 신뢰감 대 불신감 단계에 해당 **정답** ④

□ 18회 19번

영아기(0-2세)에 관한 설명으로 옳지 않은 것은?

① 제1성장 급등기라고 할 정도로 일생 중 신체적으로 급격한 성장이 일어난다.
② 프로이드(S. Freud)의 구강기, 피아제(J. Piaget)의 감각운동기에 해당된다.
③ 생존반사로는 연하반사(삼키기반사), 빨기반사, 바빈스키반사, 모로반사 등이 있다.
④ 대상이 눈에 보이지 않아도 존재한다는 사실을 인식할 수 있는 대상영속성이 습득된다.
⑤ 양육자와의 애착관계형성은 사회·정서적 발달에 매우 중요하다.

해설 ③ 생존반사로는 연하반사(삼키기반사), 빨기반사, 젖찾기반사(탐색반사) 등이 있다. **정답** ③

3. 유아기(3-6세)

□ 22회 19번

유아기(3-6세)에 관한 설명으로 옳지 않은 것은?

① 자신의 성을 인식하는 성 정체성이 발달한다.
② 놀이를 통한 발달이 활발한 시기이다.

③ 신체적 성장이 영아기(0-2세)보다 빠른 속도로 진행된다.
④ 언어발달이 현저하게 이루어지는 시기이다.
⑤ 정서적 표현의 특징은 일시적이며 유동적이다.

해설 ③ 신체적 성장이 영아기(0-2세)보다 느린 속도로 진행된다. **정답** ③

□ 21회 11번

유아기(3-6세)에 관한 설명으로 옳은 것은?

① 남아는 오이디푸스 콤플렉스를 경험하고 여아는 엘렉트라 콤플렉스를 경험한다.
② 콜버그(L. Kohlberg)에 의하면 인습적 수준의 도덕성 발달단계를 보인다.
③ 피아제의 구체적 조작기에 해당되며 상징적 사고가 가능하다.
④ 인지발달은 상위 개념과 하위 개념을 구분하여 완전한 수준의 분류능력을 보인다.
⑤ 영아기에 비해 성장 속도가 빨라지며 지속적으로 성장한다.

해설 ② 콜버그에 의하면 전인습적 수준의 도덕성 발달단계를 보인다. ③ 피아제의 전조작기에 해당되며 상징적 사고가 가능하다. ④ 피아제의 구체적 조작기(아동기 7-12세)의 특성이다. ⑤ 제1성장 급등기(영아기)에 비해 성장 속도가 완만해지지만 지속적으로 성장한다. **정답** ①

□ 20회 19번

유아기(3-6세)에 관한 설명으로 옳지 않은 것은?

① 영아기(0-2세)보다 성장속도가 느려진다.
② 성역할의 내면화가 이루어진다.
③ 오로지 자신의 관점에 비추어 타인의 감정이나 사고를 예측하는 경향이 있다.
④ 피아제(J. Piaget)의 형식적 조작기에 해당한다.
⑤ 전환적 추론이 가능하다.

해설 ④ 피아제의 전조작기에 해당 **정답** ④

□ 19회 18번

유아기(3-6세)에 관한 설명으로 옳지 않은 것은?

① 프로이트(S. Freud)의 오이디푸스·엘렉트라 콤 플렉스가 나타나는 시기이다.

② 콜버그(L. Kohlberg)의 도덕발달단계에서는 보 상 또는 처벌회피를 위해 행동을 하는 시기이다.

③ 에릭슨(E. Erikson)의 주도성 대 죄의식 단계에 해당한다.

④ 성적 정체성(gender identity)이 발달하는 시기 이다.

⑤ 영아기(0-2세)에 비해 성장속도가 빨라지는 특성을 보인다.

해설 ⑤ 영아기에 비해 성장속도가 감소되는 특성을 보 인다. 정답 ⑤

□ 18회 20번

유아기(3-6세)의 발달에 관한 설명으로 옳은 것은?

① 프로이드(S. Freud)의 오이디푸스 콤플렉스와 엘렉트라 콤플레스가 일어나는 시기이다.

② 콜버그(L. Kohlberg)의 후인습적 단계의 도덕 적 사고가 나타나는 시기이다.

③ 피아제(J. Piaget)의 자율적 도덕성의 단계이다.

④ 심리사회적 유예가 일어나는 시기이다.

⑤ 보존기술, 분류기술 등 기본적 논리체계가 획 득된다.

해설 ② 콜버그의 전인습적 단계의 도덕적 사고가 나타나 는 시기이다. ③ 피아제(J. Piaget)의 타율적 도덕성의 단 계이다. ④ 청소년기 ⑤ 아동기 정답 ①

☑ 핵심요약

1. 태내기(수정~출산, prenatal period)

- 발아기(배종기, 수정 후 약 2주간) → 배아기(수정 후 약 2~8주) → 태아기(수정 후 약 8주~출생)

(1) 태아의 성장

① 임신 초기(1~3개월)
- 3주 초기: 심장이 형성
- 3주 후기: 심장이 뛰기 시작
- 4주 : 눈, 귀, 팔, 다리, 소화기관, 척추, 신경계 형성
- 5주: 호흡기 계통 형성
- 7주: 얼굴과 목, 외부생식기 형성

② 임신 중기(4~6개월): 태동을 느낄 수 있음

③ 임신 말기(7~9개월): 태아 발달 완성
- 이 시기 이후에는 태아가 모체에서 분리되어도 생존 가능

(2) 태아에 영향을 미치는 요인

① 임산부의 연령: 고령의 임산부일수록 다운증후군의 출생 확률이 높음

② 임산부의 영양상태(건강상태): 태아의 중추신경계 발달에 안 좋은 영향을 미치고, 신생

아가 질병에 취약해질 확률이 높아짐

③ 임산부의 심각하고 지속적인 불안(정서상태): 높은 비율의 유산, 난산, 조산, 저체중아 출산과 연관성이 있음

④ 임산부의 흡연: 저체중아 출산, 임신기간의 단축, 자연유산의 증가 등과 연관 있음

⑤ 임산부의 음주: '태아알코올증후군(Fetal alcohol syndrome)'의 위험이 있음

⑥ 임산부의 약물복용: 임신 1~3개월은 태아에게 약물이 가장 많은 영향을 미치는 시기

⑦ 양수검사: 임신 초기에는 자연유산의 위험성이 있으므로 임신 중기에 실시하는 것이 좋음

⑧ 융모막검사: 정확도가 양수검사에 비해 떨어지고 유산의 위험성이나 사지 기형의 가능성이 있어 염색체 이상이나 노산일 경우에 제한적으로 실시하는 것이 바람직

(3) 태내기(수정~출산)에 유전적 요인으로 인해 발생할 수 있는 장애

① 다운증후군(몽고증)
- 대부분 지능 저하를 동반
- 21번째 염색체가 2개가 아닌 3개가 있어서 전체가 47개로 되어 있는 기형

② 헌팅톤병: 상염색체 우성 유전인자 질환으로서 유전성 뇌질환

③ 페닐케톤뇨증: 아미노산을 분해시키는 효소가 결핍된 상염색체 열성 유전인자 질병으로서 단백질의 대사장애를 일으킴

③ 클라인펠터증후군: 남아가 XXY, XXXY 등의 성염색체를 가져 외모는 남성이지만 사춘기에 여성적인 2차 성징이 나타남

④ 터너증후군(Turner syndrome): 여아가 XO 성염색체를 가져 사춘기에 여성적인 2차 성징이 나타나지 않음

⑤ 혈우병: 혈액이 응고되지 않는 선천적 장애로 대부분 남성에게 발병

2. 영아기(0~2세)

- 프로이트의 구강기, 에릭슨의 신뢰감 대 불신감 단계, 피아제의 감각운동기에 해당하는 시기

(1) 신체발달

① 제1성장 급등기라고 할 정도로 일생 중 신체적으로 급격한 성장이 일어남

② 신생아기(출생~1개월)의 반사운동
- 생존반사: 생존을 위해 꼭 필요한 반사작용으로 호흡반사, 빨기반사, 젖찾기 반사, 연하반사, 동공반사, 눈깜빡반사 등이 있음
  - 젖찾기 반사(탐색반사): 입 부근에 부드러운 자극을 주면 자극이 있는 쪽으로 입을 벌리는 반사운동
  - 연하반사: 입 속에 있는 음식물을 삼키려는 반사운동
- 원시반사: 생존과는 관계가 없는 반사

- 바빈스키반사: 신생아의 발바닥을 자극하면 발가락을 펴고 오므리는 반사운동
- 모로반사: 갑작스러운 외부 자극에 팔과 다리를 쭉 펴면서 껴안으려고 하는 반사
  운동
- 파악반사: 손에 닿는 것을 움켜쥐고 놓지 않으려는 반사운동
- 걷기반사
- 수영반사: 아이를 물에 넣으면 수영을 하는 것처럼 움직임

(2) 인지발달

- 감각기관과 운동기능을 통해 이루어지며 언어나 추상적 개념은 포함되지 않음

(3) 언어발달

- 인지 및 사회성 발달과 밀접한 관련이 있음

(4) 정서발달

① 기쁨, 분노, 슬픔, 혐오, 공포 등의 기초적인 1차 정서에서 점진적으로 분화되어 공
  감, 당혹감, 공감, 질투, 수치심 등의 2차 정서로 나타남
② 영아와 보호자 사이에 애착관계 형성이 중요
③ 낯가림 시작

3. 유아기(3~6세)

- 프로이트의 남근기, 에릭슨의 주도성 대 죄의식 단계, 피아제의 전조작기 및 타율적
  도덕성의 단계, 콜버그의 전인습적 수준의 도덕성 발달단계에 해당하는 시기

(1) 신체발달

- 영아기(0~2세)에 비해 성장속도가 감소되는 특성을 보임

(2) 인지·정서발달

① 성적 정체성이 발달하는 시기
② 오로지 자신의 관점에 비추어 타인의 감정이나 사고를 예측하는 경향이 있음

☑ **과락**科落 말고 **과락**科樂 기출 선지

1. 태내기(수정~출산)는 발아기(배종기, 수정 후 약 2주간) → 배아기(수정 후 약 2~8주) → 태아기(수정 후 약 8주~출생)이다.

2. 태아에 영향을 미치는 요인 임산부의 연령, 영양상태(건강상태), 정서상태, 흡연, 음주, 약물복용 등이 있다.

03. 다운증후군(몽고증)은 21번째 염색체가 2개가 아닌 3개가 있어서 전체가 47개로 되어 있는 기형으로 대부분 지능 저하를 동반한다.

04. 클라인펠터증후군은 남아가 XXY, XXXY 등의 성염색체를 가져 외모는 남성이지만 사춘기에 여성적인 2차 성징이 나타난다.

05. 터너증후군은 여아가 XO 성염색체를 가져 사춘기에 여성적인 2차 성징이 나타나지 않는다.

06. 영아기(0-2세)는 프로이트의 구강기, 에릭슨의 신뢰감 대 불신감 단계, 피아제의 감각운동기에 해당하는 시기이다.

07. 제1성장 급등기라고 할 정도로 일생 중 신체적으로 급격한 성장이 일어난다.

08. 생존반사는 생존을 위해 꼭 필요한 반사작용으로 호흡반사, 빨기반사, 젖찾기반사, 연하반사, 동공반사, 눈깜빡반사가 있다.

09. 원시반사는 생존과는 관계가 없는 반사로 바빈스키반사, 모로반사, 파악반사, 걷기반사, 수영반사가 있다.

10. 유아기(3-6세)는 프로이트의 남근기, 에릭슨의 주도성 대 죄의식 단계, 피아제의 전조작기 및 타율적 도덕성의 단계, 콜버그의 전인습적 수준의 도덕성 발달단계에 해당하는 시기이다.

11. 유아기는 성적 정체성이 발달하는 시기이다.

4. 아동기(7-12세)

□ 22회 24번

아동기(7-12세)의 발달에 관한 설명으로 옳은 것을 모두 고른 것은?

ㄱ. 프로이트(S. Freud): 성 에너지(리비도)가 무의식 속에 잠복하는 잠재기(latency stage)
ㄴ. 피아제(J. Piaget): 보존, 분류, 유목화, 서열화 등의 개념을 점차적으로 획득
ㄷ. 콜버그(L. Kohlberg): 인습적 수준의 도덕성 발달단계로 옮겨가는 시기
ㄹ. 에릭슨(E. Erikson): "주도성 대 죄의식"의 발달이 중요한 시기

① ㄱ, ㄴ　　② ㄴ, ㄹ　　③ ㄱ, ㄴ, ㄷ
④ ㄱ, ㄷ, ㄹ　　⑤ ㄴ, ㄷ, ㄹ

해설 ㄹ. 에릭슨: "근면성 대 열등감"의 발달이 중요한 시기 ☑ "주도성 대 죄의식"은 유희기(학령전기, 4-6세) 단계의 발달　　정답 ③

□ 21회 23번

아동기(7-12세)에 관한 설명으로 옳은 것을 모두 고른 것은?

ㄱ. 제1의 반항기이다.
ㄴ. 조합기술의 획득으로 사칙연산이 가능해진다.
ㄷ. 객관적, 논리적 사고가 가능해진다.
ㄹ. 정서적 통제와 분화된 정서표현이 가능해진다.
ㅁ. 타인의 입장을 고려하지 못한다.

① ㄴ, ㄷ   ② ㄱ, ㄴ, ㄹ

③ ㄴ, ㄷ, ㄹ   ④ ㄷ, ㄹ, ㅁ

⑤ ㄱ, ㄷ, ㄹ, ㅁ

해설 ㄱ. 유아기 ㅁ. 유아기 특성   **정답** ③

□ 19회 19번

아동기(7-12세)에 관한 설명으로 옳은 것을 모두 고른 것은?

> ㄱ. 보존개념을 획득한다.
> ㄴ. 분류화·유목화가 가능하다.
> ㄷ. 가설연역적 추리가 가능하다.
> ㄹ. 자아정체감을 획득한다.

① ㄱ   ② ㄴ, ㄹ   ③ ㄱ, ㄴ, ㄷ

④ ㄱ, ㄷ, ㄹ   ⑤ ㄴ, ㄷ, ㄹ

해설 ㄷ. ㄹ. 피아제의 형식적 조작기인 청소년기의 특징
정답 출제 오류로 모두 정답 처리됨

□ 18회 21번

아동기(7-12세)의 발달에 관한 설명으로 옳은 것을 모두 고른 것은?

> ㄱ. 에릭슨(E. Erikson)의 심리사회적 위기 중 솔선성 대 죄의식(initiative vs guilt)이 해당된다.
> ㄴ. 조합기술을 획득하기 위해서는 가역성, 보상성, 동일성의 원리에 대한 이해가 필요하다.
> ㄷ. 단체놀이를 통해 개인의 목표가 단체의 목표에 속함을 인식하고 노동배분(역할분담)의 개념을 학습한다.
> ㄹ. 추상적 사고가 가능해져서 미래의 사건을 예측할 수 있는 가설적, 연역적 사고가 발달한다.

① ㄱ   ② ㄷ   ③ ㄱ, ㄷ

④ ㄴ, ㄷ   ⑤ ㄴ, ㄹ

해설 ㄱ. 유희기(학령전기)의 특성 ㄴ. '조합기술을 획득하기 위해'는 조합기술을 획득하기 이전이므로 전조작기의 특성 ㄹ. 피아제의 형식적 조작기인 청소년기의 특징   **정답** ②

5. 청소년기(13-19세)

□ 22회 18번

청소년기(13-19세)에 관한 설명으로 옳지 않은 것은?

① 신체적 측면에서 제2의 급성장기이다.

② 심리적 이유기의 특징을 보인다.

③ 부모보다 또래집단의 영향력이 커진다.

④ 피아제(J. Piaget)에 의하면 비가역적 사고의 특징이 나타나는 시기이다.

⑤ 프로이트(S. Freud)의 심리성적발달단계에서 생식기에 해당한다.

해설 ④ 피아제(J. Piaget)에 의하면 추상적 사고의 특징이 나타나는 시기 ☑ 비가역적 사고는 전조작기에 나타나는 특징   **정답** ④

□ 21회 22번

청소년기(13-19세)에 관한 설명으로 옳지 않은 것은?

① 친밀감 형성이 주요 발달과업이다.

② 신체적 발달이 활발하여 제2의 성장 급등기로 불린다.

③ 특징적 발달 중 하나로 성적 성숙이 있다.

④ 정서의 변화가 심하며 극단적 정서를 경험하기도 한다.

⑤ 추상적 이론과 관념적 사상에 빠져 때로 부정적 정서를 경험한다.

해설 ① 친밀감은 청년기(성인초기)의 주요 발달과업   **정답** ①

□ 20회 21번

엘킨드(D. Elkind)가 제시한 청소년기(13-19세) 자기중심성(egocentrism)에 관한 내용으로 옳지 않은 것은?

① 다른 사람이 경험하는 위기가 자신에게는 일어나지 않으리라 믿는다.

② 상상적 관중을 의식하여 작은 실수에 대해서도 번민한다.

③ 자신의 감정이나 경험이 매우 특별하다고 생각한다.

④ 자신과 타인에 대해 객관적으로 이해하고 판단한다.

⑤ 자신이 타인으로부터 집중적인 관심의 대상이 된다고 믿는다.

해설 ④ 자신과 타인에 대해 자기중심적으로 이해하고 판단한다. **정답** ④

□ 19회 20번

청소년기(13-19세)의 성적 성숙에 관한 설명으로 옳은 것은?

① 성적 성숙에는 개인차가 있지만 발달의 순서는 일정하다.

② 여성은 난소에서 에스트로겐이 분비되어 초경, 가슴 발육, 음모, 겨드랑이 체모 등의 순으로 성적 성숙이 진행된다.

③ 남성은 고환에서 분비되는 안드로겐의 영향으로 음모, 고환과 음경 확대, 겨드랑이 체모, 수염등의 순으로 성적 성숙이 진행된다.

④ 일차성징은 성적성숙의 생리적 징후로서 여성의 가슴 발달과 남성의 넓은 어깨를 비롯하여 변성, 근육 발달 등의 변화가 나타나는 것을 말한다.

⑤ 이차성징은 여성의 난소, 나팔관, 자궁, 질, 남성의 고환, 음경, 음낭 등 생식을 위해 필요한 기관의 발달을 말한다.

해설 ② 여성은 난소에서 에스트로겐이 분비되어 가슴 발육 - 음모 - 초경 - 겨드랑이 체모 등의 순으로 성적 성숙이 진행 ③ 남성은 고환에서 분비되는 안드로겐의 영향으로 고환과 음경 확대 - 음모 - 겨드랑이 체모 - 수염 등의 순으로 성적 성숙이 진행된다. ④ 일차성징은 태어났을 때의 생식기를 통한 성별의 구분을 말한다.

정답 ①, ⑤ 모두 정답 처리됨

□ 18회 22번

청소년기(13-19세)에 관한 설명으로 옳지 않은 것은?

① 신체적 성장이 급속히 이루어진다는 점에서 제2의 성장급등기라고 한다.

② 어린이도 성인도 아니라는 점에서 주변인이라고 불린다.

③ 상상적 청중과 개인적 우화는 청소년기에 타인을 배려하는 사고가 반영된 예이다.

④ 피아제(J. Piaget)의 인지발달과정 중 형식적 조작기에 해당된다.

⑤ 정서적 변화가 급격히 일어난다는 점에서 질풍노도의 시기라고 한다.

해설 ③ 상상적 청중과 개인적 우화는 청소년기에 자기중심성 사고가 반영된 예이다. **정답** ③

□ 18회 25번

마샤(J. Marcia)의 자아정체감 유형에 속하지 않는 것은?

① 정체감 수행(identity performance)

② 정체감 혼란(identity diffusion)

③ 정체감 성취(identity achievement)

④ 정체감 유예(identity moratorium)

⑤ 정체감 유실(identity foreclosure)

해설 마샤는 자아정체감 위기 경험 유무와 수행 역할 전념의 정도에 따라 자아정체감을 성취, 유실, 유예, 혼란으로 범주화했다. **정답** ①

4. 아동기(7~12세)

- 프로이트의 잠복기, 에릭슨의 근면성 대 열등감 단계, 피아제의 구체적 조작기 및 자율적 도덕성의 단계, 콜버그의 전인습적 수준 후기와 인습수준 전기의 도덕성 발달단계에 해당하는 시기

(1) 인지·사회성 발달

① 조합기술의 획득으로 사칙연산 가능
② 객관적, 논리적 사고 가능
③ 정서적 통제와 분화된 정서표현 가능
④ 동성 또래관계를 통해 사회화를 경험

5. 청소년기(13~19세)

- 프로이트의 생식기, 에릭슨의 자아정체감 대 자아정체감 혼미 단계, 피아제의 형식적 조작기 및 자율적 도덕성의 단계, 콜버그의 인습수준 도덕성 발달단계에 해당하는 시기
- 제2의 성장 급등기·주변인·질풍노도의 시기·심리적 이유기

(1) 신체적 발달

① 신체적 발달이 활발하여 제2의 성장 급등기로 불림
② 특징적 발달 중 하나로 성적성숙이 있음
- 성적 성숙에는 개인차가 있지만 발달의 순서는 일정함
- 이차성징: 여성의 난소·나팔관·자궁·질, 남성의 고환·음경·음낭 등 생식을 위해 필요한 기관의 발달
  ☑ 일차성징: 태어났을 때의 생식기를 통한 성별의 구분
- 여성: 난소에서 에스트로겐이 분비되어 가슴 발육 → 음모 → 초경 → 겨드랑이 체모 등의 순으로 성적 성숙 진행
- 남성: 고환에서 분비되는 안드로겐의 영향으로 고환과 음경 확대 → 음모 → 겨드랑이 체모 → 수염 등의 순으로 성적 성숙 진행

(2) 사회정서발달

① 정서의 변화가 심하며 극단적 정서를 경험하기도 함
② 추상적 이론과 관념적 사상에 빠져 때로는 부정적 정서를 경험
③ 엘킨드가 제시한 청소년기(13~19세) 자기중심성(egocentrism)
- 다른 사람이 경험하는 위기가 자신에게는 일어나지 않으리라 믿음
- 상상적 관중을 의식하여 작은 실수에 대해서도 번민함

• 자신의 감정이나 경험이 매우 특별하다고 생각
• 자신과 타인에 대해 자기중심적으로 이해하고 판단
• 자신이 타인으로부터 집중적인 관심의 대상이 된다고 믿음

④ 마샤(마르시아, J. Marcia)

자아정체감 4범주		자아정체감 위기(crisis) 경험	
		O	X
수행 역할에 전념	O	정체감 성취	정체감 유실
	X	정체감 유예	정체감 혼란

☑ 과락科落 말고 **과락科樂 기출 선지**

01. **아동기(7-12세)**는 프로이트의 잠복기, 에릭슨의 근면성 대 열등감 단계, 피아제의 구체적 조작기 및 자율적 도덕성의 단계, 콜버그의 전인습적 수준 후기와 인습수준 전기의 도덕성 발달단계에 해당하는 시기이다.

02. **청소년기(13-19세)**는 프로이트의 생식기, 에릭슨의 자아정체감 대 자아정체감 혼미 단계, 피아제의 형식적 조작기 및 자율적 도덕성의 단계, 콜버그의 인습수준 도덕성 발달단계에 해당하는 시기이다.

03. 제2의 성장 급등기, 주변인, 질풍노도의 시기, 심리적 이유기라고 불린다.

04. 상상적 청중과 개인적 우화는 청소년기에 자기중심성 사고가 반영된 예이다.

05. 마샤(마르시아)의 자아정체감 4범주는 자아정체감 위기 경험과 수행 역할 전념에 따라 ① 정체감 성취 ② 정체감 유예 ③ 정체감 유실 ④ 정체감 혼란으로 분류한다.

6. 청년기(성인초기)

□ 22회 20번

청년기(20-39세)에 관한 설명으로 옳은 것은?

① 에릭슨(E. Erikson)은 근면성의 발달을 중요한 과업으로 보았다.
② 다른 시기에 비하여 경제적으로 안정되어 있고 직업에서도 높은 지위와 책임을 갖게 된다.
③ 빈둥지 증후군을 경험하는 시기이다.
④ 또래와의 상호작용을 통하여 자아개념이 발달하기 시작한다.
⑤ 직업 준비와 직업선택에 대한 의사결정을 하는 시기이다.

해설 ① 학령기(7-12세) ②, ③ 장년기(40-65세) ④ 청소년기(13-19세)
정답 ⑤

□ 20회 22번

청년기(20-35세)에 관한 설명으로 옳지 않은 것은?

① 자기 부양 능력을 갖추어야 하는 시기이다.
② 자아정체감 형성이 주요 발달 과제인 시기이다.
③ 부모로부터 심리적, 경제적으로 독립하여 자율성을 성취하는 시기이다.
④ 개인적 욕구와 사회적 욕구 사이에 균형을 찾아 직업을 선택하는 시기이다.
⑤ 타인과의 관계에서 친밀감을 형성하면서 결혼과 부모됨을 고려하는 시기이다.

해설 ② 청소년기(13-19세)에 관한 설명   **정답** ②

□ 19회 21번

하비거스트(R. Havighurst)의 청년기(20-35세) 발달과업으로 옳지 않은 것은?

① 배우자 선택
② 직장생활 시작
③ 경제적 수입 감소에 따른 적응
④ 사회적 집단 형성
⑤ 직업의 준비와 선택

해설 ③ 하비거스트의 노년기(65세 이상) 발달과업 ☑ 하비거스트의 청년기(20-35세) 발달과업: ① 자신의 신체 및 성역할 수용 ② 이성과의 새로운 관계 형성 ③ 경제적 독립의 필요성 인식 ④ 직업의 준비와 선택 ⑤ 결혼과 가정생활 준비(배우자 선택) 등   **정답** ③

7. 장년기(중년기·성인중기·중장년기)

□ 22회 23번

중년기(40-64세)의 설명으로 옳은 것은?

① 에릭슨(E. Erikson)에 의하면 "생산성 대 침체"라는 심리사회적 위기를 극복하게 되면 돌봄(care)의 덕목을 갖추게 된다.
② 유동성 지능(fluid intelligence)은 높아지며 문제해결능력도 향상될 수 있다.
③ 자아통합이 완성되는 시기로 자신의 삶에 대한 평가를 시도한다.
④ 갱년기 증상은 여성에게 나타나고 남성은 경험하지 않는다.
⑤ 융(C. Jung)에 의하면 남성에게는 아니무스가, 여성에게는 아니마가 드러나는 시기이다.

해설 ② 결정성 지능은 높아지며 문제해결능력도 향상될 수 있다. ③ 자신의 삶에 대한 의문을 제기하는 시기이다. ④ 갱년기 증상은 여성과 남성 모두 경험한다. ⑤ 융에 의하면 남성에게는 아니마가, 여성에게는 아니무스가 드러나는 시기이다.   **정답** ①

□ 21회 10번

중년기(40-64세)에 관한 설명으로 옳은 것은?

① 여성만이 우울, 무기력감 등 심리적 증상을 경험한다.
② 여성은 에스트로겐의 분비가 감소되고 남성은 테스토스테론의 분비가 증가된다.
③ 인지적 반응속도가 최고조에 달한다.
④ 외부세계에 쏟았던 에너지가 자신의 내부로 향한다.
⑤ 친밀감 형성이 주요 과업이며 사회관계망이 축소된다.

해설 ① 남녀 모두가 우울, 무기력감 등 심리적 증상을 경험 ② 여성은 에스트로겐의 분비가 감소되고 남성은 테스토스테론의 분비가 감소 ③ 청년기(20-35세)에 관한 설명 ⑤ 친밀감 형성이 주요 과업: 에릭슨의 청년기(성인초기)   **정답** ④

□ 20회 23번

중년기(40~64세)에 관한 설명으로 옳은 것은?

① 펙(R. Peck)은 신체 중시로부터 신체 초월을 중년기의 중요한 발달과제로 보았다.

② 결정성(crystallized) 지능은 감소하고 유동성(fluid) 지능은 증가한다.

③ 융(C. Jung)에 따르면, 외부세계에 쏟았던 에너지를 자신의 내부에 초점을 두며 개성화의 과정을 경험한다.

④ 여성은 에스트로겐의 분비가 감소되고 남성은 테스토스테론의 분비가 증가된다.

⑤ 갱년기는 여성만이 경험하는 것으로 신체적 변화와 동시에 우울, 무기력감 등 심리적 증상을 동반한다.

해설 ① 펙은 신체 중시로부터 신체 초월을 노년기의 중요한 발달과제로 보았다. ② 결정성 지능은 증가하고 유동성 지능은 감소 ④ 여성은 에스트로겐의 분비가 감소되고 남성은 테스토스테론의 분비가 감소 ⑤ 갱년기는 남녀 모두가 경험하는 것으로 신체적 변화와 동시에 우울, 무기력감 등 심리적 증상을 동반 **정답** ③

□ 19회 22번

중년기(40~64세)에 관한 설명으로 옳지 않은 것은?

① 혼(J. Horn)은 유동적 지능은 증가하는 반면, 결정적 지능은 감소한다고 하였다.

② 레빈슨(D. Levinson)은 성인 초기의 생애 구조에 대한 평가, 중년기에 대한 가능성 탐구, 새로운 생애 구조 설계를 위한 선택 등을 과업으로 제시하였다.

③ 굴드(R. Gould)는 46세 이후에 그릇된 가정을 모두 극복하고 진정한 자아를 찾는 시기라고 하였다.

④ 에릭슨(E. Erikson)은 생산성 대 침체성의 시기라고 하였다.

⑤ 융(C. Jung)은 중년기에 관한 구체적인 개념을 발전시킨 학자이다.

해설 ① 혼은 유동적 지능은 감소하는 반면, 결정적 지능은 증가한다고 하였다. **정답** ①

□ 18회 23번

중년기(성인중기, 40~64세)에 관한 설명으로 옳지 않은 것은?

① 에릭슨(E. Erikson)의 생산성 대 침체성(generativity vs stagnation)의 단계에 해당된다.

② 아들러(A. Adler)는 외부에 쏟았던 에너지를 자기 내부로 돌리며 개성화 과정을 경험한다고 본다.

③ 결정성 지능은 계속 증가하지만 유동성 지능은 감소한다고 본다.

④ 성인병 같은 다양한 신체적 질환이 많이 나타나고 갱년기를 경험한다.

⑤ 남성은 테스토스테론이, 여성은 에스트로겐의 분비가 감소되는 호르몬의 변화과정을 겪는다.

해설 ② 융은 외부에 쏟았던 에너지를 자기 내부로 돌리며 개성화 과정을 경험한다고 본다. **정답** ②

8. 노년기(성인기, 65세 이상)

□ 21회 20번

노년기(65세 이상)에 관한 설명으로 옳지 않은 것은?

① 주요 과업은 이제까지의 자신의 삶을 수용하는 것이다.

② 생에 대한 회상이 증가하고 사고의 융통성이 증가한다.

③ 친근한 사물에 대한 애착이 많아진다.

④ 치매의 발병 가능성이 다른 연령대에 비해 높아진다.

⑤ 내향성이 증가한다.

해설 ② 생에 대한 회상이 증가하고 사고의 경직성이 증가한다. **정답** ②

□ 19회 15번

다음이 설명하는 퀴블러 로스(E. Kübler-Ross) 의 죽음과 상실에 대한 심리적 단계는?

> 요양병원에 입원하고 있는 A씨는 간암 말기 진단을 받았다. 그는 자신이 죽는다는 것을 인정하고, 가족들이 받게 될 충격을 최소화하기 위해 만남과 헤어짐, 죽음, 추억 등의 이야기를 나누며 시간을 보내고 있다.

① 부정(Denial) ② 분노(Rage and Anger)
③ 타협(Bargaining) ④ 우울(Depression)
⑤ 수용(Acceptance)

해설 그는 자신이 죽는다는 것을 인정(수용) ① 1단계: 부정 – 의사의 오진이라고 생각하며 죽음을 회피하고 사실로 받아들이지 않고 부정 ② 2단계: 분노 – 주변 사람들에게 화를 내며 분노 ③ 3단계: 타협 – 죽음의 연기를 위해 특정 대상과 타협을 시도 ④ 4단계: 우울 – 죽음과 이별을 실감하며 상실감과 우울감을 호소 ⑤ 5단계: 수용 – 죽음을 수용하고 임종을 준비 **정답** ⑤

□ 19회 23번

노년기(65세 이상)에 관한 설명으로 옳지 않은 것은?

① 분리이론은 노년기를 노인 개인과 사회가 동시에 상호분리를 시작하는 시기로 보는 이론이다.
② 활동이론은 노년기를 잘 보내기 위해서는 은퇴와 같은 종결되는 역할들을 대치할 수 있는 활동을 발견하는 것이 중요하다는 이론이다.

③ 에릭슨(E. Erikson)은 노년기의 발달과제로 자아통합이 중요하다고 주장하였다.
④ 퀴블러 로스(E. Kübler-Ross)는 죽음과 상실에 대한 심리적 5단계를 제시하였다.
⑤ 펙(R. Peck)의 발달과업이론은 생애주기를 중년기와 노년기로 구분하여 설명하였다.

해설 ⑤ 펙의 발달과업이론은 생애주기를 중년기와 노년기를 통합하여 설명한다. **정답** ⑤

□ 18회 24번

노년기(성인후기, 65세 이상)에 관한 설명으로 옳지 않은 것은?

① 시각, 청각, 미각 등의 감각기능이 약화되고, 생식기능 또한 점차 약화된다.
② 퀴블러 로스(E. Kübler-Ross)는 인간이 죽음에 적응하는 5단계 중 마지막 단계를 타협단계라고 하였다.
③ 신체변화에 대한 적응, 인생에 대한 평가, 역할 재조정, 죽음에 대한 대비 등이 주요 발달과업이다.
④ 에릭슨(E. Erikson)은 자아통합을 이루지 못하면 절망감을 느낀다고 보았다.
⑤ 신장기능이 저하되어 신장질환에 걸릴 가능성이 증가하고, 방광이나 요도기능의 저하로 야간에 소변보는 횟수가 증가한다.

해설 ② 퀴블러 로스는 인간이 죽음에 적응하는 5단계 중 마지막 단계를 수용단계라고 한다. **정답** ②

☑ 핵심요약

6. 청년기(성인초기)
- 에릭슨의 친밀감 대 고립감 단계

(1) 특징
① 인지적 반응속도가 최고조에 달함

② 자기 부양 능력을 갖추어야 하는 시기
③ 부모로부터 심리적, 경제적으로 독립하여 자율성을 성취하는 시기
④ 부모로부터의 독립에 대한 양가감정을 갖게 됨
⑤ 개인적 욕구와 사회적 욕구 사이에 균형을 찾아 직업을 선택하는 시기
⑥ 타인과의 관계에서 친밀감을 형성하면서 결혼과 부모됨을 고려하는 시기
⑦ 하비거스트의 청년기(20~35세) 발달과업
  · 자신의 신체 및 성역할 수용
  · 이성과의 새로운 관계 형성
  · 경제적 독립의 필요성 인식
  · 직업의 준비와 선택
  · 결혼과 가정생활 준비(배우자 선택) 등

7. 장년기(중년기·성인중기·중장년기)
  · 에릭슨의 생산성 대 침체 단계

(1) 장년기의 특징
① 갱년기는 남녀 모두가 경험하는 것으로 신체적 변화와 동시에 우울, 무기력감 등 심리적 증상을 동반
② 여성은 에스트로겐의 분비가 감소되고, 남성은 테스토스테론의 분비가 감소
③ 중년기는 일반적으로 인지적 반응속도가 청년기에 비해 늦어진다고 봄
④ 혼은 유동성 지능은 감소하는 반면 결정성 지능은 증가한다고 봄
⑤ 레빈슨은 성인초기의 생애 구조에 대한 평가, 중년기에 대한 가능성 탐구, 새로운 생애 구조 설계를 위한 선택 등을 과업으로 제시
⑥ 굴드는 46세 이후가 그릇된 가정을 모두 극복하고 진정한 자아를 찾는 시기라고 함
⑦ 에릭슨의 생산성 대 침체성의 단계에 해당되고 사회경제적 활동 능력이 최고조에 달함
⑧ 융은 외부에 쏟았던 에너지를 자기 내부로 돌리며 개성화 과정을 경험한다고 봄

8. 노년기(성인후기, 65세 이상)
  · 에릭슨의 자아통합 대 절망 단계

(1) 노년기의 특징
① 주요 과업은 이제까지의 자신의 삶을 수용하는 것
② 생에 대한 회상이 증가하고 사고의 경직성이 증가
③ 친근한 사물에 대한 애착이 많아짐
④ 신체변화에 대한 적응, 인생에 대한 평가, 역할 재조정, 죽음에 대한 대비 등이 주요 발달과업

⑤ 시각, 청각, 미각 등의 감각기능이 약화되고, 생식기능 또한 점차 약화

⑥ 신장기능이 저하되어 신장질환에 걸릴 가능성이 증가하고, 방광이나 요도기능의 저하로 야간에 소변보는 횟수 증가

⑦ 치매의 발병 가능성이 다른 연령대에 비해 높아짐

⑧ 내향성 증가

⑨ 분리이론은 노년기를 노인 개인과 사회가 동시에 상호분리를 시작하는 시기로 보는 이론

⑩ 활동이론은 노년기를 잘 보내기 위해서는 은퇴와 같은 종결되는 역할들을 대치할 수 있는 활동을 발견하는 것이 중요하다는 이론

⑪ 퀴블러 로스의 죽음과 상실에 대한 심리적 5단계
- 1단계: 부정(Denial), 의사의 오진이라고 생각하며 죽음을 회피하고 사실로 받아들이지 않고 부정
- 2단계: 분노(Rage and Anger), 주변 사람들에게 화를 내며 분노
- 3단계: 타협(Bargaining), 죽음의 연기를 위해 특정 대상과 타협을 시도
- 4단계: 우울(Depression), 죽음과 이별을 실감하며 상실감과 우울감을 호소
- 5단계: 수용(Acceptance), 죽음을 수용하고 임종을 준비

☑ **과락**科落 말고 **과락**科樂 **기출 선지**

01. **청년기**(성인초기)는 에릭슨의 친밀감 대 고립감 단계이다.

02. 부모로부터의 독립에 대한 양가감정을 갖게 된다.

03. 자기 부양 능력을 갖추어야 하는 시기이다.

───────────

04. **장년기**(중년기, 성인중기, 중장년기)는 에릭슨의 생산성 대 침체 단계이다.

05. 갱년기는 남녀 모두가 경험하는 것으로 신체적 변화와 동시에 우울, 무기력감 등 심리적 증상을 동반한다.

06. 혼은 유동성 지능은 감소하는 반면, 결정성 지능은 증가한다고 하였다.

07. 융은 외부에 쏟았던 에너지를 자기 내부로 돌리며 개성화 과정을 경험한다고 본다.

───────────

08. **노년기**(성인후기, 65세 이상)은 에릭슨의 자아통합 대 절망 단계이다.

09. 생에 대한 회상이 증가하고 사고의 경직성이 증가한다.

10. 신체변화에 대한 적응, 인생에 대한 평가, 역할 재조정, 죽음에 대한 대비 등이 주요 발달과업이다.

11. 퀴블러 로스의 죽음과 상실에 대한 심리적 5단계
1단계: 부정 → 2단계: 분노 → 3단계: 타협 → 4단계: 우울 → 5단계: 수용

□ 22회 21번

생애주기와 발달적 특징의 연결로 옳지 않은 것은?

① 영아기(0-2세) – 애착발달
② 아동기(7-12세) – 자아정체감 확립
③ 청소년기(13-19세) – 제2차 성징의 발달
④ 중년기(40-64세) – 신진대사의 저하
⑤ 노년기(65세 이상) – 내향성과 수동성의 증가

[해설] ② 아동기(7-12세) – 정서적 통제와 분화된 정서표현 가능 ☑ 청소년기(13-19세) – 자아정체감 확립

[정답] ②

□ 21회 24번

생애주기별 특징으로 옳은 것을 모두 고른 것은?

> ㄱ. 유아기(3-6세)는 성역할을 인식하기 시작한다.
> ㄴ. 아동기(7-12세)는 자기중심성을 보이며 자신의 시각에서 사물을 본다.
> ㄷ. 성인기(20-35세)는 신체적 기능이 최고조에 달하며 이 시기를 정점으로 쇠퇴하기 시작한다.
> ㄹ. 노년기(65세 이상)는 단기기억보다 장기기억의 감퇴 속도가 느리다.

① ㄱ, ㄴ   ② ㄱ, ㄹ
③ ㄴ, ㄷ   ④ ㄱ, ㄷ, ㄹ
⑤ ㄴ, ㄷ, ㄹ

[해설] ㄴ. 아동기(7-12세)는 자기중심성을 벗어나 타인의 입장에서 이해할 수 있는 조망수용 능력 발달

[정답] ④

□ 20회 25번

생애주기에 따른 주요 발달과업의 연결이 옳은 것을 모두 고른 것은?

> ㄱ. 영아기(0-2세) – 신뢰감, 애착형성
> ㄴ. 청소년기(13-19세) – 생산성, 서열화
> ㄷ. 노년기(65세 이상) – 자아통합, 죽음수용

① ㄱ   ② ㄴ   ③ ㄱ, ㄴ
④ ㄱ, ㄷ   ⑤ ㄴ, ㄷ

[해설] ㄴ. 청소년기(13-19세) – 자아정체감, 추상적 사고
☑ 장년기 – 생산성, 아동기 – 서열화

[정답] ④

□ 19회 25번

인생주기별 특징에 관한 설명으로 옳지 않은 것은?

① 영아기(0-2세)에는 주 양육자와의 안정된 정서적 신뢰관계가 다른 사람이나 사물과의 관계를 형성하는데 영향을 미치고 이후의 사회적 발달의 밑바탕이 된다.
② 유아기(3-6세)는 사물을 정신적으로 표상할 수 있는 능력이 발달하여 가장놀이를 즐기며, 이는 사회정서 발달에 영향을 미친다.
③ 아동기(7-12세)는 또래 친구들과 함께 많은 시간을 보내면서 정서 및 사회적 발달에 영향을 받아 도당기라고도 한다.
④ 청소년기(13-19세)는 또래집단의 지지를 더 선호함으로써 부모로부터 독립하려는 경향을 보인다.
⑤ 노년기(65세 이상)는 생물학적으로 노화를 경험하는 시기이면서 경제적으로 안정된 시기이므로 심리적 위기를 경험하지 않는다.

[해설] ⑤ 노년기(65세 이상)는 생물학적으로 노화를 경험하면서 경제적으로 어려움을 겪는 시기이며 심리적 위기(자아통합 vs 절망)를 경험한다.

[정답] ⑤

1교시
사회복지기초

2 사회복지조사론

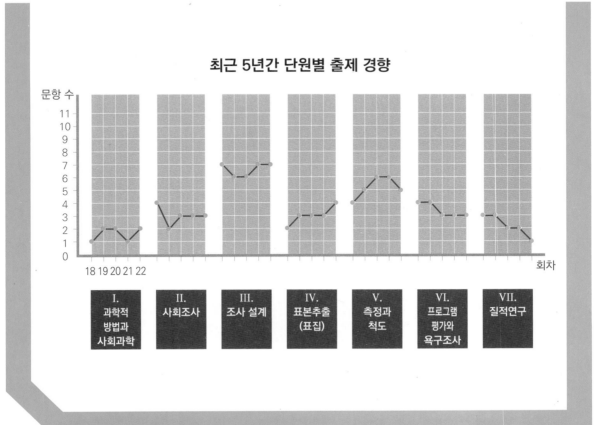

최근 5년간 단원별 출제 경향

과목 조감도

사회복지조사론

- **IV. 표본추출(표집)**
  - 1. 방법과 특성
  - 2. 대표성과 오차

- **V. 측정과 척도**
  - 1. 측정과 척도 수준
  - 2. 척도의 유형
  - 3. 측정의 타당도와 신뢰도
    - 1) 타당도
    - 2) 신뢰도
    - 3) 오류

- **VI. 프로그램 평가와 욕구조사**
  - 1. 평가
  - 2. 욕구조사
  - 3. 자료수집의 방법과 특징
    - 1) 설문조사
    - 2) 관찰과 내용분석법

- **VII. 질적연구**
  - 1. 이해
  - 2. 유형
  - 3. 혼합연구방법

1. 정의와 특성

☐ 22회 28번

과학적 지식의 특성에 관한 설명으로 옳은 것을 모두 고른 것은?

> ㄱ. 경험적으로 검증 가능하여야 한다.
> ㄴ. 연구결과는 잠정적이며 수정될 수 있다.
> ㄷ. 연구자의 주관적 가치 판단이 연구과정이나 결론에 작용하지 않도록 객관성을 추구한다.
> ㄹ. 같은 절차를 다른 대상에 반복적으로 적용하여 같은 결과가 나오는지 검토할 수 있다.

① ㄱ, ㄷ
② ㄴ, ㄹ
③ ㄱ, ㄴ, ㄷ
④ ㄴ, ㄷ, ㄹ
⑤ ㄱ, ㄴ, ㄷ, ㄹ

해설 모두 정답
정답 ⑤

☐ 19회 26번

사회과학의 특성에 관한 설명으로 옳지 않은 것은?

① 자연과학에 비해 인과관계에 대한 명확한 결론을 내리기 어렵다.
② 끊임없이 변화하는 사회현상을 규명한다.
③ 관찰대상물과 관찰자가 분명히 구분된다.
④ 인간의 행위를 연구대상으로 한다.
⑤ 사회문화적 특성의 영향을 받는다.

해설 ③ 자연과학의 경우 관찰대상물과 관찰자가 분명히 구분될 수 있지만, 사회과학의 경우 인간을 대상으로 인간이 연구하기 때문에 관찰자와 대상자가 같은 경우가 대부분이다.
정답 ③

2. 사회과학 패러다임

☐ 22회 26번

과학철학에 관한 설명으로 옳지 않은 것은?

① 쿤(T. Kuhn)은 과학적 혁명에서 패러다임 전환을 제시하였다.
② 쿤(T. Kuhn)은 당대의 지배적 패러다임에서 벗어나지 않는 것을 정상과학이라고 지칭하였다.
③ 포퍼(K. Popper)는 쿤의 과학적 인식에 내재된 문제점을 극복하기 위하여 반증주의를 제시하였다.
④ 포퍼(K. Popper)의 반증주의는 연역법에 의존한다.
⑤ 포퍼(K. Popper)는 이론이란 증명되는 것이 아니라 반증되는 것이라고 하였다.

해설 ③ 쿤은 포퍼의 과학적 인식에 내재된 문제점을 극복하기 위하여 과학적 혁명을 제시하였다.
정답 ③

☐ 21회 27번

사회과학의 패러다임에 관한 설명으로 옳지 않은 것은?

① 실증주의는 연구결과를 해석할 때 정치적 가치나 이데올로기의 영향을 적극적으로 고려한다.
② 해석주의는 삶에 관한 심층적이고 주관적인 이해를 얻고자 한다.
③ 비판주의는 사회변화를 목적으로 사회의 본질적이고 구조적 측면의 파악에 주목한다.
④ 후기실증주의는 객관적인 지식에 대한 직접적 확증은 불가능하다고 본다.
⑤ 포스트모더니즘은 객관적 실재와 진리의 보편적 기준을 거부한다.

해설 실증주의(논리실증주의, 경험주의): ① 실증주의는 연구결과를 해석할 때 정치적 가치나 이데올로기의 영향을 적극적으로 배제한다. **정답** ①

□ 20회 27번

과학철학에 관한 설명으로 옳은 것은?

① 논리적 실증주의에 가장 큰 영향을 미친 사람은 영국의 철학자 흄(D. Hume)이다.

② 상대론적인 입장에서는 경험에 의한 지식의 객관성을 추구한다.

③ 쿤(T. Kuhn)에 의하면 과학은 기존의 이론과 상충되는 현상을 관찰하는 데서 출발하여 기존의 이론에 엄격한 검증을 행한다.

④ 반증주의는 누적적인 진보를 부정하면서 역사적 사실들과 더 잘 부합하는 새로운 패러다임을 제시하였다.

⑤ 논리적 경험주의는 과학의 이론들이 확률적으로 검증되는 관찰에 의해서만 정당화될 수 있다고 주장한다.

해설 ① 논리적 실증주의에 가장 큰 영향을 미친 사람은 프랑스 철학자 콩트이다. ② 상대론적인 입장에서는 지식 추구에 연구자의 주관성 개입을 필연으로 본다. ③ 쿤에 의하면 상이한 과학적 패러다임은 실재의 본질에 대한 다른 입장을 반영하며 기존 패러다임의 위기가 명백해지면 새로운 패러다임으로 전환된다. ④ 반증주의는 과학이 지식의 누적에 의해 점진적으로 진보한다고 보았다. **정답** ⑤

□ 20회 28번

실증주의의 특징과 가장 거리가 먼 것은?

① 이론의 재검증

② 객관적 조사

③ 사회현상의 주관적 의미에 대한 해석

④ 보편적이고 적용가능한 통계적 분석도구

⑤ 연구결과의 일반화

해설 ③ 해석주의의 특징 **정답** ③

□ 19회 27번

사회과학과 사회복지학에 관한 설명으로 옳은 것을 모두 고른 것은?

> ㄱ. 사회복지학은 사회문제에 대처하기 위한 학문이다.
>
> ㄴ. 사회과학은 사회복지의 실천적 지식의 제공 및 이론적 발전에 기여할 수 있다.
>
> ㄷ. 사회복지학은 응용 과학이 아닌 순수 과학에 속한다.
>
> ㄹ. 사회복지학은 사회과학에 의해 발전된 개념들을 활용할 수 있다.

① ㄴ, ㄷ   ② ㄷ, ㄹ   ③ ㄱ, ㄴ, ㄷ

④ ㄱ, ㄴ, ㄹ   ⑤ ㄱ, ㄷ, ㄹ

해설 ㄷ. 사회복지학은 주로 인간의 현실 문제 해결을 위한 응용조사의 성격이 강하지만 순수조사(기초조사)의 성격도 동시에 갖는 양면성을 지녔다. **정답** ④

□ 18회 29번

후기실증주의 과학철학에 관한 설명으로 옳은 것은?

① 실증주의가 주장하는 연역주의에 대한 대안이다.

② 관찰대상이 인간과 무관하게 존재할 수 있다고 본다.

③ 지식의 본질을 잠정적, 확률적으로 본다.

④ 관찰의 이론의존성을 부인한다.

⑤ 과학은 혁명적으로 변화한다고 본다.

해설 ① 실증주의가 주장하는 귀납주의에 대한 대안이다. ② 관찰대상이 인간과 무관하게 존재할 수 없다고 본다. ④ 관찰의 이론의존성을 인정한다. ⑤ 과학은 혁명적으로 변화한다고 보는 것은 쿤의 과학혁명이다. **정답** ③

핵심요약

1. 정의와 특성

(1) 과학의 정의

① 과학의 기본 목적은 현상에 대한 설명을 담은 이론에 있음
② 이론은 현상을 설명 및 예측, 정의, 명제, 변수들 간의 관계를 구체화함으로써 현상에 대하여 체계적인 모습을 제시함

(2) 과학적 조사의 특징

① 논리적이며 체계적 ⇒ 철학이나 신념보다는 이론에 기반
② 모든 지식은 잠정적이라는 태도에 기반
③ 경험적인 증거에 기반하여 지식을 탐구
④ 체계적이고 포괄적인 관찰에 근거하여 일반화 목표
⑤ 객관성 추구
⑥ 재현과 반복이 가능성이 높음
⑦ 현상의 규칙성에 대한 관심이 높음
⑧ 허위화의 가능성에 대해 개방적
⑨ 반복적인 검증과정 요구
⑩ 확률적 결정론 ⇒ 현상에 대한 원인을 완벽하게 단정 짓기 어려움
⑪ 간결성 추구 ⇒ 최소한의 요인으로 설명하려고 함
⑫ 간주관성(상호주관성)을 가짐 ⇒ 서로 다른 주관적 동기에서 시작된 연구라 하더라도 그 과정(조작화)이 동일하다면 결과는 같아야 함

☑ 과학적 방법의 논리체계(연역법과 귀납법은 상호보완적)

연역법	· 일반적이고 보편적인 사실(이론)에서 조작화와 관찰로 특수한 사실들을 도출해 내는 방법 · 논리＋경험 ⇒ 이론 · 이론적 이해 → 가설설정 → 조작화(가설의 구체화) → 측정(관찰) → 가설검증 → 채택 또는 기각 　예 모든 사람은 죽는다(이론) → 소크라테스는 사람이다(조작화) → 그러므로 소크라테스는 죽는다(경험적 사실)의 삼단 논법을 통해 "모든 사람은 죽는다"라는 일반 이론의 옳음을 검증
귀납법	· 경험적 관찰과 자료수집을 통한 특수한 사실에서 일반적이고 보편적인 사실(이론)을 찾는 방법 · 주제선정 → 관찰조사 → 경험적 일반화(유형 발견) → 이론화(임시결론) 　예 A도 죽는다(관찰) → B도 죽는다(관찰) → 소크라테스도 죽는다(관찰) → 그러므로 모든 사람은 죽는다(이론)

2. 사회과학 패러다임

- 사회과학의 3대 주류 패러다임: ① 실증주의 ② 해석주의 ③ 비판주의

(1) 실증주의(논리실증주의, 경험주의)

① 사회현상의 경험적 관찰을 통한 이론의 재검증
② 보편적이고 적용 가능한 통계적 분석도구 활용, 객관적 조사, 연구결과의 일반화 추구 ⇒ 양적 연구방법 선호

(2) 후기실증주의

① 실증주의가 주장하는 귀납주의에 대한 대안
② 관찰대상이 인간과 무관하게 존재할 수 없다고 봄
  ⇒ 인간의 비합리적 행위도 합리적으로 설명할 수 있다고 봄
③ 관찰의 이론의존성을 인정

(3) 해석주의

① 삶에 대한 주관적 의미에 관해 깊이 있게 탐구 ⇒ 주로 언어를 분석대상으로 활용
② 현장연구, 참여관찰 등의 연구방법 활용 ⇒ 질적 연구방법 선호
③ 연구자의 가치나 태도 활용을 강조

(4) 비판주의(비판적 사회과학)

- 억압받는 집단의 임파워먼트 강화를 위해 연구절차를 활용하며 궁극적으로 사회변화의 본질적, 구조적인 측면 파악

(5) 포퍼의 반증주의

① 과학은 기존의 이론과 상충되는 현상을 관찰하는 데서 출발하여 기존의 이론에 반복적으로 엄격한 검증을 행하는 것 ⇒ 계속적인 반증과정
② 과학은 지식의 누적에 의해 점진적으로 진보

(6) 쿤의 과학적 패러다임

① 패러다임은 현상에 대한 우리의 관점을 조작하는 근본적인 도식
② 패러다임의 변화는 지식의 누적에 의해 점진적인 것이 아니라 혁신적인 것
③ 과학적 진리는 과학공동체의 패러다임에 의존하며 사회의 성격에 영향을 받음
④ 패러다임의 우열을 비교할 수 있는 객관적 기준은 존재하지 않음

(7) 포스트모더니즘

- 객관적 실제라는 개념을 불신하고 주관적 관점만이 존재한다고 인정

구분	자연과학	사회과학
연구대상	자연현상	사회현상과 인간행위
연구자와 연구대상	분리	일부분
활용목적	순수과학 > 응용과학	응용과학 > 순수과학
연구결과	보편적(일반적), 결정론적	제한적(특수성), 확률적

☑ 과락 科落 말고 과락 科樂 기출 선지

01. 과학적 방법은 철학이나 신념보다는 이론에 기반하기 때문에 논리적이며 체계적이다.

02. 과학에서 모든 지식은 잠정적이다. 그렇기 때문에 단정적 결정론이 아닌 확률적 결정론의 성질을 갖는다.

03. 사회과학은 경험적인 증거에 기반하여 지식을 탐구한다.

04. 과학적 방법에서는 서로 다른 주관적 동기에서 시작된 연구라 하더라도 그 과정(조작화)이 동일하다면 결과는 같아야 한다는 간주관성을 갖는다.

05. 연역법은 일반적이고 보편적인 사실(이론)에서 조작화와 관찰로 특수한 사실들을 도출해 내는 방법이다.

06. 귀납법은 경험적 관찰과 자료수집을 통한 특수한 사실에서 일반적이고 보편적인 사실(이론)을 찾는 방법이다.

07. 연역법과 귀납법은 상호보완적이다.

08. 사회과학의 3대 주류 패러다임: ① 실증주의 ② 해석주의 ③ 비판주의

09. 실증주의(논리실증주의, 경험주의)는 사회현상의 경험적 관찰을 통한 이론의 재검증을 목표로 한다.

10. 해석주의는 사회적 행위에 있어 행위자의 입장에서의 주관적 의미를 찾는 것을 강조하기 때문에 주로 언어를 분석대상으로 활용한다.

11. 비판주의(비판적 사회과학)는 억압받는 집단의 임파워먼트 강화를 위해 연구절차를 활용하며 궁극적으로 사회변화의 본질적, 구조적인 측면을 파악하는 것이다.

12. 포퍼의 반증주의에서 과학은 기존의 이론과 상충되는 현상을 관찰하는 데서 출발하여 기존의 이론에 계속적인 반증과정이라고 본다.

13. 쿤의 과학적 패러다임은 기존 패러다임의 위기가 명백해지면 새로운 패러다임으로 전환되는 혁명적 과정을 통해 과학이 발전한다고 보았다.

II 사회조사

1. 절차

□ 19회 29번

사회복지조사를 위한 수행단계로 옳은 것은?

① 문제설정 → 가설설정 → 조사설계 → 자료수집
   → 자료분석 → 보고서작성
② 문제설정 → 가설설정 → 자료수집 → 자료분석
   → 조사설계 → 보고서작성
③ 가설설정 → 문제설정 → 자료수집 → 조사설계
   → 자료분석 → 보고서작성
④ 가설설정 → 문제설정 → 자료수집 → 자료분석
   → 조사설계 → 보고서작성
⑤ 가설설정 → 문제설정 → 조사설계 → 자료수집
   → 자료분석 → 보고서작성

해설 조사연구는 ① 연구문제설정(문제제기) → ② 가설설정 → ③ 조사설계(연구설계) → ④ 자료수집 → ⑤ 자료분석(자료분석 및 해석) → ⑥ 보고서작성의 순서로 진행된다. **정답** ①

□ 18회 26번

조사설계(research design)에 반드시 포함되어야 할 내용이 아닌 것은?

① 구체적인 자료수집 방법
② 모집단 및 표집방법
③ 자료분석 절차와 방법
④ 연구문제의 의의와 조사의 필요성
⑤ 주요변수의 개념정의와 측정방법

해설 ④ 연구문제의 의의와 조사의 필요성은 조사연구의 연구문제설정 단계 이전에 다뤄야 한다. ☑ 조사설계에 포함되어야 할 내용은 (1) 조사질문(주제와 문제) (2) 가설설정 (3) 변수의 개념 및 조작적 정의 (4) 조사 대상 (5) 자료수집 방법 (6) 모집단 및 표집방법 (7) 자료분석 절차와 방법 (8) 보고서 작성이다. **정답** ④

2. 유형

(1) 조사목적(수준)에 따른 분류

□ 21회 30번

사회조사의 목적에 관한 설명으로 옳지 않은 것은?

① 지난 해 발생한 데이트폭력사건의 빈도와 유형을 자세히 보고하는 것은 기술적 연구이다.
② 외상후스트레스로 퇴역한 군인을 위한 서비스개발의 가능성을 파악하기 위한 초기면접은 설명적 연구이다.
③ 사회복지협의회가 매년 실시하는 사회복지기관 통계조사는 기술적 연구이다.
④ 지방도시에 비해 대도시의 아동학대비율이 높은 이유를 보고하는 것은 설명적 연구이다.
⑤ 지역사회대상 설문조사를 통해 사회복지서비스의 만족도를 조사하는 것은 기술적 연구이다.

해설 ② 외상후스트레스로 퇴역한 군인을 위한 서비스개발의 가능성을 파악하기 위한 초기면접은 탐색적 연구(예비조사)이다. **정답** ②

□ 18회 32번

다음 연구 상황에 유용한 조사유형은?

> 일본 후쿠시마 원전 유출이 지역주민들의 삶에 초래한 변화를 연구하고자 하였으나 관련 연구나 선행 자료가 상당히 부족함을 발견하였다.

① 평가적 연구   ② 기술적 연구
③ 설명적 연구   ④ 탐색적 연구
⑤ 척도개발 연구

해설 탐색적 연구: 연구나 선행 자료가 상당히 부족할 경우 이루어지는 예비적 성격의 연구 **정답** ④

(2) 조사시점(시간)에 따른 분류

□ 22회 29번

다음에서 설명하는 조사유형을 바르게 짝지은 것은?

> ㄱ. 동일한 표본을 대상으로 시간을 달리하여 추적 관찰하는 연구
> ㄴ. 일정연령이나 일정연령 범위 내 사람들의 집단이 조사대상인 종단연구

① ㄱ: 경향조사, ㄴ: 코호트(cohort)조사
② ㄱ: 경향조사, ㄴ: 패널조사
③ ㄱ: 코호트(cohort)조사, ㄴ: 경향조사
④ ㄱ: 패널조사, ㄴ: 경향조사
⑤ ㄱ: 패널조사, ㄴ: 코호트(cohort)조사

해설 종단조사: 경향조사(각각 다른 시기의 동일한 연령대), 코호트조사(일정연령 범위 내의 집단 조사), 패널조사(동일한 표본, 추적 관찰) **정답** ⑤

□ 21회 28번

종단연구(longitudinal study)에 관한 설명으로 옳은 것은?

① 베이비붐세대를 시간변화에 따라 연구하는 것은 추이연구(trend study)이다.
② 일정기간 센서스 자료를 비교하여 전국 인구의 성장을 추적하는 것은 동류집단연구(cohort study)이다.
③ 매번 동일한 집단을 관찰하는 연구는 패널연구(panel study)이다.
④ 시간에 따른 변화를 가장 정확하게 알려주는 것은 동류집단연구(cohort study)이다.
⑤ 일반 모집단의 변화를 시간변화에 따라 연구하는 것은 동류집단연구(cohort study)이다.

해설 ① 베이비붐세대를 시간변화에 따라 연구하는 것은 동류집단연구(코호트 조사)이다. ② 일정기간 센서스 자료

를 비교하여 전국 인구의 성장을 추적하는 것은 패널연구이다. ④ 시간에 따른 변화를 가장 정확하게 알려 주는 것은 패널연구이다. ⑤ 일반 모집단의 변화를 시간변화에 따라 연구하는 것은 추이연구이다. **정답** ③

□ 20회 31번

다음에서 설명하는 조사 유형에 해당하는 것은?

> • 둘 이상의 시점에서 조사가 이루어진다.
> • 동일대상 반복측정을 원칙으로 하지 않는다.

① 추세연구, 횡단연구
② 패널연구, 추세연구
③ 횡단연구, 동년배(cohort)연구
④ 추세연구, 동년배연구
⑤ 패널연구, 동년배연구

해설 종단조사 중 패널연구만이 동일대상 반복측정을 원칙으로 한다. **정답** ④

□ 19회 31번

다음 (   )에 알맞은 조사유형을 모두 나열한 것은?

> 일정한 시간간격을 두고 연구대상을 표본추출하여 반복적으로 조사하는 방법에는 (   ), (   ), 동년배 조사 등이 있다.

① 패널조사, 경향조사
② 패널조사, 문헌조사
③ 전수조사, 경향조사
④ 전수조사, 표본조사
⑤ 문헌조사, 전문가조사

해설 종단연구에는 일정한 시간간격을 두고 연구대상을 표본추출하여 반복적으로 조사하는 방법으로 패널조사, 경향조사, 동년배 조사 등이 있다. **정답** ①

□ 18회 34번

종단연구(longitudinal study)에 관한 설명으로 옳지 않은 것은?

① 시간흐름에 따른 조사 대상의 변화를 측정하는 연구이다.
② 일정기간의 변화에 대해 가장 포괄적 자료를 제공하는 것은 동년배집단연구(cohort study)이다.
③ 조사대상의 추적과 관리 때문에 가장 많은 비용이 드는 것은 패널연구(panel study)이다.
④ 일정 주기별 인구변화에 대한 조사는 경향연구(trend study)이다.
⑤ 동년배집단연구는 언제나 동일한 대상을 조사하는 것은 아니다.

해설 ② 일정기간의 변화에 대해 가장 포괄적 자료를 제공하는 것은 패널연구이다. **정답** ②

(3) 조사범위에 따른 분류

□ 20회 30번

사회복지조사에 관한 설명으로 옳은 것을 모두 고른 것은?

> ㄱ. 사회복지관련 이론 개발에 사용된다.
> ㄴ. 여론조사나 인구센서스 조사는 전형적인 탐색 목적의 조사연구이다.
> ㄷ. 연구의 전 과정에서 결정주의적 성향을 지양해야 한다.
> ㄹ. 조사범위에 따라 횡단연구와 종단연구로 나뉘어진다.

① ㄱ, ㄷ   ② ㄴ, ㄹ   ③ ㄱ, ㄴ, ㄷ
④ ㄴ, ㄷ, ㄹ   ⑤ ㄱ, ㄴ, ㄷ, ㄹ

해설 ㄴ. 여론조사나 인구센서스 조사는 전형적인 기술적 조사연구이다. ㄹ. 조사범위에 따라 전수조사, 표본조사 등으로 나뉜다. **정답** ①

(4) 자료수집 방법에 따른 분류

□ 20회 34번

양적 조사방법에 관한 설명으로 옳은 것은?

① 자료수집을 완료한 후 가설을 설정해야 한다.
② 자료수집 방법은 조사 설계에 포함할 수 없다.
③ 연구가설은 독립변수와 종속변수는 관계가 없다고 설정한다.
④ 개념적 정의는 측정가능성을 전제로 하지 않는다.
⑤ 사회과학에서 이론은 직접검증을 원칙으로 한다.

해설 ①, ② 조사연구는 연구문제설정(문제제기) → 가설설정 → 조사설계(연구설계) → 자료수집 → 자료분석(자료분석 및 해석) → 보고서 작성의 순서로 진행 ③ 연구가설은 인과관계가 구체적으로 표현되는 연구질문으로 독립변수(A)와 종속변수(B)일 경우 'A와 B는 관계가 있다' 또는 'A는 B에 영향을 미친다'는 식으로 표현된다. ⑤ 사회과학에서 이론은 측정대상이 갖는 특성으로 인하여 직접검증을 원칙으로 하지 않는다. **정답** ④

3. 분석단위

□ 22회 30번

분석단위에 관한 설명으로 옳은 것을 모두 고른 것은?

> ㄱ. 이혼, 폭력, 범죄 등과 같은 분석단위는 사회적 가공물(social artifacts)에 해당한다.
> ㄴ. 생태학적 오류는 집단에 대한 조사를 기초로 하여 개인을 분석단위로 주장하는 오류이다.
> ㄷ. 환원주의는 특정 분석단위 또는 변수가 다른 분석단위 또는 변수에 비해 관련성이 높다고 설명하는 경향이 있다.

① ㄴ   ② ㄱ, ㄴ   ③ ㄱ, ㄷ
④ ㄴ, ㄷ   ⑤ ㄱ, ㄴ, ㄷ

해설 모두 정답 **정답** ⑤

4. 연구윤리

□ 22회 27번

과학적 탐구에서 제기되는 윤리적 문제에 관한 설명으로 옳지 않은 것은?

① 어떤 경우라도 연구참여자 속이기는 허용되지 않는다.

② 고지된 동의는 조사대상자의 판단능력을 고려하여야 한다.

③ 연구자는 기대했던 연구결과와 다르더라도 그 결과를 사실대로 보고해야 한다.

④ 사회복지조사에서는 비밀유지가 엄격히 지켜질 수 없는 상황이 발생할 수 있다.

⑤ 연구자는 개인정보 유출 등으로 인해 연구참여자에게 피해를 주지 않도록 신중을 기해야 한다.

해설 ① 어떤 경우에는 연구참여자에게 알리는 것이 오히려 연구의 타당성에 영향을 줄 수 있다. **예** 완전참여자 관찰 연구 ☑ 조사의 반응성문제: 호손효과, 위약효과 → 외적 타당도 저해 요인 **정답** ①

□ 21회 26번

사회조사과정에서 준수해야 할 연구윤리로 옳지 않은 것은?

① 참여자의 익명성과 비밀을 보장한다.

② 참여자가 원할 경우 언제든지 참여를 중단할 수 있음을 사전에 고지한다.

③ 일반적으로 연구의 공익적 가치가 연구윤리보다 우선해야 한다.

④ 참여자가 연구에 참여하여 얻을 수 있는 혜택은 사전에 고지한다.

⑤ 참여자의 연구 참여는 자발적이어야 한다.

해설 ③ 일반적으로 연구의 공익적 가치가 연구윤리보다 우선한다고 볼 수 없다. ☑ 사회적 이익과 연구참여자의 인권을 비교하는 문제는 절대적인 원칙이 있을 수 없으며, 해당 사회에서 이루어진 사회적 합의의 문제이다. **정답** ③

□ 18회 31번

연구윤리에 부합하는 사회복지조사로 옳은 것은?

① 연구참여자가 평소와 다른 행동을 하지 않도록 연구자의 신분을 숨기고 자료를 수집하였다.

② 연구결과의 확산을 위해 연구참여자의 신분을 다른 연구기관에 동의 없이 공개하였다.

③ 연구결과에 영향을 미치지 않도록 연구참여자에게 일어날 수 있는 이익을 미리 알리지 않았다.

④ 연구 참여여부를 성적평가와 연계하여 연구참여자의 참여동기를 높였다.

⑤ 연구참여자에게 연구과정에서 발생할 수 있는 고통을 미리 알리고 사전 동의를 구하였다.

해설 ① 연구참여자를 속이는 것은 도덕적으로 옳지 않다. ② 연구결과의 확산을 위해 연구참여자의 신분을 다른 연구기관에 공개할 때는 반드시 사전에 동의를 구해야 한다. ③ 연구참여자에게 일어날 수 있는 이익과 피해 등을 미리 알린다. ④ 연구 참여여부를 성적평가와 연계하는 것은 강제적인 방법이므로 지양해야 한다. **정답** ⑤

☑ 핵심요약

1. 절차

(1) 조사연구는 ① 연구문제설정(문제제기) → ② 가설설정 → ③ 조사설계(연구설계) → ④ 자료수집 → ⑤ 자료분석(자료분석 및 해석) → ⑥ 보고서 작성의 순서로 진행

(2) 조사설계(연구설계)에 포함되어야 할 내용: ① 조사질문(주제와 문제) ② 가설 설정

③ 변수의 개념 및 조작적 정의 ④ 조사 대상 ⑤ 자료수집 방법 ⑥ 모집단 및 표집방법
⑦ 자료분석 절차와 방법 ⑧ 보고서 작성

2. 유형

(1) 조사목적(수준)에 따른 분류

① 탐색적 조사(예비조사)
- 연구문제에 대한 선행지식이 부족할 경우 수행, 기존에 연구되지 않았던 새로운 문
  제에 대한 탐색
- 선행지식과 자료가 부족하므로 자료를 수집하고 분석해 가며 가설을 세우는 귀납
  적 방법이 적합
- 문헌조사, 전문가조사, 경험자조사 등

② 기술적 조사(상관관계 규명)
- 현상을 정확하게 기술하고 묘사하는 것을 목적으로 하는 조사
- 여론조사나 인구센서스 조사에서 전형적으로 나타남
- 현상의 발생 빈도와 비율을 파악하기 위한 방법 ⇒ 측정과 샘플링에 관심

③ 설명적 조사(인과관계 규명)
- 여러 변수들 간의 인과관계에 대해 설명하려는 목적의 조사
- 실험조사설계의 형태로 이루어지는 조사, 가설의 검정을 목표로 함

☑ 조사수준의 비교: 설명적 조사 > 기술적 조사 > 탐색적 조사

(2) 조사시점(시간)에 따른 분류

① 횡단조사
- 어느 한 시점에서 특정 표본을 한 번만 조사하는 방법 ⇒ 정태적 속성
- 탐색, 기술, 설명적 목적을 가짐

② 종단조사(시계열분석)
- 둘 이상의 시점에서 일정한 시간간격을 두고 연구대상을 표본추출하여 반복적으로
  조사하는 방법 ⇒ 동태적(dynamic) 속성
- 횡단조사에 비해 복잡하고 비용이 많이 듦
- 경향연구(추세조사, trend study), 동년배집단연구(코호트조사, 동류집단조사,
  cohort study) 또는 패널연구(panel study) 등이 해당
  - 경향연구(추세조사, trend study): 일정 주기별 인구변화에 대한 조사
  - 동년배집단연구(코호트조사, 동류집단조사, cohort study): 시간의 흐름에 따른
    동류집단을 조사
  - 패널연구(panel study): 동일대상 반복측정이 원칙, 일정기간의 변화에 대해 가장

포괄적 자료를 제공, 조사대상자의 추적과 관리에 비용이 많이 소요, 조사대상자의 상실로 변화를 확인하기 어려울 수 있음

구분	연구대상
경향연구	각각 다른 시기의 동일한 연령대 [예] 1990년대의 10대와 2000년대의 10대
동년배집단연구	연구 범주의 연령대에서 연구 시기에 따라 교체 [예] 1990년대의 10대와 2000년대의 20대
패널연구	동일한 대상을 장기간 추적 관찰

(3) 조사범위(대상)에 따른 분류

① 전수조사: 모집단(population) 전체를 조사
② 표본조사: 모집단 중 대표성을 갖는 일부를 추출하여 조사

(4) 자료수집 방법에 따른 분류

① 양적조사: 객관적, 계량적, 주로 연역법 사용
② 질적조사: 주관적, 심층적, 주로 귀납법 사용

3. 분석단위

(1) 분석단위 유형

① 개인: 가장 일반적 분석 단위, 개인의 속성, 지역사회 주민의 욕구조사
② 집단: 동아리, 또래, 부부, 읍·면·동, 시, 도, 국가 등
③ 공식적 사회조직: 사회복지기관, 시민단체, 법인, 학교 등
④ 사회적 가공물: 사회적 매체(도서, 신문 등), 사회적 상호작용(이혼, 폭력, 범죄 등)

(2) 분석단위와 관련된 오류

① 개인주의적 오류: 개인에 대한 조사를 기초로 하여 집단을 분석단위로 주장
② 생태학적 오류: 집단에 대한 조사를 기초로 하여 개인을 분석단위로 주장
③ 환원주의적(축소주의적) 오류: 특정 분석단위 또는 변수가 다른 분석단위 또는 변수에 비해 관련성이 높다고 설명하는 경향

4. 연구윤리

① 참여자의 익명성과 비밀 보장
② 참여자가 원할 경우 언제든지 참여를 중단할 수 있음을 사전에 고지
③ 일반적으로 연구의 공익적 가치가 연구윤리보다 우선하지 않음
④ 참여자가 연구에 참여하여 얻을 수 있는 혜택이나 불이익은 사전에 고지
⑤ 참여자의 연구 참여는 자발적이어야 함

⑥ 연구자는 연구대상자에게 피해를 주어서는 안 됨
⑦ 타인의 연구결과를 인용 없이 사용하는 것을 표절이라 함
⑧ 아동대상 연구에서 보호자에게 연구 참여 동의를 얻어야 함
⑨ 연구결과의 분석과 보고단계에서도 연구윤리가 준수되어야 함

☑ 과락科落 말고 과락科樂 기출 선지

01. 조사연구는 ① 연구문제설정(문제제기) → ② 가설설정 → ③ 조사설계(연구설계) → ④ 자료수집 → ⑤ 자료분석(자료분석 및 해석) → ⑥ 보고서 작성의 순서로 진행된다.

02. 조사설계(연구설계)에 포함되어야 할 내용은 a. 조사질문(주제와 문제) b. 가설 설정 c. 변수의 개념 및 조작적 정의 d. 조사 대상 e. 자료수집 방법 f. 모집단 및 표집방법 g. 자료분석 절차와 방법 h. 보고서 작성이다.

03. 탐색적 조사는 예비조사로도 불리며 연구문제에 대한 선행지식이 부족할 경우 수행되는 조사이다.

04. 기술적 조사는 상관관계를 규명하기 위해 현상을 정확하게 기술하고 묘사하는 것을 목적으로 하는 조사이다.

05. 설명적 조사는 여러 변수들 간의 인과관계를 설명하려는 목적의 조사이다.

06. 횡단조사는 어느 한 시점에서 특정 표본을 한 번만 조사하는 방법이다.

07. 종단조사는 둘 이상의 시점에서 일정한 시간간격을 두고 연구대상을 표본추출하여 반복적으로 조사하는 방법이다.

08. 종단조사에는 경향연구(추세조사), 동년배집단연구(코호트조사, 동류집단조사), 패널연구가 있다.

09. 사회조사의 참여자의 익명성과 비밀을 보장해야 한다.

10. 참여자가 원할 경우 언제든지 참여를 중단할 수 있음과 혜택이나 불이익은 사전에 고지한다.

11. 연구자는 연구대상자에게 피해를 주어서는 안 되며 일반적으로 연구의 공익적 가치가 연구윤리보다 우선하지 않는다.

12. 참여자의 연구 참여는 자발적이어야 한다.

13. 아동대상 연구에서 보호자에게 연구 참여 동의를 얻어야 한다.

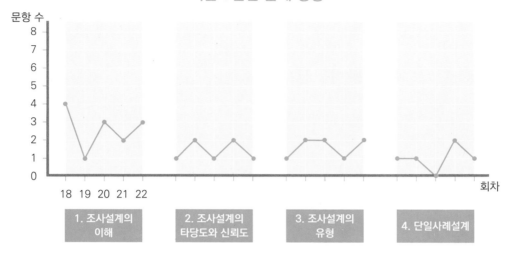

최근 5년간 출제 경향

1. 조사설계의 이해
2. 조사설계의 타당도와 신뢰도
3. 조사설계의 유형
4. 단일사례설계

1. 조사설계(research design)의 이해

1) 변수

☐ 22회 31번

변수에 관한 설명으로 옳지 않은 것은?

① 매개변수(mediating variable)는 독립변수의 영향을 받아 종속변수에 영향을 미치는 변수이다.

② 통제변수(control variable)는 독립변수와 종속변수의 관계에 영향을 줄 수 있기 때문에 통제 대상이 되는 변수이다.

③ 독립변수는 결과변수이고 종속변수는 설명변수이다.

④ 조절변수(moderating variable)는 독립변수와 종속변수 간의 관계의 강도에 영향을 미칠 수 있다.

⑤ 변수들 간의 관계는 그 속성에 따라 직선이 아닌 곡선의 형태로도 나타날 수 있다.

해설 ③ 독립변수는 설명(원인)변수이고 종속변수는 결과

변수이다.

정답 ③

☐ 22회 33번

인과관계 추론에 관한 설명으로 옳은 것은?

① 독립변수들 사이의 상관관계는 인과관계 추론의 일차적 조건이다.

② 독립변수와 종속변수 간의 관계는 두 변수 모두의 원인이 되는 제3의 변수로 설명되어서는 안 된다.

③ 종속변수가 독립변수를 시간적으로 앞서야 한다.

④ 횡단적 연구는 종단적 연구에 비해 인과관계 추론에 더 적합하다.

⑤ 독립변수의 변화는 종속변수의 변화와 관련성이 없어야 한다.

해설 ① 독립변수와 종속변수의 상관관계는 인과관계 추론의 일차적 조건 ③ 독립변수가 종속변수를 시간적으로 앞서야 함(시간적 우선성) ④ 종단적 연구는 횡단적 연구에 비해 인과관계 추론에 더 적합 ⑤ 독립변수의 변화는 종속변수의 변화와 관련이 있음(공변성) ☑ 독립변수와 종

속변수의 인과관계 성립요건: 시간적 우선성, 공변성, 비가식적관계

정답 ②

☐ 21회 43번

변수의 조작적 정의에 관한 설명으로 옳은 것을 모두 고른 것은?

> ㄱ. 개념적 정의를 실제로 관찰할 수 있는 수준으로 전환시키는 것이다.
> ㄴ. 조작적 정의를 하면 개념의 의미가 다양하고 풍부해진다.
> ㄷ. 조작적 정의를 통해 개념이 더욱 추상화된다.
> ㄹ. 조작적 정의가 없이도 가설 검증이 가능하다.

① ㄱ 　　② ㄱ, ㄴ 　　③ ㄴ, ㄷ
④ ㄱ, ㄴ, ㄷ 　　⑤ ㄱ, ㄷ, ㄹ

해설 ㄴ. 범위를 한정 지어서 구체화시킨다. ㄷ. 조작적 정의를 통해 개념이 더욱 구체화된다. ㄹ. 과학적 검증을 위해서는 가설이 필요하고 가설은 개념적 정의의 조작적 정의를 통해 만들어진다.

정답 ①

☐ 20회 32번

17개 시·도의 69개 사회복지기관에서 근무하는 사회복지사 396명을 대상으로 근무기관의 규모별 직무만족도를 설문조사할 때 독립변수와 종속변수의 관찰단위를 순서대로 옳게 짝지은 것은?

① 개인 – 개인 　　② 기관 – 개인
③ 지역사회 – 개인 　　④ 지역사회 – 기관
⑤ 개인 – 지역사회

해설 관찰단위란 자료수집의 단위로 자료의 수집처를 확인하는 것. 17개 시·도의 69개 사회복지기관에서 근무하는 사회복지사 396명을 대상(자료의 수집처)으로 근무기관의 규모(독립변수)별 직무만족도(종속변수)

정답 ①

☐ 20회 33번

다음 사례에서 부모의 재산은 어떤 변수인가?

> 한 연구에서 부모의 학력이 자녀의 대학 진학률에 영향을 미치는 것으로 나타났다. 그러나 부모의 재산이 비슷한 조사 대상에 한정하여 다시 분석해 본 결과, 부모의 학력과 자녀의 대학 진학률 사이에는 통계적으로 유의미한 관계가 없는 것으로 나타났다.

① 독립변수 　　② 종속변수 　　③ 조절변수
④ 억제변수 　　⑤ 통제변수

해설 독립변수와 종속변수 간의 상관관계를 명확히 파악하기 위해 그 상관관계에 영향을 미칠 수 있어 통제되는 제3의 변수를 통제변수라고 한다.

정답 ⑤

☐ 19회 30번

다음 ( )에 알맞은 내용으로 옳은 것은?

> • 독립변수 앞에서 독립변수에 영향을 주는 변수를 (ㄱ)라고 한다.
> • 독립변수의 결과인 동시에 종속변수의 원인이 되는 변수를 (ㄴ)라고 한다.
> • 다른 변수에 의존하지만 다른 변수에 영향을 미칠 수 없는 변수를 (ㄷ)라고 한다.
> • 독립변수와 종속변수 모두에 영향을 미치는 제3의 변수를 (ㄹ)라고 한다.

① ㄱ: 외생변수, ㄴ: 더미변수, ㄷ: 종속변수, ㄹ: 조절변수
② ㄱ: 외생변수, ㄴ: 매개변수, ㄷ: 종속변수, ㄹ: 더미변수
③ ㄱ: 선행변수, ㄴ: 조절변수, ㄷ: 종속변수, ㄹ: 외생변수
④ ㄱ: 선행변수, ㄴ: 매개변수, ㄷ: 외생변수, ㄹ: 조절변수
⑤ ㄱ: 선행변수, ㄴ: 매개변수, ㄷ: 종속변수, ㄹ: 외생변수

정답 ⑤

가정폭력이 피해 여성의 우울증에 미치는 영향은 여성이 맺고 있는 사회적 네트워크의 수준에 따라 달라진다는 연구 결과가 발표되었다. 이 연구에서 존재하지 않는 변수는?

① 독립변수　② 매개변수　③ 종속변수
④ 조절변수　⑤ 내생변수

해설 ② 매개변수(I): 독립변수(X)의 결과인 동시에 종속변수(Y)의 원인이 되는 변수 **예** Ⓧ → Ⓘ → Ⓨ : 가정폭력(독립변수)이 피해 여성의 우울증(종속변수, 내생변수)에 미치는 영향은 여성이 맺고 있는 사회적 네트워크의 수준(조절변수)

정답 ②

다음 연구주제를 검증하기 위하여 변수를 구성할 때 변수명(측정 방법), 해당 변수의 종류와 분석가능한 통계수치의 연결이 옳은 것은?

> 학업중단 청소년의 아르바이트 경험이 삶의 만족에 미치는 영향은 또래집단의 지지정도에 따라 차이가 있을 것이다.

① 아르바이트 경험(유무) – 독립변수, 산술평균
② 아르바이트 경험(종류) – 독립변수, 최빈값
③ 아르바이트 경험(개월 수) – 조절변수, 중간값
④ 또래집단의 지지(5점 척도) – 독립변수, 산술평균
⑤ 삶의 만족(5점 척도) – 매개변수, 산술평균

해설 ① 아르바이트 경험(유무) – 독립변수, 최빈값(명목수준) ③ 아르바이트 경험(개월 수) – 독립변수, 중간값(명목수준) ④ 또래집단의 지지(5점 척도) – 조절변수, 산술평균(서열수준) ⑤ 삶의 만족(5점 척도) – 종속변수, 산술평균(서열수준)

정답 ②

2) 가설

영가설(null hypothesis)과 연구가설(research hypothesis)에 관한 설명으로 옳은 것은?

① 연구가설은 연구의 개념적 틀 혹은 연구모형으로부터 도출될 수 있다.
② 연구가설은 그 자체를 직접 검정할 수 있다.
③ 영가설은 연구가설의 검정 결과에 따라 채택되거나 기각된다.
④ 연구가설은 수집된 자료에서 나타난 차이나 관계가 표본추출에서 오는 우연에 의한 것으로 진술된다.
⑤ 연구가설은 영가설에 대한 반증의 목적으로 설정된다.

해설 ② 연구가설은 그 자체를 직접 검정할 수 없다. ③ 연구가설은 영가설의 검정 결과에 따라 채택되거나 기각된다. ④ 영가설은 수집된 자료에서 나타난 차이나 관계가 표본추출에서 오는 우연에 의한 것으로 진술된다. ⑤ 영가설은 연구가설에 대한 반증의 목적으로 설정된다.

정답 ①

영가설에 관한 설명으로 옳은 것을 모두 고른 것은?

> ㄱ. 연구가설에 대한 반증가설이 영가설이다.
> ㄴ. 영가설은 변수 간에 관계가 없음을 뜻한다.
> ㄷ. 대안가설을 검증하여 채택하는 가설이다.
> ㄹ. 변수간의 관계가 우연이 아님을 증명한다.

① ㄱ, ㄴ　　② ㄱ, ㄹ　　③ ㄴ, ㄷ
④ ㄱ, ㄷ, ㄹ　　⑤ ㄴ, ㄷ, ㄹ

해설 ㄷ. 대안가설을 검증하여 채택하는 가설이 아니다.
ㄹ. 변수 간의 관계가 우연임을 증명하기 위한 가설이다.

정답 ①

☐ 20회 44번

통계적 가설검증에 관한 설명으로 옳지 않은 것은?

① 영가설을 기각하면 연구가설이 잠정적으로 채택된다.
② 영가설은 연구가설과 대조되는 가설이다.
③ 통계치에 대한 확률(p)이 유의수준(α)보다 낮으면 영가설이 기각된다.
④ 연구가설은 표본의 통계치에 대한 가정이다.
⑤ 연구가설은 경험적으로 검증이 가능하여야 한다.

해설 ④ 연구가설은 인과관계가 구체적으로 표현되는 연구질문이다. 정답 ④

☐ 18회 27번

영가설(null hypothesis)에 관한 설명으로 옳은 것은?

① 변수 간의 관계가 존재한다는 가설이다.
② 변수 간 관계없음이 검증된 가설이다.
③ 조사자가 검증하고자 하는 가설이다.
④ 영가설에 대한 반증가설이 연구가설이다.
⑤ 변수 간 관계가 우연임을 말하는 가설이다.

해설 ① 변수 간의 관계가 없다는 가설이다. ② 검증된 가설은 명제라고 한다. ③ 조사자가 검증하고자 하는 가설은 조사가설 또는 연구가설이다. ④ 영가설에 대한 반증가설은 대립가설이다. 정답 ⑤

☐ 18회 33번

가설에 관한 설명으로 옳은 것을 모두 고른 것은?

ㄱ. 이론적 배경을 가져야 한다.
ㄴ. 변수 간 관계를 가정한 문장이다.
ㄷ. 가설구성을 통해 연구문제가 도출된다.
ㄹ. 창의적 해석이 가능하도록 개방적으로 구성되어야 한다.

① ㄱ, ㄴ ② ㄱ, ㄷ ③ ㄱ, ㄴ, ㄹ
④ ㄴ, ㄷ, ㄹ ⑤ ㄱ, ㄴ, ㄷ, ㄹ

해설 ㄷ. 연구문제에 기반하여 가설이 도출된다. ㄹ. 가설은 통계적인 분석이 가능하도록 객관적이어야 하며 계량화가 가능해야 한다. 정답 ①

2. 조사설계의 타당도와 신뢰도

☐ 22회 49번

내적 타당도 저해 요인 중 통계적 회귀에 관한 설명으로 옳은 것은?

① 프로그램의 개입 후 측정치가 기초선으로 돌아가려는 경향
② 프로그램 개입의 효과가 완전한 선형관계로 나타나는 경향
③ 프로그램의 개입과 관계없이 사후검사 측정치가 평균값에 근접하려는 경향
④ 프로그램 개입 전부터 이미 이질적인 두 집단이 사후조사 결과에서도 차이가 나타나는 경향
⑤ 프로그램의 개입 전후에 각각 다른 측정도구로 측정함으로써 차이가 나타나는 경향

해설 ⑤ 프로그램의 개입 전후에 각각 다른 측정도구로 측정함으로써 차이가 나타나는 경향: 도구효과 ☑ 내적 타당도 저해 요인: 성숙효과, 테스트효과, 도구효과, 통계적 회귀, 외부사건, 실험대상자 상실, 선택효과 등 정답 ③

□ 21회 32번

조사설계의 내적 타당도와 외적 타당도에 관한 설명으로 옳은 것은?

① 어떤 변수가 다른 변수의 원인임을 정확하게 기술하는 것이 외적 타당도이다.

② 연구결과를 연구조건을 넘어서는 상황이나 모집단으로 일반화하는 정도가 내적 타당도이다.

③ 내적 타당도는 외적 타당도의 필요조건이지만 충분조건은 아니다.

④ 실험대상의 탈락이나 우연한 사건은 외적 타당도 저해요인이다.

⑤ 외적 타당도가 낮은 경우 내적 타당도 역시 낮다.

해설 ① 어떤 변수가 다른 변수의 원인임을 정확하게 기술하는 것은 내적 타당도 ② 연구결과를 연구조건을 넘어서는 상황이나 모집단으로 일반화하는 정도는 외적 타당도 ④ 실험대상의 탈락이나 우연한 사건은 내적 타당도 저해요인 ⑤ 외적 타당도가 낮은 경우 내적 타당도를 알 수 없다. **정답** ③

□ 21회 39번

연구의 외적 타당도를 저해하는 상황으로 옳은 것은?

① 연구대상의 건강 상태가 시간 경과에 따라 회복되는 상황

② 자아존중감을 동일한 측정도구로 사전−사후 검사하는 상황

③ 사회적 지지를 다른 측정도구로 사전−사후 검사하는 상황

④ 실험집단과 통제집단 간 연령 분포의 차이가 크게 발생하는 상황

⑤ 자발적 참여자만을 대상으로 연구표본을 구성하게 되는 상황

해설 ① 성숙효과 ② 테스트효과(검사효과) ③ 도구효과 ④ 선택효과(편향된 선별) **정답** ⑤

□ 20회 47번

다음 조사에서 연구대상을 배정한 방법은?

사회복지사협회에서 회보 발송 여부에 따라 회비 납부율에 차이가 있는지 알아보고자 한다. 이를 위해 전체 회원을 연령과 성별로 구성된 할당행렬의 각 칸에 배치하고, 절반에게는 회보를 보내고 나머지 절반은 회보를 보내지 않았다.

① 무작위표집(random sampling)

② 할당표집(quota sampling)

③ 매칭(matching)

④ 소시오매트릭스(sociomatrix)

⑤ 다중특질−다중방법(MultiTrait-MultiMethod)

해설 ①, ② 표집방법 ④ 자료의 수집 및 분석 방법 ⑤ 구성 타당도의 측정방법 **정답** ③

□ 19회 32번

다음 ( )에 알맞은 내용으로 옳은 것은?

· 내적타당도를 높이기 위해서는 (ㄱ) 이외의 다른 변수가 (ㄴ)에 개입할 조건을 통제하여야 한다.

· 외적타당도를 높이기 위해서는 (ㄷ)으로 연구대상을 선정하거나 표본크기를 (ㄹ) 하여야 한다.

① ㄱ: 원인변수, ㄴ: 결과변수, ㄷ: 확률표집방법, ㄹ: 크게

② ㄱ: 원인변수, ㄴ: 결과변수, ㄷ: 무작위할당, ㄹ: 작게

③ ㄱ: 원인변수, ㄴ: 결과변수, ㄷ: 확률표집방법, ㄹ: 작게

④ ㄱ: 결과변수, ㄴ: 원인변수, ㄷ: 확률표집방법, ㄹ: 크게

⑤ ㄱ: 결과변수, ㄴ: 원인변수, ㄷ: 무작위할당,
　ㄹ: 작게

해설 내적 타당도(인과관계): 어떤 변수가 다른 변수의 원인임을 확신할 수 있는 정도, 외적 타당도(일반화): 연구결과를 연구조건을 넘어서는 상황이나 모집단으로 일반화하는 정도

정답 ①

□ 19회 43번
외적타당도를 저해하는 요인으로 옳은 것은?

① 실험대상의 탈락
② 외부사건(history)
③ 통계적 회귀
④ 개입의 확산 또는 모방
⑤ 연구 참여자의 반응성

해설 외적 타당도를 저해하는 요인으로 표본의 대표성과 관련하여 플라시보효과와 연구참여자의 반응성(민감성, 반응효과)과 관련하여 호손효과가 있다. ① 실험대상의 탈락 ② 외부사건 ③ 통계적 회귀 ④ 개입의 확산 또는 모방은 모두 내적 타당도 저해 요인이다.

정답 ⑤

□ 18회 37번
실험설계의 내적타당도에 관한 설명으로 옳은 것을 모두 고른 것은?

> ㄱ. 우연한 사건은 내적타당도에 부정적 영향을
> 　미칠 수 있다.
> ㄴ. 사전점수가 매우 높은 집단을 선정하면 내
> 　적타당도를 저해한다.
> ㄷ. 내적타당도가 높은 연구 결과는 일반화 가
> 　능성이 높다.

① ㄱ　　　　② ㄴ　　　　③ ㄱ, ㄴ
④ ㄴ, ㄷ　　　⑤ ㄱ, ㄴ, ㄷ

해설 ㄷ. 내적 타당도가 높은 연구 결과는 인과관계가 높다.

정답 ③

3. 조사설계의 유형

□ 22회 43번
다음 사례에 관한 설명으로 옳지 않은 것은?

> 다문화교육이 청소년들의 다문화수용성에 미치는 영향을 알아보기 위해 청소년 100명을 무작위로 두 집단으로 나누었다. 교육 실시 전 두 집단의 다문화수용성을 측정하고, 한 집단에만 다문화 교육을 실시한 후 다시 두 집단 모두 다문화수용성을 측정하였다.

① 전형적인 실험설계이다.
② 교육에 참여한 집단이 실험집단이다.
③ 외적 요인의 통제를 시도하지 않았다.
④ 내적 타당도의 저해요인이 발생할 수 있다.
⑤ 두 집단 간의 사전, 사후 측정치를 비교하여 효과를 판단할 수 있다.

해설 ③ 외적 요인의 통제를 시도 → '무작위'로 내적타당도 제고, '사전검사'로 선정 편향 제거 ④ 내적 타당도 저해 요인: 검사효과

정답 ③

□ 22회 47번
다음에서 설명하는 설계에 해당하는 것은?

> 심리상담 프로그램이 시설입소노인의 정서적 안정감에 미치는 영향을 알아보기 위해 사전조사 없이 A요양원의 노인들을 대상으로 프로그램을 실시하였다. 프로그램 종료 후, 인구사회학적 배경이 유사한 B요양원 노인들을 비교집단으로 하여 두 집단의 정서적 안정감을 측정하였다.

① 비동일 통제집단 설계
② 정태적 집단비교 설계
③ 다중시계열 설계
④ 통제집단 사후검사 설계
⑤ 플라시보 통제집단 설계

해설 ② 정태적 집단비교 설계: 사전조사 없이 A요양원의 노인들과 작위적으로 선정한 B요양원 노인들을 측정 후 비교, 전(원시)실험 설계 **정답** ②

□ 21회 38번

다음의 연구에서 활용한 연구설계에 관한 설명으로 옳은 것은?

> 청소년의 자원봉사의식 향상 프로그램의 효과성을 검증하기 위하여 청소년 200명을 무작위로 두 개의 집단으로 나눈 후 A 측정도구를 활용하여 사전 검사를 실시하였다. 하나의 집단에만 프로그램을 실시한 후 두 개의 집단 모두를 대상으로 A 측정도구를 활용하여 사후 검사를 실시하였다.

① 테스트 효과의 발생 가능성이 낮다.
② 집단 간 동질성의 확인 가능성이 낮다.
③ 사전 검사와 프로그램의 상호작용 효과의 통제가 가능하다.
④ 자연적 성숙에 따른 효과의 통제가 가능하다.
⑤ 실험집단의 개입 효과가 통제집단으로 전이된다.

해설 ① 테스트 효과의 발생 가능성이 있다. ② 집단 간 동질성의 확인 가능성이 높다. ③ 사전 검사와 프로그램의 상호작용 효과의 통제가 어렵다. ⑤ 실험집단의 개입 효과가 통제집단으로 전이될 확률이 없다고 본다. **정답** ④

□ 20회 48번

순수실험설계에서 인과성 검증에 관한 설명으로 옳지 않은 것은?

① 사회복지 프로그램의 실행 여부가 독립변수로 설정될 수 있다.

② 사전조사에서 실험집단과 통제집단의 종속변수 측정치는 통계적으로 유의미한 차이가 없어야 한다.
③ 사전조사와 사후조사에서 통제집단의 종속변수 측정치는 통계적으로 유의미한 차이가 있어야 한다.
④ 실험집단과 통제집단의 동질성 확보가 필요하다.
⑤ 실험집단과 통제집단의 차이는 독립변수의 개입 유무이다.

해설 ③ 사전조사와 사후조사에서 통제집단의 종속변수 측정치는 통계적으로 유의미한 차이가 없어야 한다. **정답** ③

□ 20회 49번

다음과 같은 절차로 진행된 유사(준)실험설계의 특징으로 옳지 않은 것은?

> • 우울예방 프로그램에 참여할 하나의 집단을 모집함
> • 우울검사를 일정한 간격으로 여러 차례 실시함
> • 우울예방 프로그램을 진행함
> • 우울검사를 동일한 측정도구를 이용해 일정한 간격으로 여러 차례 실시함

① 통제집단을 두기 어려울 때 사용할 수 있다.
② 검사효과가 발생할 수 없다.
③ 정태적 집단비교설계(static-group comparison design)보다 내적 타당도가 높다.
④ 개입효과는 사전검사와 사후검사 측정치의 평균을 비교해서 측정할 수 있다.
⑤ 사전검사와 개입의 상호작용효과가 발생할 수 있다.

해설 ② 검사효과가 발생할 수 있다. ☑ 동일한 측정도구를 이용 **정답** ②

☐ 19회 41번

외부사건(history)을 통제할 수 있는 실험설계를 모두 고른 것은?

> ㄱ. 솔로몬 4집단 설계(Solomon four-group design)
> ㄴ. 단일집단 사전사후검사 설계(one-group pretest−posttest design)
> ㄷ. 단일집단 사후검사 설계(one-group posttest-only design)
> ㄹ. 통제집단 사후검사 설계(posttest-only control group design)

① ㄹ   ② ㄱ, ㄹ   ③ ㄴ, ㄷ
④ ㄱ, ㄴ, ㄹ   ⑤ ㄴ, ㄷ, ㄹ

해설 '단일집단'은 외부사건을 통제하기 위한 통제집단이 없는 전실험설계이다. **정답** ②

☐ 19회 49번

실험설계의 유형에 관한 설명으로 옳지 않은 것은?

① 다중 시계열 설계(multiple time-series design)는 통제집단을 설정하지 않는다.
② 단일집단 사전사후검사 설계(one-group pretest-posttest design)는 검사효과를 통제하기 어렵다.
③ 통제집단 사후검사 설계(posttest-only control group design)는 사전검사의 영향을 배제할 수 있다.
④ 시계열 설계(time-series design)는 검사효과와 외부사건을 통제하기 어렵다.
⑤ 정태적 집단 비교설계(static group design)는 두 집단의 본래의 차이를 확인하기 어렵다.

해설 ① 다중 시계열 설계는 단순 시계열 설계에 통제집단을 추가한 실험설계이다. **정답** ①

☐ 18회 35번

다음 연구설계에 관한 설명으로 옳지 않은 것은?

> 노인복지관의 노노케어 프로그램 자원봉사자 40명을 무작위로 골라 20명씩 두 집단으로 배치하고, 한 집단에는 자원봉사 교육을 실시하고 다른 집단에는 아무런 개입을 하지 않았다. 10주 후 두 집단 간 자원봉사만족도를 비교·분석하였다.

① 사전조사를 실시하지 않아 내적타당도를 저해하지 않는다.
② 무작위 선정으로 내적타당도를 저해하지 않는다.
③ 통제집단을 확보하기 어려울 때 사용할 수 있는 설계이다.
④ 사전검사를 하지 않아도 집단 간 차이를 어느 정도 통제할 수 있다.
⑤ 통제집단 전후비교에 비해 설계가 간단하여 사회조사에서 많이 활용된다.

해설 ③ 통제집단 사후검사 설계: 통제집단을 확보했을 때 사용할 수 있는 설계 **정답** ③

4. 단일사례설계

☐ 22회 45번

단일사례연구에 관한 설명으로 옳지 않은 것은?

① 복수의 각기 다른 개입방법을 연속적으로 도입할 수 없다.
② 시계열설계의 논리를 개별사례에 적용한 것이다.
③ 윤리적인 문제가 발생할 수 있다.
④ 실천과정과 조사연구과정이 통합될 수 있다.
⑤ 다중기초선 설계의 적용이 가능하다.

해설 ① ABCD설계: 복수의 각기 다른 개입방법을 연속적으로 도입할 수 있다. **정답** ①

□ 21회 40번

단일사례설계에 관한 설명으로 옳은 것을 모두 고른 것은?

> ㄱ. BA설계는 개입의 긴급성이 있는 상황에 적합하다.
> ㄴ. ABAC설계는 선행 효과의 통제가 가능하다.
> ㄷ. ABAB설계는 AB설계에 비해 외부사건의 영향력에 대한 통제력이 크다.
> ㄹ. 복수기초선디자인은 AB설계에 비해 외부사건의 영향력에 대한 통제력이 크다.

① ㄱ, ㄴ   ② ㄴ, ㄹ   ③ ㄷ, ㄹ

④ ㄱ, ㄴ, ㄷ   ⑤ ㄱ, ㄷ, ㄹ

해설 ㄴ. ABAC설계는 복수요소 디자인 설계인 ABCD에 반전 디자인 논리를 결합한 형태로 AB 이후 AC를 시도함으로써 ABC의 단점을 보완하고 ABA도 가능하게 한다. 하지만 선행효과를 깨끗하게 통제하기 어렵다. **정답** ⑤

□ 21회 41번

단일사례설계의 결과 분석 방법에 관한 설명으로 옳지 않은 것은?

① 시각적 분석은 변화의 수준, 파동, 경향을 고려해야 한다.

② 통계적 분석을 할 때 기초선이 불안정한 경우 평균비교가 적합하다.

③ 평균비교에서는 평균과 표준편차를 함께 고려해야 한다.

④ 경향선 분석에서는 기초선의 측정값을 두 영역으로 나누어 경향선을 구한다.

⑤ 임상적 분석은 결과 판단에 주관적 요소의 개입 가능성이 크다.

해설 ② 통계적 분석을 할 때 기초선이 불안정한 경우 경향선 접근법이 적합하다. **정답** ②

□ 19회 42번

단일사례설계방법에 관한 설명으로 옳은 것은?

① ABCD설계는 여러 개의 개입효과를 개별적으로 증명하기 위한 설계이다.

② AB설계는 외부요인을 충분히 통제할 수 있기 때문에 여러 유형의 문제에 적용가능하다.

③ 복수기초선설계는 기초선 단계 이후 여러 개의 다른 개입방법을 순차적으로 적용한다.

④ ABAB설계는 외부요인을 통제할 수 있어 개입의 효과를 확인할 수 있다.

⑤ 평균비교는 기초선이 불안정할 때 기초선의 변화의 폭과 기울기까지 고려하여 결과를 분석하는 방법이다.

해설 ① ABCD설계는 여러 개의 개입효과를 개별적으로 증명하기 쉽지 않은 설계이다. ② AB설계는 외부요인을 충분히 통제할 수 없기 때문에 여러 유형의 문제에 적용가능하지 않다. ③ 복수기초선설계는 하나의 동일한 개입방법을 여러 사례, 여러 사람들, 여러 가지 문제에 적용해 보는 것이다. ⑤ 평균비교는 기초선이 비교적 안정적일 때 결과값을 분석하는 방법이다. **정답** ④

□ 18회 36번

단일사례설계의 개입효과에 관한 설명으로 옳지 않은 것은?

① 개입 후 변화의 파동이 심하면 효과 판단이 어렵다.

② 기초선이 불안정할 경우 기초선의 경향선을 이용하여 통계적으로 개입효과를 판단한다.

③ 기초선에서 개입기간까지의 경향선을 통해 시각적으로 개입효과를 판단한다.

④ 기초선과 개입기간 두 평균값의 통계적 검증을 통해 개입효과를 판단한다.

⑤ 개입 후 상당한 기간이 지나 최초의 변화가 발생할 경우 개입효과가 있다고 판단한다.

해설 ⑤ 개입 후 상당한 기간이 지나 최초의 변화가 발생할 경우 개입효과가 있다고 판단하기 어렵다. **정답** ⑤

☑ 핵심요약

1. 조사설계의 이해

- 개념: 경험적으로 인지할 수 있는 대상이나 현상을 용어, 단어, 상징 등으로 표현하는 것
- 개념적 정의: 연구에서 사용되는 용어나 개념의 뜻을 구체적이고 추상적으로 묘사하는 것
- 조작적 정의: 개념적 정의를 실제로 관찰할 수 있는 수준(측정이 가능한 수준)으로 전환시키는 것

☑ 개념의 경험적 수준: 개념적 정의(포괄적) > 조작적 정의 > 변수의 측정(구체적)

1) 변수: 경험적으로 측정할 수 있는 개념

☑ 시험문제에서 각각의 단일 개념을 묻기보다 사례나 가설 등의 문장에서 변수와 그 변수의 유형을 찾을 수 있어야 함

① 척도수준에 따른 변수
- 연속변수(계량, 정량적 변수): 등간척도나 비율척도로 측정된 값을 갖는 변수
- 비연속(이산, 유목변수): 명목척도와 서열척도로 측정된 값을 갖는 변수

② 상호영향 관계에 따른 변수
- 독립변수(원인, 설명, 예측변수): 종속변수의 원인이 되는 변수
- 종속변수(결과변수): 다른 변수에 의존하지만 다른 변수에 영향을 미칠 수 없는 변수

☑ 독립변수와 종속변수의 인과관계 성립요건: 시간적 우선성, 공변성, 비가식적관계
- 외생변수: 독립변수와 종속변수 모두에 영향을 미치는 제3의 변수, 종속변수에 영향을 미치는 독립변수 이외의 모든 변수
- 통제변수: 독립변수와 종속변수 간의 상관관계를 명확히 파악하기 위해 그 상관관계에 영향을 미칠 수 있어 통제되는 제3의 변수, 일종의 통제된 외생변수
  ☑ 외생변수 > 통제변수
- 선행변수: 독립변수 앞에서 독립변수에 영향을 주는 변수
- 매개변수(I): 독립변수(X)의 결과인 동시에 종속변수(Y)의 원인이 되는 변수
  예 $X \rightarrow I \rightarrow Y$
- 내생변수: 다른 변수의 영향을 받는 변수
- 조절변수(조건변수): 독립변수와 종속변수의 관계의 강도를 조절하는 역할을 하는 변수
- 억압변수: 두 개의 변수 간 상관관계가 있지만 없는 것처럼 보이게 하는(가식적 영

관계) 제3의 변수

2) 가설

① 연구가설(조사가설, 작업가설)
- 조사자가 검증하고자 하는 가설
- 인과관계가 구체적으로 표현되는 연구질문

② 영가설(귀무가설, null hypothesis)
- 변수 간의 관계가 없다는 가설
- 변수 간의 관계가 우연임을 증명하기 위한 가설
- 연구가설과 대조되는 가설
  ☑ 분석의 오류
  - 제1종오류(α오류): 영가설이 참인데 영가설을 기각하고 대립가설을 채택
  - 제2종오류(β오류): 영가설이 거짓인데 영가설을 채택

③ 대안가설(대립가설)
- 영가설이 거짓일 때 채택하기 위해 설정하는 가설
- 영가설에 대한 반증가설
- 연구가설과 동일시되기도 함

2. 조사설계의 타당도와 신뢰도

(1) 내적 타당도(인과관계): 어떤 변수가 다른 변수의 원인임을 확신할 수 있는 정도

① 내적 타당도의 저해요인
- 성숙효과: 연구기간 중에 발생하는 개인의 신체적, 심리적 성숙
- 테스트효과(검사효과): 사전검사가 사후검사에 영향을 미치는 것
- 도구효과: 사전검사와 사후검사에서 측정의 도구나 기준이 달라지는 것
- 통계적 회귀: 결과의 값이 극단적인 사례를 선택해서 발생하는 오류
- 우연한 사건(외부사건, 역사요인, history): 사전검사와 사후검사 사이에 연구자의 의도와 무관하게 발생한 통제 불가능한 사건
- 실험대상자의 상실(중도탈락)
- 선택효과(편향된 선별): 연구결과에 영향을 미칠 요인이 적용된 자발적 참여자를 선택

② 내적 타당도의 제고요인
- 무작위할당 표집
- 통계적 통제
- 배합, 매칭, 짝짓기

(2) 외적 타당도(일반화): 연구결과를 연구조건을 넘어서는 상황이나 모집단으로 일반화하는 정도

① 외적 타당도의 저해요인
- 연구대상(표본)의 대표성: 플라시보효과
- 연구참여자의 조사반응성(민감성, 반응 효과): 호손효과
- 연구환경과 절차

② 외적 타당도의 제고요인
- 표본의 대표성: 표본의 크기를 보다 크게 하여 대표성을 확보
- 연구참여자의 조사반응성 → 가실험효과 통제: 가실험통제집단 설계를 사용
- 연구환경과 절차 → 모집단의 일반적 상황과 가능한 유사한 환경 조성이 필요

3. 조사설계의 유형

(1) 순수실험설계(진실험설계): 실험집단과 통제집단의 동질성 확보 필요

① 통제집단 사전사후 검사설계(통제집단 전후 비교설계)
- 개념: 무작위할당(난선화)으로 실험집단과 통제집단을 구분 후, 실험집단에 독립변수의 조작(실험)을 가하고, 통제집단에는 아무런 조작을 가하지 않아 두 집단의 차이를 전후로 비교하는 방법
- 장점:
  - 집단 간 동질성의 확인 가능성이 높음
  - 실험집단의 개입효과가 통제집단으로 전이될 확률이 없다고 봄(외생변수 통제 가능)
  - 내적 타당도가 높은 편
- 단점:
  - 테스트효과의 발생 가능성
  - 사전 검사와 프로그램의 상호작용효과의 통제가 어려움
  - 외적 타당도가 낮을 가능성

② 통제집단 사후검사 설계(통제집단 후 비교설계)
- 개념:
  - 통제집단 사전사후 검사설계의 단점을 보완하기 위한 설계
  - 무작위로 선정된 실험집단과 통제집단에 사전조사 없이 실험집단에 대해서는 조작을 가하고, 통제집단에 대해서는 아무런 조작을 가하지 않고 두 집단 간의 차이를 비교하는 방법
- 장점: 사전검사의 영향을 배제할 수 있음
- 단점: 실험집단과 통제집단의 최초 상태에 대하여 동질성을 확보했다고 보기 어려움

③ 솔로몬 4집단 설계(Solomon four-group design)
- 개념: 통제집단 사전사후 검사설계와 통제집단 사후검사 설계를 혼합한 형태의 설계, 연구대상을 4집단으로 무작위할당
- 장점:
  - 사전검사의 영향을 제거하여 내적 타당도가 가장 높은 설계
  - 사전검사와 실험처치의 상호작용 영향을 배제할 수 있어 외적 타당도도 높일 수 있음
- 단점:
  - 연구대상을 4집단으로 선정하고 관리하는 어려움이 따름
  - 시간과 비용이 많이 소요되므로 비경제적

④ 요인설계
- 개념: 독립변수가 복수인 경우 혹은 실험집단에 둘 이상의 프로그램을 실시하는 경우 적용하는 방법
- 장점: 연구 결과의 일반화 정도가 높은 편
- 단점: 독립변수가 많은 경우 시간과 비용이 많이 소요되므로 비경제적

⑤ 가실험 통제집단 설계
- 개념: 통제집단 사후검사 설계에 가실험효과(플라시보효과, 위약효과)를 측정할 수 있는 집단을 결합한 형태

(2) 유사(준)실험설계: 현실적으로 많이 이용되는 설계방법

① 비동일 통제집단(비교집단)설계
- 개념: 통제집단 사전사후 검사설계와 유사하지만 실험집단과 통제집단을 작위적(임의적)으로 구성
- 장점: 순수실험설계가 불가능한 경우 현실적인 대안이 될 수 있음
- 단점: 작위적(임의적) 표집으로 표본의 편향이 발생할 수 있음

② 단순 시계열 설계
- 개념:
  - 비교집단의 설정이 어려운 경우 실험조치를 하기 이전 또는 이후에 정기적으로 여러 차례 측정하여 비교하는 설계
  - 개입효과는 사전검사와 사후검사 측정치의 평균을 비교해서 측정
- 장점:
  - 순수실험설계가 불가능한 경우 현실적인 대안이 될 수 있음
  - 정태적 집단비교설계보다 내적 타당도가 높음
- 단점:
  - 작위적(임의적) 표집으로 표본의 편향이 발생할 수 있음
  - 사전검사와 개입의 상호작용효과가 발생할 수 있음

- 검사효과가 발생할 수 있음

③ 다중 시계열 설계(복수 시계열 설계)
- 개념: 단순 시계열 설계에 통제집단을 추가한 설계
- 장점: 유사실험설계 중 내적 타당도가 가장 높음
- 단점:
  - 작위적(임의적) 표집으로 실험집단과 통제집단의 동질성이 확보되었다고 보기 어려움
  - 실험집단의 경우 사전검사와 개입의 상호작용효과가 발생할 수 있음

(3) 전(원시)실험설계: 외부사건(history)을 통제하기 위한 통제집단이 없는 실험설계로 탐색적 조사의 성격이 강한 설계

① 1회 검사 사례설계(1회 사례연구): 단일사례 또는 단일집단에 실험조치 후 종속변수의 특성에 대하여 검사하고 결과를 평가하는 방법
② 단일집단 사전사후검사 설계(단일집단 전후 비교설계): 1회 검사 사례설계(1회 사례연구)에 사전검사를 추가한 방법
③ 정태적 집단비교설계(비동일집단 사후 비교설계, 고정집단 비교설계): 실험집단과 통제집단을 작위적으로 선정한 후 실험집단에는 실험조치를 가하고 통제집단에는 실험조치를 가하지 않은 상태로 결과를 비교하는 방법

(4) 비실험설계: 실험을 할 수 없는 상황에 적용(독립변수의 조작이 불가능한 상황)

① 횡단적 연구설계
② 종단적 연구설계

4. 단일사례설계

(1) 기본구조

① 기초선('A'로 표시): 개입하기 이전의 단계, 연구자가 개입하기 전 대상자의 표적행동을 파악하는 기간
② 개입('B'로 표시): 표적행동에 대한 개입활동이 이루어지는 기간

(2) 단일사례설계의 유형

① AB설계: 기초선(A)→개입(B)
- AB설계는 기초선(A)→개입(B)으로 설계가 간단하고 쉽게 적용할 수 있는 반면, 외부요인을 충분히 통제할 수 없기 때문에 신뢰도가 낮음
② ABA설계: 제1기초선(A) → 개입(B) → 제2기초선(A)
- ABA설계와 ABAB설계는 내적타당도 저해요인을 통제하기 위한 주요 수단으로 개입의 철회를 사용

③ ABAB설계: 제1기초선(A) → 제1개입(B) → 제2기초선(A) → 제2개입(B)
- AB설계에 비해 외부사건의 영향력에 대한 통제력이 큼

④ BA설계: 개입(B) → 기초선(A)
- 개입의 긴급성이 있는 상황에 적합

⑤ ABCD설계 또는 복수요인설계: 기초선(A) → 제1개입(B) → 제2개입(C) → 제3개입(D)
- 기초선(A) 단계 이후 여러 개의 다른 개입방법(B, C, D)을 순차적으로 적용해 보는
  방법으로 2번째, 3번째의 개입에서 이월효과, 순서효과 등으로 선행된 개입의 효과
  와 명확한 구분이 어려움

⑥ ABAC설계: 제1기초선(A) → 제1개입(B) → 제2기초선(A) → 제2개입(C)
- ABCD에 반전 디자인 논리를 결합한 형태
- AB 이후 AC를 시도함으로써 ABC의 단점을 보완하고 ABA도 가능

⑦ 복수기초선설계
- AB설계에 비해 외부사건의 영향력에 대한 통제력이 큼
- 내적 타당도 저해요인을 통제하기 위한 주요 수단으로 반복(replication)을 사용
- 일부 연구대상자에게 개입의 제공이 지연되는 문제
- 연구대상자의 수가 증가할수록 내적 타당도는 증가
- 동일한 개입을 특정 연구대상자의 여러 표적행동에 적용하여 개입의 효과를 평가할
  수 있음

(3) 단일사례설계의 분석방법

① 시각적 분석: 변화의 수준, 파동, 경향을 고려
② 경향선 분석: 기초선이 불안정할 때 기초선의 변화의 폭과 기울기까지 고려하여 결과
  를 분석하는 방법
③ 평균비교: 기초선이 비교적 안정적일 때 결과값을 분석하는 방법

☑ 과락科落 말고 **과락科樂 기출 선지**

01. 개념이란 경험적으로 인지할 수 있는 대상이나 현상을 용어, 단어, 상징 등으로 표현하는 것이다.

02. 조작적 정의란 개념적 정의를 실제로 관찰할 수 있는 수준(측정이 가능한 수준)으로 전환시키는 것이다.

03. 독립변수(원인, 설명, 예측변수)는 종속변수의 원인이 되는 변수이다.

04. 종속변수(결과변수)는 다른 변수에 의존하지만 다른 변수에 영향을 미칠 수 없는 변수이다.

05. 독립변수와 종속변수의 인과관계 성립요건은 ① 시간적 우선성 ② 공변성 ③ 비가식적 관계이다.

06. 외생변수란 독립변수와 종속변수 모두에 영향을 미치는 제3의 변수, 종속변수에 영향을 미치는 독립변수 이외의 모든 변수이다.

07. 통제변수란 독립변수와 종속변수 간의 상관관계를 명확히 파악하기 위해 그 상관관계에 영향을 미칠 수 있어 통제되는 제3의 변수이다.

08. 조절변수(조건변수): 독립변수와 종속변수의 관계의 강도를 조절하는 역할을 하는 변수이다.

09. 연구가설(조사가설, 작업가설)은 인과관계가 구체적으로 표현되는 연구질문이다.

10. 영가설(귀무가설)은 변수 간의 관계가 없다는 가설이다.

11. 대안가설(대립가설)은 영가설이 거짓일 때 채택하기 위해 설정하는 가설이다.

12. 내적 타당도(인과관계)는 어떤 변수가 다른 변수의 원인임을 정확하게 기술하는 것이다.

13. 내적 타당도의 저해요인은 ① 성숙효과 ② 테스트효과(검사효과) ③ 도구효과 ④ 통계적 회귀 ⑤ 우연한 사건(외부사건, 역사요인) ⑥ 실험 대상자의 상실(중도탈락) ⑦ 선택효과(편향된 선별)이다.

14. 외적 타당도(일반화)는 연구결과를 연구조건을 넘어서는 상황이나 모집단으로 일반화하는 정도이다.

15. 외적 타당도의 저해요인은 ① 연구 대상(표본)의 대표성 ② 연구참여자의 조사반응성(민감성, 반응효과) ③ 연구환경과 절차이다.

16. 순수실험설계(진실험설계)는 ① 통제집단 사전사후 검사설계(통제집단 전후 비교설계) ② 통제집단 사후 검사 설계(통제집단 후 비교설계) ③ 솔로몬 4집단 설계 ④ 요인설계이다.

17. 유사(준)실험설계는 현실적으로 많이 이용되는 설계방법으로 비동일 통제집단(비교집단)설계, 단순 시계열 설계, 다중 시계열 설계(복수 시계열 설계)이다.

18. 전(원시)실험설계는 탐색적 조사의 성격이 강한 설계로 ① 1회 검사 사례설계(1회 사례연구) ② 단일집단 사전사후검사 설계(단일집단 전후 비교설계) ③ 정태적 집단비교설계(비동일집단 사후 비교설계, 고정집단 비교설계)이다.

19. AB설계는 기초선(A) → 개입(B)으로 설계가 간단하고 쉽게 적용할 수 있는 반면 외부요인을 충분히 통제할 수 없기 때문에 신뢰도가 낮다.

20. BA설계는 개입(B) → 기초선(A)으로 개입의 긴급성이 있는 상황에 적합하다.

21. ABCD설계 또는 복수요인설계는 기초선(A) 단계 이후 여러 개의 다른 개입방법(B, C, D)을 순차적으로 적용해 보는 방법이다.

22. 복수기초선설계는 동일한 개입을 특정 연구대상자의 여러 표적행동에 적용하여 개입의 효과를 평가할 수 있다.

IV 표본추출(표집)

1. 방법과 특성

□ 22회 39번

다음 사례에 해당하는 표집용어와 관련한 내용으로 옳은 것은?

> A종합사회복지관을 이용하는 노인들을 대상으로 노인맞춤돌봄서비스에 관한 설문조사를 위하여 노인 이용자명단에서 300명을 무작위 표본추출 하였다.

① 모집단: 표본추출된 300명
② 표집방법: 할당표집
③ 관찰단위: 집단
④ 표집틀: 노인 이용자명단
⑤ 분석단위: 집단

해설 ① 모집단: A종합사회복지관을 이용하는 노인들 ② 표집방법: 무작위 표본추출 → 확률표집 ③, ⑤ 관찰·분석단위: 개인 ☑ 할당표집: 임의적(작위적) 표본추출 정답 ④

□ 22회 40번

표집에 관한 설명으로 옳지 않은 것은?

① 의도적표집(purposive sampling)은 비확률표집이다.
② 할당표집(quota sampling)은 동일추출확률에 근거한다.
③ 눈덩이표집(snowball sampling)은 질적연구나 현장연구에서 많이 사용된다.
④ 집락표집(cluster sampling)은 모집단에 대한 표집틀이 갖추어지지 않더라도 사용가능하다.
⑤ 체계적표집(systematic sampling)은 주기성(periodicity)이 문제가 될 수 있다.

해설 ② 확률표집은 동일추출확률에 근거한다. 정답 ②

□ 22회 42번

질적연구에서 일반적으로 사용되는 표집방법이 아닌 것은?

① 판단(judgemental) 표집
② 체계적(systematic) 표집
③ 결정적 사례(critical case) 표집
④ 극단적 사례(extreme case) 표집
⑤ 최대변이(maximum variation) 표집

해설 ② 체계적(systematic) 표집: 확률표집, 주로 양적연구에서 사용된다. 정답 ②

□ 21회 46번

표본추출에 관한 설명으로 옳은 것은?

① 모집단을 가장 잘 대표하는 표본추출방법은 유의표집이다.
② 모집단이 이질적인 경우에는 표본의 크기를 줄여야 한다.
③ 전수조사에서는 모수와 통계치의 구분이 필요하다.
④ 표집오류를 줄이기 위해 층화표집방법(stratified sampling)을 사용할 수 있다.
⑤ 체계적표집방법(systematic sampling)은 모집단에서 유의표집을 실시한 후 일정한 표본추출 간격으로 표본을 선정한다.

해설 ① 모집단을 가장 잘 대표하는 표본추출방법은 단순무작위 표집이다. ② 모집단이 이질적인 경우에 표본의 크기는 보다 커져야 한다. ③ 전수조사에서는 모수만 있고 통계치는 없다. ⑤ 체계적표집방법은 모집단에서 첫 번째 요소를 무작위 표집 실시한 후 일정한 표본추출 간격으로 표본을 선정한다. 정답 ④

□ 21회 50번

할당표집방법에 관한 설명으로 옳지 않은 것은?

① 모집단의 주요 특성에 대한 정보를 활용한다.

② 모집단을 구성하는 주요 변수별로 표본을 할당한 후 확률표집을 실시한다.

③ 지역주민 조사에서 전체주민의 연령대별 구성비율에 따라 표본을 선정한다.

④ 표본추출 시 할당틀을 만들어 사용한다.

⑤ 우발적표집보다 표본의 대표성이 높다.

해설 ② 모집단을 구성하는 주요 변수별로 표본을 할당한 후 비확률표집을 실시한다. **정답** ②

□ 20회 42번

다음 사례의 표집에 관한 설명으로 옳은 것은?

> 400명의 명단에서 80명의 표본을 선정하는 경우, 그 명단에서 최초의 다섯 사람 중에서 무작위로 한 사람을 뽑는다. 그 후 표집간격 만큼을 더한 번호에 해당하는 사람을 표본으로 선택한다.

① 단순무작위 표집이다.

② 표집틀이 있어야 한다.

③ 모집단의 배열에 일정한 주기성을 가지고 있어야 한다.

④ 비확률표집법을 사용하였다.

⑤ 모집단에 대한 대표성이 부족하다.

해설 ① 체계적 표집이다. ③ 모집단의 배열에 일정한 주기성을 가지고 있는 경우 심각한 오류를 발생시킬 수 있다. ④ 확률표집법을 사용하였다. ⑤ 모집단에 대한 대표성이 있다. **정답** ②

□ 20회 43번

표집에 관한 설명으로 옳은 것은?

① 할당표집(quota sampling)은 무작위 표집을 전제로 한다.

② 유의표집(purposive sampling)은 확률표집이다.

③ 눈덩이표집(snowball sampling)은 모집단의 규모를 알아야만 사용할 수 있다.

④ 단순무작위표집(simple random sampling)은 모집단으로부터 표본으로 추출될 확률을 알 수 있다.

⑤ 임의표집(convenience sampling)은 모집단의 대표성이 높은 표본을 추출한다.

해설 ① 할당표집은 비확률표집방법으로 작위(조사자의 의도를 반영) 표집을 전제로 한다. ② 유의표집(판단표집)은 비확률표집이다. ③ 눈덩이표집(누적표집)은 모집단의 규모를 알지 못하는 경우 주로 사용한다. ⑤ 임의표집(우연표집)은 모집단의 대표성이 높은 표본을 추출할 수 없다. **정답** ④

□ 19회 39번

질적조사에서 일반적으로 사용되는 표본추출방법으로 옳지 않은 것은?

① 이론적(theoretical) 표본추출

② 집락(cluster) 표본추출

③ 눈덩이(snowball) 표본추출

④ 극단적 사례(extreme case) 표본추출

⑤ 최대변이(maximum variation) 표본추출

해설 ② 집락(cluster) 표본추출: 확률 표본추출, 주로 양적조사에서 사용된다. **정답** ②

다음 사례에서 설명하는 표본추출방법은?

사회복지사들의 감정노동 정도를 조사하기 위하여 설문조사를 실시하였다. 표본은 전국사회복지관에 근무하는 사회복지사를 대상으로 연령(30세 미만, 30세 이상 50세 미만, 50세 이상)을 고려하여 연령 집단별 각각 100명씩 총 300명을 임의 추출하였다.

① 비례 층화 표본추출
② 할당 표본추출
③ 체계적 표본추출
④ 눈덩이 표본추출
⑤ 집락 표본추출

해설 비례 층화 표본추출과 할당표집은 모집단을 일정한 범주로 구분하여 나눈 다음 표집을 한다는 점은 같다. 하지만 할당표집은 작위적으로 표집하고, 비례 층화 표본추출은 무작위적 표집을 한다는 점이 다르다. 정답 ②

다음에 해당하는 표집방법은?

빈곤노인을 위한 새로운 사회복지서비스 개발을 위해 사회복지관의 노인 사례관리담당자에게 의뢰하여 자신의 욕구를 잘 표현할 수 있는 빈곤노인을 조사 대상으로 선정하였다.

① 층화 표집   ② 할당 표집
③ 의도적 표집   ④ 우발적 표집
⑤ 체계적 표집

해설 의뢰 의도적 표집(유의표집) 정답 ③

확률표집에 관한 설명으로 옳지 않은 것은?

① 무작위추출방식으로 표본을 추출한다.

② 의식적이거나 무의식적인 편향(bias)을 방지할 수 있다.
③ 모집단의 규모와 특성을 알 때 사용할 수 있다.
④ 표본오차를 추정할 수 있다.
⑤ 질적 연구에서 주로 사용된다.

해설 ⑤ 양적 연구에서 주로 사용된다. 정답 ⑤

2. 대표성과 오차

표집오차(sampling error)에 관한 설명으로 옳지 않은 것은?

① 표본의 선정과정에서 발생하는 오차이다.
② 표집방법에 따라 달라질 수 있다.
③ 동일한 조건이라면 표본크기가 클수록 감소한다.
④ 모집단의 크기와 표본크기의 차이를 말한다.
⑤ 동일한 조건이라면 이질적 집단보다 동질적 집단에서 추출한 표본의 표집오차가 작다.

해설 ④ 모집단 모수치와 표본의 통계치 간의 차이 정답 ④

표집오차(sampling error)에 관한 설명으로 옳지 않은 것은?

① 신뢰수준을 높이면 표집오차는 감소한다.
② 모집단의 모수와 표본의 통계치 간의 차이이다.
③ 표본의 크기가 커지면 표집오차는 커진다.
④ 모집단의 동질성에 영향을 받는다.
⑤ 표본으로 추출될 기회가 동등하면 표집오차는 감소한다.

해설 ③ 표본의 크기가 커지면 표집오차는 작아진다. 정답 ③

다른 조건이 같다면, 확률표집에서 표집오차(sampling error)에 관한 설명으로 옳지 않은 것은?

① 표준오차(standard error)가 커지면 표집오차도 커진다.
② 신뢰수준(confidence level)을 높이면 표집오차가 감소한다.
③ 표본의 수가 증가하면 표집오차가 감소한다.
④ 이질적인 모집단 보다 동질적인 모집단에서 추출한 표본의 표집오차가 작다.
⑤ 층화를 통해 단순무작위추출의 표집오차를 줄일 수 있다.

해설 ② 신뢰수준을 높이면 표집오차가 증가한다. 표집오차(표본오차)는 표본의 선정과정에서 발생하는 오차이다. **정답** ②

표본크기에 관한 설명으로 옳지 않은 것은?

① 표본의 크기가 클수록 시간과 비용이 많이 든다.
② 신뢰수준을 높이려면 표본의 크기도 커져야 한다.
③ 표본의 크기가 증가하면 표본오차(sampling error)도 커진다.
④ 모집단이 이질적인 경우에는 표본의 크기를 늘려야 한다.
⑤ 같은 표본추출방법을 사용한다면 표본의 크기가 클수록 대표성은 커진다.

해설 ③ 표본의 크기가 증가하면 표본오차는 작아진다. **정답** ③

✓ 핵심요약

1. 방법과 특성

(1) 표집관련 용어

① 모집단: 실제 연구의 대상인 전체 집단
② 전수조사: 모집단을 대상으로 실시하는 조사
③ 표집(표본추출): 모집단 중 모집단을 대표하도록 추출한 일부를 표본이라 하고, 이러한 과정을 표본추출 혹은 표집이라 함
④ 표집오차(표본오차): 표본을 추출하는 과정에서 발생하는 오차로 표본의 크기가 클수록 표집오차는 감소
⑤ 표집틀: 실제 추출되는 연구대상 모집단 전체의 목록
⑥ 모수: 모집단의 속성
⑦ 통계치: 표본의 속성

(2) 표본설계의 절차

① 모집단 확정 → ② 표집틀 선정 → ③ 표집방법 결정 → ④ 표집크기 결정 → ⑤ 표본추출

(3) 표본추출의 방법

구분	표집	표집틀	종류	주로 사용하는 연구	편향 (bias)	모집단의 규모와 특성	표본오차의 추정 가능성	결과의 일반화 가능성
확률 표집	무작위적	표집틀 필요	· 단순무작위표집 · 체계적 표집 · 층화표집 · 집락표집 등	양적 연구	없음	알 수 있을 때 적용	가능	가능
비확률 표집	작위적	표집틀 없어도 됨	· 편의표집 · 유의표집 · 할당표집 · 눈덩이표집 등	질적 연구	있음	모를 때 적용	불가능	제한적

① 확률표집: 주로 양적조사에서 사용
  · 단순무작위표집
    – 가장 기본적인 확률표집방법
    – 모집단을 가장 잘 대표하는 표본추출방법
  · 체계적 표집방법
    – 모집단에서 첫 번째 요소를 무작위 표집 실시한 후 일정한 표본추출 간격으로 표본을 선정
    – 모집단의 배열에 일정한 주기성을 가지고 있는 경우 심각한 오류를 발생시킬 수 있음
  · 층화표집방법
    – 모집단을 구성하는 주요 변수별로 표본을 할당한 후 확률표집을 실시
    – 층화표집과 할당표집은 모집단을 일정한 범주로 구분하여 나눈 다음 표집을 한다는 점은 같음
    – 집단 내는 동질적이고, 집단 간은 이질적인 특성
    – 비례층화 표집과 비비례층화 표집으로 구분
  · 집락 표본추출
    – 표집틀에서 구성요소에 대해 다양한 이질적 구성요소를 포함하는 여러 개의 집락으로 구분 후, 집락을 표집단위로 하여 무작위로 표본을 추출한 다음 그 구성요소를 전수조사하는 방법
    – 집단 내는 이질적이고, 집단 간은 동질적인 특성
    – 확률표집이지만 관찰단위와 표집단위가 일치하지 않는 특성
    – 확률표집 중 표집오차가 가장 큼
② 비확률표집: 주로 질적조사에서 사용

- 편의표집(우연표집, 임의표집, 우발적 표집)
  - 모집단의 정보가 부족할 때 표본 선정의 편의성을 위해 사용하는 방법으로 모집단의 대표성이 높은 표본을 추출할 수 없음
  - 비용과 시간이 가장 적게 소요된다는 장점
- 이론적 표집(유의표집, 판단표집, 의도적 표집)
  - 연구자가 그 조사에서 요구하고 있는 사항을 충족시킬 수 있도록 적절한 판단과 전략을 세운 후 그에 따라 모집단을 대표하는 제 사례를 표본추출하는 방법
- 할당표집
  - 모집단의 주요 특성에 대한 정보를 활용
  - 모집단을 구성하는 주요 변수별로 표본을 할당한 후 비확률표집을 실시
  - 표본추출 시 할당틀을 만들어 사용
  - 우발적 표집보다 표본의 대표성이 높음
  - 층화표집과 할당표집은 모집단을 일정한 범주로 구분하여 나눈 다음 표집을 한다는 점은 같음
- 눈덩이표집(누적표집, 누증표집)
  - 눈덩이표집은 모집단의 규모를 알지 못하는 경우 주로 사용
  - 적은 수의 인원을 표본으로 추출하여 조사한 다음 그 대상자의 주위 사람들을 조사하는 방법
  - 계량화가 곤란하여 일반화의 가능성이 적음
  - 질적 조사연구나 현장연구에서 널리 사용
- 극단적 사례 표본추출(예외적 사례표집)
- 최대변이 표본추출

2. 대표성과 오차

(1) 표본의 대표성

① 무작위로 추출된 표본의 크기는 표본의 대표성과 관계가 있음
② 층화표본추출은 단순무작위 표본추출보다 대표성이 높은 표본을 추출하는 방법으로 알려져 있음
③ 표본의 대표성은 표본의 질을 판단하는 주요 기준
④ 동일확률선정법으로 추출된 표본은 모집단을 가장 잘 대표함
⑤ 모집단의 동질성은 표본의 대표성과 관계가 있음

(2) 표집오차(표본오차)

① 표본의 선정과정에서 발생하는 오차
② 신뢰수준을 높이면 표집오차가 증가
③ 표본의 크기가 증가하면 표본오차는 작아짐. 모집단의 특성을 나타내는 값인 '모수'

와 통계치의 유사성이 커지기 때문
④ 모집단의 모수와 표본의 통계치 간의 차이
⑤ 표준오차가 커지면 표집오차도 커짐
⑥ 표본으로 추출될 기회가 동등하면 표집오차는 감소

☑ 과락科落 말고 과락科樂 기출 선지

01. 표집(표본추출)이란 모집단 중 모집단을 대표하도록 추출한 일부를 표본이라 하고 이러한 과정을 표본추출 혹은 표집이라 한다.

02. 표본설계의 절차는 ① 모집단 확정 → ② 표집틀 선정 → ③ 표집방법 결정 → ④ 표집크기 결정 → ⑤ 표본추출이다.

03. 표본추출의 방법은 무작위로 표집하는 ① 확률표집과 작위적으로 표집하는 ② 비확률표집으로 나뉜다.

04. 확률표집은 주로 양적조사에서 사용되며 ① 단순무작위표집, ② 체계적표집방법, ③ 층화표집방법, ④ 집락 표본추출 등이 있다.

05. 비확률표집은 주로 질적조사에서 사용되며 ① 편의표집(우연표집, 임의표집, 우발적표집), ② 이론적 표집(유의표집, 판단표집, 의도적 표집), ③ 할당표집, ④ 눈덩이표집(누적표집, 누증표집) 등이 있다.

06. 표본의 대표성은 표본의 질을 판단하는 주요 기준이다.

07. 표집오차(표본오차)는 표본의 선정과정에서 발생하는 오차이다.

V 측정과 척도

1. 측정과 척도 수준

□ 22회 34번

척도의 종류가 올바르게 짝지어진 것은?

ㄱ. 종교 – 기독교, 불교, 천주교, 기타
ㄴ. 교육연수 – 정규 학교 교육을 받은 기간(년)
ㄷ. 학점 – A, B, C, D, F

① ㄱ: 명목척도, ㄴ: 서열척도, ㄷ: 비율척도
② ㄱ: 명목척도, ㄴ: 비율척도, ㄷ: 서열척도
③ ㄱ: 비율척도, ㄴ: 등간척도, ㄷ: 서열척도
④ ㄱ: 서열척도, ㄴ: 등간척도, ㄷ: 비율척도
⑤ ㄱ: 서열척도, ㄴ: 비율척도, ㄷ: 명목척도

해설 ㄱ. 종교 – 명목척도: 단순 범주 구분 , ㄴ. 교육연수 – 비율척도: 절대 0, ㄷ. 학점 – 서열척도: 순위형 정답 ②

□ 22회 35번

측정의 수준이 서로 다른 변수로 묶인 것은?

① 대학 전공, 아르바이트 경험 유무

② 복지비 지출 증가율, 월평균 소득(만원)

③ 온도(℃), 지능지수(IQ)

④ 생활수준(상, 중, 하), 혈액형

⑤ 성별, 현재 흡연여부

해설 ④ 생활수준(상, 중, 하): 서열, 혈액형: 명목 ①, ⑤ 명목척도(단순 범주 구분) ②, ③ 비율척도: 절대 0 정답 ④

□ 21회 31번

다음 연구과제의 변수들을 측정할 때 ㄱ~ㄹ의 척도유형을 바르게 짝지은 것은?

> 장애인의 성별(ㄱ)과 임금수준의 관계를 정확하게 파악하기 위해서는 장애유형(ㄴ), 거주지역(ㄷ), 직업종류(ㄹ)와 같은 변수들의 영향력을 적절히 통제해야 한다.

① ㄱ: 명목, ㄴ: 명목, ㄷ: 명목, ㄹ: 명목

② ㄱ: 명목, ㄴ: 서열, ㄷ: 서열, ㄹ: 명목

③ ㄱ: 명목, ㄴ: 서열, ㄷ: 명목, ㄹ: 비율

④ ㄱ: 명목, ㄴ: 등간, ㄷ: 명목, ㄹ: 명목

⑤ ㄱ: 명목, ㄴ: 등간, ㄷ: 서열, ㄹ: 비율

해설 척도는 측정하고자 하는 대상에 수치나 기호를 부여하는 것으로 측정은 일반적으로 4가지 수준으로 (1) 명목척도 (2) 서열척도 (3) 등간척도 (4) 비율척도이다. ☑ 명목 척도는 가장 낮은 수준의 측정으로 단순하게 측정 대상의 범주를 구분하기 위해 대상에 숫자를 부여한다. 숫자는 양적인 의미가 없으며 상호배타적인 특성이 있다. 예 성별, 장애유형, 지역, 직업, 강의실 호수, 결혼여부, 계절, 인종, 종교 등 정답 ①

□ 21회 34번

다음 변수의 측정 수준에 따른 분석 방법이 옳지 않은 것은?

> ㄱ. 출신지역: 도시, 도농복합, 농어촌, 기타
>
> ㄴ. 교육수준: 무학, 초등학교 졸업, 중학교 졸업, 고등학교 졸업, 대졸 이상
>
> ㄷ. 가출경험: 유, 무
>
> ㄹ. 연간기부금액: (   )만 원
>
> ㅁ. 연령: 10대, 20대, 30대, 40대, 50대, 60대 이상

① ㄱ: 최빈값

② ㄴ: 중위수

③ ㄷ: 백분율

④ ㄹ: 범위

⑤ ㅁ: 산술평균

해설 연령은 일반적으로 비율측정이다. 하지만 연령을 범주화했을 경우는 서열측정이다. 정답 ⑤

□ 20회 35번

측정수준이 서로 다른 변수로 묶인 것은?

① 연령, 백신 접종률

② 학년, 이수과목의 수

③ 섭씨(℃), 화씨(℉)

④ 강우량, 산불발생 건 수

⑤ 거주지역, 혈액형

해설 ② 학년 - 서열수준, 이수과목의 수 - 비율수준 정답 ②

□ 18회 43번

다음 변수의 측정수준을 고려하여 변수의 유형을 순서대로 나열한 것은?

> · 장애 유형 – 정신장애, 지체장애 등
> · 장애 등록 후 기간 – 개월 수
> · 장애 등록 연령 – 나이
> · 장애인의 건강 정도 – 상, 중, 하

① 비율변수, 비율변수, 서열변수, 명목변수
② 명목변수, 비율변수, 비율변수, 서열변수
③ 명목변수, 등간변수, 명목변수, 서열변수
④ 등간변수, 비율변수, 서열변수, 비율변수
⑤ 명목변수, 비율변수, 비율변수, 명목변수

해설 · 장애 유형 – 정신장애, 지체장애 등: 명목변수
· 장애 등록 후 기간 – 개월 수: 비율변수
· 장애 등록 연령 – 나이: 비율변수
· 장애인의 건강 정도 – 상, 중, 하: 서열변수 **정답** ②

2. 척도의 유형

□ 22회 36번

측정에 관한 설명으로 옳지 않은 것은?

① 측정은 연구대상의 속성에 대하여 일정한 규칙에 따라 숫자나 기호를 부여하는 과정이다.
② 사회과학에서는 개념을 측정하기 위해 특질 자체를 측정하기 보다는 특질을 나타내는 지표를 사용하여 간접적으로 측정하는 경우가 많다.
③ 보가더스(Bogardus)의 사회적 거리척도는 등간척도의 한 종류이다.
④ 리커트(Likert) 척도는 각 문항의 점수를 합산하여 전체적인 경향이나 특성을 측정하는 방법이다.
⑤ 측정항목의 수를 많게 하면 신뢰도가 높아지는 경향이 있다.

해설 ③ 보가더스(Bogardus)의 사회적 거리척도는 서열척도의 한 종류 ☑ 서스톤 척도는 등간 – 비율척도의 한 종류 **정답** ③

□ 21회 47번

척도에 관한 설명으로 옳은 것은?

① 리커트(Likert)척도는 개별문항의 중요도를 차등화한다.
② 보가더스(Bogardus)의 사회적 거리척도는 누적척도이다.
③ 평정(rating)척도는 문항의 적절성 평가가 용이하다.
④ 거트만(Guttman)척도는 다차원적 내용을 분석할 때 사용된다.
⑤ 의미차별(semantic differential)척도는 느낌이나 감정을 나타내는 한 쌍의 유사한 형용사를 사용한다.

해설 ① 리커트척도는 개별문항의 가중치를 두지 않는다. ③ 평정척도는 관찰의 결과에 따른 특성의 정도를 평가하기에 용이하다. ④ 거트만척도는 단일 차원적 내용을 분석할 때 사용된다. ⑤ 의미차별척도는 느낌이나 감정을 나타내는 한 쌍의 대조되는 형용사를 사용한다. **정답** ②

□ 20회 36번

척도 유형에 관한 설명으로 옳지 않은 것은?

① 리커트척도(Likert scale)는 문항 간 내적 일관성이 중요하다.
② 거트만척도(Guttman scale)는 누적 척도이다.
③ 서스톤척도(Thurstone scale)의 장점은 개발의 용이성이다.
④ 보가더스척도(Borgadus scale)는 사회집단 간의 심리적 거리감을 측정하는 데 적절하다.
⑤ 의미분화척도(semantic differential scale)의 문항은 한 쌍의 대조되는 형용사를 사용한다.

해설 서스톤척도는 개발의 절차가 복잡하여 개발의 용이하지 않다는 단점이 있다. **정답** ③

☐ 19회 34번

척도에 관한 설명으로 옳은 것을 모두 고른 것은?

> ㄱ. 명목척도는 응답범주의 서열이 없는 척도
> 이다.
> ㄴ. 비율척도의 대표적인 유형은 리커트 척도
> 이다.
> ㄷ. 비율척도는 절대 0점이 존재하는 척도이다.
> ㄹ. 서열척도는 변수의 속성에 따라 일정한 범
> 주로 분류한다.

① ㄱ, ㄴ   ② ㄴ, ㄹ
③ ㄷ, ㄹ   ④ ㄱ, ㄴ, ㄷ
⑤ ㄱ, ㄷ, ㄹ

해설 ㄴ. 리커트 척도는 서열척도이다.   **정답** ⑤

☐ 19회 37번

다음이 설명하는 척도로 옳은 것은?

> • 사회복지사에 대해 느끼는 감정에 대해 해당
> 점수에 체크하시오.
>
>   1점 2점 3점 4점 5점 6점 7점
> 1. 친절한 ├──┼──┼──┼──┼──┼──┤ 불친절한
> 2. 행복한 ├──┼──┼──┼──┼──┼──┤ 불행한

① 리커트척도(Likert scale)
② 거트만척도(Guttman scale)
③ 보가더스척도(Borgadus scale)
④ 어의적 분화척도(Semantic differential scale)
⑤ 써스톤척도(Thurstone scale)

해설 ④ 어의적 분화척도(의미차별척도): 느낌이나 감정
을 나타내는 한 쌍의 서로 상반되는 형용사를 사용하여 개
인이 갖는 주관적인 의미를 측정하는 방법이다.   **정답** ④

3. 측정의 타당도와 신뢰도

1) 타당도

☐ 21회 48번

타당도에 관한 설명으로 옳은 것을 모두 고른 것은?

> ㄱ. 특정 개념에 포함되어 있는 의미를 포괄하는
> 정도는 내용타당도(content validity)이다.
> ㄴ. 개발된 측정도구의 측정값을 현재 사용되고
> 있는 측정도구와 비교하는 것은 동시타당도
> (concurrent validity)이다.
> ㄷ. 예측타당도(predict validity)의 하위타당
> 도는 기준관련타당도(criterion-related
> validity)와 동시타당도이다.
> ㄹ. 측정하려는 개념이 포함된 이론체계 안에서
> 다른 변수와 관련된 방식에 기초한 타당도
> 는 구성타당도(construct validity)이다.

① ㄱ, ㄴ   ② ㄴ, ㄷ   ③ ㄷ, ㄹ
④ ㄱ, ㄴ, ㄹ   ⑤ ㄱ, ㄴ, ㄷ, ㄹ

해설 ㄷ. 기준관련타당도의 하위타당도는 예측타당도와
동시타당도이다.   **정답** ④

☐ 20회 37번

측정에 관한 설명으로 옳지 않은 것은?

① 측정은 연구대상에 대해 일정한 규칙에 따라
숫자나 기호를 부여하는 과정이다.
② 지표는 개념 속에 내재된 속성들이 표출되어
나타난 결과를 말한다.
③ 측정의 체계적 오류는 타당도와 관련이 없다.
④ 리커트척도는 각 항목의 단순합산을 통해 서열
성을 산출한다.
⑤ 조작적 정의는 실질적으로 측정하게 되는 연구
대상의 세부적 속성이다.

해설 ③ 측정의 체계적 오류는 타당도와 관련이 있다.
   정답 ③

척도의 타당도를 평가하는 기준이 아닌 것은?

① 하나의 개념을 측정하는 개별 항목들 간의 일관성
② 이론적으로 관련성이 없는 두 개념을 측정한 두 척도 간의 상관관계
③ 어떤 척도와 기준이 되는 척도 간의 상관관계
④ 개념 안에 포함된 포괄적인 의미를 척도가 포함하는 정도
⑤ 개별 항목들이 연구자가 의도한 개념을 구성하는 요인으로 모이는 정도

해설 ① 하나의 개념을 측정하는 개별 항목들 간의 일관성은 척도의 신뢰도 평가기준이다. **정답** ①

다음 사례에서 측정하고자 하는 타당도로 옳은 것은?

연구자는 새로 개발한 우울척도 A의 타당도를 확인하기 위하여 자아존중감 척도 B와의 상관계수를 산출하였다. 그 결과, A와 B의 상관관계가 매우 낮은 것을 확인하였다.

① 동시타당도(concurrent validity)
② 판별타당도(discriminant validity)
③ 내용타당도(content validity)
④ 수렴타당도(convergent validity)
⑤ 예측타당도(predictive validity)

해설 검사의 결과가 이론적으로 해당 속성과 관련 없는 변수들과 낮은 상관관계를 측정하는 것은 판별타당도(변별타당도)라고 한다. 반대로 관련 있는 변수와의 상관관계가 높은 것을 측정하는 것은 수렴타당도(집중타당도)라고 한다. **정답** ②

다음에서 설명하고 있는 타당도는?

측정되는 개념이 속한 이론 체계 내에서 다른 개념들과 논리적으로 어느 정도 관련성을 갖고 있는 지를 경험적으로 검증하는 가장 수준이 높은 타당도

① 액면 타당도(face validity)
② 기준 타당도(criterion validity)
③ 동시 타당도(concurrent validity)
④ 구성 타당도(construct validity)
⑤ 예측 타당도(predictive validity)

해설 측정되는 개념이 속한 이론 체계 내에서 다른 개념들과 논리적으로 어느 정도 관련성을 갖고 있는지를 경험적으로 검증하는 가장 수준이 높은 타당도는 구성 타당도이다. **정답** ④

2) 신뢰도

내적일관성 방법에 근거하여 신뢰도를 측정하는 방법으로 옳은 것을 모두 고른 것은?

ㄱ. 검사 – 재검사법
ㄴ. 조사자간 신뢰도
ㄷ. 알파계수
ㄹ. 대안법

① ㄱ   ② ㄷ
③ ㄴ, ㄷ   ④ ㄱ, ㄷ, ㄹ
⑤ ㄴ, ㄷ, ㄹ

해설 문항내적합치도(내적일관성 분석법): 크론바 알파, 개별문항 간 상관관계분석, 개별문항 간과 총점 간 상관관계분석 ☑ 신뢰도 측정법: 검사 – 재검사법, 반분법, 대안법, 내적일관성 분석법 **정답** ②

□ 22회 38번

신뢰도와 타당도에 관한 설명으로 옳은 것은?

① 타당도가 있다면 어느 정도 신뢰도가 있다고 볼 수 있다.

② 신뢰도가 높을 경우 타당도도 높다고 할 수 있다.

③ 요인분석법은 신뢰도를 측정하는 방법이다.

④ 신뢰도는 측정하려고 의도된 개념을 얼마나 정확하게 측정하는가를 나타내는 것이다.

⑤ 주어진 척도가 측정하고자 하는 내용을 담고 있다고 일련의 전문가가 판단할 때 판별타당도가 있다고 한다.

해설 ①, ② 신뢰도는 타당도의 필요조건 ③ 요인분석법은 타당도를 측정하는 방법 ④ 타당도는 측정하려고 의도된 개념을 얼마나 정확하게 측정하는가를 나타내는 것 ⑤ 주어진 척도가 측정하고자 하는 내용을 담고 있다고 일련의 전문가가 판단할 때 내용타당도가 있다고 한다. **정답** ①

□ 21회 49번

신뢰도를 측정하는 방법으로 옳지 않은 것은?

① 동일한 상황에서 동일한 측정도구로 동일한 대상을 다시 측정하는 방법

② 측정도구를 반으로 나누어 두 개의 독립된 척도로 구성한 후 동일한 대상을 측정하는 방법

③ 상관관계가 높은 문항들을 범주화하여 하위요인을 구성하는 방법

④ 동질성이 있는 두 개의 측정도구를 동일한 대상에게 측정하는 방법

⑤ 전체 척도와 척도의 개별항목이 얼마나 상호연관성이 있는지 분석하는 방법

해설 ③ 타당도 측정방법 **정답** ③

□ 20회 39번

신뢰도를 높이는 방법에 관한 설명으로 옳은 것은?

① 측정 항목 수를 가능한 줄여야 한다.

② 유사한 질문을 2회 이상 하지 않는다.

③ 측정자에게 측정도구에 대한 교육을 사후에 실시한다.

④ 측정자들이 측정방식을 대상자에 맞게 유연하게 바꾸어야 한다.

⑤ 조사대상자가 알지 못하는 내용에 대해서는 측정하지 않는 것이 좋다.

해설 ① 측정 항목 수를 가능한 늘려야 한다. ② 유사한 질문을 2회 이상 하여야 신뢰도 확인이 가능하다. ③ 측정자에게 측정도구에 대한 교육을 사전에 실시한다. ④ 측정자들은 대상자에게 일관성을 유지해야 한다. **정답** ⑤

□ 20회 40번

신뢰도에 관한 설명으로 옳은 것을 모두 고른 것은?

> ㄱ. 재검사법, 반분법은 신뢰도를 평가하는 방법이다.
> ㄴ. 신뢰도는 타당도의 필요충분조건이다.
> ㄷ. 측정할 때마다 실제보다 5g 더 높게 측정되는 저울은 신뢰도가 있다.

① ㄱ   ② ㄴ   ③ ㄱ, ㄴ

④ ㄱ, ㄷ   ⑤ ㄱ, ㄴ, ㄷ

해설 ㄴ. 신뢰도는 타당도의 필요조건이다. ㄷ. 측정할 때마다 실제보다 5g 더 높게 측정되는 저울은 일관성과 반복성이 있어 예측이 가능하므로 신뢰도가 있다. 신뢰도가 높다고 해서 타당도(정확도)가 높은 것은 아니다. **정답** ④

측정에 관한 설명으로 옳지 않은 것은?

① 일정한 규칙에 따라 측정대상에 값을 부여하는 과정이다.

② 이론적 모델과 사건이나 현상을 연결하는 방법이다.

③ 사건이나 현상을 세분화하고 통계적 분석에 활용할 수 있는 정보를 제공한다.

④ 측정도구의 신뢰도를 높이기 위해서는 설문 문항 수가 적을수록 좋다.

⑤ 측정의 수준에 따라 명목, 서열, 등간, 비율의 4가지 유형으로 분류한다.

해설 ④ 측정도구의 신뢰도를 높이기 위해서는 측정에 적합한 설문 문항 수가 많을수록 좋다. **정답** ④

□ 19회 36번

신뢰도를 측정하는 방법으로 옳은 것을 모두 고른 것은?

ㄱ. 재검사법	ㄴ. 대안법
ㄷ. 반분법	ㄹ. 내적일관성분석법

① ㄴ   ② ㄱ, ㄷ   ③ ㄴ, ㄹ

④ ㄱ, ㄷ, ㄹ   ⑤ ㄱ, ㄴ, ㄷ, ㄹ

해설 신뢰도는 ① 일관성, ② 반복성, ③ 안정성과 관련이 있다. **정답** ⑤

□ 18회 41번

측정의 신뢰도와 타당도에 관한 설명으로 옳은 것은?

① 신뢰도는 일관성으로 표현될 수 있는 개념이다.

② 측정도구의 문항 수가 적을수록 신뢰도는 높아진다.

③ 검사 – 재검사 방법은 타당도를 측정하는 방법이다.

④ 편향(bias)은 측정의 비체계적 오류와 관련된다.

⑤ 측정도구의 신뢰도가 높아지면 타당도도 높아진다.

해설 ② 측정도구의 문항 수가 적을수록 신뢰도는 낮아진다. ③ 검사 – 재검사 방법은 신뢰도를 측정하는 방법이다. ④ 편향은 측정의 체계적 오류와 관련된다. ⑤ 측정도구의 신뢰도가 높아진다고 타당도가 높아지는지 낮아지는지 알 수 없다. **정답** ①

3) 오류

□ 21회 42번

측정의 오류에 관한 설명으로 옳지 않은 것은?

① 연구자의 의도가 포함된 질문은 체계적 오류를 발생시킨다.

② 사회적으로 바람직한 응답은 체계적 오류를 발생시킨다.

③ 측정의 오류는 연구의 타당도를 낮춘다.

④ 타당도가 낮은 척도의 사용은 무작위 오류를 발생시킨다.

⑤ 측정의 다각화는 측정의 오류를 줄여 객관성을 높인다.

해설 ④ 타당도가 낮은 척도의 사용은 체계적 오류를 발생시킨다. **정답** ④

□ 18회 48번

측정 시 나타날 수 있는 체계적 오류에 관한 설명으로 옳지 않은 것은?

① 코딩 왜곡은 체계적 오류를 발생시킨다.

② 익명의 응답은 체계적 오류를 최소화한다.

③ 편견 없는 단어는 체계적 오류를 최소화한다.

④ 척도구성 과정의 실수는 체계적 오류를 발생시킨다.

⑤ 비관여적 관찰은 체계적 오류를 최소화한다.

해설 ① 코딩 왜곡은 비체계적 오류를 발생시킨다.

정답 ①

핵심요약

1. 측정과 척도 수준

(1) 측정

① 연구대상에 대해 일정한 규칙에 따라 숫자나 기호를 부여하는 과정
② 지표는 개념 속에 내재된 속성들이 표출되어 나타난 결과를 말함
③ 측정의 체계적 오류는 타당도와 관련이 있음
④ 조작적 정의는 실질적으로 측정하게 되는 연구대상의 세부적 속성

(2) 척도(측정도구)

① 상호배타적(mutually exclusive)
② 포괄성이 있어야 함
③ 타당도와 신뢰도의 확보가 중요

(3) 측정의 수준

① 명목측정
　• 가장 낮은 수준의 측정
　• 단순하게 측정대상의 범주를 구분하기 위해 대상에 숫자를 부여
　• 숫자는 양적인 의미가 없으며 상호배타적인 특성이 있음
　• 측정분석 방법: 최빈값, 백분율(퍼센트)
　　예 가출경험, 성별, 장애유형, 출신지역, 거주지역, 혈액형, 직업, 강의실 호수, 결
　　　혼여부, 계절, 인종, 종교 등

② 서열측정
　• 순위형 척도
　• 측정대상을 속성에 따라 서열이나 순위를 매길 수 있도록 수치를 부여한 척도
　• 측정분석 방법: 최빈값, 백분율(퍼센트), 중간값(중위수)
　　예 교육수준, 학년, 만족도, 소득수준 등

③ 등간측정
　• 구간척도
　• 측정대상을 속성에 따라 서열이나 순위를 매길 수 있도록 수치를 부여하는 것은 물
　　론이고 서열 간의 간격이 동일하게 함
　• 측정분석 방법: 최빈값, 백분율(퍼센트), 중간값(중위수), 산술평균(가감가능)
　　예 IQ, EQ, 섭씨(℃), 화씨(℉) 등

④ 비율측정
　• 측정대상을 속성에 따라 서열이나 순위를 매길 수 있도록 수치를 부여하는 것은 물

론이고 의미 있는 절대 0점을 가지고 있음
- 측정분석 방법: 최빈값, 백분율(퍼센트), 중간값(중위수), 산술평균(가감승제 가능), 기하평균 등 모든 통계분석 방법 사용 가능
  예 연간기부 금액, 연령, 백신 접종률, 강우량, 산불발생 건 수, 무게, 키, 수입, 출생률, 결혼 기간 등

2. 척도의 유형

(1) 명목척도: 응답범주의 서열이 없는 척도

(2) 서열척도: 변수의 속성에 따라 일정한 범주의 순서로 분류

(3) 등간척도: 변수의 속성에 따라 일정한 범주의 순서로 균일하게 간격을 두어 분류

(4) 비율척도: 절대 0점이 존재하는 척도

(5) 리커트(Likert)척도: 서열척도의 일종
① 개별문항의 가중치를 두지 않음
② 문항 간 내적 일관성이 중요함
③ 장점은 개발의 용이성
④ 각 문항별 응답의 점수를 합산하여 결과 도출

(6) 보가더스(Bogardus)의 사회적 거리척도: 서열척도, 누적척도의 일종
  · 사회집단 간의 심리적 거리감을 측정하는 데 적절
    예 주로 서로 다른 인종이나 민족 등 사회계층 간의 거리감 등의 측정에 사용

(7) 거트만(Guttman)척도: 서열척도, 누적척도의 일종
① 단일 차원적 내용을 분석할 때 사용
② 어떤 하나의 태도나 특성의 개념 묻는 질문에 서열이 있음

(8) 평정(rating)척도: 관찰의 결과에 따른 특성의 정도를 평가하기에 용이

(9) 어의적 분화척도(의미차별도): 느낌이나 감정을 나타내는 한 쌍의 서로 상반(대조)되는 형용사를 사용하여 개인이 갖는 주관적인 의미를 측정하는 방법

(10) 서스톤(Thurstone scale)척도: 등간 – 비율척도의 일종
① 다른 측정보다 측정수준이 높다는 장점
② 개발의 절차가 복잡하여 개발이 용이하지 않다는 단점
③ 척도상에 나타난 결과값은 절대평가를 하지 않고 상대적 위치를 가짐

3. 측정의 타당도와 신뢰도

1) 타당도

- 이론적으로 관련성이 없는 두 개념을 측정한 두 척도 간의 상관관계
- 어떤 척도와 기준이 되는 척도 간의 상관관계
- 개념 안에 포함된 포괄적인 의미를 척도가 포함하는 정도
- 개별항목들이 연구자가 의도한 개념을 구성하는 요인으로 모이는 정도
- 측정의 타당도 유형
  - ☑ 내용타당도: 전문가가 측정도구의 항목을 분석하여 그 타당도를 결정하는 방법

액면타당도	비전문가의 입장에서 검사문항이 측정하고자 하는 것을 측정하고 있는지를 평가하는 방법
표면타당도	전문가가 측정도구의 항목을 분석하여 그 타당도를 결정하는 방법

  - ☑ 기준관련타당도: 검증된 측정도구에 의한 측정결과를 기준으로 하는 타당도

예측타당도	미래의 행동 특성을 예측할 수 있는 척도
동시타당도	새로 개발된 측정도구의 측정값을 현재 사용되고 있는 측정도구와 비교하는 것

  - ☑ 구성타당도(개념타당도): 측정되는 개념이 속한 이론체계 내에서 다른 개념들과 논리적으로 어느 정도 관련성을 갖고 있는지를 경험적으로 검증하는 가장 수준이 높은 타당도

이해타당도	요인분석법: 측정도구 간의 관계가 조사자의 예상대로 형성된 정도로 구성항목들 간 상관관계를 분석하는 방법
수렴타당도	집중타당도: 관련있는 변수와의 상관관계가 높은 것을 측정하는 것
판별타당도	변별타당도: 검사의 결과가 이론적으로 해당 속성과 관련없는 변수들과 낮은 상관관계를 측정하는 것

2) 신뢰도: 신뢰도는 ① 일관성 ② 반복성 ③ 안정성과 관련이 있으며, 신뢰도는 타당도의 필요조건

- 재검사법(검사-재검사법)
  - 동일한 상황에서 동일한 측정도구로 동일한 대상을 다시 측정하는 방법
  - 반복검사로 인한 주시험효과가 발생할 수 있음
- 반분법(양분법): 측정도구를 반으로 나누어 두 개의 독립된 척도로 동일한 대상을 측정하는 방법
- 대안법(유사양식법, 복수양식법): 동질성이 있는 두 개의 측정도구를 동일한 대상에게 측정하는 방법

- 문항내적합치도(내적일관성 분석법)
  - 크론바 알파(Chronbach's alpha): 내적일관성 분석법 중 현실적으로 가장 많이 사용되는 방법으로 전체 척도와 척도의 개별항목이 얼마나 상호연관성이 있는지 분석하는 방법
  - 개별문항들 간 상관관계분석
  - 개별문항 간과 총점 간 상관관계분석

3) 오류

① 측정의 오류는 연구의 타당도를 낮춤
② 측정의 다각화는 측정의 오류를 줄여 객관성을 높임
③ 측정도구를 개발하기 위해서 조작화가 요구됨

	체계적 오류	비체계적 오류
발생 요인	· 연구자의 의도가 포함된 질문 · 사회적으로 바람직한 응답 · 타당도가 낮은 척도의 사용 · 척도구성 과정의 실수 · 문화적 편견	· 신뢰도가 낮은 척도의 사용 · 코딩왜곡
최소화 방법	· 익명의 응답 · 편견 없는 단어 사용 · 비관여적 관찰	

☑ **과락**科落 말고 **과락**科樂 **기출 선지**

01. 측정은 연구대상에 대해 일정한 규칙에 따라 숫자나 기호를 부여하는 과정이다.

02. 명목측정은 가장 낮은 수준의 측정으로 단순하게 측정 대상의 범주를 구분하기 위해 대상에 숫자를 부여한다.

03. 서열측정은 순위형 척도로 측정대상을 속성에 따라 서열이나 순위를 매길 수 있도록 수치를 부여한 척도이다.

04. 등간측정은 구간척도로 측정대상을 속성에 따라 서열이나 순위를 매길 수 있도록 수치를 부여하는 것은 물론이고 서열 간의 간격을 동일하게 한다.

05. 비율측정은 측정대상을 속성에 따라 서열이나 순위를 매길 수 있도록 수치를 부여하는 것은 물론이고 의미 있는 절대 0점을 가지고 있다.

06. 명목척도는 응답범주의 서열이 없는 척도이다.

7. 서열척도 변수의 속성에 따라 일정한 범주의 순서로 분류한다.

8. 등간척도는 변수의 속성에 따라 일정한 범주의 순서로 균일하게 간격을 두어 분류한다.

9. 비율척도는 절대 0점이 존재하는 척도이다.

10. 리커트척도는 서열척도의 일종으로 개별문항에 가중치를 두지 않고 개발이 용이한 장점이 있다.

11. 거트만척도는 서열척도, 누적척도의 일종으로 단일 차원적 내용을 분석할 때 사용된다.

12. 평정척도는 관찰의 결과에 따른 특성의 정도를 평가하기에 용이하다.

13. 어의적 분화척도(의미차별척도)는 느낌이나 감정을 나타내는 한 쌍의 서로 상반(대조)되는 형용사를 사용하여 개인이 갖는 주관적인 의미를 측정하는 방법이다.

14. 서스톤척도는 등간 – 비율척도의 일종으로 다른 측정보다 측정수준이 높다는 장점이 있다.

15. 측정의 타당도 유형은 ① 내용타당도 ② 기준관련타당도 ③ 구성타당도(개념타당도)로 나뉜다.

16. 측정의 신뢰도는 ① 일관성 ② 반복성 ③ 안정성과 관련이 있다.

17. 측정의 신뢰도를 확인하는 방법에는 ① 재검사법(검사 – 재검사법) ② 반분법(양분법) ③ 대안법(유사양식법, 복수양식법) ④ 문항내적합치도(내적일관성 분석법) ⑤ 크론바 알파 등이 있다.

VI 프로그램 평가와 욕구조사

1. 평가

□ 20회 29번

평가연구에 관한 설명으로 옳지 않은 것은?

① 보고서의 형식은 의뢰기관의 요청에 따를 수 있다.

② 목표달성에 대한 해석이 다양한 이해관계에 영향을 받을 수 있다.

③ 질적 연구방법을 적용할 수 있다.

④ 프로그램의 실행과정도 평가할 수 있다.

⑤ 과학적 객관성을 저해하더라도 의뢰기관의 요구를 수용하여 평가결과를 조정할 수 있다.

해설 ⑤ 평가연구는 과학적 객관성 추구를 원칙으로 한다.

정답 ⑤

2. 욕구조사

□ 21회 35번

델파이조사에 관한 설명으로 옳지 않은 것은?

① 전문가 패널을 대상으로 견해를 파악한다.

② 되풀이 되는 조사 과정을 통해 합의를 도출한다.

③ 반대 의견에 대한 패널 참가자들의 감정적 충돌을 줄일 수 있다.

④ 패널 참가자의 익명성 보장에 어려움이 있다.

⑤ 조사 자료의 정리에 연구자의 편향이 발생할 수 있다.

해설 ④ 패널 참가자의 익명성이 보장된다.

정답 ④

초점집단(focus group) 조사에 관한 설명으로 옳지 않은 것은?

① 집단을 활용한 자료수집방법이다.
② 익명의 전문가들을 패널로 활용한다.
③ 욕구조사에서 활용된다.
④ 직접적인 자료수집 방법이다.
⑤ 연구자의 개입에 의해 편향이 발생할 수 있다.

해설 ② 익명의 전문가들을 패널로 활용하는 방법은 델파이 기법이다. **정답** ②

3. 자료수집의 방법과 특징

1) 설문조사

질문 내용 및 방법의 표준화 정도가 낮은 자료수집 유형끼리 바르게 묶인 것은?

> ㄱ. 스케줄 – 구조화 면접
> ㄴ. 설문지를 이용한 면접조사
> ㄷ. 심층면접
> ㄹ. 비구조화 면접

① ㄱ, ㄴ　　② ㄱ, ㄹ　　③ ㄴ, ㄷ
④ ㄴ, ㄹ　　⑤ ㄷ, ㄹ

해설 ㄱ. 스케줄 – 구조화 면접과 ㄴ. 설문지를 이용한 면접조사는 객관성과 보편성을 강조하는 자료수집 방법으로 주로 양적 조사에서 사용 **정답** ⑤

완전참여자(complete participant)에 관한 설명으로 옳은 것은?

① 연구대상이 관찰된다는 사실을 알기에 자연적인 상태에서의 관찰이 불가능하다.

② 관찰대상과 상호작용 없이 연구대상을 관찰할 수 있다.
③ 관찰대상의 승인을 받고 관찰대상과 어울리면서도 객관성을 유지할 수 있다.
④ 관찰대상의 승인을 받지 않고 관찰한다는 점에서 연구윤리문제가 제기될 수 있다.
⑤ 관찰 상황을 인위적으로 통제한 상황에서 관찰을 진행할 수 있다.

해설 완전참여자 관찰에서 연구자는 연구 대상자와 동일한 조건에서 생활, 연구자가 누구인지 알 수 없는 상황에서 대상자의 가장 자연스러운 상황을 관찰하게 된다. **정답** ④

피면접자를 직접 대면하는 면접조사가 우편설문에 비해 갖는 장점이 아닌 것은?

① 응답자의 익명성 보장 수준이 높다.
② 보충적 자료 수집이 가능하다.
③ 대리 응답의 방지가 가능하다.
④ 높은 응답률을 기대할 수 있다.
⑤ 조사 내용에 대한 심층적 이해가 가능하다.

해설 ① 응답자의 익명성 보장 수준이 낮다. **정답** ①

다음에서 설문조사 결과를 해석할 때 유의해야 할 사항을 모두 고른 것은?

> ㄱ. 표집방법이 확률표집인가 비확률표집인가?
> ㄴ. 표본의 크기는 모집단을 대표하기에 적절한가?
> ㄷ. 설문조사는 언제 이루어졌는가?
> ㄹ. 측정도구가 신뢰할 만한 것인가?

① ㄱ, ㄴ　　② ㄷ, ㄹ　　③ ㄱ, ㄴ, ㄷ
④ ㄱ, ㄴ, ㄹ　　⑤ ㄱ, ㄴ, ㄷ, ㄹ

해설 모두 정답 **정답** ⑤

자료수집방법에 관한 설명으로 옳은 것은?

① 질문의 유형과 형태를 결정할 때 조사대상자의 응답능력을 고려할 필요가 있다.

② 설문문항 작성 시 이중질문(double-barreled question)을 넣어야 한다.

③ 비참여관찰법은 연구자가 관찰대상과 상호작용을 유지하는 것이 중요하다.

④ 설문지에서 질문 순서는 무작위 배치를 원칙으로 한다.

⑤ 우편조사는 프로빙(probing) 기술이 중요하다.

해설 ② 설문문항 작성 시 이중질문을 피해야 한다. ③ 비참여관찰법은 연구자가 관찰대상과 상호작용을 할 수 없다. ④ 설문지에서 질문 순서는 배치의 원칙을 따른다. ⑤ 우편조사는 프로빙(심층규명, probing) 기술을 사용할 수 없다. **정답** ①

설문지 작성 방법에 관한 설명으로 옳은 것은?

① 개방형 질문은 미리 유형화된 응답범주들을 제시해놓은 질문 유형이다.

② 행렬식(matrix) 질문은 한 주제의 응답에 따라 부가질문을 연결해서 사용하는 질문이다.

③ 많은 정보가 필요할 경우 이중질문을 사용한다.

④ 신뢰도 측정을 위해 짝(pair)으로 된 문항들은 이어서 배치한다.

⑤ 다항선택식(multiple choice) 질문은 응답범주들 중에서 하나 또는 그 이상을 선택하도록 하는 질문이다.

해설 ① 개방형 질문은 유형화된 응답범주가 없이 자유로운 의견을 답할 수 있는 질문 유형 ② 행렬식 질문은 동일한 응답 항목들을 가진 여러 개의 질문들을 인접하게 배치하는 형태, 한 주제의 응답에 따라 부가질문을 연결해서 사용하는 질문은 '수반형 질문' ③ 설문지에서는 이중질문을 사용하지 않는다. ④ 신뢰도 측정을 위해 짝으로 된 문항들은 서로 떨어뜨려 배치 **정답** ⑤

서베이(survey) 조사에 관한 설명으로 옳은 것을 모두 고른 것은?

> ㄱ. 전화조사는 무작위 표본추출이 가능하다.
> ㄴ. 우편조사는 심층규명이 쉽다.
> ㄷ. 배포조사는 응답 환경을 통제하기 쉽다.
> ㄹ. 면접조사는 우편조사에 비해 비용이 많이 든다.

① ㄱ, ㄴ　　② ㄱ, ㄹ　　③ ㄴ, ㄷ
④ ㄱ, ㄷ, ㄹ　　⑤ ㄴ, ㄷ, ㄹ

해설 ㄴ. 우편조사는 심층규명이 어렵다. ㄷ. 배포조사는 응답 환경을 통제하기 어렵다. **정답** ②

A대학교는 전체 재학생 중 5백 명을 선정하여 취업욕구조사를 하고자 한다. 비용 부담이 가장 적고 절차가 간편한 자료수집방법은?

① 우편조사　　② 방문조사　　③ 전화조사
④ 온라인조사　　⑤ 면접조사 **정답** ④

설문지 작성에 관한 내용으로 옳지 않은 것은?

① 개연성 질문(contingency questions)은 사고의 흐름에 따라 배치한다.

② 고정반응(response set)을 예방하기 위해 유사 질문들은 분리하여 배치한다.

③ 민감한 주제나 주관식 질문은 설문지의 뒷부분에 배치한다.

④ 명목측정을 위한 질문은 단일차원성의 원칙을 지켜 내용을 구성한다.

⑤ 신뢰도 측정을 위한 질문들은 가능한 서로 가깝게 배치한다.

해설 ⑤ 신뢰도 측정을 위한 질문들은 가능한 서로 떨어져 있도록 배치한다. **정답** ⑤

2) 관찰과 내용분석법

□ 22회 44번

내용분석에 관한 설명으로 옳지 않은 것은?

① 반응적(reactive) 연구방법이다.
② 서베이(survey) 조사에서 사용하는 표본 추출 방법을 사용할 수 있다.
③ 연구과정에서 실수를 하더라도 재조사가 가능하다.
④ 숨은 내용(latent content)의 분석이 가능하다.
⑤ 양적분석과 질적분석 모두 적용 가능하다.

해설 ① 반응적 연구방법: 관여적 연구조사 ⇔ 비관여적 연구조사 ☑ 내용분석은 비관여적 연구조사로 문헌 등의 간접자료를 수집하고 분석 **정답** ①

□ 21회 36번

관찰을 통한 자료 수집에 관한 설명으로 옳은 것은?

① 피관찰자에 의해 자료가 생성된다.
② 비언어적 상황의 자료 수집이 용이하다.
③ 자료 수집 상황에 대한 통제가 용이하다.
④ 내면적 의식의 파악이 용이하다.
⑤ 수집된 자료를 객관화하는 최적의 방법이다.

해설 ① 관찰자에 의해 자료가 생성된다. 즉, 관찰자의 판단이 자료가 된다. ③ 자료 수집 상황에 대한 통제가 어렵다. ④ 내면적 의식의 파악에 부족한 점이 있다. ⑤ 수집된 자료는 객관화가 곤란하다. **정답** ②

□ 19회 40번

내용분석(content analysis)에 관한 설명으로 옳지 않은 것을 모두 고른 것은?

> ㄱ. 기존자료에 의존하기 때문에 연구의 범위가 무제한적이다.
> ㄴ. 선정편향(selection bias)이 발생할 수 있다.
> ㄷ. 연구대상자의 반응성을 배제할 수 있다.
> ㄹ. 기존자료를 활용하는 질적조사이기 때문에 가설검증은 필요하지 않다.

① ㄴ   ② ㄱ, ㄴ   ③ ㄱ, ㄹ
④ ㄷ, ㄹ   ⑤ ㄱ, ㄴ, ㄹ

해설 ㄱ. 기존자료에 의존하기 때문에 연구의 범위가 제한적이다. ㄹ. 기존자료를 활용하는 양적 혹은 질적 조사연구이기 때문에 가설검증 등 과학적 연구방법의 요건을 모두 갖춰야 한다. **정답** ③

□ 18회 28번

자료수집에 관한 설명으로 옳지 않은 것은?

① 질문지법은 문서화된 질문지를 사용한다.
② 면접법은 조사대상자에게 질문내용을 구두 전달한다.
③ 관찰법은 유형, 시기, 방법, 추론 정도에 따라 조직적 관찰과 비조직적 관찰로 구분된다.
④ 비관여적 조사는 기존의 기록물이나 역사자료 등을 분석한다.
⑤ 내용분석법은 신문, 책, 일기 등의 직접자료를 수집하고 분석하는 방법이다.

해설 ⑤ 내용분석법은 신문, 책, 일기 등의 간접자료를 수집하고 분석하는 방법이다. **정답** ⑤

내용분석에 관한 설명으로 옳지 않은 것은?

① 역사적 분석과 같은 시계열 분석에 어려움이 있다.

② 인간의 의사소통 기록을 체계적으로 분석한다.

③ 분석상의 실수를 언제라도 수정할 수 있다.

④ 양적 조사와 질적 조사에 공통으로 사용할 수 있다.

⑤ 기존 자료를 활용하여 타당도 확보가 어렵다.

해설 ① 역사적 분석과 같은 시계열 분석에 유용하다.

정답 ①

☑ 핵심요약

1. 평가

(1) 평가조사의 종류

① 평가목적: 형성평가, 총괄평가

② 평가규범: 효과성 평가, 효율성 평가, 공평성 평가

③ 평가범위: 단일평가, 포괄평가

④ 평가의 평가(메타평가)

2. 욕구조사

(1) 자료수집방법

① 델파이조사
  - 전문가 패널을 대상으로 견해를 파악
  - 되풀이되는 조사과정을 통해 합의를 도출
  - 반대 의견에 대한 패널 참가자들의 감정적 충돌을 줄일 수 있음
  - 패널 참가자의 익명성 보장
  - 조사자료의 정리에 연구자의 편향이 발생할 수 있음

② 초점집단 조사
  - 집단을 활용한 자료수집방법
  - 욕구조사에서 활용
  - 직접적인 자료수집 방법
  - 연구자의 개입에 의해 편향이 발생할 수 있음

③ 사회지표조사: 조사하려는 지역의 인구학적 특성에 근거하여 지역사회의 욕구를 추정할 수 있다는 전제로 사회지표를 분석

④ 2차 자료분석: 지역사회 내 사회복지기관의 서비스 수혜자에 관련된 각종 기록을 검토하여 간접적으로 욕구를 파악

⑤ 지역사회 서베이: 지역사회의 욕구를 조사하기 위하여 전체를 대표할 수 있는 표본을 선정하고, 욕구를 조사하여 조사대상 전체의 욕구를 측정

⑥ 주요정보제공자 조사: 지역사회 전반의 문제에 대해 잘 알고 있는 대상에게 질문하여 표적집단의 욕구 및 서비스 이용 실태 등을 파악

⑦ 지역사회포럼 또는 지역사회공개토론회: 지역사회에 거주하거나 지역사회를 위해 활동하는 사람들을 대상으로 공개적인 모임을 통해 의견을 피력

⑧ 명목집단기법

⑨ 대화기법

⑩ 공청회: 지역주민의 관심대상이 되는 주요한 사안과 관련하여 정부기관 또는 관련 분야의 학자 등을 참석하도록 하여 사전에 지역주민들의 의견을 공개적으로 들을 수 있음

3. 자료수집의 방법과 특징

1) 설문조사(서베이, survey)

- 모집단에서 표집된 표본에 대하여 표준화된 조사도구를 사용하여 직접 질문함으로써 필요한 자료를 수집하는 조사

(1) 온라인조사: 비용 부담이 가장 적고 절차가 간편한 자료수집방법

(2) 질문지법: 문서화된 질문지를 사용

(3) 전화조사

- 무작위 표본추출이 가능
- 통신비 및 조사원 인건비가 발생하고 시간적 제약이 있음

(4) 우편조사

- 자기기입식 설문조사의 대표적인 형태로 글로 전달되기 때문에 간단한 질문만 가능해서 프로빙(심층규명) 기술을 사용할 수 없음
- 설문 발송 및 회수 비용, 인쇄비용 발생
- 원래 표본으로 추출된 응답자가 응답하지 않을 수 있음

(5) 배포조사: 설문지를 응답자가 가지고 가서 작성해오는 방법으로 제3자의 영향을 통제하기 어려움

(6) 방문조사(대인면접설문)

- 방문 조사원에 의해 보충적인 자료가 수집될 수 있음
- 교통비 및 인건비가 발생하고 시·공간 제약이 있음

(7) 관찰법

- 비언어적 자료수집이 가능

      – 참여관찰법: 연구자가 관찰대상과 상호작용을 유지하는 것이 중요
      – 비참여관찰법: 연구자가 관찰대상과 상호작용을 할 수 없음

(8) 면접조사

- 조사대상자에게 질문내용을 구두로 전달하는 방법으로 보충적 자료수집이 가능
- 대리응답의 방지 가능
- 높은 응답률을 기대할 수 있음
- 조사내용에 대한 심층적 이해가 가능
- 응답자의 익명성 보장 수준이 낮음
- 교통비 및 인건비가 발생하고 시·공간 제약이 있음

☑ 설문조사 결과를 해석할 때 유의해야 할 사항

① 표집방법이 확률표집인가 비확률표집인가?
② 표본의 크기는 모집단을 대표하기에 적절한가?
③ 설문조사는 언제 이루어졌는가?
④ 측정도구가 신뢰할 만한 것인가?

☑ 설문지 작성 방법

① 문항의 배치: 쉽고 일반적인 문항을 앞부분에 배치하고 특수한 질문이나 민감한 질문, 주관식 질문 등은 뒤쪽으로 배치
② 명목측정을 위한 질문은 단일차원성의 원칙을 지켜 내용을 구성
② 개방형 질문은 유형화된 응답범주가 없이 자유로운 의견을 답할 수 있는 질문유형
③ 행렬식 질문은 동일한 응답 항목들을 가진 여러 개의 질문들을 인접하게 배치하는 형태, 한 주제의 응답에 따라 부가질문을 연결해서 사용하는 질문은 '수반형 질문'
④ 개연성 질문은 사고의 흐름에 따라 배치
⑤ 설문문항 작성 시 이중질문을 피해야 함
⑥ 신뢰도 측정을 위해 짝으로 된 문항들은 서로 떨어뜨려 배치
⑦ 고정반응을 예방하기 위해 유사질문들은 분리하여 배치
⑧ 다항선택식 질문은 응답범주들 중에서 하나 또는 그 이상을 선택하도록 하는 질문
⑨ 질문의 유형과 형태를 결정할 때 조사대상자의 응답능력을 고려할 필요가 있음

2) 관찰과 내용분석법

(1) 관찰

- 관찰자에 의해 자료가 생성 ⇒ 관찰자의 판단이 자료가 됨
- 자료수집 상황에 대한 통제가 어려움
- 내면적 의식의 파악에 부족한 점이 있음
- 수집된 자료는 객관화가 곤란

- 비언어적 상황의 자료수집이 용이
- 관찰법은 유형·시기·방법·추론 정도에 따라 ① 조직적 관찰 ② 비조직적 관찰로 구분

(2) 내용분석

- 신문, 책, 일기 등의 간접자료를 수집하고 분석하는 방법
- 기존자료에 의존하기 때문에 연구의 범위가 제한적이고 타당도 확보가 어려움
- 기존자료를 활용하는 양적 혹은 질적 조사연구이기 때문에 가설검증 등 과학적 연구방법의 요건을 모두 갖춰야 함
- 선정편향이 발생할 수 있음
- 연구대상자의 반응성을 배제할 수 있음
- 역사적 분석과 같은 시계열 분석에 유용
- 인간의 의사소통 기록을 체계적으로 분석
- 분석상의 실수를 언제라도 수정할 수 있음
- 양적 조사와 질적 조사에 공통으로 사용 가능
- 확률표본추출방법 가능

☑ 과락 科落 말고 과락 科樂 기출 선지

01. 평가는 목적에 따라 ① 형성평가 ② 총괄평가, 평가의 규범에 따라 ① 효과성 평가 ② 효율성 평가 ③ 공평성 평가, 평가의 범위에 따라 ① 단일평가 ② 포괄평가 ③ 평가의 평가(메타평가)로 나뉜다.

02. 델파이조사는 전문가 패널을 대상으로 견해를 파악하는 데 익명성이 보장된다는 특징이 있다.

03. 초점집단조사는 집단을 활용한 직접적인 자료수집방법이다.

04. 사회지표조사는 조사하려고 하는 지역의 인구학적 특성에 근거하여 지역사회의 욕구를 추정할 수 있다는 전제로 사회지표를 분석한다.

05. 지역사회 서베이는 지역사회의 욕구를 조사하기 위하여 전체를 대표할 수 있는 표본을 선정하고, 욕구를 조사하여 조사대상 전체의 욕구를 측정한다.

06. 설문조사(서베이)는 모집단에서 표집된 표본에 대하여 표준화된 조사도구를 사용하여 직접 질문함으로써 필요한 자료를 수집하는 조사이다.

07. 온라인조사는 비용 부담이 가장 적고 절차가 간편한 자료수집방법이다.

08. 우편조사는 자기기입식 설문조사의 대표적인 형태로 글로 전달되기 때문에 간단한 질문만 가능하다. 그러한 이유로 프로빙(심층규명) 기술을 사용할 수 없다.

09. 방문조사(대인면접설문)는 방문 조사원에 의해 보충적인 자료가 수집될 수 있다.

10. 관찰법은 비언어적 자료수집이 가능하다.

11. 면접조사는 조사대상자에게 질문내용을 구두로 전달하는 방법으로 보충적 자료수집이 가능하다.

12. 문항의 배치는 쉽고 일반적인 문항을 앞부분에 배치하고 특수한 질문이나 민감한 질문, 주관식 질문 등은 뒤쪽으로 배치한다.

13. 설문문항 작성 시 이중질문을 피해야 한다.

14. 신뢰도 측정을 위해 짝로 된 문항들은 서로 떨어뜨려 배치한다.

15. 관찰에서는 관찰자의 판단이 자료가 된다.

16. 내용분석은 신문, 책, 일기 등의 간접자료를 수집하고 분석하는 방법이다.

Ⅶ 질적연구

1. 이해

□ 22회 46번

질적연구에 관한 설명으로 옳은 것은?

① 변수중심의 분석이 이루어진다.
② 논리실증주의적 관점을 견지한다.
③ 인간행동의 규칙성과 보편성을 중시한다.
④ 모집단을 대표할 수 있는 표본을 추출한다.
⑤ 관찰로부터 이론을 도출하는 귀납적 방법을 활용한다.

해설 ①, ②, ③, ④는 양적 연구의 특징 ☑ 질적연구: 연구대상자 분석, 해석주의적 관점 **정답** ⑤

□ 21회 45번

「마을만들기 사업 참여경험에 관한 연구」의 엄격성을 높이는 방법으로 옳은 것을 모두 고른 것은?

> ㄱ. 삼각측정(triangulation)
> ㄴ. 예외사례 표본추출
> ㄷ. 장기적 관찰
> ㄹ. 연구윤리 강화

① ㄱ, ㄴ   ② ㄷ, ㄹ   ③ ㄱ, ㄴ, ㄷ
④ ㄱ, ㄴ, ㄹ   ⑤ ㄱ, ㄴ, ㄷ, ㄹ

해설 '경험에 관한 연구'는 일반적으로 질적연구이다.

정답 ⑤

□ 19회 28번

양적조사와 질적조사의 비교로 옳지 않은 것은?

① 질적조사에 비하여 양적조사의 표본크기가 상대적으로 크다.

② 질적조사에 비하여 양적조사에서는 귀납법을 주로 사용한다.

③ 양적조사에 비하여 질적조사는 사회 현상의 주관적 의미에 관심을 갖는다.

④ 양적조사는 가설검증을 지향하고 질적조사는 탐색, 발견을 지향한다.

⑤ 양적조사에 비하여 질적조사는 조사결과의 일반화가 어렵다.

해설 ② 질적조사에 비하여 양적조사에서는 연역법을 주로 사용 ☑ 질적조사에서는 귀납법을 주로 이용   정답 ②

□ 19회 46번

질적조사의 엄격성(rigor)을 높이는 방법으로 옳은 것을 모두 고른 것은?

> ㄱ. 장기간 관찰
> ㄴ. 표준화된 척도의 사용
> ㄷ. 부정적 사례(negative cases)분석
> ㄹ. 다각화(triangulation)

① ㄱ, ㄴ 　　　　② ㄱ, ㄷ
③ ㄴ, ㄹ 　　　　④ ㄱ, ㄷ, ㄹ
⑤ ㄱ, ㄴ, ㄷ, ㄹ

해설 ㄴ. 표준화된 척도는 주로 양적조사에서 사용된다.
정답 ④

□ 18회 39번

질적 연구에 관한 설명으로 옳지 않은 것은?

① 풍부하고 자세한 사실의 발견이 가능하다.

② 문제에 대한 통찰력을 제공한다.

③ 연구참여자의 상황적 맥락 안에서 이루어진다.

④ 다른 연구자들이 재연하기 용이하다.

⑤ 현상에 대해 심층적으로 기술한다.

해설 ④ 다른 연구자들이 재연하기 용이하지 않다.
정답 ④

□ 18회 50번

질적연구방법과 적절한 연구 주제가 바르게 연결된 것을 모두 고른 것은?

> ㄱ. 현상학 – 늙어간다는 것이 어떤 의미인지를 이해할 수 있다.
> ㄴ. 참여행동연구 – 이혼 가족이 경험한 가족해체 사례를 심층적으로 이해할 수 있다.
> ㄷ. 근거이론 – 지속적 비교 기법을 통해 노인의 재취업경험을 이론화할 수 있다.
> ㄹ. 생애사 – 위안부 피해자 할머니 삶의 중요한 사건을 이해할 수 있다.

① ㄱ, ㄴ 　　　　② ㄴ, ㄷ
③ ㄷ, ㄹ 　　　　④ ㄱ, ㄷ, ㄹ
⑤ ㄱ, ㄴ, ㄷ, ㄹ

해설 ㄴ. 사례연구 – 이혼 가족이 경험한 가족해체 사례를 심층적으로 이해할 수 있다.   정답 ④

2. 유형

□ 21회 37번

다음의 연구에서 활용한 질적 연구방법에 관한 설명으로 옳은 것은?

> A 사회복지사는 가정 밖 청소년들의 범죄피해와 정신건강의 문제를 당사자의 관점에서 이해하고 주체적으로 해결하기 위해 연구를 시작하였다. 연구에 참여한 가정 밖 청소년들은 A 사회복지사와 함께 범죄피해와 정신건강과 관련된 사회 구조적인 문제를 해결하기 위한 다양한 방안들을 스스로 만들고 수행하였다.

① 개방코딩-축코딩-선택코딩의 방법을 활용한다.
② 범죄피해와 정신건강을 설명하는 이론 개발에 초점을 둔다.
③ 단일사례에 대한 깊이 있는 분석에 초점을 둔다.
④ 관찰대상의 개인적 설화(narrative)를 만드는 것에 초점을 둔다.
⑤ 사회변화와 임파워먼트에 초점을 둔다.

해설 ①, ② 근거이론연구 ③ 단일사례연구 ④ 내러티브연구 ⑤ 참여행동연구　**정답** ⑤

□ 20회 26번

다음 중 질적 연구와 가장 거리가 먼 것은?

① 문화기술지(ethnography)연구
② 심층사례연구
③ 사회지표조사
④ 근거이론연구
⑤ 내러티브(narrative)연구

해설 ③ 사회지표조사는 지역사회 주민욕구 등의 사회지표를 분석하는 방법으로 질적 연구보다 양적 연구에 가깝다.　**정답** ③

□ 20회 50번

근거이론의 분석방법에서 축코딩(axial coding)에 관한 설명으로 옳은 것은?

① 추상화시킨 구절에 번호를 부여한다.
② 개념으로 도출된 내용을 가지고 하위범주를 만든다.
③ 발견된 범주의 속성과 차원을 고려하여 유형화를 시도한다.
④ 이론개발을 위해 핵심범주를 중심으로 다른 범주와의 통합과 정교화를 만드는 과정을 진행한다.
⑤ 발견된 범주를 가지고 중심현상을 중심으로 인과적 조건을 만든다.

해설 ① 추상화시킨 구절에 번호를 부여하는 것이 코딩 ② 개념으로 도출된 내용을 가지고 하위범주를 만드는 것은 개방코딩 ③, ④ 선택코딩　**정답** ⑤

□ 19회 44번

다음에서 설명하는 근거이론의 분석방법은?

> 수집된 자료에서 나타난 범주들 간의 관계를 파악하기 위해 범주들을 특정한 구조적 틀에 맞추어 연결하는 과정이다. 중심현상을 설명하는 전략들, 전략을 형성하는 맥락과 중재조건, 그리고 전략을 수행한 결과를 설정하여 찾아내는 과정이다.

① 조건 매트릭스
② 개방코딩
③ 축코딩
④ 괄호치기
⑤ 선택코딩

해설 근거이론의 분석절차로 코딩은 개방코딩 → 축코딩 → 선택코딩의 순으로 이루어진다. a. 개방코딩: 수집된 자료로 개념을 만들고 여기서 도출된 내용을 가지고 하위범주를 만드는 과정 b. 축코딩: 개방코딩에서 나타난 범주들을 특정한 구조적 틀에 맞추어 연결하는 과정 c. 선택코딩: 이론개발을 위해 핵심범주를 중심으로 다른 범주와의 통합과 정교화를 만드는 과정 **정답** ③

3. 혼합연구방법

☐ 18회 40번

혼합연구방법(mixed methodology)에 관한 설명으로 옳지 않은 것은?

① 철학적, 개념적, 이론적 틀을 기반으로 한다.
② 설계유형은 병합, 설명, 구축, 실험이 있다.
③ 양적 설계에 질적 자료를 단순히 추가하는 것은 아니다.
④ 각각의 연구방법을 통해 얻은 결과가 서로 확증되는지 알아보기 위해 사용한다.
⑤ 질적연구방법으로 발견한 연구주제를 양적연구방법을 이용하여 탐구하기도 한다.

해설 ② 혼합연구방법은 양적연구와 질적연구의 결합이다. 설계유형으로는 삼각화 설계, 내재적 설계, 설명적 설계, 탐색적 설계가 있다. 실험은 양적 연구방법이다.

정답 ②

 핵심요약

1. 이해

(1) 질적연구의 특징

① 풍부하고 자세한 사실의 발견이 가능
② 문제에 대한 통찰력을 제공
③ 연구참여자의 상황적 맥락 안에서 이루어짐
④ 다른 연구자들이 재연하기 용이하지 않음
⑤ 현상에 대해 심층적으로 기술
⑥ 주로 귀납법을 사용
⑦ 실천, 이야기, 생활방식, 하위문화 등이 질적조사의 주제가 됨
⑧ 자연주의는 질적조사의 오랜 전통
⑨ 일반화 가능성이 양적조사보다 낮음
⑩ 현장연구라고 명명되기도 함

(2) 질적조사의 엄격성을 높이는 방법

① 삼각측정(다각화, triangulation)

② 예외사례 표본추출

③ 장기적 관찰

④ 연구윤리 강화

⑤ 부정적 사례(negative cases) 분석

(3) 질적조사의 자료수집 방법

① 심층면접은 주요 자료수집 방법 중 하나

② 연구자는 자료수집과정에서 배제되지 않음

③ 완전관찰자로서의 연구자는 먼저 자료제공자들과 라포 형성이 불필요함

④ 가설설정은 양적 조사·연구에서 자료수집을 위해 필수적 요건

⑤ 표준화(≠개방성)된 측정도구는 양적연구에서 주로 사용, 질적연구에서는 개방성과 유연성이 중요한 요소

⑥ 확률표본추출방법이 사용될 수 있음

(4) 양적조사와 질적조사의 비교

양적조사		질적조사	
· 가설검증 지향 · 연역적 방법을 활용 · 표본의 크기가 상대적으로 큼 · 객관성과 보편성을 강조	일반화 가능	· 탐색과 발견을 지향 · 귀납적 방법을 활용 · 표본의 크기가 상대적으로 작음 · 사회현상의 주관적 의미에 관심	일반화 어려움

2. 유형

① 참여행동연구: 사회변화와 임파워먼트에 초점

 ☑ 임파워먼트: 스스로 문제를 해결할 수 있는 권력과 힘, 능력 등이 있다는 확신을 심어 주는 과정

② 근거이론(현실기반이론)

 · 추상화시킨 구절에 번호를 부여하는 것을 코딩이라고 함

 · 근거이론의 분석절차로 코딩은 개방코딩→ 축코딩→ 선택코딩의 순으로 이루어짐

 - 개방코딩: 수집된 자료로 개념을 만들고 여기서 도출된 내용을 가지고 하위범주를 만드는 과정

 - 축코딩: 개방코딩에서 나타난 범주들을 특정한 구조적 틀에 맞추어 연결하는 과정으로 발견된 범주를 가지고 중심현상을 중심으로 인과적 조건을 만듦

 - 선택코딩: 발견된 범주의 속성과 차원을 고려하여 유형화를 시도하고, 이론개발을 위해 핵심범주를 중심으로 다른 범주와의 통합과 정교화를 만드는 과정

 · 범죄피해와 정신건강을 설명하는 이론 개발에 초점

 · 발견된 범주를 가지고 중심현상을 중심으로 인과적 조건을 만듦

③ 사례연구(사례조사): 단일사례에 대한 깊이 있는 분석

④ 내러티브 연구(설화적 조사): 관찰대상의 개인적 설화를 만드는 것에 초점

⑤ 문화기술지(민속지학, 민족지학)

⑥ 현상학적 연구

3. 혼합연구방법

① 철학적, 개념적, 이론적 틀을 기반으로 함

② 설계유형은 삼각화 설계, 내재적 설계, 설명적 설계, 탐색적 설계가 있음

③ 양적연구와 질적연구의 결합이지만 양적 설계에 질적 자료를 단순히 추가하는 것은
   아님

④ 각각의 연구방법을 통해 얻은 결과가 서로 확증되는지 알아보기 위해 사용

⑤ 질적 연구방법으로 발견한 연구 주제를 양적 연구방법을 이용하여 탐구하기도 함

☑ 과락 科落 말고 과락 科樂 기출 선지

01. 질적연구는 연구참여자의 상황적 맥락 안에서 연구가 이루어진다.

02. 질적조사의 엄격성을 높이는 방법으로 ① 삼각측정(다각화) ② 예외사례 표본추출 ③ 장기적 관찰 등이
   있다.

03. 질적조사에서 심층면접은 주요 자료수집 방법 중 하나이다.

04. 질적연구의 유형으로 ① 참여행동연구 ② 근거이론(현실기반이론) ③ 사례연구(사례조사) ④ 내러티브
   연구(설화적 조사) ⑤ 문화기술지(민속지학, 민족지학) ⑥ 현상학적 연구 등이 있다.

05. 근거이론의 분석절차로서 코딩은 ① 개방코딩 → ② 축코딩 → ③ 선택코딩의 순으로 이루어진다.

06. 혼합연구방법은 양적연구와 질적연구의 결합이지만 양적설계에 질적자료를 단순히 추가하는 것은 아
   니다.

MEMO

3 지역사회복지론

2교시
사회복지실천

1 사회복지실천론

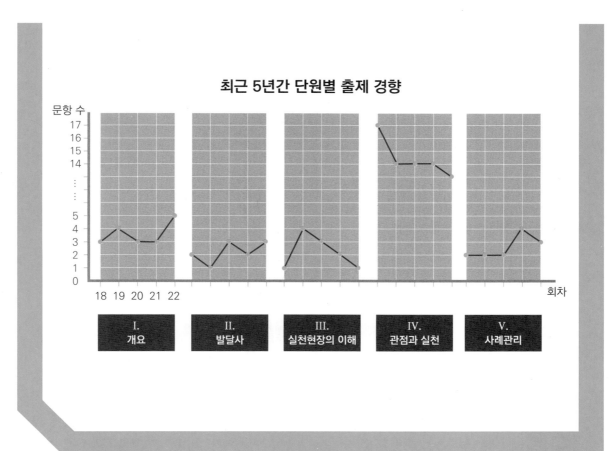

최근 5년간 단원별 출제 경향

과목 조감도

```
┌──────────────┬──────────────┬──────────────┐
```

| I.
개요 | II.
발달사 | III.
실천현장의 이해 |

I. 개요
- 1. 목적과 기능
- 2. 가치와 윤리
- 3. 사회복지사 윤리강령
- 4. 사회복지실천의 윤리적 딜레마
- 5. 사회복지실천의 수준
- 6. 사회복지실천의 이념

II. 발달사
- 1. 서구의 역사
- 2. 한국의 역사

III. 실천현장의 이해
- 1. 사회복지실천현장
- 2. 사회복지사의 기능과 역할
- 3. 펄만의 사회복지실천을 구성하는 요소

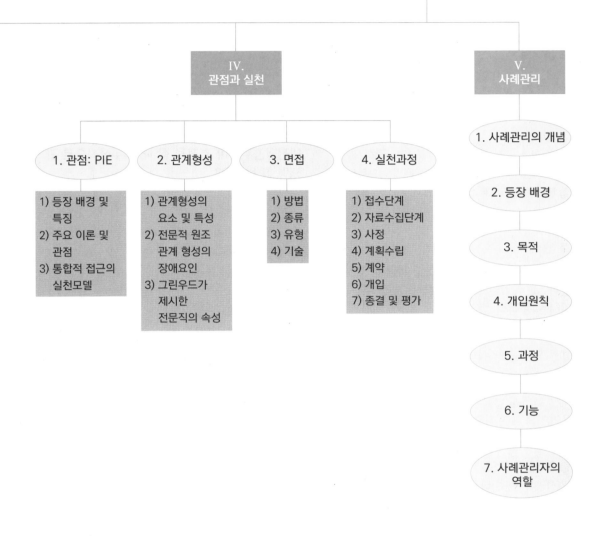

사회복지실천론

IV. 관점과 실천

1. 관점: PIE
1) 등장 배경 및 특징
2) 주요 이론 및 관점
3) 통합적 접근의 실천모델

2. 관계형성
1) 관계형성의 요소 및 특성
2) 전문적 원조 관계 형성의 장애요인
3) 그린우드가 제시한 전문직의 속성

3. 면접
1) 방법
2) 종류
3) 유형
4) 기술

4. 실천과정
1) 접수단계
2) 자료수집단계
3) 사정
4) 계획수립
5) 계약
6) 개입
7) 종결 및 평가

V. 사례관리

1. 사례관리의 개념

2. 등장 배경

3. 목적

4. 개입원칙

5. 과정

6. 기능

7. 사례관리자의 역할

□ 22회 01번

사회복지실천의 사회통제적 측면과 관련성이 가장 높은 이념은?

① 인도주의   ② 민주주의

③ 박애사상   ④ 사회진화론

⑤ 다양화

해설 사회진화론은 적자생존의 원리를 바탕으로 사회복지실천의 사회통제적인 측면이 가장 높은 이념으로서 자선조직협회의 활동을 예로 들 수 있다. **정답** ④

□ 22회 03번

특정 문제에 대해 어떠한 서비스를 제공할 것인가 결정할 때, 클라이언트의 의사를 존중해 주는 것을 의미하는 윤리적 쟁점은?

① 비밀보장

② 진실성 고수와 알 권리

③ 제한된 자원의 공정한 분배

④ 전문적 관계 유지

⑤ 클라이언트의 자기결정권

해설 클라이언트의 의사를 존중해 주는 것은 사회복지사 윤리강령에서 클라이언트에 대한 윤리기준 중 클라이언트의 자기결정권에 해당한다. **정답** ⑤

□ 22회 04번

인권에 관한 설명으로 옳지 않은 것은?

① 천부성은 인간이 세상에 태어나면서부터 존엄성을 가지고 태어났다는 의미이다.

② 자유권은 시민적, 정치적 권리이다.

③ 평화권은 국가들 간의 연대와 단결의 권리이다.

④ 보편성은 자기의 인권은 자기만이 소유할 수 있다는 의미이다.

⑤ 평등권은 경제적, 사회적, 문화적 권리이다.

해설 보편성: 모든 인간에게 해당되는 보편적인 권리 **정답** ④

□ 22회 05번

로웬버그와 돌고프(F. Loewenberg & R. Dolgoff)의 윤리적 원칙 중 다음 사례에서 아동학대전담공무원이 결정을 할 때 최우선적으로 고려해야 할 원칙은?

> 아동학대가 발생한 가정의 학대피해아동을 원가정에서 생활하도록 할 것인가 또는 학대피해아동쉼터에서 생활하도록 할 것인가에 대해 1차 결정을 해야 한다.

① 평등과 불평등의 원칙

② 최소 손실의 원칙

③ 사회정의 실현의 원칙

④ 진실성과 정보 개방의 원칙

⑤ 사생활보호와 비밀보장의 원칙

해설 로웬버그와 돌고프의 윤리적 원칙 7가지 1. 생명보호의 원칙 2. 평등과 불평등의 원칙 3. 자율과 자유의 원칙: 클라이언트의 의사결정 존중 4. 최소 손실의 원칙 5. 삶의 질 향상의 원칙 6. 사생활 보호와 비밀보장의 원칙 7. 성실의 원칙(정보공개의 원칙) **정답** ②

□ 22회 15번

한국 사회복지사 윤리강령에서 '사회복지사의 윤리기준' 중 '클라이언트에 대한 윤리기준' 영역에 해당하지 않는 것은?

① 서비스의 종결   ② 기록·정보 관리

③ 직업적 경계 유지   ④ 정보에 입각한 동의

⑤ 이해 충돌에 대한 대처

해설 클라이언트에 대한 윤리기준에는 ①, ②, ③, ④와 더불어 클라이언트의 권익옹호, 클라이언트의 자기결정권 존중, 클라이언트의 사생활 보호 및 비밀보장 등이 있다.

정답 ⑤

준: 지역사회, 국가 또는 사회전체를 대상으로 하는 간접적 실천방법 a. 사회복지 정책개발 및 정책대안 제시 b. 사회복지정책, 사회복지행정, 지역사회복지 **정답** ②

□ 21회 09번

개인주의가 사회복지실천에 미친 영향으로 옳은 것을 모두 고른 것은?

> ㄱ. 개별화
> ㄴ. 개인의 권리와 의무 강조
> ㄷ. 최소한의 수혜자격 원칙
> ㄹ. 사회적 책임 중시

① ㄱ, ㄴ, ㄷ   ② ㄱ, ㄴ, ㄹ   ③ ㄱ, ㄷ, ㄹ
④ ㄴ, ㄷ, ㄹ   ⑤ ㄱ, ㄴ, ㄷ, ㄹ

해설 개인주의가 사회복지실천에 미친 영향: 개인의 특성을 존중하고 권리를 강조하여 개별화의 원칙, 자기결정의 원칙에 영향을 미쳤으며, 개인의 책임과 의무를 강조하여 빈곤에 대한 책임을 사회보다는 개인에게 물어 최소한 수혜자격의 원칙, 열등처우의 원칙을 강조하였다. **정답** ①

□ 21회 10번

거시 수준의 사회복지실천에 관한 내용으로 옳지 않은 것은?

① 다문화 청소년을 위한 조례 제정을 추진한다.
② 부모와 자녀의 관계증진을 위한 소집단프로그램을 진행한다.
③ 피학대 노인 보호를 위한 제도 개선을 제안한다.
④ 장애인복지에 필요한 정부 예산 증액을 촉구한다.
⑤ 고독사 문제해결을 위해 정책 토론회를 개최한다.

해설 사회복지실천의 수준 (1) 미시적 수준: a. 클라이언트와 1:1로 접근, 직접적 실천방법 혹은 임상실천방법 b. 개별사회사업, 가족복지, 집단사회사업 등 예 사회기술훈련 제공, 급여대상자 사후관리 등 (2) 중간(중시) 수준: 클라이언트와 관련된 소집단에의 개입과 실천 활동 (3) 거시적 수

□ 21회 20번

레비(C. Levy)가 제시한 사회복지전문직의 가치 중 결과우선가치에 해당하는 것은?

① 자기 결정권 존중
② 인간 존엄성에 대한 믿음
③ 비심판적 태도
④ 동등한 사회 참여 기회 제공
⑤ 개별성에 대한 인정

해설 사회복지 전문직의 가치 (1) 사람우선가치: 인간의 가치와 존엄성 존중, 개별성에 대한 인정 등 인간에 대해 전문직이 갖춰야 할 기본적인 가치로 ②, ⑤가 해당된다. (2) 결과우선가치: 인간의 기본 욕구 충족, 부적절한 교육이나 주택문제, 동등한 사회참여의 기회 제공 등 결과와 관련된 가치이다. (3) 수단우선가치: 자기결정권 존중, 비심판적 태도 등 인간을 대하는 바람직한 방법에 대한 가치로 ①, ③이 해당된다. **정답** ④

□ 20회 04번

로웬버그와 돌고프(F.Loewenberg & R. Dolgoff)의 윤리적 원칙 심사표에서 '도움을 요청해 온 클라이언트의 의사를 존중해 주는 것'에 해당하는 윤리적 원칙은?

① 자율성과 자유의 원칙
② 평등과 불평등의 원칙
③ 최소 손실의 원칙
④ 사생활과 비밀보장의 원칙
⑤ 진실성과 정보개방의 원칙

해설 로웬버그와 돌고프의 윤리적 원칙 7가지는 아래와 같다. 상위 우선의 원칙(두 개 이상의 원칙이 충돌할 때)이 적용된다. 1. 생명보호의 원칙 2. 평등과 불평등의 원칙 3. 자율과 자유의 원칙: 클라이언트의 의사결정 존중 4. 최소 손실의 원칙 5. 삶의 질 향상의 원칙 6. 사생활 보호와 비밀보장의 원칙 7. 성실의 원칙(정보공개의 원칙) **정답** ①

□ 20회 06번

윤리강령의 기능으로 옳은 것을 모두 고른 것은?

> ㄱ. 외부통제로부터 전문직 보호
> ㄴ. 윤리적 갈등이 생겼을 때 지침과 원칙 제공
> ㄷ. 사회복지사의 자기규제를 통한 클라이언트 보호
> ㄹ. 전문가로서 사회복지사의 기본업무 및 자세 알림

① ㄱ, ㄷ   ② ㄱ, ㄹ
③ ㄱ, ㄴ, ㄹ   ④ ㄴ, ㄷ, ㄹ
⑤ ㄱ, ㄴ, ㄷ, ㄹ

해설 윤리강령은 클라이언트 보호와 함께 전문직을 보호하는 기능도 가지고 있다. ☑ 윤리강령의 기능: a. 전문직으로서 사회복지사의 윤리의식 고취 b. 윤리적 갈등 상황에서의 지침과 원칙 제공 c. 클라이언트 보호 d. 한국사회복지사협회의 제시 규정으로 법적 구속력 없다. **정답** ⑤

□ 20회 19번

'양로시설에서 생활하는 노인의 의사결정을 사회복지사가 대신할 수 없다'는 의미의 인권 특성은?

① 천부성   ② 불가양성·불가분성
③ 보편성   ④ 사회성·문화성
⑤ 환경성·평화성

해설 인권은 인간으로서의 마땅한 권리이므로 다른 사람에게 양도하거나(불가양성) 나눌 수 없다(불가분성). **정답** ②

□ 19회 03번

사회복지실천의 이념적 배경을 모두 고른 것은?

> ㄱ. 인도주의
> ㄴ. 민주주의
> ㄷ. 개인주의
> ㄹ. 문화 다양성

① ㄱ, ㄴ   ② ㄴ, ㄷ   ③ ㄷ, ㄹ
④ ㄱ, ㄴ, ㄹ   ⑤ ㄱ, ㄴ, ㄷ, ㄹ

해설 사회복지실천의 이념: 인도주의, 사회진화론, 민주주의, 개인주의, 자유주의, 자유방임주의, 다문화주의(문화다양성), 다원주의 **정답** ⑤

□ 19회 06번

소속기관의 예산 절감 요구로 클라이언트에게 필요한 서비스를 제공하지 못할 때, 사회복지사가 겪게 되는 가치갈등은?

① 가치상충
② 의무상충
③ 결과의 모호성
④ 힘 또는 권력의 불균형
⑤ 클라이언트 체계의 다중성

해설 사회복지사가 경험할 수 있는 가치갈등 또는 윤리적 딜레마: a. 가치의 상충: 2개 이상의 가치가 상충되는 경우 우선에 대한 윤리적 갈등 b. 의무의 상충: 기관 직원의 의무 vs 클라이언트의 이익보장 의무 사이에서의 갈등 c. 클라이언트 체계의 다중성: 여러 명의 클라이언트일 때 최우선 대상에 대한 갈등 d. 결과의 모호성: 결과가 불투명할 때 최선의 결정을 확신하지 못해서 생기는 갈등 e. 힘(능력, 정보) 또는 권력의 불균형: 클라이언트의 자기결정권 포기에서 오는 상황 **정답** ②

□ 19회 07번

한국 사회복지사 윤리강령 중 다음 내용이 제시되어 있는 윤리기준은?

> • 사회복지사는 적법하고도 적절한 논의 없이 동료 혹은 다른 기관의 클라이언트와 전문적인 관계를 맺어서는 안 된다.
> • 사회복지사는 긴급한 사정으로 인해 동료의 클라이언트를 맡게 된 경우, 자신의 의뢰인처럼 관심을 갖고 서비스를 제공한다.

① 사회복지사의 기본적인 윤리기준
② 사회복지사의 클라이언트에 대한 윤리기준
③ 사회복지사의 동료에 대한 윤리기준
④ 사회복지사의 사회에 대한 윤리기준
⑤ 사회복지사의 기관에 대한 윤리기준

해설 사회복지사의 클라이언트에 대한 윤리기준: (1) 클라이언트와의 관계 a. 클라이언트의 권익옹호 및 사생활 존중, 비밀유지 b. 클라이언트의 존엄성 및 자기결정권 존중 c. 클라이언트를 동반자로 인식 d. 부적절한 성적 관계 금지 e. 비밀보장의 한계 고지 f. 정보공개 시 동의 필요 (2) 동료의 클라이언트와의 관계 a. 부당하게 동료나 다른 기관의 클라이언트와 전문적 관계 금지 b. 긴급한 사정의 경우 자신의 의뢰인처럼 관심을 갖고 서비스 제공 **정답** ②

□ 19회 11번

인권의 특성으로 옳은 것을 모두 고른 것은?

> ㄱ. 모든 인간에게 해당되는 보편적인 권리이다.
> ㄴ. 개인, 집단, 국가가 상호 간에 책임을 동반하는 권리이다.
> ㄷ. 사회적 약자를 위하여 지켜지고 확보되어야 하는 권리이다.
> ㄹ. 법이 보장하고 있지 않다 해도 인간의 존엄성 보장에 필요한 권리이다.

① ㄱ, ㄴ   ② ㄱ, ㄷ   ③ ㄴ, ㄷ
④ ㄴ, ㄷ, ㄹ   ⑤ ㄱ, ㄴ, ㄷ, ㄹ

해설 인권의 특성: a. 모든 인간이 갖는 기본적이고 보편적인 권리 b. 책임을 동반하며 사회적 약자를 위한 권리 c. 개인과 집단을 포괄하며 국가 권력을 제한하는 인간의 존엄성 보장과 관련한 권리 **정답** ⑤

□ 18회 03번

다음은 '한국사회복지사 윤리강령' 중 어느 영역에 해당하는가?

> • 사회복지사는 인권존중과 인간평등을 위해 헌신해야 하며, 사회적 약자를 옹호하고 대변하는 일을 주도해야 한다.
> • 사회복지사는 자신이 일하는 지역사회의 문제를 이해하고, 그것을 해결하는 일에 적극적으로 참여해야 한다.

① 사회복지사의 기본적 윤리기준
② 사회복지사의 동료에 대한 윤리기준
③ 사회복지사의 사회에 대한 윤리기준
④ 사회복지사의 클라이언트에 대한 윤리기준
⑤ 사회복지사의 기관에 대한 윤리기준

해설 사회복지사의 사회에 대한 윤리기준: a. 사회정책 수립에의 적극적 참여 b. 인권존중과 인간평등을 위한 헌신 c. 사회적 약자에 대한 옹호 및 대변 d. 자신이 일하는 지역사회 문제에 대한 이해와 적극적인 문제해결 동참 **정답** ③

□ 18회 06번

사회복지사가 경험할 수 있는 윤리적 딜레마 상황을 모두 고른 것은?

> ㄱ. 실천 결과의 모호성
> ㄴ. 사회복지사와 클라이언트 간의 힘의 불균형
> ㄷ. 클라이언트 체계의 다중성
> ㄹ. 기관에 대한 의무와 클라이언트에 대한 의무의 상충

① ㄱ, ㄹ   ② ㄴ, ㄷ   ③ ㄴ, ㄹ
④ ㄱ, ㄴ, ㄷ   ⑤ ㄱ, ㄴ, ㄷ, ㄹ

해설 사회복지사가 경험할 수 있는 가치갈등 또는 윤리적 딜레마로는 가치의 상충, 의무의 상충, 클라이언트 체계의 다중성, 결과의 모호성, 힘 또는 권력의 불균형 등이 있다. **정답** ⑤

돌고프, 로웬버그와 해링턴(R. Dolgoff, F. Lowen-berg & D. Harrington)의 윤리적 의사결정과정의 순서로 옳은 것은?

> ㄱ. 가장 적절한 전략이나 개입방법을 선택한다.
> ㄴ. 해당문제와 관련된 사람과 제도를 확인한다.
> ㄷ. 확인된 목표에 따라 설정된 개입방안의 효과성과 효율성을 평가한다.
> ㄹ. 문제를 해결하거나 문제의 정도를 경감할 수 있는 개입목표를 명확히 한다.

① ㄴ-ㄱ-ㄹ-ㄷ   ② ㄴ-ㄹ-ㄱ-ㄷ
③ ㄴ-ㄹ-ㄷ-ㄱ   ④ ㄹ-ㄴ-ㄱ-ㄷ
⑤ ㄹ-ㄷ-ㄴ-ㄱ

해설 돌고프, 로웬버그와 해링턴의 윤리적 의사결정과정

1단계: 문제가 무엇인지, 문제를 야기하는 요인이 무엇인지 확인

2단계: 해당 문제와 관련된 사람과 단체의 확인

3단계: 2단계에서 확인된 주체들과 주어진 문제와 관련하여 가치 확인

4단계: 문제의 해결 혹은 경감 등을 위한 개입목표의 명확화

5단계: 개입 대상 및 수단 확인

6단계: 설정된 각각의 개입 방안의 효과성과 효율성 평가

7단계: 누가 의사결정에 참여할 것인가 결정

8단계: 개입방법 선택

9단계: 선택된 개입방법의 수행

10단계: 수행에 대한 점검

11단계: 수행에 따른 결과 평가 및 추가 문제 확인

정답 ③

☑ 핵심요약

1. 목적과 기능

- 세부 목적은 사회나 문화, 시대 상황에 따라 변화하기도 함
- 클라이언트 삶의 질 향상
- 클라이언트의 가능성과 잠재력 개발
- 개인과 환경 간 상호작용에 입각한 사회정책 개발
- 개인과 사회(자원, 서비스 및 기회를 제공하는 체계) 간 상호유익한 관계 증진
- 사회정책 개발 및 발전에 영향력 행사
- 사회적 기능 향상
- 사회정의 증진
- 개인과 조직 간 불균형 발생 시 문제해결능력과 대처능력 향상

2. 가치와 윤리

(1) 개념

① 가치

- 믿음, 신념 등 좋고 바람직한 것에 대한 선호
- 지식, 기술과 더불어 사회복지실천의 중심축으로 추구할 방향성 제시

- 보편적·관념적 체계
- 구체적 행동 목표가 아닌 목표 결정의 기준

② 윤리
- 마땅히 따라야 할 규범
- 어떤 행동의 옳고 그름에 대한 도덕적 판단기준
- 선악의 속성이나 도덕적 의무를 결정하는 지침이자 원칙
- 가치와 조화를 이루는 행동상의 규칙

(2) 사회복지실천의 가치

① 사회복지 전문직의 가치(Levy)
- 사람우선가치: 인간에 대한 바람직한 개념
  - 인간의 가치와 존엄성 존중, 개별성에 대한 인정, 상호적 책임, 소속의 욕구 등
- 결과우선가치: 목표로 하는 결과에 대한 개념
  - 인간의 기본 욕구 충족, 부적절한 교육이나 주택문제, 동등한 사회참여의 기회 제공 등의 사회적 책임에 대한 믿음
- 수단우선가치: 인간을 대하는 바람직한 방법
  - 자기결정권 존중, 비심판적 태도, 역량강화

② 가치의 3단계 분류(존슨): 궁극적 가치, 차등적 가치, 도구적 가치

(3) 사회복지실천의 윤리

① 윤리적 의사결정의 우선순위: 로웬버그와 돌고프
- 생명보호
- 자율성과 자유(자기결정)
- 삶의 질 향상(생활의 질 향상)
- 진실성과 정보개방
- 평등과 불평등
- 최소손실(최소해악의 원칙)
- 사생활보호와 비밀보장

② 윤리적 의사결정과정: 돌고프, 로웬버그와 해링턴
- 1단계: 문제가 무엇인지, 문제를 야기하는 요인이 무엇인지 확인
- 2단계: 해당 문제와 관련된 사람과 단체의 확인
- 3단계: 2단계에서 확인된 주체들과 주어진 문제와 관련하여 가치 확인
- 4단계: 문제의 해결 혹은 경감 등을 위한 개입목표의 명확화
- 5단계: 개입 대상 및 수단 확인
- 6단계: 설정된 각각의 개입방안의 효과성과 효율성 평가
- 7단계: 누가 의사결정에 참여할 것인가 결정
- 8단계: 개입방법 선택
- 9단계: 선택된 개입방법의 수행

- 10단계: 수행에 대한 점검
- 11단계: 수행에 따른 결과 평가 및 추가 문제 확인

3. 사회복지사 윤리강령

(1) 전문

(2) 윤리강령의 목적

- 사회복지 전문직의 사명과 사회복지 실천의 기반이 되는 핵심 가치 제시
- 윤리적 원칙 및 실천의 지침으로 사용될 윤리기준 제시
- 윤리적 갈등 상황에서 의사결정에 필요한 사항 확인 및 판단의 윤리기준 제시
- 전문가로서의 품위와 자질 유지 및 자기 관리를 통한 클라이언트 보호
- 전문성 확보 및 외부 통제로부터 전문직을 보호할 수 있는 기준 제공
- 시민에게 전문가로서 사회복지사의 역할과 태도를 알리는 수단으로 작용

(3) 윤리강령의 가치와 원칙

① 핵심 가치 1

- 인간 존엄성: 개인적·사회적·문화적·정치적·종교적 다양성 고려 및 인권 보호
  - 클라이언트의 자율성 존중 및 자기 결정권 지원
  - 클라이언트의 역량 강화 및 자신과 환경변화 지원
  - 실천과정에서 클라이언트의 개입과 참여 보장

② 핵심 가치 2

- 사회정의: 개인적·집단적·사회적·문화적·정치적·종교적 차별에 도전
  - 개인, 가족, 집단, 지역사회의 다양성을 존중하는 지역사회 구축
  - 억압적이며 불공정한 사회제도와 관행 변화를 위해 구성원들과 협력
  - 연대 활동

(4) 사회복지사의 윤리기준

① 기본적 윤리기준

- 전문가로서의 자세: 인간 존엄성 존중, 사회정의 실현
- 전문성 개발을 위한 노력: 직무 능력 개발, 지식기반의 실천 증진
- 전문가로서의 실천: 품위와 자질 유지, 자기 관리, 이해 충돌에 대한 대처, 경제적 이득에 대한 실천

② 클라이언트에 대한 윤리기준

- 클라이언트의 권익옹호
- 클라이언트의 자기 결정권 존중
- 클라이언트의 사생활 보호 및 비밀보장

- 정보에 입각한 동의
- 기록·정보 관리
- 직업적 경계 유지
- 서비스의 종결

③ 사회복지사의 동료에 대한 윤리기준
- 동료: 사회복지 전문직의 이익과 권익증진을 위해 동료와 협력
- 슈퍼바이저: 사회복지사·수련생 및 실습생에 대한 평가 공유

④ 기관에 대한 윤리기준
- 기관의 정책과 목표달성을 통한 클라이언트의 이익 추구
- 기관의 성장을 위한 노력

⑤ 사회에 대한 윤리기준
- 사회정책 수립에의 적극적 참여
- 지역사회 문제에 대한 이해와 해결 및 개선에 적극적 참여

4. 사회복지실천의 윤리적 딜레마

(1) 윤리적 딜레마: 두 가지 혹은 그 이상의 도덕적 원칙이나 의무가 상충할 때 발생

(2) 가치 갈등의 유형: 사회복지사가 경험하는 윤리적 딜레마

① 가치의 상충: 둘 이상의 가치가 상충하여 느끼는 갈등
② 의무의 상충: 기관의 직원으로서의 의무와 클라이언트에 대한 의무 사이에서의 갈등
③ 클라이언트 체계의 다중성: 클라이언트가 여러 명일 때 누구의 이익을 우선할 것인가에 대한 갈등
④ 결과의 모호성: 결과가 불투명할 때 어떤 결정이 최선일지 확신할 수 없어 느끼는 갈등
⑤ 힘(능력, 정보) 또는 권력의 불균형: 클라이언트가 사회복지사에게 의존하면서 자기결정권을 스스로 포기하는 상황이 발생할 수 있음

5. 사회복지실천의 수준

(1) 미시적 수준
- 클라이언트와 1:1로 접근, 직접적 실천방법 혹은 임상실천방법
- 개별사회사업, 가족복지, 집단사회사업 등 예 사회기술훈련 제공, 급여대상자 사후관리 등

(2) 중간 수준
- 클라이언트와 관련된 소집단에의 개입과 실천활동

(3) 거시적 수준

- 지역사회, 국가 또는 사회 전체를 대상으로 하는 간접적 실천방법
- 사회복지 정책개발 및 정책대안 제시
- 사회복지정책, 사회복지행정, 지역사회복지

6. 사회복지실천의 이념

- 인도주의(박애주의): 봉사정신과 이타주의를 토대로 함
- 사회진화론: 사회복지실천의 사회통제적인 측면, 일방적 시혜, 적자생존 원리
- 민주주의: 클라이언트의 자기결정권에 가치 부여, 인보관운동, 시민권 인정, 빈곤에 대한 사회적 책임 중시 → 사회민주주의
- 자유방임주의: 개인의 자유 최우선, 국가개입 최소화, 경제성장과 부의 극대화
- 자유주의: 개인의 자유 존중, 국가책임의 최저수준의 삶 보장, 절대적 빈곤 해결 노력
- 개인주의: 빈곤의 문제는 개인의 책임, 열등처우의 원칙(최소한의 수혜자격 원칙) 클라이언트의 개인적 특성(개별화의 원칙), 자기결정의 원칙
- 다원주의: 개인의 고유성 인정, 수혜자가 아닌 고객, 소비자로서의 관계 형성 문화 다양성
- 다문화주의: 문화적 다양성과 관용, 통합을 중요 가치로 봄

☑ 과락科落 말고 **과락科樂 기출 선지**

01. 윤리강령은 클라이언트 보호와 함께 전문직을 보호하는 기능도 가지고 있다.

02. 사회복지실천은 개인의 문제해결능력과 대처능력을 향상시키는 기능을 한다.

03. 사회복지실천의 궁극적인 목적은 개인의 삶의 질 향상이다.

04. 개인 간 상호작용에 기초하는 직접적 실천방법은 미시적 수준의 기능범위이다.

05. 기관의 목표가 클라이언트 이익에 위배되는 경우 기관 직원으로서의 의무와 클라이언트의 이익을 보장해야 하는 사회복지사로서의 의무가 상충하는 의무상충의 윤리적 딜레마가 발생할 수 있다.

□ 22회 02번

기능주의(functionalism)에서 강조한 내용으로 옳은 것을 모두 고른 것은?

> ㄱ. 개인의 의지
> ㄴ. 개인에 대한 심리 내적 진단
> ㄷ. 전문가와 클라이언트 사이의 원조관계
> ㄹ. 기관의 기능

① ㄱ, ㄴ   ② ㄷ, ㄹ
③ ㄱ, ㄷ, ㄹ   ④ ㄴ, ㄷ, ㄹ
⑤ ㄱ, ㄴ, ㄷ, ㄹ

해설 ㄴ. 개인에 대한 심리 내적 진단은 진단주의를 설명하는 내용이다. **정답** ③

□ 22회 06번

1960년대와 1970년대 외원단체 활동이 우리나라 사회복지발달에 미친 영향으로 옳지 않은 것은?

① 사회복지가 종교와 밀접한 관련 하에 전개되도록 하였다.
② 전문 사회복지의 시작을 촉발하였다.
③ 시설 중심보다 지역사회 중심의 사회복지가 발전하는 계기를 만들었다.
④ 사회복지가 거시적인 사회정책보다는 미시적인 사회사업 위주로 발전하게 하였다.
⑤ 사람들이 사회복지를 구호사업 또는 자선사업과 같은 것으로 인식하게 하였다.

해설 한국외원단체협의회(KAVA)의 활동은 구호사업 및 자선사업, 시설중심의 사회복지 발전에 기여하였으나 지역사회 조직화나 공동체 형성 등은 미흡하였다. **정답** ③

□ 22회 07번

1929년 밀포드(Milford) 회의에서 발표한 사회복지사가 갖추어야 할 기본적인 지식 및 방법론에 관한 공통요소에 해당하지 않는 것은?

① 사회에서 받아들여지는 규범적 행동에서 벗어난 행동에 관한 지식
② 인간관계 규범의 활용도
③ 클라이언트 사회력(social history)의 중요성
④ 사회치료(social treatment)에 지역사회자원 활용
⑤ 집단사회사업의 목적, 윤리, 의무를 결정하는 철학적 배경 이해

해설 1929년 밀포드 회의는 전문적 분화기에 해당하며, 개별사회 사업방법론을 기본으로 한 사회복지실천의 기반을 조성했다는 데 의의가 있다. **정답** ⑤

□ 21회 01번

사회복지실천의 역사적 발달과정을 발생한 순서대로 옳게 나열한 것은?

> ㄱ. 밀포드(Milford) 회의에서 사회복지실천의 공통요소를 발표하였다.
> ㄴ. 사회복지사업법에 따라 국내에서 사회복지사 명칭을 사용하기 시작하였다.
> ㄷ. 태화여자관이 설립되었다.
> ㄹ. 사회복지전문요원이 국내 행정기관에 배치되었다.

① ㄱ - ㄴ - ㄷ - ㄹ   ② ㄱ - ㄷ - ㄴ - ㄹ
③ ㄱ - ㄷ - ㄹ - ㄴ   ④ ㄷ - ㄱ - ㄴ - ㄹ
⑤ ㄷ - ㄱ - ㄹ - ㄴ

해설 태화여자관(1921) - 밀포드회의(1929) - 사회복지사업법(1983 법개정에 의한 사회복지사 명칭 규정) - 사회복지전문요원 배치(1987)의 순이다. **정답** ④

자선조직협회(COS) 활동에 관한 설명으로 옳지 않은 것은?

① 민간 사회복지기관의 활동을 체계적으로 조정하기 위해 등장하였다.

② 적자생존에 기반한 사회진화론을 구빈의 이론적 기반으로 삼았다.

③ 빈민지역에 거주하며 지역사회 문제에 대한 집합적이고 개혁적인 해결을 강조하였다.

④ 과학적이고 적절한 자선활동을 수행하기 위해 클라이언트 등록체계를 실시하였다.

⑤ 자선조직협회 활동은 개별사회사업의 초석이 되었다.

해설 ③ 빈민지역에 거주하며 지역사회 문제에 대한 집합적이고 개혁적인 해결을 강조한 것은 인보관운동의 특징이다. **정답** ③

인보관운동에 관한 내용으로 옳지 않은 것은?

① 빈민을 통제하는 사회통제적 기능을 담당함

② 인보관에서 일하는 사람은 지역사회에서 함께 살면서 활동함

③ 지역사회 문제에 관한 연구와 조사를 실시함

④ 빈민지역의 주택 개선, 공중보건 향상 등에 관심을 둠

⑤ 사회문제에 대한 집합적이고 개혁적인 해결을 강조함

해설 ① 자선조직협회(cos)에 관한 설명으로, 자선조직협회는 빈곤이 개인의 나태, 게으름으로 인하여 발생한다고 생각하였다. 우애방문단은 이러한 자선조직협회의 성격을 보여 주는 활동을 한 대표적인 단체이다. **정답** ①

기능주의학파(functional school)에 관한 내용으로 옳지 않은 것은?

① 개인의 의지 강조

② 인간의 성장가능성 중시

③ '지금-이곳'에 초점

④ 인간과 환경의 관계 분석

⑤ 과거 경험 중심적 접근

해설 기능주의와 진단주의를 구별하고 있는가를 묻는 문제이다. ⑤ 과거 경험 중심적 접근은 프로이트로 대표되는 진단주의학파의 접근방식이다. 진단주의는 질병이라는 관점에서 과거 경험을 중심으로 현재의 자아기능을 설명하는 접근방법이다. **정답** ⑤

자선조직협회 우애방문자의 활동에 해당하는 사회복지실천의 이념을 모두 고른 것은?

ㄱ. 인도주의	ㄴ. 이타주의
ㄷ. 사회개혁	ㄹ. 사회진화론

① ㄱ

② ㄴ, ㄷ

③ ㄷ, ㄹ

④ ㄱ, ㄴ, ㄹ

⑤ ㄱ, ㄴ, ㄷ, ㄹ

해설 사회개혁은 인보관운동의 활동 이념이다. 인보관운동은 빈곤의 원인을 개인의 도덕 문제가 아니라 산업화의 결과로 보았으며, 연구 및 조사를 통하여 사회제도를 개혁하고자 하였다. 그들은 빈민 지역의 주민들을 이웃으로 생각하여 그 속으로 들어가 함께 생활하면서 집단 및 지역사회복지의 태동에 영향을 주었다. **정답** ④

□ 19회 01번

한국 사회복지실천의 역사적 발달과정을 발생한 순서대로 나열한 것은?

> ㄱ. 대학교에서 사회복지 전문인력의 양성교육을 시작하였다.
> ㄴ. 사회복지사업법에 따라 사회복지사 명칭을 사용하기 시작하였다.
> ㄷ. 사회복지전문요원(이후 전담공무원)을 행정기관에 배치하기 시작하였다.
> ㄹ. 정신건강증진 및 정신질환자 복지서비스 지원에 관한 법률에 따라 정신건강 사회복지사 명칭을 사용하기 시작하였다.

① ㄱ-ㄴ-ㄷ-ㄹ　　　② ㄴ-ㄱ-ㄹ-ㄷ
③ ㄴ-ㄹ-ㄱ-ㄷ　　　④ ㄷ-ㄴ-ㄹ-ㄱ
⑤ ㄹ-ㄷ-ㄴ-ㄱ

해설 한국 사회복지실천의 역사: ㄱ. 1947년 이화여자대학교에 기독교사회사업과 개설, 전문인력 양성 교육 ㄴ. 1970년 사회복지사업법 제정, 1983년 개정으로 사회복지사 명칭 사용 ㄷ. 1987년부터 사회복지전문요원을 행정기관에 배치, 2000년부터 사회복지전담 공무원으로 전환 ㄹ. 2016년 개정 후 2017년 시행부터 정신건강사회복지사 명칭 사용 **정답** ①

□ 18회 02번

자선조직협회(COS)에 관한 설명으로 옳은 것은?

① 빈민 지원 시 중복과 누락을 방지하고자 시작되었다.

② 빈곤의 원인을 개인의 도덕 문제가 아니라 산업화의 결과로 보았다.
③ 연구 및 조사를 통하여 사회제도를 개혁하고자 설립되었다.
④ 빈민 지역의 주민들을 이웃으로 생각하여 함께 생활하였다.
⑤ 집단 및 지역사회복지의 태동에 영향을 주었다.

해설 ②, ③, ④, ⑤는 인보관운동의 특징이다. **정답** ①

□ 18회 07번

사회복지실천이 봉사활동에서 전문직으로 출발하게 된 계기가 아닌 것은?

① 우애방문자들의 활동에 보수를 지급하기 시작하였다.
② 우애방문자를 지도·감독하는 체계를 마련하였다.
③ 자선조직협회는 교육 프로그램을 마련하였다.
④ 의사인 카보트(R. Cabot)가 매사추세츠병원에 의료사회복지사를 정식으로 채용하였다.
⑤ 전통적 방법론의 한계로 인하여 통합적 방법론이 등장하였다.

해설 ⑤ 사회복지실천이 봉사활동에서 전문직으로 확립된 시기는 1900~1920년 전후이며, 사회복지실천의 통합적 방법론이 등장한 것은 전문적 사회복지실천의 통합기인 1950년대이다. **정답** ⑤

☑ **핵심요약**

1. 서구의 역사

(1) 출현기(19세기 말~1900년)

- 엘리자베스 빈민법 – 정주법 – 작업장법 – 길버트법 – 스핀햄랜드법 – 공장법 – 개정빈민법

① 자선조직협회(COS)
- 개인주의적 빈곤관을 바탕으로 도덕적 의무 강조
- 우애방문단을 통한 자선활동
- 중복구제로 인한 재정낭비를 막고자 시작
- 서비스의 중복과 누락을 피하고자 체계적 조사 실시
- '가치 있는 자'에 대한 원조
- 인도주의(박애주의)를 바탕으로 부르주아의 특권 정당화

(2) 인보관운동
- 전반적인 사회개혁 추구
- 빈곤은 산업화, 도시화 등의 사회환경에 의한 것이라고 인식
- 지식인과 대학생 등이 지역사회의 교육 및 문화활동 주도
- 영국의 토인비 홀, 미국의 헐 하우스
- 임파워먼트 모델의 이념적 근원으로 집단사회사업에 영향을 미침

(2) 확립기(1900~1920년)

① 플랙스너의 비판
- 사회복지실천은 전문직이 아니며, 사회복지사도 전문가가 아님
- 전문직으로서 사회복지실천에 대한 문제인식 형성

② 리치몬드의 『사회진단』
- 사회복지실천에 관한 이론과 방법을 최초로 체계화
- '환경 속의 인간'이라는 사회복지실천의 기본틀 함축
- 『개별사회사업이란 무엇인가?』(1922)

(3) 전문적 분화기(1920~1950년)

① 1929년 밀포드회의: 개별사회 사업방법론을 기본으로 한 사회복지실천의 기반조성

② 3대 방법론으로 세분화: 개별사회사업, 집단사회사업, 지역사회조직

③ 진단주의
- 사회복지사의 원조에 의한 클라이언트의 자아 힘 강화
- 프로이트의 정신분석이론 기반
- 클라이언트의 참여를 배제, 치료중심적
- 인간에 대한 기계적·결정론적 관점 토대
- 과거 경험 중심적 접근
- 질병심리학으로 비유
- 홀리스의 심리사회모델로 발전

④ 기능주의

- 진단주의를 비판하며 등장
- 클라이언트의 의지에 따른 자아의 힘에 의해 문제해결 가능
- 현재의 경험과 클라이언트의 참여 중시
- 치료보다는 원조과정을 더 중요시함
- 인간의 자아와 의지 강조, 클라이언트 자신의 자아실현을 촉진
- 성장 가능성 강조, 성장심리학
- 클라이언트중심모델에 영향을 미침

(4) 통합기(1951~1960년): 부분 통합기

① 통합적 실천의 중요성 부각

② 펄만의 문제해결모델
- 진단주의 입장에서 기능주의를 부분 통합한 절충모델
- 반성적 사고의 과정 중시
- 주체적 존재로서의 인간 강조
- 인간의 삶 자체를 문제해결과정으로 봄

(5) 발전기(1961~1980년): 확대통합기

- 새로운 접근방법의 시도: 클라이언트를 직접 찾아가는 아웃리치 방법 시도
- 확대통합과 전문직 발전: 지역사회를 개입대상의 한 단위로 여김
- 개별사회사업의 발전: 보편적 대상 개념의 접근. 특정 클라이언트(Ct) → 모든 사람
- 통합적 접근방법의 대두: 결합적 접근방법, 중복적 접근방법, 단일화 접근방법
- 환경중시모델 등장: 위기개입모델, 과제중심모델, 생활모델 등
- 임상사회사업, 집단사회사업, 지역사회조직사업 발전

(6) 확장기(1980년~현재)

① 다중적 개입: 다중관점의 필요성 대두

② 임파워먼트
- 클라이언트의 강점 관점에 기초한 다양한 접근법과 개입전략 강조
- 역량강화가 중요한 요소로 등장
- 사회복지실천을 일반사회복지실천과 전문사회복지실천으로 세분화하는 경향유지

2. 한국의 역사

(1) 일제강점기: 식민정책의 일부로서 사회통제적인 목적으로 시행

- 1921년 태화여자관, 최초의 사회복지관
- 1927년 방면위원제도, 무보수 명예직, 지역 내 빈민 조사
- 1944년 조선구호령, 일본 구호법 기초, 공적부조의 기본이 됨

(2) 해방 이후~한국전쟁 시기

- 조선구호령의 연장선상에서 무계획적 정책 시행
- 1947년: 이화여자대학교 기독교사회사업과 개설, 전문인력 양성교육
- 1950년 이후 외국원조단체와 기관의 활동
- 한국외원단체협의회(KAVA): 구호사업 및 자선사업, 시설중심의 사회복지 발전 지역사회 조직화나 공동체 형성 등은 미흡

(3) 한국전쟁 이후~현재

- 1965년: 한국사회사업교육연합회 창립, 한국사회복지교육협의회의 전신
- 1967년: 한국사회사업가협회 창립, 한국사회복지사협회의 전신
- 1983년: 사회복지사업법 개정에 따라 '사회복지사' 명칭 사용
- 1987년: 사회복지전문요원 배치
- 1996년: 정신보건사회복지사제도 시행, 1997년 자격시험 도입
- 1999년: 사회복지의 날 제정, 9월 7일
- 2000년: 일반직 사회복지전담공무원으로 전환
- 2003년: 사회복지사 1급 국가시험 실시
- 2017년: 정신건강전문요원으로서 '정신건강사회복지사'의 자격 명시

☑ 과락科落 말고 과락科樂 기출 선지

01. 자선조직협회는 빈곤의 문제를 게으름이나 나태 등 개인의 문제로 보았다.

02. 자선조직협회는 사회질서 유지를 위해 사회통제적 성격이 강하고, 인보관운동은 사회개혁을 강조하며 클라이언트의 자기결정권에 가치를 부여한다.

03. 자선조직협회의 우애방문단은 사회빈곤층을 대상으로 인도주의적 구호활동을 전개하였는데, 인도주의는 봉사정신과 이타주의를 토대로 하며 박애주의라고도 한다.

04. 사회진화론은 사회복지실천의 사회통제적인 측면을 지니고 있다.

05. 사회민주주의는 빈곤이나 장애 등을 사회적 책임으로 인식하며, 사회개혁을 강조한 인보관운동이 대표적인 활동이다.

06. 인보관운동은 빈곤의 원인을 개인의 도덕 문제가 아니라 산업화의 결과로 보았으며, 지역사회에 직접 들어가 생활하며 연구 및 조사를 통하여 사회제도를 개혁하고자 하였다.

07. 세계 최초의 인보관은 영국의 토인비 홀이며, 미국의 인보관은 헐 하우스이다.

08. 진단주의는 질병이라는 관점에서 과거 경험을 중심으로 현재의 자아기능을 설명하는 프로이트로 대표되는 접근방법이다.

09. 최초의 사회복지실천 전문서적은 1917년에 출판된 리치몬드의 『사회진단』이다.

III 실천현장의 이해

□ 22회 08번

사회복지실천현장 분류의 예로 옳지 않은 것은?

① 1차 현장: 노인복지관
② 이용시설: 아동보호치료시설
③ 생활시설: 장애인거주시설
④ 2차 현장: 교정시설
⑤ 생활시설: 노인요양원

해설 아동보호치료시설은 주거서비스를 포함한 사회복지 서비스를 제공하므로 생활시설에 해당한다. **정답** ②

□ 21회 02번

양자 간의 논쟁에 개입하여 중립을 지키면서 상호 합의를 이끌어내는 사회복지사의 역할은?

① 중개자   ② 조정자
③ 중재자   ④ 옹호자
⑤ 교육자

해설 ① 연계자, 적합한 자원과 서비스를 파악하고 연결 ② 사례관리자의 역할, 서비스의 중복과 상충되는 정보 제공 정리 ③ 개인들 간 또는 집단이나 조직 간의 갈등 조정, 합의 도출 ④ 대변자, 변호자, 클라이언트의 의견을 대변하고 권리를 옹호 ⑤ 교사, 유용한 지식과 정보 제공, 사회 적응기술 전수 **정답** ③

□ 21회 13번

사회복지 실천현장과 분류의 연결로 옳지 않은 것은?

① 사회복지관 – 1차 현장
② 종합병원 – 2차 현장
③ 발달장애인지원센터 – 이용시설
④ 노인보호전문기관 – 생활시설
⑤ 사회복지공동모금회 – 비영리기관

해설 ④ 노인보호전문기관은 이용시설이다. **정답** ④

□ 20회 07번

사회복지실천현장의 기능과 목적에 따른 분류에서 1차 현장에 해당하지 않는 것은?

① 양로시설
② 교정시설
③ 사회복지관
④ 지역아동센터
⑤ 장애인 거주시설

해설 사회복지실천현장의 기능과 목적에 따른 분류는 1차 현장과 2차 현장으로 나뉘어진다. 1차 현장은 사회복지서비스가 주된 기능을 하는 현장을 말한다. ② 교정시설은 교도소, 구치소, 보호감호소, 소년원 등을 통칭하는 것으로서 1차적 목적이 사회복지서비스의 제공이 아니라 교정에 있는 2차 현장이다. **정답** ②

펄만(H.Perlman)이 사회복지실천을 구성하는 요소로 제시한 4P에 관한 내용으로 옳은 것을 모두 고른 것은?

> ㄱ. 문제(Problem) - 해결하고자 하는 문제나 욕구
> ㄴ. 프로그램(Program) - 문제해결을 위해 시행되는 프로그램
> ㄷ. 장소(Place) - 문제해결을 위한 서비스가 제공되는 물리적 공간
> ㄹ. 전문가(Professional) - 문제해결을 위해 개입하는 전문가

① ㄱ, ㄴ
② ㄱ, ㄷ
③ ㄴ, ㄹ
④ ㄴ, ㄷ, ㄹ
⑤ ㄱ, ㄴ, ㄷ, ㄹ

해설 펄만의 사회복지실천을 구성하는 요소
(1) 4P: 문제(Problem, 해결하고자 하는 문제나 욕구), 사람(Person, 상황 속의 인간), 장소(Place, 서비스가 제공되는 물리적 공간, 사회복지기관), 과정(Process, 실천과정)
(2) 6P = 4P + 전문가(Professional, 문제해결을 위해 개입하는 전문가, 사회복지사 등), 제공물(Provision, 사회적 지지나 재화)   정답 ②

사회복지사의 직접적인 개입 활동으로 옳은 것은?

① 아동학대 예방 캠페인 진행
② 다른 기관과 협력체계 구축
③ 지역사회 전달체계 재정립
④ 가출청소년 보호 네트워크 형성
⑤ 역기능적 가족 규칙 재구성

해설 직접적 개입: 면대면 활동을 말한다. ⑤ 역기능적 가족 규칙 재구성은 가족치료(가족상담)로서 직접적 개입에 속한다.   정답 ⑤

이용시설에 해당하지 않는 것은?

① 재가복지센터
② 아동상담소
③ 주간보호센터
④ 아동양육시설
⑤ 지역사회복지관

해설 아동양육시설은 주거서비스가 포함된 생활시설이다.   정답 ④

다문화사회복지실천에서 사회복지사에게 요구되는 문화적 역량으로 옳지 않은 것은?

① 문화적 상이성에 대한 수용과 존중
② 주류문화에 대한 동화주의적 실천 지향
③ 자신의 문화적 정체성과 편견에 대한 성찰적 분석
④ 다문화 배경의 클라이언트에 관한 지식의 필요성 인식
⑤ 다문화 배경의 클라이언트에게 개입하고 의사소통 할 수 있는 능력

해설 동화주의는 주류문화에 적응하고 통합되어야 한다는 입장, 다양성을 인정하지 않고 이주민을 주류사회에 흡수시키고자 하는 차별의 한 형태로 다문화주의적 사회복지실천의 입장에서 지양해야 할 관점이다.   정답 ②

사회복지사의 옹호 활동으로 옳지 않은 것은?

① 자신의 권리를 주장할 수 없는 영유아를 대변한다.
② 무국적 아동의 교육 평등권을 위한 법안을 제안한다.
③ 사회복지사가 클라이언트 집단의 대표로 나서서 협상을 주도한다.
④ 이주 노동자에게 최저 임금을 받을 권리를 교육한다.

⑤ 철거민들의 자체 회의를 위해 종합사회복지관
의 공간을 제공한다.

해설 옹호활동은 사회복지사가 클라이언트의 입장을 직접 대변하는 것으로 ①, ②, ④, ⑤가 해당된다. ③은 협상가로서의 사회복지사의 역할을 설명한 것이다. 다만, 언제, 어느 선에서 협상할 것인지 등은 클라이언트의 결정에 따르는 것이므로 사회복지사가 집단의 대표로 나서 협상을 주도하는 것은 바람직하지 않다. **정답** ③

☐ 19회 24번

다음 설명에서 사례관리자가 수행한 역할은?

클라이언트는 경제적 지원과 건강 지원을 요구하지만, 현재 종합사회복지관, 노인복지관, 경로당, 무료 급식소에서 중복적으로 급식 지원을 제공받고 있으며, 정서 지원도 중복되고 있다. 사례관리자는 사례회의를 통해서 평일 중식은 경로당에서, 주말 중식은 무료 급식소를 이용하고, 종합사회복지관은 경제적 지원을, 노인복지관은 건강지원을 제공하는 데 합의하였다.

① 중개자 　 ② 훈련가 　 ③ 중재자
④ 조정자 　 ⑤ 옹호자

해설 제시된 설명에서 사례관리자는 클라이언트에게 불필요하게 중복하여 제공되는 서비스들을 조정하여 다양한 기관 및 시설을 통해 적절한 서비스가 제동될 수 있도록 조정자의 역할을 수행하고 있다. **정답** ④

☐ 18회 04번

다음 중 1차 현장이면서 이용시설에 해당하는 것은?

① 장애인복지관, 보건소
② 노인복지관, 지역아동센터
③ 아동양육시설, 사회복지관
④ 노인요양시설, 장애인공동생활가정
⑤ 정신건강복지센터, 학교

해설 (1) 1차 현장: 노인복지관, 장애인복지관, 지역자활센터, 지역아동센터, 사회복귀시설, 아동상담소, 종합사회복지관, 청소년쉼터, 부랑인시설 등 (2) 이용시설: 주거서비스 불포함, 종합사회복지관, 노인복지관, 장애인복지관, 지역아동센터, 아동보호전문기관, 아동상담소, 영유아보육시설, 재가복지봉사센터, 노인주간보호센터, 장애인주간보호센터, 쪽방상담소, 가정위탁지원센터, 보호관찰소, 건강증진센터, 학교 등 **정답** ②

✅ 핵심요약

1. 사회복지실천현장

(1) 기관의 기능(운영목적)에 따른 분류

① 1차 현장
- 기관의 주된 기능으로 사회복지서비스를 제공하는 현장
- 사회복지사가 중심이 되어 활동하는 실천현장
- 노인복지관, 장애인복지관, 지역자활센터, 지역아동센터, 사회복귀시설, 아동상담소, 종합사회복지관, 청소년쉼터, 부랑인시설 등

② 2차 현장

- 기관의 주된 기능은 따로 있으며, 필요시 사회복지서비스를 제공
- 사회복지사의 간접 개입을 통해 사회복지서비스에 영향을 미치는 현장: 종합병원, 정신건강증진센터, 학교, 노인전문병원, 보건소, 주민자치센터, 보호관찰소, 교정시설, 정신보건시설 등

(2) 주거서비스 제공 여부에 따른 분류

① 생활시설

- 주거서비스를 포함한 사회복지서비스 제공
- 노인전문병원, 노인요양시설, 노인의료복지시설, 아동양육시설, 그룹홈, 자립지원시설, 청소년쉼터, 부랑인시설, 아동보호치료시설, 정신요양시설, 성폭력피해자시설 등

② 이용시설

- 주거서비스 불포함
- 자신의 집에 거주하는 클라이언트를 대상으로 서비스 제공
- 종합사회복지관, 노인복지관, 장애인복지관, 지역아동센터, 아동보호전문기관, 아동상담소, 영유아보육시설, 재가복지봉사센터, 노인주간보호센터, 장애인주간보호센터, 쪽방상담소, 가정위탁지원센터, 보호관찰소, 건강증진센터, 학교 등

(3) 기관 설립주체 및 재원조달방식에 따른 분류

- 공공기관: 정부지원에 의해 운영되며, 행정체계와 집행체계로 나뉨
- 민간기관: 사회복지 관련 사업을 목적으로 하는 기관으로서 후원금이나 기부금, 재단 전입금, 기타 서비스 이용료를 재원으로 하는 기관 예 사회복지법인이나 재단법인, 사단법인, 종교단체, 시민단체 등

(4) 서비스 제공 방식에 따른 분류

① 서비스기관

- 클라이언트에게 사회복지서비스를 직접 제공하는 기관
- 지역사회복지관, 아동양육시설, 지역자활센터 등

② 행정기관

- 클라이언트에게 서비스를 직접 제공하지 않는 기관
- 자원봉사센터, 사회복지공동모금회, 사회복지협의회 등

2. 사회복지사의 기능과 역할

(1) 기능수준에 따른 역할

- 직접서비스 제공자: 개별상담자. 집단상담자, 정보제공자, 교육자

- 체계와의 연결: 중개자, 사례관리자, 조정자, 중재자, 클라이언트 옹호자
- 체계유지 및 강화: 조직분석가, 촉진자, 팀 성원, 자문가
- 연구자 및 조사활용자: 프로그램 평가자, 조사자
- 체계 개발: 프로그램 개발자, 기획가, 정책 및 절차 개발자

(2) 개입수준 및 기능에 따른 역할(마일리 등)

① 미시적 차원
- 조력자: 조성자, 능력부여자, 클라이언트의 문제해결능력 개발 및 향상 지원
- 중개자: 연계자, 적합한 자원과 서비스를 파악하고 연결
- 옹호자: 대변자, 변호자, 클라이언트의 의견을 대변하고 권리를 옹호
- 교사: 교육자, 유용한 지식과 정보제공, 사회적응기술 전수

② 중범위 차원(중시적 차원)
- 촉진자: 상호작용, 정보교환 활성화, 연결망 강화
- 훈련가: 직원 세미나, 워크숍, 슈퍼비전 등에 참여하여 직원 교육 및 훈련
- 중재자: 개인들 간 또는 집단이나 조직 간의 갈등 조정, 합의점 도출
- 조정자: 사례관리자의 역할, 서비스의 중복과 상충되는 정보 제공 정리

③ 거시적 차원
- 계획가: 변화과정 기획, 목표나 정책을 수립하고 프로그램을 기획
- 행동가: 사회적 환경을 변화시키는 역할
- 현장개입가: 직접 지역사회에 들어가 활동, 아웃리치

④ 전문가집단 차원
- 동료와 모니터링: 격려와 상호지지, 협력관계 구축
- 촉매자: 전문직에 협조 요청 또는 조직을 통한 국가적·국제적 활동
- 연구자/학자: 개입효과 평가

3. 펄만(H. Perlman)의 사회복지실천을 구성하는 요소

(1) 4P
- 문제(Problem): 해결하고자 하는 문제나 욕구
- 사람(Person): 상황 속의 인간
- 장소(Place): 서비스가 제공되는 물리적 공간, 사회복지기관
- 과정(Process): 실천과정

(2) 6P(4P+전문가, 제공물)
- 전문가(Professional): 문제해결을 위해 개입하는 전문가, 사회복지사 등
- 제공물(Provision): 사회적 지지나 재화

1. 개인 간 또는 서로 다른 조직이나 집단 간 이해관계 갈등을 해결하여 서로 간에 만족스러운 결과를 얻도록 돕는 것은 중재자로서의 사회복지사 역할이다.

2. 사회복지실천현장은 기관의 운영목적에 따라 1차 현장과 2차 현장으로 나뉘어지며, 1차 현장은 사회복지사가 중심이 되어 기관이 직접서비스를 제공하는 현장이고, 2차 현장은 필요시 서비스를 제공하는 간접개입 실천현장이다.

3. 사회복지실천현장은 주거 제공 여부에 따라 주거서비스를 포함하는 생활시설과 주거서비스가 포함되지 않는 이용시설로 분류할 수 있다.

4. 미시적 차원의 사회복지사의 역할은 개인과 가족을 대상으로 하는 조력자, 중개자, 옹호자, 교육자 역할이다.

5. 거시적 차원의 사회복지사의 역할은 지역사회와 전체 사회를 대상으로 하는 계획가, 행동가, 현장개입가 역할이다.

6. 전문가 집단 차원에서의 동료는 사회복지사들이 서로 간에 모니터의 역할을 하여 전문가로서의 윤리를 준수하도록 격려하며, 동료 간 상호지지와 접촉을 통해 협력관계를 구축한다.

7. 사회복지사의 역할 중 미시적 차원의 교사는, 클라이언트의 사회적응이나 문제해결능력이 향상될 수 있도록 다양한 정보를 제공하고 기술을 가르치는 등 교육자로서의 역할을 한다.

8. 중개자는 클라이언트를 자원이나 서비스와 연결시키는 역할을 한다면, 중재자는 체계 사이의 갈등이나 의견차이를 조정하는 역할을 한다.

9. 펄만의 사회복지실천을 구성하는 요소로서의 4P는 문제, 사람, 장소, 과정을 말한다.

최근 5년간 출제 경향

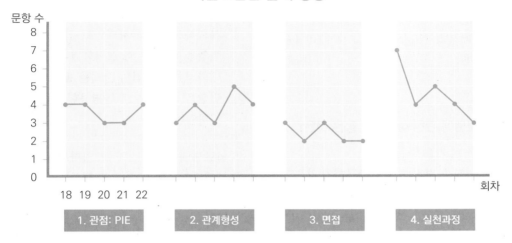

1. 관점: PIE   2. 관계형성   3. 면접   4. 실천과정

1. 관점: PIE

☐ 22회 09번

강점관점에 관한 설명으로 옳은 것을 모두 고른 것은?

ㄱ. 개입의 핵심은 개인과 가족, 지역사회의 참여이다.

ㄴ. 클라이언트의 능력보다 전문가의 지식이 우선시 된다.

ㄷ. 사회복지사는 클라이언트의 진술을 긍정적으로 재해석하여 활용한다.

ㄹ. 현재 강점을 갖게 된 어린 시절의 원인 사건에 치료의 초점을 맞춘다.

① ㄱ
② ㄱ, ㄹ
③ ㄴ, ㄷ
④ ㄱ, ㄷ, ㄹ
⑤ ㄱ, ㄴ, ㄷ, ㄹ

해설 ㄴ, ㄷ, ㄹ은 전문가의 진단에 의해 문제를 규정하고 치료적 개입방법에 초점을 둔 병리적 관점이다. **정답** ①

☐ 22회 11번

핀커스와 미나한(A. Pincus & A. Minahan)의 4체계 모델을 다음 사례에 적용할 때 대상과 체계의 연결로 옳은 것은?

가족센터의 교육 강좌를 수강 중인 결혼이민자 A는 최근 결석이 잦아졌다. A의 이웃에 살며 자매처럼 친하게 지내는 변호사 B에게서 A의 근황을 전해들은 가족센터 소속의 사회복지사 C는 A와 연락 후 가정방문을 하여 A와 남편 D, 시어머니 E를 만나 이야기를 나누었다. C는 가족센터를 이용하면 '바람이 난다'라고 여긴 E가 A를 통제하고 있는 것을 알게 되었다. 또한 D는 A를 지지하고 싶지만 E의 눈치를 보느라 소극적으로 행동하는 것도 파악하였다. A의 도움 요청을 받은 C는 우선 E의 변화를 통해 상황을 개선해보고자 한다.

① 결혼이민자(A): 행동체계
② 변호사(B): 전문가체계
③ 사회복지사(C): 의뢰 – 응답체계

④ 남편(D): 변화매개체계
⑤ 시어머니(E): 표적체계

해설 제시된 문장을 4체계 모델에 의해 연결하자면, 표적체계(시어머니 E), 클라이언트체계(결혼이민자 A), 변화매개체계(사회복지사 C), 제시된 문장에서 행동체계는 명확히 제시되고 있지 않다. ②, ③은 콤튼과 갤러웨이의 6체계모델의 내용이다. **정답** ⑤

□ 22회 12번

임파워먼트 모델에 관한 설명으로 옳은 것은?

① 병리적 관점에 기초를 둔다.
② 어떤 경우에도 환경의 변화를 추구하지 않는다.
③ 클라이언트의 적극적인 참여를 강조한다.
④ 전문성을 기반으로 사회복지사는 클라이언트를 통제한다.
⑤ 클라이언트에 대한 정확한 진단을 최우선으로 한다.

해설 임파워먼트모델은 클라이언트와의 협력관계를 강조하며, 강점관점을 기반으로 클라이언트의 가능성에 초점을 둔다. ② 환경의 변화 추구 ④, ⑤ 병리적 관점 **정답** ③

□ 22회 13번

통합적 접근 방법에 관한 설명으로 옳지 않은 것은?

① 클라이언트의 참여와 개별성을 강조한다.
② 광범위하고 포괄적으로 문제를 규정한다.
③ 클라이언트의 잠재력에 대해 미래지향적 관점을 갖는다.
④ 전통적 접근 방법인 개별사회사업과 집단사회사업을 지역사회조직으로 통합하였다.
⑤ 사회복지실천 과정에서 공통적으로 적용 가능한 개념이나 원리 등이 있음을 전제한다.

해설 ④ 전통적 접근 방법인 개별사회사업과 집단사회사업, 지역사회조직을 통합한 것이므로 개별사회사업과 집단사회사업을 지역사회조직으로 통합하였다는 설명은 부적절하다. **정답** ④

□ 21회 11번

다음에서 설명하고 있는 사회복지실천모델은?

- 비장애인이 대부분인 사회에서 장애인 클라이언트의 취약한 권리에 주목하였다.
- 사회복지사와 클라이언트 집단은 장애인의 권익을 옹호하는데 협력하였다.
- 대화, 발견, 발전의 단계를 통해 클라이언트 집단은 주도적으로 불평등한 사회제도를 개선하였다.

① 의료모델
② 임파워먼트모델
③ 사례관리모델
④ 생활모델
⑤ 문제해결모델

해설 임파워먼트모델은 개인, 대인관계, 제도적 차원 등 개입의 초점을 문제와 부적응이 아닌 클라이언트의 가능성이라는 관점에서 다룬다. 또한 클라이언트의 능력과 힘을 신뢰하는 강점관점을 통하여 클라이언트와의 협력관계를 강조하며 클라이언트가 스스로 삶을 통제할 수 있도록 하는 등 인보관운동을 이념적 근원으로 하는 모델이다. **정답** ②

□ 21회 12번

통합적 접근의 특징에 관한 내용으로 옳지 않은 것은?

① 생태체계 관점에서 인간과 환경 체계를 고려한다.
② 미시 수준에서 거시 수준에 이르는 다차원적 접근을 한다.
③ 개입에 적합한 이론과 방법을 폭넓게 활용한다.
④ 다양하고 복합적인 원인으로 발생하는 문제를 해결하기 위한 접근이다.
⑤ 서비스 영역별로 분화되고 전문화된 접근이다.

해설 통합적 접근은 생태체계 관점을 토대로 하며, 체계와 체계를 둘러싼 환경 간의 관계를 중시하여 클라이언트의 문제에 대해 광범위하고 포괄적으로 접근한다. 따라서 서비스의 영역별로 분화된다는 것은 잘못된 설명이다. **정답** ⑤

□ 21회 14번

콤튼과 갤러웨이(B. Compton & B. Galaway)의 사회복지실천 구성체계 중 '사회복지사협회'가 해당되는 체계는?

① 변화매개체계　　② 클라이언트체계

③ 표적체계　　　　④ 행동체계

⑤ 전문가체계

해설 콤튼과 갤러웨이의 6체계모델: (1) 변화매개체계: 사회복지사, 사회복지조직 등 (2) 클라이언트체계: 서비스나 도움을 필요로 하는 사람 (3) 표적체계: 실제 변화시킬 필요가 있는 사람 (4) 행동체계: 변화매개인이 변화노력 과정에서 상호작용하게 되는 주변인 (5) 전문체계: 전문가를 육성하는 교육체계, 전문가 단체 (6) 의뢰 - 응답체계: 의뢰체계(서비스를 요청하는 기관 및 전문가), 응답체계(의뢰체계에 의해 강제로 기관에 오는 클라이언트)　**정답** ⑤

□ 20회 08번

강점관점에 관한 설명으로 옳지 않은 것은?

① 개입의 초점은 가능성에 있다.

② 클라이언트를 재능과 자원을 가진 사람으로 규정한다.

③ 개입의 핵심은 개인, 가족, 지역사회의 참여이다.

④ 사회복지사는 클라이언트의 진술에 대해 회의적이기 때문에 재해석하여 진단에 활용한다.

⑤ 돕는 목적은 클라이언트의 삶에 함께하며 가치를 확고히 하도록 지원하는 것이다.

해설 ④ 병리적 관점인 진단주의에 관한 설명이다. 병리적 관점은 전문가가 해석하고 진단하는 것을 중요시하는 관점이다.　**정답** ④

□ 20회 09번

사회복지실천에서 통합적 접근 방법에 관한 내용으로 옳지 않은 것은?

① 전통적인 방법론의 한계로 인해 등장

② 클라이언트의 참여와 자기결정권 강조

③ 인간의 행동은 환경과 연결되어 있음을 전제

④ 이론이 아닌 상상력에 근거를 둔 해결방법 지향

⑤ 궁극적으로 클라이언트의 삶의 질 향상을 돕고자 함

해설 통합적 접근방법은 개방적이고 다양한 이론을 수용하고 있다. 통합적 접근방법은 생태체계적 이론을 바탕으로 하고 있는 강점관점의 이론으로서 개인의 삶의 질 향상이 목적이다.　**정답** ④

□ 20회 13번

일반체계이론에서 체계의 작용 과정을 순서대로 나열한 것은?

ㄱ. 투입　　ㄴ. 산출　　ㄷ. 환류　　ㄹ. 전환

① ㄱ - ㄴ - ㄷ - ㄹ　　② ㄱ - ㄴ - ㄹ - ㄷ

③ ㄱ - ㄹ - ㄴ - ㄷ　　④ ㄹ - ㄱ - ㄴ - ㄷ

⑤ ㄹ - ㄷ - ㄱ - ㄴ

해설 일반체계이론에서 체계의 작용 과정은, 투입 - 전환 - 산출 - 환류의 순서이다. ☑ 투입: 체계가 환경으로부터 에너지, 사물, 정보 등을 받아들이는 과정, 전환: 투입물이 체계의 기능 수행을 위하여 활용되는 단계, 산출: 전환의 단계를 거쳐 결과물이 외부로 나오는 과정, 환류: 행동 체계에 행동의 결과를 알리는 과정　**정답** ③

□ 19회 04번

임파워먼트모델의 실천단계를 대화단계, 발견단계, 발전단계로 나눌 때, 대화단계에서 실천해야 할 과정을 모두 고른 것은?

ㄱ. 방향 설정　　　　ㄴ. 자원 활성화
ㄷ. 강점의 확인　　　ㄹ. 기회의 확대
ㅁ. 파트너십 형성　　ㅂ. 현재 상황의 명확화

① ㄱ, ㄴ, ㄷ　　② ㄱ, ㄷ, ㄹ　　③ ㄱ, ㅁ, ㅂ

④ ㄴ, ㄷ, ㄹ　　⑤ ㄴ, ㄷ, ㄹ, ㅁ, ㅂ

해설 임파워먼트모델의 실천단계: (1) 대화단계: 파트너십 형성, 현재 상황의 명확화에 따른 방향 설정 (2) 발견단계: 강점 확인 및 사정, 해결방안 수립을 통한 클라이언트의 최종결정 (3) 발전단계: 클라이언트 결정의 수행, 기존의 강점과 자원 강화, 기회의 확대, 성공의 확인, 성과의 집대성 등 문제해결과정의 발전단계   정답 ③

□ 19회 08번

사회복지사가 현장에서 활용할 수 있는 강점관점 실천의 원리에 해당하지 않는 것은?

① 모든 환경은 자원으로 가득 차 있다.
② 모든 개인·집단·가족·지역사회는 강점을 가지고 있다.
③ 클라이언트와 협동 작업이 이루어질 때 최선의 도움을 줄 수 있다.
④ 클라이언트의 성장과 변화는 제한적이다.
⑤ 클라이언트의 고난은 상처가 될 수 있지만, 동시에 도전과 기회가 될 수 있다.

해설 ④ 강점관점은 클라이언트의 성장과 변화, 발달의 가능성을 전제로 하기에 제한적이라는 것은 맞지 않는다.   정답 ④

□ 19회 10번

콤튼과 갤러웨이(B. Compton & B. Galaway)의 6체계모델을 다음 사례에 적용할 때 구성체계의 연결이 옳은 것은?

사회복지사 A는 중학생 B가 동급생들로부터 상습적으로 집단폭력을 당하는 것을 알게 되었다. A는 이 문제를 해결하기 위하여 B가 다니는 학교의 학교사회복지사 C와 경찰서의 학교폭력담당자 D에게도 사건내용을 알려, C와 D는 가해학생에게 개입하고 있다. A는 학교사회복지사협회 (E)의 학교폭력관련 워크숍에 참가하면서, C와 D를 만나 정기적으로 사례회의를 하고 있다.

① A(사회복지사) – 변화매개체계

② B(학생) – 행동체계
③ C(학교사회복지사) – 클라이언트체계
④ D(경찰) – 전문가체계
⑤ E(학교사회복지사협회) – 표적체계

해설 ② B(학생)는 클라이언트체계이자 동시에 표적체계이다. ③ C(학교사회복지사)와 ④ D(경찰)는 행동체계에 해당된다. ⑤ E(학교사회복지사협회)는 전문가체계이다.   정답 ①

□ 19회 12번

통합적 접근에 관한 사회복지실천의 특징이 아닌 것은?

① 생태체계관점을 토대로 한다.
② 클라이언트의 자기결정을 최소화한다.
③ 문제에 대해 광범위하고 포괄적으로 접근한다.
④ 체계와 체계를 둘러싼 환경 간의 관계를 중시한다.
⑤ 사회복지실천과정을 점진적 문제해결과정으로 본다.

해설 ② 클라이언트의 참여와 자기결정, 개별화를 강조하는 사회복지실천에서의 통합적 접근방법은 클라이언트의 존엄성을 강조하므로, 자기결정 최소화라는 설명은 맞지 않는다.   정답 ②

□ 18회 05번

브론펜브레너(V. Bronfenbrenner)가 제시한 생태체계에 관한 설명으로 옳은 것은?

① 미시체계: 개인의 일상생활에 존재하는 실제적인 환경
② 중간체계: 개인이 직접 상호작용을 하지는 않지만 간접적인 영향을 미치고 있는 환경
③ 내부체계: 개인 내면의 심리적인 상호작용
④ 외부체계: 개인이 속한 사회의 이념이나 제도의 일반적 형태
⑤ 거시체계: 개인이 적극적으로 참여하는 둘 이상의 환경 간의 상호관계

해설 브론펜브레너(V. Bronfenbrenner)의 네 가지 생태체계에는 미시체계, 중간체계, 거시체계, 외부체계가 있다. ② 외부체계 ④ 거시체계 ⑤ 중간체계 **정답** ①

해설 ④ 클라이언트의 문제와 부적응의 개입에 초점을 맞추는 것은 병리관점이다. 임파워먼트모델은 강점관점을 기반으로 클라이언트의 가능성에 초점을 둔다. **정답** ④

□ 18회 17번

핀커스와 미나한(A. Pincus & A. Minahan)의 4체계모델에 관한 설명으로 옳은 것은?

① 이웃이나 가족 등은 변화매개체계에 해당한다.
② 문제해결을 위해 사회복지사와 상호작용하는 사람들은 행동체계에 해당한다.
③ 비자발적인 클라이언트는 의뢰–응답체계에 해당한다.
④ 목표달성을 위해 변화가 필요한 사람들은 변화매개체계에 해당한다.
⑤ 전문가 육성 교육체계도 전문체계에 해당한다.

해설 ① 이웃이나 가족 등은 행동체계이다. 변화매개체계는 사회복지사 및 사회복지기관을 말한다. ③ 비자발적인 클라이언트는 표적체계에 해당한다. ④ 목표달성을 위해 변화가 필요한 사람들은 표적체계이다. ③, ⑤ 의뢰–응답체계와 전문체계는 콤튼과 갤러웨이의 6체계모델에 해당한다. **정답** ②

□ 18회 19번

사회복지실천에서 통합적 방법에 관한 설명으로 옳은 것은?

① 사례관리가 실천현장에서 일반화된 이후 등장하였다.
② 다양한 클라이언트 체계와 수준에 접근할 수 있다.
③ 고도의 전문화를 통해 해당 실천영역 고유의 문제에 집중한다.
④ 전통적 방법에 비하여 다양하고 복잡한 문제 상황에 개입하기에 적합하지 않다.
⑤ 다양한 유형의 클라이언트를 통합한다는 의미를 가진다.

해설 ① 사례관리는 1980년대에 복합적인 클라이언트가 증가하면서 확대된 반면, 통합적 접근은 1950년대 무렵 등장하였다. ③ 고도의 전문화는 서비스 분화의 문제를 가져왔고 이에 대한 대응으로 통합적 접근방법이 제기되었다. ④ 통합적 접근방법은 전통적 방법에 비해 다양하고 복잡한 문제 상황에 개입하기 적합하다. ⑤ 통합적 방법은 다양한 유형의 클라이언트를 통합한다기보다 개입 시 적용할 수 있는 공통된 원리나 개념이 있음을 전제하는 것이다. **정답** ②

□ 18회 18번

임파워먼트모델에 관한 설명으로 옳지 않은 것은?

① 클라이언트와 문제해결 방안을 함께 수립한다.
② 개인, 대인관계, 제도적 차원에서 임파워먼트가 이루어진다.
③ 클라이언트와 협력관계를 확립하는 것을 중요시 한다.
④ 클라이언트의 문제와 부적응의 개입에 초점을 맞춘다.
⑤ 개입과정은 대화 – 발견 – 발달 단계로 진행된다.

1. 관점: PIE

1) 등장 배경 및 특징

(1) 등장 배경

- 전통적 방법의 한계
- 특정 문제 중심의 개입
- 복합적인 문제 개입을 위한 접근방법 필요
- 지나친 분화와 전문화로 인한 서비스의 파편화

(2) 통합적 방법론의 특징

- 본질적인 개념, 활동, 기술, 과업 등에 어떤 공통된 기반이 있음을 전제
- 인간이나 환경 중심의 접근으로 이분화하는 것이 아니라 인간과 환경의 상호작용에 초점을 두고 체계와 체계를 둘러싼 환경 간의 관계를 중시
- 클라이언트의 잠재성을 인정하고 미래지향적인 접근 강조
- 문제에 대해 광범위하고 포괄적으로 접근
- 클라이언트의 강점에 의존, 클라이언트의 참여와 자기결정 및 개별화의 극대화 강조
- 사회복지실천과정을 점진적 문제해결과정으로 보고 계속적인 평가 주장
- 일반주의 접근, 순환적 인과론 적용, 경험적으로 검증된 개입방법 선호

2) 주요 이론 및 관점

(1) 환경 속의 인간

- 개인과 환경 간 상호작용 증진의 책임을 개인과 환경 모두에게 두어 문제의 원인을 개인 또는 환경 중 어느 한쪽의 결함이라기보다는 두 요소가 서로 어우러져 나타난 결과로 보는 관점
- 리치몬드의 '사회진단'을 시작으로 사회복지실천의 기본개념으로 자리매김하였음

(2) 체계이론

① 일반체계이론에서 체계의 작용 과정: 투입 → 전환 → 산출 → 환류의 순서
  - 투입(input): 체계가 환경으로부터 에너지, 사물, 정보 등을 받아들이는 과정
  - 전환(through-put): 투입물이 체계의 기능 수행을 위하여 활용되는 단계
  - 산출(output): 전환의 단계를 거쳐 결과물이 외부로 나오는 과정
  - 환류(feedback): 행동체계에 행동의 결과를 알리는 과정

② 사회체계이론
  - 인간행동에 영향을 미치는 개인, 가족 등의 소집단과 지역사회와 같은 보다 넓은 사

회체계에 관심을 가짐
- 인간은 환경과 상호작용하며 상호의존적인 사회체계의 일부분

③ 생태체계이론
- 유기체들의 상호적응 상태와 인간과 주변환경 간의 상호작용, 상호의존성, 역동적 교류와 적응을 설명하며 상황 속에서 인간의 다양한 변화 가능성 제시
- 생태체계의 구성, 개인 < 미시체계 < 중간체계 < 외부체계 < 거시체계

④ 브론펜브레너(V. Bronfenbrenner)의 다섯 가지 생태체계
- 미시체계(소속체계): 개인에게 직접적인 영향을 미치는 실제적인 환경
  - 대면관계에 의한 상호작용
- 중간체계: 개인이나 가족이 관계를 맺는 환경과의 관계
  - 둘 이상의 환경 간 상호관계로 연결된 미시체계 간의 관계
- 외부체계: 개인과 직접 상호작용하지는 않으나 개인에게 영향을 주는 사회적 환경
- 거시체계: 개인이 속한 사회의 이념이나 제도 등과 같은 광범위한 사회적 맥락
  - 간접적이나 강력한 영향력을 행사하는 모든 체계를 포함하는 환경
- 시간체계: 개인의 전 생애에 걸쳐 일어나는 변화와 역사적인 환경을 포함하는 체계

⑤ 주요 개념
- 체계: 상호의존·상호작용의 부분들로써 전체와 부분 간에 관계를 맺는 단위
- 경계: 한 체계를 다른 체계와 구분할 수 있는 보이지 않는 각 체계의 테두리
- 환류: 시간이 경과함에 따라 반복적인 상호작용 유형이 형성되는 현상
- 엔트로피: 외부로부터 에너지의 유입 없이 점차 소멸되어 가는 폐쇄체계
- 네겐트로피: 외부의 에너지 유입으로 체계 내에 질서, 형태, 분화가 있는 상태
- 항상성: 기존의 비교적 안정된 구조를 유지하려는 변화에 저항하는 체계의 속성
- 전환: 투입된 에너지를 적절하게 변형시켜 활용하는 과정
- 홀론: 특정체계는 체계를 구성하는 작은 체계보다 큰 상위체계이고, 그 체계를 둘러싼 더 큰 체계의 하위체계가 된다는 현상

3) 통합적 접근의 실천모델

(1) 4체계모델(핀커스와 미나한)

① 표적체계: 목표달성을 위해 변화시킬 필요가 있는 대상
② 클라이언트체계: 서비스나 도움을 필요로 하는 사람들
③ 변화매개체계: 사회복지사와 사회복지사가 속한 기관 및 조직
④ 행동체계: 변화노력을 달성하기 위해 서로 상호작용하는 사람들

(2) 6체계모델(콤튼과 갤러웨이): 기존체계4 + 전문체계 + 문제인식체계(의뢰 - 응답체계)

① 표적체계: 목표달성을 위해 실제 변화시킬 필요가 있는 사람

② 클라이언트체계: 서비스나 도움을 필요로 하는 사람들

③ 변화매개체계: 사회복지사, 사회복지조직 등 사회복지사가 속한 기관 및 조직

④ 행동체계: 변화매개인이 변화노력 과정에서 상호작용하게 되는 주변인

⑤ 전문체계: 전문가를 육성하는 교육체계, 전문가 단체, 전문적 실천의 가치 등

⑥ 의뢰 – 응답체계: 변화가 필요한 체계를 강제로 의뢰한 기관, 사람들
- 의뢰체계: 서비스를 요청하는 기관 및 전문가
- 응답체계: 의뢰체계에 의해 강제로 기관에 오는 클라이언트

(3) 임파워먼트모델(역량강화모델)

① 임파워먼트모델의 실천단계
- 대화단계: 클라이언트와 사회복지사의 파트너십 형성, 현재 상황의 명확화를 통한 방향 설정
- 발견단계: 강점 확인 및 사정, 해결방안 수립
- 발전단계: 자원 활성화, 기회의 확대, 성공의 확인, 성과의 집대성

② 강점관점
- 클라이언트가 지닌 현재의 강점에 초점을 두고, 개인을 강점 및 기질, 재능, 자원을 가진 독특한 존재로 규정
- 문제를 성장의 기회로 여김
- 사회복지사와 클라이언트는 협력적 관계
- 이에 반해 병리관점은 전문가의 진단에 의해 문제를 규정하고 치료적 개입방법을 결정하는 것으로 주로 문제에 관심을 둠

(4) 생활모델: 저메인과 기터만

- 생태체계 관점을 토대로 한 통합적 방법론 모델
- 문제를 개인의 병리적 장애가 아닌 과도한 스트레스를 유발하는 다양한 생활상의 문제로 정의

(5) 단일화모델: 골드스테인

- 사회체계모델, 사회학습모델, 과정모델을 기초로 체계화한 모델
- 과정모델의 조사와 평가, 의뢰와 중재, 평가 전략의 측면 강조
- 사회학습과 연관된 사회복지사의 기능에 초점을 두며, 사회학습 과정을 통해 개인이나 소집단, 조직이나 지역사회 등의 큰 체계변화가 가능하다고 주장하는 유기체로서의 개인 역동적인 사회관계 및 양자 간의 상호관계에 초점을 둠

01. 통합적 접근방법은 생태체계적 이론을 바탕으로 하고 있는 강점관점의 이론으로서 개인의 삶의 질 향상이 목적이다.

02. 통합적 접근방법은 개방적이고 포괄적이며 체계와 체계를 둘러싼 환경 간의 관계를 중시하는 다양한 이론을 수용한다.

03. 체계란 상호의존적이고 상호작용하는 부분들로 구성된 전체와 부분 간에 관계를 맺는 일련의 단위로서 사고의 틀을 개인중심에서 전체 체계로 확대하도록 유도하며, 경계, 환류, 엔트로피 등 기능적인 체계를 설명하는 개념을 제시한다.

04. 생태체계이론은 사회복지실천과정의 사정단계에 유용하다.

05. 생태체계이론은 체계이론과 생태학적 관점을 통합한 것으로 인간과 환경 간의 균형을 강조하는 이론이다.

06. 핀커스와 미나한의 4체계모델의 유형은 표적체계, 클라이언트체계, 변화매개체계, 행동체계를 의미한다.

07. 콤튼과 갤러웨이의 6체계모델은 핀커스와 미나한의 4체계모델에 전문체계와 문제인식체계(의뢰-응답체계)가 추가된 모델이다.

08. 일반체계이론에서 체계의 작용과정은 투입 → 전환 → 산출 → 환류의 순서이다.

09. 병리적 관점은 전문가가 해석하고 진단하는 진단주의적 관점으로 전문가의 진단에의해 문제를 규정하고 치료적 개입을 결정하는 것이다.

10. 클라이언트의 문제와 부적응의 개입에 초점을 맞추는 것은 병리관점이다.

11. 강점관점은 클라이언트의 성장과 변화, 발달의 가능성을 전제로 하기에 제한적이지 않다.

12. 임파워먼트모델은 개인, 대인관계, 제도적 차원 등 개입의 초점을 문제와 부적응이 아닌 클라이언트의 가능성이라는 관점에서 다룬다.

13. 임파워먼트모델은 클라이언트와의 협력관계를 강조하며 클라이언트가 스스로 삶을 통제할 수 있도록 하는 등 인보관운동을 이념적 근원으로 한다.

2. 관계형성

전문적 원조관계에 관한 설명으로 옳은 것은?

① 클라이언트의 문제와 욕구가 중심이 된다.
② 시간적 제한을 두지 않는 관계이다.
③ 전문가의 권위는 부정적 작용을 한다.
④ 전문가가 자신과 원조 방법에 대해 통제해서는 안 된다.
⑤ 클라이언트는 전문가의 지시에 무조건 따라야 한다.

해설 ② 시간적 제한을 둔다. ③ 전문가의 권위는 부정적 작용을 할 수도 있다. ④ 전문가는 자신과 원조 방법에 대해 통제해야 한다. ⑤ 클라이언트는 자기결정권이 있으므로 전문가의 지시에 무조건 따라야 하는 것은 아니다. **정답** ①

사회복지실천 관계의 요소인 헌신과 의무에 관한 설명으로 옳은 것을 모두 고른 것은?

> ㄱ. 일관성을 포함하는 개념이다.
> ㄴ. 원조관계에서 책임감과 관련이 있다.
> ㄷ. 원조관계의 목적을 달성하기 위해 필요하다.
> ㄹ. 클라이언트는 헌신을 해야 하나 의무를 갖지는 않는다.

① ㄴ
② ㄱ, ㄴ, ㄷ
③ ㄱ, ㄷ, ㄹ
④ ㄴ, ㄷ, ㄹ
⑤ ㄱ, ㄴ, ㄷ, ㄹ

해설 헌신과 의무는 사회복지사와 클라이언트에게 모두 해당되는 요소이다. **정답** ②

전문적 원조관계 형성의 장애요인이 아닌 것은?

① 전문가의 권위
② 변화에 대한 저항
③ 클라이언트의 전문가에 대한 부정적 전이
④ 전문가의 클라이언트에 대한 역전이
⑤ 클라이언트의 불신

해설 전문적 원조관계 형성의 장애요인: 불신, 양가감정, 비자발성, 저항, 전이, 역전이 **정답** ①

사회복지실천 관계의 요소인 수용에 관한 설명으로 옳지 않은 것은?

① 클라이언트를 있는 그대로 이해한다.
② 클라이언트의 부정적인 감정도 받아들인다.
③ 사회규범에서 벗어난 행동도 허용할 수 있다.
④ 편견이나 선입관을 줄여나가면 수용에 도움이 된다.
⑤ 클라이언트가 안도감을 갖게 하여 현실적인 방법으로 문제 대처를 할 수 있도록 돕는다.

해설 비스텍의 관계형성의 7가지 원칙: 개별화, 의도적 감정표현, 통제된 정서적 관여, 수용, 비심판적 태도, 자기결정, 비밀보장 ☑ 수용: 클라이언트를 있는 그대로 인정하고 클라이언트의 부정적인 감정도 받아들이는 것 **정답** ③

다음에서 설명하고 있는 것은?

> 사회복지사가 자신의 가치, 신념, 행동습관, 편견 등이 사회복지실천에 어떤 영향을 미치는지 정확하게 이해하는 것이다.

① 자기지시
② 자기규제
③ 자기노출
④ 자기인식
⑤ 자기결정

해설 사회복지사가 자신의 가치, 신념, 행동습관, 편견 등이 사회복지실천에 어떤 영향을 미치는지 정확하게 이해하는 것을 '자기인식'이라고 한다. **정답** ④

다음에서 설명하고 있는 사회복지사의 자질은?

> • 클라이언트의 감정을 잘 관찰하는 것과 경청하는 과정에서 비롯된다.
> • 클라이언트가 언어적으로 표현한 것뿐만 아니라 표현하지 않은 비언어적 내용들도 파악한다.

① 민감성　　　　② 진실성
③ 헌신　　　　　④ 수용
⑤ 일치성

해설 전문가로서의 사회복지사의 자질: (1) 성숙함: 변화와 성장에 대해 두려움 없는 수용의 자세 (2) 창조성: 클라이언트의 독특하고 개별적인 문제상황에 대해 개방성 유지 (3) 자기를 관찰하는 능력: 자신을 신뢰하고 관찰할 수 있는 능력 (4) 용기: 예측할 수 없는 상황과 위협 등을 받아들일 수 있는 힘 (5) 민감성: 특정한 단서 없이도 클라이언트의 내면세계를 감지할 수 있는 능력 ②, ③, ④, ⑤는 전문적 관계형성의 요소에 속한다. **정답** ①

사회복지실천의 전문적 관계에 관한 설명으로 옳지 않은 것은?

① 사회복지사와 클라이언트가 합의하여 목적을 설정한다.
② 사회복지사는 소속된 기관의 특성에 영향을 받는다.
③ 사회복지사의 이익과 욕구 충족을 위한 일방적 관계이다.
④ 사회복지사는 전문성에 바탕을 둔 권위를 가진다.
⑤ 계약에 의해 이루어지는 시간제한적인 특징을 갖는다.

해설 ③ 사회복지실천은 클라이언트의 이익과 욕구충족을 위한 상호적 관계이다. **정답** ③

비스텍(F. Biestek)의 관계의 원칙 중 '의도적 감정표현'에 해당하는 것은?

① 클라이언트의 부정적 감정을 자유롭게 표현할 수 있도록 지지한다.
② 클라이언트의 감정이나 태도를 있는 그대로 받아들이고 존중한다.
③ 목적달성을 위한 방안들의 장·단점을 설명하고 클라이언트가 스스로 선택하도록 한다.
④ 공감을 받고 싶어 하는 클라이언트의 욕구에 따라 클라이언트에게 공감하는 반응을 표현한다.
⑤ 사회복지사 자신의 생각과 느낌, 개인적인 경험을 이야기 한다.

해설 ② 수용 ③ 자기결정 ④ 통제된 정서적 관여 ⑤ 사회복지사가 클라이언트의 변화를 촉진하는 관계기술로서의 자기노출에 대한 설명이다. **정답** ①

원조관계에서 사회복지사의 태도에 관한 내용으로 옳은 것은?

① 개선의 여지가 있다고 판단된 경우에 한해서 클라이언트와 전문적 관계를 형성하였다.
② 클라이언트의 감정에 이입되어 면담을 지속할 수 없었다.
③ 자신의 생각과 다른 클라이언트의 의견은 관계형성을 위해 즉시 수정하도록 지시하였다.
④ 법정으로부터 정보공개 명령을 받고 관련된 클라이언트 정보를 제공하였다.
⑤ 클라이언트 특성이나 상황이 일반적인 경우와 다르지만 획일화된 서비스를 그대로 제공하였다.

해설 클라이언트의 비밀보장에 관한 권리는 절대적인 것이 아니며 예외상황이 있다. 클라이언트의 생명과 관련되거나, 다른 사람의 권리를 침해할 때, 클라이언트의 이익을 위해 다른 기관으로의 의뢰 시, 사례관리의 경우 비밀보장의 제한을 받는다. **정답** ④

☐ 20회 10번

비스텍(F.Biestek)이 제시한 사회복지실천의 관계 원칙에 해당하지 않는 것은?

① 클라이언트의 비밀을 보장해야 한다.

② 클라이언트의 욕구를 범주화해야 한다.

③ 클라이언트를 비난하거나 심판하지 않아야 한다.

④ 클라이언트의 감정을 자유롭게 표현하도록 해야 한다.

⑤ 클라이언트를 있는 그대로 인정하고 받아들여야 한다.

해설 ② 클라이언트의 욕구는 클라이언트 개인의 고유성을 인정하여 개별화해야 한다(개별화의 원칙). **정답** ②

☐ 20회 12번

사회복지실천에서 전문적 관계의 특성으로 옳은 것은?

① 사회복지사는 자신의 반응을 통제하면 안 된다.

② 클라이언트는 전문성에서 비롯된 권위를 가진다.

③ 사회복지사와 클라이언트 사이에 합의된 목적이 있다.

④ 문제가 해결되어야만 종결되는 관계이기 때문에 시간의 제한이 없다.

⑤ 사회복지사와 클라이언트는 반드시 상호 간의 이익에 헌신하는 관계이다.

해설 사회복지실천에서 전문적 관계의 특성: ① 객관적 거리를 유지하는 통제적 관계이다(통제성). ② 사회복지사는 전문성에서 비롯된 권위를 갖는다(권위성). ④ 계약 시 종결일을 정하고 그 기간을 지키는 것을 우선하므로 시간 제한적이다. ⑤ 사회복지사는 클라이언트의 이익에 최우선해야 한다. **정답** ③

☐ 20회 14번

사회복지실천에서 관계에 관한 설명으로 옳은 것은?

① 비자발적인 클라이언트는 원칙적으로 배제한다.

② 사회복지사는 전문성에 바탕을 둔 권위라도 가져서는 안 된다.

③ 클라이언트는 사회복지사와의 문화적 차이를 수용해야만 한다.

④ 사회복지사와 클라이언트 모두에게 요구되는 의무와 책임감이 있다.

⑤ 선한 목적을 위해 클라이언트에게 진실을 감추는 것은 필수적으로 허용된다.

해설 ② 권위성과 권위주의의 차이를 알아야 한다. 전문가로서의 권위는 간직하되 권위주의를 가져서는 안 된다. **정답** ④

☐ 19회 02번

그린우드(E. Greenwood)가 제시한 전문직의 속성 중 다음 설명에 해당하는 것은?

> • 자기규제를 통해 클라이언트를 보호한다.
> • 전문가가 지켜야 할 전문적 행동기준과 원칙을 기술해 놓은 것이다.

① 윤리강령

② 전문직 문화

③ 사회적인 인가

④ 전문적인 권위

⑤ 체계적인 이론

해설 그린우드는 전문직의 다섯 가지 속성으로 이론체계, 전문직 문화, 사회적 승인, 전문적인 권위, 윤리강령을 제시하였다. **정답** ①

다음에서 설명하는 전문적 관계의 기본 원칙은?

- 클라이언트는 문제에 대한 공감적 반응을 얻고자 하는 욕구가 있다.
- 사회복지사는 클라이언트 감정에 대해 민감성, 공감적 이해로 의도적이고 적절한 반응을 한다.

① 수용
② 개별화
③ 비심판적 태도
④ 의도적인 감정표현
⑤ 통제된 정서적 관여

해설 비스텍의 관계형성에 대한 7가지 원칙 중 통제된 정서적 관여에 관한 내용이다. **정답** ⑤

원조 관계에서 책임감을 갖고 절차상의 조건을 따르는 관계형성의 기본요소는?

① 구체성
② 헌신과 의무
③ 감정이입
④ 자아노출
⑤ 수용과 기대

해설 ① 구체성: 클라이언트가 자신의 행동, 사고, 감정을 스스로 표현할 수 있도록 돕는 것 ③ 감정이입: 클라이언트의 감정을 깊이 공감하되 그 감정과 분리되어 객관적 지식을 활용할 수 있는 능력 ④ 자아노출: 적절한 범위 내에서 사회복지사의 경험을 클라이언트에게 노출하는 것 ⑤ 수용과 기대: 클라이언트를 있는 그대로 받아들이고, 클라이언트의 변화와 변화하고자 하는 의지에 대한 기대 **정답** ②

전문적 관계의 특성으로 옳은 것은?

① 전문가 윤리강령에 따른다.
② 기관의 입장에서 출발한다.
③ 시간에 제한을 두지 않는다.
④ 전문가 권위와 권한이 없다.
⑤ 클라이언트 동의가 필요 없다.

해설 전문적 관계의 특성 ②, ⑤ 기관의 특성에 영향을 받으나 클라이언트 욕구 중심 ③ 시간 제한적 ④ 윤리강령에서 비롯되는 전문가의 권위 **정답** ①

클라이언트를 개별화하기 위해 사회복지사에게 필요한 역량이 아닌 것은?

① 언어적 표현에 대한 경청 능력
② 비언어적 표현에 대한 관찰 능력
③ 질환에 대해 진단할 수 있는 능력
④ 편견과 선입관에 대한 자기인식 능력
⑤ 감정을 민감하게 포착할 수 있는 능력

해설 개별화는 세심한 주의와 배려, 비밀보장, 참여 유도의 방법을 통해 이루어지므로, 사회복지사는 클라이언트의 언어적·비언어적 표현에 대한 경청과 관찰능력, 편견과 선입관에서의 탈피, 미묘한 감정 포착 등 다양한 역할이 필요하다. **정답** ③

사회복지실천에서 전문적 관계의 특성에 관한 설명으로 옳지 않은 것은?

① 클라이언트의 욕구가 중심이 된다.
② 시간적인 제한을 둔다.
③ 전문가 자신의 정서를 통제하는 관계이다.
④ 전문가가 설정한 목적 달성을 위해 형성된다.
⑤ 전문가는 전문성에 기반을 둔 권위를 가진다.

해설 ④ 목적 및 목표는 클라이언트와 전문가의 합의에 의해 설정한다. **정답** ④

□ 18회 22번

'클라이언트의 자기결정'을 돕는데 필요한 사회복지사의 역량으로 옳은 것을 모두 고른 것은?

ㄱ. 경청하고 수용하는 태도
ㄴ. 클라이언트가 활용 가능한 자원을 찾고 분석하도록 지원하는 능력
ㄷ. 클라이언트의 잠재력을 개발하는데 도움이 되는 환경조성 능력
ㄹ. 클라이언트에게 필요한 것들을 결정하여 이를 관철시키는 능력

① ㄱ, ㄹ ② ㄴ, ㄷ
③ ㄱ, ㄴ, ㄷ ④ ㄴ, ㄷ, ㄹ
⑤ ㄱ, ㄴ, ㄷ, ㄹ

해설 자기결정이란 자신이 선택과 결정을 내리고 싶은 욕구이다. 사회복지사는 클라이언트가 모든 의사결정과정에 참여하여 스스로 선택하고 결정하도록 지지하며, 잠재력을 발견하고 활용할 수 있도록 환경을 조성해야 한다. 또한 클라이언트에게 필요한 것들이라 할지라도 사회복지사가 결정하여 강제 또는 설득으로 이를 관철시켜서는 안 된다. 정답 ③

 핵심요약

2. 관계형성

1) 관계형성의 요소 및 특성

(1) 전문적 관계형성의 기본요소

- 타인에 대한 관심과 원조 의지, 헌신과 의무, 권위와 권한, 진실성과 일치성, 구체성과 직접성, 수용, 존경심과 신뢰, 통제적 관계, 자기노출, 감정이입(공감), 전문가로서의 자질

(2) 전문적 관계의 특성

- 서로 합의된 의식적 목적이 있음
- 클라이언트의 욕구 중심
- 시간적인 제한을 둠
- 소속된 기관의 특성에 영향을 받음
- 전문가 자신의 정서를 통제하는 관계
- 특화된 지식 및 기술, 전문직 윤리강령에서 비롯되는 권위를 가짐

(3) 전문가로서의 사회복지사의 자질

- 성숙함: 변화와 성장에 대해 두려움 없는 수용의 자세
- 창조성: 클라이언트의 독특하고 개별적인 문제상황에 대해 개방성 유지
- 자기를 관찰하는 능력: 자신을 신뢰하고 관찰할 수 있는 능력
- 용기: 예측할 수 없는 상황과 위협 등을 받아들일 수 있는 힘
- 민감성: 특정한 단서 없이도 클라이언트의 내면세계를 감지할 수 있는 능력

- 클라이언트의 감정을 잘 관찰하는 것과 경청하는 과정에서 비롯됨
- 언어적 표현뿐 아니라 표현하지 않은 비언어적 내용들도 파악

(4) 전문적 원조관계의 기본원칙(비스텍)

① 개별화: 모든 클라이언트는 개별적인 욕구를 가진 존재라는 인식
② 의도적 감정표현: 클라이언트가 자유롭게 감정을 표현하도록 유도
③ 통제된 정서적 관여: 클라이언트의 감정에 민감성과 이해로서 반응
④ 수용: 클라이언트를 있는 그대로 인정하고 받아들임
⑤ 비심판적 태도: 클라이언트를 심판하거나 비난하지 않음
⑥ 자기결정: 클라이언트의 자기결정을 최대한 존중
⑦ 비밀보장: 클라이언트의 비밀을 보장
- 비밀보장의 제한: 클라이언트의 권리, 자신보다 더 높은 의무, 타인의 권리, 사회복지사가 속한 기관의 권리, 사회의 권리에 의해 제한

2) 전문적 원조관계 형성의 장애요인

① 클라이언트의 불신
② 양가감정
③ 클라이언트의 비자발성
④ 변화에 대한 저항
⑤ 클라이언트의 전문가에 대한 부정적 전이
⑥ 전문가 클라이언트에 대한 역전이

3) 그린우드(E. Greenwood)가 제시한 전문직의 속성

- 체계적인 이론: 전문직만의 체계화된 지식기반과 기술
- 전문적인 권위: 사회복지사에게 부여된 권위와 신뢰
- 사회적 인가: 사회적으로 부여된 권한과 특권
- 윤리강령: 전문직의 특권이 오용되는 것을 방지하고 규제하기 위한 윤리강령
- 전문직 문화: 전문적 가치와 규범의 공유

☑ **과락**科落 말고 **과락**科樂 **기출 선지**

01. 개별화는 개별 클라이언트를 원조하는 내용이나 방법, 과정이 개별적으로 고려되어야 한다는 것으로, 클라이언트마다 독특한 특성이 있음을 인정한다.

02. 수용은 클라이언트를 있는 그대로 인정하고 받아들이는 것이다.

3. 통제된 정서적 관여는 클라이언트의 감정에 민감성과 이해로써 반응하는 것이다.

4. 비심판적 태도는 클라이언트가 심판받거나 비난받지 않고자 하는 욕구이다.

5. 사회복지사는 전문적 권위를 지니고 있으나 그것이 우월적 지위를 뜻하지 않는다.

6. 권위는 클라이언트와 기관에 의해 사회복지사에게 위임된 권한을 말한다.

7. 헌신과 의무는 원조과정에서 사회복지사와 클라이언트의 책임감을 의미한다.

8. 관계의 목적을 이루기 위해 서로를 신뢰하고 일관된 태도를 유지하는 것은 원조관계의 기본원칙 중 헌신과 의무를 말한다.

9. 비스텍은 관계형성에 대한 기본원칙으로 개별화, 의도적인 감정표현, 통제된 정서적 관여, 수용, 비심판적 태도, 자기결정, 비밀보장 등 7가지를 제시했다.

10. 사회복지실천에서 전문적 관계는 시간적 제한을 둔다는 특성이 있다.

11. 사회복지사는 클라이언트와의 관계에서 전문가로서 자신의 정서를 통제해야 한다.

12. 사회복지실천의 관계에서 사회복지사는 클라이언트의 욕구에 중심을 둔다.

3. 면접

□ 22회 23번

경청에 관한 내용으로 옳지 않은 것은?

① 클라이언트와 시선을 맞추어야 한다.
② 클라이언트의 이야기에 반응하지 않아야 한다.
③ 클라이언트의 언어적 · 비언어적 표현을 함께 파악해야 한다.
④ 클라이언트의 감정과 사고를 이해하고 파악하는 것이다.
⑤ 클라이언트에 대한 열린 마음과 수용적인 태도가 필요하다.

해설 클라이언트의 이야기에 반응하는 것이 경청이다.

정답 ②

□ 22회 25번

면접의 유형에 관한 예로 옳은 것을 모두 고른 것은?

> ㄱ. 정보수집면접: 갈등을 겪고 있는 부부를 대상으로 문제에 대한 과거력, 개인력, 가족력을 파악하는 면접을 진행함
> ㄴ. 사정면접: 클라이언트의 사회적응을 위해 환경변화를 목적으로 클라이언트와 관련 있는 중요한 사람과 면접을 진행함
> ㄷ. 치료면접: 학교폭력 피해학생의 자존감 향상을 위해 심리적 지지를 제공하는 면접을 진행함

① ㄱ ② ㄱ, ㄴ ③ ㄱ, ㄷ
④ ㄴ, ㄷ ⑤ ㄱ, ㄴ, ㄷ

해설 ㄴ. 치료면접 중 환경에 대한 개입 **정답** ③

사회복지실천 면접의 질문기술에 관한 내용으로 옳은 것은?

① 클라이언트가 방어적인 태도를 취할 수 있기에 '왜'라는 질문은 피한다.

② 클라이언트가 자유롭게 대답할 수 있도록 폐쇄형 질문을 활용한다.

③ 사회복지사가 의도하는 특정방향으로 이끌기 위해 유도 질문을 사용한다.

④ 클라이언트에게 이중 또는 삼중 질문을 한다.

⑤ 클라이언트가 개인적으로 궁금해 하는 사적인 질문은 거짓으로 답한다.

해설 면접의 질문 유형: (1) 적절한 질문: 상황에 맞는 개방형 질문과 폐쇄형 질문 (2) 적절하지 못한 질문: 유도형 질문, 폭탄형 질문, '왜'를 사용한 질문, 이중질문(중첩질문), 모호한 질문 정답 ①

다음에서 설명하고 있는 면접 기술은?

> · 클라이언트가 말하는 것만으로도 치료효과를 얻을 수 있다.
> · 클라이언트의 억압된 또는 부정적인 감정이 문제해결을 방해하거나 감정자체에 문제가 있는 경우 이를 표출하게 하여 감정을 해소시키려 할 때 활용한다.

① 해석   ② 환기   ③ 직면
④ 반영   ⑤ 재보증

해설 ① 해석: 클라이언트가 자신의 행동, 감정, 생각을 새로운 시각으로 보게 하는 것 ③ 직면: 클라이언트의 말과 행위 사이의 불일치, 표현한 가치와 실행 사이의 모순을 클라이언트 자신이 주목하도록 하는 기술 ④ 반영: 클라이언트의 말과 행동에서 표현된 기본적인 생각과 감정, 태도를 사회복지사가 다른 말로 부연해 주는 기술 ⑤ 재보증(안심): 불안과 불확실성을 제거하고 위안을 주는 것 정답 ②

사회복지실천 면접에 관한 설명으로 옳지 않은 것은?

① 개입에 필요한 자료를 수집하기 위한 도구가 될 수 있다.

② 사회복지사와 클라이언트 사이의 특정한 역할 관계가 있다.

③ 특정 상황이나 맥락에 관련하여 이루어진다.

④ 목적은 클라이언트의 삶의 질 향상을 위한 것이어야 한다.

⑤ 목적이 옳으면 기간이나 내용이 제한되지 않는 활동이다.

해설 ⑤ 사회복지실천은 목적지향적인 활동으로서 개입 목적에 따라 기간이나 의사소통 내용이 제한된다는 특징이 있다. 정답 ⑤

사회복지실천 면접에서 경청에 관한 설명으로 옳지 않은 것은?

① 클라이언트의 진술을 즉각적으로 교정해주는 것이 핵심이다.

② 클라이언트에 관한 중요한 정보를 얻는 방법 중 하나이다.

③ 클라이언트의 표정이나 몸짓도 관찰하여 의미를 파악한다.

④ 클라이언트의 사고와 감정을 이해하려는 적극적인 활동이기도 하다.

⑤ 클라이언트와 사회복지사 사이의 신뢰 관계 형성에 도움이 된다.

해설 면접의 기법: ① 경청은 면접에서 클라이언트에 관한 정보를 얻을 수 있는 가장 중요한 기법으로 공감적 경청, 적극적 경청을 통해 전문적 경청이 된다. 따라서 클라이언트의 진술을 즉각적으로 교정해 주는 것은 경청의 핵심이라고 볼 수 없다. 정답 ①

□ 20회 20번

클라이언트와의 면접 중 질문에 관한 설명으로 옳은 것은?

① 폐쇄형 질문은 클라이언트의 상세한 설명과 느낌을 듣기 위해 사용한다.
② 유도형 질문은 비심판적 태도로 상대방을 존중하기 위해 사용한다.
③ '왜'로 시작하는 질문은 클라이언트의 가장 개방적 태도를 이끌어 낼 수 있다.
④ 개방형 질문은 '예', '아니오' 또는 단답형으로 한정하여 대답한다.
⑤ 중첩형 질문(stacking question)은 클라이언트를 혼란스럽게 만들 수 있다.

해설 면접의 질문 유형: (1) 적절한 질문: 상황에 맞는 개방형 질문과 폐쇄형 질문 (2) 적절하지 못한 질문: 유도형 질문, 폭탄형 질문, '왜'를 사용한 질문, 이중질문(중첩질문), 모호한 질문 (3) 개방형 질문: 질문의 범위가 포괄적이며 가능한 많은 대답 선택의 기회 제공, 클라이언트의 상세한 설명과 느낌을 듣기 위해 사용 (4) 폐쇄형 질문: 질문의 범위가 매우 좁고 한정적이며, 클라이언트가 대답 범위를 '예/아니오'와 같은 단답형 대답으로 제한하는 질문 **정답** ⑤

□ 19회 15번

면접에서 피해야 할 질문 기술이 아닌 것은?

① 개방형 질문
② 모호한 질문
③ 유도 질문
④ '왜?'라는 질문
⑤ 복합 질문

해설 ① 개방형 질문은 면접에서 활용하는 적절한 질문으로, 클라이언트가 자신의 생각이나 감정을 자유롭게 표현할 수 있도록 하는 질문기술이다. **정답** ①

□ 19회 17번

초기단계에서 사용하는 면접 기술에 관한 설명으로 옳은 것을 모두 고른 것은?

> ㄱ. 공감적 태도와 적극적 반응으로 경청한다.
> ㄴ. 표정, 눈 맞춤 등 비언어적 표현을 관찰한다.
> ㄷ. 가벼운 대화로 시작하여 분위기를 조성한다.
> ㄹ. 침묵을 허용하지 않고 그 이유에 대해 질문한다.

① ㄱ, ㄴ
② ㄴ, ㄹ
③ ㄱ, ㄴ, ㄷ
④ ㄴ, ㄷ, ㄹ
⑤ ㄱ, ㄴ, ㄷ, ㄹ

해설 초기단계는 접수 및 사정을 포함하는 단계이므로 클라이언트와의 관계형성이 주요 과업이라고 할 수 있다. 클라이언트의 침묵은 저항을 나타낼 수도 있으나 인내심을 가지고 기다려 주는 것도 필요하다. **정답** ③

□ 18회 23번

면접에 관한 설명으로 옳지 않은 것은?

① 사회복지사와 클라이언트 사이의 특정한 역할 관계가 있다.
② 시간과 장소 등 구체적인 요건이 필요하다.
③ 목적보다는 과정 지향적 활동이므로 목적에 집착하는 것을 지양한다.
④ 클라이언트의 어려움을 극복하는데 필요한 변화들을 가져오기도 한다.
⑤ 클라이언트를 이해하는데 필요한 정보를 수집하기도 한다.

해설 ③ 면접은 정보수집, 과업수행, 문제해결 등과 같은 목적을 지닌 목적지향적 활동이다. **정답** ③

□ 18회 24번

개방형 질문의 예시로 옳지 않은 것은?

① 선생님은 어제 자녀와 대화를 나누셨나요?

② 부모님은 그 상황에서 무엇을 생각하셨을까요?

③ 그 상황에서 선생님의 기분은 어떠하셨나요?

④ 어떤 상황이 되면 문제가 해결되었다고 생각하
세요?

⑤ 그러한 행동을 하게 되면 선생님의 가족들은
어떤 반응을 보이시나요?

해설 ① '예 또는 아니오'로 대답하게 되는 폐쇄형 질문에
해당한다. **정답** ①

□ 18회 25번

**면접을 위한 의사소통기술 중 클라이언트의 혼란
스럽고 갈등이 되는 느낌을 가려내어 분명히 해주
는 기술은?**

① 재명명　　② 재보증　　③ 세분화

④ 명료화　　⑤ 모델링

해설 ① 재명명: 클라이언트가 부여하는 의미를 수정하는
의사소통기술 ② 재보증(안심): 불안과 불확실성을 제거하
고 위안을 주는 것 ③ 세분화: 문제가 복합적으로 일어나
고 있을 때 개입하기 쉬운 단위로 구분하는 것 ⑤ 모델링:
클라이언트가 시행착오를 거치지 않고 원하는 행동을 학
습하도록 하는 기술 **정답** ④

☑ 핵심요약

3. 면접

1) 방법

(1) 면접의 특성

- 기관의 상황적 특성과 맥락에 의해 이루어짐
- 목적지향적 활동으로서 개입 목적에 따라 기간 및 내용이 제한됨
- 한정적·계약적인 것으로 상호 합의된 상태에서 진행
- 특정한 역할관계가 있음
- 공식적·의도적인 차원에서 이루어지는 활동임
- 시간과 장소 등 구체적인 요건 필요
- 클라이언트에 대해 필요한 정보수집
- 클라이언트의 삶의 질 향상이 목적임

(2) 면접의 구조적 조건

① 면접장소

- 개방적이고 비밀이 보장되는 안전하고 독립적인 공간으로 외부의 방해를 받지 않
는 곳
- 적절한 채광과 조명, 온도, 편안한 의자 제공
- 클라이언트의 특성이나 사정에 따라 유동적으로 정할 것

② 면접 시간
- 시작단계, 중간(진행)단계, 종결단계로 나누어 과정별로 질문
- 신속한 진행을 위해 시간적 제한을 두기도 함
- 클라이언트 속성에 따라 시간과 횟수를 조절

③ 면접자의 태도
- 사회복지사와 클라이언트는 적당한 거리를 유지
- 관심과 신뢰를 보여 줄 수 있는 행동과 기대를 고려한 옷차림
- 면접 중 부주의한 행동을 하지 않을 것

(3) 면접의 목적
- 자료수집, 원조관계의 확립과 유지, 클라이언트에게 정보제공, 원조과정의 촉진, 원조과정에서의 장애요소 파악과 제거, 목표달성을 위한 활동 파악 및 이행

(4) 면접 시 사회복지사의 주요 과업
- 안정된 면접을 위한 분위기 조성
- 효과적인 개입을 위한 면접 구성
- 의미 있는 상호작용을 통한 면접 촉진
- 클라이언트의 문제에 대한 적절한 논의

2) 종류

(1) 표준화된 면접
- 면접조사표를 이용하여 동일한 절차와 방법으로 수행
- 비교가 가능하고, 신뢰도가 높음

(2) 비표준화된 면접
- 면접 상황에 따라 질문하는 것으로 비조직화, 비구조화, 비통제화, 비지시적이며 융통성이 있음
- 타당성이 높음

(3) 반표준화된 면접
- 일정 수의 질문이나 지침이 있으며, 그 외는 비표준화된 면접으로 진행

3) 유형

(1) 정보수집면접(사회조사면접)
- 클라이언트와 그를 둘러싼 환경에 대한 정보를 수집하거나 사회조사를 위한 면접
- 클라이언트의 일반적 사항, 개인적·사회적 배경, 성장 정보 수집을 위한 면접으로 수집 정보의 내용은 클라이언트의 유형, 문제 영역, 기관 성격에 다를 수 있음

(2) 사정면접(진단적·결정적 면접)

- 클라이언트의 문제와 그 원인을 파악하고 변화되어야 할 것을 알기 위한 면접
- 서비스를 위한 평가와 적격성을 결정하기 위한 면접
- 문제상황, 강점, 문제해결과정의 장애물 등을 탐색하며, 클라이언트의 욕구 우선 순위를 설정하여 목표 및 개입방법 등을 결정

(3) 치료적 면접

- 클라이언트의 변화를 돕거나 사회적응을 위한 환경변화 유도를 위한 면접
- 클라이언트의 자신감과 자기효율성 강화, 문제해결능력 향상을 위한 기술 훈련

4) 기술

(1) 관찰

- 선입관을 버리고 실제 상황을 있는 그대로 보는 것
- 클라이언트의 언어적 표현은 물론 비언어적 표현도 관찰대상이 됨

(2) 경청

- 클라이언트의 감정과 사고를 이해하며 파악하고 듣는 기술
- 면접에서 가장 중요한 기술로, 공감하며 질문에 대한 반응을 통해 신뢰관계를 형성하여 중요한 정보를 얻는 방법 중 하나
- 일상 대화와 다른 점은 '선택적' 듣기를 통해 핵심에서 벗어난 이야기를 배제

(3) 질문

- 클라이언트의 생각과 느낌을 표현하도록 돕기 위한 기술
- 표현이 모호할 때는 구체적 표현을 요청하고, 개방형 질문과 폐쇄형 질문을 적절히 혼합하여 진행

① 질문유형
- 적절한 질문: 상황에 맞는 개방형 질문과 폐쇄형 질문
- 적절하지 못한 질문: 유도형 질문, 폭탄형 질문, '왜'를 사용한 질문, 이중질문(중첩질문), 모호한 질문
- 개방형 질문: 질문의 범위가 포괄적이며 가능한 많은 대답 선택의 기회를 제공하여 클라이언트의 상세한 설명과 느낌을 듣기 위해 사용
- 폐쇄형 질문: 질문의 범위가 매우 좁고 한정적이며, 클라이언트의 대답 범위를 '예/아니오'와 같은 단답형 대답으로 제한하는 질문

② 면접 시 피해야 할 질문
  a. 유도 질문
  - 특정한 방향으로의 응답을 유도하는 질문
    예 당신이 잘못 행동했다고 생각하지는 않았나요?

      b. 모호한 질문
        • 질문의 초점이 명확하지 않거나 상황에서 벗어난 형태의 질문
          예 당신은 옛날에 어땠나요?
      c. 이중질문(복합적 질문, 중첩질문)
        • 한 번에 두 가지 이상의 내용을 질문하는 것
          예 그때 아내의 반응은 어땠나요? 죄책감이 들지는 않았나요?
      d. '왜' 질문
        • 이유를 따져 묻는 듯한 질문
          예 그 민감한 상황에서 왜 그런 말을 하셨지요?
      e. 폭탄형 질문
        • 한꺼번에 너무 많은 질문을 하는 것

(4) 반영
  • 클라이언트의 말과 행동에서 표현된 기본적인 생각과 감정, 태도에 대해 사회복지
    사가 다른 말로 부연해 주는 기술
  • 명료화나 해석과 달리 클라이언트가 표현한 수준 이상으로 깊이 들어가지 않음

(5) 명료화(명확화)
  • 생각이나 감정 속에 내포된 관계 혹은 의미를 보다 분명하게 말해 주는 것
  • 명료화의 자료는 내담자 자신이 미처 자각하지 못하는 관계나 의미임

(6) 직면
  • 클라이언트의 말과 행위 사이의 불일치, 표현한 가치와 실행 사이의 모순을 클라이
    언트 자신이 주목하도록 하는 기술
  • 클라이언트가 모르고 있거나 인정하기를 거부하는 생각이나 감정을 규명하는 것

(7) 해석
  • 클라이언트의 행동 저변의 단서를 발견하고 결정적 요인을 찾는 기술
  • 클라이언트가 보여 준 언행들의 의미와 관계에 대한 가설을 제시함
  • 클라이언트가 자신의 행동, 감정, 생각을 새로운 시각으로 볼 수 있게 함
  • 접근하는 깊이의 수준 '반영 → 명료화 → 직면 → 해석'의 순이라고 할 수 있음

(8) 감정이입
  • 클라이언트의 감정과 경험에 동참할 수 있는 능력과 관련된 기술

(9) 초점화
  • 두서없이 장황하게 말하거나 회피하고자 할 때 간단한 질문을 하거나 문제를 다시
    언급함으로써 원래 주제로 돌아오게 하는 기술

(10) 재명명(재구성)

- 클라이언트가 부여하는 의미를 수정하는 인지행동치료에서 활용하는 의사소통 기술

(11) 침묵 다루기

- 침묵을 섣불리 깨지 말고 인내심을 갖고 기다려 주는 것이 바람직함
- 클라이언트의 침묵은 저항을 나타내기도 하므로 지속 시 면접을 중단할 수 있음

☑ 과락科落 말고 **과락科樂** 기출 선지

1. 면접은 정보수집, 과업수행, 문제해결 등과 같은 목적을 지닌 목적지향적 활동이다.

2. 중첩형 질문은 한 질문 속에 여러 가지 질문들이 섞여 있어서 클라이언트를 혼란스럽게 하는 질문이다.

3. 사회복지사와 클라이언트는 적당한 거리를 유지하여야 한다.

4. 적절하지 못한 질문에는, 유도형 질문, 폭탄형 질문, '왜'를 사용한 질문, 이중질문(중첩질문), 모호한 질문이 있다.

5. 초점화는 제한된 시간 내에 최대의 효과를 추구하는 방법으로 전문적 관계에서 불필요한 방황과 시간낭비를 방지한다.

6. 클라이언트가 침묵할 때는 섣불리 개입하지 말고 인내심을 가지고 기다려 준다.

7. 부정적인 문제에 대해 긍정적인 의미를 부여하는 면접의 기술이 재명명이다.

8. 사회복지사가 자기노출을 할 때에는 내용과 감정을 일치시키고 양과 형태를 조절해야 하며, 지나치게 솔직한 자기노출은 자제해야 한다.

9. 해석기술을 활용할 때는 클라이언트와의 신뢰관계가 충분히 형성된 후라야 한다.

10. 두서없이 장황하게 말하거나 회피하고자 할 때 간단한 질문을 하거나 문제를 다시 언급함으로써 원래 주제로 돌아오게 하는 기술은 초점화이다.

11. 직면은 클라이언트의 말과 행위 사이의 불일치, 표현한 가치와 실행 사이의 모순을 클라이언트 자신이 주목하도록 하는 기술이다.

12. 경청은 면접에서 가장 중요한 기술로, 공감하며 질문에 대한 반응을 통해 신뢰관계를 형성하여 중요한 정보를 얻는 방법 중 하나이다.

13. 관찰에서는 클라이언트의 언어적 표현은 물론 비언어적 표현도 관찰대상이 된다.

14. 면접의 유형에는 정보수집면접, 사정면접, 치료적 면접이 있다.

4. 실천과정

1) 접수단계

☐ 20회 05번

접수단계의 주요 과업에 해당하지 않는 것은?

① 관계형성을 통한 클라이언트의 참여 유도
② 클라이언트의 드러난 문제 확인
③ 서비스의 효율성과 효과성 측정
④ 서비스에 대한 클라이언트의 동의 확인
⑤ 클라이언트의 문제가 기관의 자원과 정책에 부합되는지 판단

해설 ③ 서비스의 효율성과 효과성 측정은 평가단계에서 이루어진다. **정답** ③

☐ 19회 16번

접수단계에서 사회복지사가 수행해야 할 과제를 모두 고른 것은?

> ㄱ. 개입 목표의 우선순위 합의
> ㄴ. 클라이언트의 강점과 자원 조사
> ㄷ. 욕구에 적합한 기관으로 의뢰
> ㄹ. 기관에서 제공하는 서비스 적격 여부 확인

① ㄱ, ㄷ   ② ㄴ, ㄹ   ③ ㄷ, ㄹ
④ ㄱ, ㄴ, ㄷ   ⑤ ㄱ, ㄴ, ㄷ, ㄹ

해설 ㄱ. 개입목표의 우선순위 합의: 계획과정의 과업
ㄴ. 클라이언트의 강점과 자원조사: 사정과정의 과업
정답 ③

☐ 18회 09번

노인복지관의 사회복지사가 접수단계에서 수행하는 역할로 옳지 않은 것은?

① 가족 간의 상호작용 유형을 조정한다.
② 기관 및 사회복지사 자신을 소개한다.
③ 원하는 서비스가 무엇인지 질문한다.

④ 이름과 나이를 확인한다.
⑤ 클라이언트의 저항감이 파악되면 완화시킨다.

해설 ① 가족 간의 상호작용 유형은 사정단계에서 파악이 가능하므로 실제 조정이 진행되는 것은 개입단계가 된다.
정답 ①

2) 자료수집단계

☐ 22회 22번

다음 사례에서 사회복지사가 자료수집과정에서 사용한 정보의 출처가 아닌 것은?

> 사회복지사는 결석이 잦은 학생 A에 대한 상담을 하기 전 담임선생님으로부터 A와 반 학생들 사이에 갈등관계가 있음을 들었다. 이후 상담을 통해 A가 반 학생들로부터 따돌림 당하고 있음을 알게 되었다. 상담 과정에서 A는 사회복지사와 눈을 맞추지 못하고 본인의 이야기를 하는 것에 주저하는 모습을 보이며 상담 내내 매우 위축된 모습이었다. 어머니와의 전화 상담을 통해 A가 집에서 가족들과 대화를 하지 않고 방안에서만 지내고 있다는 것을 알게 되었다.

① 클라이언트의 이야기
② 클라이언트의 비언어적 행동
③ 상호작용의 직접적 관찰
④ 주변인으로부터 정보 획득
⑤ 클라이언트와의 직접적 상호작용 경험

해설 주변인으로부터 정보 획득(담임선생님, 어머니), 클라이언트의 이야기(상담), 클라이언트의 비언어적 행동 및 클라이언트와의 직접적 상호작용 경험(상담과정) **정답** ③

□ 21회 19번

자료수집을 위한 자료 출처에 해당하는 것을 모두 고른 것은?

> ㄱ. 문제, 사건, 기분, 생각 등에 관한 클라이언트 진술
> ㄴ. 클라이언트와 직접 상호작용한 사회복지사의 경험
> ㄷ. 심리검사, 지능검사, 적성검사 등의 검사 결과
> ㄹ. 친구, 이웃 등 클라이언트의 중요한 타인으로부터 수집한 정보

① ㄱ, ㄴ, ㄷ   ② ㄱ, ㄴ, ㄹ
③ ㄱ, ㄷ, ㄹ   ④ ㄴ, ㄷ, ㄹ
⑤ ㄱ, ㄴ, ㄷ, ㄹ

해설 자료수집을 위한 자료 출처(정보원)
(1) 클라이언트에게서 얻는 자료: 클라이언트의 이야기 및 태도와 반응 등 비언어적 행동, 클라이언트가 직접 작성한 양식 (2) 클라이언트의 가족에게서 얻는 자료: 가족 성원과의 상호작용 및 가정방문을 통한 관찰 (3) 객관적 자료: 심리학자, 의사, 사회복지사, 행정기관 등에서 얻는 자료 및 심리검사 (4) 클라이언트의 주변 관계에서 얻는 자료: 친구, 주변인의 진술 등 **정답** ⑤

□ 20회 11번

자료수집단계에 관한 설명으로 옳은 것은?

① 클라이언트 개인에게만 초점을 두어 정보를 모은다.
② 다양한 정보원으로부터 자료를 수집하므로 검사 도구를 사용하면 안 된다.
③ 초기면접은 비구조화된 양식만을 사용하여 기본적인 정보를 수집해야 한다.
④ 객관적인 자료뿐만 아니라 클라이언트의 주관적인 인식이 담긴 자료도 포함하여 수집한다.
⑤ 클라이언트로부터 얻은 정보가 가장 중요하므로 클라이언트가 직접 작성한 자료에만 의존한다.

해설 ① 클라이언트 개인과 그를 둘러싼 환경에 관한 정보 수집 ② 가계도나 생태도와 같은 사정도구를 사용 ③ 초기면접은 구조화된 양식을 사용하여 기본적인 정보를 수집 ⑤ 클라이언트로부터 얻은 정보에 더하여 클라이언트에 대한 비언어적 행동관찰, 사회복지사의 주관적 관찰, 그 밖에 부수적 정보까지 다양한 정보를 수집 **정답** ④

□ 19회 19번

자료수집에 관한 설명으로 옳지 않은 것은?

① 클라이언트의 참여가 필요하다.
② 실천의 전 과정을 통해 이루어진다.
③ 상반된 정보를 제공하는 자료는 폐기한다.
④ 문제와 욕구, 강점과 자원을 모두 포함한다.
⑤ 가정방문으로 자연스러운 상호작용을 관찰할 수 있다.

해설 ③ 상반된 정보를 제공하는 자료라고 폐기하는 것은 바람직하지 않다. 상반된 내용이라도 유의미할 수 있으며, 정보의 출처와 분석을 통해 오류를 확인하는 것이 필요하다. **정답** ③

□ 18회 10번

사회복지실천 과정의 자료수집에 관한 예시로 옳은 것을 모두 고른 것은?

> ㄱ. 가출청소년의 가족관계 파악을 위해 부모와 면담 실시
> ㄴ. 진로 고민 중인 청년의 진로탐색을 위해 적성검사 실시
> ㄷ. 이웃의 아동학대 신고가 사실인지 여부를 확인하기 위해 가정방문 실시

① ㄱ   ② ㄷ   ③ ㄱ, ㄴ
④ ㄴ, ㄷ   ⑤ ㄱ, ㄴ, ㄷ

해설 클라이언트와의 면담뿐 아니라 가족 혹은 친구 등 주변 인물을 통해서도 자료 수집이 가능하며, 심리검사 및 적성검사 등과 같은 객관적 자료도 활용된다. **정답** ⑤

3) 사정

☐ 22회 18번

사정(assessment)의 특성으로 옳지 않은 것은?

① 클라이언트의 강점을 포함해야 한다.
② 사회복지사의 지식적 근거가 필요하다.
③ 사회복지사와 클라이언트의 상호작용 과정이다.
④ 클라이언트를 완전히 이해하는 것은 한계가 있다.
⑤ 사회복지실천의 초기 단계에서만 이루어진다.

해설 사정은 클라이언트와 사회복지사가 지속적인 상호작용을 통해 개입의 전 과정 동안 계속된다. **정답** ⑤

☐ 21회 05번

생태도 작성에 관한 내용으로 옳은 것을 모두 고른 것은?

> ㄱ. 용지의 중앙에 가족 또는 클라이언트체계를 나타내는 원을 그린다.
> ㄴ. 중심원 내부에 클라이언트 또는 동거가족을 그린다.
> ㄷ. 중심원 외부에 클라이언트 또는 가족과 상호작용하는 외부체계를 작은 원으로 그린다.
> ㄹ. 자원의 양은 '선'으로, 관계의 속성은 '원'으로 표시한다.

① ㄹ   ② ㄱ, ㄷ   ③ ㄴ, ㄹ
④ ㄱ, ㄴ, ㄷ   ⑤ ㄱ, ㄴ, ㄷ, ㄹ

해설 생태도: 클라이언트와 관련된 사회체계와의 상호작용 상태를 그림으로 나타내는 도구로 클라이언트의 현재를 살펴보는 데 이용된다. ㄹ. 관계의 속성이 '선'으로 표시되고 에너지의 흐름은 화살표로 나타낸다. 실선은 긍정적 관계로 선의 굵기가 굵을수록 강한 관계를 나타낸다. **정답** ④

☐ 20회 18번

세대 간 반복된 가족 특성을 파악하기 위한 사정 도구는?

① 가계도   ② 생태도
③ 소시오그램   ④ 생활력 도표
⑤ 사회적 관계망 그리드

해설 ① 가계도: 클라이언트와 가족들이 제시하고 있는 문제의 근원을 조사하는 방법으로 적어도 3세대 이상의 가족구성원과 가족관계에 대한 정보를 도식화한다. ② 생태도: 클라이언트와 관련된 사회체계와의 상호작용 상태를 그림으로 나타내는 도구로 클라이언트의 현재를 살펴보는 데 이용된다. ③ 소시오그램: 모레노와 제닝스가 개발하여 집단 성원들 간의 상호작용을 도식화한 사정도구로서, 구성원의 지위와 관계, 하위집단 등을 파악하는 데 유용하며, 집단성원 간의 선호도와 무관심 정도, 집단 내 대인관계를 그림으로 나타낸다. ④ 생활력 도표: 클라이언트의 출생부터 현재까지의 삶 속에서 주요 생애 사건들을 파악함으로써 현재를 이해하기 위한 사정도구이다. ⑤ 사회적 관계망 그리드: 개인이나 가족의 사회적 지지체계를 사정하는 도구로 물질적·정서적 지지, 원조 방향, 충고와 비판, 접촉빈도 및 시간 등에 관한 정보를 제공한다. **정답** ①

☐ 19회 18번

사정도구와 파악할 수 있는 정보의 연결이 옳지 않은 것은?

① 생태도 – 개인과 가족에 영향을 미치는 주요 환경체계 확인
② 생활력도표 – 개인의 과거 주요한 생애 사건
③ DSM-V 분류체계 – 클라이언트의 정신장애 증상에 대한 진단
④ 소시오그램 – 집단성원 간 상호작용 및 하위집단 형성 여부
⑤ PIE 분류체계 – 주변인과의 접촉 빈도 및 사회적 지지의 강도와 유형

해설 ⑤ PIE 분류체계는 '환경 속의 인간' 관점에서 문제를 분류하는 체계로, 개인의 사회적 역할 수행 및 주변의 지지상황 모두를 고려하는 분류체계이다. 주변인과의 접촉 빈도 및 사회적 지지의 강도와 유형은 사회적 관계망 격자를 통해 파악할 수 있다. **정답** ⑤

□ 18회 01번

생태도를 통하여 파악할 수 있는 내용에 해당되지 않는 것은?

① 클라이언트·가족구성원과 자원체계 간의 에너지 흐름
② 클라이언트·가족구성원에게 스트레스가 되는 체계
③ 클라이언트·가족구성원 간의 자원 교환 정도
④ 클라이언트·가족구성원의 환경체계 변화가 필요한 내용
⑤ 클라이언트·가족구성원의 생애동안 발생한 문제의 발전과정에 관한 정보

해설 ⑤ 클라이언트·가족구성원의 생애 동안 발생한 문제의 발전과정에 관한 정보는 생활력 도표를 통해 파악할 수 있다. **정답** ⑤

4) 계획수립, 5) 계약

□ 22회 24번

사회복지실천과정 중 계획수립단계에서 수행해야 하는 사회복지사의 과업은?

① 서비스 효과 점검
② 실천활동에 대한 동료 검토
③ 개입효과의 유지와 강화
④ 개입 목표 설정
⑤ 평가 후 개입 계획 수정

해설 ① 개입단계 ② 개입단계 또는 평가단계에서 수행 ③ 종결단계 ⑤ 개입단계 **정답** ④

□ 20회 25번

사회복지서비스 계획수립단계에 관한 설명으로 옳지 않은 것은?

① 계획의 목표는 기관의 기능과 일치해야 한다.
② 목표설정은 미시적 수준과 거시적 수준에서 클라이언트의 변화를 고려한다.
③ 계약서는 클라이언트만 작성하여 과업과 의무를 공식화한다.
④ 목표는 클라이언트가 원하는 결과를 포함하여 클라이언트의 적극적인 참여를 유도한다.
⑤ 계획단계의 목표는 클라이언트와 사회복지사가 함께 합의하여 결정한다.

해설 ③ 계약서는 사회복지사와 클라이언트 간 상호 합의하에 작성하는 것이므로, 이는 계약을 이행하기 위해 서로 노력할 것을 약속하는 것이라 할 수 있다. **정답** ③

□ 18회 11번

다음은 사정결과를 요약한 것이다. 사회복지사가 이후 단계에서 가장 먼저 수행해야 할 과업은?

> 경제적 도움을 요청하여 기관에 접수된 클라이언트는 성장기 학대경험과 충동적인 성격 때문에 가족 및 이웃과의 갈등문제를 심각하게 겪고 있다. 배우자와는 이혼 위기에 있고, 근로능력은 있으나 근로의지가 거의 없어서 실직한 상태이다.

① 이혼위기에 접근하기 위해 부부 상담서비스를 제공한다.
② 이웃과의 갈등 문제해결을 위하여 분쟁조정위원회에 의뢰한다.
③ 원인이 되는 성장기 학대경험에 관한 치료부터 시작한다.
④ 근로의욕을 높이기 위해 집단 프로그램에 참여하도록 한다.
⑤ 클라이언트와 함께 다루고자 하는 문제의 우선순위를 정한다.

해설 ⑤ 사정 후에는 문제의 우선순위를 정하고 목적 및 목표를 구체화하여 계획을 세워야 한다. ①, ②, ③, ④는 개입단계에서 이루어지는 과업이다. **정답** ⑤

6) 개입

□ 21회 21번

사회복지실천 개입기술에 관한 설명으로 옳은 것을 모두 고른 것은?

> ㄱ. 재보증은 어떤 문제에 대해 클라이언트가 부여하는 의미를 수정해 줌으로써 클라이언트의 시각을 긍정적인 방향으로 변화시키려는 전략이다.
> ㄴ. 모델링은 실제 다른 사람의 행동을 직접 관찰함으로써만 시행 가능하다.
> ㄷ. 격려기법은 주로 클라이언트 행동이 변화에 장애가 되거나 타인에게 위협이 될 때, 이를 인식하도록 하기 위한 목적으로 사용한다.
> ㄹ. 일반화란 클라이언트 혼자만이 겪는 문제가 아니라는 것을 인식하게 하는 기법이다.

① ㄱ   ② ㄹ   ③ ㄱ, ㄹ
④ ㄱ, ㄴ, ㄷ   ⑤ ㄴ, ㄷ, ㄹ

해설 ㄱ. 재보증(안심): 불안과 불확실성을 제거하고 위안을 주는 것 ㄴ. 모델링: 클라이언트가 시행착오를 거치지 않고 원하는 행동을 학습하도록 하는 기술 ㄷ. 주로 클라이언트 행동이 변화에 장애가 되거나 타인에게 위협이 될 때, 이를 인식하도록 하기 위한 목적으로 사용하는 것은 타임아웃이다. **정답** ②

□ 21회 23번

사회복지실천의 간접적 개입에 해당하는 것은?

① 의사소통 교육   ② 프로그램 개발
③ 부모교육   ④ 가족상담
⑤ 사회기술훈련

해설 간접적 개입: (1) 클라이언트의 문제에 영향을 미치는 외적·환경적·인간관계적 억압이나 장애를 완화시킴으로써 간접적으로 클라이언트의 적응과정을 용이하게 하여 문제를 해결해 나가도록 하는 과정 예 홍보활동, 모집, 모금 활동, 정책개발 등 (2) 개입 방법: 서비스 조정, 프로그램 계획 및 개발, 환경조작, 옹호 **정답** ②

□ 18회 13번

사회복지실천과정의 개입단계에서 사회복지사가 수행하는 과업으로 옳은 것을 모두 고른 것은?

> ㄱ. 계획된 방법으로 서비스를 제공
> ㄴ. 서비스 제공 전략 및 우선순위 결정
> ㄷ. 계획 수정 필요 시 재사정 실시
> ㄹ. 제공된 서비스에 대한 과정 및 총괄평가

① ㄱ   ② ㄱ, ㄷ
③ ㄴ, ㄹ   ④ ㄱ, ㄴ, ㄷ
⑤ ㄴ, ㄷ, ㄹ

해설 ㄴ. 서비스 제공 전략 및 우선순위 결정은 계획 및 계약 단계의 과업이다. ㄹ. 제공된 서비스에 대한 과정 및 총괄평가는 평가 및 종결단계의 과업이다. **정답** ②

□ 18회 16번

사례관리 실천과정 중 개입(실행)단계의 과업에 해당하는 것은?

① 클라이언트와 서비스 제공자 간의 갈등 발생 시 조정
② 클라이언트의 욕구에 기초하여 구체적이고 명확한 목표수립
③ 서비스 이용 대상자에 대한 적격성 여부 판별
④ 기관 내부 사례관리팀 구축 및 운영 능력 파악
⑤ 클라이언트가 달성한 변화, 성과, 영향 등을 측정하기 위한 도구 개발

해설 ② 계획단계의 과업 ③ 접수단계 혹은 사정단계의 과업 ④ 사정단계의 과업 ⑤ 계획단계의 과업 **정답** ①

7) 종결 및 평가

□ 20회 21번
종결단계에서 사회복지사의 과업으로 옳지 않은 것은?

① 사후관리 계획 수립
② 목표달성을 위한 서비스 제공
③ 클라이언트 변화결과에 대한 최종 확인
④ 다른 기관 또는 외부 자원 연결
⑤ 종결에 대한 클라이언트 반응 처리

해설 ② 목표달성을 위한 서비스 제공은 변화과정이므로 개입단계에서 진행한다. **정답** ②

□ 19회 22번
클라이언트의 혼합된 정서적 반응을 정리하고 사후관리를 계획하는 단계는?

① 접수　　　② 사정　　　③ 계획
④ 개입　　　⑤ 종결

해설 ⑤ 클라이언트의 혼합된 정서적 반응을 정리하고 사후관리를 계획하는 단계는 종결단계이다. **정답** ⑤

□ 18회 12번
종결단계에서 사회복지사의 과업이 아닌 것은?

① 사후관리 계획 수립
② 성과유지 전략 확인
③ 필요시 타 기관에 의뢰
④ 종결 기준 및 목표 수립
⑤ 종결에 대한 정서다루기

해설 ④ 종결 기준 및 목표 수립은 계획 및 계약단계에서 수행한다. **정답** ④

☑ 핵심요약

4. 실천과정

  • 접수 → 조사 및 사정 → 계획(목표설정 및 계약) → 개입 → 평가 및 종결

1) 접수단계

(1) 개념
  • 내담자의 문제와 욕구를 파악하고 기관의 서비스 적격성 여부를 판단하는 과정
  • 긍정적 관계 형성과 클라이언트의 개별성 존중

(2) 내용
  • 클라이언트의 문제와 욕구 확인
  • 가족, 주변환경 등에서의 적응상태 확인
  • 기관을 찾게 된 상황 파악
  • 원조 목적과 원조에서 기대하는 바의 명확화 필요
  • 클라이언트의 욕구가 기관의 자원 정책과 부합되는지의 여부 판단
  • 기관의 기능에 대한 설명

(3) 접수단계에서 사회복지사의 주요 과업

- 클라이언트의 문제와 욕구 확인
- 클라이언트와 라포(rapport) 형성 및 원조관계 형성을 통한 참여 유도
- 클라이언트의 양가감정을 수용하고 저항감을 해소
- 서비스 제공 여부를 결정하며, 필요시 다른 기관으로 의뢰
- 클라이언트의 동의 확인 및 기관의 서비스와 원조과정 안내

(4) 노인복지관의 사회복지사가 접수단계에서 수행하는 역할

- 기관 및 사회복지사 자신을 소개
- 원하는 서비스가 무엇인지 질문
- 이름과 나이를 확인
- 클라이언트의 저항감이 파악되면 완화시킴

2) 자료수집단계

(1) 개념

- 클라이언트의 문제와 욕구를 이해·분석·해결하는 데 필요한 자료의 수집
- 클라이언트의 현재 상황, 가족관계, 장점, 한계 등에 대한 정보 수집

(2) 내용

- 현재 상황: 문제의 직접적 요인 및 상황을 악화시킨 요인 및 과거 대처방식 문제와 관련된 중요한 타자에 대한 정보 및 영향을 주는 환경 등
- 생활력: 개인력, 가족력, 클라이언트의 기능, 클라이언트의 자원, 강점 및 한계

(3) 정보원

① 클라이언트에게서 얻는 자료

- 클라이언트의 이야기 및 태도와 반응 등 비언어적 행동
- 클라이언트가 직접 작성한 양식

② 클라이언트의 가족에게서 얻는 자료

- 가족성원과의 상호작용 및 가정방문을 통한 관찰

③ 객관적 자료

- 심리학자, 의사, 사회복지사, 행정기관 등에서 얻는 자료 및 심리검사

④ 클라이언트의 주변 관계에서 얻는 자료

- 친구, 주변인의 진술 등

3) 사정

(1) 개념

- 정보를 수집·분석·종합화하면서 다면적으로 공식화하는 과정으로, 클라이언트와 사회복지사가 지속적인 상호작용을 통해 사실상 개입의 전 과정 동안 계속됨

(2) 특징

- 수집 정리된 자료를 분석하고 문제를 규정해 내는 작업
- 자료수집과 사정은 거의 동시에 반복적으로 진행되며, 개입의 전 과정 동안 지속되기도 함
- 개별적 과정이며 사회적·환경적 맥락에서 환경 속 인간에 따른 이중초점을 가짐

(3) 내용

- 문제사정, 개인사정, 가족사정, 사회적 환경사정, 강점사정 등이 이루어짐

① 욕구와 문제의 발견

② 정보의 발견

③ 문제형성

- 사회복지사가 얻은 정보를 분석하여 전문적 시각으로 문제를 판단
- 문제형성에 따라 목표를 설정하고 개입 계획을 수립
- 클라이언트가 제시한 문제를 충족되지 못한 욕구와 결핍으로 바꾸어 재진술함으로써 클라이언트를 보다 쉽게 도움

(4) 사정 도구

① 가족 차원의 사정 도구

a. 가계도: 클라이언트와 가족들이 제시하고 있는 문제의 근원을 조사하는 방법
- 적어도 3세대 이상의 가족 구성원과 가족관계에 대한 정보를 도식화

b. 생태도: 가족환경을 체계론적 관점에서 이해
- 개인이나 가족을 포함하는 클라이언트체계가 외부 환경체계와 어떻게 관련되어 있는지를 나타내는 그림
- 생태도를 통해 파악할 수 있는 내용
  - 클라이언트와 외부체계 사이의 구조적인 측면
  - 클라이언트와 외부체계 사이의 기능적인 측면
  - 가족원들 사이 혹은 가족과 외부체계 사이의 에너지 흐름과 자원의 교환, 스트레스나 갈등의 정도
  - 가족 내에 존재하는 자원의 부족과 결핍, 흐름, 유용성

c. 생활력 도표
- 가족구성원에게 발생한 중요한 문제의 전개상황을 시계열적으로 도표화함
- 클라이언트의 생애 동안 발생한 사건이나 문제의 발전과정을 사정하는 도구

d. 생활주기표
- 클라이언트의 생활주기와 가족성원의 발달단계별 과업을 도표화한 것

e. 사회적 관계망 격자
- 개인이나 가족의 사회적 지지체계를 사정하는 도구로 물질적·정서적 지지, 원조 방향, 충고와 비판, 접촉빈도 및 시간 등에 관한 정보를 제공

② 집단 차원의 사정도구

a. 소시오그램
- 모레노와 제닝스가 개발
- 집단성원들 간의 상호작용을 도식화하여 구성원의 지위와 관계, 하위집단 등을 파악하는 데 유용함
- 집단성원 간의 선호도와 무관심 정도, 집단 내 대인관계를 도식화

b. 소시오메트리
- 집단성원들의 호감도 및 집단응집력 수준에 관한 정보 제공

c. 의의차별척도
- 두 개의 상반된 입장에서 하나를 선택하도록 하여 집단성원들로 하여금 동료 성원에 대해 평가를 내리도록 하는 등 집단성원이 동료집단성원을 사정하는 데 이용

③ PIE 분류체계
- '환경 속의 인간' 관점에서 인간과 환경 간의 상호작용 문제를 분류하는 체계
- 개인의 사회적 역할 수행 및 주변의 지지상황 모두를 고려하는 분류체계
- 'DSM'은 미국정신의학협회가 제작, '정신장애의 진단 및 통계편람'을 의미
- 네 가지 요인: 사회기능상 문제, 환경상 문제, 정신건강상 문제, 신체건강상 문제

4) 계획수립

(1) 개념
- 계획은 목표를 설정하고 이를 구체화하는 과정
- 목표설정은 클라이언트의 적극적인 참여유도를 위한 것

(2) 목표설정의 이유
- 개입과정에서의 명확한 방향 제시
- 개입결과 평가를 위한 기준 마련
- 클라이언트의 변화 정도 및 효과성 여부의 확인
- 미시적 수준과 거시적 수준에서 클라이언트의 변화를 고려

(3) 목표설정 시 유의해야 할 점
- 명시적이고 측정가능할 것
- 목표달성이 가능한 것
- 기관의 가치나 기능과의 일치성

- 사회복지사의 지식과 기술에 상응하는 것
- 클라이언트의 욕구와 기대에 부합하는 것

(4) 목표설정의 우선순위(표적문제)

- 가장 중요하고 시급하게 해결해야 할 문제
- 단기간에 달성하여 성취감을 얻을 수 있는 문제
- 클라이언트에게 중요하고 동기부여가 가능한 문제
- 기관의 기능에 적합하고 사회복지사의 능력으로 달성할 수 있는 문제

(5) 계획의 단계

- 1단계: 클라이언트와 함께하기
- 2단계: 문제의 우선순위 정하기(표적문제 선정)
- 3단계: 문제를 욕구로 전환하기
- 4단계: 개입 수준 평가하기
- 5단계: 목적 설정하기
- 6단계: 목적을 목표로 구체화하기
- 7단계: 클라이언트와 계약을 공식화하기

5) 계약

(1) 개념

- 목표설정 및 목표달성을 위한 사회복지사와 클라이언트의 과업, 역할, 개입내용 등을 명시적이자 묵시적으로 합의하는 과정
- 클라이언트의 자기결정권 최대한 보장
- 계약서는 기관의 기능과 목적, 클라이언트의 욕구 등에 따라 다양할 수 있으나, 클라이언트의 이름, 주소 등 관련 신상정보, 구체적인 개입목표, 서명과 날짜 등을 기본적으로 포함

(2) 계약의 요소

- 성취할 목표와 참여자의 역할
- 사용될 개입 방법 및 세션의 길이, 빈도, 시간
- 진행에 대한 평가 방법(모니터링 방법)
- 계약의 재협상에 대한 조항
- 기타 시작 날짜, 세션 취소 및 변경, 비용 등

(3) 계약의 형식

① 서면계약

- 가장 공식적인 유형, 서면 작성 후 서명
- 분쟁의 여지 및 오해의 가능성 최소화

② 구두계약
- 목표와 책임을 규명함에 있어 서면계약과 같으나 용이함
- 저항감·불신감을 가진 클라이언트와의 관계에서 유용함

③ 암묵적 합의
- 실제 서명 또는 말하지 않았어도 묵시적으로 합의한 계약
- 실제로 동의하지 않은 것을 동의한 것으로 판단할 수 있음

6) 개입

(1) 개념
- 수립된 계획에 따라 의도적인 변화가 일어날 수 있도록 구체적인 행동을 하는 과정

(2) 개입방법

① 직접적 개입
- 사회복지사와 클라이언트가 상호 합의하여 결정한 문제해결을 위한 구체적인 행동을 실천하는 단계로서 변화를 유발하는 과정 예 상담, 방문, 훈련실시, 주간보호 제공 등
- 개입 방법: 의사소통기법, 행동학습기법, 대인관계개선기법

② 간접적 개입
- 클라이언트의 문제에 영향을 미치는 외적·환경적·인간 관계적 억압이나 장애를 완화시킴으로써 간접적으로 클라이언트의 적응과정을 용이하게 하여 문제를 해결해 나가도록 하는 과정 예 홍보활동, 모집, 모금활동, 정책개발 등
- 개입 방법: 서비스 조정, 프로그램 계획 및 개발, 환경조작, 옹호

(3) 개입단계
- 표적문제 선정 → 문제의 우선순위 결정 → 개입의 성과 목표설정 → 클라이언트의 과업 구체화 순으로 진행

(4) 체계 개입

① 개인체계 개입
- 정서 및 인지에 개입하는 기술
- 행동에 개입하는 기술
- 문제해결 기술
- 사회기술훈련
- 스트레스 관리

② 가족체계 개입
- 가족에 접근하는 관점: 횡적 차원, 종적 차원

- 가족의 역기능: 위장, 대칭적 관계, 이중구속의 메시지, 보완적 관계, 밀착된 가족, 유리된 가족, 희생양, 가족규칙, 지속적인 가족신화, 부모화
- 주요 개입방법
  a. 가족조각: 가족관계 및 가족의 역동성을 진단하는 치료적 개입 목적
  b. 재구조화: 새로운 방식, 다른 시각으로 이해하도록 하는 것
  c. 역할연습 또는 역할극: 문제상황을 구체적으로 재현하거나 새로운 행동은 연습
  d. 증상처방: 역설적 치료 상황 조장
  f. 과제할당: 분명하고 구체적인 과업 제공
  g. 실연: 가족 성원들이 치료적 상황을 직접관찰, 문제 수정 및 구조화
  h. 코칭: 내담자에게 개방적이고 직접적으로 접근하는 기법

③ 집단체계 개입
- 집단상담자로서 사회복지사의 기능: 지도적 기능, 자극적 기능, 확장적 기능, 해석적 기능

④ 지역사회체계 개입
- 사회적 지지체계의 개발
- 서비스 조정
- 프로그램 개발
- 옹호활동
- 사회적 지지의 유형: 정서적 지지, 정보적 지지, 물질적 지지, 평가적 지지

(5) 개입단계에서의 사회복지사의 과업
- 계획된 방법으로 서비스 제공
- 계획의 수정이 필요한 경우 재사정 실시
- 클라이언트와 서비스 제공자 간 갈등 발생 시 조정 등

7) 종결 및 평가

(1) 종결단계에서 사회복지사의 과업
- 개입목표의 달성 여부를 확인하고 종결시점 결정
- 목표달성 정도의 평가: 클라이언트 변화결과에 대한 최종 확인
- 진전 수준의 유지 및 지속 여부 결정: 성과유지 전략 확인 및 사후관리계획 수립
- 정서적 반응의 해결: 종결에 대한 긍정적·부정적 정서 다루기
- 의뢰: 다른 기관 또는 외부자원 연결

(2) 평가
- 개입의 효과를 평가하기 위해 기초선 자료를 수집
- 유형: 형성평가(과정평가), 성과평가(총괄평가), 양적평가, 질적평가, 만족도평가

01. 사회복지실천의 과정은 접수 → 조사 및 사정 → 계획(목표설정 및 계약) → 개입 → 평가 및 종결의 순이다.

02. 내담자의 문제와 욕구를 파악하고 기관의 서비스 적격성 여부를 판단하는 과정으로 긍정적 관계 형성과 클라이언트의 개별성 존중에 초점을 두는 것은 접수단계이다.

03. 자료수집단계는 클라이언트의 문제와 욕구를 이해·분석·해결하는 데 필요한 자료로서 클라이언트의 현재 상황, 가족관계, 장점, 한계 등에 대한 정보를 수집한다.

04. 정보를 수집·분석·종합화하면서 다면적으로 공식화하는 과정으로, 클라이언트와 사회복지사가 지속적인 상호작용을 통해 사실상 개입의 전 과정 동안 계속되는 것은 사정단계이다.

05. 가족 차원의 사정도구에는 가계도, 생태도, 생활력 도표, 생활주기표, 사회관계망 격자 등이 있다.

06. 가계도는 클라이언트와 가족들이 제시하고 있는 문제의 근원을 조사하는 방법으로써 적어도 3세대 이상의 가족 구성원과 가족관계에 대한 정보를 도식화한다.

07. 생태도는 환경 속의 인간에 초점을 두고 의미 있는 체계들과의 관계를 도식화한다.

08. 가족과 환경의 상호작용을 볼 수 있는 것은 생태도이다.

09. 집단 차원의 사정도구에는 소시오그램, 소시오메트리, 의의차별척도가 있다.

10. 소시오그램은 집단성원들 간의 상호작용을 도식화하여 구성원의 지위, 구성원 간의 관계, 하위집단 등을 파악하는 데 유용한 사정도구이다.

11. 계획수립단계에서 목표가 여러 가지인 경우 사회복지사는 그 시급성과 달성 가능성을 따져 우선순위를 정해야 한다.

12. 계획수립단계의 주된 과제는 우선순위를 정해 목표를 설정하는 것이다.

13. 클라이언트의 자기결정권은 사회복지실천에서 지켜져야 할 기본적인 가치인 동시에 클라이언트의 동기와 적극적인 참여가 필요한 사회복지실천의 핵심요소로서 매우 중요하다.

14. 계약이 중요한 것은, 사회복지실천에서 개입활동의 성공 여부는 클라이언트가 자신이 해야 할 일과 역할을 분명하게 인식하고 적극적인 참여가 요구된다는 사실을 인정하는 데 달려 있다고 해도 과언이 아니기 때문이다.

15. 종결에 대한 클라이언트의 감정은 긍정적인 것과 부정적인 것 모두를 다룬다.

16. 사후관리는 종결 후 일정 기간이 지나서 클라이언트의 적응상태를 점검하는 것이다.

17. 의뢰는 종결단계뿐 아니라 초기 접수단계에서도 서비스 제공이 불가하다고 판단되면 이루어질 수 있는 것이다.

18. 클라이언트의 욕구가 현재 기관에서 충족될 수 없을 때 사회복지사는 의뢰를 진행하게 되며, 이때 반드시 클라이언트의 동의가 필요하다.

□ 22회 19번

사례관리자의 역할에 관한 예로 옳은 것은?

① 중개자: 독거노인의 식사지원을 위해 지역사회 내 무료급식소 연계

② 상담가: 욕구사정을 통해 클라이언트에 대한 체계적인 개입 계획을 세움

③ 조정자: 사례회의에서 시청각장애인의 입장을 대변하여 이야기함

④ 옹호자: 지역사회 기관 담당자들이 모여 난방비 지원사업에 중복 지원되는 대상자가 없도록 사례회의를 실시함

⑤ 평가자: 청소년기 자녀와 갈등을 겪고 있는 부모와 자녀 사이에 개입하여 상호 만족스러운 합의점을 도출함

해설 ② 계획가 ③ 옹호자(대변자) ④ 조정자 ⑤ 중재자
☑ 사례관리자의 역할: 중개자, 옹호자, 평가자, 조정자, 계획가, 중재자　　　　　　　**정답** ①

□ 22회 20번

클라이언트가 타인이 하는 바람직한 행동을 보고 모방함으로써 행동의 변화를 가져오는 개입 기술은?

① 초점화　　② 모델링　　③ 환기
④ 직면　　　⑤ 격려

해설 반두라의 관찰학습에서 모델링을 설명하고 있다.
　　　　　　　　　　　　　　　　정답 ②

□ 22회 21번

사례관리의 원칙에 해당하지 않는 것은?

① 서비스의 개별화　　② 서비스의 접근성
③ 서비스의 연계성　　④ 서비스의 분절성
⑤ 서비스의 체계성

해설 사례관리의 원칙: 개별화, 포괄성, 지속성, 연계성, 접근성, 자율성, 체계성, 통합성, 비분절성　**정답** ④

□ 21회 17번

다음에서 설명하고 있는 사례관리 개입 원칙은?

> • 변화하는 클라이언트 욕구에 반응하여 장기적으로 서비스를 제공해야 한다.
> • 클라이언트에게 필요한 서비스를 중단하지 않고 제공해야 한다.

① 서비스의 체계성　　② 서비스의 접근성
③ 서비스의 개별화　　④ 서비스의 연계성
⑤ 서비스의 지속성

해설 사례관리의 개입원칙 중 지속성에 관한 설명이다.
① 체계성: 서비스와 자원을 효율적으로 조정·관리하여 중복과 자원낭비 방지 ② 접근성: 클라이언트의 기관 및 자원에 대한 용이한 접근 ③ 개별화: 개개인의 신체적·정서적 특성 및 사회적 상황에 맞는 서비스 제공 ④ 연계성: 분산된 서비스 체계들을 서로 연계하여 전달체계의 효율성 도모　　　　　　　　　**정답** ⑤

□ 21회 22번

사례관리 등장 배경에 관한 설명으로 옳지 않은 것은?

① 탈시설화로 인해 많은 정신 장애인이 지역사회 내에서 생활하게 되었다.

② 지역사회 내 서비스 간 조정이 필요하게 되었다.

③ 복지비용 절감에 관심이 커지면서 저비용 고효율을 지향하게 되었다.

④ 인구·사회적 변화에 따라 다양하고, 복합적이며 만성적인 욕구를 가진 클라이언트가 증가하였다.

⑤ 사회복지서비스 공급주체가 지방정부에서 중앙정부로 변화하였다.

해설 사회복지서비스 공급주체가 중앙정부에서 지방정부로 변화한 것은 사례관리의 등장 배경 중 하나이다.

정답 ⑤

□ 21회 24번

다음에서 설명하고 있는 사례관리 과정은?

- 계획 수정 여부 논의
- 클라이언트 욕구변화 검토
- 서비스 계획의 목표달성 정도 파악
- 서비스가 효과적으로 제공되고 있는지 확인

① 점검   ② 계획
③ 사후관리   ④ 아웃리치
⑤ 사정

해설 사례관리의 점검에 대한 내용이다.   **정답** ①

□ 21회 25번

사례관리자 역할과 그 예의 연결로 옳지 않은 것은?

① 조정자(coordinator): 사례회의를 통해 독거노인지원서비스가 중복 제공되지 않도록 하였다.
② 옹호자(advocate): 사례회의에서 장애아동의 입장을 대변하였다.
③ 협상가(negotiator): 사례회의를 통해 생활 형편이 어려운 가정의 아동에게 재정 후원자를 연결해주었다.
④ 평가자(evaluator): 사례 종결 여부를 결정하기 위해 목표 달성 여부를 확인하였다.
⑤ 기획가(planner): 욕구사정을 통해 클라이언트에게 필요한 자원을 설계하고 체계적인 개입 계획을 세웠다.

해설 ③ 사례회의를 통해 생활 형편이 어려운 가정의 아동에게 재정 후원자를 연결해 주는 것은 중개자 역할이다.

정답 ③

□ 20회 22번

사례관리의 목적에 해당하는 것을 모두 고른 것은?

ㄱ. 서비스의 통합성 확보
ㄴ. 서비스의 접근성 강화
ㄷ. 보호의 연속성 보장
ㄹ. 사회적 책임성 제고

① ㄱ, ㄴ   ② ㄴ, ㄹ
③ ㄱ, ㄴ, ㄹ   ④ ㄴ, ㄷ, ㄹ
⑤ ㄱ, ㄴ, ㄷ, ㄹ

해설 사례관리의 목적: 클라이언트의 삶의 질 향상과 역량강화, 성과관리와 평가, 보호의 연속성 보장, 서비스의 통합성 확보, 서비스의 접근성 강화, 사회적 책임성의 제고 등   **정답** ⑤

□ 20회 23번

사례관리자의 역할에 관한 내용으로 옳지 않은 것은?

① 중개자: 지역사회 자원이나 서비스 체계를 연계
② 옹호자: 클라이언트의 권리를 대변하는 활동 수행
③ 정보제공자: 개인이나 집단의 갈등 파악과 조정
④ 위기개입자: 위기 사정, 계획 수립, 위기 해결
⑤ 교육자: 교육, 역할 연습 등을 통한 클라이언트 역량 강화

해설 ③ 개인이나 집단의 갈등 파악과 조정은 사례관리자의 중재자로서의 역할이다.   **정답** ③

□ 19회 13번

사례관리의 원칙에 해당되지 않는 것은?

① 다양한 욕구를 포괄
② 개별화된 서비스 제공
③ 클라이언트의 자율성 극대화
④ 충분하고 연속성 있는 서비스 제공
⑤ 임상적인 치료에 집중된 서비스 제공

해설 사례관리의 개입원칙: (1) 개별화: 개개인의 신체적·정서적 특성 및 사회적 상황에 맞는 서비스 제공 (2) 포괄성: 클라이언트의 다양한 욕구를 충족시킬 수 있는 포괄적인 서비스 제공 (3) 지속성: 지속적인 점검과 서비스의 지속 (5) 연계성: 분산된 서비스 체계들을 서로 연계하여 전달체계의 효율성 도모 (6) 접근성: 클라이언트의 기관 및 자원에 대한 용이한 접근 (7) 자율성: 클라이언트의 자율성을 극대화, 자기결정권 보장 (8) 체계성: 서비스와 자원을 효율적으로 조정·관리하여 중복과 자원낭비 방지 (9) 통합성: 서비스 통합으로 중복을 방지하고 질높은 서비스 제공 **정답** ⑤

□ 19회 20번

사례관리의 등장 배경으로 옳지 않은 것은?

① 가족의 보호 부담 증가
② 장기보호에서 단기개입 중심으로 전환
③ 통합적 서비스 지원의 필요성 증가
④ 복합적인 욕구를 가진 클라이언트 증가
⑤ 시설보호에서 지역사회보호로 전환

해설 ② 사례관리는 단기개입이나 장기개입 중 어느 하나를 추구한다기보다 사례에 따라 적절한 개입계획을 수립하는 것이 중요하다고 할 수 있다. **정답** ②

□ 18회 14번

사례관리에 관한 내용으로 옳지 않은 것은?

① 중복서비스를 제공하는 전문기관의 확대로 등장
② 클라이언트의 자율성 극대화 및 역량강화

③ 주로 복합적인 욕구나 문제를 가진 사람이 대상
④ 계획–사정–연계·조정–점검의 순으로 진행
⑤ 다양한 욕구충족을 위해 포괄적인 서비스 제공

해설 ④ 사례관리는 사정 – 계획 – 개입(연계·조정) – 점검 및 재사정 – 종결 및 평가의 순으로 진행된다. **정답** ④

□ 18회 15번

다음에서 사례관리자가 수행한 역할이 아닌 것은?

> 사례관리자는 알코올, 가정폭력, 실직 문제가 있는 클라이언트를 면담하여 알코올 치료와 근로에 대한 동기를 부여하고, 지역자활센터 이용 방법을 설명하였다. 또한, 클라이언트의 배우자와 다른 알코올중독자들의 배우자 5명으로 집단을 구성하고 알코올중독의 영향에 대해서 체계적으로 가르쳐 주었으며, 가정폭력상담소에 연계하여 전문상담을 받도록 하였다.

① 상담가   ② 중재자
③ 교육자   ④ 중개자
⑤ 정보제공자

해설 ① 상담가: 알코올, 가정폭력, 실직 문제가 있는 클라이언트를 면담하여 알코올 치료와 근로에 대한 동기를 부여하고 ③ 교육자: 알코올중독의 영향에 대해서 체계적으로 가르쳐 주었으며 ④ 중개자: 가정폭력상담소에 연계하여 전문상담을 받도록 하였다. ⑤ 정보제공자: 지역자활센터 이용 방법을 설명하였다. **정답** ②

✓ 핵심요약

1. 사례관리의 개념

- 클라이언트 중심적 서비스
- 클라이언트의 장기적·복합적 욕구에 대해 민감하게 사정할 전문적 실천방법
- 전통적인 사회복지방법론을 통합한 실천방법
- 직접 서비스와 간접 서비스를 결합

- 포괄적이고 지속적인 서비스 제공
- 기관의 범위를 넘은 지역사회 차원의 서비스 제공과 점검 강조

2. 등장 배경

- 다양화·복잡화되고 있는 클라이언트의 욕구
- 지속적인 지원을 위한 통합적 서비스에 대한 요구
- 클라이언트와 가족의 과도한 책임에 의한 사회적인 문제 제기
- 탈시설화 및 재가복지서비스의 강조
- 사회복지서비스 공급주체의 다원화
- 공급주체가 중앙정부에서 지방정부로 변화
- 산업화에 따른 가족기능의 약화
- 서비스의 중복과 누수 방지책 필요
- 노령화 등 인구사회학적인 변화의 뚜렷한 발생

3. 목적

- 클라이언트의 삶의 질 향상과 역량강화
- 보호의 연속성 보장
- 서비스의 통합성 확보
- 서비스의 접근성 강화
- 사회적 책임성의 제고
- 성과관리와 평가

4. 개입원칙

- 개별화: 개개인의 신체적·정서적 특성 및 사회적 상황에 맞는 서비스 제공
- 포괄성: 클라이언트의 다양한 욕구를 충족시킬 수 있는 포괄적인 서비스 제공
- 지속성: 지속적인 점검과 서비스의 지속
- 연계성: 분산된 서비스 체계들을 서로 연계하여 전달체계의 효율성 도모
- 접근성: 클라이언트의 기관 및 자원에 대한 용이한 접근
- 자율성: 클라이언트의 자율성을 극대화, 자기결정권 보장
- 체계성: 서비스와 자원을 효율적으로 조정·관리하여 중복과 자원낭비 방지
- 통합성: 서비스의 통합으로 중복을 방지하고 질 높은 서비스 제공

5. 과정: 접수 - 사정 - 계획 - 개입 - 점검 및 재사정 - 평가 및 종결

(1) 접수

- 클라이언트의 장애나 욕구 파악 및 기관 서비스에 부합하는지의 여부 판단과 사례 발견의 과정이며, 의뢰의 경우 이유에 관한 정보도 수집

(2) 사정

- 클라이언트의 주위 환경 및 상황을 이해하는 집중적이고 체계적인 과정
- 클라이언트의 현재 기능수준과 욕구를 파악
- 사정의 범주: 욕구와 문제의 사정, 자원 사정, 장애물 사정

(3) 계획

- 상호 목적 수립하기 → 우선순위 정하기 → 전략 수립하기 → 전략 선택하기 → 전략 실행하기

(4) 개입(자원개발·연계·실행·조정·통합)

① 직접적 개입

- 사례관리자는 안내자, 교육자, 정보제공자로서의 역할 수행
- 기술과 능력 향상 및 문제를 경감시키기 위한 사례관리자의 활동

② 간접적 개입

- 사례관리자는 중개자, 연결자, 옹호자로서의 역할 수행
- 주변체계나 체계 간의 관계 변화를 위한 사례관리자의 활동

(5) 점검 및 재사정

- 서비스의 적절성, 적시성, 충분성, 연속성 보장을 위해 서비스 제공체계의 서비스 전달 및 실행을 점검하고 재사정하는 과정

(6) 평가 및 종결

- 사례관리의 효과성을 제시하는 주요한 근거로서 결과를 평가하는 것
- 평가유형
  - 클라이언트에 관한 서비스 및 개입계획에 대한 평가
  - 목적달성 여부에 대한 평가
  - 전반적인 사례관리 서비스 효과에 대한 평가
  - 클라이언트의 만족도에 대한 평가

6. 기능

- 클라이언트 발견: 클라이언트를 적극적으로 찾아 나서는 아웃리치를 통해 이루어짐
- 사정: 사정과정에 클라이언트를 참여시키는 것이 매우 중요함
- 서비스 계획의 수립: 클라이언트의 변화하는 욕구에 따라 수정·보완해야 함
- 서비스 연결 및 조정: 공식적 서비스와 비공식적 지지망을 연결하는 기능
- 점검(모니터링): 확인 및 감독하는 기능
- 권익옹호: 클라이언트 개인의 욕구충족 및 최선의 이익을 위해 옹호, 사례관리자와 서비스 체계 혹은 특정 기관과 프로그램 간에 발생하는 긴장상태 조정 위해 옹호함

7. 사례관리자의 역할

- 중개자: 다른 유용한 자원과 클라이언트를 연결시키는 역할
- 옹호자: 클라이언트를 대변하고 옹호하는 역할
- 평가자: 사례관리 과정 전반에 관한 정보와 자료를 수집하고 분석하는 역할
- 조정자: 필요한 조정과 타협의 책임을 지는 역할
- 계획가: 사례계획, 치료, 서비스통합, 기관의 협력 및 서비스망을 설계하는 역할
- 중재자: 갈등 파악과 조정 및 논쟁이나 갈등을 해결하는 역할

☑ 과락科落 말고 과락科樂 기출 선지

01. 개인이나 집단의 갈등 파악과 조정은 사례관리자의 중재자로서의 역할이다.

02. 사례관리는 단기개입이나 장기개입 중 어느 하나를 추구한다기보다 사례에 따라 적절한 개입계획을 수립하는 것이 중요하다고 할 수 있다.

03. 사례관리는 클라이언트의 다양하고 복잡한 욕구에 대응하기 위해 기존의 실천방법들을 더 다양한 차원에서 효율적이고 효과적으로 활용하기 위한 실천방법으로서 전통적인 사회복지방법론과 전혀 다른 실천방법은 아니다.

04. 사례관리는 클라이언트 개인의 욕구에 초점을 두어 기관 내 서비스로 한정하지 않은 채 자원체계 간 연결, 조정 등의 활동을 수행한다.

05. 사례관리는 접수-사정-계획-개입(연계·조정·실행)-점검 및 재사정-종결 및 평가의 순으로 진행된다.

06. 사례관리의 개입원칙에는 개별화, 포괄성, 지속성, 연계성, 접근성, 자율성, 체계성, 통합성이 있다.

07. 사각지대 발굴을 위해 이웃주민을 조직하는 것은 사례관리자의 간접적 개입이다.

08. 사각지대 발굴을 위해 아웃리치를 하는 것은 접근성의 원칙에 부합한다.

09. 서비스 조정을 위해 사례회의를 개최하는 것은 통합성에 해당한다.

10. 사정의 범주에는 욕구와 문제의 사정, 자원 사정, 장애물 사정이 있다.

11. 사례관리의 사정은 클라이언트의 주위 환경 및 상황을 이해하는 집중적이고 체계적인 과정이다.

12. 사례관리의 사정단계에서는 클라이언트와 함께 문제 목록을 작성하며, 클라이언트의 욕구 및 자원을 확인하는 과정이 포함된다.

13. 계획된 서비스의 전달과정 추적은 점검단계에서 수행한다.

14. 다른 유용한 자원과 클라이언트를 연결시키는 것은 사례관리자의 중개자로서의 역할이다.

2교시
사회복지실천

2 사회복지실천기술론

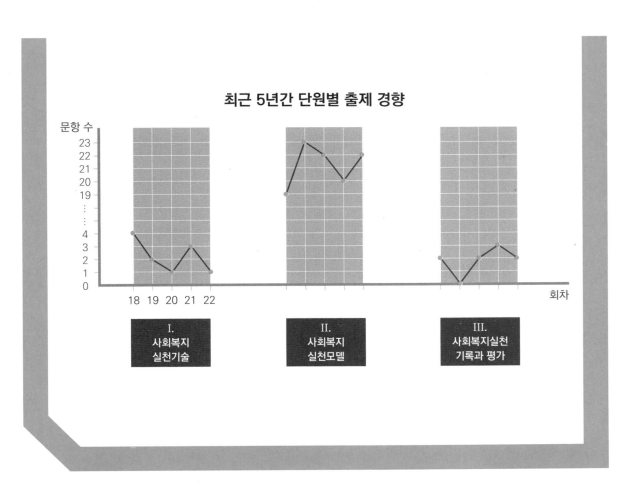

최근 5년간 단원별 출제 경향

과목 조감도

- I. 사회복지 실천기술
  - 1. 사회복지실천 기술의 이해
  - 2. 사회복지실천 기술의 기초

- 1. 개인대상
  - 1) 정신역동모델
  - 2) 심리사회모델
  - 3) 인지행동모델
  - 4) 해결중심모델
  - 5) 역량강화모델
  - 6) 과제중심모델
  - 7) 위기개입모델

□ 22회 26번

사회복지사가 가져야 할 지식의 내용으로 옳은 것을 모두 고른 것은?

ㄱ. 인간행동과 발달
ㄴ. 인간관계와 상호작용
ㄷ. 사회복지정책과 서비스
ㄹ. 사회복지사 자신에 관한 지식

① ㄱ
② ㄱ, ㄴ
③ ㄴ, ㄷ
④ ㄱ, ㄷ, ㄹ
⑤ ㄱ, ㄴ, ㄷ, ㄹ

[해설] 사회복지사가 가져야 할 실천기술의 지식은 사회문제 및 사회현상, 사회정책과 제도 및 인간행동과 사회환경, 사회복지 전문직 등의 과학적 기반과, 사회복지 전문가의 가치관 및 감정이입적 의사소통, 진실성, 융통성, 전문적인 관계형성 등의 예술적 기반을 바탕으로 한다.

[정답] ⑤

□ 21회 26번

사회복지실천현장의 지식 유형에 관한 설명으로 옳지 않은 것은?

① 이론은 현상을 설명하기 위한 가설이나 개념의 집합체이다.
② 관점은 개인과 사회에 관한 주관적 인식의 차이를 보여주는 사고체계이다.
③ 실천지혜는 실천 활동의 원칙과 방식을 구조화한 것이다.
④ 패러다임은 역사와 사상의 흐름에 영향을 받는 추상적 개념 틀이다.
⑤ 모델은 실천과정에 직접적으로 필요한 기술적 적용방법을 제시한 것이다.

[해설] 실천지혜는 실천현장에서 경험을 통해서 만들어진 지식을 말한다. 실천활동의 원칙과 방식을 구조화한 것으로서 실천과정에 직접적으로 필요한 기술적 적용방법을 제시하는 것은 사회복지실천현장의 지식 유형 중 모델(model)에 관한 설명이다.

[정답] ③

□ 21회 36번

클라이언트와의 면접 중에 주제를 전환하기 위한 목적으로 사용하는 실천기술은?

① 반영
② 요약
③ 해석
④ 직면
⑤ 초점화

[해설] 요약은 클라이언트가 면담 중에 이야기했던 감정이나 생각, 행동 등을 사회복지사가 정리하는 것으로 보통 한 회기를 끝나거나 새로운 회기로 넘어가는 시점에 지난 회기의 대화를 정리하기 위해 사용하기도 하지만 상담내용을 정리하고 다른 주제로 전환하기 위해서 사용하기도 하는 사회복지실천기술이다.

[정답] ②

□ 20회 26번

사회복지실천에 관한 설명으로 옳지 않은 것은?

① 과학성과 예술성을 통합적으로 활용한다.
② 사회복지의 관점과 이론을 토대로 한다.
③ 심리학, 사회학 등 타 학문과 배타적 관계에 있다.
④ 클라이언트의 특성을 반영한다.
⑤ 사회복지 가치와 윤리를 반영한다.

[해설] 사회복지학은 독자적이면서도 타 학문과 배타적이지 않고 협력적이다.

[정답] ③

사회복지실천기술의 전문적 기반에 관한 설명으로 옳지 않은 것은?

① 이론과 실천의 준거틀을 적절하게 이용하는 것은 예술적 기반에 해당된다.
② 연구자료를 수집하고 분석하는 것은 과학적 기반에 해당된다.
③ 사회복지 전문가로서 가지는 가치관은 예술적 기반에 해당된다.
④ 감정이입적 의사소통, 진실성, 융통성은 예술적 기반에 해당된다.
⑤ 사회복지사에게는 과학성과 예술성의 상호보완적이고 통합적인 실천역량이 요구된다.

해설 이론은 조사와 실험을 통해 이미 검증된 지식을 말하는 것이다. 따라서 이론과 실천의 준거틀을 적절하게 이용하는 것은 과학적 기반에 해당한다. **정답** ①

다음 예시에서 사회복지사가 활용한 실천기술은?

> • 클라이언트: "저는 정말 나쁜 엄마예요. 저는 피곤하기도 하지만 성질이 나빠서 항상 아이들한테 소리를 지르고······"
> • 사회복지사: "선생님이 자녀에게 어떻게 하는지를 저에게 이야기할 수 있다는 사실은 자녀들과 더 좋은 관계를 가지고 싶다는 뜻이지요."

① 명료화하기   ② 초점화하기
③ 재명명하기   ④ 재보증하기
⑤ 해석하기

해설 재명명하기는 문제상황에 대한 클라이언트의 관점을 변화시키기 위해 클라이언트가 부여하는 의미를 새로운 의미로 수정하는 의사소통기법이다. **정답** ③

사회복지실천의 지식과 기술을 습득하는 방법으로 옳은 것을 모두 고른 것은?

> ㄱ. 사례회의(case conference)를 개최하여 통합적 지원방법에 대해 논의한다.
> ㄴ. 가족치료모델을 이해하기 위해 해결중심가족치료 세미나에 참석한다.
> ㄷ. 윤리적 가치갈등의 문제에 대하여 직장동료한테 자문을 구한다.
> ㄹ. 초점집단면접(Focus Group Interview)을 실시하여 이용자 인식을 확인한다.

① ㄱ, ㄷ   ② ㄴ, ㄹ
③ ㄱ, ㄴ, ㄷ   ④ ㄴ, ㄷ, ㄹ
⑤ ㄱ, ㄴ, ㄷ, ㄹ

해설 사회복지실천현장에서 적용가능한 사회복지실천기술 및 지식을 이해하고 접근해야 하는 문제로 예시에 적용한 사례들은 모두 옳은 방법이다. **정답** ⑤

초기면접을 위한 준비로 적절하지 않은 것은?

① 면접 목적을 잠정적으로 설정한다.
② 모든 질문을 사전에 확정해 놓는다.
③ 슈퍼바이저나 동료에게 미리 조언을 구한다.
④ 클라이언트 특성을 고려하여 시설환경에 대한 준비를 한다.
⑤ 의뢰서에 있는 클라이언트의 문제와 관련한 전문 지식을 보완한다.

해설 면접의 목적은 면접과정 중 변화할 수 있다. 따라서 목적은 확정하지 않고 잠정적으로 설정하며, 기본적인 질문은 정해 놓고 질문하되 면접과정에서 필요에 따라 추가적인 질문이 발생할 수 있다. **정답** ②

□ 18회 34번

가정폭력 피해경험이 있는 사회복지사가 자기노출을 고려하는 목적으로 옳은 것은?

① 역전이를 활용하기 위해

② 클라이언트의 표현을 촉진하기 위해

③ 자신과 비슷한 경험인지 알아보기 위해

④ 클라이언트의 자기합리화를 돕기 위해

⑤ 사회복지사가 자신의 문제를 극복했는지 확인하기 위해

해설 사회복지사의 주요 실천기술의 하나로 사회복지사는 상담 중 적절한 상황에서 자기노출을 함으로써 클라이언트가 자신의 이야기를 거부감 없이 편안하게 하도록 하기 위한 기술이다.

정답 ②

□ 18회 36번

다음 사례에서 사회복지사의 개입방법에 관한 설명으로 옳은 것은?

가정폭력으로 이혼한 영미씨의 전 남편은 딸의 안전을 확인해야 양육비를 주겠다며 딸의 휴대폰 번호도 못 바꾸게 하였다. 영미씨는 아버지의 언어폭력으로 인한 고통을 호소하는 딸에게 전화를 계속하여 받도록 하였다. 사회복지사는 이에 대한 사정평가 후, 경제적 어려움에 대한 불안감이 가정폭력을 사실상 지속시킨다고 판단하여 양육비이행지원서비스를 받을 수 있도록 지원하고 아버지의 전화를 차단하도록 하였다.

① 가족 옹호
② 가족 재구성
③ 재정의하기
④ 탈삼각화기법
⑤ 균형 깨트리기

해설 가족옹호에 대한 설명이다. 옹호는 사회복지사가 클라이언트 개인이나 클라이언트의 가족들을 대신해 권익을 보호하고자 하는 활동이며, 가족옹호는 가족에게도 정당한 권리가 있음에도 불구하고 권리에 대한 보장이 이루어지지 않았거나, 정책으로 인해 클라이언트가 불리한 상황에 직면했을 때 정책을 수정하거나 개선하려는 활동을 말한다.

정답 ①

 핵심요약

1. 사회복지실천기술의 이해

(1) 사회복지실천의 특징

- 과학성과 예술성을 통합적으로 활용
- 사회복지의 관점과 이론을 토대로 함
- 사회복지학은 독자적이면서도 타 학문과 배타적이지 않고 협력적임
- 사회복지실천의 기술은 클라이언트의 개별적인 욕구나 특성, 각 상황에 적합하게 반영하는 것
- 사회복지실천은 지식이나 기술뿐만이 아니라 철학이 있어야 하며 이는 곧 사회복지의 가치와 윤리를 반영하는 것

(2) 사회복지실천기술의 전문적 기반

① 사회복지실천기술의 과학적 기반
- 사회문제 및 사회현상, 사회정책과 제도, 사회서비스와 프로그램, 사회복지 전문직, 인간행동과 사회환경, 사회복지실천방법 등 다양한 이론과 실천의 준거틀을 적절하게 이용하는 것
- 연구자료를 수집하고 분석하는 것

② 사회복지실천기술의 예술적 기반
- 예술은 '기예(技藝)와 학술(學術)을 아울러 이르는 말'로 예술적 기반과 과학적인 학술을 적절하게 활용하여 사회복지실천에 개입하는 것
- 사회복지 전문가로서 가지는 가치관
- 감정이입적 의사소통, 진실성, 융통성, 전문적인 관계형성, 창의적 사고, 직관적 능력, 건전한 판단, 역사와 현재의 사건, 예술과 문학, 사회적 관심, 희망, 용기, 사랑, 에너지 등

2. 사회복지실천기술의 기초

(1) 초기면접을 위한 준비
- 면접 진행 중 목적이 변경될 수 있으므로 면접의 목적은 잠정적으로 설정
- 기본 질문을 사전에 미리 설정(면접 진행 중 추가 질문이 발생할 수 있음)
- 슈퍼바이저나 동료에게 미리 조언을 구함
- 클라이언트 특성을 고려하여 시설환경에 대한 준비를 할 것
- 의뢰서에 있는 클라이언트의 문제와 관련한 전문 지식을 보완

(2) 사회복지실천현장의 지식유형

① 패러다임: 사회복지실천현장의 지식유형에서 역사와 사상의 흐름에 영향을 받는 추상적인 개념 틀
② 관점: 개인과 사회에 관한 주관적 인식의 차이를 보여 주는 사고체계
③ 이론: 현상을 설명하기 위한 가설이나 개념의 집합체
④ 모델: 실천활동의 원칙과 방식을 구조화하고 실천과정에서 직접적으로 필요한 기술적 적용방법을 제시한 것
⑤ 실천지혜: 사회복지실천현장에서 경험을 통해 만들어진 지식

(3) 사회복지실천기술

① 사회복지실천의 기본기술: 면접기술(의사소통), 사정기술, 실천기술(개입, 협동, 협상, 지지망구축 등), 평가 및 종결기술 등

② 사회복지사의 역할: 조력자, 중개자, 중재자, 옹호자, 평가자, 교육자, 자문가, 현장활동가, 훈련가, 행동가, 계획가, 협상가, 조정자 등

③ 개입수준 실천기술: 미시적 차원, 중범위적 차원, 거시적 차원, 전문가집단적 차원

(4) 사회복지사의 주요 실천기술

① 명료화: 클라이언트가 말한 내용을 사회복지사가 잘 이해했는지 확인하는 기법

② 해석: 클라이언트의 통찰력 향상을 위해 사회복지사의 지식과 직관력에 근거하여 설명하는 것

③ 환기: 클라이언트의 부정적 감정이 문제해결에 방해가 될 경우 감정의 강도를 약화시키는 기법

④ 초점화: 클라이언트가 자신의 문제점을 길게 나열하거나 주제와 상관없는 다른 이야기로 넘어가려고 할 때 중요한 핵심을 잡아 주거나 다시 원래 주제에 대한 이야기를 하도록 하여 시간효율성을 높이려는 상담기법

⑤ 재명명: 문제상황에 대한 클라이언트의 관점을 변화시키기 위해 클라이언트가 얘기하는 부정적 문제에 긍정적 의미를 부여하는 상담기법

⑥ 재보증: 클라이언트의 불안감이나 불확실한 감정을 줄이고 편안한 감정을 가질 수 있도록 돕는 기법

⑦ 가족옹호: 사회복지사가 클라이언트 개인이나 클라이언트의 가족들을 대신해 권익을 보호하는 활동

⑧ 직면: 클라이언트의 언행이 일치하지 않을 경우 이를 재인식시켜 클라이언트의 감정, 사고, 행동의 모순을 깨닫도록 하는 기법

⑨ 사회복지사의 자기노출: 사회복지사가 적절하다고 판단되는 시점에 자신의 경험을 이야기를 함으로써 클라이언트와의 원조과정을 이끌어 가기 위한 기법

⑩ 요약: 클라이언트가 면담 중에 이야기했던 감정이나 생각, 행동 등을 사회복지사가 정리하는 것으로 보통 한 회기를 끝나거나 새로운 회기로 넘어가는 시점에 지난 회기의 대화를 정리하기 위해 사용하는 실천기술

⑪ 환언: 클라이언트가 말한 내용을 사회복지사가 자신의 언어로 더 명백하게 표현하는 기법

⑫ 인정: 클라이언트가 어떤 행동을 하거나 중단한 이후 이에 대해 긍정적으로 평가해 주는 기법

⑬ 행동조성: 목표행동을 세분화하여 연속적, 단계적으로 강화하는 것
   ☑ 간접실천의 대표기술: 옹호, 의뢰
   ☑ 사회복지사와 클라이언트의 관계형성이 잘된 후에 사용하는 기술: 해석, 직면

1. 이론은 현상을 설명하기 위한 가설이나 개념의 집합체이다.

2. 관점은 개인과 사회에 관한 주관적 인식의 차이를 보여 주는 사고체계이다.

3. 패러다임은 역사와 사상의 흐름에 영향을 받는 추상적 개념 틀이다.

4. 모델은 실천활동의 원칙과 방식을 구조화한 것이다.

5. 모델은 실천과정에 직접적으로 필요한 기술적 적용방법을 제시한 것이다.

6. 요약은 클라이언트와의 면접 중에 주제를 전환하기 위한 목적으로 사용하는 실천기술이다.

7. 사회복지사에게는 과학성과 예술성의 상호보완적이고 통합적인 실천역량이 요구된다.

8. 자녀에게 항상 소리를 지르는 엄마가 스스로를 나쁜 엄마라고 하며 고민을 상담할 때, 사회복지사가 자녀와의 더 좋은 관계를 원하는 것으로 해석한 것은 실천기술 중 재명명하기이다.

9. 가정폭력 피해경험이 있는 사회복지사가 클라이언트의 표현을 촉진하기 위해 자기노출을 고려한다.

10. 사회복지 전문직의 가치체계로는 사회적 형평성의 원리, 개인의 복지에 대한 사회와 개인 공동의 책임, 개인의 존엄성과 독특성에 대한 존중, 자기결정의 원리 등이 있다.

11. 실천지식의 구성수준을 추상성에서 구체성의 방향으로 순서대로 나열하면 패러다임 → 관점 → 이론 → 모델 → 실천지혜 순이다.

12. 격려기술: 예 계약기간 동안 업무를 잘 해내셨군요. 이번에도 잘 감당할 수 있을 것이라 믿어요.

13. 재보증기술: 예 염려하지 마세요. 상황은 좋아질 거예요.

14. 환기기술: 예 힘드셨을 것 같네요. 그때 기분이 어떠셨나요?

15. 직면기술: 예 잠시 무엇을 했는지 한번 살펴봅시다. 지난번 하겠다고 한 것과는 반대의 일을 하고 있네요.

최근 5년간 출제 경향

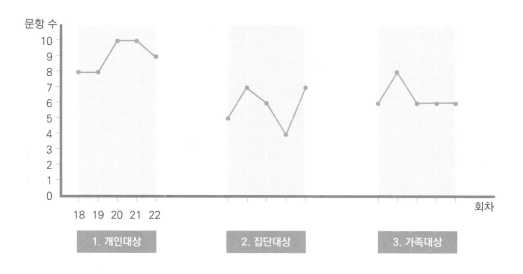

1. 개인대상   2. 집단대상   3. 가족대상

1. 개인대상

1) 정신역동모델

☐ 22회 34번

정신역동모델 개입과정을 순서대로 옳게 나열한 것은?

> ㄱ. 동일시를 위한 자아구축 단계
> ㄴ. 클라이언트의 자기이해를 원조하는 단계
> ㄷ. 관계형성 단계
> ㄹ. 클라이언트가 독립된 자아정체감을 형성하도록 원조하는 단계

① ㄱ → ㄷ → ㄹ → ㄴ   ② ㄴ → ㄷ → ㄱ → ㄹ
③ ㄴ → ㄹ → ㄷ → ㄱ   ④ ㄷ → ㄱ → ㄹ → ㄴ
⑤ ㄷ → ㄴ → ㄱ → ㄹ

해설 정신역동모델 개입과정: 관계형성 → 동일시를 위한 자아구축 → 클라이언트가 독립된 정체감을 형성하도록 원조 → 클라이언트의 자기이해를 원조 **정답** ④

☐ 21회 35번

정신역동모델의 개입기법에 관한 설명으로 옳은 것을 모두 고른 것은?

> ㄱ. 직면: 클라이언트의 이야기와 행동 간 불일치를 보일 때 자기모순을 직시하게 한다.
> ㄴ. 해석: 치료적 관계에서 나타나는 클라이언트의 특정 생각이나 행동의 의미를 설명한다.
> ㄷ. 전이분석: 클라이언트가 과거의 중요한 인물에 대해 느꼈던 감정을 치료사에게 재현하는 현상을 분석하여 과거 문제를 해석하고 통찰하도록 한다.
> ㄹ. 명료화: 저항이나 전이에 대한 이해를 심화·확장하여 통합적으로 이해하도록 한다.

① ㄱ   ② ㄴ, ㄹ
③ ㄷ, ㄹ   ④ ㄱ, ㄴ, ㄷ
⑤ ㄱ, ㄴ, ㄷ, ㄹ

해설 저항이나 전이에 대해 이해를 심화·확장하여 통합적으로 이해하도록 하는 개입기법은 훈습이다. **정답** ④

정신역동모델의 개념과 개입기법에 관한 설명으로 옳은 것을 모두 고른 것은?

> ㄱ. 전이는 정신역동 치료에 방해가 되므로 이
> 를 이용해서는 안 된다.
> ㄴ. 무의식적 갈등이나 불안을 표현하도록 하
> 여 자신의 문제에 대해 이해하고 통찰할 수
> 있도록 한다.
> ㄷ. 클라이언트와 라포가 형성되기 전에 해석
> 을 제공하는 것이 관계형성에 도움이 된다.
> ㄹ. 훈습을 통해 클라이언트의 불안은 최소화
> 되고 적합한 방법으로 자신의 문제를 이해
> 할 수 있는 능력을 기르게 된다.

① ㄱ, ㄷ
② ㄴ, ㄹ
③ ㄱ, ㄴ, ㄷ
④ ㄴ, ㄷ, ㄹ
⑤ ㄱ, ㄴ, ㄷ, ㄹ

해설 ㄱ. 전이는 클라이언트가 사회복지사를 자신의 과거 속의 중요한 인물이라고 느끼는 것을 말한다. ㄷ. 해석은 클라이언트의 통찰력 향상을 위해 상담자의 직관에 근거하여 설명하는 것으로 클라이언트에 대한 정보부족으로 해석이 잘못되는 등의 클라이언트와의 관계형성에 오히려 방해가 되는 경우도 발생할 수 있다. 따라서 해석이나 직면하기의 기법은 사회복지사와 클라이언트와의 라포형성이 충분히 이루어진 후에 사용하는 것이 좋다. **정답** ②

정신역동모델에 관한 설명으로 옳은 것은?

① 통찰보다는 치료적 처방에 초점을 둔다.
② 무의식적 충동과 미래 의지를 강조한다.
③ 사회구성주의적 관점의 영향을 받았다.
④ 기능주의 학파의 이론적 기초가 되었다.
⑤ 자유연상, 훈습, 직면의 기술을 사용한다.

해설 정신역동모델은 치료적 처방보다는 통찰에 초점을 두고, 무의식적 충동과 과거 경험을 강조한다. 심리적 결정론에 근거하고 진단주의 학파의 이론적 기초가 되었다. **정답** ⑤

☑ 핵심요약

1. 개인대상

1) 정신역동모델

(1) 정신역동모델의 개념

- 장기개입모델
- 심리적 결정론(정신결정론)에 근거
- 발달단계상의 고착과 퇴행을 고려하고 성장의지가 높은 클라이언트에게 효과적
- 치료적 처방보다 통찰에 초점을 둔 것으로 클라이언트의 꿈, 자유연상의 의미를 해석하는 목적은 통찰력을 제고하기 위한 것
- 원초아와 초자아 사이에 발생하는 불안과 긴장 해소를 위해 방어기제를 사용
- 자유연상, 훈습, 직면, 전이의 해석, 꿈의 분석의 기술을 사용
- 무의식적 충동과 과거를 강조
- 진단주의 학파의 이론적 기초가 되었음

(2) 정신역동모델의 개입목표

- 클라이언트가 과거 자신의 경험에서 만들어진 불안한 감정과 무의식적인 갈등을 의식화하도록 하여 과거의 무의식적인 감정과 경험들이 현재 자신에게 어떤 영향을 미치는지를 통찰하도록 돕는 것
- 무의식의 의식화하는 것을 통찰이라고 함
  - ☑ 통찰: 이전에는 전의식이나 무의식 속에 담겨 있어서 보지 못했던 정신적·정서적 갈등을 자각하여 알게 되는 것

(3) 정신역동모델의 개입기법

① 꿈의 분석: 꿈을 통해 나타나는 무의식적인 소망과 욕구를 해석하여 통찰력을 갖도록 하는 것
② 자유연상: 클라이언트가 생각하고 말하고 싶어하는 모든 것들을 자유롭게 이야기하도록 하며, 이 과정에서 불필요한 것도 억제시키지 않고 이야기하도록 하여 모든 것을 수용하고 그것을 해석하여 클라이언트에게 전달함으로 인해 통찰력을 향상시켜 무의식을 의식화하도록 하는 기법
③ 전이: 클라이언트가 사회복지사를 자신이 과거에 알았던 사람과 동일인물이라고 느껴 과거의 알았던 사람에 대한 감정을 사회복지사에게 표현하는 현상
- 전이는 반복적이며 퇴행하는 특징을 가지고 있으며 훈습으로 다루어서 무의식을 의식화함
  - ☑ 역전이: 전이와는 반대로 사회복지사가 클라이언트와의 상담과정에서 클라이언트가 겪었던 문제의 상황을 본인의 무의식에 있었던 과거의 어느 상황과 연결시켜 그 감정을 표현하는 것으로 역전이는 경계할 필요가 있음
- 역전이가 발생할 경우 사회복지사는 자기인식 및 교육분석을 통해 최소화할 수 있도록 해야 함
④ 훈습: 클라이언트가 전이나 저항에 대해서 반복적으로 경험함으로써 스스로 문제를 이해하고 통찰하도록 하여, 실제 그와 유사한 상황에서도 당황하지 않고 해결할 수 있도록 하기 위한 반복학습
⑤ 직면: 모순이나 불일치를 직시하도록 원조하는 기법
⑥ 해석: 클라이언트의 행동이나 언어 등을 통해 무의식적 의미를 고려하여 파악하고 클라이언트의 통찰력 향상을 위해 사회복지사가 자신의 직관에 근거하여 설명하는 기법

☑ 과락科落 말고 과락科樂 기출 선지

01. 정신역동모델은 무의식적 갈등이나 불안을 표현하도록 하여 자신의 문제에 대해 이해하고 통찰할 수 있도록 한다.

2. 정신역동모델에서 훈습을 통해 클라이언트의 불안은 최소화되고 적합한 방법으로 자신의 문제를 이해할 수 있는 능력을 기르게 된다.

3. 정신역동모델은 자유연상, 훈습, 직면의 기술을 사용한다.

4. 해석의 목적은 통찰력 향상에 있다.

5. 전이는 반복적이며 퇴행하는 특징을 갖는다.

6. 정신역동모델에서는 현재의 문제를 과거의 경험에서 찾는다.

7. 정신역동모델은 자기분석이 가능한 클라이언트일수록 효과적이다.

8. 정신역동모델에서 전이의 분석을 통해 클라이언트의 통찰력을 증진시킨다.

9. 훈습은 저항이나 전이에 대한 이해를 반복해서 심화, 확장하도록 한다.

10. 자유연상은 의식에 떠오르는 것이면 모든 것을 이야기하도록 한다.

11. 정신역동모델은 클라이언트의 무의식적 충동을 강조한다.

12. 정신역동모델은 저항, 방어기제, 전이에 대한 이해가 필요하다.

13. 정신역동모델은 훈습, 꿈 분석의 기술을 사용한다.

2) 심리사회모델

□ 22회 31번

심리사회모델에 관한 설명으로 옳은 것을 모두 고른 것은?

ㄱ. 심리사회모델을 체계화 하는데 홀리스(F. Hollis)가 공헌하였다.
ㄴ. "직접적 영향주기"는 언제나 사용 가능한 기법이다.
ㄷ. "환기"는 클라이언트의 긍정적 감정을 표출시킨다.
ㄹ. 간접적 개입기법으로 "환경조정"을 사용한다.

① ㄱ, ㄹ   ② ㄴ, ㄷ
③ ㄷ, ㄹ   ④ ㄴ, ㄷ, ㄹ
⑤ ㄱ, ㄴ, ㄷ, ㄹ

해설 ㄴ. "직접적 영향주기"는 사회복지사와 클라이언트 간의 신뢰관계가 먼저 형성된 후에 이루어지도록 한다.
ㄷ. "환기"는 클라이언트가 처한 상황에 대한 사실과 연관된 감정을 표현할 수 있도록 원조하여 감정의 정화를 경험하도록 하는 것이다.   정답 ①

다음 사례에서 활용한 심리사회모델의 개입기법은?

"지금까지의 방법이 효과적이지 않다면 다른 방법을 시도해 보면 어떨까요? 제 생각에는 지금쯤 변화가 필요하니 가족상담에 참여해 보시면 어떨까 합니다."

① 지지하기
② 직접적 영향주기
③ 탐색 – 기술 – 환기
④ 인간 – 환경에 관한 고찰
⑤ 유형 – 역동성 고찰

해설 ② 직접적 영향주기는 클라이언트에게 어떤 제안이나 지시를 함으로써 특정 행동을 할 수 있도록 개입하는 기법으로 클라이언트와 사회복지사 간의 신뢰관계를 바탕으로 클라이언트에게 제안과 설득을 제공한다. **정답** ②

□ 20회 33번

심리사회모델의 개입기법에 관한 설명으로 옳지 않은 것은?

① 직접적 개입과 간접적 개입으로 구분된다.
② 직접적 영향은 주변인에게 영향력을 행사하여 환경을 변화시키는 기법이다.
③ 탐색 – 기술(묘사) – 환기는 자기 상황과 감정을 말로 표현하게 함으로써 감정전환을 도모하는 기법이다.
④ 지지는 이해, 격려, 확신감을 표현하는 기법이다.

⑤ 유형의 역동 성찰은 성격, 행동, 감정의 주요 경향에 관한 자기이해를 돕는다.

해설 ② 간접적 개입에 대한 설명이다. **정답** ②

□ 18회 42번

심리사회모델의 기법에 관한 설명으로 옳지 않은 것은?

① 발달적 성찰: 현재 클라이언트 성격이나 기능에 영향을 미친 가족의 기원이나 초기 경험을 탐색한다.
② 지지하기: 클라이언트의 현재 또는 최근 사건을 고찰하게 하여 현실적인 해결방법을 찾는다.
③ 탐색 – 기술 – 환기: 클라이언트의 상황에 관한 사실을 드러내고 감정의 표현을 통해 감정의 전환을 제공한다.
④ 수용: 온정과 친절한 태도로 클라이언트의 감정이나 주관적인 상태에 감정이입을 하며 공감한다.
⑤ 직접적 영향: 사회복지사와 클라이언트 간의 신뢰관계를 바탕으로 클라이언트에게 제안과 설득을 제공한다.

해설 지지하기는 클라이언트의 불안감을 줄이기 위해 클라이언트의 의견을 수용하고 원조의사를 표현함으로써 클라이언트에게 문제해결능력이 있다는 확신을 주어 자아존중감을 증진시켜 주는 개입기법으로 재보증, 격려, 경청 등을 사용한다. **정답** ②

✓ **핵심요약**

2) 심리사회모델

(1) 심리사회모델의 개념

- 상황 속의 인간(person in situation)
- 개인의 심리적 특성과 신체적 현상, 사회환경을 이해하고, 심리적 특성과 사회환경

의 상호작용에 대한 결과까지 고려함

(2) 심리사회모델의 개입기법

① 직접적 개입기법
  a. 지지하기: 클라이언트의 불안감을 줄이기 위해 클라이언트의 의견을 수용하고 원
     조의사를 표현함으로써 클라이언트에게 문제해결능력이 있다는 확신을 주고 자아
     존중감을 증진시켜 주는 개입기법으로 재보증, 격려, 경청 등을 사용
     • 재보증: 클라이언트가 가지고 있는 죄의식이나 불안 등에 대해 사회복지사의 이
       해를 표현해 줌으로써 클라이언트를 안심시켜 주는 것
     • 격려: 클라이언트가 문제해결능력이 있다는 것을 알려 주고 신뢰를 표현
     • 경청이나 미소, 고개 끄덕이기, 따뜻한 표정 등 비언어적 표현방법 등이 있음
  b. 직접적 영향: 사회복지사와 클라이언트 간의 신뢰관계를 바탕으로 클라이언트에
     게 현실적인 제안과 설득 제공
  c. 탐색-기술-환기: 클라이언트의 상황에 관한 사실을 드러내고 감정의 표현을 통해
     감정의 전환을 제공
     • 탐색-기술(묘사): 클라이언트가 자신의 처한 문제에 대한 상황을 표현하도록 원
       조하는 것
     • 환기: 클라이언트가 처한 상황에 대한 사실과 연관된 감정을 표현할 수 있도록 원
       조하여 감정의 정화(카타르시스)를 경험하도록 하는 것
  d. 인간-상황에 대한 고찰: '상황 속의 인간'을 반영하고 고찰하기
     • 현재 또는 가장 최근의 사건에 대해 클라이언트가 주변의 상황과 자신을 둘러싼
       사람들과의 관계를 인식하고, 사건에서 일어날 수 있는 감정들을 고찰할 수 있도
       록 원조하는 것
  e. 유형-역동에 관한 고찰: 클라이언트의 반복되는 행동유형이나 성격, 감정유형 등
     이 무엇인지 찾아내도록 원조하는 개입기법
  f. 발달적 고찰: 현재 클라이언트 성격이나 기능에 영향을 미친 가족의 기원이나 초기
     경험을 탐색하는 것

② 간접적 개입
  • 클라이언트를 둘러싸고 있는 환경과 상황의 변화도 문제해결을 위해서 필요
  • 클라이언트에게 필요한 자원을 발굴하여 이용하거나 제공하고, 클라이언트에 대한
    중재활동 및 옹호활동을 함
  • 상황 속 인간을 고려하되 환경보다 개인의 내적 변화를 더 강조

☑ 과락科落 말고 과락科樂 기출 선지

01. 심리사회모델은 직접적 개입과 간접적 개입으로 구분된다.

02. 심리사회모델에서 간접적 영향은 주변인에게 영향력을 행사하여 환경을 변화시키는 기법이다.

03. 지지는 이해, 격려, 확신감을 표현하는 기법이다.

04. 유형의 역동성찰은 성격, 행동, 감정의 주요 경향에 관한 자기이해를 돕는다.

05. 수용은 온정과 친절한 태도로 클라이언트의 감정이나 주관적인 상태에 감정이입을 하며 공감한다.

06. 심리사회모델에서는 문제해결을 위해 사회복지사의 의견을 강조하며 이는 직접적 영향에 해당한다.

07. 발달적 고찰은 성인기 이전의 생애경험이 현재의 기능에 미치는 영향에 대해 고찰하는 것이다.

08. 탐색 – 기술 – 환기는 클라이언트와 환경과의 상호작용에 대한 사실을 기술하고 감정을 표현하도록 하는 것이다.

09. 인간 – 상황에 대한 고찰은 사건에 대한 클라이언트의 지각방식 및 행동에 대한 신념, 외적 영향력 등을 평가한다.

10. 심리사회모델에서는 클라이언트의 수용과 자기결정을 강조한다.

3) 인지행동모델

□ 22회 32번

인지행동모델 개입기법에 관한 설명으로 옳은 것은?

① 행동시연: 관찰학습 과정을 통해 클라이언트가 시행착오를 거치지 않고 행동할 수 있도록 한다.

② 유머사용: 인지적 기법의 하나로서 비합리적인 신념에서 오는 불안을 감소시키는데 유용하다.

③ 내적 의사소통 명료화: 클라이언트 스스로 자신에 대해 독백하고 사고하는 과정이다.

④ 역설적 의도(paradoxical intention) ; 클라이언트의 역기능적 사고를 인식하고 이를 현실적인 사고로 대치한다.

⑤ 이완훈련: 클라이언트가 가장 덜 위협적인 상황에서 가장 위협적인 상황까지 순서대로 제시한다.

해설 ② 유머사용: 엘리스의 합리적 정서치료에서 사용하는 개입기법 ④ 역설적 의도: 클라이언트가 불안감을 느끼는 상황이 있다면 그것을 자꾸 해보도록 시키는 것 ⑤ 이완훈련: 몸과 마음의 긴장이나 스트레스를 해소하고 안정적인 상태를 유지하기 위한 훈련 **정답** ③

□ 21회 29번

인지적 오류(왜곡)에 관한 예로 옳지 않은 것은?

① 임의적 추론: 내가 뚱뚱해서 지나가는 사람들이 나만 쳐다봐.

② 개인화: 그때 내가 전화만 받았다면 동생이 사고를 당하지 않았을 텐데. 나 때문이야.

③ 이분법적 사고: 이 일을 완벽하게 하지 못하면 실패한 것이야.
④ 과잉일반화: 시험보는 날인데 아침에 미역국을 먹었으니 나는 떨어질 거야.
⑤ 선택적요약: 지난번 과제에 나쁜 점수를 받았어. 이건 내가 꼴찌라는 것을 의미해.

해설 ④ 과잉일반화는 하나 또는 별개의 사건들을 가지고 결론을 내린 후 비논리적으로 확장하는 것이다. 시험 보는 날인데 아침에 미역국을 먹었으니 떨어진다고 생각하는 것은 미역국과 시험의 관계에 대한 명확한 근거 없는 임의적 추론에 해당한다. **정답** ④

□ 21회 30번

인지행동모델에 관한 설명으로 옳지 않은 것은?

① 개인의 주관적 경험의 독특성을 중시한다.
② 클라이언트의 강점과 자원이 문제해결의 주요 요소이다.
③ 제한된 시간 내에 특정 문제에 초점을 두고 접근한다.
④ 과제 활용과 교육적인 접근으로 자기 치료가 가능하도록 한다.
⑤ 클라이언트의 적극적 참여와 협조적 태도를 중시한다.

해설 클라이언트의 강점과 자원이 문제해결의 주요 요소가 되는 것은 역량강화모델이다. **정답** ②

□ 21회 31번

사회복지실천의 개입기법에 관한 설명으로 옳지 않은 것은?

① 소거: 부적 처벌의 원리를 이용하여 바람직하지 않은 행동을 중단시키는 것
② 시연: 클라이언트가 힘들어하는 행동에 대해 실생활에서 실행 전에 반복적으로 연습하는 것

③ 행동조성: 특정 행동 수준까지 끌어올리기 위해 작은 단위의 행동으로 나누어 과제를 주는 것
④ 체계적 둔감법: 두려움이 적은 상황부터 큰 상황까지 단계적으로 노출시켜 문제를 극복하도록 하는 것
⑤ 내적 의사소통의 명료화: 클라이언트가 자신의 생각을 말로 표현하고, 피드백을 통해 사고의 명료화를 돕는 것

해설 강화(증가), 처벌(감소) - 정적(제공), 부적(제거)
① 소거는 이미 조작적 조건화를 통해서 강화된 행동에 대해서 어떠한 강화나 처벌을 주지 않음으로 인해 행동이 약해지거나 또는 사라지게 하는 것을 말한다. **정답** ①

□ 21회 46번

사회기술훈련의 단계를 순서대로 옳게 나열한 것은?

> ㄱ. 역할극 ㄴ. 적용 ㄷ. 시연 ㄹ. 평가

① ㄱ → ㄷ → ㄴ → ㄹ
② ㄱ → ㄷ → ㄹ → ㄴ
③ ㄴ → ㄷ → ㄹ → ㄱ
④ ㄷ → ㄱ → ㄴ → ㄹ
⑤ ㄷ → ㄱ → ㄹ → ㄴ

해설 사회기술훈련(social skill training) 단계: 사회기술훈련의 기본적 이해 → 문제상황 파악 → 사회기술훈련에서 필요한 기술의 구성요소에 대한 설명 → 사회기술의 시연 및 토론 진행 → 역할극(역할연습) → 역할극에 대한 평가 진행(긍정적 강화) → 모델링(사회복지사의 시범이나 영상을 통해서 배워야 할 행동이나 스킬 제공) → 반복연습 → 연습한 행동을 실제 현장에서 적용해 볼 수 있도록 과제 제시 **정답** ⑤

□ 20회 34번

인지행동모델의 개입방법에 해당되는 것을 모두 고른 것은?

> ㄱ. 내적 의사소통의 명료화
> ㄴ. 모델링
> ㄷ. 기록과제
> ㄹ. 자기지시

① ㄱ, ㄴ
② ㄷ, ㄹ
③ ㄱ, ㄴ, ㄷ
④ ㄴ, ㄷ, ㄹ
⑤ ㄱ, ㄴ, ㄷ, ㄹ

해설 인지행동모델의 개입방법에는 행동형성, 모델링, 경험적학습, 타임아웃, 체계적 탈감법, 사회기술훈련, 행동시연, 내적 의사소통의 명료화, 기록과제, 설명, 자기지시 등이 있다. **정답** ⑤

□ 20회 38번

인지행동모델에서 비합리적인 사고에 대해 '실용성에 관한 논박기법'을 사용한 질문은?

① 그 생각이 옳다는 것을 어떻게 아세요?
② 지금 느끼는 감정을 명확하게 설명할 수 있으세요?
③ 그 일이 실제로 일어날 가능성이 얼마나 될까요?
④ 그 생각이 문제해결에 얼마나 도움이 될까요?
⑤ 그 생각의 논리적 근거는 무엇입니까?

해설 엘리스의 ABCED 모델 중 D(Dispute, 논박)에 해당하는 것으로 비합리적 신념을 대상으로 논리성, 현실성, 실용성으로 구분하여 논박하는 것을 알고 있는지 묻는 문제이다. ③은 현실성에 해당하는 질문이고, ⑤는 논리성에 해당하는 질문이다. **정답** ④

□ 20회 40번

사회기술훈련에서 사용되는 행동주의모델기법을 모두 고른 것은?

> ㄱ. 정적 강화
> ㄴ. 역할 연습
> ㄷ. 직면
> ㄹ. 과제를 통한 연습

① ㄱ, ㄴ
② ㄱ, ㄷ
③ ㄱ, ㄴ, ㄹ
④ ㄴ, ㄷ, ㄹ
⑤ ㄱ, ㄴ, ㄷ, ㄹ

해설 사회기술훈련에서는 역할 연습, 행동 시연, 모델링, 정적 강화, 직접적 지시, 코칭, 과제제시(과제를 통한 연습), 자기옹호 등의 기법 등을 활용하며 사회학습이론에 근거한 훈련이다. 직면은 모순이나 불일치를 직시하도록 원조하는 기법으로 정신역동모델의 개입기법이다. **정답** ③

□ 19회 38번

인지행동모델에 관한 설명으로 옳지 않은 것은?

① 구조화된 접근을 한다.
② 클라이언트의 무의식적 행동에 관심을 둔다.
③ 교육적 접근을 강조한다.
④ 클라이언트의 주관적인 경험, 문제 및 관련 상황에 대한 인식을 중시한다.
⑤ 클라이언트와 사회복지사의 협조적인 노력을 중시하고, 클라이언트의 능동적인 참여를 권장한다.

해설 클라이언트의 무의식적 행동에 관심을 둔 것은 정신역동모델이다. **정답** ②

□ 18회 30번

사회기술훈련에서 활용되는 기법을 모두 고른 것은?

> ㄱ. 코칭
> ㄴ. 과제제시
> ㄷ. 모델링
> ㄹ. 자기옹호

① ㄱ, ㄷ
② ㄴ, ㄹ
③ ㄱ, ㄴ, ㄷ
④ ㄴ, ㄷ, ㄹ
⑤ ㄱ, ㄴ, ㄷ, ㄹ

해설 사회기술훈련은 인지행동의 개입기법 중 하나로 사회복귀지원 프로그램에 적용가능한 훈련이다. 사회기술훈련에서는 역할 연습, 행동 시연, 모델링, 정적 강화, 직접적 지시, 코칭, 과제제시, 과제를 통한 연습, 자기옹호 등의 기법 등을 활용하며 사회학습이론에 근거한 훈련이다.

정답 ⑤

□ 18회 44번

인지적 왜곡이나 오류의 유형에 관한 설명으로 옳은 것은?

① 과잉일반화는 정반대의 증거나 증거가 없음에도 불구하고 어떤 결론을 내리는 것이다.

② 임의적 추론은 상반된 사고의 경향성을 보이는 것이다.

③ 개인화는 하나 또는 별개의 사건들을 가지고 결론을 내린 후 비논리적으로 확장하는 것이다.

④ 선택적 사고는 상황에 대한 자신의 관점을 지지하기 위해 특정 자료들을 걸러 내거나 무시하는 것이다.

⑤ 과장과 축소는 하나의 사건 혹은 별개의 사건들의 결론을 주관적으로 내리는 것이다.

해설 ① 정반대의 증거나 증거가 없음에도 불구하고 어떤 결론을 내리는 것은 임의적 추론 ② 상반된 사고의 경향성을 보이는 것은 이분법적 사고 ③ 하나 또는 별개의 사건들을 가지고 결론을 내린 후 비논리적으로 확장하는 것은 과잉일반화 ⑤ 과장과 축소는 어떤 사건이 주는 의미 또는 사건의 크기를 왜곡하여 확대 또는 축소하는 것 **정답** ④

✓ 핵심요약

3) 인지행동모델

(1) 인지행동모델의 개념과 특징

- 상대방에게 계속적인 질문을 통해 스스로 진리를 깨달을 수 있도록 소크라테스식 문답법 활용
- 인간행동에 대한 경험과 사회환경의 상호작용으로 인간의 인지능력이 향상된다고 보는 이론으로 과거경험이나 정신역동보다는 사회적인 환경이나 자극에 의한 경험을 바탕으로 학습된다고 보는 것
- 인지행동모델은 비합리적이고 왜곡된 신념을 합리적 신념으로 재평가하고 수정하도록 하는 것으로 왜곡된 사고에 의한 정서적 문제의 개입에 효과적
- 인지행동모델은 인지이론과 행동주의 이론을 통합한 이론
- 단기개입에 해당하는 모델로 구조화된 접근 및 대체 사고와 행동을 학습하는 교육적 접근을 강조

(2) 인지행동모델의 개입기법

- 인지행동이론은 행동주의이론을 통합한 이론으로 행동주의이론의 개입기법 활용

① 행동형성: 특정 행동수준까지 끌어올리기 위해 작은 단위의 행동으로 나누어 과제를 주는 것

② 모델링: 다른 사람의 행동을 보고 그 행동을 모방하고 학습하여 새로운 행동을 익혀

나가는 방법으로 관찰학습과정을 통해 이루어짐

③ 경험적 학습: 자신이 알고 있는 생각, 신념들이 잘못되었다는 것을 다른 행동이나 경험 등의 학습을 통해서 발견하도록 하는 방법

④ 타임아웃: 문제행동을 했을 때 그로 인해 강화물의 획득 기회를 제거시키는 것으로 부적 처벌의 원리를 이용한 것

⑤ 체계적 탈감법: 두려움이 적은 상황부터 큰 상황까지 단계적으로 노출시켜 문제를 극복하도록 하는 것

⑥ 사회기술훈련: 사회생활의 적응에 어려움이 있는 클라이언트를 대상으로 사회와 환경에 적응할 수 있도록 체계적인 훈련 프로그램을 적용하여 실시. 역할연습, 행동시연, 모델링, 정적 강화, 직접적 지시, 코칭, 과제제시, 과제를 통한 연습, 자기옹호 등의 기법을 활용
   - 훈련단계: 사회기술훈련의 기본적 이해 → 문제상황 파악 → 필요기술 설명 → 기술시연 및 토론 → 역할극(역할연습) → 역할극 평가 진행(긍정적 강화) → 모델링 → 반복연습 → 과제 제시

⑦ 시연: 클라이언트가 힘들어하는 행동에 대해 실생활에서 실행 전에 반복적으로 연습하는 것

⑧ 내적 의사소통의 명료화: 클라이언트가 자신의 생각을 말로 표현하고, 피드백을 통해 사고의 명료화를 돕는 것

⑨ 인지재구조화: 역기능적인 사고와 신념을 현실에 맞는 것으로 대치하도록 하여 기능 향상을 돕는 것
   - 이 외에도 자기지시, 이완훈련, 설명, 기록과제 등의 개입기술 적용

(3) 엘리스의 ABCDE 모델

① A(Accident, 사고, 사건): 클라이언트가 경험한 실제 사건, 상황을 나타냄
② B(Belief, 신념): 사건(A)에 대한 클라이언트의 생각이나 의미
③ C(Consequence, 결과): 사건에 대한 개인의 신념으로 나타난 결과로 정서적 결과 또는 행동적 결과가 있음
④ D(Dispute, 논쟁, 논박): 개인의 신념에 따라 다른 결과가 나타났을 때, 비합리적 사고 또는 왜곡된 인지를 가진 신념에 대해 검토하여 합리적인 신념으로 재구조화하는 과정으로 논리성, 현실성, 실용성을 구분하여 논박
⑤ E(Effect, 효과): 논박의 과정을 거쳐서 비합리적 사고를 합리적 사고로 재 구조화하여 얻어 낸 생각이나 감정의 효과로 인지적 효과, 정서적 효과, 행동적 효과가 있음

(4) 아론 벡(Aron Beck)의 인지치료

   - 어떤 현상이나 상황에 대해서 판단하는 기준이 그 상황에 대한 사실을 객관적으로 판단하는 것이 아니라 개개인의 인지에 따라 다르게 판단되어 해석된다고 보고 이러한 왜곡된 인지를 수정하기 위한 치료방법을 제시

- 인지치료(Cognitive therapy)의 3가지 개념: 자동적 사고, 도식, 왜곡에 의해 발생되는 인지적 오류

① 자동적 사고: 상황에 따라 즉각적으로 떠오르는 생각이나 이미지 등의 사고
② 도식: 자동적 사고의 기초가 되는 정보처리의 기본적인 틀 또는 규칙
③ 인지적 오류
  a. 임의적 추론: 정반대의 증거 또는 충분한 증거가 없음에도 불구하고 어떤 결론을 내리는 것
  b. 선택적 사고: 상황에 대한 자신의 관점을 지지하기 위해 특정 자료들을 걸러 내거나 무시하는 것으로 전체 맥락을 무시하고 자신의 부족한 부분이나 모자란 부분에 집착하여 생각하는 경우가 해당됨
  c. 과잉일반화: 하나 또는 별개의 사건들을 가지고 결론을 내린 후 비논리적으로 확장하는 것으로 하나의 사건에 대해서 자신의 경험을 적용하여 모든 것이 동일하다고 결론을 맺는 것
  d. 과장과 축소: 어떤 사건이 주는 의미 또는 사건의 크기를 왜곡하여 확대 또는 축소하는 것
  e. 개인화: 자신과 전혀 연관성이 없는 사건도 마치 자신과 연관되어 있는 것처럼 연결시켜 생각하는 것
  f. 이분법적 사고(흑백논리): 모든 사건이나 현상을 반으로 나누어 해석하는 것을 말하는 것으로 상반된 사고의 경향성을 보이는 것

☑ **과락**科落 말고 **과락**科樂 **기출 선지**

01. 인지행동모델은 제한된 시간 내에 특정 문제에 초점을 두고 접근한다.

02. 인지행동모델은 과제 활용과 교육적인 접근으로 자기치료가 가능하도록 한다.

03. 인지행동모델은 클라이언트와 사회복지사의 협조적인 노력을 중시하고, 클라이언트의 능동적인 참여를 권장한다.

04. 인지행동모델은 클라이언트의 주관적인 경험, 문제 및 관련 상황에 대한 인식을 중시한다.

05. 사회기술훈련에서는 코칭, 과제제시, 모델링, 자기옹호 등의 개입기법이 있다.

06. 행동형성은 강화원리를 따른다.

07. 모델링은 관찰학습과정을 통해 이루어진다.

08. 경험적 학습에는 인지불일치원리가 적용된다.

9. 인지행동모델은 사건을 이해하는 신념체계가 감정에 어떤 영향을 주는지 파악한다.

10. 체계적 탈감법은 고전적 조건화에 근거한다.

11. 인지행동모델에서는 문제에 대한 통제력이 자신에게 있다고 전제한다.

12. 인지행동모델에서는 질문을 통해 자기발견과 타당화의 과정을 거친다.

13. 인지행동모델에서 인간행동은 의지에 의해 결정된다.

14. 인지행동모델에서 인간행동은 전 생애에 걸쳐 학습된다.

15. 인지행동모델은 지적 능력을 가진 클라이언트에게 적용이 보다 용이하다.

16. 인지행동모델은 행동적 과제부여를 중요시하고 불안감을 경험하는 상황에 노출시킨다.

17. 인지행동모델에서는 인지체계의 변화를 위해 구조화된 접근을 한다.

18. 인지행동모델은 즉각적인 개입을 해야 하는 클라이언트에게 적용하기 어렵다.

19. 인지행동모델은 새로운 시도에 대한 의지가 약한 클라이언트에게 적용이 어렵다.

20. 인지행동모델에서는 생각이 바뀌면 역기능이 해소될 수 있다고 가정한다.

4) 해결중심모델

□ 22회 28번

해결중심모델의 개입목표 설정 원칙에 관한 설명으로 옳지 않은 것은?

① 클라이언트에게 중요한 것을 목표로 하기
② 작은 것을 목표로 하기
③ 목표를 종료보다는 시작으로 간주하기
④ 있는 것보다 없는 것에 관심두기
⑤ 목표수행은 힘든 일이라고 인식하기

해설 해결중심모델은 클라이언트가 스스로 자기 문제를 해결할 지식과 능력이 있다고 보는 강점에 기초한 개입 모델이므로 없는 것보다 클라이언트가 가지고 있는 강점에 관심을 두어야 한다. ⑤ 목표수행은 쉬운 일이 아닌 힘든 일임을 인식하고 그 힘든 목표수행을 이뤄냈을 때의 경험

이 클라이언트에게 더 도움이 될 수 있다. **정답** ④

□ 21회 28번

해결중심모델에 관한 설명으로 옳은 것은?

① 클라이언트에게 대처행동을 가르치고 훈련함으로써 부적응을 해소하도록 한다.
② 탈이론적이고 비규범적이며 클라이언트의 견해를 존중한다.
③ 문제의 원인을 클라이언트의 심리 내적 요인에서 찾는다.
④ 클라이언트의 문제를 자원 혹은 기술 부족으로 본다.
⑤ 문제와 관련이 있는 환경과 자원을 사정하고 개입 방안을 강조한다.

해설 ① 해결중심모델은 전문가 중심이 아니라 당사자 중심으로 접근하는 모델로서, 가르치는 것이 아니라 클라이언트가 스스로 문제의 원인을 파악하고 해결할 수 있도록 원조하는 것이다. ③ 심리사회모델에 대한 설명이다. ④, ⑤ 클라이언트의 문제를 자원이나 기술부족으로 보고 문제와 관련이 있는 환경과 자원을 사정하고 개입방안을 강조하는 것은 과제중심모델이다. **정답** ②

□ 21회 33번

해결중심모델에서 사용하는 질문기법과 그에 관한 예로 옳은 것은?

① 관계성 질문: 재혼하신 아버지는 이 문제를 어떻게 생각하실까요?
② 기적질문: 처음 상담했을 때와 지금의 스트레스 수준을 비교한다면 지금은 몇 점인가요?
③ 대처질문: 어떻게 하면 그 문제가 발생하지 않을 것 같나요?
④ 예외질문: 당신은 그 어려운 상황에서 어떻게 견딜 수 있었나요?
⑤ 척도질문: 처음 상담을 약속했을 때와 지금은 무엇이 어떻게 달라졌는지 말씀해 주세요.

해설 ② 척도질문 ③ 예외질문 ④ 대처(극복)질문 ⑤ 면담치료 전 변화에 대한 질문 **정답** ①

□ 20회 36번

다음 전제에 해당되는 사회복지실천모델은?

· 삶에서 변화는 불가피하며 작은 변화가 더 큰 변화로 이어진다.
· 모든 문제에는 예외가 존재한다.
· 클라이언트는 자기 삶의 주체이며, 자신에게 중요한 사람과 일에 대해 가장 잘 아는 전문가이다.

① 클라이언트중심모델
② 해결중심모델
③ 문제해결모델
④ 정신역동모델
⑤ 동기상담모델

해설 해결중심모델은 클라이언트 지향적 모델로 클라이언트 자신이 문제를 해결할 수 있는 전문가임을 강조한다. 모든 변화는 불가피한 것이고 모든 문제에는 예외상황이 있으므로 작은 변화와 예외상황으로 인해 문제 해결이 가능하다고 본다. **정답** ②

□ 20회 47번

해결중심모델의 질문기법 예시로 옳지 않은 것은?

① 관계성질문: 두 분이 싸우지 않을 때는 어떠세요?
② 예외질문: 매일 싸운다고 하셨는데, 안 싸운 날은 없었나요?
③ 대처질문: 자녀에게 잔소리하는 횟수를 어떻게 줄일 수 있었나요?
④ 첫 상담 이전의 변화에 대한 질문: 상담신청 후 지금까지 어떤 변화가 있었나요?
⑤ 기적질문: 밤새 기적이 일어나서 문제가 다 해결됐는데, 자느라고 기적이 일어난 걸 몰라요. 아침에 뭘 보면 기적이 일어났다는 걸 알 수 있을까요?

해설 ① 관계성질문은 클라이언트와 중요한 관계에 있는 사람들이 클라이언트를 어떻게 바라보고 생각하고 있는지에 대한 질문을 하는 것이다. 예시는 예외질문이다. **정답** ①

해결중심모델에 관한 설명으로 옳지 않은 것은?

① 사회복지사는 클라이언트를 변화시키는 전문가가 아니라 변화에 도움을 주는 자문가 역할을 한다.
② 문제의 원인과 발전과정에 관심을 두기보다 문제해결 방안을 모색하는 것이 더 효과적이라고 본다.
③ 모든 사람은 강점과 자원, 능력을 가지고 있다고 가정한다.
④ 클라이언트의 견해를 존중한다.
⑤ 클라이언트의 과거에 관해 깊이 탐색하여 현재와 미래에 적응하도록 돕는데 관심을 둔다.

해설 해결중심모델은 클라이언트의 과거를 탐색하기 위해 문제해결에 많은 시간을 소요하는 것보다는 짧은 시간 안에 문제해결이 가능하도록 하기 위한 것을 목적으로 하여 현재와 미래를 중심으로 접근하는 미래지향적 모델이다. **정답** ⑤

해결중심모델에서 사용하는 질문 기법과 이에 관한 예로 옳은 것은?

① 예외질문: 그 어려운 상황 속에서도 견딜 수 있었던 것은 무엇이라 생각합니까?
② 관계성 질문: 남편이 여기 있다면 당신이 어떻게 하는 것이 문제 해결에 도움이 된다고 할까요?
③ 기적질문: 잠이 안와서 힘들다고 하셨는데, 잠을 잘잤다고 느낄 때는 언제인가요?

④ 대처질문: 지난 1주일간 어떤 변화가 있었나요?
⑤ 척도질문: 문제가 발생하지 않았던 때는 언제인가요?

해설 ① 극복(대처)질문 ③ 예외질문 ④ 면담치료 전의 변화에 대한 질문 ⑤ 예외질문 **정답** ②

해결중심모델에 관한 설명으로 옳은 것은?

① 클라이언트의 문제의 원인을 심리내부에서 찾는다.
② 의료모델을 기초로 문제 중심의 접근을 지향한다.
③ 다양한 질문기법들을 활용하여 클라이언트와 대화한다.
④ 클라이언트의 준거틀, 인식, 강점보다 문제 자체에 초점을 둔다.
⑤ 신속한 문제해결을 위해 행동변화를 위한 새로운 전략을 가르친다.

해설 ① 기존의 치료적 기법에서는 심리내부에서 문제의 원인을 찾았다면 해결중심모델에서는 문제를 반복해서 잘못 다루고 있는 것으로 접근하여 개입한다. ② 의료모델과 문제중심으로 접근하는 것이 아니라 해결중심으로 접근한다. ④ 해결중심모델은 클라이언트의 강점관점에 초점을 두고 접근한다. ⑤ 해결중심모델은 전문가 중심이 아니라 당사자 중심으로 접근하는 모델로서 전문가는 '알지 못함'의 자세로 개입하기 때문에 '가르친다'는 것은 잘못된 표현이다. **정답** ③

✔️ **핵심요약** ━━━━━━━━━━━━━━━

4) 해결중심모델

(1) 해결중심모델 개념

· 클라이언트가 스스로 자기 문제를 해결할 지식과 능력이 있다고 보는 강점에 기초

한 개입 모델로 클라이언트의 문제가 무엇인지 파악하는 것보다 클라이언트가 제시하고 원하는 문제해결에 초점을 맞춰 개입
  - 알고자 하는 자세, 즉 '알지 못함'의 자세는 클라이언트에 대해 아는 것이 없으므로 더 많이 알고 싶어하는 진실한 호기심을 가지고 접근하는 것으로, 무조건 정보를 얻기 위한 태도가 아니라 클라이언트로 하여금 믿음과 안정감을 심어줄 수 있어야 함
  - 해결중심모델은 짧은 시간 안에 경제적으로 문제를 해결하고자 하는 것이므로 임시대응적 기법이라는 비판도 있음

(2) 주요 원리

- 병리적인 것보다는 건강한 것
- 탈이론적이고 비규범적
- 가장 단순하고 간단한 것부터 개입
- 변화도 해결책으로 사용
- 현재에 초점, 미래지향적
- 클라이언트와 사회복지사와의 협력관계 강조
- 클라이언트의 강점과 자원, 증상 등을 발견하고 치료에 활용

(3) 해결중심모델의 대표기법

① 첫 상담 이전의 변화에 대한 질문: 치료를 위한 면담 약속을 하고 난 후부터 면담을 받기 전까지의 변화에 대한 질문
② 예외질문: 문제가 있는 상황을 기준으로 다른 상황이었다면 어떠했을지 생각해 보게 하고, 우연한 행동이 성공적이었던 적이 있었는지 생각하도록 하여 문제해결에 다른 방법을 적용했을 때 나타나는 효과를 확인하는 것
③ 기적질문: 기적이 발생하여 문제가 해결되었다고 가정하고 질문하는 것
④ 악몽질문: 기적질문과 반대로 악몽을 꾸었다고 가정하고 질문하는 것
⑤ 척도질문: 클라이언트에게 문제의 우선순위, 변화가능성, 자아존중감, 변화에 대한 의지 등을 수치로 표현하도록 하는 질문
⑥ 극복(대처)질문: 클라이언트가 극복한 어려운 상황에 대한 대처방법 질문
⑦ 관계성 질문: 클라이언트와 중요한 관계에 있는 사람들이 클라이언트를 어떻게 바라보고 생각하고 있는지를 질문
⑧ 메시지 작성과 전달, 과제 활용: 사회복지사는 클라이언트와의 상담 후에 상담내용을 정리하고, 칭찬이나 과제 등의 내용을 담은 메세지를 작성하여 전달

01. 해결중심모델은 탈이론적이고 비규범적이며 클라이언트의 견해를 존중한다.

02. "재혼하신 아버지는 이 문제를 어떻게 생각하실까요?"는 해결중심모델의 관계성 질문에 해당한다.

03. 해결중심모델은 삶에서 변화는 불가피하며 작은 변화가 더 큰 변화로 이어진다고 본다.

04. 해결중심모델은 모든 문제에는 예외가 존재한다고 본다.

05. 해결중심모델에서 클라이언트는 자기 삶의 주체이며 자신에게 중요한 사람과 일에 대해 가장 잘 아는 전문가라고 본다.

06. 예외질문: 예 매일 싸운다고 하셨는데, 안 싸운 날은 없었나요?

07. 대처질문: 예 자녀에게 잔소리하는 횟수를 어떻게 줄일 수 있었나요?

08. 첫 상담 이전의 변화에 대한 질문: 예 상담신청 후 지금까지 어떤 변화가 있었나요?

09. 기적질문: 예 밤새 기적이 일어나서 문제가 다 해결됐는데, 자느라고 기적이 일어난 걸 몰라요. 아침에 뭘 보면 기적이 일어났다는 걸 알 수 있을까요?

10. 해결중심모델에서 사회복지사는 클라이언트를 변화시키는 전문가가 아니라 변화에 도움을 주는 자문가 역할을 한다.

11. 해결중심모델에서는 문제의 원인과 발전과정에 관심을 두기보다 문제해결 방안을 모색하는 것이 더 효과적이라고 본다.

12. 해결중심모델에서 모든 사람은 강점과 자원, 능력을 가지고 있다고 가정한다.

13. 해결중심모델에서는 다양한 질문기법들을 활용하여 클라이언트와 대화한다.

14. 해결중심모델은 클라이언트 지향적 모델로 메시지 작성과 전달, 과제를 활용한다.

15. 해결중심모델은 임시대응적 기법이라는 비판이 있다.

16. 해결중심모델은 사회복지사와 클라이언트 간 협력적 관계를 중시한다.

17. 해결중심모델에서는 문제가 발생되지 않았던 예외적인 상황을 중요시한다.

18. 해결중심모델에서는 클라이언트의 자원과 과거의 성공경험을 중요시한다.

19. 해결중심모델에서는 현재와 미래를 지향한다.

20. 해결중심모델에서는 클라이언트와의 협동작업을 중시한다.

5) 역량강화모델

□ 19회 30번

역량강화모델(empowerment model)에 관한 설명으로 옳은 것을 모두 고른 것은?

> ㄱ. 클라이언트를 자신 문제의 전문가로 인정한다.
> ㄴ. 사회복지사와 클라이언트 간의 상호 협력적 파트너십을 강조한다.
> ㄷ. 클라이언트를 개입의 객체가 아닌 주체로 보기 때문에 자기결정권이 잘 보호될 수 있다.
> ㄹ. 클라이언트가 가진 문제의 원인에 초점을 두고 개입한다.

① ㄱ, ㄷ
② ㄴ, ㄹ
③ ㄱ, ㄴ, ㄷ
④ ㄱ, ㄷ, ㄹ
⑤ ㄴ, ㄷ, ㄹ

[해설] 역량강화모델은 강점관점을 바탕으로 실천하는 모델이다. 따라서 문제의 원인보다는 클라이언트의 강점에 초점을 두고 개입한다. **[정답]** ③

□ 18회 43번

클라이언트를 문제중심으로 보지 않고, 필요한 자원을 활용하거나 문제에 대처할 수 있도록 지지하여 자립을 가능하게 하는 실천모델은?

① 과제중심모델
② 심리사회모델
③ 역량강화모델
④ 위기개입모델
⑤ 인지행동모델

[해설] 역량강화모델은 강점관점을 바탕으로 하는 실천모델이다. 따라서 문제가 아닌 강점에 초점을 맞추고 요구되는 자원을 최대한 활용하거나 클라이언트가 적극적이고 능동적으로 참여하도록 원조하여 자립이 가능하도록 한다. **[정답]** ③

☑ 핵심요약

5) 역량강화모델

(1) 역량강화모델의 기본 개념

- 역량강화(empowerment)란 개인 또는 가족·지역사회와 같은 집단이 정치·사회·경제적 환경의 차원에서 강점을 향상시키고, 스스로 의사결정하고 선택하는 환경으로 재구성할 수 있도록 돕는 과정
- 클라이언트를 문제중심으로 보지 않고, 필요한 자원을 활용하거나 문제에 대처할 수 있도록 지지하여 자립이 가능하도록 하는 실천모델
- 역량강화모델은 강점관점을 바탕으로 실천하는 모델
- 강점관점이란 개인의 다양성을 인정하고 존중하며, 문제보다는 강점에 초점을 두어 가능한 모든 자원을 활용하여 개인의 역량을 실현하도록 돕는 것

(2) 역량강화모델의 특징

- 의미 있는 선택을 할 수 있게 자아효능감을 증진시키고 자신의 강점을 찾도록 도움

- 클라이언트를 잠재력 있는 인간이며, 문제해결을 위한 자원으로 인식
- 클라이언트 자신의 삶과 상황에 대해 더 많은 통제력을 갖도록 도움

(3) 역량강화모델의 개입과정

① 대화단계: 사회복지사와 클라이언트의 대화를 통해 관계 발전 및 클라이언트의 문제 상황과 욕구를 파악하여 방향 설정
② 발견단계: 클라이언트의 강점과 자원을 파악, 정보를 분석하여 해결방안 수립
③ 발전단계: 계획 실행 및 실행과정에서의 자원 개발. 계획을 성공적으로 마무리하기 위한 협력 필요, 진행과정과 결과에 대한 평가 진행

☑️ 과락科落 말고 **과락科樂 기출 선지**

01. 역량강화모델은 클라이언트를 자신 문제의 전문가로 인식한다.

02. 역량강화모델은 사회복지사와 클라이언트 간의 상호 협력적 파트너십을 강조한다.

03. 역량강화모델에서는 클라이언트를 개입의 객체가 아닌 주체로 보기 때문에 자기결정권이 잘 보호될 수 있다.

04. 임파워먼트모델에서는 클라이언트를 일방적 수혜자로 인식하지 않는다.

05. 역량강화모델은 클라이언트의 잠재적인 역량에 초점을 둔다.

06. 역량강화모델은 변화를 위한 클라이언트의 역할이 중요하다.

07. 역량강화모델은 대화단계 – 발견단계 – 발전단계의 실천과정 순서로 진행된다.

08. 역량강화모델은 이용가능한 자원체계의 능력을 분석하고 목표를 구체화한다.

09. 역량강화모델은 클라이언트의 참여를 중시하고 자기결정권을 강조한다.

10. 임파워먼트모델은 클라이언트의 잠재역량과 자원을 인정한다.

11. 임파워먼트모델의 실천단계 중 발견단계에서는 수집된 정보를 조직화한다.

12. 목표설정, 협력관계 형성은 대화단계에서 사회복지사가 중점적으로 수행해야 할 과제이다.

6) 과제중심모델

□ 22회 27번

다음 설명에 해당하는 모델로 옳은 것은?

- 구조화된 개입
- 개입의 책임성 강조
- 클라이언트의 자기결정권 강조
- 클라이언트의 환경에 대한 개입

① 심리사회모델　　② 위기개입모델

③ 해결중심모델　　④ 인지행동모델

⑤ 과제중심모델

해설 과제중심모델의 특징: 단기개입, 클라이언트가 인식한 문제에 접근, 클라이언트의 자기결정권 강조, 조사를 통한 경험적 자료 중심개입, 클라이언트의 환경에 대한 개입, 개입의 책임성 강조, 구조화된 개입, 자원 혹은 기술의 부족으로 이해, 과거보다 현재에 초점　**정답** ⑤

□ 22회 35번

사회복지사가 비자발적 클라이언트와 공감하는 기술로 옳은 것을 모두 고른 것은?

ㄱ. 원하지 않는 면담이 클라이언트에게 힘들다는 것을 이해한다.

ㄴ. 클라이언트의 행동을 사회복지사의 가치관에 맞추어 평가한다.

ㄷ. 클라이언트의 어려움을 사회복지사가 도울 수 있다는 것을 알려준다.

ㄹ. 클라이언트의 저항을 온화한 태도로 수용한다.

① ㄱ, ㄷ　　② ㄴ, ㄹ　　③ ㄱ, ㄴ, ㄹ

④ ㄱ, ㄷ, ㄹ　　⑤ ㄴ, ㄷ, ㄹ

해설 ㄴ. 클라이언트의 행동을 사회복지사의 가치관에 맞추어 평가하면 클라이언트의 입장이 아니라 사회복지사의

입장에서 생각하게 되므로 비판적 시각이 나타날 수 있다.

정답 ④

□ 20회 35번

과제중심모델에서 과제에 관한 설명으로 옳지 않은 것은?

① 사회복지사보다 클라이언트가 제시하는 문제나 욕구를 고려하여 선정한다.

② 과거보다 현재에 초점을 둔다.

③ 조작적 과제는 일반적 과제에 비해 구체적이다.

④ 과제 수는 가급적 3개를 넘지 않게 한다.

⑤ 과제달성 정도는 최종평가 시 결정되므로 과제 수행 도중에는 점검하지 않는다.

해설 점검은 실행하는 과정의 각 회기마다 진행하며, 클라이언트의 과제 수행 및 변화 정도를 통해서 수정하거나 보완해야 하는 점이 있는지 확인하는 과정이다.　**정답** ⑤

□ 20회 39번

다음 사례에 대한 초기 접근으로 옳은 것은?

같은 반 친구를 때린 중학생 B는 학교폭력대책심의위원회의 결정에 따라 사회복지사가 진행하는 학교폭력가해자 프로그램에 의뢰되었다. 그러나 B는 억울함을 호소하며 비협조적인 태도를 보이고 있다.

① 클라이언트보다 의뢰자의 견해에 초점을 맞춰 개입한다.

② 비협조적 태도는 저항에서 비롯된 것으로 그 원인까지 탐색할 필요는 없다.

③ 원치 않는 의뢰과정에서 생긴 억눌린 감정을 표현할 수 있는 기회를 제공한다.

④ 비협조적 태도를 바꾸려고 시간을 소모하지 말고 곧바로 개입한다.

⑤ 비밀보장원칙이나 학교에 보고해야 할 사항에 대해 설명하지 않는다.

과제중심모델에서 비자발적 클라이언트에 해당한다. 클라이언트가 비협조적일 경우 곧바로 개입하지 않고 원인을 탐색하여 자신의 감정을 표현할 수 있는 기회를 제공한다. 클라이언트의 생각이나 감정에 따라 개입목적이나 방향이 달라질 수 있다. **정답** ③

□ 19회 32번
과제중심모델에 관한 설명으로 옳지 않은 것은?

① 개입 초기에 빠른 사정을 한다.
② 구조화된 접근을 한다.
③ 다양한 이론과 모델을 절충적으로 활용한다.
④ 조사에 근거한 경험적 자료를 중심으로 진행한다.
⑤ 사회복지사는 적극적으로 개입하지 않고 클라이언트가 주체적인 역할을 하도록 한다

해설 과제중심모델은 단기개입모델로 클라이언트가 원하는 문제를 표적문제로 선정하여 개입한다. 이때 사회복지사와 클라이언트는 모두 적극적으로 개입하여 문제해결을 할 수 있도록 협력해야 하며, 사회복지사는 클라이언트가 주체적인 역할을 할 수 있도록 원조한다. **정답** ⑤

☑ 핵심요약

6) 과제중심모델

(1) 과제중심모델
- 클라이언트에게 일어난 문제를 행동적인 과업을 통해서 스스로 해결할 수 있도록 원조하는 실천방법

(2) 과제중심모델 특징
① 단기개입: 단기간의 종합적인 개입모델로 개입 초기에 빠른 사정을 하며 과제 수는 가급적 3개를 넘지 않게 함
② 사회복지사보다 클라이언트가 제시하는 문제나 욕구를 고려하여 선정
③ 자기결정권: 클라이언트가 인식한 문제에 접근하고 클라이언트가 동의한 과제를 중심으로 개입하며, 클라이언트의 욕구를 적극적으로 반영
④ 이론보다는 조사를 통한 경험적 자료를 중심으로 개입
⑤ 사회복지사는 적극적 개입하고 클라이언트가 주체적인 역할을 하도록 할 것. 사회복지사와 클라이언트는 서로 협조적인 관계 형성
⑥ 다양한 이론과 모델을 절충적으로 활용하며 개입의 책임성(책무성)을 강조
⑦ 구조화된 접근을 하며 계약한 구체적인 문제해결에 초점을 두고 접근
⑧ 클라이언트의 문제는 자원 혹은 기술의 부족으로 이해
⑨ 과거보다 현재에 초점
⑩ 클라이언트의 환경에 대한 개입

(3) 과제중심모델 개입과정

① 시작단계(면접)
- 자발적 클라이언트: 문제규명 단계로 진행

- 비자발적 클라이언트: 의뢰기관에서 제시하는 클라이언트의 문제 및 개입의 목표가 클라이언트 스스로 인식한 자신의 문제와 일치하는지 확인
  - 이 과정에서 법원의 명령에 의한 목표가 있을 경우 법원의 목표가 우선시되어야 하며, 이때 클라이언트가 이 목표를 이해하고 있는지 확인
  - 일치하는 목표를 달성할 수 있는 제공가능한 자원 확인

② 초기단계
- 1단계(문제규명): 클라이언트가 원하는 문제를 선정하고 스스로의 노력으로 해결 가능한지 확인한 구체적인 표적문제를 우선순위를 고려하여 3개까지 설정
- 2단계(계약): 표적문제(우선순위 3개), 클라이언트와 사회복지사의 일반적 과제, 개입일정 및 지속기간, 면접일정, 관련 참여자, 면접장소 등에 대한 내용을 포함한 것으로 사회복지사와 클라이언트와의 동의임. 계약은 서면계약과 구두계약으로 진행

③ 중기단계
- 3단계(실행): 표적문제의 변화과정 확인, 실질적 장애물의 규명과 해결, 표적문제에 대한 초점화된 집중, 과제계획과 이행 등

④ 종결단계
- 4단계(종결): 계획된 개입이 이루어지므로 개입이 진행되면 종결시점도 정해지게 됨. 종결단계에서는 개입을 통해서 성취한 결과를 점검하고, 추가 개입이 필요한 경우 개입의 연장 여부를 결정. 사회복지사는 기술평가척도를 이용해 자신의 개입활동에 대한 평가 진행

☑ 과락科落 말고 과락科樂 기출 선지

01. 과제중심모델에서 학교폭력가해자로 의뢰된 클라이언트가 억울해하며 비협조적인 태도를 보이고 있다면 초기접근을 진행할 때 원치 않는 의뢰과정에서 생긴 억눌린 감정을 표현할 수 있는 기회를 제공한다.

02. 과제중심모델에서는 사회복지사보다 클라이언트가 제시하는 문제나 욕구를 고려하여 선정한다.

03. 과제중심모델은 과거보다 현재에 초점을 둔다.

04. 과제중심모델에서 조작적 과제는 일반적 과제에 비해 구체적이다.

05. 과제중심모델의 과제 수는 가급적 3개를 넘지 않게 한다.

06. 과제중심모델은 개입 초기에 빠른 사정 및 구조화된 접근을 한다.

07. 과제중심모델은 다양한 이론과 모델을 절충적으로 활용한다.

08. 과제중심모델은 조사에 근거한 경험적 자료를 중심으로 진행한다.

09. 과제중심모델의 개입과정 중 중기(실행)단계에서 해야 하는 과업으로는 표적문제의 변화과정 확인, 실질적 장애물의 규명과 해결, 표적문제에 대한 초점화된 집중, 과제계획과 이행 등이 있다.

10. 과제중심모델은 단기간의 종합적인 개인모델이다.

11. 과제중심모델에서는 클라이언트가 동의한 과제를 중심으로 개입한다.

12. 과제중심모델에서 계약한 구체적인 문제해결에 초점을 두고 접근한다.

13. 과제중심모델에서 클라이언트의 문제는 자원 혹은 기술의 부족으로 이해한다.

14. 과제중심모델은 클라이언트의 자기결정권을 존중한다.

15. 과제중심모델의 계약내용에 사회복지사의 과제를 포함한다.

16. 과제중심모델에서 클라이언트와 사회복지사와의 관계는 협력적 관계이다.

17. 과제중심모델에서는 클라이언트의 문제의식을 반영하여 표적문제를 설정한다.

18. 과제중심모델의 문제규명단계 과업으로는 클라이언트가 규정한 문제파악, 의뢰기관에서 위임한 문제파악, 예비적인 초기사정 시행, 우선순위에 따른 개입문제 규명 등이 있다.

19. 과제중심모델에서 과제 수행의 장애물을 찾아내는 단계는 실행단계이다.

20. 과제중심모델에서는 시간제한, 합의된 목표, 개입의 책무성을 강조한다.

21. 과제중심모델에서는 시작 - 표적문제의 규명 - 계약 - 실행 - 종결단계와 같은 구조화된 접근을 강조한다.

7) 위기개입모델

□ 22회 29번

위기개입모델의 중간단계 활동으로 옳지 않은 것은?

① 위기상황에 대한 초기사정을 실시한다.
② 클라이언트의 일상생활에 활용할 수 있는 자원과 지지체계를 찾아낸다.
③ 목표달성을 위한 구체적인 과제들에 대해 작업한다.
④ 위기사건 이후 상황과 관련된 자료를 보충한다.
⑤ 현재 위기와 관련된 과거 경험을 탐색한다.

해설 위기상황에 대한 초기사정은 중간단계가 아니라 시작단계에 실시한다. 정답 ①

□ 21회 27번

위기개입모델에 관한 설명으로 옳지 않은 것은?

① 클라이언트에게 실용적 정보를 제공하고 지지체계를 개발하도록 한다.
② 단기개입 서비스를 제공한다.
③ 구체적이고 관찰 가능한 문제에 초점을 둔다.

④ 위기 발달은 촉발요인이 발생한 후에 취약단계로 넘어간다.

⑤ 사회복지사는 다른 개입모델에 비해 적극적이고 직접적인 역할을 수행한다.

해설 위기발달단계는 사회적 위험 → 취약단계 → 촉발요인 → 실제 위기단계 → 회복단계이며, 실제 위기단계에 위기개입이 진행되어야 문제해결에 효과적이다. **정답** ④

□ 20회 37번

다음 사례에 대한 위기개입으로 옳은 것은?

> 20대인 A씨는 최근 코로나19에 감염되어 실직한 이후 경제적 어려움과 신체적 후유증으로 인해 일상을 유지하기 힘들 정도로 우울감을 경험하며 때때로 자살까지 생각하곤 한다.

① A씨의 문제를 발달적 위기로 사정한다.

② 코로나19 감염 이전 기능수준으로 회복하는 것을 목표로 잡는다.

③ 적절한 감정표현행동을 습득하도록 장기교육 프로그램을 실시한다.

④ A씨 스스로 도움을 요청할 때까지 개입을 유보한다.

⑤ 보다 긍정적인 인생관을 갖도록 삶의 태도를 근본적으로 재조직한다.

해설 코로나19로 인해 실직을 한 클라이언트가 경제적, 신체적인 문제로 인해 우울감이 극도에 달해 자살까지 생각하는 심각한 상황이므로 위기개입모델을 적용하여 신속하게 위기 이전 수준으로 회복하는 것을 목표로 개입한다. **정답** ②

□ 19회 35번

위기개입모델의 개입 원칙에 관한 설명으로 옳은 것은?

① 장기적인 개입방법을 사용한다.

② 개입목표는 가능한 한 포괄적으로 설정한다.

③ 사회복지사는 비지시적인 역할을 수행한다.

④ 위기 이전의 기능수준으로 회복하도록 돕는다.

⑤ 문제의 원인에 대한 이해를 위해 클라이언트의 과거 탐색에 초점을 둔다.

해설 위기개입모델은 긴급한 상황에서 신속한 개입이 필요하고, 위기상황을 위기 이전의 기능수준으로 회복하도록 하기 위한 개입모델이다. **정답** ④

□ 18회 46번

청소년의 정체성 위기, 결혼, 자녀의 출산, 중년기의 직업 변화, 은퇴 등 개인의 생애주기에 따른 위기는?

① 실존적 위기 ② 상황적 위기

③ 발달적 위기 ④ 부정적 위기

⑤ 환경적 위기

해설 발달적 위기는 인간이 성장하고 발달하며 성숙하는 과정(청소년기 진입, 결혼, 자녀 출생, 노화 등) 등의 발달 과정에서 발생하는 위기를 말한다. **정답** ③

□ 18회 48번

다음 사례에 적용한 실천모델은?

> 성폭력 피해 대학생인 A씨는 심적 고통을 받고 있으며 서비스 제공자와의 만남도 거부하고 있다. 이에 사회복지사는 A씨가 절망감에 극단적인 선택을 할 가능성이 높다고 생각하여 안전 확보를 위한 지지체계를 구성하였다.

① 과제중심모델 ② 심리사회모델

③ 해결중심모델 ④ 위기개입모델

⑤ 역량강화모델

해설 위협적이거나 고통스러운 상태로서, 갑작스러운 사건이나 상황에 직면하여 정서적 충격을 받아 적절하게 대처하지 못하는 상태에 개입하는 것은 위기개입모델이다. **정답** ④

7) 위기개입모델

(1) 위기

• 위협적이거나 고통스러운 상태로서, 갑작스럽게 사건이나 상황에 직면하여 정서적 충격을 받아 적절하게 대처하지 못하는 상태

(2) 위기개입의 8가지 원칙

• ① 신속한 개입, ② 행동지향성, ③ 제한된 목표, ④ 희망과 기대, ⑤ 지지, ⑥ 초점적 문제해결, ⑦ 자아상, ⑧ 자립

(3) 라포포트(Rapoport, 1970)가 제시한 6가지 위기개입 목표

• 기본목표: 위기증상 제거, 위기 이전수준으로의 기능 회복, 촉발사건 이해, 지역사회 자원을 통해 얻을 수 있는 치료방법 모색
• 추가목표: 과거경험과의 연결, 대처기제 개발

(4) 위기의 분류

① 발달적 위기: 청소년의 정체성 위기, 결혼, 자녀의 출산, 중년기의 직업 변화, 은퇴 등 개인의 생애주기에 따른 위기. 이는 정상적인 것으로 볼 수 있으나 모든 개인은 독특하며, 따라서 개인의 모든 발달적 위기는 독특한 방식으로 다루어져야 함
② 상황적 위기: 사람이 예견하거나 통제할 수 없는 이례적인 사건들에 의한 위기로 자동차 사고, 유괴, 질병, 사별, 자연재해, 폭력범죄(강간, 강도 등) 등으로 초래된 위기. 상황적 위기는 예견할 수 없고, 갑작스럽고 충격적이며 맹렬하고, 많은 경우 비극적이라는 점에서 다른 위기와 차이가 있음
③ 실존적 위기: 내적 갈등이나 불안을 포함하는 것으로 삶의 목표, 책임, 독립성, 자유, 헌신과 같이 인간에게 중요한 이슈들을 동반하는 위기. 예를 들어, 개인이 특정 전문성이나 조직에서 큰 영향을 주지 못한다는 불안이나 60대에 인생이 덧없다고 느끼는 허무감과 위기 등이 이에 해당함
④ 환경적 위기: 일반적으로 자연이나 인간이 일으킨 재해가 어떤 잘못이나 행동을 취하지 않은 개인이나 집단구성원들에게 갑작스럽게 닥칠 때 발생하는 위기. 태풍, 홍수, 지진, 화산폭발, 회오리바람, 눈보라, 산불과 같은 자연재해 및 전염병이나 기름 유출과 같은 생물학적인 문제 등이 여기에 해당함. 같은 환경에 사는 사람 모두에게 부정적인 영향을 준다는 면에서 상황적, 발달적, 실존적 위기와 다름

(5) 골란의 위기발달단계와 위기개입모델

① 위기발달단계: 위험사건 발생 → 취약단계 → 위기촉발단계 → 실제 위기단계 → 재통합단계

② 위기개입모델
- 시작단계(형성): 관계형성, 위기파악, 계약형성 등
- 중간단계(수행): 계약이행, 계획된 과업 확인 및 실행, 부적절한 과업의 수정 및 새로운 대처방안의 습득, 자료분석을 통한 활동, 행동변화 초래, 자원과 지지체계 탐색, 과거의 경험 탐색 등
- 종결단계(종료): 개입상황 점검, 성취한 과업 확인, 미래에 대한 계획 수립, 종료시기 결정 등

☑ 과락科落 말고 과락科樂 기출 선지

01. 위기개입모델은 클라이언트에게 실용적 정보를 제공하고 지지체계를 개발하도록 한다.

02. 위기개입모델은 단기개입 서비스를 제공한다.

03. 위기개입모델에서는 구체적이고 관찰가능한 문제에 초점을 둔다.

04. 위기개입모델에서 사회복지사는 다른 개입모델에 비해 적극적이고 직접적인 역할을 수행한다.

05. 위기개입모델은 위기 이전의 기능수준으로 회복하도록 돕는다.

06. 발달적 위기: 청소년의 정체성 위기, 결혼, 자녀의 출산, 중년기의 직업 변화, 은퇴 등 개인의 생애주기에 따른 위기

07. 위기개입모델에서는 다른 모델에 비해 상대적으로 단기서비스를 제공한다.

08. 위기개입의 표적문제는 구체적이어야 한다.

09. 위기개입모델에서 절망하고 있는 클라이언트에게 희망을 고취시키는 것이 중요하다.

10. 위기에 개입하는 사회복지사는 적극적이고 직접적인 역할을 수행한다.

11. 라포포트가 제시한 위기개입 목표는 위기증상 제거, 촉발사건 이해이다.

12. 부정적 감정을 지지하는 것은 위기개입모델의 개입단계에 해당한다.

13. 위기개입의 원칙은 신속한 개입, 제한된 목표, 초점적 문제해결, 희망과 기대 등이 있다.

☑ 모델 복합 문제

□ 22회 30번

사회복지실천모델과 기법으로 옳지 않은 것은?

① 행동주의모델: 소거

② 해결중심모델: 대처질문

③ 과제중심모델: 유형-역동에 관한 고찰

④ 인지행동모델: 소크라테스식 문답법

⑤ 위기개입모델: 자살의 위험성 평가

해설 유형-역동에 관한 고찰은 심리사회모델의 개입기법에 해당한다. 심리사회모델의 직접적 개입기법으로는 지지하기, 직접적 영향, 탐색-기술-환기, 인간-상황에 대한 고찰, 유형-역동에 관한 고찰, 발달적 고찰이 있다.

정답 ③

□ 22회 33번

사회복지실천모델에 관한 설명으로 옳지 않은 것은?

① 역량강화모델의 발견단계에서는 사정, 분석, 계획하기를 수행한다.

② 클라이언트중심모델은 문제해결에 대한 클라이언트의 책임을 강조한다.

③ 행동주의모델에서는 인간을 병리적인 관점에서 바라본다.

④ 위기개입모델에서 위기는 사건 자체보다 사건에 대한 개입의 주관적 현실에 기반을 두고 있다.

⑤ 해결중심모델은 사회구성주의 시각을 가진다.

해설 행동주의모델은 스키너, 반두라, 파블로브 등의 이론을 기반으로 하며 인간을 수동적, 기계론적으로 보는 모델이다. 인간을 병리적 관점에서 바라보는 모델은 정신역동모델이다.

정답 ③

□ 21회 32번

사회복지실천모델에 관한 설명으로 옳은 것을 모두 고른 것은?

ㄱ. 위기개입모델에서는 사건에 대한 클라이언트의 주관적인 인식보다 사건자체를 중시한다

ㄴ. 클라이언트중심모델에서는 현재 직면한 문제와 앞으로의 문제를 극복할 수 있도록 성장과정을 도와준다.

ㄷ. 임파워먼트모델에서는 클라이언트가 자신의 삶을 스스로 통제할 수 있도록 원조한다.

ㄹ. 과제중심모델에서는 클라이언트가 인식한 문제에 초점을 두고, 클라이언트의 욕구를 최대한 반영한다.

① ㄱ ② ㄴ, ㄷ ③ ㄱ, ㄴ, ㄷ

④ ㄴ, ㄷ, ㄹ ⑤ ㄱ, ㄴ, ㄷ, ㄹ

해설 ㄱ. 위기개입모델에서는 동일한 상황에서 사람마다 위기의식이 다르게 나타난다. 따라서 사건 자체보다 클라이언트가 위기에 대해서 어떻게 반응하는지에 더 초점을 둔다.

정답 ④

□ 20회 41번

사회복지실천모델에 관한 설명으로 옳지 않은 것은?

① 행동수정모델은 선행요인, 행동, 강화요소에 의해 인간행동을 예측하고 통제할 수 있다고 본다.

② 심리사회모델은 상황 속 인간을 고려하되 환경보다 개인의 내적변화를 중시한다.

③ 인지행동모델은 왜곡된 사고에 의한 정서적 문제의 개입에 효과적이다.

④ 과제중심모델은 여러 모델들을 절충적으로 활용하며 개입의 책임성을 강조한다.

⑤ 위기개입모델은 위기에 의한 병리적 반응과 영구적 손상의 치료에 초점을 둔다.

해설 위기개입은 단기개입모델이다. 따라서 영구적 손상이나 병리적 반응에 초점을 두는 것이 아니라 위기의 요인을 찾아서 해결하여 위기 이전 상태로 되돌리는 것에 초점을 둔다. **정답** ⑤

☐ 19회 33번

단기개입을 특징으로 하는 사회복지실천모델을 모두 고른 것은?

ㄱ. 과제중심모델	ㄴ. 위기개입모델
ㄷ. 해결중심모델	ㄹ. 정신역동모델

① ㄱ, ㄷ　　　② ㄴ, ㄹ　　　③ ㄱ, ㄴ, ㄷ
④ ㄴ, ㄷ, ㄹ　　⑤ ㄱ, ㄴ, ㄷ, ㄹ

해설 인지행동모델, 과제중심모델, 위기개입모델, 해결중심모델은 단기개입을 특징으로 한다. 정신역동모델은 클라이언트의 무의식 또는 과거탐색을 하는 데 많은 시간이 소요되므로 장기개입을 특징으로 하는 모델이다. **정답** ③

2. 집단대상

1) 집단의 유형 및 모델

☐ 22회 42번

토스랜드와 리바스(R. Toseland & R. Rivas)가 분류한 집단 모델에 관한 설명으로 옳은 것은?

① 치료모델은 집단의 사회적 목표를 강조한다.
② 상호작용모델은 개인 치료를 위한 수단으로 집단을 강조한다.
③ 상호작용모델은 개인의 역기능 변화가 목적이다.
④ 사회적 목표모델은 민주시민의 역량 개발에 초점을 둔다.
⑤ 사회적 목표모델은 집단성원 간 투사를 활용한다.

해설 ① 사회목표모델 ②, ③ 치료모델에 대한 설명이다. ⑤ 사회적 목표모델은 집단성원 간 투사를 활용하는 것이 아니라 성원 간 소속감과 결속력을 강조하여 집단성원 간의 합의를 활용한다. **정답** ④

☐ 22회 44번

집단에 관한 설명으로 옳은 것은?

① 개방형 집단은 폐쇄형 집단에 비해 집단 성원의 중도 가입이 어렵다.
② 개방형 집단은 폐쇄형 집단에 비해 응집력이 강하다.
③ 개방형 집단은 폐쇄형 집단에 비해 집단 성원의 역할이 안정적이다.
④ 폐쇄형 집단은 개방형 집단에 비해 집단 발달단계를 예측하기 어렵다.
⑤ 폐쇄형 집단은 개방형 집단에 비해 집단 규범이 안정적이다.

해설 개방형 집단은 집단 성원의 중도 가입이 쉽기 때문에 폐쇄형 집단에 비해 집단성원의 응집력이 약하고 집단성원의 역할이 불안정적이다. 반면 폐쇄형 집단은 집단 성원의 중도 가입이 어렵기 때문에 개방형 집단에 비해 집단성원의 응집력이 강하고, 집단 성원의 역할이 안정적이며, 집단 발달단계를 예측하기 쉽다. **정답** ⑤

☐ 22회 47번

역기능적 집단의 특성으로 옳은 것은?

① 자발적인 자기표출
② 문제 해결 노력의 부족
③ 모든 집단성원의 토론 참여
④ 집단성원 간 직접적인 의사소통
⑤ 집단 사회복지사를 존중

해설 문제 해결 노력이 부족할 경우 집단 구성원들이 의존적일 수밖에 없으므로 집단을 통한 개인의 발전이 어려울 수 있으며 이는 역기능적 집단의 특성에 해당한다. **정답** ②

□ 22회 48번

집단 사회복지실천의 장점에 관한 설명으로 옳지 않은 것은?

① 모방행동: 기존의 행동을 고수한다.
② 희망의 고취: 문제가 개선될 수 있다는 희망을 갖게 한다.
③ 이타심: 위로, 지지 등으로 서로 도움을 주고 받는다.
④ 사회기술의 발달: 대인관계에 관한 사회기술을 습득한다.
⑤ 보편성: 다른 사람들도 비슷한 경험을 하는 것으로 위로를 받는다.

해설 얄롬이 제시한 11가지 치료적 장점 중 모방행동은 기존의 행동을 고수하는 것이 아니라 집단사회복지사나 집단구성원의 행동을 통해 새로운 행동을 학습하는 것을 말한다. **정답** ①

□ 21회 43번

집단 대상 실천의 장점으로 옳지 않은 것은?

① 타인의 문제에 관심을 갖고 공감하면서 이타심이 커진다.
② 유사 경험을 가진 사람들을 만나면서 문제의 보편성을 경험한다.
③ 다양한 성원들로부터 새로운 행동을 학습하면서 정화 효과를 얻는다.
④ 사회복지사나 성원의 행동을 모방하면서 사회기술이 향상된다.
⑤ 성원간 관계를 통해 원가족과의 갈등을 탐색하는 기회를 갖는다.

해설 얄롬이 제시한 집단대상실천의 치료적 장점 11가지는 희망고취(희망증진), 일반화, 정보전달, 이타성 향상, 재경험의 기회 제공, 사회기술개발, 모방행동, 대인관계학습, 집단응집력, 정화, 실존적 요인이다. ③ 사회복지사와 집단 성원들의 행동을 통해 새로운 행동을 학습하는 것은 모방행동이다. **정답** ③

□ 21회 48번

사회목표모델에 관한 내용에 해당하지 않는 것은?

① 자원 개발의 과제
② 민주적 의사결정 방식
③ 인본주의이론에 근거
④ 사회복지사의 촉진자 역할
⑤ 성원 간 소속감과 결속력 강조

해설 사회적 목표모델은 인본주의 이론에 근거한 것이 아니라 인보관운동이나 청소년단체, 지역사회 환경감시단 등으로 성장한 사회복지실천의 초기모델로 민주주의 유지 및 발달을 위한 집단의 사회적 목표를 강조한다. **정답** ③

□ 20회 27번

지지집단의 주요 목적으로 옳은 것은?

① 구성원의 자기인식 증진
② 클라이언트의 병리적 행동 치료
③ 구성원에게 기술과 정보 제공
④ 사회적응 지원
⑤ 동병상련의 경험으로 해결책 모색

해설 ⑤ 지지집단은 비슷하거나 공통되는 어려움을 경험한 사람들이 모여서 정보를 공유하고 대처기술 향상을 목적으로 모인 집단이다. **정답** ⑤

□ 19회 26번

다음에서 설명하는 집단의 치료적 효과는?

> 집단 내 상호작용 과정에서 그동안 해결되지 않은 원가족과의 갈등에 대해 탐색하고 행동패턴을 수정할 기회를 갖게 된다.

① 정화
② 일반화
③ 희망증진
④ 이타성 향상
⑤ 재경험의 기회 제공

해설 얄롬이 제시한 11가지 치료적 효과 중 재경험의 기회제공에 대한 설명이다. **정답** ⑤

☐ 19회 28번

집단유형별 특성에 관한 설명으로 옳지 않은 것은?

① 지지집단은 유사한 문제와 욕구를 가진 사람들로 구성하여 유대가 빨리 형성된다.

② 성장집단은 집단 참여자의 자기인식을 증가시켜 개인의 잠재력을 최대화하는 데 초점을 둔다.

③ 치료집단은 성원의 병리적 행동과 외상 후 상실된 기능을 회복하는 데 초점을 둔다.

④ 교육집단은 지도자가 집단 성원의 문제와 욕구를 해결하기 위해 필요한 기술과 정보를 제공한다.

⑤ 자조집단에서는 전문가가 의도적으로 집단을 구성하여 정서적 지지와 문제 해결을 지원한다.

[해설] 자조집단은 유사한 문제점이나 관심사를 가진 사람들이 자발적으로 모여서 만든 집단으로 사회복지사는 정보 제공 및 집단 지지 등 최소한의 개입만 한다. **[정답]** ⑤

☐ 18회 29번

집단성원의 주도성이 높은 것부터 순서대로 나열한 것은?

ㄱ. 자조집단	ㄴ. 성장집단
ㄷ. 치료집단	ㄹ. 교육집단

① ㄱ - ㄴ - ㄹ - ㄷ ② ㄱ - ㄷ - ㄴ - ㄹ

③ ㄱ - ㄹ - ㄷ - ㄴ ④ ㄴ - ㄱ - ㄹ - ㄷ

⑤ ㄴ - ㄹ - ㄱ - ㄷ

[해설] 자조집단 > 성장집단 > 교육집단 > 치료집단의 순으로 집단성원의 주도성이 높게 나타난다. **[정답]** ①

☐ 18회 31번

토스랜드와 리바스(R. Toseland & R. Rivas)가 분류한 성장집단에 관한 설명으로 옳지 않은 것은?

① 촉진자로서의 전문가 역할이 강조된다.

② 성원 간의 상호작용이 중요한 도구가 된다.

③ 개별 성원의 자기표출을 긍정적으로 인식한다.

④ 공동과업의 성공적 수행이 일차적인 목표이다.

⑤ 공감과 지지를 얻기 위해 동질성이 높은 성원으로 구성한다.

[해설] 공동과업의 성공적 수행을 목표로 하는 집단은 과업집단이다. **[정답]** ④

✓ **핵심요약**

2. 집단대상

1) 집단의 유형 및 모델

(1) 집단의 종류

① 치료집단: 각 집단에 속한 성원의 사회정서적인 욕구충족

  a. 지지집단
- 비슷한 문제를 경험한 사람들로 구성한 집단
- 유대감 형성이 쉽고 자기개방성이 높으며 상호원조하면서 대처기술을 형성하도록 도움

  b. 성장집단
- 집단 구성원들의 자기인식 증진 및 잠재력을 개발

- 동질성이 높은 성원으로 구성, 자기개방 정도 높음. 성원 간 상호작용 중요, 사회복지사의 촉진자로서 전문가 역할 강조

  c. 치료집단(치유집단)
  - 집단 구성원들의 자신 행동 변화, 개인의 문제 완화 및 병리적 행동 치료

  d. 교육집단
  - 집단구성원들의 지식이나 정보 제공, 기술향상

  e. 사회화집단
  - 사회적인 관계에 어려움이 있는 사람들의 사회기술 습득, 사회에서 수용하는 행동유형 학습, 사회적응 지원
  - 사회기술훈련집단, 자치집단, 여가집단 등의 하위유형 등

② 과업집단: 각 집단의 특성에 따른 과업을 수행

③ 자조집단: 유사한 문제점이나 관심사를 가진 사람들의 자발적 모임

(2) 집단사회복지실천모델

① 사회목표모델
- 인보관운동에 근거를 두고 민주주의를 유지하고 발달시키려는 사회적 목표를 강조
- 사회복지사는 집단 내에서 영향력을 끼치는 자의 역할

② 상호작용모델
- 개인과 집단 간의 상호작용을 통해서 집단 문제 해결
- 사회복지사는 중재자, 조력자 역할

③ 치료모델
- 사회적 문제발생 확률이 높거나 기능수행의 문제가 있는 개인대상 원조모델. 집단 활동을 통해 치료, 사회복지사는 변화매개자의 역할

(3) 집단실천대상의 장점(얄롬이 제시한 치료적 장점 11가지)
- 희망고취(희망증진), 일반화, 정보전달, 이타성 향상, 재경험의 기회 제공, 사회기술개발, 모방행동, 대인관계 학습, 집단응집력, 정화, 실존적 요인

☑ 과락科落 말고 과락科樂 기출 선지

01. 사회목표모델: 자원개발의 과제, 민주적 의사결정 방식, 사회복지사의 촉진자 역할, 성원 간 소속감과 결속력 강조

02. 집단대상 실천은 타인의 문제에 관심을 갖고 공감하면서 이타심이 커지며, 유사 경험을 가진 사람들을 만나면서 문제의 보편성을 경험한다.

03. 집단대상 실천으로 사회복지사나 성원의 행동을 모방하면서 사회기술이 향상되고, 성원 간 관계를 통해 원가족과의 갈등을 탐색하는 기회를 갖는다.

04. 동병상련의 경험으로 해결책을 모색하는 것은 지지집단의 주요 목적이다.

05. 지지집단은 유사한 문제와 욕구를 가진 사람들로 구성하여 유대가 빨리 형성된다.

06. 성장집단은 집단참여자의 자기인식을 증가시켜 개인의 잠재력을 최대화하는 데 초점을 둔다.

07. 치료집단은 성원의 병리적 행동과 외상 후 상실된 기능을 회복하는 데 초점을 둔다.

08. 교육집단은 지도자가 집단성원의 문제와 욕구를 해결하기 위해 필요한 기술과 정보를 제공한다.

09. 집단 내 상호작용 과정에서 그동안 해결되지 않은 원가족과의 갈등에 대해 탐색하고 행동패턴을 수정할 기회를 갖게 되는 것은 집단의 치료적 효과 중 재경험의 기회 제공에 해당한다.

10. 성장집단에서 사회복지사는 촉진자로서의 전문가 역할이 강조된다.

11. 성장집단에서는 성원 간의 상호작용이 중요한 도구가 된다.

12. 성장집단에서는 개별 성원의 자기표출을 긍정적으로 인식한다.

13. 성장집단은 공감과 지지를 얻기 위해 동질성이 높은 성원으로 구성한다.

14. 집단성원의 주도성이 높은 것부터 나열하면 자조집단 – 성장집단 – 교육집단 – 치료집단 순이다.

15. 집단을 활용한 사회복지실천의 치료적 효과 요인으로는 이타성 향상, 실존적 요인, 재경험의 기회제공, 희망고취 등이 있다.

16. 하위집단은 정서적 유대감을 갖게 된 집단구성원 간에 형성된다.

17. 하위집단은 소시오메트리를 통해 측정 가능하다.

18. 치료집단은 자기노출 정도가 높아서 비밀보장이 중요하다.

19. 자발적 형성집단은 구성원들이 설정한 목적을 보호하는 것이 중요하다.

20. 자조집단에서 사회복지사의 역할은 공유된 문제에 대한 지지를 하는 것이다.

21. 비자발적 집단에서는 협상 불가능 영역이 있음을 분명히 한다.

22. 자조모임(self-help group)에서 자기노출을 통해 문제의 보편성을 경험한다.

23. 자조모임에서 집단성원 간의 학습을 통해 모델링 효과를 얻는다.

24. 자조모임에서는 집단과정 촉진을 위해 성원 간의 의사소통이 중요하다.

25. 자조모임에서는 집단성원의 자율적인 참여를 위해 동기부여가 필요하다.

2) 집단대상 실천기술

☐ 19회 49번

집단과정을 촉진하기 위한 직면하기에 관한 설명으로 옳은 것을 모두 고른 것은?

> ㄱ. 시작단계에서 가장 많이 쓰는 기법이다.
> ㄴ. 집단성원이 아직 인식하지 못했던 부분을 볼 수 있도록 한다.
> ㄷ. 말과 행동의 불일치를 밝히고 이를 해결할 수 있도록 원조한다.
> ㄹ. 행동을 구체적으로 지적하고 집단에 미치는 영향을 설명한다.

① ㄱ, ㄴ   ② ㄴ, ㄹ
③ ㄱ, ㄷ, ㄹ   ④ ㄴ, ㄷ, ㄹ
⑤ ㄱ, ㄴ, ㄷ, ㄹ

해설 ㄱ. 직면하기는 사회복지사와 클라이언트 사이에 신뢰가 있을 때 사용하는 기술이므로 시작단계에서 사용하면 클라이언트에게 거부감이 발생할 수 있으므로 주의해야 한다. **정답** ④

☐ 18회 50번

집단을 대상으로 한 실천의 내용으로 옳지 않은 것은?

① 성원 간의 갈등이 심하여 조기종결을 하였다.
② 집단과정을 촉진하기 위해 공동지도자를 두었다.
③ 적정규모를 유지하기 위해 신규 회원을 받았다.
④ 집단규칙은 사회복지사가 제공하였다.
⑤ 개별성원의 의도적인 집단 경험을 유도하였다.

해설 ① 성원 간의 갈등이 있다고 무조건 조기종결하는 것을 옳지 못하지만, 갈등이 너무 심한 경우 집단을 이끌어 가기에 무리가 있을 수 있으므로 조기종결할 수 있다. ③ 개방집단과 폐쇄집단에 대한 기준을 확인하기 이전에 집단의 목표달성을 위해 적정인원 유지가 필요하다. ⑤ 개별성원의 특징에 따라서 의도적으로 집단참여를 유도할 수 있다. 즉, 너무 과하게 집단 행동에 참여하는 성원에게는 조금 차분하게 참여할 수 있도록 유도하기도 하고, 너무 소극적인 성원에게는 조금 더 활발하게 집단에 참여할 수 있도록 유도한다. ④ 집단규칙은 사회복지사가 제공하지 않고 집단구성원과의 논의를 통해서 정한다. **정답** ④

 핵심요약

2) 집단대상 실천기술

(1) 집단사회복지실천 원칙
- 집단활동에 필요한 최소한의 규범 설정
- 집단이 직면하는 어려움을 해결하기 위해 개입
- 집단성원의 참여를 촉진하기 위해 지지
- 집단성원의 성장을 돕기 위하여 개인의 욕구에 대응

(2) 실천기술

① 집단과정 촉진기술
- 참여촉진: 소극적 구성원의 참여를 촉진하는 기술
- 자기노출: 사회복지사의 의도적 자기노출 기술

- 집중하기: 구성원과의 대화에 집중하기
- 표현하기: 구성원이 자유롭게 이야기하도록 표현하기
- 반응하기: 특정한 집단과정에서 선별적으로 반응하기
- 초점유지: 집단 의사소통의 주제에 초점 유지하기
- 명료화: 집단과정의 상호작용 및 집단구성원 간의 상호작용 내용을 명료화하기
- 상호작용: 집단의 목적달성을 위한 상호작용 지도

② 자료수집 및 사정
- 확인 및 묘사: 집단성원을 이해하기 위한 특정 사항을 확인하고 묘사하기
- 탐색하기: 집단성원에게 정보요청, 질문, 탐색하기
- 요약 및 세분화: 집단의 논의내용을 요약하고 세분화하기
- 의사소통 통합: 언어적·비언어적 의사소통 통합하기
- 정보분석: 평가에 필요한 정보 분석하기

③ 행동기술
- 지지하기, 재명명, 의사소통 원조, 지시하기, 조언하기, 제안하기, 교육하기, 직면하기, 모델링, 역할극 등

☑ 과락科落 말고 과락科樂 기출 선지

01. 집단과정 촉진기술의 직면하기를 통해 집단성원이 아직 인식하지 못했던 부분을 볼 수 있도록 하며, 말과 행동의 불일치를 밝히고 이를 해결할 수 있도록 원조한다. 또한 행동을 구체적으로 지적하고 집단에 미치는 영향을 설명한다.

02. 집단대상 실천의 내용
- 집단 성원 간의 갈등이 심하여 조기종결을 하였다.
- 집단과정을 촉진하기 위해 공동지도자를 두었다.
- 적정규모를 유지하기 위해 신규 회원을 받았다.
- 개별성원의 의도적인 집단 경험을 유도하였다.

03. 집단과정의 명료화 기술은 성원들이 어떻게 상호작용하고 있는지를 인식하도록 돕는 기술이다.

04. 집단과정을 촉진하기 위해 사회복지사는 성원이 전달하는 메시지 사이의 불일치가 있을 경우 이를 확인한다.

05. 집단과정을 촉진하기 위해 집단성원의 요청이 있을 때, 구체적인 행동이나 관계에 대해서 집단성원으로 하여금 상호 간에 집단성원이 활용할 수 있는 만큼의 피드백을 제공한다.

06. 집단과정 촉진기술의 방법
- 성원의 말이나 행동에 집중하는 반응을 한다.

- 개방적 의사소통을 위해 사회복지사가 먼저 자기노출을 할 수 있다.
- 토론범위를 제한하여 집단목표와 관련없는 의사소통을 감소시킨다.
- 성원이 의견을 분명하게 표현하도록 의사소통의 내용을 명확히 한다.

7. 집단을 대상으로 한 사회기술훈련으로는 역할연습, 시연, 모델링, 직접적 지시 등이 있다.

8. 집단성원 간의 갈등, 상반되는 관점 등을 해결하도록 원조하는 집단사회복지사의 역할은 중재자이다.

9. 집단대상 사회복지실천은 목표지향적 활동이다.

10. 집단대상 사회복지실천에서는 의도적인 집단경험을 강조한다.

11. 집단대상 사회복지실천에서 집단의 영향력을 서비스의 매개물로 간주한다.

3) 집단의 역동성

□ 20회 31번

집단 응집력에 관한 설명으로 옳은 것을 모두 고른 것은?

ㄱ. 구성원 간 신뢰감이 높을수록 응집력이 높다.
ㄴ. 응집력이 높은 집단에서는 자기노출을 억제한다.
ㄷ. 구성원이 소속감을 가지면 응집력이 강화된다.
ㄹ. 응집력이 높은 집단이 낮은 집단보다 생산적인 작업에 더 유리하다.

① ㄱ　　　　　② ㄱ, ㄷ　　　　③ ㄴ, ㄹ
④ ㄱ, ㄷ, ㄹ　　⑤ ㄱ, ㄴ, ㄷ, ㄹ

해설 ㄴ. 집단응집력이 만들어지면 구성원들은 자연스럽게 출석률이나 참여율, 소속감이 높아진다. 집단구성원들과 친밀한 관계를 유지하면서 신뢰감이 높아지면 자연스럽게 자기노출을 하게 된다. 따라서 집단공동체 의식이 향상되므로 생산적인 작업도 응집력이 높은 집단이 더 유리하다. **정답** ④

□ 20회 32번

집단목표에 관한 설명으로 옳은 것은?

① 목표는 구체적으로 수립한다.
② 한 번 정한 목표는 혼란 방지를 위해 수정하지 않는다.
③ 집단 크기나 기간을 정할 때 목표는 고려하지 않는다.
④ 집단목표는 구성원의 목표와 관련 없다.
⑤ 목표는 집단과정에서 자연스럽게 형성되므로 의도적인 노력은 필요 없다.

해설 ② 목표를 정하고 수차례 시도를 했음에도 불구하고 목표를 달성하지 못하면 목표를 수정하여 성과를 이루도록 한다. ③ 목표를 정할 때는 집단의 크기나 기간을 고려한다. ④ 집단의 목표와 구성원의 목표가 일치할수록 집단 구성원의 성취동기가 높아진다. ⑤ 집단을 구성하려는 것은 의도적인 변화를 계획하는 것을 목적으로 한다. 따라서 목표는 자연스럽게 형성되는 것이 아니라 의도적으로 계획한다. **정답** ①

집단역동에 관한 설명으로 옳지 않은 것은?

① 하위집단은 집단에 부정적인 영향을 미치기 때문에 사회복지사가 개입하여 만들어지지 않도록 한다.

② 집단성원 간 직접적 의사소통을 격려하여 집단역동을 발달시킨다.

③ 집단응집력이 강할 경우, 집단성원들 사이에 상호 의존하려는 경향이 강해진다.

④ 개별성원의 목적과 집단 전체의 목적의 일치 여부에 따라 집단역동은 달라진다.

⑤ 긴장과 갈등을 적절하고 건설적인 방법으로 해결할 때 집단은 더욱 성장할 수 있다.

해설 하위집단은 집단성원들 간 서로에게 매력을 느끼거나 공통적인 관심사가 발생하면 자연스럽게 생성되는 집단으로, 보통 2~4명으로 이루어지므로 사회복지사가 개입해서 만들어지지 않도록 하는 것은 어렵다. 하위집단을 통해 집단에 친밀감이 더 상승하여 협력하거나 또는 집단에 배타적일 경우 부정적 영향을 미치기도 한다. 정답 ①

집단응집력을 향상하는 요인이 아닌 것은?

① 이질적 집단으로 구성

② 집단에 대한 자부심 고취

③ 집단성원간의 다른 인식과 관점의 인정

④ 집단성원간 공개적이고 활발한 상호작용

⑤ 집단의 참여를 통해 얻게 되는 보상, 자원 제공

해설 집단응집력이란 집단성원들이 자기가 속한 집단 구성원들과 그 집단에 대해 느끼는 매력, 소속감 등을 말한다. 따라서 이질적 집단보다는 동질적 집단으로 구성하는 것이 집단응집력을 향상하는 요인이 된다. 정답 ①

 핵심요약

3) 집단의 역동성

(1) 개념

- 집단과정: 집단구성원과 집단지도자 간 또는 집단구성원 간 상호영향을 미치며 공동의 목표를 향해서 함께 변화하는 과정
- 집단역동성: 집단과정으로 인해 각 구성원과 집단 전체에 영향을 제공하도록 만들어진 특별한 힘

(2) 구성요소

- 집단역동성의 구성요소: 의사소통 유형, 대인관계, 응집력, 지위와 역할, 하위집단, 목적, 가치와 규범, 긴장과 갈등 등

① 집단응집력: 집단성원들이 자기가 속한 집단구성원들과 그 집단에 대해 느끼는 매력이 있을 때 집단의 응집력(결속력)이 높아짐
- 집단응집력을 향상하는 요인
  - 집단에 대한 자부심 고취
  - 집단성원 간의 다른 인식과 관점의 인정

       – 집단성원 간 공개적이고 활발한 상호작용

       – 집단의 참여를 통해 얻게 되는 보상, 자원 제공

② 하위집단: 하위집단은 집단성원들 간 서로에게 매력을 느끼거나 공통적인 관심사가
   발생하면 생성되는 집단으로 보통 2~4명으로 이루어짐

   • 집단성원들의 관계를 직접 관찰하기도 하고 소시오그램을 통해서 분석할 수 있음

   ☑ 소시오그램과 소시오메트리: 소시오그램은 소시오메트리에서 얻어진 값을 점과
      선을 이용해서 그래프로 나타낸 것으로 소시오메트리는 숫자로, 소시오그램은 그
      림으로 표현

(3) 집단역동 증진방안

① 성원 간 솔직한 의사소통이 이루어지도록 해야 함

② 집단의 규칙과 규범을 제정하고 준수하도록 해야 함

③ 성원이 다양한 지위와 역할을 경험하도록 해야 함

④ 성원이 집단중심적인 생각과 행동을 보이도록 촉진해야 함

☑ 과락科落 말고 과락科樂 기출 선지

01. 집단목표는 구체적으로 수립한다.

02. 구성원 간 신뢰감이 높을수록 응집력이 높다.

03. 구성원이 소속감을 가지면 응집력이 강화된다.

04. 응집력이 높은 집단이 낮은 집단보다 생산적인 작업에 더 유리하다.

05. 집단에 대한 자부심 고취, 집단성원 간의 다른 인식과 관점의 인정, 집단성원 간 공개적이고 활발한 상호
    작용, 집단의 참여를 통해 얻게 되는 보상이나 자원을 제공하는 것들은 집단응집력을 향상하는 요인이
    된다.

06. 집단성원 간 직접적 의사소통을 격려하여 집단역동을 발달시킨다.

07. 집단응집력이 강할 경우, 집단성원들 사이에 상호 의존하려는 경향이 강해진다.

08. 개별성원의 목적과 집단 전체의 목적의 일치 여부에 따라 집단역동은 달라진다.

09. 긴장과 갈등을 적절하고 건설적인 방법으로 해결할 때 집단은 더욱 성장할 수 있다.

10. 집단역학(group dynamics)의 구성요소에는 긴장과 갈등, 가치와 규범, 집단목적, 의사소통 유형 등이
    있다.

4) 집단발달단계

□ 22회 43번

집단 사회복지실천 사정에 활용되는 것을 모두 고른 것은?

> ㄱ. 집단 사회복지사의 관찰
> ㄴ. 외부 전문가의 보고
> ㄷ. 표준화된 사정도구
> ㄹ. 집단성원의 자기관찰

① ㄱ, ㄴ   ② ㄱ, ㄹ   ③ ㄴ, ㄷ
④ ㄱ, ㄷ, ㄹ   ⑤ ㄱ, ㄴ, ㄷ, ㄹ

해설 집단 사정시 개별성원, 전체집단, 집단외부환경에 대한 사정으로 구분하여 활용하며 의의차별척도, 소시오메트리, 소시오그램, 상호작용차트 등의 표준화된 사정도구를 활용한다. **정답** ⑤

□ 22회 45번

집단 중간단계의 개입기술에 관한 설명으로 옳지 않은 것은?

① 집단성원 간 상호작용을 향상시킨다.
② 집단성원을 사후관리 한다.
③ 집단의 목표를 달성하도록 원조한다.
④ 집단의 응집력을 향상시킨다.
⑤ 집단성원이 집단과정에 적극 활동하도록 촉진한다.

해설 집단성원의 사후관리는 종결단계에 해당한다.
정답 ②

□ 22회 46번

집단 종결단계에서 사회복지사의 역할로 옳은 것을 모두 고른 것은?

> ㄱ. 집단과정에서 성취한 변화를 지속적으로 유지하도록 돕는다.
> ㄴ. 집단성원의 개별 목표를 설정한다.
> ㄷ. 종결을 앞두고 나타나는 다양한 감정을 토론하도록 격려한다.
> ㄹ. 집단에 대한 의존성을 서서히 감소시켜 나간다.

① ㄱ, ㄴ   ② ㄷ, ㄹ   ③ ㄱ, ㄴ, ㄹ
④ ㄱ, ㄷ, ㄹ   ⑤ ㄴ, ㄷ, ㄹ

해설 집단 전체 목표를 설정하는 것은 준비단계에 설정하고, 집단성원의 개별 목표 설정은 구성원들이 처음 만나는 단계인 초기단계에 설정한다. **정답** ④

□ 21회 44번

집단을 준비 또는 계획하는 단계에서 고려할 사항으로 옳은 것을 모두 고른 것은?

> ㄱ. 집단성원의 참여 자격
> ㄴ. 공동지도자 참여 여부
> ㄷ. 집단성원 모집방식과 절차
> ㄹ. 집단의 회기별 주제

① ㄱ   ② ㄱ, ㄷ   ③ ㄴ, ㄹ
④ ㄱ, ㄷ, ㄹ   ⑤ ㄱ, ㄴ, ㄷ, ㄹ

해설 준비단계에 필요한 내용은 집단목적 및 활동내용 설정하기, 집단 구성하기, 집단의 성원모집 및 선별하기, 집단모임주기 및 지속시간 결정하기, 모임장소 등 물리적 환경 결정하기, 지도자 선정 및 공동지도자 유무 결정하기 등이며 이와 같은 주요 결정사항을 파악하여 집단을 시작하려는 준비를 한다. **정답** ⑤

집단발달의 초기단계에 적합한 실천기술에 해당하는 것을 모두 고른 것은?

> ㄱ. 집단성원이 신뢰감을 갖고 참여할 수 있는 분위기를 조성한다.
> ㄴ. 집단성원이 수행한 과제에 대해 솔직하고 구체적인 피드백을 준다.
> ㄷ. 집단역동을 촉진하기 위해 사회복지사가 의도적인 자기노출을 한다.
> ㄹ. 집단성원의 행동과 태도가 불일치하는 경우에 직면을 통해 지적한다.

① ㄱ   ② ㄱ, ㄷ   ③ ㄴ, ㄹ
④ ㄱ, ㄷ, ㄹ   ⑤ ㄱ, ㄴ, ㄷ, ㄹ

해설 집단 초기단계는 사회복지사와 구성원이 처음 만나서 서로에 대한 정보를 탐색하고 집단규범 등의 목표를 설정하는 과정이다. ㄴ, ㄷ. 중간단계에 적합한 실천기술이다. ㄹ. 직면은 클라이언트의 말과 행동의 불일치를 사회복지사가 재인식시켜 주기 위해 사용하는 개입기술로 초기단계보다는 사회복지사와 성원과의 관계에 신뢰가 생겼을 때 사용하는 것이 좋다. **정답** ①

□ 20회 28번

집단 초기단계에서 사회복지사의 역할을 모두 고른 것은?

> ㄱ. 집단과 구성원의 목표를 설정한다.
> ㄴ. 지도자인 사회복지사를 소개하며 신뢰감을 형성한다.
> ㄷ. 구성원 간 유사성을 토대로 응집력을 형성한다.
> ㄹ. 구성원이 집단에 의존하는 정도를 감소시킨다.

① ㄱ, ㄴ   ② ㄴ, ㄷ   ③ ㄷ, ㄹ
④ ㄱ, ㄴ, ㄷ   ⑤ ㄱ, ㄴ, ㄷ, ㄹ

해설 초기단계는 집단이 시작하는 단계이므로 집단과 구성원의 목표를 설정하고, 집단구성원의 불안, 저항을 감소하기 위한 노력과 함께 공통점을 찾아 연결하여 응집력을 형성하도록 한다. ㄹ. 구성원의 집단 의존력을 감소시키는 것은 종결단계에 해당하는 내용이다. **정답** ④

□ 20회 29번

집단활동 중 발생하는 저항에 관한 설명으로 옳지 않은 것은?

① 구성원이 피하고 싶은 주제가 논의될 때 일어날 수 있다.
② 사회복지사가 제안한 과업의 실행방법을 모를 때 발생할 수 있다.
③ 목표 달성을 위해서는 저항 이유를 무시해야 한다.
④ 효과적으로 해결하면 집단활동이 촉진될 수 있다.
⑤ 다른 구성원의 의견을 통해 해결방안을 찾을 수 있다.

해설 저항은 있을 수 있고 자연스러운 현상이므로 무시하지 않고 저항의 이유를 탐색한다. **정답** ③

□ 20회 30번

집단 사정을 위한 소시오그램에 관한 설명으로 옳은 것은?

① 구성원 간 호감도 질문은 하위집단을 형성하므로 피한다.
② 구성원 모두가 관심을 갖는 주제를 발견하는데 목적이 있다.
③ 소시오메트리 질문을 활용하여 정보를 파악한다.
④ 구성원 간 상호작용을 문장으로 표현한다.
⑤ 특정 구성원에 대한 상반된 입장 중 하나를 선택하는 것이다.

해설 ① 소시오그램을 통해서 알 수 있는 내용 중 하나가 하위집단의 형성 여부이다. ② 소시오그램은 주제가 아닌 구성원 간의 관계 파악을 위한 사정도구이다. ④ 소시오그램은 상호작용을 문장이 아니라 선과 도형을 이용하여 그림으로 표현한 것이다. ⑤ 의의차별척도에 해당하는 내용이다. **정답** ③

□ 19회 41번

집단 초기단계에 나타나는 특성으로 옳은 것을 모두 고른 것은?

> ㄱ. 집단성원의 불안감과 저항이 높다.
> ㄴ. 집단에 대한 오리엔테이션이 필요하다.
> ㄷ. 사회복지사보다는 다른 집단성원과 대화하려고 시도한다.
> ㄹ. 문제해결과정에서 나타나는 갈등과 차이점을 적극적으로 표현한다.

① ㄹ
② ㄱ, ㄴ
③ ㄴ, ㄹ
④ ㄷ, ㄹ
⑤ ㄱ, ㄷ, ㄹ

해설 초기단계는 집단이 시작하고 사회복지사와 구성원이 처음 만나는 단계로 서로 어색하고 친숙하지 못한 상태이므로 불안감과 저항이 높은 상태이다. 따라서 사회복지사는 오리엔테이션을 통해서 사회복지사와 구성원을 소개하는 시간을 가져 구성원과의 대화를 이끌어 내도록 한다. ㄷ. 초기단계는 서로에 대한 정보가 부족하고 어색하기 때문에 대화를 많이 하지 않고 집단구성원 간이나 사회복지사에게 접근 또는 회피하는 행동들이 나타난다. ㄹ. 문제해결과정에서 나타나는 갈등과 차이점을 적극적으로 표현하는 것은 중간단계에 나타나는 특성이다. **정답** ②

□ 19회 47번

집단구성에 관한 설명으로 옳지 않은 것은?

① 집단이 커질수록 구성원의 참여의식이 증가하고 통제와 개입이 쉽다.
② 집단상담을 위해 가능하면 원형으로 서로 잘 볼 수 있는 공간을 만들 수 있는 장소가 바람직하다.
③ 집단성원의 유사함은 집단소속감을 증가시킨다.
④ 개방집단은 새로운 정보와 자원의 유입을 허용한다.
⑤ 비구조화된 집단에서는 집단성원의 자발성이 더욱 요구된다.

해설 집단이 커질수록 구성원의 참여의식이 감소하고 통제와 개입이 어렵다. **정답** ①

□ 18회 27번

집단사회복지실천의 중간 단계에 해당하는 내용으로 옳은 것을 모두 고른 것은?

> ㄱ. 성원의 내적 변화를 파악하기 위해 개별상담을 한다.
> ㄴ. 성원들의 참여를 촉진하기 위해 집단의 목적을 상기시킨다.
> ㄷ. 하위집단의 의사소통과 상호작용 빈도를 평가한다.
> ㄹ. 집단에 대한 의존성을 감소시키기 위해 모임주기를 조절한다.

① ㄱ, ㄷ
② ㄴ, ㄹ
③ ㄱ, ㄴ, ㄷ
④ ㄴ, ㄷ, ㄹ
⑤ ㄱ, ㄴ, ㄷ, ㄹ

해설 중간단계는 개입해서 변화에 집중하는 단계이다. ㄹ. 집단에 대한 의존성을 감소시키기 위해 모임주기를 조절하는 것은 종결단계에 해당하는 내용이다. **정답** ③

☐ 18회 28번

집단성원 간의 관계를 파악하는 사정도구에 관한 설명으로 옳은 것은?

① 소시오메트리: 성원 간의 상호작용 빈도를 기록한다.

② 상호작용차트: 집단성원에 대한 다양한 측면의 인식 정도를 평가한다.

③ 소시오그램: 성원 간의 관계를 표현한 것으로 하위집단의 유무를 알 수 있다.

④ 목적달성척도: 목적달성을 위한 집단성원들의 협력과 지지정도를 측정한다.

⑤ 의의차별척도: 가장 호감도가 높은 성원과 호감도가 낮은 성원을 파악할 수 있다.

해설 ① 소시오메트리는 가장 좋아하는 사람(5점)과 가장 좋아하지 않는 사람(1점) 등으로 구분하여 평가하는 것이다. ② 상호작용차트는 성원 간의 상호작용 빈도를 기록하는 것이다. ④ 목적달성척도는 설정한 목표의 달성 정도를 측정하는 것이다. ⑤ 의의차별척도는 두 개의 다른 상반된 의미의 단어를 양 끝에 두고 응답범주를 5개 또는 7개로 설정하며 그중 하나를 선택하도록 하는 것이다. **정답** ③

✔️ 핵심요약

4) 집단발달단계

(1) 준비단계(계획단계)

- 준비단계는 본격적으로 집단을 형성하기 전에 사회복지사가 미리 집단을 구성하고 계획하는 단계로 집단의 목적, 집단구성원 선정, 집단활동내용, 집단일정 및 장소, 모집방법, 평가방법 등을 고려

(2) 초기단계

- 초기단계에서는 구성원들이 처음 만나는 관계이므로 낯선 사람에 대한 불안과 불신을 가지고 있으면서도 모임에 대한 성공 기대 등 양가감정이 발생
- 집단 초기단계에 사회복지사는 집단과 구성원의 목표 설정, 지도자인 사회복지사를 소개하여 신뢰감 형성, 구성원 간 유사성을 토대로 응집력 형성

☑ 집단활동 중 발생하는 저항

- 저항은 양가감정으로 구성원이 피하고 싶은 주제가 논의될 때 일어날 수 있음
- 사회복지사가 제안한 과업의 실행방법을 모를 때 발생할 수 있음
- 효과적으로 해결하면 집단활동이 촉진될 수 있음
- 다른 구성원의 의견을 통해 해결방안을 찾을 수 있음
- 저항은 있을 수 있고 자연스러운 현상이므로 무시하지 않고 저항의 이유 탐색

(3) 사정단계

- 사정은 집단의 전 과정(초기, 중간, 종결)에 걸쳐서 이루어지고 개별성원, 전체로서의 집단, 집단의 환경에 대한 사정으로 구분

① 개별성원에 대한 사정: 집단구성원의 변화와 성장
② 전체집단에 대한 사정: 하위집단 형성, 집단 내 상호작용 방식, 집단규범(기능적 규범과 역기능적 규범)
③ 집단외부환경에 대한 사정: 집단을 인가하고 지원하는 기관의 목표, 상호조직 간의 환경, 지역사회 환경

☑ 집단 사정도구
- 의의차별척도: 두 개의 다른 상반된 의미의 단어를 양 끝에 두고 응답범주를 5개 또는 7개로 설정하며 그중 하나를 선택하도록 하는 방식으로 의미분화척도, 어의적 분화척도라고도 함
- 소시오메트리: 집단구성원의 호감도를 평가하기 위해 질문을 통해 5점(가장 좋음)에서 1점(가장 안 좋음)으로 구성. 집단구성원의 평가를 합산하여 호감도와 집단응집력 파악 가능
- 소시오그램: 소시오메트리를 활용하여 호감도를 선과 도형을 이용한 그림으로 표현한 사정도구로 집단구성원의 성별, 선호도와 무관심, 구성원 간의 관계, 집단응집력, 하위집단 형성 여부, 소외된 구성원이나 삼각관계, 구성원 간 친밀도 등을 확인 가능
- 상호작용차트: 집단구성원 간의 상호작용 빈도를 기록하는 사정도구로 일정시간 동안 발생한 상호작용 빈도를 측정하거나, 특정 행동이 나타날 때마다 기록하는 방법 등이 있음

(4) 중간단계(개입단계)
- 구성원들간의 친밀도가 증가하고 소속감이 향상되면서 하위집단 발생
- 집단 내 리더 및 구성원의 지위나 역할 생성으로 위계질서 확립
- 집단 성원간의 공통점과 차이점을 파악하고 존중하며 집단응집력 발달
- 집단성원의 내적변화를 파악하기 위한 개별상담 진행, 성원들의 참여촉진을 위한 집단목적을 상기시키고, 하위집단의 의사소통과 상호작용 빈도 평가
- 의사소통 실천기술: 공감하기, 자기노출, 반영, 피드백, 공통점 연결, 직면, 해석, 명료화, 요약, 질문하기 등

(5) 종결단계
- 집단의 목표가 달성되었거나 집단의 기간이 종료되어 해체되는 단계로 집단기간 동안의 성과를 정리·평가함과 동시에 구성원의 집단 의존성에 대한 감정을 조절하고 사후관리에 대한 계획 설정

☑ 집단사회복지실천의 종결단계의 과업
- 미래에 대한 계획
- 평가계획의 수립
- 변화유지 능력의 확인
- 변화결과를 생활영역으로 일반화하기

01. 집단을 준비 또는 계획하는 단계에서는 집단성원의 참여자격, 공동지도자 참여 여부, 집단성원 모집방식과 절차, 집단의 회기별 주제 등을 고려한다.

02. 집단발달의 초기단계에는 집단성원이 신뢰감을 갖고 참여할 수 있는 분위기를 조성한다.

03. 집단사정을 위한 소시오그램은 소시오메트리 질문을 활용하여 정보를 파악한다.

04. 집단 초기단계에는 집단성원의 불안감과 저항이 높다.

05. 집단 초기단계에는 집단에 대한 오리엔테이션이 필요하다.

06. 집단상담을 위해 가능하면 원형으로 서로 잘 볼 수 있는 공간을 만들 수 있는 장소가 바람직하다.

07. 집단성원의 유사함은 집단소속감을 증가시킨다.

08. 개방집단은 새로운 정보와 자원의 유입을 허용한다.

09. 비구조화된 집단에서는 집단성원의 자발성이 더욱 요구된다.

10. 소시오그램은 성원 간의 관계를 표현한 것으로 하위집단의 유무를 알 수 있다.

11. 일반적으로 사회적 목표모델보다 치료모델의 집단규모가 더 작다.

12. 아동집단은 성인집단에 비해 모임시간은 더 짧게 빈도는 더 자주 설정한다.

13. 물리적 공간을 결정할 때 좌석배치까지 고려한다.

14. 개방형집단이 폐쇄형집단에 비해 위기상황에 처한 사람들에게 더 융통성 있는 참여기회를 제공한다.

15. 집단 종결단계에서 집중적으로 수행해야 할 과업으로는 집단의존성 감소, 의뢰의 필요성 검토, 변화노력의 일반화, 구성원 간 피드백 교환 등이다.

16. 집단회기를 마무리할 때 회기에 대한 사회복지사의 관찰과 생각을 전달한다.

17. 회기 중 제기된 이슈를 다 마무리하지 않고 회기를 마쳐도 된다.

18. 집단회기를 마무리할 때 회기에서 다룬 내용을 집단 밖에서 어떻게 적용할지에 대한 계획을 묻는다.

19. 집단회기를 마무리할 때 다음 회기에 다루기 원하는 주제나 문제를 질문한다.

20. 집단 초기단계에 사회복지사는 집단성원의 불안감, 저항감을 감소시키기 위해 노력하고, 집단성원 간 공통점을 찾아 연결시키며 집단의 목적을 집단성원 모두가 공유하게 하는 등의 활동을 한다.

21. 집단 종결단계에서 사회복지사는 종결에 대한 양가감정을 이해하고 이를 반영하여 다룬다.

3. 가족대상

1) 가족에 대한 이해

☐ 22회 36번

생태체계적 관점에서 보는 가족에 관한 설명으로 옳지 않은 것은?

① 항상성: 가족구성원들이 현재 상태를 유지

② 경직된 경계: 가족이 다수의 복지서비스를 이용

③ 하위체계: 가족구성원들이 경계를 가지고 각자의 기능을 수행

④ 피드백: 가족이 사회환경과 환류를 주고 받으며 변화를 도모

⑤ 순환적 인과관계: 가족 한 사람의 행동이 다른 구성원에게 영향을 주어 가족 전체를 변화

해설 경직된 경계(유리된 가족)는 외부체계와 경계가 분리된 상태로 어떤 상호작용도 하지 않는 상태를 말한다. 가족이 다수의 복지서비스를 이용하는 가족은 명확한 경계(건강한 가족)에 해당한다. **정답** ②

☐ 22회 40번

사회변화에 따라 달라지는 가족에 관한 설명으로 옳지 않은 것은?

① 가족 형태가 다양해지는 경향이 있다.

② 저출산 시대에는 무자녀 부부가 증가한다.

③ 세대구성이 단순화되면서 확대가족의 의미가 약화된다.

④ 단독으로 생계를 유지하는 경우는 가구의 범위에 속하지 않는다.

⑤ 양육, 보호, 교육, 부양 등에서 사회 이슈가 발생한다.

해설 단독으로 생계를 유지하는 경우는 가구의 범위에 속하지만 가족의 범위에 속하지는 않는다. **정답** ④

☐ 21회 39번

다음 사례에서 사회복지사가 우선적으로 개입해야 하는 것은?

A씨는 25세로 알코올 중독진단을 받았으나 문제에 대한 본인의 인식은 부족한 상황이다. 현재 A씨는 부모와 함께 살고 있으나 몇 년전부터 대화가 단절되어 있다. A씨가 술을 마실 때면 아버지로부터 학대도 발생하고 있는 상황이다.

① 경직된 가족경계를 재구조화한다.

② 단절된 의사소통의 문제를 해결한다.

③ 알코올 중독 문제에 관여한다.

④ 술 문제의 원인으로 보이는 부모를 대상으로 상담한다.

⑤ 부모 간 갈등으로부터 벗어나도록 자아분화를 촉진한다.

해설 본 사례에 대한 개입의 기술은 다양하지만 우선적으로 개입해야 하는 것이 무엇인지 파악하는 것이 중요하다. A씨는 알코올 중독진단을 받았음에도 불구하고 본인의 알코올 중독에 대한 인식 부족 및 술을 마실 때 아버지로부터 학대를 당하기도 한다. 따라서 가장 시급하게 다루어야 할 문제는 알코올 중독 문제이다. **정답** ③

☐ 21회 37번

가족개입을 위한 전제조건에 관한 설명으로 옳지 않은 것은?

① 한 사람의 문제는 가족성원 모두에게 영향을 미친다.

② 한 가족성원의 개입노력은 가족 전체에 영향을 준다.

③ 가족성원의 행동은 순환적 인과성의 특성을 갖는다.

④ 가족문제의 원인은 단선적 관점으로 파악한다.

⑤ 한 가족성원이 보이는 증상은 가족의 문제를 대신해서 호소하는 것으로 본다.

해설 가족은 성원 개인이 아니라 하나의 체계로 가족성원 간의 상호작용을 이해하여 개입한다. 따라서 한 사람의 문제는 가족 모두에게 영향을 미치고, 그중 한 가족성원의 노력은 다른 가족성원에게도 영향을 미친다. 즉, 가족은 단선적 관점이 아니라 한 성원의 영향이 다른 성원에게 순환적으로 영향을 미치게 되는 순환적 인과성으로 설명할 수 있다.

정답 ④

□ 21회 40번

가족경계(boundary)에 관한 설명으로 옳은 것은?

① 하위체계의 경계가 경직된 경우에는 지나친 간섭이 증가한다.

② 하위체계의 경계가 희미한 경우에는 감정의 합일현상이 증가한다.

③ 하위체계의 경계가 경직된 경우에는 가족의 보호 기능이 강화된다.

④ 하위체계의 경계가 희미한 경우에는 가족 간 의사소통이 감소한다.

⑤ 하위체계의 경계가 경직된 경우에는 가족구성원이 독립적으로 행동하기 어렵다.

해설 경계는 체계와 체계, 체계의 내부와 외부를 구분하는 보이지 않는 선을 말한다. 하위체계가 경직된 경우에는 가족체계 내의 상호작용이 이루어지기 어려워 의사소통이나 융통성이 없는 폐쇄적 가족에게 나타나는 것이므로 지나친 간섭도 없고 자녀들은 스스로를 보호하며 가족구성원이 독립적으로 행동한다. 이에 반해 가족의 경계가 희미한 경우는 체계와 체계사이의 구분이 어려워서 밀착된 가족관계를 형성한다. 따라서 지나치게 많은 의사소통으로 가족 간에 많은 정보를 공유하게 되어 감정의 합일현상이 증가하기도 하고 가족과의 관계에서 적절한 독립성을 존중하거나 유지하지 못하는 상태가 된다.

정답 ②

□ 20회 42번

가족에 관한 체계론적 관점의 기술로 옳지 않은 것은?

① 가족은 하위체계이면서 상위체계이다.

② 가족 규칙은 가족 항상성에 영향을 준다.

③ 가족 내 하위체계의 경계유형은 투과성 정도에 따라 나뉠 수 있다.

④ 가족문제의 원인을 구성원 간 상호작용에서 찾는 것을 순환적 인과관계라고 한다.

⑤ 가족이 처한 상황을 구성원의 인식과 언어체계로 표현하면서 가족 스스로 문제해결의 단서를 찾도록 한다.

해설 체계론적 관점의 주요 개념에는 하위체계(홀론), 가족항상성, 경계, 순환적 인과관계, 환류고리, 비총합성이 있다. ⑤ 체계론적 관점이 아닌 가족에 대한 사회구성주의 관점에 대한 설명으로 해결중심가족치료가 대표적 이론이다.

정답 ⑤

□ 19회 45번

가족대상 사회복지실천의 과정에 관한 설명으로 옳은 것을 모두 고른 것은?

ㄱ. 가족과 함께 문제의 우선순위를 설정한다.

ㄴ. 사회복지사는 한 단계 낮은 자세를 취하여 가족의 정보를 얻는다.

ㄷ. 가족과의 관계형성을 위해 가족이 있는 곳으로 합류할 필요가 있다.

ㄹ. 문제가 가족 모두에게 영향을 미치고 있고 가족구성원이 그 문제의 발생과 유지에 영향을 주고 있을 경우 가족단위의 개입을 고려한다.

① ㄹ
② ㄱ, ㄷ
③ ㄴ, ㄹ
④ ㄱ, ㄴ, ㄷ
⑤ ㄱ, ㄴ, ㄷ, ㄹ

해설 ㄴ. 한 단계 낮은 자세, 즉 알고자 하는 자세(알지 못함의 자세)를 취하여 가족의 정보를 얻는 것을 말한다. ㄷ. 합류는 개입 초기단계에 가족과의 관계형성을 위해 가족을 있는 그대로 인정하고 수용하기 위한 개입방법이다.

정답 ⑤

가족대상 사회복지실천에 관한 설명으로 옳은 것은?

① 누가 가족문제를 일으키는 원인제공자인지 확인하기 위해 순환적 인과관계를 적용한다.

② 동귀결성을 적용하여 어떤 결과에 어떤 하나의 원인이 작용하였는지를 밝힌다.

③ 가족은 사회환경의 하위체계이나 그 내부는 하위체계가 없는 체계다.

④ 가족체계는 성장과 발전을 추구하면서도 지나친 변화는 제어하며 일정한 안정성을 유지하고자 한다.

⑤ 일차적 사이버네틱스에서 가족은 스스로 창조하고 독립된 실제이며 사회복지사를 가족과 완전히 분리된 사람으로 보지 않는다.

해설 ① 순환적 인과관계라는 것은 원인과 결과가 서로 맞물려서 순환하는 것을 말한다. 따라서 원인제공자를 알기 위해서는 직선적 인과관계를 적용한다. ② 동귀결성은 여러 원인의 결과가 하나인 것을 말한다. 또한 하나의 원인이 다양한 결과로 나타나는 것은 다중귀결성이라고 한다. ③ 가족 하위체계에는 부부하위, 부모하위, 부모 – 자녀하위, 형제자매하위체계가 있다. ⑤ 일차적 사이버네틱스에서 가족은 스스로 창조하고 독립된 실제이며 사회복지사를 가족과 완전히 분리된 사람으로 보며, 사회복지사는 객관성을 유지할 수 있다고 본다. 반면 이차적 사이버네틱스에서는 사회복지사는 가족과 상호작용을 하기 때문에 완전한 객관성을 유지하기 어렵다고 보는 것이다. **정답** ④

가족의 특성에 관한 설명으로 옳은 것을 모두 고른 것은?

> ㄱ. 사회변화에 민감한 체계이다.
>
> ㄴ. 현대 가족은 점차 정서적 기능이 약화되고 있다.
>
> ㄷ. 가족의 현재 모습은 세대 간 전승된 통합과 조정의 결과물이다.
>
> ㄹ. 기능적인 가족은 응집성과 적응성, 문제해결력이 높은 가족이다

① ㄱ, ㄷ   ② ㄴ, ㄹ

③ ㄱ, ㄴ, ㄷ   ④ ㄴ, ㄷ, ㄹ

⑤ ㄱ, ㄴ, ㄷ, ㄹ

해설 사회변화에 따라 가족의 형태가 혈연관계에서 벗어나 다양하게 변화하고 있고 그로 인해 가족공동체의 정서적 기능과 사회화가 약화되고 사회정책 및 프로그램 등의 욕구가 증가하고 있다. 기능적인 가족은 가족 간의 경계가 분명하고 개방적이고 자율적이며 융통성이 있다. 반면 역기능적인 가족은 폐쇄적이고 융통성이 없으며 의사소통의 불일치가 나타난다. **정답** ⑤

알코올 중독자 당사자는 치료에 거부적이다. 우선적으로 동기화되어 있는 가족들을 알코올 중독자 가족모임이나 자녀모임에 참여하도록 하였다. 이때 사회복지사가 개입 시 고려한 내용으로 옳은 것은?

① 가족항상성   ② 가족모델링

③ 가족재구조화   ④ 다세대간 연합

⑤ 순환적 인과성

해설 알코올 중독자인 당사자의 변화는 다른 가족들에게 영향을 미칠 것이다. 사회복지사는 당사자가 치료를 거부했을 때 우선적으로 동기화되어 있는 가족들을 모임에 참여하도록 한 것으로 순환적 인과성을 고려하여 개입하였다. **정답** ⑤

3. 가족대상

1) 가족에 대한 이해

(1) 가족의 특성
- 사회변화에 민감한 체계이며 현대 가족은 점차 정서적 기능이 약화되고 있음
- 가족의 현재 모습은 세대 간 전승된 통합과 조정의 결과물
- 기능적인 가족은 응집성과 적응성, 문제해결력이 높은 가족임

(2) 가족대상 사회복지실천 과정

① 초기과정(접수 → 자료수집 → 사정 → 계획수립)
- 사회복지사는 한 단계 낮은 자세를 취하여 가족의 정보 확보
- 가족과의 관계형성을 위해 가족이 있는 곳으로 합류할 필요가 있음
- 가족과 함께 문제의 우선순위를 설정
- 문제가 가족 모두에게 영향을 미치고 있고 가족구성원이 그 문제의 발생과 유지에 영향을 주고 있을 경우 가족단위의 개입을 고려

② 중간과정(개입 → 점검)
- 사티어의 경험적 가족치료
- 미누친의 구조적 가족치료
- 보웬의 세대 간 가족치료
- 전략적 가족치료

③ 종결과정(종결 → 평가)

(3) 가족체계 주요 개념

① 가족체계이론
- 일정한 원리에 따라서 낱낱의 부분이 짜임새 있게 조직되어 통일된 전체를 체계라고 하고 가족체계는 가족을 하나의 체계로 보는 것

② 경계: 체계와 체계, 체계의 내부와 외부를 구분하고 있는 보이지 않는 선
- 명확하고 뚜렷한 경계: 적절한 투과성으로 융통성이 있고 유연하며 건강한 기능적 가족에게서 볼 수 있는 경계
- 애매하고 혼돈된 경계: 지나치게 높은 투과성으로 체계와 체계 사이의 구분이 어려워 밀착된 가족에게서 볼 수 있는 경계
- 견고하고 경직된 경계: 매우 낮은 투과성으로 체계와 체계 사이의 상호작용이 이루어지기 어려워 의사소통이나 융통성이 없는 폐쇄적 가족에게서 볼 수 있는 경계

③ 가족항상성: 항상성은 스스로 균형상태를 유지하려고 하는 것
- 항상성이 가족에게 적용된 개념으로 가족에게 발생한 위기 등의 상황에서 가족의 본래 구조나 기능으로 되돌아가려는 경향을 가족항상성이라고 함

④ 하위체계: 가족체계를 구성하고 있는 4개의 하위체계
- 부부하위체계, 부모하위체계, 부모 – 자녀하위체계, 형제자매하위체계

⑤ 순환적 인과관계
- 가족문제의 원인을 구성원 간 상호작용에서 찾는 것

⑥ 환류고리(feedback loop)
- 환류란 적응기제로서 새로운 행동의 결과에 대한 정보를 주어 적응할 수 있도록 하는 것을 말함. 이 결과에 따라 기존의 가족의 규범을 강화할 것인지 또는 그대로 둘 것인지 결정하게 되는 것으로 이것을 환류고리라고 함
  - 정적환류: 체계의 행동을 유지시키거나 증폭하도록 하는 환류
  - 부적환류: 새로운 행동의 결과에 따라 변화하는 것을 멈추고 원래의 상태로 되돌아가게 하여 가족항상성을 유지하도록 함
  ☑ 가족항상성: 가족이 기존의 평형상태를 유지하기 위해 변화에 저항하는 것

⑦ 비총합성: 전체로서의 가족은 가족 개개인의 특성이나 행동을 합한 것보다 큼
- 가족을 볼 때 개개인의 특성을 보는 것이 아니라 각 가족의 특성을 연결하는 상호작용 및 의사소통을 중심으로 보는 것이 더 중요

(4) 가족생활주기
- 두 사람의 결혼을 시작으로 시간의 흐름에 따른 가족의 변화를 기술하는 개념
- 가족구조와 발달과업의 변화를 파악하는 데 활용
- 가족이 형성된 시점부터 배우자 사망에 이르기까지의 생활변화를 볼 수 있음
- 가족이 발달하면서 경험하게 될 사건이나 위기를 예측하는 데 도움이 됨
- 가족생활주기의 단계는 가족유형이나 사회문화적 배경에 따라 상이할 수 있음
- 독신, 자녀가 없는 젊은 부부, 자녀가 있는 젊은 부부, 젊은 편부모, 중년 독신자, 자녀가 없는 중년 부부, 어린 자녀가 있는 중년 부부, 집에 자녀가 있는 중년 부부, 집에 자녀가 있는 중년 독신자, 노부부, 노인 독신자 가정 등 최근에 복잡하고 다양한 가족의 양상을 반영한 생활주기로 세분화되었음

01. 한 사람의 문제는 가족성원 모두에게 영향을 미친다.

02. 한 가족성원의 개입노력은 가족 전체에 영향을 준다.

03. 가족성원의 행동은 순환적 인과성의 특성을 갖는다.

04. 한 가족성원이 보이는 증상은 가족의 문제를 대신해서 호소하는 것으로 본다.

05. 하위체계의 경계가 희미한 경우에는 감정의 합일현상이 증가한다.

06. 가족은 하위체계이면서 상위체계이다.

07. 가족규칙은 가족항상성에 영향을 준다.

08. 가족 내 하위체계의 경계유형은 투과성 정도에 따라 나뉠 수 있다.

09. 가족체계는 성장과 발전을 추구하면서도 지나친 변화는 제어하며 일정한 안정성을 유지하고자 한다.

10. 사회변화에 따라 가족의 구조와 기능도 변화한다.

11. 위기 시 가족은 역기능적 행동을 보일수도 있지만 가족탄력성을 보일 수도 있다.

12. 가족은 생활주기를 따라 단계적으로 발달하고 변화한다.

13. 가족은 가족항상성을 통해 다른 가족과 구별되는 정체성을 갖는다.

14. 1차 수준 사이버네틱스(cybernetics): 전문가가 가족 내부의 의사소통과 제어과정을 객관적으로 발견한다.

15. 환류고리(feedback loop): 가족규범이 유지되거나 변화되는 과정을 설명한다.

16. 현대사회 가족의 변화: 규모의 축소, 생활주기의 변화, 기능의 축소, 형태의 다양화

17. 가족항상성은 가족규칙을 활성화하여 지속적인 관계를 유지하도록 한다.

18. 가족의 기능: 구성원 양육 및 보호, 정서적 교류, 사회화, 가족의 문화와 전통 계승

19. 가족은 다세대에 걸친 역사상의 산물이다.

20. 가족구성원 간 상호영향은 지속적이다.

21. 가족마다 권력구조와 의사소통 형태를 갖고 있다.

22. 순환적 인과성은 파문효과(ripple effect)와 관련이 있으며 체계적 관점에서 악순환적인 연쇄고리를 파악한다.

23. 문제를 일으킨 성원 또는 다른 성원의 변화를 통해 가족의 역기능적 문제가 해결되는 것을 순환적 인과성이라 한다.

2) 가족사정

□ 21회 41번

가족사정에 관한 설명으로 옳은 것을 모두 고른 것은?

> ㄱ. 가족체계가 어떻게 기능하는지 발견하는 것이 목적이다.
> ㄴ. 가족상호작용 유형에 적합한 방법을 찾는 것이다.
> ㄷ. 가족사정과 개입과정은 상호작용적이며 순환적이다.
> ㄹ. 가족이 제시하는 문제, 생태학적 사정, 세대 간 사정, 가족내부 간 사정으로 이루어진다.

① ㄱ, ㄴ   ② ㄷ, ㄹ
③ ㄱ, ㄴ, ㄷ   ④ ㄱ, ㄴ, ㄹ
⑤ ㄱ, ㄴ, ㄷ, ㄹ

해설 가족사정이란 전체로서의 가족과 가족 내·외부의 요인들과의 상호작용에 초점을 두고 파악하기 위해 자료를 수집하고 분석하여 개입을 계획하는 과정이다. 가족의 구조와 기능을 확인하고 가족유형에 적합한 방법을 찾기 위해 가족이 제시하는 문제, 생태학적 사정, 세대 간 사정, 가족 내부에 대한 사정의 4가지 차원에서 접근한다.
정답 ⑤

□ 20회 43번

자녀양육의 어려움을 호소하는 가족의 사정도구에 관한 설명으로 옳지 않은 것은?

① 가계도를 활용하여 구성원 간 관계를 파악한다.
② 생태도를 통해 회복탄력성과 문제해결능력을 확인한다.
③ 양육태도척도를 활용하여 문제가 되는 부분을 탐색한다.
④ 자녀 입장의 가족조각으로 자녀가 인식하는 가족관계를 탐색한다.

⑤ 생활력표를 활용하여 현재 어려움에 영향을 주는 발달단계 상의 경험을 이해한다.

해설 생태도는 가족과 환경 간의 관계를 알아보는 것으로 환경 속의 인간을 초점으로 하는 사정도구이다. **정답** ②

□ 19회 40번

어느 시점에서의 인간관계, 타인에 대한 느낌과 감정을 동작과 공간을 사용하여 표현하는 비언어적 기법은?

① 연합   ② 은유
③ 외현화   ④ 가족조각
⑤ 원가족 도표

해설 ① 연합: 미누친의 구조적 가족치료의 주요 개념 ② 은유: 사티어의 경험적 가족치료에서 주로 사용하는 기법 ③ 외현화: 이야기치료에서 주로 사용하는 기법 ⑤ 원가족 도표: 사티어의 경험적 가족치료에서 주로 사용하는 도표 **정답** ④

□ 19회 44번

가계도를 통한 분석 내용으로 옳은 것을 모두 고른 것은?

> ㄱ. 가족 내 삼각관계
> ㄴ. 지배적인 주제와 가족구조의 변화
> ㄷ. 가족이 위치한 지역사회의 안정성과 쾌적성
> ㄹ. 가족 내 반복적으로 나타나고 있는 사건의 연결성

① ㄴ   ② ㄱ, ㄴ   ③ ㄱ, ㄹ
④ ㄱ, ㄴ, ㄹ   ⑤ ㄱ, ㄴ, ㄷ, ㄹ

해설 가계도를 통해서는 가족구성원의 상세정보나 가족관계 형태, 반복적으로 나타나는 행동이나 정서적 패턴, 가족구성원의 주요 사건 등으로 외우려고 하지 말고 가계도의 형태를 머릿속에 그렸을 때 알 수 있는 내용들을 파악하고 이해하려고 접근해 보도록 하는 것이 중요하다. ㄷ. 가족의 주변환경에 대한 정보는 생태도를 통해서 분석이 가능하다. **정답** ④

□ 18회 35번

1인 가구의 가족사정에 관한 내용으로 옳은 것을 모두 고른 것은?

> ㄱ. 원가족 생활주기 파악
> ㄴ. 원가족 스트레스와 레질리언스 탐색
> ㄷ. 구조적 관점으로 미분화된 경계 파악
> ㄹ. 역사적 관점으로 미해결된 과거관계의 잔재 확인

① ㄹ   ② ㄱ, ㄷ
③ ㄴ, ㄹ   ④ ㄱ, ㄴ, ㄷ
⑤ ㄱ, ㄴ, ㄷ, ㄹ

해설 1인 가구라는 것에 핵심을 두지 말고 문제에 접근하자. 1인 가구라도 해도 원가족과 공간만 분리되어 있을 분 원가족과의 경험이나 관계 등이 아예 없는 것이 아니므로 가족개념을 분리하지 않고 생각해서 풀 수 있는 문제이다. ㄴ. 레질리언스(resilience)는 회복탄력성, 즉 역경을 극복하고 성장하는 것을 말하며 그러한 경험이 있는지 탐색하는 것이다. ㄷ. 구조적 관점은 가족의 구조가 균형적이지 못해서 문제가 발생한다고 보는 것이다. ㄹ. 보웬의 다세대 가족치료에 해당하는 것으로 과거의 경험이 정리되지 않으면 다음 세대로 이어져 가족의 문제가 된다고 보는 개념이다.
정답 ⑤

□ 18회 39번

노인학대가 의심된다는 이웃의 신고로 노인보호전문기관에서 상황을 파악하고자 하였다. 어르신은 사회복지사의 개입을 거부하며 방어적이다. 이 상황에 관한 분석으로 적절하지 않은 것은?

① 비난형 의사소통 유형이다.
② 스스로 해결하고자 하는 의지의 표현이다.
③ 현재의 상태를 유지하려고 하는 항상성이 있다.
④ 독립과 자립을 강조하는 사회문화적 영향으로 도움에 거부적이다.
⑤ 일방적 신고를 당해서 외부인에 대한 불신과 배신감을 느끼고 있다.

해설 사티어의 의사소통 유형 중 비난형 의사소통 유형은 다른 사람의 결점을 확인하고 문제의 원인을 상대방의 잘못으로 돌리려는 것이다. 이 예시에서는 어르신이 다른 사람의 잘못을 주장한 내용은 파악할 수 없다. **정답** ①

□ 18회 40번

가계도 분석에 관한 설명으로 옳은 것을 모두 고른 것은?

> ㄱ. 세대를 통해 반복되는 패턴 분석
> ㄴ. 가족구성원에 대한 객관적 정보를 파악
> ㄷ. 가족기능의 불균형과 그것에 기여하는 요인 분석
> ㄹ. 가족구성원별 인생의 중요사건과 이에 대한 다른 가족구성원의 역할 분석

① ㄹ   ② ㄱ, ㄷ
③ ㄴ, ㄹ   ④ ㄱ, ㄴ, ㄷ
⑤ ㄱ, ㄴ, ㄷ, ㄹ

해설 가계도는 여러 세대에 걸친 가족관계를 여러 가지 도형, 선 등으로 도표화해서 나타낸 도구이다. 가계도에는 여러 세대의 관계 및 성별, 나이, 직업, 종교, 가족병력, 결혼, 이혼, 출생, 사망 등의 상세정보와 각 성원 간의 친밀도, 가족관계의 형태, 세대에 걸친 반복적인 패턴, 각 구성원별 주요 사건, 가족 간의 관계를 통한 역할 분석 등 다양한 정보를 확인할 수 있다. **정답** ⑤

2) 가족사정

- 가족사정이란 전체로서의 가족과 가족 내·외부의 요인들과의 상호작용에 초점을 두고 파악하기 위해 자료를 수집하고 분석하여 개입을 계획하는 과정

(1) 경계에 따른 가족구분

① 가족 구성원 간 구분: 명확한 경계(건강한 가족), 모호한 경계(밀착된 가족), 경직된 경계(유리된 가족)
② 가족 외부와의 구분: 개방형 가족, 방임형 가족, 폐쇄형 가족

(2) 가족의 의사소통

① 기능적 의사소통: I-message
② 역기능적 의사소통: 이중구속 메시지, 신비화(위장), You-message

(3) 가족사정도구

① 가계도: 보웬의 가족도표를 근원으로 하여 만들어진 것으로 여러 세대에 걸친 가족관계를 여러가지 도형, 선 등으로 도표화해서 나타낸 도구
  ☑ 가계도를 보고 확인할 수 있는 것
    - 가족구성원의 출생과 사망시기, 성별, 나이, 결혼과 동거, 직업, 교육의 수준, 질병, 종교 등의 가족구성원에 대한 객관적 정보
    - 가족기능의 불균형과 그것에 기여하는 요인
    - 세대를 통해 반복되는 패턴 분석
    - 가족구성원별 인생의 중요사건과 이에 대한 다른 가족구성원의 역할 분석
    - 가족 내 삼각관계
    - 지배적인 주제와 가족구조의 변화
    - 가족 내 반복적으로 나타나고 있는 사건의 연결성
    - 가족의 생애주기
② 생태도: 클라이언트와 환경 및 사회체계들과의 상호작용을 선, 원, 사각형 등으로 표현한 도구로 앤 하트만에 의해 개발
③ 사회적 관계망표: 클라이언트의 사회적 관계를 확인하기 위한 도구로 클라이언트의 주변에서 클라이언트에게 영향을 미치는 관계를 표로 작성한 것
④ 생활력 도표: 가족구성원이 살아온 과정 중 발생한 어떤 사건이나 문제 등에 대해서 사건발생 순서대로 나열하여 표로 작성한 도구
⑤ 가족조각: 가족 한 사람이 조각가가 되어 가족문제상황에서 경험했던 느낌이나 감정들을 되살려 다른 가족들의 위치나 동작을 표현하도록 하고, 이러한 경험들을 통해 각자 느낀 감정이나 생각들을 이야기하여 가족구성원들이 서로를 더 이해하고 수용할 수 있도록 하는 기법

01. 가족사정은 가족이 제시하는 문제, 생태학적 사정, 세대 간 사정, 가족 내부 간 사정으로 이루어진다.

02. 가족사정의 목적은 가족체계가 어떻게 기능하는지 발견하는 것이다.

03. 가족상호작용 유형에 적합한 방밥을 찾는 것이 가족사정이다.

04. 가족사정과 개입과정은 상호작용적이며 순환적이다.

05. 가계도를 활용하여 구성원 간 관계를 파악한다.

06. 가계도를 통해서 가족 내 삼각관계, 지배적인 주제와 가족구조의 변화, 가족 내 반복적으로 나타나고 있는 사건의 연결성을 분석할 수 있다.

07. 가계도를 분석하여 세대를 통해 반복되는 패턴 분석, 가족구성원에 대한 객관적 정보 파악, 가족기능 불균형과 그것에 기여하는 요인분석, 가족구성원별 인생의 중요사건과 이에 대한 다른 가족구성원의 역할 분석을 확인할 수 있다.

08. 가계도를 통해 가족원의 구성과 구조, 가족의 생애주기, 세대 간 유형의 반복, 가족원의 역할 및 기능을 확인할 수 있다.

09. 양육태도척도를 활용하여 문제가 되는 부분을 탐색한다.

10. 자녀 입장의 가족조각으로 자녀가 인식하는 가족관계를 탐색한다.

11. 가족조각은 어느 시점에서 인간관계, 타인에 대한 느낌과 감정을 동작과 공간을 사용하여 표현하는 비언어적 기법이다.

12. 가족조각은 가족역동을 시각적으로 표현하여 구성원의 인식을 파악하는 도구이다.

13. 가족조각은 가족의 상호작용 양상을 공간 속에 배치하는 방법이다.

14. 가족조각으로 가족 내 숨겨져 표현되지 못했던 감정이나 가족규칙 등이 노출될 수 있다.

15. 가족조각 후 사회복지사는 현재의 조각이 어떻게 변화되기 바라는지를 다시 조각으로 표현하게 한다.

16. 가족조각을 하는 동안 서로 웃거나 이야기하지 않는다.

17. 가족조각을 통해서 가족 간의 친밀도, 가족규칙, 가족성원들의 감정 등을 파악할 수 있다.

18. 생활력표를 활용하여 현재 어려움에 영향을 주는 발달단계상의 경험을 이해한다.

19. 생활력표를 활용하여 현재의 기능수행에 영향을 미치는 발달단계상 생활경험을 이해한다.

20. 생태도는 진행과정과 종결과정에서도 활용한다.

21. 사회적 지지의 유형을 구분하고 가족의 환경과 필요한 자원을 파악하는 데 유용한 사정도구는 사회적 관계망표이다.

22. 사회적 관계망표로 사회적 관계에서의 지지유형과 정도를 파악할 수 있다.

3) 경험적 가족치료: 사티어

□ 22회 37번

알코올 의존을 겪는 가장과 그 자녀의 상황에 사티어(V. Satir)의 의사소통 유형을 적용한 것으로 옳은 것은?

① 회유형: 모든 것이 자녀 때문이라며 자신이 외롭다고 함

② 초이성형: 스트레스가 유해하다는 연구를 인용하며 술이라도 마셔서 스트레스를 풀겠다고 침착하게 말함

③ 비난형: 어려서 고생을 많이 해서 그렇다며 벌떡 일어나 방 안을 왔다갔다 함

④ 산만형: 살기 힘들어 술을 마신다며 자신의 술 문제가 자녀 학업을 방해했다고 인정함

⑤ 일치형: 다른 사람들 말이 다 옳고 자신은 아무것도 아니라고 술 문제에 대한 벌을 달게 받겠다고 함

해설 ① 비난형 ③ 산만형 ④ 일치형 ⑤ 회유형
② 초이성형은 자신과 타인을 무시하고 상황만 존중하는 형으로 원리원칙과 규칙을 중요하게 생각한다. 따라서 모든 상황에서의 객관성을 유지한다. **정답** ②

□ 20회 44번

사티어(V. Satir)의 의사소통유형에 관한 설명으로 옳은 것은?

① 회유형은 자신을 무시하고 타인을 떠받든다.

② 일치형은 자신을 보호하기 위해 타인을 비난한다.

③ 산만형은 자신과 타인을 무시하고 상황을 중요시한다.

④ 초이성형은 자신과 상황을 중시하고 상대를 과소평가한다.

⑤ 비난형은 자기 생각을 관철시키려고 어려운 말로 장황하게 설명한다.

해설 회유형: 자신 무시, 타인 존중, 상황 존중
일치형: 자신 존중, 타인 존중, 상황 존중
산만형: 자신 무시, 타인 무시, 상황 무시
초이성형: 자신 무시, 타인 무시, 상황 존중
비난형: 자신 존중, 타인 무시, 상황 존중 **정답** ①

□ 19회 50번

사티어(V. Satir)의 의사소통 유형에 관한 설명으로 옳은 것을 모두 고른 것은?

> ㄱ. 일치형 의사소통 유형이 치료의 목표다.
> ㄴ. 의사소통 유형은 자존감과 연관하여 설명한다.
> ㄷ. 가족생활주기는 역기능적 의사소통 유형에 영향을 미친다.
> ㄹ. 역기능적 의사소통 유형에서 공통적으로 발견되는 것은 언어적 메시지와 비언어적 메시지의 불일치다.

① ㄱ, ㄴ   ② ㄷ, ㄹ

③ ㄱ, ㄴ, ㄷ   ④ ㄱ, ㄴ, ㄹ

⑤ ㄱ, ㄷ, ㄹ

해설 ㄷ. 가족생활주기는 가족생활의 발달을 시간에 따라 기술한 것이며 각 가족마다 다른 가족생활주기를 가지고 있으므로 역기능적 의사소통 유형에 영향을 미친다고 볼 수 없다. **정답** ④

3) 경험적 가족치료: 사티어

(1) 기능적 의사소통

- 일치형
  - 자신, 타인, 상황을 모두 존중, 소통의 내용과 내면의 감정 일치, 심리적 안정
  - 자신의 감정에 대한 정확하고 적절한 언어 표현
  - 원하는 것과 원하지 않는 것에 대한 정직하고 개방적 표현

(2) 역기능적 의사소통

① 회유형
  - 자신을 무시하고, 타인과 상황을 존중
  - 자신의 내적 감정과 생각 억제하며 타인의 감정을 우선 생각
  - 상대방의 기분을 헤아리며 상대방의 의견에 지나친 동조와 갈등상황에서의 빠른 사과로 상대 의견에 반하지 않음. 의존적 성향으로 상처를 많이 받으며 걱정이 많은 반면 잠재적 억눌린 분노가 있는 유형

② 비난형
  - 타인을 무시하고, 자신과 상황을 존중
  - 강하게 보이기 위해 상대의 결점을 발견하고 비난하며 타인의 말이나 행동을 통제하려 함
  - 공격적인 외적 행동과는 달리 외로움을 타는 내적 심리가 있음
  - 분노와 비난, 표정과 고함으로 자신의 의사를 표현하면서 통제 불가능한 자신에 대한 두려움 있음

③ 초이성형
  - 자신과 타인 무시, 상황만 존중
  - 원리원칙과 규칙이 중요, 모든 상황에서의 객관성 유지
  - 감정표현을 잘하지 않고 이성적이고 냉정하며 내적으로 소외감을 느끼기도 함

④ 산만형
  - 자신, 타인, 상황을 모두 무시
  - 말과 행동의 불일치
  - 상황과는 무관한 행동을 하며 안절부절못하는 과활동증 또는 저활동증의 행동을 보이기도 하고, 어떤 상황을 피하기 위한 의미 없는 이야기를 하기도 함
  - 내적으로 모든 사람들에게 소외감을 느끼고 스스로 무가치하다고 생각하기도 함

☑ 개입기법: 가족조각, 가족그림, 역할극, 빙산기법

01. 회유형: 자신 무시, 타인 존중, 상황 존중

02. 일치형: 자신 존중, 타인 존중, 상황 존중

03. 산만형: 자신 무시, 타인 무시, 상황 무시

04. 초이성형: 자신 무시, 타인 무시, 상황 존중

05. 비난형: 자신 존중, 타인 무시, 상황 존중

06. 일치형 의사소통 유형이 치료의 목표다.

07. 의사소통 유형은 자존감과 연관하여 설명한다.

08. 역기능적 의사소통 유형에서 공통적으로 발견되는 것은 언어적 메시지와 비언어적 메시지의 불일치이다.

09. 자아존중감 향상을 목적으로 한다.

10. 개인의 내적 과정을 이끌어 내기 위해 빙산기법을 활용한다.

11. 효과적인 의사소통을 위해 솔직하게 표현하고 타인의 생각과 감정을 수용한다.

12. 정서적 경험과 가족체계에 대한 이중적 초점을 강조한다.

---

4) 구조적 가족치료: 미누친

□ 21회 38번

다음 가족사례에 적용된 실천기법은?

- 클라이언트: "저희 딸은 제 말은 안 들어요. 저희 남편이 뭐든 대신 다 해주거든요. 아이가 남편 말만 들어요. 결국 아이문제로 인해 부부싸움으로 번지거든요."
- 사회복지사: "아버지가 아이를 대신해서 다 해주시는군요. 어머니는 그 사이에서 소외된다고 느끼시네요. 자녀가 스스로 할 수 있도록 아버지는 기다려주고 어머니와 함께 지켜보는 것이 어떨까요?"

① 합류
② 역설적 지시
③ 경계선 만들기
④ 증상처방
⑤ 가족조각

해설 본 가족사례에서는 아버지와 딸의 밀착된 관계에 대한 경계선을 강화하여 딸의 독립성을 키워 줄 필요가 있고, 아버지와 딸의 밀착된 관계로 인해 부부하위체계의 관계가 분리되어 있으므로 부부연합을 강화시켜 주는 개입을 하는 등 각 구성원의 체계 간 경계를 명확히 하도록 하는 개입기법이 필요하다. **정답** ③

□ 20회 46번

다음 사례에 대해 미누친(S. Minuchin)의 구조적 모델을 적용한 개입방법이 아닌 것은?

> • 자녀교육 문제로 시어머니와 대립하는 며느리가 가족상담을 요청했다.
> • 며느리는 남편이 모든 것을 어머니한테 맞추라고 한다며 섭섭함을 토로했다.

① 가족을 이해하고 수용하면서 합류한다.
② 가족문제를 더 정확히 이해하기 위해 실연을 요청한다.
③ 가족지도를 통해 가족구조와 가족역동을 이해하도록 돕는다.
④ 남편이 시어머니의 영향권에서 벗어나도록 탈삼각화를 진행한다.
⑤ 부부가 함께 부모역할을 수행하도록 하위체계의 경계를 명확하게 한다.

해설 탈삼각화는 보웬의 세대 간 가족치료의 개입기법에 속한다. **정답** ④

□ 19회 39번

아무리해도 말이 안 통한다고 하는 부부에게 "여기서 직접 한 번 서로 말씀해 보도록 하겠습니까?"라고 하는 것은 어떤 기법을 활용한 것인가?

① 실연　　　　　　② 추적하기
③ 빙산치료　　　　④ 치료 삼각관계
⑤ 경계선 만들기

해설 실연은 사회복지사 앞에서 문제의 상황을 직접 행동으로 재연하도록 하는 것으로 미누친의 구조적 가족치료의 개입기법이다. **정답** ①

□ 18회 37번

다음 사례에서 사회복지사가 우선적으로 계획할 내용으로 적절한 것은?

> 은옥씨는 심각한 호흡기 질환을 앓고 있으며, 28세 아들은 고교 졸업 후 게임에만 몰두하며 집에만 있다. 아들은 쓰레기를 건드리지도 못하게 하여 집은 쓰레기로 넘쳐나고, 이는 은옥씨의 건강에 치명적인 위협이 되고 있다. 은옥씨는 과거 자신의 잘못과 아들에 대한 죄책감을 호소하고 있으나, 서비스를 거부하며 특히 아들에 대한 접근을 막고 있다.

① 치료적 삼각관계 형성하기
② 가족하위체계 간의 경계 만들기
③ 가족의 기능적 분화수준 향상시키기
④ 가족과 합류(joining)할 수 있는 방법 탐색하기
⑤ 역설적 개입으로 치료자의 지시에 저항하도록 하기

해설 은옥씨가 서비스를 거부하고 아들에 대한 접근을 막고 있는 상황이므로 사회복지사는 은옥씨 가족과의 관계형성을 위한 초기개입을 먼저 계획해야 한다. **정답** ④

 핵심요약

4) 구조적 가족치료: 미누친

(1) 특징

• 목표: 역기능적 가족체계에 개입을 통해서 기능적 가족체계로 변화하도록 하는 것
• 가족의 구조

① 하위체계: 가족이 하나의 체계라고 보고, 그 안에 더 낮은 체계(부부, 부모, 부모 – 자녀, 형제자매 하위체계)

② 경계선: 보이지 않는 선이 가족 내의 체계와 체계를 구분하고 있는 것

③ 위계구조: 가족 내에서 권력을 중심으로 기능적인 구조가 되어 있는 것. 예를 들어 부모가 자녀보다 상위의 권력을 가지고 있어야 기능적인 가족질서가 유지될 수 있음

(2) 대표적 기법

① 합류하기: 유지, 추적, 모방

② 가족구조 확인: 관찰, 실연, 구조적 지도

③ 재구조화: 긴장 고조시키기, 증상활용, 과제부여, 경계선 만들기, 균형 깨뜨리기

☑ 이 밖에도 미누친의 구조적 모델의 개입기법에는 교육적인 개입, 가족의 상호작용을 인식하는 것, 가족의 강점을 인식하기 등 여러 가지 기법 활용

☑ 과락科落 말고 과락科樂 기출 선지

01. 아버지와 딸의 밀착된 관계로 인해 아내가 소외된 감정을 느껴 부부싸움을 하는 가족사례에서는 가족 간 경계선 만들기를 통해 가족구성원 간의 경계를 명확하게 하는 개입기법이 필요하다.

02. 자녀교육 문제로 시어머니와 대립하는 며느리가 남편의 비협조적 태도로 섭섭해하는 상황에 접근할 때 적용하는 개입방법으로는 합류하기, 실연, 가족지도, 경계선 만들기 등이 있다.

03. 아무리 해도 말이 안 통한다고 하는 부부에게 "여기서 직접 한 번 서로 말씀해 보도록 하겠습니까?"라고 하는 것은 실연기법을 활용한 것이다.

04. 위기가족이 서비스 접근을 거부할 때 구조적 가족치료에서는 우선적으로 가족과 합류할 수 있는 방법을 탐색하도록 계획한다.

05. 합류: 예 사회복지사가 가족의 말투나 몸짓을 따라한다.

06. 관계성질문: 예 "어머니가 여기 계신다고 가정하고 제가 어머니께 당신의 문제가 해결되면 무엇이 달라지겠냐고 묻는다면 어머니는 뭐라고 말씀하실까요?"

07. 균형 깨뜨리기: 예 지배적인 남편과 온순한 아내 사이에서 사회복지사는 아내의 편을 들어 자기주장을 할 수 있게 한다.

08. 구조적 가족치료모델에서는 가족에 합류한 뒤 균형 깨뜨리기를 통해 가족을 재구조화한다.

09. 구조적 가족치료모델에서는 가족구조의 불균형을 문제로 규정하고 가족구조의 재구조화를 치료목표로 한다.

5) 세대 간 가족치료: 보웬

☐ 22회 39번

보웬(M. Bowen)의 다세대 가족치료의 기법이 적용된 사례에 관한 설명으로 옳지 않은 것은?

① 자아분화: 가족의 빈곤한 상황에서도 아동 자녀가 자율적으로 생각하고 행동함
② 삼각관계: 아동 자녀가 부모와의 갈등을 피하기 위해 경찰에 신고함
③ 정서적 체계: 부모의 긴장관계가 아동 자녀에게 주는 정서적 영향을 파악함
④ 가족투사 과정: 핵가족의 부부체계가 자신들의 불안을 아동 자녀에게 투영하는 과정을 검토함
⑤ 다세대 전이: 가족의 관계 형성이나 정서, 증상이 여러 세대에 걸쳐 전수되는 것을 파악함

해설 삼각관계는 긴장관계의 두 사람 사이를 완화하기 위해 다른 사람을 문제에 끌어들여 형성되는 관계를 말한다.
정답 ②

☐ 20회 45번

보웬(M. Bowen)이 제시한 개념 중 다음 설명에 해당하는 것은?

- 여러 세대에 거쳐 전수될 수 있다.
- 정신내적 개념이면서 대인관계적 개념이다.
- 정신내적 개념은 자신의 지적 측면과 정서적 측면의 구분을 의미한다.
- 대인관계적 개념은 타인과 친밀하면서도 독립성을 유지하는 능력을 말한다.

① 가족투사　　　　② 삼각관계
③ 자아분화　　　　④ 핵가족 정서
⑤ 다세대 전수

해설 ① 가족투사는 부부의 불안이 자녀에게 투사되는 것이다. ② 삼각관계는 두 사람의 긴장을 해소하기 위해 다른 제3자를 끌어들이는 것이다. ④ 핵가족 정서는 원가족의 불안관계에서 미분화된 자녀가 비슷한 환경의 배우자를 만나 새로운 가족을 형성하면서 두 사람의 의존도가 불안과 불만으로 고조되어 그 자녀에게까지 전달되는 것이다. ⑤ 다세대 전수는 세대간의 융합이나 삼각관계 등의 가족정서가 다음 세대에도 전수되는 것이다.
정답 ③

☑ 핵심요약

5) 세대 간 가족치료: 보웬

(1) 보웬의 이론

- 가족은 여러 세대가 통합하여 만든 하나의 체계로 한 부분의 변화는 다른 부분의 변화를 이끌어 낸다고 보았음
- 가족에서 발생하는 문제에서 중요한 것은 불안과 정서적 융합이므로 불안을 감소시켜 자아분화의 수준을 높이는 것을 치료개입의 목표로 함

(2) 개입과정

① 가족평가: 가족성원 간 가족 간의 가족평가를 통해 문제의 원인과 증상을 파악
② 불안감소: 개인의 불안이 해소되지 못하면 가족에게 영향을 주게 되므로 각 개인의 불안을 감소시켜 자아분화의 수준을 높이도록 개입

③ 삼각관계의 범위: 삼각관계는 긴장관계의 두 사람 사이를 완화하기 위해 다른 사람을 문제에 끌어들여 형성되는 것으로 세대 간에 발생하는 반복적인 삼각관계를 파악하고, 이 중에서 가족 내 발생한 문제에 형성된 핵심적인 삼각관계의 범위를 확인

(3) 주요 개념

① 삼각관계: 긴장관계의 두 사람 사이를 완화하기 위해 다른 사람을 문제에 끌어 들여 형성되는 관계
② 자아분화: 가족 내에 형성된 삼각관계의 긴장관계로부터 스스로 자유로워지는 과정으로 자아분화를 통해 생각과 감정을 분리하고 타인과의 관계에서 자주적으로 행동할 수 있게 됨
③ 핵가족 정서: 부모에게서 자아분화가 이루어지지 않은 남녀가 미분화된 상태로 새로운 가족관계를 형성했을 때, 두 사람 사이에서 크게 발생하게 되는 서로에 대한 의존성이 불안과 불만으로 나타나고 그것이 자녀에게 영향을 주게 되는 것
④ 가족투사: 원가족에 의해 형성된 갈등을 다른 가족에게로 투사하는 것
⑤ 다세대 전수: 원가족에서 학습된 정서가 다음 세대에까지 전달되는 것
⑥ 출생순위: 가족 내 출생순위에 따라 각 가족성원의 성격이 다르게 나타남
⑦ 정서적 단절: 원가족에서 해결되지 못한 정서적 애착으로부터 벗어나 세대 간의 불안을 해소하려는 것

(4) 치료기법

① 가계도: 다세대에 걸친 가족 내 구조와 가족성원에 관한 정보가 치료에 도움이 될 수 있음
② 치료적 삼각관계: 가족 내 형성된 삼각관계를 형성하기 위해 개입된 제3자를 분리하고, 초기에 긴장관계의 두 사람이 스스로 문제를 해결하도록 하기 위한 개입기법
③ 코칭: 사회복지사는 코칭을 통해서 삼각관계에 개입된 가족성원의 분화를 돕고, 가족성원이 다른 성원 간의 긴장관계에 개입되지 않도록 방지. 또한 긴장관계를 형성한 두 사람에게 코칭을 통해 스스로 긴장관계를 해소하도록 도움

☑ 과락科落 말고 과락科樂 기출 선지

01. 자아분화는 여러 세대에 거쳐 전수될 수 있다.

02. 자아분화는 정신내적 개념이면서 대인관계적 개념이다.

03. 자아분화의 정신내적 개념은 자신의 지적 측면과 정서적 측면의 구분을 의미한다.

04. 자아분화의 대인관계적 개념은 타인과 친밀하면서도 독립성을 유지하는 능력을 말한다.

05. 이혼 후 대인기피와 우울증세를 보이는 클라이언트의 가계도를 통해 분석한 결과, 세대 간 이혼과 우울 증이 반복되고 있었고, 어머니와의 밀착적이면서 갈등관계, 딸과의 지나친 밀착관계에 있을 때 해결하기에 적절한 기법은 분화촉진이다.

06. 자아분화 수준이 낮은 부모는 미분화에서 오는 자신들의 불안이나 갈등을 삼각관계를 통해서 회피하려 한다.

07. 나-입장취하기(I-position)는 타인을 비난하는 대신 자신이 생각하고 느낀 바를 말하며 탈삼각화를 촉진한다.

08. 가계도를 작성하고 해석하면서 가족의 정서적 과정을 가족과 함께 이야기한다.

09. 자아분화 수준이 높을수록 가족체계의 정서로부터 분화된다.

6) 전략적 가족치료

☐ 22회 41번

다음과 같은 기법을 사용하는 가족치료모델은?

- 가족구성원들 사이 힘의 우위에 따라 대칭적이거나 보완적 관계가 형성된다.
- 비언어적 의사소통이 가족의 욕구를 나타내므로 메타 의사소통이 중요하다.
- 가족이 문제행동을 유지하도록 지시함으로써 클라이언트가 통제력을 발휘한다.

① 전략적 가족치료모델
② 해결중심 가족치료모델
③ 구조적 가족치료모델
④ 다세대 가족치료모델
⑤ 경험적 가족치료모델

해설 가족구성원들 사이에 힘의 우위를 말하는 것은 헤일리의 전략적 모델이며, 비언어적 의사소통에 대한 것은 MRI의 의사소통 이론으로 두 모델은 전략적 가족치료모델에 해당한다. 가족이 문제행동을 유지하도록 지시하는 것은 전략적 가족치료모델의 개입기법 중 역설적 개입에 대한 설명이다. **정답** ①

☐ 20회 48번

가족개입의 전략적 모델에 관한 설명으로 옳은 것은?

① 역기능적인 구조의 재구조화를 개입목표로 한다.
② 증상처방이나 고된 체험기법을 비지시적으로 활용한다.
③ 가족문제가 왜 일어났는지 파악하여 원인 제거에 필요한 전략을 사용한다.
④ 가족 내 편중된 권력으로 인해 고착된 불평등한 위계구조를 재배치한다.
⑤ 문제를 보는 시각을 변화시키고 새로운 의미를 발견하는 재명명기법을 사용한다.

해설 ① 미누친의 구조적 가족치료의 개입기법이다. ② 증상처방이나 고된 체험기법을 지시적으로 활용한다. ③ 전략적 가족치료는 가족 내에 발생한 문제의 원인이나 이론보다는 행동의 변화와 해결에 초점을 두는 것으로 순환적 인과성을 전제한다. ④ 미누친의 구조적 가족치료의 개입기법이다. **정답** ⑤

□ 19회 46번

가족의 문제가 개선될 때 체계의 항상성 균형이 위험하다고 판단되어 사용하는 전략으로, 변화의 속도가 빠르다고 지적하며 조금 천천히 변화하라고 하는 기법은?

① 시련   ② 제지
③ 재정의   ④ 재구조화
⑤ 가족옹호

해설 ① 시련은 클라이언트가 제시한 문제보다 더 고된 체험을 하도록 하는 것이다. ③, ④ 재정의는 재명명, 재구조화라고도 하며 문제행동에 새로운 의미를 부여하는 것이다. ⑤ 가족옹호는 가족에게도 정당한 권리가 있음에도 불구하고 권리에 대한 보장이 이루어지지 않았거나, 추가적인 서비스 개선을 위해 노력하여 가족의 생활환경을 개선하려는 활동이다.

정답 ②

핵심요약

6) 전략적 가족치료

(1) 주요 개념

• 전략적 가족치료는 가족 내에 발생한 문제의 원인이나 이론보다는 행동의 변화와 해결에 초점을 두어 가족 내에 위계질서를 바로잡고 가족의 조직변화를 통해 가족 문제를 해결하고자 함

(2) 주요인물과 개념

① MRI의 의사소통 이론: 의사소통의 내용이 문제가 아니라 잘못된 의사소통을 하는 과정을 문제로 보는 것으로 모든 의사소통은 내용과 관계의 측면을 포함
  • 주요 개념: 이중구속, 피드백 고리, 가족항상성, 가족규칙 등
② 헤일리의 전략적 모델: 역기능적인 가족의 위계와 경계가 문제. 권력, 위계구조를 주요 개념으로 증상 제거, 가족체계 및 행동의 변화를 위해 역설적 개입, 시련기법 등으로 접근
③ 밀란모델: 가족 통제 및 보호
  • 주요 개념: 가족게임

(3) 개입기법

① 역설적 개입: '변화하라', '변화하지 마라'라는 두 가지 메시지를 전달하여 치료적 이중구속의 상황을 만들고, 클라이언트가 증상을 통제하거나 포기하도록 하는 것으로 증상처방, 제지, 시련기법, 재명명, 지시, 가정 등의 기법이 있음
② 의식처방(긍정적 함축기법): 밀란모델에서 고안, 역기능적인 가족구조를 과장해 가족게임을 연출함으로써 가족구성원들이 역기능을 명확하게 인식하고 가족의 의도가 긍정적임을 깨닫도록 재해석하는 것
③ 순환질문: 가족구성원의 문제가 제한적이고 단선적이지 않으며, 가족의 관계라는 전체적인 맥락으로 파악할 수 있도록 연속적이고 순환적인 질문을 하는 것

01. 전략적 가족치료모델에서는 문제를 보는 시각을 변화시키고 새로운 의미를 발견하는 재명명기법을 사용한다.

02. 증상처방이나 고된 체험기법을 지시적으로 활용한다.

03. 가족의 문제가 개선될 때 체계의 항상성 균형이 위험하다고 판단되어 사용하는 전략으로, 변화의 속도가 빠르다고 지적하며 조금 천천히 변화하라고 하는 기법은 제지기법이다.

04. 치료적 이중구속은 증상을 활용하며 지시적 기법과 역설적 기법을 이용한다.

05. 치료적 이중구속은 치료자의 지시를 따르지 않아도 문제가 해결될 수 있다.

06. "자신의 의견을 소신 있게 밝힐 줄 알아야 한다"라고 가르치던 아버지가 가족회의에서 자신의 의견을 말하려는 아들에게 "아직 어리니 가만히 있어라"라고 하는 가족의사소통은 이중구속에 해당한다.

07. 역설적 개입은 가족이 변화에 대한 저항이 클 때 사용할 수 있다.

08. 문제와 관련된 가족의 행동체계를 정확히 파악하여 증상처방기법을 활용한다.

09. 역설적 개입은 치료적 이중구속을 활용하여 문제를 해결하는 것이다.

10. 컴퓨터 게임중독의 문제를 겪는 자녀가 게임을 중단하려고 할 때, 게임을 더 하도록 지시하여 자녀가 스스로 게임에 대한 통제를 하도록 하는 개입기법은 증상처방이다.

11. 지나친 부모의 간섭으로 시달린 클라이언트에게 자신의 이야기를 당당하게 표현하도록 하고 부모에게도 자녀의 이야기를 경청하도록 지시하였으나 개선되지 않자, 클라이언트에게 발생하는 모든 일들을 사사건건 부모에게 의논하고 도움을 요청하라고 지시하는 개입기법은 역설적 지시에 해당한다.

7) 기타 사회복지실천

□ 22회 38번

가족치료모델의 개입 목표에 관한 설명으로 옳지 않은 것은?

① 이야기 가족치료: 문제중심 이야기에서 벗어나 새롭고 건설적인 가족 이야기 작성
② 구조적 가족치료: 가족관계 역기능을 유발하는 가족 위계와 경계의 변화 도모
③ 경험적 가족치료: 가족이 미분화에서 벗어나 가족체계의 변화를 달성
④ 전략적 가족치료: 의사소통과 행동 문제의 순환 고리를 끊고 연쇄작용 변화
⑤ 해결중심 가족치료: 문제가 일어나지 않는 예외상황을 찾아서 확대

해설 경험적 가족치료의 목표는 일치형 의사소통을 통한 가족의 성장이다. 가족이 미분화에서 벗어나 가족체계의 변화를 달성하는 것은 보웬의 세대 간 가족치료의 개입목표에 해당한다. **정답** ③

가족실천 모델과 주요개념, 기법의 연결로 옳지 않은 것은?

① 보웬모델 – 자아분화 – 탈삼각화
② 구조적모델 – 하위체계 – 균형깨뜨리기
③ 경험적모델 – 자기대상 – 외현화
④ 전략적모델 – 환류고리 – 재구성
⑤ 해결중심모델 – 강점과 자원 – 예외질문

해설 ③ 경험적 모델의 주요개념은 자아존중감, 의사소통과 대처유형이고, 개입기법으로 가족조각, 가족그림, 역할극, 빙산기법이 있다. ☑ 외현화는 이야기치료기법을 통해 개입하는 기법 **정답** ③

☑ 핵심요약

7) 기타 사회복지실천

(1) 기타 가족실천기법

① 가족중재

② 문제의 외현화
  • 이야기치료에서 주로 사용하는 기법으로 문제와 사람을 분리하고 문제를 의인화하여 문제만이 문제가 된다고 보는 것
  • 이야기치료
    – 사람이 문제가 아니라 그 사람이 하는 이야기를 문제로 봄
    – 이야기는 인간의 삶이고 삶은 곧 인간의 이야기가 되며 이러한 이야기는 인간의 삶을 다시 만들어 나가는 복합적인 것
    – 이야기치료를 통해 문제를 바라보고, 문제로부터 해방되며, 문제를 재해석하여 다시 이야기를 하는 과정을 통해서 클라이언트 스스로 문제를 바라보는 관점을 변경하도록 하는 것

③ 행동시연
  • 클라이언트가 습득한 기술들을 일상생활에서 실제로 사용하기 전에 사회복지사 앞에서 반복적으로 연습하는 것

III 사회복지실천 기록과 평가

1. 기록

☐ 22회 49번

사회복지실천 과정의 개입단계 기록에 포함될 내용으로 옳지 않은 것은?

① 클라이언트와의 활동
② 개입과정의 진전 상황
③ 클라이언트의 문제에 관한 추가 정보
④ 클라이언트에게 제공한 자원들
⑤ 클라이언트에 관한 사후지도 결과

해설 사회복지실천 과정의 기록은 시작단계, 사정단계, 계약단계, 개입단계, 종결단계로 구분하여 기록하며, 클라이언트에 관한 사후지도 결과에 대한 내용은 종결단계에 기록한다. **정답** ⑤

☐ 21회 49번

다음에 해당되는 기록방법은?

- 교육과 훈련의 중요한 수단이며, 자문의 근거자료로 유용
- 면담전개 과정을 시간의 흐름에 따라 기술하는 방식
- 사회복지사 자신의 행동분석을 통해 사례에 대한 개입능력 향상에 도움

① 과정기록
② 문제중심기록
③ 이야기체기록
④ 정보시스템을 이용한 기록
⑤ 요약기록

해설 과정기록은 서비스를 진행하는 동안 사회복지사와 클라이언트 사이에 발생했던 과정들을 비언어적인 표현까지 있는 그대로 모두 기록하는 것으로, 사회복지교육에서 실무교육을 받을 때와 같이 교육적 수단으로 사용하거나 사례관리에 대한 기술을 개발하는 등에 유용하게 사용된다. **정답** ①

☐ 20회 49번

다음 설명에 해당하는 기록방법은?

- 날짜와 클라이언트의 기본사항을 기입하고 개입 내용과 변화를 간단히 기록함
- 시간 흐름에 따라 변화된 상황, 개입 활동, 주요 정보 등의 요점을 기록함

① 과정기록
② 요약기록
③ 이야기체기록
④ 문제중심기록
⑤ 최소기본기록

해설 요약기록은 사회복지현상에서 가장 많이 사용되는 현실적 기록형태로, 클라이언트의 변화에 초점을 두어 서비스 개입 시작부터 주요 정보, 사회활동, 개입활동, 클라이언트의 변화 등의 요점을 기록한다. 시간의 흐름에 따른 기록 방법과 주제별로 구성하는 요약기록 방법이 있다. **정답** ②

☐ 19회 43번

기록의 목적과 용도에 관한 설명으로 옳은 것을 모두 고른 것은?

ㄱ. 사회복지사의 전문적 활동을 입증하는 자료로 활용한다.
ㄴ. 기관 내에서만 활용하고 다른 전문직과는 공유하지 않는다.
ㄷ. 기관의 프로그램 수행 자료로 보고하며 기금을 조성하는 근거로 활용한다.
ㄹ. 클라이언트와 정보를 공유하고 의사소통하는 도구로 활용한다.

① ㄷ
② ㄱ, ㄹ
③ ㄱ, ㄷ, ㄹ
④ ㄴ, ㄷ, ㄹ
⑤ ㄱ, ㄴ, ㄷ, ㄹ

해설 ㄴ. 기록을 통해 다른 전문직과 정보를 공유하고 의사소통 및 원활한 협력을 이끌어 낼 수 있다. **정답** ③

□ 18회 47번

문제중심기록의 특성으로 옳지 않은 것은?

① 현상의 복잡성을 단순화시키고 부분화를 강조하는 단점이 있다.

② 문제유형의 파악이 용이하며 책무성이 명확해진다.

③ 클라이언트의 주관적 진술과 사회복지사의 관찰과 같은 객관적 자료를 구분한다.

④ 클라이언트의 문제 상황을 진단하고 개입계획을 제외한 문제의 목록을 작성한다.

⑤ 슈퍼바이저, 조사연구자, 외부자문가 등이 함께 검토하는데 용이하다.

해설 문제중심기록은 자료를 수집한 후에 문제 규정 및 목록을 작성하며, 규정된 문제에 따른 계획 및 목표를 설정하여 진행하고 그에 대한 결과를 기록하는 방식으로 구성된다. **정답** ④

☑ 핵심요약

1. 기록

(1) 기록의 목적과 용도

- 책임성의 확보
- 클라이언트와 정보를 공유
- 지도감독 및 교육 활성화
- 사회복지사의 전문적 활동을 입증하는 자료로 활용
- 클라이언트에 대한 이해 증진
- 클라이언트와 목표 및 개입방법 공유
- 프로그램 예산 확보
- 서비스의 연속성 유지
- 슈퍼비전의 도구로 활용
  - 의사소통하는 도구로 활용
  - 기관의 프로그램 수행 자료로 보고하며 기금을 조성하는 근거로 활용

(2) 기록방법

① 과정기록
- 면담전개 과정을 시간의 흐름에 따라 기술하는 방식으로 대화체, 이야기체가 있음
  a. 장점
    - 교육과 훈련의 중요한 수단이며, 자문의 근거자료로 유용
    - 사회복지사 자신의 행동분석을 통해 사례에 대한 개입능력 향상에 도움
  b. 단점
    - 기록을 작성하는 데 너무 많은 시간과 비용이 필요

– 있는 그대로 기록하는 과정에서 누락이나 잘못된 기록을 할 수 있음

② 문제중심기록
- 문제를 해결하기 위해 문제의 목록화와 진행을 중심으로 기록
- 클라이언트의 주관적 진술과 사회복지사의 관찰과 같은 객관적 자료를 구분
- 클라이언트의 문제상황을 진단하고 개입계획을 포함한 문제의 목록을 작성
  a. 장점
    – 문제유형의 파악이 용이하며 책무성이 명확해짐
    – 슈퍼바이저, 조사연구자, 외부자문가 등이 함께 검토하는 데 용이
  b. 단점
    – 현상의 복잡성을 단순화시키고 부분화를 강조
  c. SOAP 기록
    – 주관적 정보(Subjective information): 클라이언트나 가족 등 주변인들을 통해 알게 된 정보
    – 객관적 정보(Objective information): 관찰이나 검사를 통해 알게 된 정보
    – 사정(Assessment): 주관적, 객관적 정보를 기초로 도출한 전문가의 해석
    – 계획(Plans): 문제해결방법

③ 정보시스템을 이용한 기록
- 녹음이나 녹화기록을 통해 면담기록을 확인하고 분석하여 기록하는 방식
- 녹음이나 녹화기록 진행 시 클라이언트에게 반드시 사전에 동의를 구하고 진행
- 녹음이나 녹화한 자료를 통해 기록 재확인 및 교육 및 지도감독에 용이
- 클라이언트가 녹음이나 녹화를 하는 것을 의식하여 집중하지 못하는 경우가 발생할 수 있음

④ 요약기록
- 날짜와 클라이언트의 기본사항을 기입하고 개입내용과 변화를 간단히 기록
- 시간 흐름에 따라 변화된 상황, 개입활동, 주요 정보 등의 요점을 기록

☑ 과락科落 말고 과락科樂 기출 선지

01. 과정기록은 교육과 훈련의 중요한 수단이며, 자문의 근거자료로 유용하다.

02. 과정기록은 면담전개 과정을 시간의 흐름에 따라 기술하는 방식이다.

03. 과정기록은 사회복지사 자신의 행동분석을 통해 사례에 대한 개입능력 향상에 도움이 된다.

04. 요약기록은 날짜와 클라이언트의 기본사항을 기입하고 개입내용과 변화를 간단히 기록함

05. 요약기록은 시간 흐름에 따라 변화된 상황, 개입활동, 주요 정보 등의 요점을 기록함

6. 기록은 사회복지사의 전문적 활동을 입증하는 자료로 활용한다.

7. 기록은 기관의 프로그램 수행 자료로 보고하며 기금을 조성하는 근거로 활용한다.

8. 기록은 클라이언트와 정보를 공유하고 의사소통하는 도구로 활용한다.

9. 문제중심기록은 현상의 복잡성을 단순화시키고 부분화를 강조하는 단점이 있다.

10. 문제중심기록은 문제유형의 파악이 용이하며 책무성이 명확해진다.

11. 문제중심기록은 클라이언트의 주관적 진술과 사회복지사의 관찰과 같은 객관적 자료를 구분한다.

12. 문제중심기록은 슈퍼바이저, 조사연구자, 외부자문가 등이 함께 검토하는 데 용이하다.

13. 사회복지실천 기록의 목적에는 지도감독 및 교육활성화, 책임성의 확보, 정보제공, 클라이언트에 대한 이해증진 등이 있다.

14. 좋은 기록은 서비스의 결정과 실행에 초점을 둔다.

15. 사회복지실천에서 기록의 목적에는 학제 간의 원활한 의사소통, 클라이언트와 목표 및 개입방법 공유, 서비스의 연속성 유지, 슈퍼비전의 도구로 활용 등이 있다.

16. 과정기록은 사회복지사와 클라이언트 사이의 활동을 개념화·조직화함으로써 사례에 대한 개입기술을 향상시키는 데 도움이 된다.

17. 문제중심기록은 문제의 목록화와 진행을 중심으로 기록하는데, 서비스 전달의 복잡성을 간과하는 경향이 있다.

2. 평가

□ 22회 50번

다음에 해당하는 단일사례설계유형에 관한 설명으로 옳지 않은 것은?

> 김모씨는 대인관계에 어려움이 있어서 지역사회복지관에서 실시하는 사회기술훈련프로그램에 참여하였다. 개입 전 4주간(주2회) 조사를 실시하고 4주간(주2회) 개입의 변화를 기록한 후 개입을 멈추고 다시 4주간(주2회)의 변화를 기록하였다.

① 기초선을 두 번 설정한다.
② 통제집단을 활용한다.
③ 개입효과성에 대한 파악이 가능하다.
④ 표본이 하나다.
⑤ 조사기간이 길어진다.

해설 개입 전에 조사를 하는 것은 기초선(A) 단계이고, 개입의 변화를 기록한 단계는 개입단계(B), 그리고 다시 개입을 멈춘 상태로 4주간 변화를 기록하는 것은 제2기초선(A')단계이다. 따라서 해당 사례는 단일사례설계의 ABA 설계 유형이며, 이러한 단일사례설계는 통제집단을 찾기 어려울 때 사용하는 방법이다. 정답 ②

집단의 성과를 평가하는 방법으로 옳지 않은 것은?

① 사전사후 검사
② 개별인터뷰
③ 단일사례설계
④ 델파이조사
⑤ 초점집단면접

해설 ④ 델파이조사는 연구조사를 하기 위한 조사방법에 해당한다. ⑤ 초점집단면접은 문제를 도출하기 위해 특정한 개인들을 모집하고 집단으로 나누어 토론하는 방식으로 문제제기를 하기도 하지만, 모든 프로그램이 종료되고 난 후 진행했던 프로그램을 평가하고 다음 연구에 필요한 것이 무엇인지 확인하기 위해 사용하기도 한다. **정답** ④

다음에 해당하는 단일사례설계의 유형은?

> 친구를 사귀는데 어려움을 갖고 있는 여름이와 겨울이는 사회복지기관을 찾아가 대인관계향상 프로그램에 참여하게 되었다. 먼저 두 사람은 대인관계 수준을 측정하였으며, 여름이는 곧바로 대인관계 훈련을 시작하여 변화정도를 측정하고 있다. 3주간 시간차를 두고 겨울이의 대인관계 훈련을 시작하고 그 변화를 관찰하였다.

① AB   ② BAB
③ ABC   ④ ABAB
⑤ 다중기초선설계

해설 복수기초선설계(다중기초선설계)는 단일사례가 아닌 둘 이상의 사례에 개입하는 것으로, AB설계를 도입하여 동시에 둘 이상의 기초선을 시작하고 각기 다른 시점에 개입한다. 여름이와 겨울이의 대인관계 수준을 측정하므로 기초선(A, A′)을 각각 잡았다. 여름이는 곧바로 대인관계 훈련(B)을 시작하고 겨울이는 3주간의 시간 차를 두고 대인관계 훈련(B)을 시작했다. **정답** ⑤

다음 사례에 해당되는 단일사례설계의 유형은?

> 독거노인의 우울감 해소를 위해 5주간의 전화상담(주1회)에 이어 5주간의 집단활동(주1회)을 진행했다. 참가자 5명을 대상으로 프로그램 시작 3주 전부터 매주 1회 우울증검사를 실시했고, 프로그램 시작 전, 5주 후, 10주 후에 삶의 만족도를 조사했다.

① AB설계   ② ABC설계
③ ABAB설계   ④ ABAC설계
⑤ 다중(복수)기초선설계

해설 참가자 5명을 대상으로 프로그램 시작 3주 전에 기초선 A를 잡고 매주 1회 우울증검사를 실시했는데, 이때 5주간은 전화상담(B)을 진행하고, 이어 5주간은 집단활동(C)을 진행하면서 만족도조사를 실시한 것이다. 따라서 하나의 기초선 위에 B와 C의 두 가지 방법으로 개입을 진행한 것으로 다중요소설계에 해당한다. 보기에서 다중요소설계에 해당하는 유형은 ABC설계이다. ☑ 참가자가 5명이라고 해서 다중기초선이라고 생각할 수 있으나 이 문제에서 5명은 하나의 집단으로 보고 단일사례, 즉 단일한 대상으로 접근해야 한다. **정답** ②

다음 사례에 해당하는 단일사례설계의 유형은?

> 노인복지관 사회복지사가 어르신들의 우울감 개선 프로그램을 계획하였다. 프로그램 시작 전에 참여하는 어르신들의 심리검사를 행하였고, 2주간의 정서지원프로그램 실시 후 변화를 측정하였다. 1주일 후에는 같은 어르신들을 대상으로 2주간의 명상프로그램을 진행하여 우울감을 개선하고자 한다.

① AB   ② BAB
③ ABA   ④ ABAB
⑤ ABAC

해설 프로그램 시작 전에 심리검사를 실시: 기초선(A), 2주간 정서지원프로그램 실시: 개입(B), 일주일 동안의 휴식기간: 제2기초선(A), 2주간 명상프로그램 실시: 개입(C) ☑ 다중요소설계의 유형에는 ABCD설계 외에도 ABC설계, ABAC설계, ABACA설계 등 다양한 유형이 있으며 휴식기간이 있다는 것은 제2기초선을 다시 잡는다는 것이다. 또한 정서지원프로그램과 명상프로그램은 다른 프로그램이므로 ABAB설계라고 오해하지 않도록 주의한다.

정답 ⑤

☑ **핵심요약**

2. 평가

(1) 단일사례설계

- 개인 또는 집단과 같은 단일사례를 대상으로 개입 전, 개입 진행 중, 개입 후의 변화를 반복적으로 측정하여 개입의 효과를 평가하는 방법

(2) 단일사례설계 유형

① AB설계: 기초선(A) → 개입(B)

② ABA설계: 기초선(A) → 개입(B) → 제 2기초선(A)

③ ABAB설계: 기초선(A) → 1차 개입(B) → 제 2기초선(A) → 2차 개입(B)

④ BAB설계: 개입(B) → 기초선(A) → 개입(B)

⑤ 다중요소설계: 하나의 기초선(A)에 다른 개입방법(BCD)들을 사용하는 것으로 ABC설계, ABAC설계, ABACA설계 등이 있음

⑥ 복수기초선설계: 단일사례가 아닌 둘 이상의 사례에 개입하는 것으로 AB설계를 도입하여 동시에 둘 이상의 기초선을 시작하고 각기 다른 시점에 개입

☑ 과락科落 말고 **과락科樂 기출 선지**

01. 집단의 성과를 평가하는 방법은 사전사후검사, 개별인터뷰, 단일사례설계, 초점집단면접 등이 있다.

02. 알코올중독 노숙인의 자활을 위해 다차원적으로 개입한 후, 단일사례설계를 활용하여 사업의 성과를 평가하려고 할 때 성과지표로 사용가능한 자료에는 '밤 사이 숙소 밖에 버려진 술병의 수, 직업훈련 참여 시간, 스스로 측정한 자활의지, 단주 모임에 나간 횟수' 등이 있다.

03. 단일사례설계는 개입 이후에 기초선 자료를 수집할 수 있고, 다수의 클라이언트의 변화를 점검할 수 있다.

04. 단일사례설계는 개입의 효과성을 알기 위해 반복측정을 해야 한다.

05. 단일사례설계의 측정지수에는 긍정적 지표와 부정적 지표가 있다.

06. 어떤 개입이 대상문제의 변화를 설명하는지 알 수 있다.

07. 둘 이상의 클라이언트, 둘 이상의 상황이나 문제에 적용가능하다.

08. 행동빈도의 직·간접 관찰, 기존척도, 클라이언트 자신의 주관적 사고나 감정 등의 측정지수를 사용한다.

09. 반복적 시행으로 개입효과성의 일반화가 가능하다.

10. 단일사례연구의 기초선 자료수집방법으로는 목표달성척도, 개별화된 척도, 표준화된 척도, 클라이언트의 주관적 감정 강도 등이 있다.

2교시
사회복지실천

3 지역사회복지론

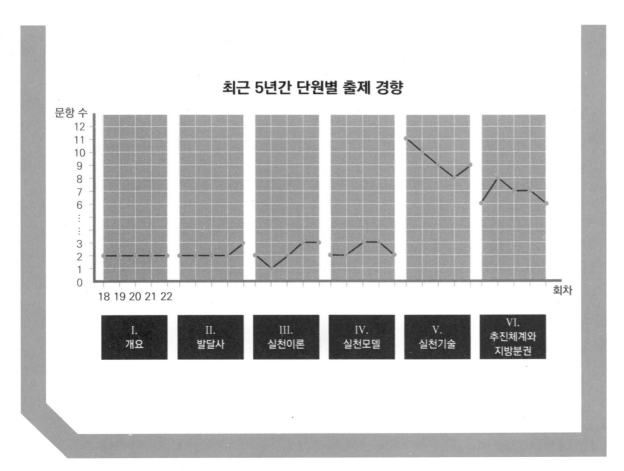

최근 5년간 단원별 출제 경향

과목 조감도

I.
개요

1. 지역사회의 개념

2. 지역사회복지의
   이념

3. 비교척도:
   워렌

4. 지역사회 기능:
   길버트와 스펙트

5. 지역사회복지의
   특성

II.
발달사

1. 자선조직협회와
   인보관운동

2. 국가별 유형

III.
실천이론

1. 사회이론과
   지역사회

2. 지역사회복지
   실천이론

1) 갈등이론
2) 구조기능이론
3) 사회체계이론
4) 생태학적 이론
5) 다원주의이론
6) 엘리트이론
7) 사회구성주의이론
8) 권력(힘)의존이론
9) 자원동원이론
10) 사회학습이론
11) 사회자본이론
12) 사회교환이론

지역사회복지론

IV.
실천모델

1. 로스만:
3가지 모델

2. 웨일과 갬블:
8가지 모델

3. 테일러와 로버츠:
5가지 모델

4. 포플:
커뮤니티케어모델

V.
실천기술

1. 실천과정

2. 실천기술

3. 네트워크

4. 사회복지사

VI.
추진체계와 지방분권

1. 추진체계

2. 지방분권화

3. 지역사회복지운동

☐ 22회 51번

다음이 설명하는 것은?

> 1950년대 영국의 정신장애인과 지적장애인 시설수용보호에 대한 문제제기로 등장하였으며, 지역사회복지의 가치인 정상화(normalization)와 관련이 있다.

① 지역사회보호
② 지역사회 사회·경제적 개발
③ 자원개발
④ 정치·사회행동
⑤ 주민조직

해설 지역사회복지 정상화 이념은 1959년 덴마크의 정신지체법에서 시작되었고, 정상화에 관련한 지역사회 개념은 지역사회보호로 시설보호 문제점 해결의 대안으로서 사회적 돌봄의 형태를 말한다. **정답** ①

☐ 22회 52번

길버트와 스펙트(N. Gilbert & H. Specht, 1974)가 제시한 지역사회의 기능은?

> 사회적 위험으로부터 어려움에 직면하게 되었을 때 구성원들 간에 서로 돕는 것

① 생산·분배·소비의 기능
② 사회화의 기능
③ 상부상조의 기능
④ 사회통합의 기능
⑤ 사회통제의 기능

해설 ③ 상부상조의 기능: 다양한 사회제도로 욕구가 충족되지 않을 때 구성원들 간에 서로 돕는 것 ☑ 길버트와 스펙트의 지역사회 기능: 생산·분배·소비(경제제도), 사회화(가족제도), 상부상조(사회복지제도), 사회통합(종교제도), 사회통제(정치제도) **정답** ③

☐ 21회 51번

다음은 길버트와 스펙트(N. Gilbert & H. Specht)의 지역사회 기능 중 무엇에 해당되는가?

> 구성원들이 지역사회의 다양한 사회적 규범을 준수하고 순응하게 하는 것

① 생산·분배·소비 기능
② 의사소통 기능
③ 사회치료 기능
④ 상부상조 기능
⑤ 사회통제 기능

해설 ⑤ 사회통제 기능: 정치제도로서 지역사회가 구성원들에게 지역사회의 다양한 사회적 규범(도덕, 법, 규칙)에 순응하게 하는 것 ☑ 길버트와 스펙트의 지역사회 기능: 생산·분배·소비(경제제도), 사회화(가족제도), 상부상조(사회복지제도), 사회통합(종교제도), 사회통제(정치제도) **정답** ⑤

☐ 21회 52번

다음의 설명에 해당하는 지역사회복지 이념은?

> • 개인의 자유와 권리증진의 순기능이 있다.
> • 의견수렴과정을 통해 합리적 의사결정을 할 수 있다.
> • 지역주민의 공동체 의식을 강화한다.

① 정상화   ② 주민참여   ③ 네트워크
④ 전문화   ⑤ 탈시설화

해설 주민참여는 욕구 및 문제해결을 위한 주체로서 주민의 주체성을 강조하는 것으로서 지방자치와 함께 중요성이 커지고 있다. 이는 주민의 의견수렴, 공동체 의식 강화를 통해 개인의 자유와 권리증진의 순기능이 있다. **정답** ②

다음은 워렌(R. Warren)이 제시한 지역사회 비교 척도 중 어느 것에 해당하는가?

> 지역사회 내 상이한 단위 조직들 간의 구조적·기능적 관련 정도

① 지역적 자치성　　　② 서비스 영역의 일치성
③ 수평적 유형　　　　④ 심리적 동일성
⑤ 시민통제

해설 지역사회 비교척도 – (1) 자치성: 지역사회가 기능함에 있어 타지역에 의존하는 정도 (2) 일치성: 서비스 영역의 동일지역 내 일치하는 정도 (3) 심리적 동일시: 주민 자신이 소속된 지역 내에서의 소속감 정도 (4) 수평적 유형: 지역사회 내 상이한 단위조직들의 구조적·기능적 관련 정도 **정답** ③

길버트와 스펙트(N. Gilbert & H. Specht)가 제시한 지역사회의 기능으로 옳은 것은?

> • (ㄱ) 기능: 지역주민들이 필요한 재화와 서비스를 어느 정도 제공받을 수 있느냐를 결정하는 것
> • (ㄴ) 기능: 구성원들이 사회의 규범에 순응하게 하는 것

① ㄱ: 생산·분배·소비　　ㄴ: 사회통제
② ㄱ: 사회통합　　　　　ㄴ: 상부상조
③ ㄱ: 사회통제　　　　　ㄴ: 사회통합
④ ㄱ: 생산·분배·소비　　ㄴ: 상부상조
⑤ ㄱ: 상부상조　　　　　ㄴ: 생산·분배·소비

해설 ㄱ. 생산·분배·소비 기능: 일상생활을 위해 필요한 재화와 서비스를 생산, 분배, 소비하는 과정과 관련된 기능 ㄴ. 사회통제 기능: 지역사회가 그 구성원들에게 사회의 규범에 순응하게 하는 기능 **정답** ①

기능적 공동체에 관한 설명으로 옳은 것을 모두 고른 것은?

> ㄱ. 멤버십(membership) 공동체 개념을 말한다.
> ㄴ. 외국인근로자 공동체의 사례가 포함된다.
> ㄷ. 가상공동체인 온라인 커뮤니티도 포함된다.
> ㄹ. 사회문화적 동질성이 기반이 된다.

① ㄱ　　　　　　　　　② ㄴ, ㄹ
③ ㄷ, ㄹ　　　　　　　④ ㄱ, ㄴ, ㄹ
⑤ ㄱ, ㄴ, ㄷ, ㄹ

해설 기능적 지역사회는 사회적 동질성, 공동의 관심과 기능을 함께 하는 사람들의 집단으로 '우리' 라는 소속감을 강조한다. **정답** ⑤

던햄(A. Dunham)의 지역사회유형 구분과 예시의 연결로 옳지 않은 것은?

① 인구 크기 – 대도시, 중·소도시 등
② 산업구조 및 경제적 기반 – 농촌, 어촌, 산업단지 등
③ 연대성 수준 – 기계적연대 지역, 유기적연대 지역 등
④ 행정구역 – 특별시, 광역시·도, 시·군·구 등
⑤ 인구 구성의 사회적 특수성 – 쪽방촌, 외국인 밀집지역 등

해설 던햄의 지역사회유형화(지리적 차원): 인구의 크기에 따른 구분, 경제적 기반에 따른 구분, 정부의 행정구역에 따른 구분, 인구구성의 사회적 특수성에 따른 구분 등 4가지 제시 ☑ 연대성 수준으로서 '기계적연대에서 유기적연대로'를 강조한 사람은 에밀 뒤르켐이다. **정답** ③

지역사회복지에 관한 내용으로 옳은 것은?

① UN 지역사회개발 원칙은 정부의 적극적 지원을 받는 것이 아니라 민간 자원동원을 강조하였다.

② 던햄(A. Dunham)은 사회복지기관은 조직운영과 실천을 민주적으로 해야 한다고 하였다.

③ 로스(M. G. Ross)는 추진회 활동 초기에는 소수집단을 위한 사업부터 전개하는 것이 좋다고 하였다.

④ 맥닐(C. F. McNeil)은 지역사회도 자기결정의 권리가 있어 자발적인 사업추진은 거부해야 한다고 하였다.

⑤ 워렌(R. L. Warren)은 지역사회조직사업의 주요 목적은 지역사회이익 옹호, 폭넓은 권력 집중이라고 하였다.

해설 ① UN 지역사회개발 원칙은 정부의 적절한 보호가 필요하다. ③ 로스는 추진회가 성숙되어 감에 따라 소수집단을 위한 사업도 추진될 수 있다고 보았다. ④ 자기결정의 권리가 있어 자발적인 사업추진은 거부해야 한다고 강조한 학자는 존스와 다마치이다. ⑤ 워렌은 지역사회 내에서 권력의 폭넓은 분산과 배분이 이루어져야 좋은 지역사회라고 주장하였다. **정답** ②

지역사회에 관한 설명으로 옳지 않은 것은?

① 지역사회에 대한 정의나 구분은 학자에 따라 매우 다양하다.

② 현대의 지역사회는 지리적 개념을 넘어 기능적 개념까지 포괄하는 추세이다.

③ 지역사회를 상호의존적인 집단들의 결합체로도 볼 수 있다.

④ 펠린(P. F. Fellin)은 역량있는 지역사회를 바람직한 지역사회로 보았다.

⑤ 로스(M. G. Ross)는 지역사회의 기능을 사회통제, 사회통합 등 다섯 가지로 구분하였다.

해설 로스는 지리적 의미와 기능적 의미의 지역사회로 정의했다. 지역사회의 기능을 다섯 가지로 구분한 것은 길버트와 스펙트이다. **정답** ⑤

☑ 핵심요약

1. 지역사회의 개념

(1) 로스: 지리적인(공간) 지역사회와 기능적인(사회관계) 지역사회로 구분

- 지리적 의미: 지리적 영역으로 고려될 수 있는 사회와 집단에 적용되는 지리적 특성을 강조한 지역사회 예 이웃, 마을, 도시 등
- 기능적 의미: 사회적 동질성을 띠며, 공동의 관심과 기능을 함께하는 사람들의 집단, 일체감, 공동생활양식, 공통의 관심과 가치, '우리'라는 귀속감을 강조
- 기능적 공동체: 시공간 사이버공동체, 온라인 가상공동체, 외국인근로자 공동체, 멤버십(membership) 공동체 등 새로운 형태의 지역사회가 출현

(2) 파크와 버제스: 모든 지역사회는 사회이나, 모든 사회가 지역사회는 아님

(3) 펠린: 효과적 의사소통, 헌신, 자율성, 관계처리능력 역량

(4) 힐러리: 사회적 상호작용, 공동유대감, 지리적 영역 공유

5) 퇴니스: 공동사회와 이익사회

6) 메키버(맥키버, MacIver): 인간의 공동생활이 영위되는 공동생활권으로 설명, 감정적 측면 설명

7) 존스와 다마치: 지역사회는 자기결정의 권리, 강요에 의한 사업추진 거부

8) 던햄(A.Dunham): 지역사회 유형화(지리적 차원)

- 인구크기: 대도시, 중소도시 등
- 산업구조 및 경제적 기반: 농촌, 어촌, 산업단지
- 행정구역: 특별시, 광역시·도·시·군·구 등
- 인구구성의 사회적 특수성: 쪽방촌, 외국인 밀집지역

9) 워렌(Warren): 지역적 적합성을 가지는 주요한 사회적 기능 수행의 단위와 체계의 결합

2. 지역사회복지의 이념

- 정상화: 정신지체인의 생활을 비장애인 생활과 가능한 한 가깝게 유지될 수 있도록 하여 일상적인 삶을 강조하는 이념으로 탈시설화, 사회통합과 밀접한 관련이 있음
- 사회통합: 계층 간 격차와 사회적 불평등을 감소시켜 지역사회의 삶의 질 향상
- 탈시설화: 생활시설의 폐지가 아닌 생활시설의 형태를 소규모의 다양한 형태로 변화시켜 주민과 봉사자, 후원자와 함께하는 개방적 체제로 변화시키는 것
- 주민참여: 지역사회복지 욕구와 문제해결 주체로서 주민의 역할을 강조
- 네트워크: 인적·물적 자원, 인간관계의 조직화, 복지기관, 제도연계까지 다양한 네트워크 구축의 필요

3. 비교척도: 워렌

- 지역적 자치성: 지역사회가 제 기능을 할 때 타 지역에 의존하는 정도
- 서비스 영역의 일치성: 생활인프라, 공공시설 편의서비스의 동일지역 내 이용 가능 정도
- 주민들의 심리적 동일성: 주민 자신이 소속된 지역 내에서의 소속감 정도
- 수평적 유형: 지역사회 내 상이한 단위조직들 간 구조적·기능적 관련 강도

4. 지역사회 기능: 길버트와 스펙트

- 생산·분배·소비 기능(경제제도): 일상생활을 위해 필요한 재화와 서비스를 생산, 분배, 소비하는 과정과 관련된 기능
- 사회화 기능(가족제도): 사회가 향유하는 지식·사회적 가치 등을 지역사회 구성원에게 전달하는 기능
- 사회통제 기능(정치제도): 지역사회가 구성원들에게 사회규범(도덕, 법, 규칙)에 순응하게 하는 기능

- 사회통합 기능(종교제도): 지역사회 구성원들의 상호 간 협력, 결속력 등을 강조하는 기능
- 상부상조 기능(사회복지제도): 지역사회 구성원들이 기존 사회제도에 의해서 자신들의 욕구를 충족할 수 없는 경우에 강조되는 기능

5. 지역사회복지의 특성

- 연대성(공동성): 공동의 관심사를 연대로 해결
- 통합성: 공급자중심 용이성 탈피, 이용자 중심 통합성
- 예방성: 주민이 동참하는 구조, 문제를 조기 발견하여 대응함으로써 예방적 효과
- 지역성: 주민생활권역 특성파악 및 고려
- 포괄성: 지역주민 생활의 문제를 포괄적으로 다룸

☑ 과락科落 말고 과락科樂 기출 선지

1. 로스는 지역사회를 이웃, 마을, 도시 등 일정한 공간을 공유하는 사람들의 집단인 지리적인 지역사회와 공동의 이익 및 이해관계를 같이하는 사회문화적 동질성에 기반하는 기능적인 지역사회로 구분하였다.

2. 던햄은 지역사회를 인구크기, 산업구조 및 경제기반, 행정구역, 인구구성의 사회적 특수성으로 구분했다.

3. 퇴니스는 혈연, 지연, 정서적, 전통적 운명공동체인 공동사회 및 기업, 정당 등 이해관계에 기반을 둔 이익사회에 대해 설명한다.

4. 워렌은 지역사회 기능의 비교척도로서 지역주민들의 지역사회 내의 심리적 동일시, 서비스영역의 일치성, 지역적 자치성, 상이한 조직들 간 상호 관련성 정도인 수평적 유형으로 제시했다.

5. 길버트와 스펙트는 지역사회가 생산·소비·분배의 기능, 사회화의 기능, 사회통제의 기능, 사회통합의 기능, 상부상조의 기능 등을 공통적으로 수행한다고 설명했다.

6. 힐러리는 지리적 영역, 사회·문화적 상호작용·공동의 유대 등 3가지 구성요소를 제시했다.

7. 지역사회 복지실천은 정상화, 주민참여, 사회통합, 네트워크 등을 추구한다.

8. 정상화는 1950년대 덴마크를 비롯한 북유럽에서 휴먼서비스 영역에서 비롯된 이념이다.

9. 주민참여는 지방자치단체와 주민 간의 동등한 파트너십을 형성하여 운영되어야 하는 지방자치제도의 원리이다.

10. 지역사회복지는 지역성과 기능성을 포함하는 지역사회 내에서 이루어진다.

11. 지역사회복지는 지역사회 내에 존재하는 각종 제도에 영향을 준다.

12. 지역사회복지는 전문 또는 비전문 인력이 지역사회 수준에서 개입하는 것이다.

13. 지역사회복지는 지역사회의 역량 강화, 사회통합 구현, 사회적 연계망 구축 등을 추구한다.

□ 22회 53번

우리나라의 지역사회복지 역사에 관한 설명으로 옳지 않은 것은?

① 향약은 주민 교화 등을 목적으로 한 지식인 간의 자치적인 협동조직이다.
② 오가통 제도는 일제강점기 최초의 인보제도이다.
③ 메리 놀스(M. Knowles)에 의해 반열방이 설립되었다.
④ 태화여자관은 메리 마이어스(M. D. Myers)에 의해 설립되었다.
⑤ 농촌 새마을운동에서 도시 새마을운동으로 확대되었다.

해설 ② 오가통 제도는 정부에 의한 연좌제성 인보제도로 조선시대의 지방자치제도이다. 정답 ②

□ 22회 54번

영국의 지역사회복지 역사에 해당하지 않는 것은?

① 자선조직협회(COS)는 사회진화론에 영향을 받았다.
② 토인비홀은 사무엘 바네트(S. Barnett) 목사가 설립한 인보관이다.
③ 헐하우스는 제인 아담스(J. Adams)에 의해 설립되었다.
④ 시봄(Seebohm)보고서는 사회서비스의 협력과 통합을 제안하였다.
⑤ 그리피스(Griffiths)보고서는 지방정부의 책임을 강조하였다.

해설 헐하우스가 제인 아담스(J. Adams)에 의해 설립된 것은 사실이지만, 미국의 지역사회복지 역사이다. 정답 ③

□ 22회 75번

우리나라 지역사회복지 환경 변화의 순서로 옳은 것은?

> ㄱ. 희망복지지원단 설치·운영
> ㄴ. 사회복지통합관리망(행복e음) 구축
> ㄷ. 지역사회통합돌봄(커뮤니티케어) 선도사업 시행
> ㄹ. '읍·면·동 복지 허브화' 사업 시행

① ㄱ → ㄴ → ㄷ → ㄹ
② ㄱ → ㄴ → ㄹ → ㄷ
③ ㄴ → ㄱ → ㄷ → ㄹ
④ ㄴ → ㄱ → ㄹ → ㄷ
⑤ ㄴ → ㄷ → ㄱ → ㄹ

해설 ㄱ. 희망복지지원단 설치·운영: 2012년
ㄴ. 사회복지통합관리망(행복e음) 구축: 2010년
ㄷ. 지역사회통합돌봄(커뮤니티케어) 선도사업 시행: 2019년 6월
ㄹ. '읍·면·동 복지 허브화' 사업 시행: 2016년 정답 ④

□ 21회 53번

한국의 지역사회복지 역사에 관한 설명으로 옳은 것은?

① 1960년대 – 지역자활센터 설치·운영
② 1970년대 – 사회복지관 운영 국고보조금 지원
③ 1980년대 – 희망복지지원단 설치·운영
④ 1990년대 – 재가복지봉사센터 설치·운영
⑤ 2010년대 – 사회복지사무소 시범 설치·운영

해설 ① 지역자활센터 설치·운영(1996년) ② 사회복지관 운영 국고보조금 지원(1983년) ③ 희망복지지원단 설치·운영(2012년) ⑤ 사회복지사무소 시범 설치·운영(2004년) 정답 ④

□ 21회 54번

영국의 지역사회복지 역사에 관한 설명으로 옳지 않은 것은?

① 중복구호 방지를 위해 자선조직협회가 설립되었다.
② 1884년에 토인비 홀(Toynbee Hall)이 설립되었다.
③ 정신보건법 제정에 따라 지역사회보호가 법률적으로 규정되었다.
④ 하버트(Harbert) 보고서는 헐하우스(Hull House) 건립의 기초가 되었다.
⑤ 그리피스(Griffiths) 보고서는 지역사회보호의 일차적 책임주체가 지방정부임을 강조하였다.

해설 영국 토인비홀은 미국 헐하우스 건립의 기초가 되었다. **정답** ④

□ 20회 53번

우리나라 지역사회복지 역사를 과거부터 순서대로 옳게 나열한 것은?

> ㄱ. 영구임대주택단지 내에 사회복지관 건립이 의무화되었다.
> ㄴ. 지역사회복지협의체가 지역사회보장협의체로 명칭이 변경되었다.
> ㄷ. 국민기초생활 보장법 제정으로 공공의 책임성이 강화되었다.

① ㄱ → ㄴ → ㄷ
② ㄱ → ㄷ → ㄴ
③ ㄴ → ㄱ → ㄷ
④ ㄴ → ㄷ → ㄱ
⑤ ㄷ → ㄱ → ㄴ

해설 ㄱ. 영구임대주택 건설 시 사회복지관 설립 의무화(1989년) ㄴ. 지역사회보장협의(2015년) ㄷ. 국민기초생활 보장법(1999년) **정답** ②

□ 20회 54번

영국의 지역사회복지 역사에 관한 설명으로 옳지 않은 것은?

① 시설보호로부터 지역사회보호로 전환이 이루어졌다.
② 자선조직협회는 사회진화론의 영향을 받았다.
③ 지역사회보호가 강조되면서 민간서비스, 비공식 서비스의 역할은 점차 감소하였다.
④ 1959년 정신보건법(Mental Health Act) 제정으로 지역사회보호가 법률적으로 규정되었다.
⑤ 그리피스 보고서(Griffiths report)에서 지역사회보호의 권한과 재정을 지방정부로 이양할 것을 권고하였다.

해설 영국의 지역사회보호: 지방정부의 역할보다는 가족 등 비공식부문과 민간조직 부문, 자원 부문의 역할을 강조한다. **정답** ③

□ 19회 53번

한국의 지역사회복지 역사에 관한 설명으로 옳지 않은 것은?

① 새마을 운동은 정부 주도적 지역사회 개발이었다.
② 사회복지관 운영은 지역사회 기반의 복지서비스를 촉진시켰다.
③ 복지사각지대 발굴의 효과를 제고하고자 읍·면·동 복지허브화를 추진하였다.
④ 시·군·구 지역사회보장협의체는 지역사회복지협의체로 대체되었다.
⑤ 국민기초생활보장제도의 시행은 지역사회 중심의 자활사업을 촉진시켰다.

해설 시·군·구 지역사회복지협의체에서 지역사회보장협의체로 대체되었다. 명칭의 구분을 확실히 정리할 필요가 있다. **정답** ④

영국의 지역사회복지 역사에 관한 설명으로 옳은 것은?

① 헐 하우스(Hull House)는 빈민들의 도덕성 향상을 위해 노력하였다.

② 우애방문단은 기존 사회질서를 비판하고 개혁을 주장하였다.

③ 인보관 이념은 우애방문단 활동의 기반이 되었다.

④ 1960년대 존슨 행정부는 '빈곤과의 전쟁'을 선포하고 다양한 지역사회 개혁을 단행하였다.

⑤ 1980년대 그리피스(E. Griffiths) 보고서는 복지 주체의 다원화에 영향을 미쳤다.

해설 미국 역사 VS 영국 역사 변별: ① 헐 하우스는 미국의 인보관 ② 우애방문단 개인의 문제에 초점, 빈민들의 도덕성 향상 ③ 인보관 이념 자유주의, 급진주의사상, 자선조직협회(COS) – 사회진화론적 사상 ④ 미국 역사

정답 ⑤

한국 지역사회복지 역사에 관한 설명으로 옳은 것을 모두 고른 것은?

> ㄱ. 1970년대: 재가복지서비스 도입
> ㄴ. 1990년대: 사회복지공동모금제도 실시
> ㄷ. 2000년대: 지역사회복지계획 수립의 법제화

① ㄱ ② ㄱ, ㄴ ③ ㄱ, ㄷ
④ ㄴ, ㄷ ⑤ ㄱ, ㄴ, ㄷ

해설 1992년 재가복지봉사센터 설치·운영, 1997년 사회복지공동모금회, 2003년 사회복지사업법 개정(시·도 및 시·군·구 지역사회복지계획 4년마다 수립·시행)

정답 ④

한국 지역사회복지 역사에 관한 설명으로 옳은 것은?

① 2001년 국민기초생활보장제도 시행으로 정부의 책임성 강화

② 2007년 「협동조합기본법」의 제정으로 자활공동체가 보다 쉽게 협동조합을 결성할 수 있게 됨

③ 2010년 사회복지통합관리망(행복e음) 구축

④ 2015년 시·군·구 희망복지지원단 운영으로 통합사례관리 시행

⑤ 2018년 주민자치센터를 행정복지센터로 명칭 변경

해설 ① 2000년 국민기초생활보장제도 시행, 민간전달체계 확대 ② 2012년 자활공동체(국민기초생활 보장법에 의거) ④ 2012년 시·군·구 희망복지지원단 운영으로 통합사례관리 시행 ⑤ 2016년 주민센터는 읍·면·동 복지허브화, 행정복지센터로 명칭 변경 정답 ③

☑ 핵심요약

1. 자선조직협회와 인보관운동

(1) 자선조직협회(COS, 1869~로크): 빈곤은 개인의 문제, 사회진화론

- 신흥자본가 중산층, 온정주의, 우애방문원, 가정방문, 개인변화

(2) 인보관운동(토인비 홀, 1884~바네트): 빈곤은 산업화에 따른 사회, 제도 문제

- 자유주의, 급진주의, 사회구조적 관점, 사회개혁(입법), 국가의 책임

2. 국가별 유형

(1) 영국

- 정신보건법(1959): 제정되어 지역사회보호를 법률적으로 명확히 규정
- 시봄보고서(1968): 지역사회를 사회서비스의 제공자로 인식, 서비스 협력 및 통합을 주장
- 하버트보고서(1971): 공공, 민간 서비스 외 가족과 지역사회 비공식 서비스의 중요성 강조
- 바클레이보고서(1982): 비공식 돌봄망 중요성 강조, 공식·비공식 보호서비스 간 파트너십 개발
- 그리피스보고서(1988): 지역사회보호 권한과 재정을 지방정부에 이양, 민간부문 경쟁 서비스 제공 다양화, 케어 매니지먼트 도입(사례관리 도입)

(2) 미국

- 1877년 최초의 자선조직협회(COS)
- 1886년 최초의 인보관인 코이트 근린길드, 1889년 헐 하우스 설립(아담스)
- 1965년 헤드스타트 도입, 빈곤대물림 방지를 위한 빈곤아동 종합지원서비스
- 1980년대 레이거노믹스에 따라 작은 정부 지향
- 1990년대 복지개혁, 개인적 책임과 근로연계 생산적 복지 강조
- 2000년대 풀뿌리 지역사회조직활동 강조

(3) 우리나라

① 1920년대 이전
- 동서대비원: 고려시대 의료구호기관(병자, 굶주린 사람 치료보호 국립의료기관)
- 동서활인원, 활인서: 조선시대 의료구호기관

② 일제강점기
- 조선구호령
- 1921년 최초의 사회복지관: 태화여자관(泰和女子館)

③ 1950년대~1999년
- 1950년대 외국 민간원조단체 한국연합회 KAVA
- 1983년 사회복지사업법 개정으로 사회복지관이 공식적으로 국가지원을 받음
- 1989년 영구임대아파트 단지 사회복지관 건립을 의무화
- 1991년 지방분권화 시작(지방의회 선거실시)
- 1992년 재가복지봉사센터 시범운영
- 1995년 보건복지사무소 시범운영
- 1996년 자활지원센터 시범사업

• 1999년 사회복지공동모금법 시행

④ 2000년대
• 2000년 국민기초생활 보장법
• 2003년 지역사회복지계획 수립 의무화(사회복지사업법 개정)
• 2004년 지역아동센터 법제화, 사회복지사무소 시범사업
• 2005년 지역사회복지협의체 설치·운영, 제1기 지역사회복지계획 수립 시작
• 2007년 사회적기업 육성법 제정, 지역사회서비스투자사업 실시
• 2008년 희망스타트 사업이 드림스타트 사업으로 변경됨

⑤ 2010년 이후
• 2010년 사회복지통합관리망 행복e음 출범
• 2012년 희망복지지원단 설치·운영, 협동조합 기본법 제정
• 2015년 사회보장급여법 시행, 지역사회보장협의체 운영
• 2016년 읍·면·동 복지허브화(주민센터에서 행정복지센터로)
• 2018년 지역사회 통합돌봄 기본계획, 아동수당 도입
• 2019년 사회서비스원 시범사업 실시(3월)
• 2019년 지역사회통합돌봄(커뮤니티케어) 선도사업 시행(6월)

☑ 과락科落 말고 과락科樂 기출 선지

01. 자선조직협회(COS)는 빈곤의 책임을 개인에게 한정 짓고 부유층 중심으로 우애방문단 활동을 했다.

02. 인보관운동은 사회개혁을 강조, 지역주민을 대상으로 교육, 급진주의로 다양한 계급, 계층 간의 거리를 좁히는 노력을 했다.

03. 최초의 인보관은 1884년 영국의 토인비홀이다.

04. 사회복지의 연계 및 조정 등의 시스템 기원이 된 것은 자선조직협회의 활동이다.

05. 시봄보고서(1968)는 최초로 발표된 지역사회 관련 보고서이며, 사회서비스 부서의 창설을 제안하고 서비스의 협력 및 통합을 강조했다.

06. 하버트보고서(1971)는 가족체계와 근린지역사회를 통해 이루어지는 비공식 서비스의 중요성을 강조하였다.

07. 바클레이보고서(1982)는 비공식 보호서비스와 공식 보호서비스 간 파트너십을 강조했다.

08. 그리피스보고서(1988)는 지역사회보호를 위한 권한과 재정을 지방정부에 이양, 서비스의 구매·조정자로서 역할을 해야 하고, 민간부문에서 다양한 서비스가 공급되어야 한다고 주장하면서 케어매니지먼트

를 강조했다.

09. 미국은 세계대전을 거치며 대공황 이후 다양한 공공 복지사업이 마련되었고, 60~70년대 인권운동, 반전운동, 시민권운동 등이 지역사회조직사업 발달로 이어졌다.

10. 미국에서는 레이거노믹스 이후 복지예산 삭감에 대한 압력이 증가했다.

III 실천이론

□ 22회 55번

지역사회복지 이론에 관한 설명으로 옳은 것은?

① 교환이론 – 자원의 교환을 통한 지역사회 발전 강조

② 자원동원이론 – 이익집단들 간의 갈등과 타협 강조

③ 다원주의이론 – 소수 엘리트에 의한 지역사회 발전 강조

④ 기능주의이론 – 지역사회 변화의 원동력을 갈등으로 간주

⑤ 사회자본이론 – 지역사회 하위체계의 기능과 역할 강조

해설 ② 자원동원이론 – 사회운동 구성원 모집, 자금 확충, 직원 고용 ③ 다원주의이론 – 이익집단들 간의 갈등과 타협 강조 ④ 기능주의이론, 사회체계이론 – 지역사회 하위체계의 기능과 역할 강조 ⑤ 사회자본이론 – 신뢰, 호혜성, 네트워크, 공유된 인지 강조, 관습과 문화의 영향 **정답** ①

□ 22회 56번

사회자본이론과 관련된 개념을 모두 고른 것은?

ㄱ. 신뢰	ㄴ. 호혜성
ㄷ. 경계	ㄹ. 네트워크

① ㄱ, ㄴ   ② ㄷ, ㄹ   ③ ㄱ, ㄴ, ㄷ

④ ㄱ, ㄴ, ㄹ   ⑤ ㄱ, ㄴ, ㄷ, ㄹ

해설 사회자본이론: 신뢰, 호혜성, 네트워크, 공유된 인지 강조, 관습과 문화에 영향 받음 ☑ 경계: 사회체계이론의 개념, 체계와 체계 간을 구분하는 일종의 테두리를 의미 **정답** ④

□ 22회 57번

다음을 설명하고 있는 이론은?

> 최근 A지방자치단체와 B지방자치단체는 중앙정부로부터 각각 100억 원의 복지 예산을 지원받았다. 노인복지단체가 많은 A지방자치단체는 지역 노인회의 요구로 노인복지 예산 편성 비율이 전체 예산의 50%를 차지하게 되었고, 상대적으로 젊은 층이 많이 거주하고 있는 B지방자치단체는 노인복지 예산의 편성비율이 20% 수준에 그쳤다.

① 교환이론   ② 갈등주의이론

③ 사회체계이론   ④ 사회자본이론

⑤ 다원주의이론

해설 ⑤ 다원주의이론: 이익집단의 상대적 영향력 정도, 집단의 이익을 위해 정책에 영향력을 행사 **정답** ⑤

갈등이론에 관한 설명으로 옳은 것은?

① 이익과 보상으로 사회적 관계가 유지된다.
② 특정집단이 지닌 문화의 의미를 해석한다.
③ 지역사회는 상호의존적인 부분들로 구성되어 있다.
④ 조직구조 개발에 자원 동원 과정을 중요하게 여긴다.
⑤ 이해관계의 대립을 불평등한 분배로 설명한다.

해설 ① 사회교환이론 ② 사회구성주의 이론 ③ 구조기능이론 ④ 자원동원이론 **정답** ⑤

다음 A지역의 변화를 분석하기 위한 지역사회복지 실천이론은?

> A지역은 외국인 노동자의 유입으로 특정 국적의 외국인 주거 공동체가 형성되기 시작하면서 주민 간 갈등이 발생하였다.

① 생태학이론
② 사회학습이론
③ 엘리트주의이론
④ 교환이론
⑤ 다원주의이론

해설 지역사회복지의 생태학이론은 지역사회를 공간을 점유하는 인간집합체로 간주하며, 분리, 경쟁, 중심화, 침입, 계승 현상이 존재한다고 본다. **정답** ①

지역사회복지를 권력의존이론의 관점에서 설명한 것을 모두 고른 것은?

> ㄱ. 장애인 편의시설 설치를 위해 다양한 장애인 단체가 의사결정에 참여하도록 한다.
> ㄴ. 노인복지관은 은퇴 노인의 재능을 활용한 봉사활동을 기획한다.
> ㄷ. 사회복지관은 지방정부로부터 보조금 집행에 대한 지도점검을 받았다.

① ㄱ   ② ㄷ   ③ ㄱ, ㄴ
④ ㄱ, ㄷ   ⑤ ㄱ, ㄴ, ㄷ

해설 ㄱ. 다원주의이론 ㄴ. 교환이론 ☑ 권력(힘)의존이론: 사회복지서비스 조직들은 생존의 차원에서 외부 재정적 지원에 의존할 수밖에 없으며, 참여 자원의 크기에 따라 관계가 결정된다는 전제에서 출발한다. **정답** ②

이론과 주요 개념의 연결이 옳지 않은 것은?

① 사회체계 이론 – 체계와 경계
② 생태학적 관점 – 분리(segregation), 경쟁, 침입, 계승
③ 사회자본 이론 – 네트워크, 일반화된 호혜성 규범
④ 갈등이론 – 갈등전술, 내부결속
⑤ 사회교환이론 – 자기효능감, 집단효능감

해설 사회교환이론 – 이익과 보상으로 사회적 관계가 유지된다고 보며, 물질적 차원뿐 아니라 비물질적 차원인 심리적 차원 등 투입에 대한 보상에 따라 관계가 결정된다고 보는 이론이다. **정답** ⑤

□ 20회 57번

이론과 관련 내용의 연결이 옳은 것은?

① 지역사회상실 이론 – 전통사회가 가지고 있는 지역사회의 사회적 기능을 보존할 수 있다.

② 사회구성(주의) 이론 – 가치나 규범, 신념, 태도 등은 다양한 문화적 집단에 따라 다르게 구성된다.

③ 자원동원 이론 – 자원이 집단행동의 성패에 영향을 미치지 않는다.

④ 다원주의 이론 – 집단 간 발생하는 갈등을 활용한다.

⑤ 권력의존 이론 – 사회의 주류 이데올로기가 어떻게 만들어지고 있는지에 관심을 갖는다.

[해설] ① 지역상실이론 – 과거의 지역사회공동체는 이상적인 것으로 복구될 수 없는 잃어버린 세계로 간주 ③ 자원동원이론 – 조직원 충원과 자금조달, 적절한 조직구조를 개발할 수 있는 능력 ④ 다원주의이론 – 다양한 사람들의 참여로 다원화, 민주적 합의 ⑤ 권력의존이론 – 외부(정부) 재정지원에 의존(정부 요구에 순응, 정치적 중립성 훼손) [정답] ②

□ 19회 52번

지역사회복지 관련 이론과 내용의 연결로 옳은 것은?

① 다원주의이론: 인간과 환경과의 상호작용에 초점을 둔다.

② 구조기능론: 지역사회 내 갈등이 변화의 원동력이다.

③ 사회구성주의이론: 지역사회 문제를 객관적 사실로 인정하지 않고, 특정 집단에 의해 규정된다고 본다.

④ 권력관계이론: 지역사회는 구성 부분들의 조화와 협력으로 발전된다.

⑤ 사회자본이론: 지역사회 내 소수의 엘리트 집단의 권력이 정책을 좌우한다.

[해설] ① 다원주의이론: 다양한 사람들의 참여로 다원화, 민주적 합의 ② 갈등이론: 지역사회 내 갈등이 변화의 원동력이다. ④ 권력관계이론: 외부 재정적 지원에 의존 ⑤ 엘리트이론: 지역사회 내 소수의 엘리트 집단의 권력이 정책을 좌우한다. [정답] ③

□ 18회 55번

갈등이론에 관한 설명으로 옳은 것을 모두 고른 것은?

> ㄱ. 갈등현상을 사회적 과정의 본질로 간주한다.
> ㄴ. 사회나 조직을 지배하는 특정 소수집단의 역할이 중요하다.
> ㄷ. 사회관계는 교환적인 활동을 통해 이익이나 보상이 주어질 때 유지된다.
> ㄹ. 사회문제는 사회변화가 아닌 개인의 사회적응을 통해 해결할 수 있다.

① ㄱ   ② ㄱ, ㄴ   ③ ㄴ, ㄷ
④ ㄱ, ㄴ, ㄷ   ⑤ ㄴ, ㄷ, ㄹ

[해설] ㄴ. 엘리트이론 ㄷ. 교환이론 ㄹ. 생태학적 이론 ☑ 갈등이론은 갈등을 사회적 과정의 본질로 간주한다. [정답] ①

□ 18회 56번

다음 사례에 해당하는 지역사회복지 실천이론이 올바르게 짝지어진 것은?

> A사회복지관은 지역의 B단체로부터 많은 후원금을 지원받았고 단체 회원들의 자원봉사 참여가 많았다. 그러나 최근에는 B단체의 후원금과 자원봉사자가 감소하여 교육을 통해 주민들의 역량을 강화시켜 복지관 사업에 함께 참여하도록 하고 있다. 또한, 다양한 후원기관을 발굴하고자 노력 중이다.

① 사회학습이론, 권력의존이론
② 권력의존이론, 사회구성이론
③ 사회구성이론, 다원주의이론
④ 다원주의이론, 엘리트이론
⑤ 엘리트이론, 사회학습이론

해설 사회학습이론은 교육을 통해 사회문제를 해결할 수 있다고 보는 사회교육이론이다. 권력의존이론은 정부의 후원금 등 외부재정 요구에 대한 순응, 정치적 중립성 훼손 등의 문제를 발생시키기도 한다. **정답** ①

☑ 핵심요약

1. 사회이론과 지역사회

- 지역사회상실이론: 과거의 지역사회공동체는 이상적인 것, 복구 불가능
- 지역사회개방이론: 사회적 지지망의 관점에서 비공식적인 연계를 강조

2. 지역사회복지 실천이론

1) 갈등이론: 갈등현상을 사회적 과정의 본질로 간주, 이해관계의 대립을 불평등한 분배로 설명, 지역사회 내 갈등이 변화의 원동력
2) 구조기능이론: 지역사회는 상호의존적인 부분들로 구성, 사회적 합의된 가치와 규범에 따라 변화, 균형과 안정을 강조
3) 사회체계이론: 다양한 체계 간 상호작용을 강조
4) 생태학적 이론: 환경 속의 인간 관점, 사회문제는 사회변화가 아닌 개인의 사회적응을 통해 해결, 상호교류, 분리, 경쟁, 중심화, 침입, 계승 등의 개념으로 설명됨
5) 다원주의이론: 이익집단의 상대적 영향력 정도, 집단의 이익을 위해 정책에 영향력을 행사함
6) 엘리트이론: 소수 엘리트 집단의 권력이 정책을 좌우
7) 사회구성주의이론: 가치나 규범, 신념, 태도 등은 다양한 문화적 집단에 따라 다르게 구성, 지역사회 문제를 객관적 사실로 인정하지 않고, 특정 집단에 의해 규정
8) 권력(힘)의존이론: 힘의 소유 여부가 지역사회 발전에 영향, 사회복지기관들은 생존의 차원에서 외부 재정적 지원에 의존할 수밖에 없으며, 참여 자원의 크기에 따라 관계가 결정되는 경향을 보임
9) 자원동원이론: 조직구조 개발에 자원 동원 과정을 강조, 사회운동조직의 역할과 한계를 규명하는 이론
10) 사회학습이론: 교육을 통해 사회문제를 해결할 수 있다고 봄
11) 사회자본이론: 신뢰, 호혜성, 네트워크, 공유된 인지 강조, 관습과 문화에 영향 받음
12) 사회교환이론: 사회관계는 교환 활동을 통해 이익이나 보상이 주어질 때 유지, 인간은 최대 이익을 추구, 교환자원으로는 상담, 기부금, 정보, 정치적 권력, 재정적 지원, 의미, 힘 등

☑ 권력균형전략(하드케슬)

① 경쟁: 자원의 독점이 예상되는 경우 교환을 포기하고 다른 자원을 찾는 것 ②
재평가: 자원을 재평가하여 종속을 회피 ③ 호혜성: 쌍방을 교환관계라고 인지시
켜 동등한 관계로 변화시키는 것 ④ 연합: 상대적으로 힘이 약한 조직들이 연대
하여 대항 ⑤ 강제: 물리적인 힘을 동원하여 자원 장악

☑ 과락科落 말고 과락科樂 기출 선지

01. 사회구성론은 지식과 모든 객관성에 의구심을 가지며, 지역사회문제를 객관적 사실로 인정하지 않고, 특
정 집단에 의해 규정된다고 본다.

02. 갈등이론은 지역사회 내 권력, 자원 등의 불균형에 대한 재분배 요구가 사회행동으로 표출된 것이며, 갈
등을 둘러싼 연대는 권력 형성의 도구로서 기능할 수 있다.

03. 사회체계이론은 보수적 이론으로서 지역사회를 하나의 체계로 간주하고 하부체계 간의 상호작용을 중시
하며, 지역사회와 환경 간의 관계를 설명한다.

04. 생태이론은 경쟁, 중심화, 분산, 분리 개념 등을 사용하며, 도태와 적응, 진화과정으로 설명한다.

05. 사회교환이론은 지역사회에서 교환관계의 불균형 및 교환자원 고갈 시 지역사회 문제가 나타날 수 있다
고 한다.

06. 사회교환이론에서 하드케슬은 권력균형 전략으로 경쟁, 재평가, 호혜성, 연합, 강제 등을 제시한다.

07. 자원동원이론은 권력(힘)의존이론에 영향을 받았으며, 사회운동조직들의 역할과 한계를 설명하며, 사회
적 소수자의 권리 옹호를 위한 실천에 적용할 수 있다.

IV 실천모델

□ 22회 60번

**포플(K. Popple, 1996)의 지역사회복지실천 모
델을 모두 고른 것은?**

ㄱ. 지역사회개발
ㄴ. 지역사회보호
ㄷ. 지역사회조직
ㄹ. 지역사회연계

① ㄱ, ㄴ　　　　② ㄷ, ㄹ
③ ㄱ, ㄴ, ㄷ　　④ ㄱ, ㄴ, ㄹ
⑤ ㄱ, ㄴ, ㄷ, ㄹ

해설 포플의 커뮤니티케어 모형: 지역사회개발, 지역사회
보호, 지역사회조직, 사회·지역계획, 지역사회교육, 지역
사회행동, 여권주의적 지역사회사업, 인종차별철폐 지역
사회사업 ☑ 지역사회연계 → 테일러와 로버츠 모델

정답 ③

□ 22회 66번

로스만(J. Rothman)의 사회행동 모델에 해당하지 않는 것은?

① 클라이언트 집단을 소비자로 본다.
② 변화를 위한 기본 전략은 '억압자에 대항하기 위한 규합'을 추구한다.
③ 지역사회 내 불평등한 권력구조의 변화를 지향한다.
④ 변화 매개체로 대중조직을 활용한다.
⑤ 여성운동, 빈민운동, 환경운동 등 시민운동에도 활용될 수 있다.

해설 ① 클라이언트 집단을 소비자로 본다. → 로스만의 사회계획모델 ☑ 로스만의 지역사회복지실천 3가지 모델: 지역사회개발모델, 사회계획모델, 사회행동모델 **정답** ①

□ 21회 59번

다음에서 설명하는 웨일과 갬블(M. Weil & D. Gamble)의 지역사회복지 실천모델은?

> • 공통 관심사나 특정 이슈에 대한 정책, 행위, 인식의 변화에 초점
> • 일반대중 및 정부기관을 변화의 표적체계로 파악
> • 조직가, 촉진자, 옹호자, 정보전달자를 사회복지사의 주요 역할로 인식

① 사회계획
② 기능적 지역사회조직
③ 프로그램 개발과 지역사회 연계
④ 연합
⑤ 정치사회행동

해설 이해관계를 기초로 한 지역사회조직, 공통이슈에 관한 관심 공유, 뜻을 같이하거나 문제를 공유하는 사람 등과 관련된 기능적 지역사회조직에 대한 설명이다. **정답** ②

□ 21회 60번

로스만(J. Rothman)의 지역사회복지 실천모델에 관한 설명으로 옳은 것을 모두 고른 것은?

> ㄱ. 지역사회개발모델은 지역사회 구성원의 조직화를 주요 실천과정으로 본다.
> ㄴ. 지역사회개발모델의 변화 매개체는 공식적 조직과 객관적 자료이다.
> ㄷ. 사회계획모델에서 사회복지사의 핵심 역할은 협상가, 옹호자이다.
> ㄹ. 사회행동모델에서는 지역사회 내 집단들이 갈등관계로 인해 타협과 조정이 어렵다고 본다.

① ㄱ, ㄷ
② ㄱ, ㄹ
③ ㄴ, ㄷ
④ ㄱ, ㄴ, ㄹ
⑤ ㄱ, ㄷ, ㄹ

해설 ㄴ. 사회계획모델의 변화 매개체는 공식적 조직과 객관적 자료이다. ㄷ. 사회행동모델에서 사회복지사의 핵심 역할은 협상가, 옹호자이다. **정답** ②

□ 21회 61번

테일러와 로버츠(S. Taylor & R. Roberts)의 지역사회복지 실천모델에 관한 설명으로 옳지 않은 것은?

① 프로그램 개발과 조정: 지역주민의 역량강화 및 지도력 개발에 관심
② 계획: 구체적 조사전략 및 기술 강조
③ 지역사회연계: 지역사회 문제해결을 위한 관계망 구축 강조
④ 지역사회개발: 지역주민의 참여와 자조 중시
⑤ 정치적 역량강화: 상대적으로 권력이 약한 시민의 권한 강화에 관심

해설 프로그램 개발과 조정은 지역사회 변화를 유도하기 위해 지역주민의 특정욕구 충족을 위한 프로그램 및 서비스 개발에 초점을 둔다. **정답** ①

테일러와 로버츠(S. Taylor & R. Roberts) 모델에 해당되는 것을 모두 고른 것은?

> ㄱ. 프로그램 개발 및 조정
> ㄴ. 지역사회개발
> ㄷ. 정치적 권력(역량)강화
> ㄹ. 연합
> ㅁ. 지역사회연계

① ㄱ, ㄴ   ② ㄴ, ㄷ
③ ㄱ, ㄹ, ㅁ   ④ ㄱ, ㄴ, ㄷ, ㅁ
⑤ ㄱ, ㄷ, ㄹ, ㅁ

해설 ㄹ. 연합은 웨일과 갬블의 모델이다. **정답** ④

□ 20회 59번

로스만(J. Rothman)의 지역사회조직 모델 중 지역사회개발에 관한 설명으로 옳지 않은 것은?

① 지역사회 변화를 위한 전술로 합의방법을 사용한다.
② 변화의 매개체는 과업지향의 소집단이다.
③ 지역사회의 아노미 상황에 사용할 수 있다.
④ 정부조직을 경쟁자로 인식한다.
⑤ 변화를 위한 전략으로 문제해결에 다수의 사람을 참여시킨다.

해설 로스만의 지역사회조직 모델 중 지역사회개발모델은 공동사업 목표를 위해 권력자, 정부조직 등 다양한 집단들을 협력자로 인식한다. **정답** ④

□ 20회 60번

다음의 설명에 해당되는 웨일과 갬블(M. Weil & D. Gamble)의 실천모델은?

> • 기회를 제한하는 불평등에 도전
> • 사회적·정치적·경제적 정의를 위한 행동
> • 표적체계에 선출직 공무원도 해당

① 근린·지역사회 조직화 모델
② 지역사회 사회·경제개발 모델
③ 프로그램 개발과 지역사회연계 모델
④ 정치·사회행동 모델
⑤ 사회계획 모델

해설 ① 근린·지역사회 조직화 모델: 지리적 개념 초점, 지역사회 구성원 역량개발 중점 ② 지역사회 사회·경제개발 모델: 저소득, 소외계층의 사회·경제적 기회 증진 ③ 프로그램 개발과 지역사회연계 모델: 지역주민의 욕구 충족 프로그램개발 및 연계 ⑤ 사회계획 모델: 지역사회문제를 결정하는 데 있어 객관적이고 합리적인 면 강조 **정답** ④

□ 19회 55번

다음에서 설명하는 웨일과 갬블(M. Weil & D. Gamble)의 지역사회복지 실천모형에 해당하는 것은?

> • 대면접촉이 이루어지는 가까운 지역사회에 초점을 둔다.
> • 조직화를 위한 구성원의 능력개발, 지역주민의 삶의 질 증진을 목표로 한다.
> • 사회복지사의 역할은 조직가, 촉진자, 교육자, 코치 등이다.

① 근린지역사회조직 모형
② 프로그램개발 모형
③ 정치사회적행동 모형
④ 연합 모형
⑤ 사회운동 모형

해설 ② 프로그램개발 모형: 지역주민 욕구 충족을 위한 다양한 수준의 프로그램 개발 및 지역사회 조직 연결활동은 필수적 ③ 정치사회적행동 모형: 불평등에 도전, 사회적·정치적·경제적 정의를 위한 행동 ④ 연합 모형: 각 기관들의 힘을 모아 집합적 변화를 만들어 내는 것 ⑤ 사회운동 모형: 특정 인구집단이나 현안문제, 새로운 패러다임 제공 사회변화, 민주화 운동, 시민운동 **정답** ①

다음 사례에 해당하는 지역사회복지 실천모형은?

> 행복사회복지관은 지역 내 노인, 장애인, 아동을 위해 주민 스스로 돌봄과 자원봉사 활동을 활성화 하도록 자조모임 지원 등 사회적 관계망을 확충하였다.

① M. Weil & D. Gamble의 연합 모형
② J. Rothman의 합리적계획 모형
③ K. Popple의 커뮤니티케어 모형
④ J. Rothman의 연대조직 모형
⑤ M. Weil & D. Gamble의 기능적 지역조직 모형

해설 포플의 커뮤니티케어 모형: 지역사회보호는 사회적 관계망과 자발적 서비스 증진 및 자조개념 개발에 집중한다. **정답** ③

지역사회복지실천모델에 관한 설명으로 옳지 않은 것은?

① 로스만(J. Rothman)의 사회행동모델은 불이익을 받거나 권리가 박탈당한 사람의 이익을 옹호한다.
② 로스만(J. Rothman)의 지역사회개발모델은 지역사회나 문제의 아노미 또는 쇠퇴된 상황을 전제한다.
③ 로스만(J. Rothman)의 사회계획모델은 주택이나 정신건강 등의 이슈를 명확히 하고 권력구조에 대항한다.
④ 웨일과 갬블(M. Weil & D. Gamble)의 기능적 지역사회조직모델은 발달장애아동의 부모 모임과 같이 공통 이슈를 지닌 집단의 이해관계를 기반으로 한다.
⑤ 웨일과 갬블(M. Weil & D. Gamble)의 연합모델의 표적체계는 선출직 공무원이나 재단 및 정부당국이 될 수 있다.

해설 지역사회개발모델: 사회계획모델은 전문가 역량을 기반으로 주택이나 정신건강 등의 이슈를 명확히 하고 문제를 해결하기 위한 기술과정을 강조하는 모델로, 지역사회복지협의회나 정부부처 등 권력구조에 대항하지 않는 모델이다. **정답** ③

다음에서 설명하는 지역사회복지실천모델은?

> 주민의 관점에서 개발계획을 수립하고, 주민들이 사회·경제적 투자를 이용하도록 준비시킨다.

① 사회운동모델
② 정치·사회적 행동모델
③ 근린지역사회 조직모델
④ 지역사회 사회·경제 개발모델
⑤ 프로그램 개발과 지역사회 연결모델

해설 웨일과 갬블의 모델에 관한 이해를 묻고 있다. ① 사회운동모델: 일반대중이나 정치제도를 변화시켜 사회변화를 추구, 사회정의 실현을 목표로 함 ② 정치·사회적 행동모델: 불평등에 도전, 정책이나 법, 정책결정자의 변화를 통한 사회정의 구현 ③ 근린지역사회 조직모델: 조직화를 위한 구성원의 능력개발, 지역주민의 삶의 질 증진이 목표 ⑤ 프로그램 개발과 지역사회 연결모델: 특정대상자를 위한 프로그램, 지역사회와 연계된 다양한 수준 프로그램 개발 **정답** ④

1. 로스만(J. Rothman): 3가지 모델

	지역사회개발모델	사회계획모델	사회행동모델
목표	과정중심의 목표	과업중심	과정 및 과업중심
문제상황	지역사회의 아노미 상황	주택이나 정신건강 등의 실질적 사회 문제	지역사회 내 집단들이 갈등관계로 인해 타협과 조정이 어려운 상황
주요 실천과정	지역사회 구성원의 조직화	실재적 사회 문제를 해결하기 위한 기술과정을 강조	불이익을 받거나 권리를 박탈당한 사람의 이익을 옹호
변화를 위한 전략	지역사회 주민의 광범위한 참여	전문가가 합리적으로 분석하고 계획수립 및 시행방안을 모색하여 실행강조	집단행동을 조직
변화를 위한 전술	합의 방법	문제 발견과 분석	권력구조에 대항, 협상
변화의 매개체	과업지향의 소집단	공식적 조직과 객관적 자료	대중 조직과 정치적 과정
사회복지사의 역할	조력자, 촉매자, 조정자, 격려자	전문가, 분석가, 계획가, 프로그램기획자	협상가, 옹호자, 행동가

2. 웨일과 갬블(M. Weil &D. Gamble): 8가지 모델

(1) 근린지역사회 조직모델

- 조직화를 위한 구성원의 능력 개발, 지역주민의 삶의 질 증진을 목표로 함
- 사회복지사의 역할: 교사, 조직가, 촉진자, 교육자, 코치 등

(2) 기능적 지역사회 조직모델

- 공통 관심사나 공통 이슈를 지닌 집단의 이해관계, 사회적 변화목적
- 사회복지사의 역할: 조직가, 촉진자, 옹호자, 정보전달자

(3) 지역사회 사회·경제 개발모델

- 주민의 관점에서 개발계획, 사회·경제적 투자를 이용하도록 준비
- 사회복지사의 역할: 교사, 계획가, 관리자, 협상가

(4) 사회계획모델

- 전문가 기술과 지식기반 객관적·합리적 해결, 사회적 욕구 통합
- 사회복지사의 역할: 조사자, 관리자, 프로포절 제안자

(5) 프로그램 개발과 지역사회 연계모델

- 특정대상자를 위한 프로그램, 지역사회와 연계된 다양한 수준 프로그램 개발
- 사회복지사의 역할: 계획가, 촉진자, 프로포절 제안자, 대변인, 중개자

(6) 정치·사회 행동모델

- 불평등에 도전, 정책이나 법, 정책결정자의 변화를 통한 사회정의 구현
- 사회복지사의 역할: 옹호자, 조직가, 조사자, 조정자

(7) 연합모델

- 한 집단으로는 변화가 어렵기 때문에 새로운 조직 집합 연대, 문제해결에 동참
- 사회복지사의 역할: 대변인, 중재자, 협상가

(8) 사회운동모델

- 일반대중이나 정치제도를 변화시켜 사회변화를 추구, 사회정의 실현을 목표로 함
- 사회복지사의 역할: 옹호자, 촉진자

3. 테일러와 로버츠(S. H. Taylor & R. W. Roberts): 5가지 모델

(1) 프로그램 개발 및 조정: 지역사회의 변화를 효과적이고 효율적으로 유도하기 위해 공공기관을 중심으로 프로그램을 개발하고 조정해 나가는 모델로 클라이언트의 참여는 제한적

(2) 계획모델: 로스만의 사회계획모델이 지나치게 합리적이고 과학적인 접근을 지향하는 점에 반하여 의사결정에 있어 상호교류와 인간지향적 특성을 추구하고자 한 모델

(3) 지역사회연계: 클라이언트의 개별적인 문제를 지역사회와 연계하여 문제를 해결하고자 하는 모델

(4) 지역사회개발모델: 지역사회의 자체적 역량을 개발하여 지역사회 문제를 스스로 해결할 수 있도록 지지하고 지원에 초점

(5) 정치적 역량 강화: 사회적으로 배제된 집단과 그 구성원들에게 초점을 두어 이들의 사회참여 노력을 확대시키는 것에 중점, 클라이언트의 참여와 결정권이 가장 강하게 나타나는 모델

4. 포플(K. Popple): 커뮤니티케어모델

(1) 지역사회보호: 마을에서 보호

(2) 지역사회조직: 행정 및 운영 중복방지

(3) 지역사회개발: 교육 역량 강화

(4) 사회·지역계획: 서비스 분석, 기획

(5) 지역사회교육: 비판적 담론, 변화

(6) 지역사회행동: 갈등주의, 행동선호

(7) 여권주의적 지역사회사업: 페미니즘 적용, 여성복지 향상

(8) 인종차별철폐 지역사회사업: 인종차별 저항, 상호원조 조직화

☑ 과락科落 말고 과락科樂 기출 선지

1. 로스만의 지역사회개발모델은 과정중심으로 지역사회의 아노미 상황에서 지역사회 전체구성원을 대상의 광범위한 참여를 전제로 한다.

2. 로스만의 지역사회계획모델은 과업중심으로 객관적 자료 분석과 합리성을 근간으로, 범죄, 주택문제 등의 실재적 사회문제를 전문가들에 의한 문제규명과 해결의 속성을 갖는다.

3. 로스만의 사회행동모델은 과정 및 과업중심으로 지역사회 내에서 불이익을 받거나 권리가 박탈당한 사람의 이익을 옹호한다.

4. 웨일과 갬블의 근린지역사회조직모델은 사회적·경제적 환경의 변화를 위한 구성원의 능력개발을 목표로 하며, 사회복지사의 주된 역할은 조직가, 교사, 촉진자이다.

5. 웨일과 갬블의 기능적 지역사회조직모델은 학교폭력 추방이나 정신지체아동의 사회재활과 같은 특정의 공동관심사나 이슈를 기반으로 조직화되는 특성이 있다.

6. 웨일과 갬블의 지역사회 사회·경제개발모델은 시민의 관점에서 개발계획을 수립하여 시민들이 사회·경제적 투자를 할 수 있도록 준비하게 한다.

7. 웨일과 갬블의 사회계획모델은 지역사회의 사회적 욕구 통합과 사회서비스 관계망 조정에 주목한다.

8. 웨일과 갬블의 프로그램 개발과 지역사회연계모델에서 사회복지사는 계획가, 관리자, 프로포절 제안자 등의 역할을 수행한다.

9. 웨일과 갬블의 정치·사회행동모델의 일차적 구성원은 정치적 권한이 있는 시민이며, 선출직 공무원을 표적체계로 하여 기존 제도의 변화를 추구한다.

10. 웨일과 갬블의 연합모델은 프로그램의 방향 또는 자원을 최대한 끌어낼 수 있는 조직 기반을 형성하는 것을 목표로 하며, 일차적 구성원은 특정 이슈에 이해관계가 있는 조직이다.

11. 웨일과 갬블의 사회운동모델은 일반 대중이나 정치제도를 표적체계로 하여 옹호하거나 이슈화를 진행한다.

12. 테일러와 로버츠는 후원자와 클라이언트의 영향력과 결정권한에 따른 모델을 제시했다.

최근 5년간 출제 경향

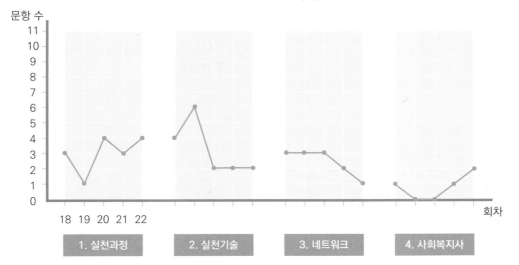

| 1. 실천과정 | 2. 실천기술 | 3. 네트워크 | 4. 사회복지사 |

1. 실천과정

☐ 22회 58번

다음 (   )에 들어갈 내용은?

사회복지사는 자신이 가지고 있는 가치와 신념, 행동과 관습 등이 참여자보다 상위에 있는 전문가라고 생각할 수 있기 때문에 (   )을/를 통하여 참여자들의 문화적 배경에 대해 배우고자 하는 자세가 필요하다.

① 상호학습
② 의사통제
③ 우월의식
④ 지역의 자치성
⑤ 서비스 영역의 일치성

해설 참여자들의 문화적 배경에 대해 배우는 지역사회복지실천의 가치는 상호학습이다. ☑ 워렌의 지역사회 비교 척도: 지역적 자치성, 서비스 영역의 일치성, 수평적 유형, 주민들의 심리적 동일성　　　정답 ①

☐ 22회 59번

지역사회복지실천 원칙으로 옳은 것을 모두 고른 것은?

ㄱ. 지역사회 욕구 변화에 따른 유연한 대응
ㄴ. 지역사회 주민을 중심으로 개입 목표 설정과 평가
ㄷ. 지역사회 특성의 일반화
ㄹ. 지역사회의 자기결정권 강조

① ㄱ, ㄴ
② ㄷ, ㄹ
③ ㄱ, ㄴ, ㄷ
④ ㄱ, ㄴ, ㄹ
⑤ ㄱ, ㄴ, ㄷ, ㄹ

해설 ㄷ. 지역사회 특성의 개별화 원칙 준수　　　정답 ④

지역사회 사정에 해당하지 않은 것은?

① 지역사회의 욕구를 파악한다.

② 협력·조정을 위한 네트워크를 구축한다.

③ 지역 공청회를 통해 주민 의견을 수렴한다.

④ 명목집단 등을 활용한 욕구의 우선순위를 결정할 수 있다.

⑤ 서베이, 델파이기법 등을 활용하여 자료를 수집한다.

해설 ① 사정은 조사와 결정이라는 의미의 단어로 욕구에 대한 자료를 수집하여 파악한다는 뜻 ②, ③, ④는 욕구사정을 위한 자료수집방법 ☑ 자료수집방법: 명목집단기법, 초점집단기법, 델파이기법, 지역사회포럼, 사회지표분석
정답 ②

□ 22회 63번

지역사회복지실천 과정의 순서로 옳은 것은?

ㄱ. 지역사회 사정	ㄴ. 실행
ㄷ. 성과평가	ㄹ. 실행계획 수립

① ㄱ → ㄴ → ㄷ → ㄹ   ② ㄱ → ㄹ → ㄴ → ㄷ

③ ㄹ → ㄱ → ㄴ → ㄷ   ④ ㄹ → ㄱ → ㄷ → ㄴ

⑤ ㄹ → ㄴ → ㄷ → ㄱ

해설 지역사회복지 실천과정: 문제확인(접수) → 욕구사정(자료수집) → 계획(목표설정 및 계약) → 개입(실행) → 평가
정답 ②

□ 21회 58번

지역사회복지실천의 원칙으로 옳지 않은 것은?

① 지역사회 기관 간 협력관계 구축

② 지역사회 특성을 반영한 계획 수립

③ 지역사회 문제 인식의 획일화

④ 욕구 가변성에 따른 실천과정의 변화 이해

⑤ 지역사회 변화에 초점을 둔 개입

해설 지역사회 문제를 인식함에 있어 지역의 개별화 존중 및 다양성 존중의 시각을 가져야 한다. 지역사회 문제는 다층적이고 다양성이 존재하기 때문이다.
정답 ③

□ 21회 62번

지역사회복지 실천과정에서 다음 과업이 수행되는 단계는?

- 재정자원의 집행
- 추진인력의 확보 및 활용
- 협력과 조정을 위한 네트워크 구축

① 문제발견 및 분석단계

② 사정 및 욕구 파악단계

③ 계획단계

④ 실행단계

⑤ 점검 및 평가단계

해설 지역사회복지 실천과정 - (1) 문제의 발견 및 규정: 표적집단, 문제 우선순위 선정 (2) 사정 및 욕구 파악단계: 욕구, 자원파악, 자료수집 (3) 계획단계: 목표설정 프로그램 구체화 (4) 실행단계: 홍보 및 진행 (5) 평가: 개입의 과정과 결과를 평가
정답 ④

□ 21회 63번

지역사회 욕구사정 방법에 관한 설명으로 옳은 것은?

① 명목집단기법: 지역주민으로부터 설문조사를 통해 직접적으로 자료를 획득

② 초점집단기법: 전문가 패널을 대상으로 반복된 설문을 통해 합의에 이를 때까지 의견을 수렴

③ 델파이기법: 정부기관이나 사회복지관련 조직에 의해 수집된 기존 자료를 활용

④ 지역사회포럼: 지역주민이 참여할 수 있는 공개 모임을 개최하여 구성원의 의견을 모색

⑤ 사회지표분석: 지역사회 문제를 잘 파악하고 있는 사람들을 대상으로 정보를 확보

해설 ① 지역사회 및 서비스 전문가나 기관의 대표들이 비교적 빠른 시간에 다양한 배경을 가진 집단의 이익을 수렴하여 우선순위 결정까지 하도록 고안 ② 명목집단기법 실시가 어렵고, 지역사회 욕구와 지역사회 사건들 맥락을 통해 조사하고 싶은 경우, 다양한 집단을 대표할 집단원들이 사안에 따라 자유롭게 첨예한 문제를 토론, 클라이언트나 담당자를 대상으로 하는 경우가 많다. ③ 필요한 정보를 갖고 있다고 여겨지는 전문가로부터 몇 차례 우편조사를 사용해 자료조사 ⑤ 통계청이나 보건 및 복지 관련 기관이 이미 발표한 자료를 활용 **정답** ④

해설 ① 욕구나 문제를 찾아내는 일 ② 목표와 목적을 달성하는 데 필요한 인적, 물적, 제도, 정보 등 다양한 자원 ③ 정책목표 달성을 위한 일련의 활동, 계획을 행동으로 변화시키는 단계 ④ 과업이 제대로 실천되고 있는지 중간에 확인 ⑤ 프로그램 결과에 대한 양적, 질적 방법으로 효과성과 영향을 객관적이고 체계적으로 평가 **정답** ①

□ 20회 62번

지역사회복지 실천의 '실행 단계'에 해당하지 않는 것은?

① 재정자원 집행
② 참여자 간의 갈등 관리
③ 클라이언트의 적응 촉진
④ 실천계획의 목표 설정
⑤ 협력과 조정을 위한 네트워크 구축

해설 실천계획의 목표설정은 계획단계이다. **정답** ④

□ 20회 56번

지역사회복지실천의 원칙으로 옳지 않은 것은?

① 지역사회 특성과 문제의 일반화
② 지역주민 간의 상생 협력화
③ 지역사회 특징을 반영한 실천
④ 지역사회 구성원 관점의 목표 형성
⑤ 지역사회 문제의 구조적 요인을 고려한 개입

해설 지역사회는 각 지역사회마다 특성과 문제가 있기 때문에 개별화 원칙은 지역사회복지에서 중요하다.
정답 ①

□ 20회 65번

다음에서 설명하는 지역사회 욕구사정 방법은?

- 전문가 패널의 의견을 수렴하는 방법
- 합의에 이르기까지 여러 번 설문 실시
- 반복되는 설문을 통하여 패널의 의견 수정 가능

① 명목집단 기법
② 2차 자료 분석
③ 델파이 기법
④ 지역사회포럼
⑤ 초점집단 기법

해설 델파이 기법은 전문가 패널을 대상으로 되풀이되는 조사과정을 통해 합의를 도출하는 방법이다. **정답** ③

□ 20회 61번

다음의 설명에 해당하는 지역사회복지실천 단계는?

- 이슈의 개념화
- 이슈와 관련된 다양한 가치관 고려
- 이슈와 관련된 이론과 자료 분석

① 문제확인 단계
② 자원동원 단계
③ 실행 단계
④ 모니터링 단계
⑤ 평가 단계

다음 자료를 활용한 지역사회 사정(assessment) 유형에 해당하는 것은?

> · 사회복지시설 및 기관의 자원봉사자 수
> · 관할 지방자치단체의 사회복지분야 예산 규모
> · 기업의 사회공헌 프로그램 유형과 이용자 수

① 하위체계 사정　　② 포괄적 사정
③ 자원 사정　　　　④ 문제중심 사정
⑤ 협력적 사정

해설 ① 지역사회의 특정 하위체계 문제에 초점을 두는 사정 ② 특정 문제나 특정 집단이 아닌 지역사회 전반을 대상으로 함 ③ 조직원 충원과 자금조달, 적절한 조직구조 개발을 위한 자원 필요 ④ 우선적으로 해결해야 하는 지역사회 문제에 초점을 둠 ⑤ 조사, 관찰, 분석과 실행 등의 과정에 지역사회 참여자들이 파트너로 함께 수행하는 사정 **정답** ③

지역사회복지실천 가치에 관한 설명으로 옳지 않은 것은?

① 상호학습이 없으면 비판적 의식은 제한적으로 생성됨
② 억압을 조장하는 사회구조 및 의사결정과정을 주시하고 이해함
③ 억압적이고 정의롭지 못한 사회현실 개혁을 위한 끊임없는 노력이 필요함
④ 실천가가 주목해야 할 역량강화는 불리한 조건에 처한 주민들의 능력 고취임
⑤ 다양한 문화에 대한 이해를 바탕으로 특수 문화가 있는 지역에서 일어나는 억압은 인정됨

해설 다양한 문화에 대한 이해를 바탕으로 하며, 특수 문화와 억압적인 사회분위기나 구조에 대해 세상읽기를 통해 함께 성찰하고 비판의식을 갖는 것이 중요하다. **정답** ⑤

지역사회복지실천 단계와 활동의 연결로 옳지 않은 것은?

① 지역사회 욕구조사 단계 – 초점집단면접(FGI) 진행
② 목적·목표 설정 단계 – 스마트(SMART) 기법 활용
③ 실행 계획 단계 – 프로젝트 활용
④ 자원 계획 단계 – 실행예산 수립
⑤ 평가 단계 – 저항과 갈등 관리

해설 저항과 갈등 관리는 실행단계이다. **정답** ⑤

다음에서 설명하는 사회복지사의 활동방법은?

> · 업무 설계 기재
> · 구체적인 실행방법 명시
> · 개별 사회복지기관이 다룰 수 있는 영역과 범위 안에 있는 이슈를 해결하기 위함

① 사회지표 분석
② 프로그램 기획
③ 커뮤니티 프로파일링(community profiling)
④ 지역사회 지도 그리기
⑤ 청원

해설 ①, ③, ④ 지역사회 조사과정에서 진행될 수 있는 활동 ⑤ 청원: 불평전술 – 문제의 존재를 표적집단에게 알리는 방법으로 일정한 조치를 요청하기 위해 기관이나 특정 조직에 서명지를 제출하는 것 **정답** ②

☑️ 핵심요약

1. 실천과정

(1) 지역사회복지실천의 원칙

- 지역사회 갈등해결을 위해 추진위원회 구성
- 지역사회 갈등은 집약되고 공유되어야 함
- 지역사회 내 풀뿌리 지도자를 발굴하고 참여시킴
- 지역주민의 의사를 자유롭게 표현하도록 효과적인 의사소통을 개발하고 유지함
- 지역사회 내 유능한 지도자 발굴 및 육성함

(2) 지역사회복지실천의 가치

- 문화적 다양성 존중: 소외된 집단을 정책결정 과정에 참여 유도
- 임파워먼트: 지역주민 스스로 문제해결, 자기결정 역량 강화
- 건전한 비판의식 지향: 자기다움 성찰, 지역의 긍정적인 발전 및 변화 도모
- 상호학습: 지역의 다양한 문화적 배경 학습
- 배분적 사회정의: 자원의 균등한 배분, 사회정의 실현 시민성

(3) 지역사회복지 실천과정

① 문제확인(접수): 지역사회에 내재되어 있거나 표출된 문제를 명확히 규명
② 욕구사정(자료수집): 자료를 수집하고 분석하며 지역사회 내·외적 자원을 파악하여 현재 상황을 진단하기 위한 체계적 과정으로 다음의 자료수집방법을 사용
  - 명목집단기법: 지역사회 내 다양한 배경을 가진 집단의 이익을 수렴하고 욕구조사를 실시하여 우선순위를 결정하는 방법
  - 초점집단기법: 소집단 구성, 토론을 통한 깊이 있는 의견 제시 가능, 클라이언트나 담당자, 주요 정보제공자, 지역사회주민 등을 대상으로 하는 경우가 많음
  - 델파이기법: 전문가 패널을 대상으로 우편이나 이메일을 이용하여 되풀이되는 조사과정을 통해 합의를 도출
  - 지역사회포럼: 지역주민이 참여할 수 있는 공개모임을 개최하여 구성원의 의견을 듣고 해결방법을 모색
  - 사회지표분석: 2차 자료의 이용, 통계청이나 보건 및 복지 관련 기관이 이미 발표한 자료를 활용하여 욕구조사를 하는 방법
③ 계획(목표설정 및 계약): 프로그램 내용, 계획, 방법을 구체화하고 평가계획 수립
④ 개입: 계획의 실행, 치료·문제해결·실행·중재 단계 등을 거쳐 변화 유도
⑤ 평가
  - 형성평가: 프로그램 수행과정 중에 등장한 문제점을 파악하여 수정·보완하기 위한 평가

・총괄평가: 달성하고자 했던 목표를 얼마나 잘 성취했는가를 평가하는 결과평가

(4) 지역사회 사정

① 지역사회 사정의 유형
- 포괄적 사정: 특정 문제나 특정 집단이 아닌 지역사회 전반을 대상으로 함
- 문제중심사정: 우선적으로 해결해야 하는 지역사회 문제에 초점을 둠
- 하위체계사정: 지역사회의 특정 하위체계 문제에 초점을 두는 사정
- 자원사정: 인적·물적 자원의 영역(권력, 전문기술, 재정, 서비스 등)
- 협력사정: 조사, 관찰, 분석과 실행 등의 과정에 지역사회 참여자들이 파트너로 함께 수행하는 사정

☑ 과락科落 말고 과락科樂 기출 선지

01. 지역사회복지실천은 지역사회문제해결 과정으로 다양성, 역량강화, 배분적 사회정의, 비판의식 개발 등의 가치를 추구한다.

02. 지역사회복지실천은 문화적 다양성 존중, 배분적 사회정의, 임파워먼트, 상호학습, 개별화의 원칙이 있다.

03. 지역사회복지 실천과정은 일반적으로 문제확인 → 사정 → 계획 및 실행 → 평가의 방식으로 진행된다.

04. 문제확인은 지역사회 진단 및 표적집단을 확인하는 것이다.

05. 지역사회의 욕구는 인적자원과 물적자원을 파악하여 제반적인 요소를 확인한다.

06. 자료를 수집하고 분석하며 지역사회 내·외적 자원을 파악하는 것은 사정단계이다.

07. 프로그램 수행과정 중에 등장한 몇 가지 문제점들을 파악하여 조기에 전체 과정을 수정·보완하기 위한 평가는 형성평가이다.

08. 델파이기법은 전문가 패널을 대상으로 우편이나 이메일을 이용하여 되풀이되는 조사과정을 통해 합의를 도출하는 기법이다.

2. 실천기술

□ 22회 61번

다음 사례에서 사회복지사가 활용한 기술은?

> 행복시(市)에 근무하는 A사회복지사는 무력화 되어 있는 클라이언트의 잠재 역량 및 자원을 인정하고 삶을 스스로 결정할 수 있도록 북돋아 주었다.

① 자원동원 기술　　② 자원개발 기술
③ 임파워먼트 기술　④ 조직화 기술
⑤ 네트워크 기술

해설 클라이언트의 잠재 역량 및 자원 인정: 임파워먼트 기술　　　　　　　　　　　**정답** ③

□ 22회 67번

연계기술에 해당하지 않는 것은?

① 클라이언트 중심의 사회적 관계망을 강화시킬 수 있다.
② 이용자 중심의 통합적 서비스를 제공할 수 있다.
③ 새로운 인프라 구축에 필요한 시간과 비용을 줄일 수 있다.
④ 사회복지시설의 서비스 중복·누락을 방지할 수 있다.
⑤ 지역사회 공공의제를 개발하고 주민 의식화를 강화할 수 있다.

해설 ⑤ 지역사회 공공의제를 개발, 주민 의식화 강화: 임파워먼트 기술　　　　　**정답** ⑤

□ 21회 65번

지역사회복지 실천기술 중 연계에 관한 내용으로 옳지 않은 것은?

① 인적·물적자원의 효율적 관리
② 사회복지사의 자원 네트워크 확장

③ 지역의 사회적 자본 확대
④ 클라이언트 중심의 통합적 서비스 제공
⑤ 지역주민 권익향상을 위한 사회행동

해설 지역주민 권익향상을 위한 사회행동은 옹호기술에 해당한다. 연계기술은 지역사회 내 사람들의 간의 관계를 강화하는 기술이다.　　　　　　　**정답** ⑤

□ 21회 66번

다음 사례에서 사회복지사가 활용한 기술은?

> A사회복지사는 독거노인이 따뜻한 겨울을 보낼 수 있도록 지역 내 종교단체에 예산과 자원봉사자를 지원해 줄 것을 요청하였다.

① 조직화　　　　　② 옹호
③ 자원개발 및 동원　④ 협상
⑤ 교육

해설 자원개발 및 동원: 자원에는 돈, 정보, 사람은 물론 조직원 간 연대성, 운동의 목적과 방법에 대한 정당성 등이 포함된다. 지문에서 A사회복지사는 종교단체에 예산과 자원봉사자를 지원해 줄 것을 요청하였으므로 자원개발 및 동원 기술을 활용하였다.　　　**정답** ③

□ 20회 63번

다음에 제시된 지역사회복지 실천 기술은?

> · 소외되고, 억압된 집단의 입장을 주장한다.
> · 보이콧, 피케팅 등의 방법으로 표적을 난처하게 한다.
> · 지역주민이 정당한 처우나 서비스를 받지 못하는 경우에 활용된다.

① 프로그램 개발 기술
② 기획 기술
③ 자원동원 기술
④ 옹호 기술
⑤ 지역사회 사정 기술

해설 옹호 기술 - (1) 설득: 표적체계로 하여금 의사결정을 번복하거나 방향을 바꾸도록 하는 행동 (2) 대표하기: 다른 사람의 의견을 대신해서 표현 또는 전달하는 행위 (3) 표적흔들기: 시위, 전단지 배포, 언론제보 등 표적을 난처하게 하는 행동 (4) 정치적 압력: 정부의 지원을 받는 기관이나 선출직 공무원을 통해 기관에 압력 행사 (5) 청원: 지역주민에게 탄원서에 서명을 받아 제출 (6) 증언청취: 행정기관에 증언의 청취를 요청 **정답** ④

□ 20회 64번

조직화 기술에 관한 설명으로 옳은 것을 모두 고른 것은?

> ㄱ. 지역주민이 주체가 되어 사회복지조직의 목표를 성취하도록 운영한다.
> ㄴ. 지역주민이 자신들의 문제를 함께 풀어나가는 과정을 포함한다.
> ㄷ. 지역사회 역량강화를 위해 지역사회복지 거버넌스 구조와 기능을 축소시킨다.

① ㄴ   ② ㄱ, ㄴ   ③ ㄱ, ㄷ
④ ㄴ, ㄷ   ⑤ ㄱ, ㄴ, ㄷ

해설 ㄷ. 역량강화를 위해 지역사회복지 거버넌스 구조와 기능은 강화시킨다. **정답** ②

□ 19회 54번

사회적 자본에 관한 설명으로 옳지 않은 것은?

① 지역사회 문제해결 능력과는 무관하다.
② 네트워크는 사회적 자본의 전제가 된다.
③ 지역사회의 집합적 자산으로서 의미를 가진다.
④ 한 번 형성된 후에도 소멸될 수 있다.
⑤ 신뢰는 공동체의 문제를 해결할 수 있는 자원이다.

해설 사회적 자본은 공동문제해결 자원이기 때문에 사회적 자본이 많을수록 지역사회 문제해결 능력은 커진다. **정답** ①

□ 19회 58번

공식 사회복지조직과 주민조직을 네 가지 차원에서 비교·제시하였다. 다음에서 옳은 것을 모두 고른 것은?

	차원	공식 사회복지조직	주민조직
ㄱ	목표	조직의 미션달성	지역사회 문제 해결
ㄴ	지역사회개입 모델	사회행동 모델이 주로 쓰임	사회계획 모델이 주로 쓰임
ㄷ	정부통제로부터의 자율성	상대적으로 높음	상대적으로 낮음
ㄹ	주요 참여자	사회복지사 등의 전문직	일반주민

① ㄱ, ㄴ   ② ㄱ, ㄷ
③ ㄱ, ㄹ   ④ ㄴ, ㄹ
⑤ ㄴ, ㄷ, ㄹ

해설 공식 사회복지조직은 사회계획모델이 주로 쓰이며 정부통제로부터의 자율성은 낮다. 주민조직은 사회행동모델과 관련이 깊으며, 정부통제로부터의 자율성이 높다. **정답** ③

□ 19회 59번

지역사회복지실천에서 옹호(advocacy)활동에 해당하지 않는 것은?

① 지역사회 내 복지자원을 조정하고 연계한다.
② 시의원 등에게 정치적 압력을 행사한다.
③ 피케팅으로 해당 기관을 난처하게 한다.
④ 행정기관에 증언 청취를 요청한다.
⑤ 지역주민으로부터 탄원서에 서명을 받는다.

해설 옹호기술에는 ② 정치적 압력 ③ 표적흔들기 ④ 증언청취 ⑤ 청원, 설득, 대표하기 등이 있다. ① 지역사회 내 복지자원을 조정하고 연계하는 것은 연계기술이다. **정답** ①

□ 19회 62번

다음에서 설명하고 있는 지역사회복지실천 기술은?

지역주민의 강점을 인정하고 스스로 삶을 결정할 수 있도록 역량을 강화하며, 지역 구성원의 능력에 대한 신념을 중요시 한다.

① 임파워먼트　　② 자원개발과 동원
③ 조직화　　　　④ 네트워크
⑤ 지역사회연계

해설 임파워먼트는 흔히 능력고취, 역량강화라고 한다.
정답 ①

□ 19회 63번

네트워크 기술의 특성으로 옳지 않은 것은?

① 자원의 효율적 관리
② 사회정의 준수 및 유지
③ 서비스의 중복과 누락 방지
④ 참여를 통한 시민 연대의식 강화
⑤ 지역주민에게 필요한 자원이나 서비스 연결

해설 사회정의 준수 및 유지는 옹호 기술의 목적에 해당한다.
정답 ②

□ 19회 64번

지역사회복지 실천 과정에서 사회복지사가 활용한 기술은?

사회복지사A는 가족캠핑을 희망하는 한부모가족 10세대를 대상으로 프로그램을 계획하고 있다. A는 개인적으로 참여하고 있는 수영 클럽을 통해 프로그램 운영에 필요한 예산과 자원봉사자를 확보하고자 운영진에게 모임 개최를 요청하였고, 성공적인 결과를 얻었다.

① 옹호　　　　　② 조직화
③ 임파워먼트　　④ 지역사회교육
⑤ 자원개발 및 동원

해설 지역사회실천 목표와 목적을 달성하는 데 도움이 되는 사회복지사 개인 네트워크상의 인적·물적자원을 동원한 사례이다.
정답 ⑤

□ 18회 61번

임파워먼트 기술에 해당하는 것을 모두 고른 것은?

ㄱ. 권력 키우기
ㄴ. 의식 고양하기
ㄷ. 공공의제 만들기
ㄹ. 지역사회 사회자본 확장

① ㄹ　　　　② ㄱ, ㄷ　　　　③ ㄴ, ㄹ
④ ㄱ, ㄴ, ㄷ　　⑤ ㄱ, ㄴ, ㄷ, ㄹ

해설 임파워먼트의 방법 – (1) 의식제고: 자신을 억압하는 사회구조에 대한 비판의식 함양 (2) 자기주장: 공개적인 자기 목소리 내기 (3) 공공의제의 틀 갖추기: 쟁점이 공공의제가 될 수 있도록 틀 갖추기 (4) 사회자본의 창출: 사회적 관계에 바탕을 둔 사회자본의 창출 모색, 연대감 향상 **정답** ⑤

□ 18회 62번

네트워크 기술에 관한 설명으로 옳지 않은 것을 모두 고른 것은?

ㄱ. 달성하고자 하는 목적을 위해서는 항상 강한 결속력이 필요하다.
ㄴ. 참여 기관들은 평등한 주체로서의 관계가 보장되어야 한다.
ㄷ. 구성원 사이의 신뢰와 호혜성이 형성되어야 네트워크가 지속될 수 있다.
ㄹ. 사회적 교환은 네트워크 형성과 유지의 작동원리이다.

① ㄱ　　　　② ㄴ, ㄷ　　　　③ ㄱ, ㄴ, ㄹ
④ ㄴ, ㄷ, ㄹ　　⑤ ㄱ, ㄴ, ㄷ, ㄹ

해설 네트워크 기술은 역할과 책임을 완수하도록 자발적이고 적극적인 참여를 호소할 수는 있으나 강제적 참여나 의무적 활동이 되지 않도록 주의해야 한다. **정답** ①

☐ 18회 64번

조직가의 역할과 기술이 바르게 연결되지 않은 것은?

① 교사 – 능력개발
② 옹호자 – 소송제기
③ 연계자 – 모니터링
④ 평가자 – 자금 제공
⑤ 협상가 – 회의 및 회담 진행

해설 평가자는 노력한 활동의 성과에 대해 다양한 기준에서 판단하고 가치를 부여하는 역할이다. 따라서 자금 제공은 평가자의 역할이라 보기 어렵다.　**정답** ④

☐ 18회 65번

협상(negotiation) 기술에 관한 설명으로 옳지 않은 것은?

① 협상 범위를 면밀히 분석한다.
② 사회행동모델에 사용할 수 없다.
③ 협상 과정에 중재자가 개입할 수 있다.
④ 재원확보와 기관 간 협력을 만드는데 유리하다.
⑤ 협상 시 양쪽 대표들은 이슈와 쟁점에 대해 토의해야 한다.

해설 협상은 사회행동을 위한 기술로서 갈등을 해결하기 위해 집단회의, 개별상담 등을 수행하므로 사회행동모델에서 사용 가능하다.　**정답** ②

핵심요약

2. 실천기술

(1) 지역사회사정 기술

- 지역사회포럼: 지역주민 참여 공개 모임, 구성원의 의견을 모색
- 명목집단기법: 의견 무기명 제출, 발표, 토론진행 후 욕구에 대한 우선순위 결정
- 초점집단기법: 소집단이 특정 문제에 대한 토론, 질문, 응답(직접적 욕구조사)
- 델파이기법: 전문가 패널을 대상으로 우편이나 이메일을 이용하여 되풀이되는 조사 과정을 통해 합의를 도출
- 주요 정보제공자: 주요 정보제공자를 통해 대상 집단 욕구 파악(간접적 욕구조사)
- 공청회: 정부의 계획, 프로그램에 대해 공청회 참석자가 의견을 개진
- 참여관찰: 일상적인 삶에 참여, 직접 체험하는 방법
- 민속학적 방법: 현지관찰을 통해 지역주민의 삶, 행동, 문화, 가치 등을 파악

(2) 지역사회복지프로그램 기획과 평가

① 준비/계획단계
- 예비조사
- 문제분석과 욕구측정
- 서비스 대상자의 선정
- 목표설정
- 개입전략(대안선택, 프로그램설계)

② 프로그램기획의 유형
- 욕구중심기획: 프로그램에 참여할 대상의 욕구중심으로 프로그램을 기획
- 문제중심기획: 목표집단의 문제 발생원인에 대한 근본적 해결을 위한 기획
- 자원활용중심기획: 인적·물적자원을 최대한 활용할 수 있도록 기획
- 참여기획: 프로그램과 관련된 사람들이 함께 참여하여 기획

③) 평가단계
- 효율성 평가: 프로그램 참여자의 변화 정도
- 효과성 평가: 목표달성 비용

(3) 네트워크(연계, networking) 기술
- 다양한 욕구를 충족, 서비스의 패키지화, 원스톱 서비스
- 필요한 자원이나 서비스 연결, 서비스의 중복과 누락 방지
- 참여기관들은 평등한 주체로서 상호호혜성 관계 보장
- 구성원 사이의 신뢰와 상호호혜성이 형성되어야 네트워크가 지속됨
- 자발성 촉진, 참여를 통한 시민 연대의식 강화

(4) 자원동원·개발 기술
- 지역사회의 구조, 네트워크 등을 활용하거나 강화하는 방식
- 지역주민을 개인차원에서 설득하는 방식
- 지역사회조사: 설문지 완성 후 사전조사를 통해 보완, 조사원 사전교육과 관리
- 약도와 홍보물을 준비, 사고에 대비해 조사원 보험을 가입
  - 공익연계 마케팅(CRM): 기업의 이미지, 사회복지기관의 자원개발 사회공헌 활동
  - 기업의 사회공헌센터를 통한 기여 형태는 현금, 물품, 인력
  - 기부식품등 제공사업은 이용자에게 기초푸드뱅크·마켓을 통해 기부물품을 제공

(5) 임파워먼트(empowerment) 기술
- 의식제고: 자신을 억압하는 사회구조에 대한 비판의식 함양
- 자기주장: 공개적인 자기 목소리 내기
- 공공의제의 틀 갖추기: 쟁점이 공공의제가 될 수 있도록 틀 갖추기
- 사회자본의 창출: 사회적 관계에 바탕을 둔 사회자본의 창출 모색, 연대감 향상

01. 지역사회사정은 지역사회의 욕구와 자원을 파악하는 과정이다.

02. 욕구조사단계에는 주요 정보제공자 인터뷰, 지역사회포럼 개최, 사회지표 등을 활용할 수 있다.

03. 네트워크 기술은 필요한 자원과 서비스를 상호신뢰와 호혜성에 기반하여 상호의존적이면서도 수평적인 관계를 강조한다.

04. 네트워크 기술은 지역사회 내 서비스 중복이나 누락을 해결하기 위한 전략이 될 수 있다.

05. 네트워크 기술은 지역사회 내 주민들 간 관계를 강화하고 사회적 자산을 형성하는 접근기술이다.

06. 지역사회보장협의체는 네트워크 기술의 한 예가 될 수 있다.

07. 사회적 교환은 네트워크 형성과 유지의 작동원리이다.

08. 네트워크는 사회적 자본의 전제로서 신뢰는 공동체의 문제를 해결할 수 있는 자원이 된다. 네트워크는 한번 형성된 후에 소멸될 수 있다.

09. 자원동원기술은 지역사회주민의 욕구충족과 문제해결을 위해 지원이 필요한 경우 자원을 발굴하고 동원하는 기술이다.

10. 공익연계 마케팅은 사회복지조직에 기업의 기부로써 이윤을 환원한다는 철학을 통해 기업은 긍정적인 이미지를 얻고, 사회복지조직은 재정 마련과 홍보가 된다는 이점이 있다.

11. 자원을 위해 기존 네트워크를 활용하기도 하나, 인적자원을 동원함에 있어 기존 조직을 활용할 때는 다양한 조직 간 경쟁의 문제가 발생할 수 있다.

12. 자원개발은 기관의 사업추진을 위해 필요한 자원을 지역사회를 통해 얻으려는 의도를 갖고 의식적으로 환경을 조성하는 일이다.

3. 네트워크

□ 22회 69번

지역사회보장에 관한 계획(이하 '지역사회보장계획'이라 한다)에 관한 설명으로 옳은 것은?

① 시장·군수·구청장은 4년마다 지역사회보장계획을 수립한 후 보건복지부장관에게 제출한다.
② 시·군·구의 지역사회보장계획은 시·도사회보장위원회의 심의를 거친다.
③ 지역사회보장계획은 사회복지사업법에 의거 매년 연차별 시행계획을 수립한다.
④ 시·도의 지역사회보장계획은 지역사회보장협의체의 심의를 거친다.
⑤ 지역사회보장계획의 수립 및 지역사회보장조사의 시기·방법 등에 필요한 사항은 대통령령으로 정한다.

해설 ①, ② 시장·군수·구청장은 4년마다 지역사회보장계획을 수립한 후 지역사회보장협의체 심의를 거친다. ③ 지역사회보장계획은 사회보장급여의 이용·제공 및 수급권자 발굴에 관한 법률에 의거 매년 연차별 시행계획을 수립한다. ④ 시·도의 지역사회보장계획은 시·도 사회보장위원회의 심의를 거친다. **정답** ⑤

□ 21회 68번

시·군·구 지역사회보장계획에 관한 설명으로 옳은 것을 모두 고른 것은?

> ㄱ. 시·군·구 지역사회보장협의체의 보고와 의회의 심의를 거쳐야 한다.
> ㄴ. 사회보장급여의 이용·제공 및 수급권자 발굴에 관한 법률에 의거한다.
> ㄷ. 시행연도의 전년도 11월 30일까지 수립하여 제출하여야 한다.
> ㄹ. 4년마다 수립하고 매년 연차별 시행계획을 수립해야 한다.

① ㄱ, ㄴ   ② ㄱ, ㄷ   ③ ㄴ, ㄹ
④ ㄱ, ㄴ, ㄹ   ⑤ ㄴ, ㄷ, ㄹ

해설 ㄱ. 지역사회보장협의체의 심의를 통해 지방의회에 보고한다. ㄷ. 시·군·구 지역사회보장계획은 시행연도의 전년도 9월 30일까지, 그 연차별 시행계획은 시행연도의 전년도 11월 30일까지 각각 제출한다. **정답** ③

□ 21회 69번

지역사회보장협의체의 실무협의체 운영에 관한 설명으로 옳은 것은?

① 사회보장업무를 담당하는 공무원은 제외된다.
② 위원장 1명을 포함하여 10명 미만의 위원으로 구성한다.
③ 지역사회보장계획과 관련된 조례를 제정한다.
④ 시·군·구의 사회보장급여 제공에 관한 사항을 심의·자문한다.
⑤ 전문성 원칙에 따라 현장 전문가를 중심으로 구성한다.

해설 ① 사회보장업무를 담당하는 공무원은 참여할 수 있다. ② 위원장 1명을 포함하여 10명 이상 40명 이하의 위원으로 구성한다. ③ 시·군·구 지방의회는 지역사회보장계획과 관련된 조례를 제정한다. ④ 대표협의체는 시·군·구의 사회보장급여 제공에 관한 사항을 심의·자문한다. **정답** ⑤

□ 20회 67번

시·군·구 지역사회보장계획에 포함되어야 하는 사항을 모두 고른 것은?

> ㄱ. 지역사회보장 전달체계의 조직과 운영
> ㄴ. 사회보장급여의 사각지대 발굴 및 지원 방안
> ㄷ. 지역사회보장에 관련한 통계 수집 및 관리 방안
> ㄹ. 지역사회보장에 필요한 재원의 규모와 조달 방안

① ㄱ, ㄴ   ② ㄱ, ㄷ   ③ ㄴ, ㄷ
④ ㄱ, ㄴ, ㄹ   ⑤ ㄱ, ㄴ, ㄷ, ㄹ

해설 시·군·구 지역사회보장계획: (1) 지역사회보장 수요의 측정, 목표 및 추진전략 (2) 지역사회보장 목표를 점검할 수 있는 지표의 설정 및 목표 (3) 지역사회보장 분야별 추진전략, 중점 추진사업 및 연계·협력 방안 (4) 지역사회보장 전달체계 조직과 운영 (5) 사회보장급여의 사각지대 발굴 및 지원방안 (6) 지역사회보장에 필요한 재원의 규모와 조달방안 (7) 지역사회보장에 관련한 통계 수집 및 관리방안 **정답** ⑤

□ 20회 68번

시·군·구 지역사회보장협의체의 심의·자문 사항이 아닌 것은?

① 시·군·구의 지역사회보장계획 수립·시행 및 평가에 관한 사항

② 시·군·구의 사회보장급여 제공에 관한 사항

③ 시·군·구의 사회보장 추진에 관한 사항

④ 읍·면·동 단위 지역사회보장협의체의 구성 및 운영에 관한 사항

⑤ 읍·면·동의 지역사회보장조사 및 지역사회보장지표에 관한 사항

해설 ⑤는 시·군·구 대표협의체에서 심의·자문한다.

정답 ⑤

□ 20회 71번

한국사회복지협의회의 주요 사업이 아닌 것은?

① 사회복지에 관한 교육훈련

② 사회복지에 관한 계몽 및 홍보

③ 자원봉사활동의 진흥

④ 사회복지사업에 관한 기부문화의 조성

⑤ 읍·면·동이 위탁하는 사회복지에 관한 업무

해설 ⑤ 보건복지부장관이 위탁하는 사회복지에 관한 업무이다.

정답 ⑤

□ 19회 67번

지역사회보장계획에 관한 설명으로 옳은 것은?

① 시·군·구 지역사회보장계획은 변경할 수 없다.

② 사회보장에 관한 기본계획과 연계되도록 하여야 한다.

③ 3년마다 수립하고, 매년 연차별 시행계획을 수립하여야 한다.

④ 시·군·구 지역사회보장계획은 사회보장위원회의 심의를 거쳐야 한다.

⑤ 지역사회보장계획의 평가, 지원 등을 위한 지역사회보장지원센터를 설치·운영할 수 있다.

해설 ① 시·군·구 지역사회보장계획은 변경할 수 있다. ③ 4년마다 수립하고, 매년 연차별 시행계획을 수립하여야 한다. ④ 시·군·구 지역사회보장계획은 지역사회보장협의체 심의를 통해 지방의회에 보고 ⑤ 시·군·구의 지역사회보장계획 수립·시행 및 평가에 관한 사항을 심의·자문하는 것은 대표협의체이다.

정답 ②

□ 19회 68번

지역사회보장협의체에 관한 설명으로 옳은 것은?

① 사회복지사업법에 법적 근거를 두고 있다.

② 10명 이상 25명 이하의 위원으로 구성하고, 임기는 2년이다.

③ 관할 지역의 사회복지사업에 관한 중요사항을 심의·건의한다.

④ 민·관 네트워크를 통한 지역복지 거버넌스 구조와 기능을 축소시킨다.

⑤ 실무협의체, 실무분과, 읍·면·동 협의체 간 수평적 네트워크 관계를 형성한다.

해설 ① 「사회보장급여의 이용 제공 및 수급권자 발굴에 관한 법률」에 법적 근거를 둔다. ② 10명 이상 40명 이하의 위원으로 구성하고, 임기는 2년이다. ③ 지역사회보장계획의 수립·시행 및 평가에 관하여 심의·자문한다. ④ 민·관 네트워크를 통한 지역복지 거버넌스 구조와 기능을 확대한다.

정답 ⑤

□ 19회 70번

사회복지협의회에 관한 설명으로 옳지 않은 것은?

① 사회복지사업법에 근거를 둔 법정단체이다.

② 민·관 협력을 위해 시·군·구에 설치된 공공기관이다.

③ 한국사회복지협의회는 기타 공공기관으로 지정되었다.

④ 사회복지기관 간 연계·협력·조정 등의 업무를 수행한다.

⑤ 광역 및 지역 단위 사회복지협의회는 독립적인 사회복지법인이다.

해설 ② 민·관 협력을 위해 시·군·구에 설치된 민간단체 또는 개인의 연합체이다.　　　　　**정답** ②

□ 18회 68번

시·군·구 지역사회보장계획에 포함되어야 할 내용으로 옳은 것을 모두 고른 것은?

> ㄱ. 지역사회보장 전달체계의 조직과 운영
> ㄴ. 지역 내 부정수급 발생 현황 및 방지대책
> ㄷ. 사회보장급여의 사각지대 발굴 및 지원 방안
> ㄹ. 지역사회보장의 분야별 추진전략, 중점 추진사업 및 연계협력 방안

① ㄱ, ㄹ　　② ㄴ, ㄹ　　③ ㄱ, ㄴ, ㄷ
④ ㄱ, ㄷ, ㄹ　　⑤ ㄱ, ㄴ, ㄷ, ㄹ

해설 시·군·구 지역사회보장계획에 포함되어야 할 내용(사회보장급여법 제36조의1): (1) 지역사회보장 수요의 측정, 목표 및 추진전략 (2) 지역사회보장의 목표를 점검할 수 있는 지표(지역사회보장지표)의 설정 및 목표 (3) 지역사회보장의 분야별 추진전략, 중점 추진사업 및 연계협력 방안 (4) 지역사회보장 전달체계의 조직과 운영 (5) 사회보장급여의 사각지대 발굴 및 지원 방안 (6) 지역사회보장에 필요한 재원의 규모와 조달 방안 (7) 지역사회보장에 관련한 통계 수집 및 관리 방안 (8) 그 밖에 대통령령으로 정하는 사항　　**정답** ⑤

□ 18회 69번

시·군·구 지역사회보장협의체가 심의·자문하는 내용이 아닌 것은?

① 시·군·구 사회보장 추진
② 시·군·구 사회보장급여 제공
③ 시·군·구 지역사회보장계획 수립·시행 및 평가
④ 읍·면·동 단위 지역사회보장협의체의 구성 및 운영
⑤ 특별자치시의 사회보장과 관련된 서비스를 제공하는 관계 기관·법인·단체·시설과의 연계·협력 강화

해설 ⑤는 시·군·구 지역사회보장협의체가 아닌 특별자치시의 사회보장위원회에서 심의·자문한다.　　**정답** ⑤

□ 18회 70번

사회복지협의회에 관한 설명으로 옳지 않은 것은?

① 민간 사회복지 증진을 위한 법적 단체
② 사회복지 소외계층 발굴 및 민간사회복지자원과의 연계·협력
③ 시·도와 시·군·구에서 모두 의무 설치
④ 1970년 사회복지법인 한국사회복지협의회로 명칭 변경
⑤ 사회복지에 관한 조사·연구 및 정책 건의

해설 ③ 자주적인 모임의 개인연합체로서 시·도 단위의 사회복지협의회를 두도록 명시하고 있다. 따라서 시·군·구에서 모두 의무 설치라는 지문은 바람직하지 않다.　　**정답** ③

☑ 핵심요약

3. 네트워크

(1) 지역사회보장의 개념

① 지역 차원의 수요·공급 통합적 계획 수립, 지역사회복지 공공·민간 연계·협력 추진
② 2003년 「사회복지사업법」 개정 4년마다 지역사회복지계획 연차별 계획 수립 의무화
③ 2015년 「사회보장급여의 이용·제공 및 수급권자 발굴에 관한 법률」에 따라 '지역사

회복지협의체'가 '지역사회보장협의체'로 명칭 변경

④「사회보장기본법」에 따른 '사회보장에 관한 기본계획'과 연계

(2) 지역사회보장의 체계

① 시·군·구 지역사회보장계획 수립절차
- 시장·군수·구청장은 지역주민, 이해관계인 의견, 욕구 및 복지자원 조사
- 시·군·구 지역사회보장계획안 수립
- 지역사회보장협의체 심의
- 시·군·구 의회 보고
- 시·도지사 제출

② 시·도 지역사회보장계획
- 시·도지사는 제출받은 시·군·구 지역사회보장계획을 종합적으로 조정
- 시·군·구 지역사회보장계획 지원 포함, 시·도 지역사회보장계획안 마련
- 시·도사회보장위원회 심의
- 시·도 의회보고
- 보건복지부장관에게 제출
- 보건복지부장관은 사회보장위원회에 보고

③ 지역사회보장협의체
- 운영 목적: 민·관 네트워크를 통한 지역복지 거버넌스 구조와 기능 확대
- 위원장 1명을 포함하여 10~40명 이하의 위원으로 구성, 위원의 임기는 2년으로 하되, 위원장은 한 차례만 연임 가능
- 협의체의 구성(역할): 대표협의체(심의·자문), 실무협의체(검토·수행), 실무분과(모니터링), 읍·면·동 지역사회보장협의체(사회보장 대상자·자원 발굴 및 업무지원)

④ 시·도 사회보장위원회
- 시·도지사는 시·도의 사회보장 증진을 위하여 시·도 사회보장위원회를 둠
- 위원장 1명을 포함하여 15명 이상 40명 이하의 위원으로 구성

(3) 지역사회 민관협력

① 사회복지협의회
- 사회복지사업법에 근거를 둔 민간 사회복지 증진을 위한 법적 단체
- 사회복지 소외계층 발굴 및 민간사회복지자원과의 연계·협력
- 사회복지기관 간 연계·협력·조정 등의 업무를 수행
- 광역 및 지역 단위 사회복지협의회는 독립적인 사회복지법인
- 1970년 사회복지법인 한국사회복지협의회로 명칭 변경, 2009년 공공기관(기타공공기관) 지정

② 한국사회복지사협회
- 사회복지사에 대한 전문지식 및 기술의 개발·보급
- 사회복지사의 전문성 향상을 위한 교육훈련
- 국제사회복지사단체와의 교류·협력
- 사회복지사제도에 대한 조사연구

☑ 과락科落 말고 과락科樂 기출 선지

01. 지역사회보장계획은 4년 단위의 중·장기 계획으로 사회보장에 관한 기본계획과의 연계를 통해 사회보장의 정책 및 실천의 연속성을 확보해야 한다. 시·도 계획과 시·군·구 계획이 유기적으로 연결되도록 해야 한다.

2. 2003년 사회복지사업법 개정으로 2005년 7월부터 계획수립을 의무화하는 규정이 마련되었다. 2007~2010년 1기가 계획되어 진행되었다. 현재 2023~2026년 5기가 진행 중이다.

3. 지역사회보장계획의 시·군·구 계획은 지역사회보장 수요의 측정과 보장지표의 설정, 중점 추진사업 및 연계협력 방안, 전달체계의 조직과 운영, 사각지대 발굴 및 지원방안, 필요한 재원의 규모와 조달방안, 통계 수집 및 관리방안을 수립한다.

4. 시·도 계획은 시·군·구의 사회보장이 균형적이고 효과적으로 추진될 수 있도록 지원하기 위한 목표 및 전략으로 사회보장급여가 효과적으로 이용 및 제공될 수 있도록 기반을 구축하고 급여 담당 인력의 양성과 전문성을 제고하고 통계자료의 수집과 관리방안을 수립한다.

5. 사회보장위원회는 사회보장에 관한 주요 시책을 심의·조정하기 위해 국무총리 소속으로 설치된다.

6. 시·도 사회보장위원회는 시·도 사회보장 증진을 위하여 시·도 단위에 설치되며 시·도 계획을 심의한다.

7. 사회복지협의회는 지역사회복지를 민간 차원에서 종합적으로 수행한다.

8. 사회복지협의회는 민·관 간의 협력과 연계를 도모하기 위한 조직으로, 지역사회의 복지욕구를 효과적으로 달성하기 위해 상호 협력과 조정, 조사연구 등을 실시한다.

9. 사회복지협의회는 사회복지 소외계층 발굴 및 민간사회복지자원과의 연계·협력, 사회복지에 관한 조사·연구 및 정책건의 등의 기능을 한다.

10. 시·군·구 사회복지협의회는 시·군·구로부터 재정적 지원을 받을 수 있다.

11. 사회복지협의회는 사회복지사업법에 근거를 둔 법정단체이다.

4. 사회복지사

□ 22회 64번

지역사회개발 모델 중 조력자로서의 사회복지사 역할이 아닌 것은?

① 좋은 대인관계를 조성하는 일
② 지역사회를 진단하는 일
③ 불만을 집약하는 일
④ 공동의 목표를 강조하는 일
⑤ 조직화를 격려하는 일

해설 ② 지역사회를 진단하는 일 → 지역사회개발 모델(로스)에서 전문가의 역할 **정답** ②

□ 22회 65번

사회계획 모델에서 샌더스(I. T. Sanders)가 주장한 사회복지사의 역할이 아닌 것은?

① 분석가
② 조직가
③ 계획가
④ 옹호자
⑤ 행정가

해설 사회계획 모델(샌더스): 분석가, 조직가, 계획가, 행정가 ☑ 사회행동모델(그로서): 조력가, 중개자, 옹호자(대변자), 행동가 **정답** ④

□ 21회 64번

다음에 제시된 사회복지사의 핵심 역할은?

> A지역은 저소득가구 밀집지역으로 방임, 결식 등 취약계층 아동 비율이 높은 곳이다. 사회복지사는 지역사회 아동의 안전한 보호와 부모의 양육부담 완화를 위해 아동돌봄시설 확충을 위한 서명운동 및 조례제정 입법 활동을 하였다.

① 옹호자
② 교육자
③ 중재자
④ 자원연결자
⑤ 조정자

해설 옹호자는 클라이언트의 이익을 위하여 전문적인 대변인이나 대리인으로서 표적집단과 갈등이나 대결을 결의하기도 한다. 설득, 대변하기, 표적 흔들기, 정치적 압력, 증언청취, 청원 등의 옹호기술을 사용한다. **정답** ①

□ 18회 66번

다음 사례에 해당하는 사회복지사의 역할이 아닌 것은?

> A사회복지관에서는 클라이언트의 노후화된 주택의 개·보수를 위해 다양한 자원을 활용한 주거지원 서비스를 제공하려고 한다.

① 관리자
② 후보자
③ 정보전달자
④ 네트워커(networker)
⑤ 계획가

해설 ① 효과적·효율적 목표 달성을 위한 모든 인적·물적 자원의 적절한 관리 필요 ③ 스스로 필요한 자원의 소재를 파악하도록 도와주는 역할 ④ 지역사회 내 서비스 프로그램 중복, 누락 최소화, 자원의 공유와 상호교류 ⑤ 공간, 재정, 인사, 법, 건축 등의 제반 여건 고려 **정답** ②

핵심요약

4. 사회복지사

(1) 지역사회개발모델(로스)

- 안내자: 1차적인 역할 – 문제해결 목표설정, 해결방안 모색
  지역사회를 있는 그대로 수용하며, 주민들이 잠재된 문제를 인지하도록 돕는다.
- 조력자: 조직의 공동목표 강조, 불만의 집약, 지역사회 주민 간 가교역할
- 전문가: 사업 운용 분석 및 진단, 기술상의 정보 제공, 평가
  전문적 지식과 기술을 활용하여 기술적 방안에 관하여 직접 충고
- 사회치료자: 규명된 문제와 특성에 대해 주민 이해를 돕고 협력의 방해요인 제거

(2) 사회계획모델(샌더스)

- 계획가: 사회문제 해결을 위한 계획·목표를 설정
- 분석가: 사회문제 분석, 영향을 미치는 요인, 프로그램 과정, 계획수립의 과정을
  분석
- 조직: 지역주민이나 단체들의 행동체계에 참여시켜 역할을 효과적으로 수행할 수
  있도록 훈련하고, 스스로 조직화 할 수 있도록 사기를 진작시킴
- 행정가: 계획의 효율적·효과적 달성을 위한 인적·물적자원을 준비·관리하고, 프로
  그램 운영의 규칙과 절차를 적용하는 데 융통성을 발휘해야 함

(3) 사회행동모델(그로서)

- 조력가: 서비스 수혜자 입장에서 활동을 전개하며, 취약계층의 복지증진을 위해 스
  스로 자신들의 문제를 분석하고 목표를 세워 적극적으로 주도적인 역할을 할 수 있
  도록 지속적으로 돕는 역할을 수행
- 중개자: 단순히 안내만 하는 것이 아니라 보다 적극적으로 연계하는 역할을 하며, 클
  라이언트와 지역사회의 자원을 연결하는 역할을 수행
- 옹호자(대변자): 사회적 갈등에서 클라이언트의 편파적 지지자로서 입장의 정당성
  과 필요한 정보와 자원을 제공
- 행동가: 갈등적인 상황에서 피동적이거나 중립적인 자세를 거부하는 행동가 역할을
  수행하며, 클라이언트의 행동을 조직화함

(4) 사회복지사의 지역사회실천기술

① 옹호(대변)

- 지역주민과 지역사회 권리 확보를 위한 진행, 대변, 개입, 보호, 지지
- 정치적 압력 행사, 해당기관 난처하게 하기, 증언청취 요청, 탄원서 서명
- 설득의 구성요소: 전달자, 전달형식, 메시지, 대상

- 청원: 별도의 조치를 해 줄 것을 요청하기 위해 다수의 서명지를 전달하는 활동

② 역량강화(empowerment)
- 지역사회의 집합적 목표달성을 위해 지역사회 집단의 능력 향상
- 지역주민 강점 인정, 근본적인 역량을 강화하도록 대화, 강점 확인, 자원동원기술
- 지역주민 노력, 지역사회복지 실천효과에 대한 통제력과 자원 접근성을 의미

③ 조직화
- 문제를 경험하고 공감하는 주민대표 규합, 조직하여 문제를 스스로 해결하도록 훈련
- 시급한 쟁점을 중심으로 지역사회복지 의제개발, 주민 의식화
- 회의기술, 협상기술, 지역문제 이슈설정기술, 지역사회 지도자 발굴

☑ 과락科落 말고 과락科樂 기출 선지

1. 지역사회개발모델에서 사회복지사는 안내자, 조력자, 사회치료자로서의 역할을 한다.

2. 사회계획모델에서 사회복지사는 계획가, 분석가, 조직가, 행정가로서의 역할을 한다.

3. 사회행동모델에서 사회복지사는 조력가, 중개자, 옹호자(대변자), 행동가로서의 역할을 한다.

4. 사회복지사는 사회정의를 지키고 유지하는 옹호기술, 지역주민의 강점을 인정하고, 근본적인 역량을 강화하는 역량강화 기술과 시급한 쟁점을 중심으로 문제를 스스로 해결하고 예방할 수 있도록 주민조직을 형성하는 역할을 한다.

VI 추진체계와 지방분권

1. 추진체계

☐ 22회 70번

사회복지사업법상 (   )에 들어갈 내용으로 옳은 것은?

> 제34조의5(사회복지관의 설치 등) ① 제34조제1항과 제2항에 따른 시설 중 사회복지관은 지역복지증진을 위하여 다음 각 호의 사업을 실시할 수 있다.
> 1. 지역사회의 특성과 지역주민의 복지욕구를 고려한 (ㄱ) 사업
> 2. 국가 · 지방자치단체 및 민간 부문의 사회복지서비스를 연계 · 제공하는 (ㄴ) 사업
> 3. 지역사회 복지공동체 활성화를 위한 복지자원 관리, 주민교육 및 (ㄷ) 사업

① ㄱ: 서비스 제공, ㄴ: 사례관리, ㄷ: 조직화
② ㄱ: 서비스 제공, ㄴ: 조직화, ㄷ: 사례관리
③ ㄱ: 사례관리, ㄴ: 서비스 제공, ㄷ: 조직화
④ ㄱ: 조직화, ㄴ: 사례관리, ㄷ: 재가복지
⑤ ㄱ: 조직화, ㄴ: 지역사회보호, ㄷ: 사례관리

해설 사회복지사업법 제34조의5(사회복지관의 설치 등)

> ① 제34조 제1항과 제2항에 따른 시설 중 사회복지관은 지역복지증진을 위하여 다음 각 호의 사업을 실시할 수 있다. 〈개정 2021.12.21〉
> 1. 지역사회의 특성과 지역주민의 복지욕구를 고려한 서비스 제공 사업
> 2. 국가·지방자치단체 및 민간 부문의 사회복지서비스를 연계·제공하는 사례관리 사업
> 3. 지역사회 복지공동체 활성화를 위한 복지자원 관리, 주민교육 및 조직화 사업
> 4. 그 밖에 복지증진을 위한 사업으로서 지역사회에서 요청하는 사업

정답 ①

☐ 22회 71번

사회복지관의 사업내용 중 기능이 다른 것은?

① 지역 내 보호가 필요한 대상자 및 위기 개입 대상자 발굴
② 개입 대상자의 문제와 욕구에 맞는 맞춤형 서비스 제공을 위한 사례 개입
③ 지역 내 민간 및 공공자원 연계 및 의뢰
④ 발굴한 사례에 대한 개입계획 수립
⑤ 주민 협력 강화를 위한 주민의식 교육

해설 ⑤ 지역조직화 ①, ②, ③, ④ 사례관리 기능 ☑ 사회복지관의 기능: 사례관리, 서비스제공, 지역조직화

정답 ⑤

☐ 22회 73번

다음 설명을 모두 충족하는 것은?

> • 지역공동체에 기반하여 활동한다.
> • 도시재생 활성화 및 지원에 관한 특별법에 근거를 두고 있다.
> • 주민이 지역자원을 활용한 수익사업을 통해 지역공동체를 활성화한다.

① 사회적기업
② 마을기업
③ 자활기업
④ 협동조합
⑤ 자선단체

해설 사회적 경제의 주체 중 지역 주민들이 지역의 자원으로 지역공동체에 기반하여 활동하는 것은 마을 기업이다. ☑ 사회적 경제의 주체: 사회적기업, 협동조합, 자활기업, 마을기업

정답 ②

□ 21회 70번

자원봉사활동 추진체계의 역할로 옳지 않은 것은?

① 보건복지부: 자원봉사활동의 진흥을 위한 국가 기본계획 수립
② 지방자치단체: 자원봉사센터 운영을 위한 예산 지원
③ 중앙자원봉사센터: 자원봉사센터 정책 개발 및 연구
④ 시·도 자원봉사센터: 자원봉사 프로그램 개발 및 보급
⑤ 시·군·구 자원봉사센터: 지역 자원봉사 거점역할 수행

해설 행정안전부장관은 자원봉사활동의 진흥을 위한 국가기본계획을 5년마다 수립하여야 한다. **정답** ①

□ 21회 71번

사회복지관 사업 내용 중 지역사회조직화 기능에 해당하는 것은?

① 독거노인을 위한 도시락 배달
② 한부모 가정 아동을 위한 문화 프로그램 제공
③ 아동 자립생활 지원을 위한 후원자 개발
④ 학교 밖 청소년을 위한 직업기능 교육
⑤ 장애인 일상생활 지원을 위한 서비스 제공

해설 ③ 아동 자립생활 지원을 위한 후원자 개발은 자원개발 및 관리에 해당된다. ☑ 지역사회조직화 기능: 복지네트워크 구축, 주민 조직화, 자원개발 및 관리 **정답** ③

□ 21회 72번

사회적 기업에 관한 설명으로 옳은 것을 모두 고른 것은?

> ㄱ. 유급근로자를 고용하여 영업활동을 해야 사회적 기업으로 인증받을 수 있다.
> ㄴ. 조직형태는 민법에 따른 조합, 상법에 따른 회사, 특별법에 따른 법인 등이 있다.
> ㄷ. 보건복지부로부터 사회적 기업으로 인증을 받아야 활동할 수 있다.
> ㄹ. 서비스 수혜자, 근로자 등 이해관계자가 참여하는 의사결정 구조를 갖추어야 한다.

① ㄱ, ㄴ ② ㄱ, ㄷ
③ ㄴ, ㄷ ④ ㄱ, ㄴ, ㄹ
⑤ ㄱ, ㄷ, ㄹ

해설 ㄷ. 사회적 기업은 「사회적기업 육성법」에 따라 고용노동부장관으로부터 사회적 기업으로 인증을 받아야 활동할 수 있다. **정답** ④

□ 21회 73번

지역사회복지실천에서 지역주민 참여수준이 높은 것에서 낮은 것 순서로 옳게 나열한 것은?

> ㄱ. 계획단계에 참여
> ㄴ. 조직대상자
> ㄷ. 단순정보수혜자
> ㄹ. 의사결정권 행사

① ㄴ - ㄷ - ㄹ - ㄱ
② ㄷ - ㄱ - ㄴ - ㄹ
③ ㄷ - ㄴ - ㄱ - ㄹ
④ ㄹ - ㄱ - ㄴ - ㄷ
⑤ ㄹ - ㄴ - ㄱ - ㄷ

해설 아른스테인의 주민참여 8단계(높은 → 낮은): 의사결정권 행사(권한위임) → 계획단계에 참여(권한위임) → 조직대상자(협동) → 단순정보수혜자(정보제공) **정답** ④

□ 20회 69번

사회복지공동모금회법상 사회복지공동모금회에 관한 설명으로 옳지 않은 것은?

① 회장, 부회장 및 이사의 임기는 3년으로 하며, 한 차례만 연임할 수 있다.
② 사회복지공동모금사업을 수행한다.
③ 모금회의 업무를 처리하기 위하여 사무총장 1명과 필요한 직원 및 기구를 둔다.
④ 특별시·광역시·특별자치시·도·특별자치도 단위 사회복지공동모금지회를 둔다.
⑤ 사회복지사업이나 그 밖의 사회복지활동 등을 지원하기 위한 재원을 조성하기 위하여 기획재정부장관의 승인을 받아 복권을 발행할 수 있다.

해설 「사회복지공동모금회법」상 사회복지공동모금회의 복권 발행은 그 종류, 조건, 금액 및 방법 등에 관하여 미리 보건복지부장관의 승인을 받아야 한다. **정답** ⑤

□ 20회 70번

사회복지관 사업내용 중 서비스 제공 기능에 해당하지 않는 것은?

① 지역사회 보호
② 사례관리
③ 교육문화
④ 자활지원
⑤ 가족기능 강화

해설 사회복지관의 기능에는 사례관리 기능, 서비스 제공 기능, 지역조직화 기능이 있다. 그중 서비스 제공 기능에는 가족기능 강화, 자활지원, 지역사회 보호, 교육문화기능 등이 있다. **정답** ②

□ 20회 72번

사회적 경제에 관한 설명으로 옳은 것을 모두 고른 것은?

ㄱ. 사회적 기업은 경제적 이익을 추구한다.
ㄴ. 사회적 경제는 자본주의 시장경제의 대안 모델이다.
ㄷ. 사회적협동조합의 목적은 취약계층에게 사회서비스 또는 일자리를 제공하는 것이다.

① ㄱ   ② ㄴ   ③ ㄱ, ㄴ
④ ㄴ, ㄷ   ⑤ ㄱ, ㄴ, ㄷ

해설 사회적기업은 비영리조직과 영리조직의 중간적인 형태로서 이윤추구에 있어서 제한이 없고, 이윤만 추구하는 것이 아니라 사회적 목적에도 주안점을 둔다. **정답** ⑤

□ 19회 69번

다음 사회복지관에 관한 설명으로 옳지 않은 것은?

행복시(市)에서 직영하고 있는 A사회복지관은 노인, 장애인 등 취약계층의 욕구 충족과 사회적 지지체계 구축을 위한 자원봉사 프로그램을 개발하였고, 이를 심의하기 위해 운영위원회를 개최하였다.

① 운영위원회는 프로그램 개발, 평가에 관한 사항을 심의한다.
② 자원봉사자 개발·관리는 지역조직화 기능에 해당한다.
③ 취약계층 주민에게 우선적인 서비스를 제공하여야 한다.
④ 운영위원회는 5명 이상 15명 이하의 위원으로 구성한다.
⑤ 사회복지법인, 기타 비영리법인에 한하여 설치·운영할 수 있다.

해설 사회복지관은 사회복지법인이나 비영리법인에 위탁하여 운영할 수 있다. **정답** ⑤

사회복지공동모금회에 관한 설명으로 옳지 않은 것은?

① 기획, 홍보, 모금, 배분 업무를 수행한다.

② 사회복지사업법에 의한 사회복지법인이다.

③ 지정기부금 모금단체이다.

④ 사회복지 프로그램의 전문성 제고에 기여할 수 있다.

⑤ 지역사회의 자원을 동원하는 민간운동적인 특성이 있다.

해설 사회복지공동모금회는 지정기부금과 비지정기부금 모두 가능하다. ☑ 비지정기부금의 비율이 지정기부금보다 높다. **정답** ③

사회적 경제 주체에 해당하는 것을 모두 고른 것은?

> ㄱ. 사회적 기업
> ㄴ. 마을기업
> ㄷ. 사회적 협동조합
> ㄹ. 자활기업

① ㄱ, ㄴ   ② ㄱ, ㄷ

③ ㄴ, ㄷ   ④ ㄱ, ㄷ, ㄹ

⑤ ㄱ, ㄴ, ㄷ, ㄹ

해설 사회적 경제 주체는 사회적기업·사회적 협동조합·마을만들기사업, 지역화폐, 마을기업 등이 해당된다. **정답** ⑤

다음에서 사회복지관이 사회복지서비스를 우선 제공하여야 할 대상을 모두 고른 것은?

> A씨는 국민기초생활 보장법에 따른 수급자로서, 75세인 어머니와 보호가 필요한 유아 자녀, 교육이 필요한 청소년 자녀, 취업을 희망하는 배우자와 함께 살고 있다.

① A씨

② A씨, 배우자

③ 어머니, 배우자

④ 배우자, 자녀

⑤ A씨, 어머니, 배우자, 자녀

해설 「국민기초생활 보장법」에 따른 수급자 및 차상위계층: (1) 장애인, 노인, 한부모가족 및 다문화가족 (2) 직업 및 취업알선이 필요한 사람 (3) 보호와 교육이 필요한 유아·아동 및 청소년 (4) 그 밖에 사회복지관의 사회복지서비스를 우선 제공할 필요가 있다고 인정되는 사람 **정답** ⑤

사회적 경제에 관한 설명으로 옳은 것을 모두 고른 것은?

> ㄱ. 협동조합의 발기인은 5인 이상의 조합원 자격을 가진 자가 된다.
> ㄴ. 마을기업은 회원 외에도 지역 주민의 의견을 적극 반영한다.
> ㄷ. 자활기업은 조합 또는 「부가가치세법」상의 사업자로 한다.

① ㄱ   ② ㄱ, ㄴ

③ ㄱ, ㄷ   ④ ㄴ, ㄷ

⑤ ㄱ, ㄴ, ㄷ

해설 우리나라의 대표적인 사회적 경제 주체에는 협동조합, 사회적기업, 자활기업, 마을기업 등이 있다. 지문은 모두 옳은 설명이다. **정답** ⑤

핵심요약

1. 추진체계

(1) 지역사회 복지시설의 종류와 역할

① 사회복지관의 개념

　일정 시설과 전문인력을 갖추고 지역사회 내에서 지역자원을 동원해 종합적인 지역사회복지사업 수행

② 사회복지관의 설치와 운영
- 사회복지관은 지방자치단체·사회복지법인 및 기타 비영리법인이 설치·운영
- 시·도지사 및 시장·군수·구청장이 사회복지관을 설치하고자 할 때에는 저소득층 밀집지역에 우선 설치하되, 사회복지관이 편중되지 않도록 함

③ 사회복지관의 사업대상
- 사회복지서비스 욕구를 가지고 있는 모든 지역주민이 사업대상임. 다만, 다음의 경우 우선 제공
  - 국민기초생활보장 수급자, 차상위계층
  - 장애인, 노인, 한부모가정, 다문화가정
  - 직업 및 취업알선이 필요한 주민
  - 보호와 교육이 필요한 유아·아동 및 청소년
  - 그 밖에 사회복지관의 사회복지서비스를 우선 제공할 필요가 있다고 인정되는 주민

④ 사회복지관의 기능 및 사업
- 사례관리기능: 사례발굴, 사례개입, 서비스 연계
- 서비스제공기능: 가족기능강화, 지역사회보호, 교육·문화, 자활지원
- 지역조직화기능: 복지네트워크 구축, 주민조직화, 자원개발·관리

(2) 사회적 경제의 주체

① 사회적 경제의 개념 및 특징
- 자본주의 시장경제의 대안모델로 양극화 해소 및 일자리 창출 등 공동이익과 사회적 가치를 추구하는 경제활동으로 사회적기업, 마을기업, 협동조합, 자활기업 등이 있다.

② 사회적 경제의 주체
- 사회적 기업
  - 영리기업과 비영리 기업의 중간 형태로, 사회적 목적을 우선적으로 추구
  - 유급근로자를 고용하여 영업활동을 해야 사회적 기업으로 인증

- 「사회적기업 육성법」, 사회적기업을 통해 취약계층에게 사회서비스, 일자리 제공
- 재화 및 서비스의 영업활동을 하는 기업으로서 고용노동부장관의 인증을 받은 기관
- 협동조합
  - 「협동조합 기본법」에 따라 조합원의 권익향상과 지역사회에 공헌하는 사업조직
  - 조합원 자격자 5인 이상으로 설립
  - 취약계층에게 사회서비스 또는 일자리 제공
- 차활기업
  - 시·도지사 및 시·군·구청장은 지역주민, 자활 관련 전문가 등 민간의 의견을 자활기관협의체 등을 통해 최대한 반영하여 자활지원계획을 매년 수립해야 함
- 마을기업
  - 지역공동체에 기반하여 활동한다.
  - 주민이 지역자원을 활용한 수익사업을 통해 지역공동체를 활성화
  - 회원 외에도 지역주민의 의견을 적극 반영

(3) 사회복지공동모금회

① 공동모금의 개요
- 상부상조 정신을 바탕으로 한 민간운동으로서 지역사회를 넘어 전국적 협력의 기반하에 공개적 모금을 통한 투명성과 민주시민으로서 권리와 책무를 수행, 사회복지에 관한 이해의 보급과 여론형성에 기여

② 공동모금의 방법
- 개별형: 일반 개인을 대상으로 한 모금
- 기업중심형: 회사나 사업체 그리고 근로자 대상의 모금활동
- 단체형: 재단, 협회, 단체 대상의 모금
- 특별사업형: 걷기대회, 공연, 이벤트적 행사를 통한 모금

③ 공동모금의 기간
- 연중모금: 상시적 모금 진행
- 집중모금: 특정 시기 집중행사(연말)

④ 공동모금의 배분방법과 사업
- 기관배분형: 사회복지시설이나 기관별로 재원을 배분
- 문제 및 프로그램 배분형: 어떤 문제를 해결하기 위하여 구체적인 프로그램을 구성하여 재원을 배분
- 지역배분형: 지역을 단위로 배분하는 방식, 지역별 특수한 문제해결 및 지역복지 증진 목적
- 신청사업: 사회복지 증진을 위하여 자유주제 공모형태로 복지사업을 신청받아 배분
- 기획사업: 제안받은 내용 중에서 선정하여 배분, 또는 모금회에서 주제를 정해 배분

- 긴급지원사업: 재난구호 및 긴급구호, 저소득층 응급지원 등 긴급지원 필요시 배분
- 지정기탁사업: 기부자가 기부금품의 배분지역·배분대상자, 사용용도를 지정한 경우

(4) 자원봉사 및 자원봉사센터

- 국무총리소속으로 자원봉사진흥위원회를 구성하여 자원봉사활동에 관한 주요 정책을 심의
- 행정안전부장관은 관계 중앙행정기관의 장과 협의하여 자원봉사활동의 진흥을 위한 국가기본계획을 5년마다 수립
- 국가기관 및 지방자치단체는 자원봉사센터를 설치할 수 있으며, 지방자치단체는 자원봉사센터의 운영에 필요한 경비를 지원

(5) 지역아동센터

- 지역사회 안에서 아동의 권리보장과 안전한 보호, 급식지원으로 취약계층 아동에 대하여 지역사회 보호개념을 실현
- 지역아동센터는 소규모 가정형태의 이용시설로 다함께 돌봄서비스로 일반아동을 포함하여 보호프로그램, 교육프로그램, 놀이와 오락, 보호자와 지역사회 연계 등의 기본프로그램을 제공하며, 주말·공휴일 프로그램, 가족기능강화 프로그램, 야간보호 프로그램 등의 특화 프로그램도 운영

☑ 과락科落 말고 과락科樂 기출 선지

01. 사회복지관의 설치 및 운영에 관련해서는 사회복지사업법의 규정을 따르며, 사례관리기능, 서비스제공기능, 지역조직화기능 등 3가지 기능으로 구분한다.

02. 사회복지관은 경제적 지원, 일상생활 지원 등의 지역사회보호 사업을 수행한다.

03. 효율적인 서비스 제공을 위하여 자율성, 지역성, 전문성, 책임성, 통합성의 원칙에 따라 운영한다.

04. 주민교육, 주민복지 증진, 자원봉사자 개발 및 관리, 복지네트워크 구축은 지역조직화 기능이다.

05. 사회복지관의 운영위원회는 5명 이상 15명 이하로 프로그램 개발 및 평가에 관한 사항을 심의한다.

06. 지역성의 원칙은 지역사회의 특성과 지역주민의 욕구를 신속하게 파악하여 반영해야 하며, 지역주민의 적극적인 참여를 유도해야 한다. 지역성을 제고하기 위해서는 정부 및 지자체에 대한 재정의존도를 낮추고, 기관의 자립도를 높여 보다 독립적으로 사업을 진행해 나갈 수 있어야 한다.

07. 사회적경제는 자본주의 시장경제의 대안모델로 양극화 해소 및 일자리 창출 등 공동이익과 사회적 가치를 추구하는 경제활동으로서 사회적기업, 마을기업, 협동조합, 자활기업 등이 있다.

08. 사회복지공동모금회는 자발적 국민의 성금으로 마련된 재원을 효율적이고 공정하게 관리·운용하기 위해 설립된 사회복지법인으로 국내 유일의 법정 모금·배분기관이다.

09. 사회복지공동모금회는 심사기준 확정 – 서류심사 – 면접심사 – 현장방문심사 – 최종사정을 통해 배분하는 절차를 준수한다.

10. 행정안전부장관은 관계 중앙행정기관의 장과 협의하여 자원봉사활동의 진흥을 위한 국가기본계획을 5년마다 수립하여야 한다.

2. 지방분권화

□ 22회 68번

지방자치제에 관한 설명으로 옳은 것을 모두 고른 것은?

> ㄱ. 지방자치제는 자기통치원리를 담고 있다.
> ㄴ. 지방자치는 주민자치와 단체자치를 일컫는다.
> ㄷ. 지방자치단체는 사회복지시설을 평가할 수 있다.
> ㄹ. 지방자치법을 제정함으로써 지방 분권을 위한 법적 장치가 만들어졌다.

① ㄱ, ㄴ   ② ㄷ, ㄹ   ③ ㄱ, ㄴ, ㄷ
④ ㄱ, ㄴ, ㄹ   ⑤ ㄱ, ㄴ, ㄷ, ㄹ

해설 모두 정답   **정답** ⑤

□ 22회 72번

사회복지공동모금회법상 사회복지공동모금회에 관한 설명으로 옳지 않은 것은?

① 사회복지공동모금회는 사회복지법인이다.
② 특별시·광역시·특별자치시·도·특별자치도 단위 사회복지공동모금지회를 둔다.

③ 임원의 임기는 2년으로 하며, 한 차례만 연임할 수 있다.
④ 모금회가 아닌 자는 사회복지공동모금 또는 이와 유사한 명칭을 사용하지 못한다.
⑤ 사회복지활동 등을 지원하기 위한 재원을 조성하기 위하여 복권을 발행할 수 있다.

해설 ③ 회장, 부회장 및 임원의 임기는 3년으로 하며, 한 차례만 연임할 수 있다. ☑ 지역사회보장협의체의 위원 임기는 2년으로 하되, 위원장은 한 차례만 연임할 수 있다.
정답 ③

□ 21회 67번

지방분권에 관한 설명으로 옳은 것은?

① 사회보험제도의 지방분권이 확대되고 있다.
② 주민참여로 권력의 재분배가 이루어진다.
③ 지역주민의 욕구에 대한 민감성이 약화된다.
④ 복지수준의 지역 간 균형이 이루어진다.
⑤ 중앙정부의 사회적 책임성이 강화된다.

해설 지방분권화 이후 사회복지서비스 전달체계도 지방 중심으로 변화하고 있으며, 지방자치단체 간 재정능력의 차이로 복지수준이 다를 수 있다. ① 사회보험제도는 중앙정부의 책임으로 시행되고 있다. ③ 지역주민의 욕구에 대한 민감성이 강화된다. ④ 복지수준의 지역 간 불균형이 심화될 수 있다. ⑤ 중앙정부의 사회적 책임성이 약화되어 사회복지서비스의 공급이 축소될 수 있다. **정답** ②

☐ 20회 66번

지방자치제도에 관한 설명으로 옳은 것은?

① 지방정부에 비해 중앙정부의 책임을 강조하고 있다.
② 지역 간 복지수준의 격차가 발생하지 않는다.
③ 복지예산의 지방이양으로 지방정부의 책임이 강화된다.
④ 지방자치단체장은 중앙정부가 임명한다.
⑤ 지방정부의 복지예산 확대로 민간의 참여가 약화된다.

해설 제도적으로 지역사회가 사회복지의 주요한 단위이며, 지역사회가 자립과 서비스 제공의 주된 공간으로 부상하였다. 공공부문에 있어서 중앙정부의 사회복지 책임이 축소될 수 있으며 민간부문의 참여를 강조하게 된다. **정답** ③

☐ 19회 66번

지방자치제에 관한 설명으로 옳지 않은 것은?

① 민주주의 사상에 기초를 두고 있다.
② 지방자치단체의 장은 선거로 선출한다.
③ 지역문제에 대한 자기통치 원리를 담고 있다.
④ 우리나라에서는 1990년에 처음으로 실시되었다.
⑤ 지방자치단체의 행정사무가 주민참여에 의해 이루어져야 한다.

해설 1949년 지방자치법 제정, 1952년 시·읍·면 의원 선거 및 시·도의회 선거가 있었다. **정답** ④

☐ 19회 65번

지방분권에 관한 설명으로 옳지 않은 것은?

① 주민참여 기회가 확대된다.
② 중앙정부의 책임성이 강화된다.
③ 지역 특성에 맞는 정책을 수립할 수 있다.
④ 지역 간 복지수준의 격차가 발생할 수 있다.
⑤ 지방자치단체의 역할과 책임을 강화시킬 수 있다.

해설 지방정부로의 사회적 책임성이 강화되고 중앙정부의 책임성은 약화된다. **정답** ②

☐ 18회 71번

사회복지전담공무원에 관한 설명으로 옳지 않은 것은?

① 2000년 별정직에서 일반직인 사회복지직렬로 전환
② 국민기초생활보장제도의 시행으로 인원 확대
③ 1992년 서울, 부산, 대구 3곳에서 처음으로 임용·배치
④ 사회복지전문요원에서 사회복지전담공무원으로 명칭 변경
⑤ 취약계층에 대한 상담과 지도, 생활실태의 조사 등 사회보장급여 관련 업무 담당

해설 1987년 전국(서울, 부산, 대구, 인천, 광주, 대전) 6곳에서 처음으로 임용·배치되었다. **정답** ③

2. 지방분권화

(1) 지방분권과 지자체 복지사업

- 복지예산의 지방이양으로 지방정부의 책임이 강화됨
- 주민참여 기회가 확대됨
- 지역 특성에 맞는 정책을 수립할 수 있음
- 지역 간 복지수준의 격차가 발생할 수 있음
- 지방자치단체 간 경쟁이 심화되어 지역이기주의가 나타날 수 있음

(2) 사회복지전담공무원

- 1987년 사회복지전문요원으로 배치되었음
- 1992년 사회복지사업법 개정을 통해 사회복지전담공무원에 대한 법적 근거가 마련됨
- 2000년부터 실제 사회복지전문요원의 직렬이 별정직에서 일반직으로 전환됨
- 사회복지사업법에 있던 사회복지전담공무원에 관한 규정은 「사회보장급여의 이용·제공 및 수급권자 발굴에 관한 법률」(2014년 제정, 2015년 시행)로 이관됨. 단, 사회보험업무는 각 공단을 통해 운영되므로 사회복지전담공무원의 업무가 아님

☑ 과락 科落 말고 **과락 科樂 기출 선지**

01. 지방자치로 중앙정부의 권한이 지방정부로 이양됨에 따라 지방정부의 자율성이 강화되고, 지역사회 특수성이 반영된 정책수립과 지역주민의 참여가 확대되었다.

02. 지방분권에 따라 사회복지전달체계도 지방정부의 책임성이 강화되는 반면, 중앙정부의 책임성은 약해질 수 있다.

03. 지방분권화 이후 사회복지종사자들의 직무능력 개발과 책임성, 복지관련 연계망 구축, 지역사회 종교·시민단체 등과의 상호 협력이 강화되어 지역특성에 맞는 차별화된 정책수립이 가능해졌다.

04. 1987년 취약계층에게 사회복지서비스를 제공하기 위해 사회복지전문요원이 배치되었다.

05. 사회복지전담공무원은 취약계층에 대한 상담과 지도, 생활실태 조사, 기초생활수급자 현황자료 작성, 관내 복지관에 대한 지도점검, 장애인복지카드 발급 등 사회보장급여 관련 업무를 담당한다.

3. 지역사회복지운동

□ 22회 74번

아른스테인(S. Arnstein)이 분류한 주민참여단계에 해당하지 않는 것은?

① 협동관계
② 정보제공
③ 주민회유
④ 주민동원
⑤ 권한위임

해설 주민참여 8단계: 조작, 치료, 정보제공, 상담, 주민회유, 협동관계, 권한위임, 주민통제 **정답** ④

□ 21회 74번

지역사회복지운동에 관한 설명으로 옳은 것은?

① 사회복지전문가 중심의 활동으로 이루어진다.
② 목적지향적인 조직적 활동이다.
③ 운동의 초점은 정치권력의 장악이다.
④ 지역사회의 구조적 문제는 배제된다.
⑤ 지역사회복지운동단체는 서비스제공 활동을 하지 않는다.

해설 ① 사회복지전문가, 지역사회활동가, 지역주민, 실무자, 클라이언트 등 모두가 중심이 되는 활동이다. ③ 운동의 초점은 지역사회 문제를 해결하여 지역사회의 변화와 지역주민의 욕구충족, 연대의식 고취, 지역공동체 형성 등이다. ④ 지역사회의 구조적 문제를 포함한다. ⑤ 지역사회복지운동단체는 직접 서비스 제공을 비롯한 사회복지교육 등 다양한 서비스 제공 활동을 한다. **정답** ②

□ 21회 75번

최근 복지전달체계의 동향으로 옳지 않은 것은?

① 사회복지 전담인력의 확충
② 수요자 중심 복지서비스 제공
③ 통합사례관리의 축소

④ 민·관 협력의 활성화
⑤ 보건과 연계한 서비스의 통합성 강화

해설 통합사례관리는 활성화되고 더욱 확대되고 있다. **정답** ③

□ 20회 73번

지역사회복지운동에 관한 설명으로 옳지 않은 것은?

① 지역사회복지운동의 계층적 기반은 노동운동이나 여성운동과 같이 뚜렷하다.
② 지역사회복지운동의 주된 관심사는 주민 삶의 질과 관련된 생활영역에 있다.
③ 지역사회의 다양한 자원 활용 및 조직 간 유기적 협력이 이루어진다.
④ 지역사회복지운동에는 다양한 이념이 사용될 수 있다.
⑤ 지역사회복지운동의 주체는 사회복지전문가, 지역활동가, 지역사회복지이용자 등 다양하다.

해설 지역사회복지운동은 지역문제를 해결하기 위해 지역사회의 변화 또는 지역사회의 역량강화를 통해 지역사회주민의 욕구충족과 사회연대의식을 고취하고, 지역공동체를 형성한다. **정답** ①

□ 20회 741번

주민참여와 관련이 없는 것은?

① 지방자치제도의 발달
② 마을만들기 사업(운동)
③ 지역사회복지 정책결정과정
④ 공무원 중심의 복지정책 결정권한 강화
⑤ 아른스테인(S. Arnstein)의 주장

해설 공급자 중심 서비스에서 이용자 중심의 서비스 제공으로 이동되어야 한다. 주민참여는 주민의 욕구와 문제해결의 주체로서 주민의 주체성을 강조하는 것이다. **정답** ④

최근 지역사회복지 동향으로 옳지 않은 것은?

① '찾아가는 동주민센터' 사업 실시
② 읍·면·동 맞춤형 복지 전담팀 설치
③ 지역사회통합돌봄사업의 축소
④ 행정복지센터로의 행정조직 재구조화
⑤ 지역사회복지계획이 지역사회보장계획으로 변경

해설 최근 지역사회복지 동향은 찾아가는 복지서비스의 활성화, 읍·면·동 복지허브화, 지역사회통합돌봄사업 확대, 커뮤니티 케어, 사회서비스원 설립 및 행정복지센터로의 행정조직 재구조화, 지역사회보장계획으로의 변경 등이다.

정답 ③

지역사회복지운동에 관한 설명으로 옳은 것은?

① 계획되지 않은 조직적 활동이다.
② 사회복지 전문가 중심의 활동이다.
③ 개인의 성장과 변화에 우선적인 초점을 둔다.
④ 노동자, 장애인 등 일부 주민을 대상으로 한다.
⑤ 복지권리·시민의식을 배양하는 사회권 확립운동이다.

해설 ① 지역사회복지를 목적으로 조직된 활동이다. ② 민·관 지역주민이 공동 협력하는 활동 ③ 지역사회주민의 욕구 충족과 사회연대의식의 지역공동체를 지향 ④ 노동자, 장애인 포함 지역의 모든 주민을 대상으로 한다.

정답 ⑤

다음 사례에서 설명하는 아른스테인(S. Arnstein)의 주민참여 수준은?

> A시(市)는 도시재생사업과 관련하여 주민들과 갈등을 겪고 있다. B씨는 A시의 추천으로 도시재생사업 추진위원회에 주민대표로 참여하였다. 하지만 회의는 B씨의 기대와는 달리 A시가 의도한 방향대로 최종 결정되었다.

① 조작 ② 회유
③ 주민통제 ④ 권한위임
⑤ 정보제공

해설 회유: 행정기관이 의도한 방향대로 최종 결정하는 것

정답 ②

최근 지역사회복지의 변화과정을 순서대로 옳게 나열한 것은?

> ㄱ. 사회서비스원 시범사업
> ㄴ. 희망복지지원단 운영
> ㄷ. 사회복지통합관리망(행복e음) 구축
> ㄹ. 찾아가는 보건복지서비스

① ㄱ-ㄴ-ㄷ-ㄹ ② ㄴ-ㄷ-ㄱ-ㄹ
③ ㄴ-ㄷ-ㄹ-ㄱ ④ ㄷ-ㄴ-ㄹ-ㄱ
⑤ ㄷ-ㄹ-ㄴ-ㄱ

해설 최근 지역사회복지의 변화과정: 2010년 사회복지통합관리망(행복e음) → 2012년 희망복지지원단 운영 → 2017년 찾아가는 보건복지서비스 → 2019년 사회서비스원

정답 ④

지방자치발달이 지역사회복지에 미치는 영향이 아닌 것은?

① 지방정부 간 복지 수준 불균형 초래
② 지역주민들의 주체적 참여 기회 제공
③ 중앙정부의 사회복지 책임과 권한 강화
④ 지역주민들의 지역사회복지에 대한 책임의식 향상
⑤ 지방자치단체장 후보의 사회복지 관련 선거공약 활성화

해설 지방자치의 발달은 공공부문에 있어 지방정부의 사회복지 책임과 권한을 강화시키는 반면, 중앙정부의 사회복지 책임이 축소되며 민간부문 참여가 강조된다. **정답** ③

한국 지역사회복지의 최근 동향으로 옳은 것을 모두 고른 것은?

ㄱ. 중앙정부의 '사회서비스원' 운영
ㄴ. '시·군·구 복지 허브화' 실시
ㄷ. '읍·면·동 찾아가는 보건복지서비스' 실시
ㄹ. 사회적 경제 주체들의 다양화

① ㄱ, ㄴ   ② ㄴ, ㄹ   ③ ㄷ, ㄹ
④ ㄱ, ㄷ, ㄹ   ⑤ ㄱ, ㄴ, ㄷ, ㄹ

해설 ㄱ. 사회서비스원: 시·도 단위에 설치, 지역사회서비스의 공공성 강화와 서비스 품질 향상 ㄴ. 복지 허브화: 읍·면·동 단위로 이루어진다. **정답** ③

지역사회복지운동이 갖는 의의에 관한 설명으로 옳은 것을 모두 고른 것은?

ㄱ. 복지권리의식과 시민의식을 배양하는 복지권 확립
ㄴ. 지역사회의 다양한 자원활용 및 관련조직 간의 협력을 통한 지역자원동원
ㄷ. 지역사회의 정체성 확인과 역량강화를 통해 지역사회변화를 주도
ㄹ. 사회복지가 추구하는 사회적 가치로서 사회정의 실현

① ㄱ   ② ㄱ, ㄹ   ③ ㄴ, ㄷ
④ ㄱ, ㄴ, ㄷ   ⑤ ㄱ, ㄴ, ㄷ, ㄹ

해설 지역사회복지운동의 의의는 지역주민의 권리의식과 시민의식을 배양하는 복지권 확립과 지역사회 변화를 주도하고 복지권리의식과 시민의식을 배양하여 사회권 확립을 도모하는 운동이다. 이는 주민참여의 활성화와 지역사회 복지 확산과 발전을 위한 생활운동이기에 지역사회의 다양한 자원을 활용하고 유관조직 간의 유기적인 협력을 추진해야 한다. **정답** ⑤

☑ 핵심요약

3. 지역사회복지운동

(1) 개념

- 복지권리·시민의식을 배양하는 사회권 확립 운동, 목적지향적인 조직적 활동
- 다양한 이념 적용, 지역사회 변화를 주도하는 조직운동
- 지역사회복지의 확산과 발전을 위한 생활운동
- 복지권리의식과 시민의식을 배양하는 사회권 확립운동
- 주체는 사회복지전문가, 지역활동가, 지역사회복지이용자 등 다양

(2) 주민참여 8단계(아른스테인)

① 조작: 행정과 주민이 서로의 관계를 확인한다는 것에 의의가 있으며, 관료가 일방적으로 교육이나 설득을 시키게 되고 주민은 단순히 참석하는 수준

② 치료: 주민의 욕구를 일정한 사업에 분출시켜 치료하는 단계로서 행정의 일방적인 지도에 그침

③ 정보제공: 행정은 주민에게 일방적 정보제공을 하며 환류는 잘 일어나지 않음

④ 상담: 공청회나 집회 등의 방법으로 행정에 참여하기를 유도하고 있으나 형식적인 단계에 그치게 됨

⑤ 주민회유: 각종 위원회 등을 통해 주민의 참여범위가 확대되지만 최종적인 판단은 행정기관이 한다는 점에서 제한적임

⑥ 협동관계: 행정기관이 최종결정권을 가지고 있지만, 주민들이 필요한 경우 그들의 주장을 협상으로 유도할 수 있음

⑦ 권한위임: 주민들이 특정한 계획에 관해서 우월한 결정권을 행사하고 집행단계에서도 강력한 권한을 행사

⑧ 주민통제: 주민 스스로 입안하고, 결정에서 집행 그리고 평가에 이르기까지 주민이 통제하는 단계

(3) 우리나라 지역사회복지의 과제 및 경향

① 과제
- 복지재정 분권화로 인한 지역 간 복재재정 불균형 해소
- 민간복지 전달체계의 강화

② 경향
- 지역사회 구성원들의 역량강화에 주목
- 지역사회 중심의 통합적 서비스체계에 대한 강조

☑ 과락科落 말고 과락科樂 기출 선지

01. 지역사회운동은 목적 지향적인 조직적 활동으로 복지 권리·시민의식을 배양하는 사회권 확립 운동이다.

02. 주민참여는 지역주민이 지역사회복지 정책 결정 과정에 참여하는 적극적인 노력의 과정이다.

03. 지역사회복지의 향후 과제는 탈시설화 경향에 따라 다양한 제도적 장치를 구축하면서 시민의 주도적 참여로 복지수준의 격차감소 및 지역사회 중심의 통합적 서비스를 위한 협력 기반을 다지는 것이다.

04. 주민참여 8단계(아른스테인)는 조작, 치료, 정보제공, 상담, 주민회유, 협동관계, 권한위임, 주민통제이다.

MEMO

1 사회복지정책론

3교시
사회복지정책과 제도

1 사회복지정책론

최근 5년간 단원별 출제 경향

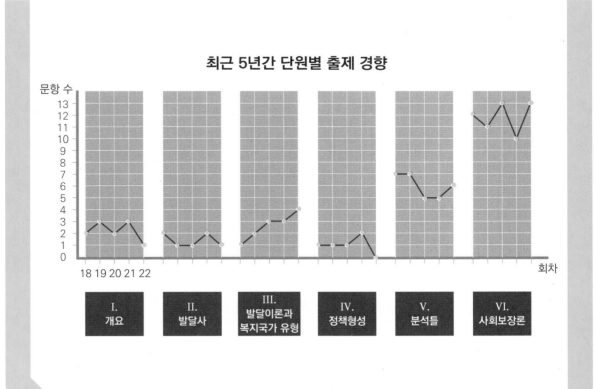

사회복지정책론

IV.
정책형성

1. 정책의제의 형성

2. 정책대안의 형성

3. 정책의 결정,
집행 및 평가

V.
분석틀

1. 분석유형

2. 할당체계

3. 급여체계

4. 재정체계

5. 전달체계

VI.
사회보장론

1. 사회보장의 개념,
기능 및 운영원칙

2. 사회보장의 유형

3. 공적연금의 이해

4. 국민건강보장제도

5. 산재보험과
고용보험

6. 빈곤과
공공부조제도

☐ 22회 14번

국가가 주도적으로 사회복지를 제공해야 할 필요성으로 옳지 않은 것은?

① 역선택　　　　② 도덕적 해이
③ 규모의 경제　　④ 능력에 따른 분배
⑤ 정보의 비대칭

해설 ④ 사회복지는 능력에 따라 분배되는 것이 아니라 공공재 공급의 실패, 외부효과, 정보의 비대칭과 역선택, 규모의 경제, 도덕적 해이에 의한 불평등을 완화하기 위해 특정 계층에 더 많은 지원을 제공하는 경우가 많다.

역선택	보험 등에서 고위험 집단이 보험 가입을 더 많이 하는 경향으로 이는 위험에 대한 정보가 비대칭적으로 가입자와 보험사이에 분포되어 있을 때 발생한다.
도덕적 해이	보험가입자가 보험사가 보상을 제공하므로 위험에 대한 경각심을 갖지 않고 위험한 행동을 할 가능성이 높아지는 현상이다.
규모의 경제	대규모로 생산할 때 생기는 비용절감 현상으로 국가가 사회복지를 제공할 때 규모의 경제를 이용하면 더 효율적으로 사용할수 있다.
정보의 비대칭	거래당사자들 간에 정보가 불균형적으로 분포되는 상황이다.
외부효과	사회복지 정책이나 프로그램이 수혜자분만 아니라 사회 전체에 영향을 줄 수 있는 것을 의미한다.

정답 ④

☐ 21회 03번

롤스(J. Rawls)의 정의론(공정으로서의 정의)에 관한 설명으로 옳은 것은?

① 제1원칙은 기본적 자유에 대한 동등한 권리이다.
② 기회의 균등보다는 결과의 평등이 더 중요하다.
③ 사회경제적 불평등은 어떠한 경우라도 허용될 수 없다.
④ 최대다수의 최대행복을 추구한다.
⑤ 정당한 소유와 합법적인 이전은 정의로운 결과를 가져온다.

해설 ②, ③ 롤스는 공정한 기회의 원칙에 대해 단순히 기회만을 보장하는 것만이 아니라 삶의 기회마저도 평등하게 보장되어야 한다고 주장하였으며, 사회적·경제적 불평등은 그 사회에서 가장 불우한 처지에 있는 사람에게 이익이 될 것과 모든 사람에게 공정한 기회가 주어진다는 조건 아래에서만 정당화될 수 있다고 주장하였다. ④ 공리주의(제레미 벤담) ⑤ 소유권리론(로버트 노직)　**정답** ①

☐ 21회 04번

다음 중 사회복지정책이 필요한 이유를 모두 고른 것은?

> ㄱ. 국민의 생존권 보장　ㄴ. 사회통합의 증진
> ㄷ. 개인의 자립성 증진　ㄹ. 능력에 따른 분배

① ㄱ, ㄴ　　　　② ㄴ, ㄷ
③ ㄴ, ㄹ　　　　④ ㄱ, ㄴ, ㄷ
⑤ ㄱ, ㄷ, ㄹ

해설 능력에 따른 분배는 사회복지정책의 가치 중 비례적 평등에 대한 내용으로, 이는 능력에 따라 상이하게 배분되는 자본주의 시장에서의 분배라고 볼 수 있다. 사회복지정책은 시장에서 일차적으로 분배된 소득을 다양하게 재분배하는 기능을 가지고 있다.　**정답** ④

사회복지운동에 관한 설명으로 옳은 것을 모두 고른 것은?

> ㄱ. 민간이 사회복지에 대한 특정 견해를 가지고 이를 관철시키려는 실천이다.
> ㄴ. 노동운동·시민운동·여성운동 단체 등 다양한 주체들이 관심과 역량을 투여하는 사회운동의 한 분야이다.
> ㄷ. 사회복지종사자들이 갖고 있는 전문성을 실현하는 중요한 통로의 하나이다.
> ㄹ. 우리나라의 사회복지역사에서 정부는 사회복지운동단체의 의견을 모두 수용하였다.

① ㄱ, ㄷ   ② ㄴ, ㄹ
③ ㄱ, ㄴ, ㄷ   ④ ㄴ, ㄷ, ㄹ
⑤ ㄱ, ㄴ, ㄷ, ㄹ

해설 ㄹ. 정부는 사회복지운동단체의 의견을 모두 수용하지는 않았으며 때때로 정부와 의견이 대립하기도 하였다.
정답 ③

사회복지정책의 가치에 관한 설명으로 옳지 않은 것은?

① 소극적 자유는 자신이 원하는 것을 할 수 있는 자유를 강조한다.
② 평등을 추구하는 사회복지정책은 선택의 자유를 제한한다는 비판이 있다.
③ 형평성이 신빈민법의 열등처우원칙에 적용되었다.
④ 적절성은 일정한 수준의 신체적·정신적 복리를 제공하는 것을 의미한다.
⑤ 기회의 평등의 예로 사회적으로 취약한 아동을 위한 적극적 교육 지원을 들 수 있다.

해설 자신이 원하는 것을 할 수 있는 자유는 적극적 자유에 대한 설명이다. 소극적 자유는 타인이나 국가로부터 간섭받지 않을 자유이다.
정답 ①

사회복지 재화나 서비스를 국가가 제공해야 하는 이유가 아닌 것은?

① 사회복지의 공공재적 성격
② 전염병에 대한 치료의 긍정적 외부효과 발생
③ 질병의 위험에 대한 보험방식의 역선택 문제 해결
④ 경제성장의 낙수효과 발생
⑤ 의료서비스에 대한 정보의 비대칭 문제 해결

해설 낙수효과는 대기업, 부유층, 특권층 등 고소득층의 세금을 줄여 부의 성장을 이루면 그 효과가 저소득층에게 영향을 줄 수 있다는 주장으로 신자유주의 체제와 관련이 있다.
정답 ④

사회복지정책의 원칙과 기능에 관한 설명으로 옳지 않은 것은?

① 능력에 비례한 배분을 원칙으로 한다.
② 소득을 재분배하는 기능을 한다.
③ 경제의 자동안정화 기능을 한다.
④ 국민의 최저생활을 보장하는 기능을 한다.
⑤ 사회통합과 정치적 안정화 기능을 한다.

해설 능력에 비례한 배분은 사회복지정책의 가치(선호도)에서 평등 중 비례적 평등에 대한 내용이다. 즉, 원칙이나 기능이라기보다는 가치의 문제이다.
정답 ①

☐ 19회 02번

다음 설명에 해당하는 것은?

> 비경합적이고 비배제적인 성격을 지니고 있기 때문에 구성원이 각각 생산에 기여했는지 여부에 관계없이 모든 구성원이 활용할 수 있는 재화를 말한다.

① 비대칭적 정보
② 공공재
③ 외부효과
④ 도덕적 해이
⑤ 역선택

해설 비경합성, 비배제성을 가진 것은 공공재에 관한 설명이다.
정답 ②

☐ 19회 07번

사회복지정책의 가치에 관한 설명으로 옳은 것은?

① 비례적 평등은 개인의 능력, 업적, 공헌에 따라 사회적 자원을 분배하는 것을 의미한다.
② 적극적 자유는 타인의 간섭 혹은 의지로부터의 자유를 의미한다.
③ 결과의 평등을 달성하기 위해 부자들의 소득을 재분배하더라도 소극적 자유를 침해하지 않는다.
④ 결과가 평등하다면 과정의 불평등은 상관없다는 것이 기회의 평등이다.
⑤ 기회의 평등은 적극적인 평등의 개념이다.

해설 ② 소극적 자유 ③ 국가의 개입으로 인하여 부자들의 소극적 자유가 침해될 수 있다. ④ 기회의 평등은 기회가 평등하다면 결과의 불평등은 상관없다는 것이다. ⑤ 가장 적극적인 평등의 개념은 결과의 평등이며 기회의 평등은 가장 소극적인 평등이다.
정답 ①

☐ 18회 02번

사회복지의 가치 중 '자유'에 관한 설명으로 옳은 것은?

① 자유지상주의 관점에서는 적극적 자유를 옹호한다.
② 소극적 자유 보장을 위해서는 국가의 역할이 많을수록 좋다.
③ 적극적 자유의 관점에서 자유의 침해는 개인에게 필요한 자원이나 기회를 박탈당한 것을 의미한다.
④ 적극적 자유의 관점에서는 임차인의 주거 안정을 위해 임대인의 자유를 제약할 수 없다.
⑤ 개인의 행동에 대한 외적 강제가 없는 상태는 적극적 자유의 핵심이다.

해설 ① 소극적 자유 옹호 ② 국가의 역할과 개입은 최소일수록 좋다. ④ 소극적 자유의 관점 ⑤ 소극적 자유의 핵심
정답 ③

☐ 18회 12번

실업보험을 민간 시장에서 제공할 때 발생할 수 있는 문제점을 모두 고른 것은?

> ㄱ. 역의 선택(adverse selection)이 나타난다.
> ㄴ. 가입자의 도덕적 해이가 발생할 가능성이 크다.
> ㄷ. 위험발생이 상호의존적이기 때문에 보험료율 계산이 어렵다.
> ㄹ. 무임승차자 문제가 발생한다.

① ㄹ
② ㄱ, ㄷ
③ ㄴ, ㄹ
④ ㄱ, ㄴ, ㄷ
⑤ ㄱ, ㄴ, ㄷ, ㄹ

해설 무임승차자의 문제는 보편적 복지국가의 공공재 부분에서 주로 발생한다.
정답 ④

1. 개념

- 사회복지정책은 사회구성원의 건강과 행복을 증진시키기 위하여 사회복지서비스를 제공하고 사회복지문제를 해결하기 위한 정책으로 사회복지제도 및 프로그램을 만들고 서비스제공 대상, 서비스 제공 방법 등을 규정하는 것

2. 기능

- 사회통합
- 소득재분배 기능
- 개인의 잠재능력 향상
- 사회화기능
- 경제의 자동안정화

3. 가치

(1) 평등

- 수량적 평등(결과의 평등): 모든 사람에게 똑같이 분배하는 것으로 가장 적극적인 개념 예 아동수당
- 비례적 평등(공평, 형평): 개인의 능력, 노력, 욕구 및 기여에 따라 사회적 자원을 상이하게 배분하는 것 예 사회보험, 공공부조(열등처우의 원칙)
- 기회의 평등: 동등한 기회만 주고 결과의 평등은 고려하지 않은 가장 소극적인 개념 예 드림스타트

(2) 효율성

- 수단으로서의 효율성: 투입(인적, 물적자원) 대비 산출(정책효과)이 높은 것
  - 목표효율성(대상효율성): 동일한 자원으로 얼마나 정책의 목표를 잘 달성할 수 있는지를 판단
  - 운영효율성: 정책을 집행·운영하기 위한 행정비용이 차지하는 비율로 행정비용의 비중이 높을수록 운영효율성이 낮아지며, 행정비용의 비중이 낮아질수록 운영효율성은 높아짐
- 배분적 효율성(파레토 효율): 사회 전체의 효용을 높일수 있도록 사회적 자원을 배분하는 것
  - 파레토 최적: 사회적 자원이 가장 효율적으로 배분된 상태
  - 파레토 개선: 다른 사람의 효용을 줄이지 않으면서 특정 사람의 효용을 높이는 것

(3) 자유

- 소극적 자유: 타인이나 국가로부터 간섭받지 않을 자유(무엇으로부터 자유)
- 적극적 자유: 자신이 원하는 것을 할 수 있는 자유(무엇으로의 자유)

(4) 사회적 적절성

- 사회복지 급여의 수준이 인간의 기본적인 욕구에 맞게 제공되는지를 의미

(5) 롤스의 사회정의

- 원초적 입장, 무지의 베일, 차등의 원칙, 최소극대화의 원칙, 기회균등의 원칙

4. 국가의 역할

- 공공재: 비경합적(공기, 경치 등)이고 비배제적(전기, 도로 등)인 성격을 지니고 있기 때문에 구성원이 각각 생산에 기여했는지 여부에 관계없이 모든 구성원이 활용할 수 있는 재화
- 외부효과: 제3자에게 의도하지 않은 혜택이나 손해를 끼쳤지만 대가를 받거나 주지 않는 것
- 정보의 비대칭성: 시장실패의 한 요인으로 한쪽이 다른 쪽보다 정보를 더 가지는 것
- 역선택: 위험발생률이 높은 사람이 보험에 가입하는 것
- 도덕적 해이: 보험가입자가 위험발생에 대한 예방을 하지 않는 것
- 낙수효과: 고소득층의 소득이 늘면 이들의 소비와 투자로 저소득층도 혜택을 본다는 주장
- 규모의 경제: 생산량이 증가하면 평균비용이 감소하는 현상으로 공공부문이 제공하면 규모의 경제 장점을 살릴 수 있음

☑ 과락 科落 말고 **과락 科樂** 기출 선지

01. 평등에는 결과의 평등(수량적 평등), 비례적 평등, 기회의 평등이 있다.

02. 비례적 평등은 개인의 능력, 업적, 공헌에 따라 사회적 자원을 분배하는 것을 의미한다.

03. 자유는 타인이나 국가로부터 간섭받지 않을 소극적 자유(무엇으로부터 자유)와 자신이 원하는 어떤 목적이나 행위를 추구할 수 있는 적극적 자유(무엇으로의 자유)가 있다.

04. 적극적 자유의 관점에서 자유의 침해는 개인에게 필요한 자원이나 기회를 박탈당한 것을 의미한다.

05. 파레토 효율이란 다른 어느 누구의 복지도 감소시키지 않으면서 한 사람의 복지를 향상시키는 것을 말한다.

06. 공공재란 비경합적이고 비배제적인 성격을 지니고 있기 때문에 구성원이 각각 생산에 기여했는지 여부와 관계없이 모든 구성원이 활용할 수 있는 재화이다.

07. 공공재는 보편적 복지국가에서 무임승차자의 문제가 발생한다.

☐ 22회 12번

영국 사회복지정책의 역사에 관한 설명으로 옳은 것을 모두 고른 것은?

> ㄱ. 길버트법은 빈민의 비참한 생활과 착취를 개선하기 위해 원외구제를 허용했다.
> ㄴ. 스핀햄랜드법은 빈민의 임금을 보충하기 위해 가족 수에 따라 보조금을 지급할 수 있게 했다.
> ㄷ. 신빈민법은 열등처우의 원칙을 적용하였고 원내구제를 금지했다.
> ㄹ. 왕립빈민법위원회의 소수파보고서는 구빈법의 폐지보다는 개혁을 주장했다.
> ㅁ. 베버리지보고서를 근거로 하여 가족수당법, 국민부조법 등이 제정되었다.

① ㄱ, ㄷ   ② ㄷ, ㅁ
③ ㄱ, ㄴ, ㅁ   ④ ㄴ, ㄷ, ㄹ
⑤ ㄴ, ㄹ, ㅁ

해설 ㄷ. 신빈민법은 열등처우의 원칙을 적용했고 원내구제를 원칙으로 했다. ㄹ. 왕립빈민법위원회의 소수파보고서는 구빈법의 폐지를 주장했다. 정답 ③

☐ 21회 01번

1942년 베버리지 보고서에서 규정한 5대 악에 해당되지 않는 것은?

① 무지   ② 질병
③ 산업재해   ④ 나태
⑤ 결핍(궁핍)

해설 베버리지 5대악: 결핍(빈곤), 무지(교육), 질병(의료), 나태(고용), 불결(주거) 정답 ③

☐ 21회 06번

영국 구빈제도의 역사에 관한 설명으로 옳지 않은 것은?

① 1601년 엘리자베스 빈민법은 빈민을 노동능력 있는 빈민, 노동능력 없는 빈민, 빈곤 아동으로 분류하였다.
② 1662년 정주법은 부랑자들의 자유로운 이동을 금지하였다.
③ 1782년 길버트법은 원외구제를 허용하였다.
④ 1795년 스핀햄랜드법은 열등처우의 원칙을 명문화하였다.
⑤ 1834년 신빈민법은 노동능력이 있는 빈민에 대한 원외구제를 폐지하였다.

해설 스핀햄랜드법은 빈민에 대한 처우개선을 위해 생계비(빵 가격)와 부양가족수를 고려하여 임금보조를 시행한 것이다. 열등처우의 원칙은 원외구호금지, 전국균일처우의 원칙과 함께 신빈민법의 내용이다. 정답 ④

☐ 20회 14번

사회복지 역사에 관한 설명으로 옳은 것을 모두 고른 것은?

> ㄱ. 길버트법은 작업장 노동의 비인도적인 문제에 대응하여 원외구제를 실시하였다.
> ㄴ. 신빈민법은 특권적 지주계급을 위한 법으로 구빈업무를 전국적으로 통일하였다.
> ㄷ. 미국의 사회보장법(1935)은 연방정부의 책임을 축소하고 지방정부의 책임을 확대하였다.
> ㄹ. 비스마르크는 독일제국의 사회통합을 위해 사회보험을 도입하였다.

① ㄱ, ㄴ   ② ㄱ, ㄷ   ③ ㄱ, ㄹ
④ ㄴ, ㄷ   ⑤ ㄷ, ㄹ

정답 ③

□ 19회 04번

신빈민법(New Poor Law)에 관한 설명으로 옳지 않은 것은?

① 1832년 왕립위원회(Royal Commission)의 조사를 토대로 1834년에 제정되었다.
② 국가의 도움을 받는 사람의 처우는 스스로 벌어서 생활하는 최하위 노동자의 생활수준보다 높지 않아야 한다는 원칙을 내용으로 하고 있다.
③ 원외구제를 인정하였다.
④ 구빈행정체계를 통일시키고자 하였다.
⑤ 빈민을 가치 있는 빈민과 가치 없는 빈민으로 분류하였다.

해설 신빈민법은 원내구제(작업장 활용)의 원칙을 적용하였다.

정답 ③

□ 18회 01번

사회복지역사에 관한 내용 중 연결이 옳은 것은?

① 엘리자베스 구빈법(1601) – 열등처우의 원칙
② 길버트법(1782) – 원외구제 허용
③ 비스마르크 3대 사회보험 – 질병보험, 실업보험, 노령폐질보험

④ 미국 사회보장법(1935) – 보편적 의료보험제도 도입
⑤ 베버리지 보고서(1942) – 소득비례방식의 사회보험 도입

해설 ① 1834년 개정빈민법(신빈민법) ③ 비스마르크 3대 사회보험 – 질병, 산업재해, 노령폐질보험. ④ 미국 사회보장법(1935)은 의료보험이 제외됨 ⑤ 베버리지 보고서(1942)는 동일한 액수의 급여를 제공하는 균일 기여(정액보험료), 균일 급여(정액급여)의 기본원칙을 내세웠다.

정답 ②

□ 18회 11번

베버리지(W. Beveridge)가 사회보장 프로그램의 성공을 위해 제시한 전제조건을 모두 고른 것은?

ㄱ. 아동(가족)수당
ㄴ. 완전고용
ㄷ. 포괄적 의료 및 재활서비스
ㄹ. 최저임금

① ㄹ
② ㄱ, ㄷ
③ ㄴ, ㄹ
④ ㄱ, ㄴ, ㄷ
⑤ ㄱ, ㄴ, ㄷ, ㄹ

해설 베버리지(W. Beveridge)는 5대 사회악 해결을 위해 사회보험의 필요성을 주장하며, '완전고용, 가족(아동)수당, 포괄적 의료 및 재활서비스' 세 가지를 강조했다.

정답 ④

☑ 핵심요약

1. 영국

- 엘리자베스 빈민법(1601): 노동능력의 유무에 따라 분류(노동능력자, 노동무능력자, 요보호아동)하여 차별적 빈민 구제, 구빈세 징수, 지방정부의 책임 강화
- 정주법(1662): 빈민의 거주 이전 제한

- 작업장법(1722): 원내구제, 빈민 노동력 활용으로 국가의 이윤추구
- 길버트법(1782): 원외구제, 구빈법의 행정 개선 및 인도주의적 구빈제도
- 스핀햄랜드법(1795): 저임금 노동자에 대해 가족 수에 따른 임금보조제 도입
- 공장법(1833): 아동의 노동조건과 작업환경 개선을 위한 법
- 신빈민법(1834): 작업장 수용의 원칙(원내구제 원칙, 원외구제 금지), 전국 균일처우의 원칙(행정통일), 열등처우의 원칙
- 자선조직협회(1869) : 빈곤은 개인 문제, 엄격한 자산조사, 빈민에 대한 낙인 발생
- 인보관운동(1884): 빈곤은 사회구조적 문제
- 베버리지보고서(1942): 결핍(소득), 무지(교육), 질병(의료), 나태(고용), 불결(주거)의 5대 악 퇴치, 포괄성 원칙, 행정의 통합화, 균일기여, 균일급여, 3대 전제조건(완전고용, 포괄적 보건의료서비스, 아동수당)

2. 독일: 1880년대 국가주도 사회보험제도 등장

- 비스마르크: 노동자계급을 체제로 끌어들여 사회적 안정과 통제를 위해 3대 사회보험 도입
  - 상호부조조직인 공제조합에서 기원
- 3대 사회보험: 질병보험법(1883, 세계 최초 사회보험제도), 재해보험법(1884), 폐질 및 노령연금법(1889)

3. 미국

- 사회보장법(1935)으로 사회보험, 공공부조, 사회복지서비스 제정

☑ 과락科落 말고 과락科樂 기출 선지

1. 영국: 빈민법(1601) → 정주법(1662) → 작업장법(1722) → 길버트법(1782) → 스핀햄랜드법(1795) → 공장법(1833) → 신빈민법(1834) → 베버리지 보고서(1942) → 자선조직협회(1869) → 인보관운동(1884) → 국민보험법(1911) → 베버리지보고서(1942)

2. 신민법은 원내구제(원외구호 금지), 전국 균일처우, 열등처우의 원칙을 기본으로 한다.

3. 베버리지(W. Beveridge)는 5대 사회악 해결을 위해 사회보험의 필요성을 주장하며, '완전고용, 가족(아동)수당, 포괄적 의료 및 재활서비스' 세 가지를 강조했다.

4. 베버리지 보고서의 5대 악은 결핍(궁핍), 무지(교육), 질병(의료), 나태(고용), 불결(주거)이다.

5. 독일 비스마르크는 3대 사회보험(질병보험, 재해보험, 노령·폐질보험)을 도입하였다.

6. 미국의 사회보장법(1935)은 미국 최초의 사회보장제도로 연방정부의 책임을 강화하고 확대하였으나 보편적 의료보험 제도는 제외되었다.

III 발달이론과 복지국가 유형

1. 발달이론

□ 22회 09번

사회복지정책의 발달을 설명하는 이론으로 옳은 것을 모두 고른 것은?

> ㄱ. 시민권이론은 정치권, 공민권, 사회권의 순서로 발달한 것으로 본다.
> ㄴ. 권력자원이론은 노동조합의 중앙집중화 정도, 좌파정당의 집권을 복지국가 발달의 변수로 본다.
> ㄷ. 이익집단이론은 다양한 이익집단들의 정치적 활동을 통해 복지국가가 발달한 것으로 본다.
> ㄹ. 국가중심이론은 국가 엘리트들과 고용주들의 의지와 능력에 의해 결정된다고 본다.
> ㅁ. 수렴이론은 그 사회의 기술수준과 산업화 정도에 따라 사회복지의 발달이 수렴된다고 본다.

① ㄱ, ㄴ, ㄹ   ② ㄱ, ㄷ, ㅁ
③ ㄴ, ㄷ, ㄹ   ④ ㄴ, ㄷ, ㅁ
⑤ ㄷ, ㄹ, ㅁ

해설 ㄱ. 시민권 이론은 공민권, 정치권, 사회권의 순서로 발달한 것으로 본다. ㄹ. 국가중심이론은 국가가 사회적 문제와 복지에 책임을 지며 사회복지서비스를 제공하는 주체로서 국가의 적극적 역할을 강조한다. 국가 엘리트들과 고용주들의 의지와 능력에 의해 결정된다는 이론은 엘리트이론이다. **정답** ④

□ 21회 05번

사회복지정책의 발달이론 중 의회민주주의의 정착과 노동자계급의 조직화된 힘을 강조하는 이론은?

① 산업화론   ② 권력자원이론
③ 확산이론   ④ 사회양심이론
⑤ 국가중심이론

해설 ① 산업화론: 농경사회에서 산업사회로 변화하면서 사회문제가 발생하였고, 그 대책으로 사회복지정책이 발달하였다. ③ 확산이론: 근대 국가들이 발전하면서 그 발전이 확산되어 전통적 국가들에게 영향을 미침 ④ 사회양심이론: 인도주의, 국가의 자선활동으로 간주, 타인에 대한 사랑, 사회적 의무감. 사회적 양심과 이타주의의 확대에 따라 모든 국가는 복지국가로 수렴 ⑤ 국가중심이론: 적극적 행위자로서 국가를 강조하고 사회복지정책의 발전을 국가 관료제의 영향으로 설명한다. **정답** ②

□ 20회 23번

사회복지정책의 발달이론에 관한 설명으로 옳지 않은 것은?

① 산업화론-농경사회에서 산업사회로 변화하면서 사회문제가 발생하였고, 그 대책으로 사회복지정책이 발달하였다.
② 권력자원론-복지국가 발전의 중요 변수들은 노동조합의 중앙집중화 정도, 노동자 정당의 영향력 등이다.
③ 수렴이론 – 사회적 양심과 이타주의의 확대에 따라 모든 국가는 복지국가로 수렴한다.
④ 시민권론 – 마샬(T. H. Marshall)에 따르면 시민권은 공민권, 참정권, 사회권 순서로 발전하였고, 사회복지정책은 사회권이 발달한 결과이다.
⑤ 국가중심적 이론 – 적극적 행위자로서 국가를 강조하고 사회복지정책의 발전을 국가 관료제의 영향으로 설명한다.

해설 ③ 사회양심론에 대한 설명이다. 수렴이론은 윌렌스키와 르보의 이론으로 경제성장의 수준이 유사하면 사회복지의 수준도 비슷하다고 봄으로써 복지국가 간 유사성에 초점을 둔다. **정답** ③

□ 19회 03번

사회복지정책 발달이론에 관한 설명으로 옳지 않은 것은?

① 사회양심론은 인도주의에 기초하고 있다.

② 음모이론은 사회복지정책을 사회안정과 질서유지를 위한 통제수단으로 보는 이론이다.

③ 확산이론은 한 지역의 사회복지정책이 다른 지역으로 전파되어 나간다는 이론이다.

④ 시민권론은 참정권, 공민권, 사회권 순으로 발전했다고 설명한다.

⑤ 산업화이론은 사회복지정책발달은 그 사회의 산업화 정도에 따라 결정된다고 보는 이론이다.

해설 마샬의 시민권론: 공민권 → 참정권(정치권) → 사회권(복지권) 순으로 발전하는 진화적 과정 　　정답 ④

□ 18회 04번

사회복지발달이론에 관한 설명으로 옳지 않은 것은?

① 사회양심이론 – 사회복지는 이타주의가 제도화된 것임

② 수렴이론 – 산업화를 이룬 나라들은 사회복지제도를 도입하게 됨

③ 시민권론 – 마샬(T. H. Marshall)은 사회권(social right)을 복지권(welfare right)이라 함

④ 권력자원론 – 사회복지정책은 권력 엘리트의 산물임

⑤ 구조기능주의론 – 사회복지는 산업화, 도시화에 따른 사회문제에 대한 적응의 결과임

해설 ④ 사회복지정책이 권력 엘리트의 산물이라는 주장은 엘리트이론이며, 권력자원론은 노동자, 노동조합, 좌익정당에 의해 복지국가가 발전했다고 설명한다. 　　정답 ④

☑ 핵심요약

1. 발달이론

(1) 사회양심이론: 타인을 위하는 이타적 양심, 사회적 의무감 등이 국가의 책임을 통해 드러나 사회정책이 발전되었다고 보는 이론, 인도주의에 기초

(2) 음모이론(사회통제론): 사회복지정책을 사회안정과 질서유지를 위한 통제수단으로 보는 이론

(3) 산업화이론(수렴이론): 산업화로 나타난 사회적 욕구와 문제를 해결하기 위해 복지국가가 발전한다는 이론, 경제발전과 사회복지가 상관관계가 존재한다고 주장.

(4) 시민권이론: 공민권 → 참정권(정치권) → 사회권(복지권) 순으로 발전하는 진화적 과정이라는 마샬의 이론

5) 확산이론(전파이론): 국가간 교류를 통해 한 국가의 사회복지정책이 다른 나라에 확산되어 영향을 미침으로 복지정책이 다른 지역으로 전파되어 나간다는 이론

6) 엘리트이론: 사회는 소수의 엘리트 집단을 중심으로 발전하고 사회정책은 대중에게 일방적이고 하향적으로 전달된다는 이론

(7) 국가중심적 이론: 적극적 행위자로서 국가를 강조하고 사회복지정책의 발전을 국가

관료제의 영향으로 국가의 역할을 강조한 이론

(8) 권력자원이론(사회민주주의이론): 복지국가의 발전을 노동자계급의 정치적 권력이 확대된 결과로 보는 이론

(9) 독점자본이론: 전통적인 마르크스주의에 이론적 뿌리를 두고 있으며, 자본주의가 독점자본에 이르면 자본축적에 필요한 노동력 재생산의 필요성 때문에 복지국가가 확대된다는 이론

(10) 구조기능주의론: 사회복지는 산업화, 도시화에 따른 사회문제에 대한 적응의 결과임

(11) 이익집단이론(다원주의이론): 각종 이익집단의 정치를 통한 산물이 복지국가이며 이익집단의 이익이 우선이라는 이론

☑ 과락科落 말고 과락科樂 기출 선지

1. 산업화이론은 사회복지정책발달이 그 사회의 산업화 정도에 따라 결정된다고 보는 이론이다.

2. 권력자원론에서 복지국가 발전의 중요 변수들은 노동조합의 중앙집중화 정도, 노동자 정당의 영향력 등이다.

3. 사회적 양심과 이타주의의 확대에 따라 모든 국가는 복지국가로 수렴한다는 것은 사회양심이론이다.

4. 사회복지정책이 권력 엘리트의 산물이라는 주장은 엘리트이론이다.

5. 마샬은 시민권론에서 시민권이 공민권, 참정권, 사회권의 순으로 발전했다고 설명한다.

6. 음모이론은 사회복지정책을 사회안정과 질서유지를 위한 통제수단으로 보는 이론이다.

7. 엘리트이론은 사회복지정책이 권력 엘리트의 산물이라고 주장한다.

2. 복지국가 유형

☐ ☐ 22회 01번

사회복지의 잔여적 개념과 제도적 개념에 관한 설명으로 옳은 것을 모두 고른 것은?

> ㄱ. 잔여적 개념에 따르면 개인은 기본적으로 가족과 시장을 통해 욕구를 충족시킨다.
> ㄴ. 제도적 개념에 따르면 가족과 시장에 의한 개인의 욕구 충족이 실패했을 때 국가가 잠정적·일시적으로 그 기능을 대신한다.
> ㄷ. 잔여적 개념은 작은 정부를 옹호하고 시장과 민간의 역할을 중시하는 보수주의자들의 선호와 맥락을 같이한다.
> ㄹ. 제도적 개념은 사회복지를 시혜나 자선으로 보지 않지만 국가에 의해 주어진 것이므로 권리성은 약하다.

① ㄱ
② ㄹ
③ ㄱ, ㄷ
④ ㄴ, ㄷ
⑤ ㄴ, ㄷ, ㄹ

해설 잔여적 개념은 가족과 시장에 의해 개인의 욕구 충족이 실패했을 때 국가가 일시적, 한정적, 보완적으로 그 기능을 대신하는 선별주의이다. 능력에 따른 자원 배분으로 사회적 낙인이 발생한다. 제도적 개념은 국가의 적극적인 개입으로 평등과 사회통합을 구현하는 보편주의로 국가의 많은 역할을 강조하므로 사회복지의 권리성이 강하다. **정답** ③

☐ 22회 02번

복지다원주의 또는 복지혼합에 관한 설명으로 옳지 않은 것은?

① 국가는 복지의 주된 공급자로 인정하면서도 불평등을 야기하는 시장은 복지 공급자로 수용하지 않는다.
② 국가를 포함한 복지제공의 주체를 재구성하는 논리로 활용된다.

③ 비공식부문은 제도적 복지의 발달에도 불구하고 존재하는 비복지 문제에 대응하는 복지주체이다.
④ 시민사회는 사회적경제조직을 구성하여 지역사회에서 공급주체로 참여하는 역할을 한다.
⑤ 복지제공의 주체로 국가 외에 다른 주체를 수용한다는 점에서 복지국가를 비판하는 논리로 쓰인다.

해설 복지다원주의는 사회복지의 수준을 국가만이 아닌 시장, 비공식부문, 자원부문 등 다양한 공급주체들이 수행하는 역할의 혼합에 의해 복지가 제공되어야 한다고 강조한다. **정답** ①

☐ 22회 15번

에스핑-안데르센(G. Esping-Andersen)의 복지국가 유형에 관한 설명으로 옳은 것은?

① 복지국가 유형을 탈상품화, 계층화 등을 기준으로 분류하였다.
② 보수주의 복지국가는 탈가족주의와 통합적 사회보험을 강조한다.
③ 자유주의 복지국가는 공공부조의 비중과 탈상품화 수준이 낮은 편이다.
④ 사회민주주의 복지국가는 국가의 책임을 최소화하고 시장을 통해 문제해결을 한다.
⑤ 보수주의 복지국가의 예로는 프랑스, 영국, 미국을 들 수 있다.

해설 ② 보수주의 복지국가는 가부장제가 강하며 직업별로 분리되어 직업에 따라 급여수준의 차이가 큰 사회보험 프로그램을 강조한다. ③ 자유주의 복지국가는 공공부조 프로그램을 강조하고 탈상품화 효과가 낮으며 계층화 수준은 높은 편으로 미국, 캐나다, 호주 등이다. ④ 사회민주주의 복지국가는 보편주의 원칙으로 탈상품화 효과가 크고 계층화 수준은 낮은 편으로 스웨덴, 덴마크, 핀란드 등이다. ⑤ 보수주의 복지국가의 예로는 독일, 프랑스, 이탈리아, 오스트리아 등이다. **정답** ①

□ 21회 07번

조지(V. George)와 윌딩(P. Wilding)이 제시한 이념 중 소극적 집합주의에 관한 설명으로 옳은 것은?

① 시장에 대한 국가개입을 최소화하고 개인의 소극적 자유를 극대화하는 것이 바람직하다.
② 개인의 적극적 자유를 보장하기 위해서는 철저한 계획경제와 생산수단의 국유화가 필요하다.
③ 환경과 생태의 관점에서 자본주의의 성장과 복지국가의 확대는 지속가능하지 않다.
④ 복지국가는 노동의 성(gender) 분업과 자본주의 가부장제를 고착화시키는 역할을 한다.
⑤ 시장의 약점을 보완하고 불평등과 빈곤에 대응하기 위하여 실용적인 국가개입이 필요하다.

해설 ① 반집합주의 ② 마르크스주의 ③ 녹색주의 ④ 페미니즘　　　　　　　　　　**정답** ⑤

□ 20회 01번

조지와 윌딩(V. George & P. Wilding, 1976; 1994)의 사회복지모형에서 복지국가의 확대를 가장 지지하는 이념은?

① 신우파
② 반집합주의
③ 마르크스 주의
④ 페이비언 사회주의
⑤ 녹색주의

해설 신우파(반집합주의)는 시장을 옹호하며 복지국가의 확대를 반대하고, 마르크스주의는 복지국가가 자본주의 체제를 지지하는 원천으로 보아 반대한다. 녹색주의는 복지지출 확대가 환경을 파괴한다고 보는 부정적 입장이다.　　　　　　　　　**정답** ④

□ 21회 08번

에스핑-안데르센(G. Esping-Andersen)의 복지국가 유형에 관한 설명으로 옳지 않은 것은?

① 탈상품화 정도, 계층화 정도 등에 따라 복지국가를 3가지 유형으로 분류하였다.
② 탈상품화는 돌봄이나 서비스 부담을 가족에게 의존하지 않는 정도를 의미한다.
③ 사회민주주의 복지국가는 탈상품화 정도가 높고 보편적 사회서비스를 제공한다.
④ 보수주의 복지국가에서 사회보험은 직업집단 등에 따라 분절적으로 운영된다.
⑤ 자유주의 복지국가는 공공부조의 역할이 크고 탈상품화 정도는 낮다.

해설 탈상품화는 노동자가 자신의 노동력을 상품으로 시장에 내다 팔지 않고도 살 수 있는 정도로, 자신이 노동시장에서 일할 수 없는 여러 가지 상황에 처했을 때 국가가 어느 정도 수준의 급여를 제공해 주는가의 정도이며 탈상품화가 높을수록 복지선진국이다.　　　　**정답** ②

□ 20회 11번

에스핑-앤더슨(G. Esping-Andersen)의 세 가지 복지체제에 관한 설명으로 옳지 않은 것은?

① 보수주의 복지체제 국가는 가족의 중요성을 강조한다.
② 자유주의 복지체제 국가에서 탈상품화 정도가 가장 높다.
③ 사회민주주의 복지체제 국가는 보편주의를 강조한다.
④ 보수주의 복지체제 국가의 예로 독일, 프랑스, 이탈리아가 있다.
⑤ 자유주의 복지체제 국가의 사회보장급여는 잔여적 특성이 강하다.

해설 탈상품화란 노동자가 자신의 노동력을 상품으로 시장에 내다 팔지 않고도 살 수 있는 정도로, 노동시장에서 일을 할 수 없는 상황일 때 국가의 급여제공 수준의 정도를 의미한다. 자유주의 복지체제 국가는 탈상품화 정도가 낮고 계층화는 높은 선별적 특성을 지닌다.　　　**정답** ②

□ 19회 05번

에스핑-앤더슨(Esping-Andersen)의 복지국가 유형에 관한 설명으로 옳은 것을 모두 고른 것은?

ㄱ. 복지국가 유형을 탈상품화, 계층화 등을 기준으로 분류하였다.

ㄴ. 자유주의복지국가는 자산조사에 의한 공공부조의 비중이 큰 국가이다.

ㄷ. 보수주 복지국가는 사회보험에 의존하지 않는다.

ㄹ. 사회민주주의복지국가는 보편적 원칙과 사회권을 통한 탈상품화 효과가 크다.

① ㄱ, ㄴ
② ㄱ, ㄹ
③ ㄱ, ㄴ, ㄹ
④ ㄴ, ㄷ, ㄹ
⑤ ㄱ, ㄴ, ㄷ, ㄹ

해설 ㄷ. 보수주의 복지국가는 사회보험에 의존한다.

정답 ③

✓ 핵심요약

2. 복지국가 유형

(1) 2분 모형: 윌렌스키와 르보

잔여적 모형	제도적 모형
· 가족 또는 시장이 제 기능을 하지 못할 때 국가가 개입하여 취약계층을 대상으로 최소한의 복지를 제공 - 소극적 자유, 자유시장경제 - 선별주의(자산조사 필수 - 사회적 낙인 발생) - 능력에 따른 자원 배분	· 어떤 일이 발생하기 전 예방적 차원으로 전국민을 대상으로 국가의 적극적인 개입을 통해 사회복지 구현 - 적극적 자유 - 보편주의(전국민 대상 - 권리의 행사) - 국가를 통한 사회적 재분배

(2) 3분 모형: 티트머스

잔여적 모형	산업적 성취 모형	제도적 재분배 모형
· 가족과 시장의 역할을 강조 · 개인주의 기초 · 공공부조 프로그램 강조	· 잔여적 모형과 제도적 모형의 중간 · 직무수행과 생산성 정도에 따라 복지가 차등 제공 · 사회보험 프로그램 강조	· 적극적 자유 · 평등과 재분배 정책 강조 · 보편적 프로그램 강조

(3) 퍼니스와 틸튼의 모형

적극국가	사회보장국가	사회복지국가
· 경제적 효율성 중심 · 시장의 기능을 강화하기 위 해 사회복지는 최소한으로 제공	· 국민 최저 생활 보장 · 기회의 평등이 보장되면 그 이상은 개별화의 원칙	· 국민 최저 생활을 넘은 평등 을 지향 · 사회보험보다 보편적인 사회 복지정책

(4) 에스핑-앤더슨의 복지국가 유형

· 기준: 탈상품화, 계층화

자유주의	조합주의(보수주의)	사회민주주의
· 선별주의 · 탈상품화 미약 · 공공부조 프로그램 강조 · 시장규제 완화, 복지 축소 · 미국, 캐나다 등	· 직업별·계층별로 다른 종류 의 복지급여 제공 · 가부장제 · 사회보험 강조 · 독일, 프랑스 등	· 보편주의 · 탈상품화 극대화 · 전 국민 대상 · 보편적 사회수당 강조 · 스웨덴, 핀란드, 덴마크 등

(5) 미쉬라의 모형

· 2분형

분화된 복지국가	경제와 구별되어 자율성을 유지한 상태에서 국가서비스 제공
통합된 복지국가	경제집단의 상호의존성을 인식하여 사회적 협력형태로 제도화 추구

· 3분형: 보충적 모형(우파), 제도적 모형(중도), 규범적 모형(좌파)

(6) 조지와 윌딩의 복지국가유형

· 이데올로기 관점에서 복지국가 구분

① 초기유형

반집합주의	자유방임주의, 신자유주의 사상, 소극적 자유, 복지국가 반대
소극적 집합주의	시장의 문제점을 해결하거나 정치적 안정을 위해서는 정부의 복지개입 허용, 수정자본주의, 실용주의
페이비언 사회주의	의회민주주의를 통한 점진적 개혁 추구, 평등, 인본주의
마르크스 주의	복지국가는 자본가의 이익을 위해 존재한다고 여기고 자본주의 부정

② 수정유형

신우파 (반집합주의)	소극적 자유, 국가역할 축소, 시장이 최선의 체계, 공공부문의 민영화, 기 업에 대한 규제 완화 주장

중도노선 (소극적 집합주의)	실용주의, 최소한의 국가개입 인정, 수정자본주의
사회민주주의 (페이비언 사회주의)	평등, 적극적 자유, 사회복지정책 확대 지지
마르크스주의	경제적 평등과 계급갈등에 대한 강조, 복지국가는 자본가의 이익을 위해 존재한다고 비판
페미니즘	복지국가에 대한 양면적 입장, 여성의 욕구에 실패
녹색주의	자연 우선, 복지국가의 사회복지서비스는 사회문제의 원인이 아닌 현상만을 다루고 있다고 비판

☑ **과락**科落 말고 **과락**科樂 **기출 선지**

01. 반집합주의는 시장에 대한 국가개입을 최소화하고 개인의 소극적 자유를 극대화하는 것이 바람직하다고 주장한다.

02. 반집합주의 가치영역에는 개인주의, 자유, 불평등, 가족 등이 있다.

03. 마르크스주의에서 개인의 적극적 자유를 보장하기 위해서는 철저한 계획경제와 생산수단의 국유화가 필요하다.

04. 환경과 생태의 관점(녹색주의)에서 자본주의의 성장과 복지국가의 확대는 지속가능하지 않다.

05. 페미니즘은 복지국가가 노동의 성(gender) 분업과 자본주의 가부장제를 고착화시키는 역할을 한다고 주장한다.

06. 소극적 집합주의 시장의 약점을 보완하고 불평등과 빈곤에 대응하기 위해서 실용적인 국가개입이 필요하다.

07. 조지와 윌딩의 사회복지모형에서 복지국가의 확대를 지지하는 이념은 페이비언 사회주의이다.

08. 에스핑-앤더슨은 복지국가 유형을 탈상품화, 계층화 등을 기준으로 분류하였다.

09. 에스핑-앤더슨의 복지국가 유형에서 자유주의국가는 자산조사에 의한 공공부조의 비중이 크고, 보수주의국가는 사회보험에 의존하며, 사회민주주의국가는 보편적 원칙과 사회권을 통한 탈상품화의 효과가 크다.

☐ 21회 02번

사회복지정책 평가가 갖는 특징으로 옳지 않은 것은?

① 정치적이다.
② 실용적이다.
③ 종합학문적이다.
④ 기술적이다.
⑤ 가치중립적이다.

해설 사회복지정책의 평가는 가치지향적이다. **정답** ⑤

☐ 21회 22번

정책결정 모형 중 드로어(Y. Dror)가 제시한 최적 모형에 관한 설명으로 옳은 것을 모두 고른 것은?

ㄱ. 합리모형과 점증모형의 단순혼합이 아닌 정책성과를 최적화하려는 데 초점을 둔다.
ㄴ. 합리적 요소와 초합리적 요소를 다 고려하는 질적 모형이다.
ㄷ. 초합리성의 구체적인 달성 방법에 대한 명확한 설명이 제시되었다.
ㄹ. 정책결정을 체계론적 시각에서 파악한다.
ㅁ. 정책결정 과정에서 실현가능성이 낮다는 비판이 있다.

① ㄱ, ㄴ
② ㄱ, ㄷ, ㄹ
③ ㄱ, ㄴ, ㄹ, ㅁ
④ ㄱ, ㄷ, ㄹ, ㅁ
⑤ ㄴ, ㄷ, ㄹ, ㅁ

해설 ㄷ. 드로어의 정책결정 모형은 초합리성의 구체적인 달성 방법에 대해 명확한 설명이 제시되어 있지 않다는 비판이 있다. **정답** ③

☐ 20회 19번

정책결정이론 모형에 관한 설명으로 옳은 것을 모두 고른 것은?

ㄱ. 합리모형은 인간의 이성과 합리성을 믿고 주어진 상황에서 목표 달성을 극대화하는 최선의 정책대안을 찾아낼 수 있다고 본다.
ㄴ. 점증모형은 조직화된 무정부상태 속에서 점진적으로 질서를 찾아가는 과정을 정책결정과정으로 설명한다.
ㄷ. 쓰레기통모형은 문제의 흐름, 정책대안의 흐름, 정치의 흐름이 우연히 결합하여 정책의 창이 열릴 때 정책이 결정된다고 본다.
ㄹ. 혼합모형은 합리모형과 최적모형을 혼합하여 최선의 정책결정에 도달하는 정책결정모형이다.

① ㄱ, ㄷ
② ㄱ, ㄹ
③ ㄴ, ㄹ
④ ㄱ, ㄴ, ㄷ
⑤ ㄱ, ㄴ, ㄷ, ㄹ

해설 ㄴ. 쓰레기통모형 ㄹ. 혼합모형은 합리모형과 점증모형을 절충한 것으로 합리모형에 따라 기본적 결정을 하고, 이를 수정·보완하면서 점증적인 결정을 하는 모형이다. **정답** ①

사회복지정책 평가유형에 관한 설명으로 옳은 것은?

① 과정평가는 정책집행 후에 평가하는 활동을 말한다.

② 결과평가는 정책집행 중간의 평가로 전략 설계의 수정보완을 하지 못한다.

③ 총괄평가는 정책이 집행되고 난 후 정책이 사회에 미친 영향을 평가하는 것이다.

④ 효율성평가는 정책집행의 결과에 따라 정책의 목적이 달성되었는지를 평가하는 것이다.

⑤ 효과성평가는 정책의 효과를 투입된 자원과 대비하는 평가이다.

해설 ① 결과평가 ② 결과평가는 정책이 집행된 후 정책에 따른 결과를 평가 ④ 효과성평가 ⑤ 효율성평가

정답 ③

최근 논의되는 사회복지정책 이슈들에 관한 설명으로 옳지 않은 것은?

① 생태주의 관점에서는 복지국가의 '성장' 패러다임을 옹호한다.

② 4차 산업혁명, 일자리 감소, 소득 양극화 심화 등의 이슈는 '기본소득' 도입의 필요성과 관련되어 있다.

③ 민달팽이유니온, 복지국가청년네트워크 등은 청년세대운동조직이 출현한 사례에 해당한다.

④ '마을만들기' 사업은 주민참여형 복지라고 할 수 있다.

⑤ '커뮤니티 케어'는 탈시설화와 관련되어 있다.

해설 생태주의 관점에서 복지국가는 경제성장과 소비를 바탕으로 환경을 악화시키기 때문에 복지국가의 '성장' 패러다임을 비판한다.

정답 ①

☑ 핵심요약

1. 정책의제의 형성

(1) 개인문제: 사회성과 보편성을 가지면 사회문제로 전환

(2) 사회문제: 사회문제가 여론화되고 정부의 개입이 필요함을 인식

(3) 사회문제의 이슈화: 사회문제를 크게 부각시켜 대중의 관심을 유도하여 공공정책으로 논의

(4) 정책의제 형성과정모형

- 외부주도형(사회문제 – 공공의제 – 정부의제): 정부조직이 아닌 집단이나 조직이 정책의제 형성과정을 주도, 언론·정당·이익집단 등이 적극적 역할, 다원화되고 민주화된 사회에서 주로 발생
- 동원모형(사회문제 – 정부의제 – 공공의제): 정부 내부에서 정책의제 형성, 엘리트 중심론
- 내부접근형: 정부 내부자가 의제 형성과정을 주도, 공공의제화되는 것을 막거나 배제한다는 점에서 동원모형과 구분, 음모론적 시각, 후진국·관료집단 주도 국가에서 주로 발생

2. 정책대안의 형성

(1) 정책대안 형성기법: 점증적 방법, 브레인스토밍, 델파이방법, 미래예측방법

(2) 정책대안의 비교분석기법
- 비용편익분석: 각 대안의 비용 및 편익을 모두 화폐 단위로 계량화하여 분석
- 비용효과분석: 화폐가치화하기 힘든 사회복지 편익을 총비용과 총효과로 대안 비교
- 기타: 의사결정나무분석, 정책 실험 등

3. 정책의 결정, 집행 및 평가

(1) 정책결정모형
- 합리모형: 완전한 정보와 고도의 합리성을 바탕으로 최선의 대안 선택
- 만족모형: 제한된 수의 대안들 중 동의할 만한 대안 선택
- 점증모형: 기존 정책의 문제점들을 변화된 상황에서 수정·보완
- 혼합모형: 합리모형과 점증모형을 절충한 모형
- 최적모형: 새로운 정책결정에 직관, 판단력, 창의력 등 초합리적 요소 고려
- 엘리슨모형: 상호배타적인 합리모형, 조직과정모형, 정치모형으로 구성
- 쓰레기통모형: 조직화된 무정부상태에서 정책결정의 흐름이 우연한 기회에 결정된다는 이론
- 엘리트모형: 소수의 엘리트가 독단적으로 사회복지 정책을 결정
- 공공선택모형: 공공재와 공공서비스 공급의 정책결정 파급효과를 강조

(2) 정책집행의 의의
- 정책의 내용을 실체화하며 수정·보완
- 정치적 갈등과 타협이 현실화되는 과정

(3) 정책의 평가
- 평가의 필요성
  - 기존 정책의 개선에 필요한 정보 얻기
  - 문제 해결을 위한 정책결정에 필요한 정보 얻기
  - 정책의 정당성 확보
  - 사회복지정책 이론 형성
  - 복지비용의 지속적 자원 확보
- 평가의 기준
  - 효과성, 효율성, 적정성, 적절성

• 평가유형

분류	유형
평가주체	내부평가: 정책결정 및 정책집행 기관에 의한 구성원들의 평가 외부평가: 정책결정 및 정책집행과 무관한 외부기관이 하는 평가
평가시기	형성평가(과정평가): 정책집행과정의 활동을 분석하여 전략을 수정·보완 위한 평가 총괄평가(영향평가): 정책집행 이후의 사회에 미친 영향, 효과 등의 최종적 판단활동
평가대상	총괄평가: 정책결과의 목적 달성 여부에 대한 분석 과정평가: 정책집행 절차 및 활동 분석·점검
일반평가	효율성평가: 동일한 비용으로 산출을 극대화하였는가에 대한 평가 효과성평가: 사회복지정책 목표를 얼마나 달성했느냐의 평가

☑ 과락科落 말고 과락科樂 기출 선지

01. 사회복지정책의 평가는 가치지향적이다.

02. 사회복지 정책결정에 관한 이론모형에는 최적모형, 합리모형, 점증모형, 쓰레기통모형, 혼합모형 등이 있다.

03. 드로어의 정책결정모형은 초합리성의 구체적인 달성 방법에 대해 명확한 설명이 제시되어 있지 않다는 비판이 있다.

04. 합리모형은 인간의 이성과 합리성을 믿고 주어진 상황에서 목표 달성을 극대화하는 최선의 정책대안을 찾아낼 수 있다고 본다.

05. 쓰레기통모형은 조직화된 무정부상태 속에서 점진적으로 질서를 찾아가는 과정을 정책결정과정으로 설명한다.

06. 쓰레기통모형은 문제의 흐름, 정책대안의 흐름, 정치의 흐름이 우연히 결합하여 정책의 창이 열릴 때 정책이 결정된다고 본다.

07. 총괄평가는 정책이 집행되고 난 후 정책이 사회에 미친 영향을 평가하는 것이다.

08. 과정평가(형성평가)는 정책집행 중간의 평가로 전략 설계의 수정·보완을 위한 평가이다.

09. 효과성평가는 정책집행의 결과에 따라 정책의 목적이 달성되었는지를 평가하는 것이고, 효율성평가는 정책의 효과를 투입된 자원과 대비하는 평가이다.

□ 22회 03번

급여의 형태에 관한 설명으로 옳은 것을 모두 고른 것은?

> ㄱ. 현금급여는 선택의 자유를 보장하지만 사회적 통제가 부과된다.
> ㄴ. 현물급여는 집합적 선을 추구하고 용도 외 사용을 방지하지만 관리비용이 많이 든다.
> ㄷ. 서비스는 클라이언트를 위한 제반 활동을 말하며 목적 외 다른 용도로 사용할 수 없다.
> ㄹ. 증서는 일정한 범위 내에서만 교환가치를 가지기 때문에 개인주의자와 집합주의자 모두 선호한다.
> ㅁ. 기회는 재화와 자원을 통제할 수 있는 영향력을 의미하며 정책에 관한 의사결정권을 갖는 것을 말한다.

① ㄱ, ㄹ ② ㄴ, ㅁ
③ ㄱ, ㄴ, ㄷ ④ ㄱ, ㄷ, ㅁ
⑤ ㄴ, ㄷ, ㄹ

해설 ㄱ. 현금급여는 현금의 형태로 지급되어 수급자의 선택보장과 효용을 극대화할 수 있지만 정책의 목표대로 쓰이지 않고 불필요한 소비지출에 사용될 수 있는 한계가 있다. **정답** ⑤

□ 22회 04번

사회서비스 전자바우처에 관한 설명으로 옳지 않은 것은?

① 급여형태는 신용카드 또는 체크카드로 구현한 증서이다.
② 공급자 중심의 직접지원 또는 직접지불 방식이다.
③ 서비스 제공자의 도덕적 해이를 방지하기 위해 도입되었다.
④ 수요자의 선택권을 보장하기 위한 수단으로 활용되고 있다.
⑤ 금융기관 시스템을 활용하여 재정흐름의 투명성이 높아졌다.

해설 전자바우처는 이용 가능한 서비스의 금액이나 수량이 기재된 증표로 서비스 신청, 이용, 비용 등 전 과정을 전산시스템으로 처리하는 전달수단이다. **정답** ②

□ 22회 05번

보편주의와 선별주의에 관한 설명으로 옳은 것을 모두 고른 것은?

> ㄱ. 보편주의는 시민권에 입각해 권리로서 복지를 제공하므로 비납세자는 사회복지 대상에서 제외한다.
> ㄴ. 보편주의는 기여자와 수혜자를 구별하지 않는다.
> ㄷ. 선별주의는 수급자격이 제한된 급여를 제공하기 위해 자산조사 또는 소득조사를 한다.
> ㄹ. 보편주의자와 선별주의자 모두 사회적 평등성 또는 사회적 효과성을 나름대로 추구한다.

① ㄷ ② ㄱ, ㄷ
③ ㄴ, ㄹ ④ ㄱ, ㄴ, ㄹ
⑤ ㄴ, ㄷ, ㄹ

해설 보편주의는 사회적 권리로서 모든 국민에게 주어져야 한다는 관점으로 사회통합, 사회효과성을 강조하는 반면 선별주의는 사회복지 대상자를 기준에 따라 구분하여 서비스를 제공함으로써 비용효과성을 강조한다. **정답** ⑤

□ 22회 06번

사회복지의 민간재원에 관한 설명으로 옳은 것은?

① 사회복지의 민간재원에는 조세지출, 기부금, 기업복지, 퇴직금 등이 포함된다.

② 기부금 규모는 국세청이 추산한 액수보다 더 적을 것으로 추정된다.

③ 이용료는 클라이언트가 직접 지불한 것을 제외하고 사회보장기관 등의 제3자가 서비스 비용을 지불한 것을 의미한다.

④ 기업복지는 기업이 그 피용자들에게 제공하는 임금과 임금 외 급여 또는 부가급여를 의미한다.

⑤ 기업복지의 규모가 커질수록 노동자들 사이의 불평등이 증가한다.

해설 ① 사회복지의 민간재원에는 사용자부담, 자발적 기여, 기업복지, 비공식 부분 등이 있다. ② 기부금은 제공자의 자발적인 의사에 의존하므로 예측하기가 어렵다. ③ 이용료는 클라이언트와 제3자가 서비스 비용을 지불한 것을 의미한다. ④ 기업복지는 기업이 그 피용자들에게 제공하는 임금 이외의 사회복지 혜택이다. **정답** ⑤

□ 22회 07번

조세와 사회보험료에 관한 설명으로 옳은 것은?

① 조세는 사회보험료에 비해 소득역진적이다.

② 조세와 사회보험료는 공통적으로 빈곤완화, 위험분산, 소득유지, 불평등 완화의 기능을 수행한다.

③ 조세와 사회보험료는 공통적으로 상한선이 있어서 고소득층에 유리하다.

④ 사회보험료를 조세로 보기는 하지만 임금으로 보지는 않는다.

⑤ 개인소득세는 누진성이 강하고 일반소비세는 역진성이 강하다.

해설 ① 조세는 누진적인 방식으로 부과되어 소득재분배 효과가 가장 크다. ② 조세는 전 국민을 대상으로 급여가

가능하지만, 사회보험료는 일종의 목적세로 납부한 사람들만 혜택을 주는 정책이다. ③ 조세 중 소득세는 소득이 증가할수록 세율이 높아져서 누진적이지만 사회보험료는 소득상한액이 있어 자산소득이 많은 고소득층의 부담이 축소될 수 있다. ④ 개인연금지원금, 단체보험료 등은 임금에 해당한다. **정답** ⑤

□ 22회 08번

길버트와 테렐(Gilbert & Terrell)이 주장한 전달체계의 개선전략 중 서비스에 대한 접근성 자체를 중요하게 간주하여 독자적인 서비스를 제공하려는 재구조화 전략은 무엇인가?

① 중앙집중화(centralization)

② 사례수준 협력(case-level cooperation)

③ 시민참여(citizen participation)

④ 전문화된 접근구조(specialized access structure)

⑤ 경쟁(competition)

해설 ① 중앙집중화는 서비스 제공과 관련된 의사 결정 및 리소스 할당을 중앙에서 통제하고 조정하여 일관된 서비스 수준을 유지하고 개선하는 전략이다. ② 사례수준 협력은 각 사례에 대해 조직 내외부에서 협력체계를 구축하여 개별적인 서비스 요구에 맞춤형으로 제공하고 고객만족도를 향상시키는 전략이다. ③ 시민참여는 정부나 공공기관이 서비스 제공과 의사결정과정에 시민들을 적극적으로 참여시키는 것이다. ⑤ 경쟁은 경쟁적인 시장 환경에서 조직이 효과적으로 서비스를 제공하고 발전시키는 방법에 대한 개념을 나타낸다. **정답** ④

□ 21회 18번

길버트(N. Gilbert)와 테렐(P. Terrell)이 주장한 사회복지전달체계 재구조화 전략으로 옳지 않은 것은?

① 수급자 수요 강화

② 기관들의 동일 장소 배치

③ 사례별 협력

④ 관료적 구조로부터의 전문가 이탈

⑤ 시민 참여

해설 재구조화 전략

- 정책결정 권한과 통제력의 재구조화: 기관들의 지리적 집중화, 사례별 협력, 시민참여
- 업무배치의 재조직화: 관료적 구조로부터의 전문가 이탈
- 전달체계 조직구성의 변화: 접근구조의 전문화, 의도적인 중복

① 길버트와 테렐은 수급자 선정기준을 세분화하였다.

정답 ①

☐ 21회 19번

사회복지정책의 주체 및 그 역할에 관한 설명으로 옳지 않은 것은?

① 긍정적 외부효과가 큰 영역은 민간부문이 담당하는 것이 바람직하다.
② 사회복지정책의 주체는 국가, 지방자치단체, 공공복지기관 등 다양하다.
③ 공공재적 성격이 강한 재화나 서비스는 공공부문이 개입하는 것이 바람직하다.
④ 정보의 비대칭성이 강한 영역은 정부가 개입하는 것이 바람직하다.
⑤ 민간복지기관은 정부 및 공공기관에 의하여 권한을 위임받은 경우 사회복지정책의 주체가 될 수 있다

해설 외부효과란 공공재와 유사한 개념으로, 서비스나 재화를 국가가 제공하면 긍정적인 외부효과를 만들어 내지만 이를 민간부문이 제공하게 되면 바람직하지 않을 수도 있다.

정답 ①

☐ 21회 20번

사회복지정책분석에서 산물(product) 분석의 한계에 관한 설명으로 옳은 것은?

① 정해진 틀에 따라 사회복지정책 내용을 분석함으로써 적용된 사회적 가치를 평가하기 쉽다.
② 사회복지정책의 방향성을 제시하기가 용이하다.
③ 현행 사회복지정책에서 배제되고 차별받는 사람들의 욕구를 파악하기 쉽다.

④ 산물분석 결과는 기존의 사회주류적 입장을 대변할 가능성이 높다.
⑤ 사회복지정책의 구체적인 대안을 담아내기 쉽다.

해설 ①, ②, ③, ⑤는 성과분석에 해당
정답 ④

☐ 21회 21번

길버트(N. Gilbert)와 테렐(P. Terrell)이 제시한 사회적 효과성에 관한 설명으로 옳은 것은?

① 수급자격을 얻기 위해 개인의 특수한 욕구가 선별적인 세밀한 조사에 노출될 수밖에 없다.
② 사람들이 사회의 평등한 구성원으로 어느 정도나 대우받는가에 따라 판단하는 것이다.
③ 시민권은 수급권을 얻을 수 있는 자격이 안 된다.
④ 급여를 신청할 때 까다로운 행정절차가 반드시 필요하다.
⑤ 사회적 효과성은 단기적 비용절감을 목표로 한다.

해설 사회적 효과성을 강조하는 것은 보편주의, 비용적 효과성을 강조하는 것은 선별주의로 보는 것이 일반적이다.
①, ③, ④, ⑤ 선별주의의 비용적 효과성에 관한 내용
정답 ②

☐ 21회 23번

사회복지정책 급여의 적절성에 관한 설명으로 옳지 않은 것은?

① 인간다운 생활을 할 수 있는 수준의 급여를 제공하는 것을 말한다.
② 기초연금 지급액 인상은 적절성 수준을 높여줄 수 있다.
③ 급여를 받는 사람의 삶의 질에 대한 관심의 표현이다.
④ 일정한 수준의 물질적, 정신적 복지를 제공해야 한다는 것과 관련된다.
⑤ 적절성에 대한 기준은 시간과 환경에 따라 변하지 않는다.

해설 ⑤ 적절성에 대한 기준은 시간과 환경에 따라 변하며 다양하다. **정답** ⑤

□ 20회 13번

우리나라 사회복지제도의 급여자격 조건에 관한 설명으로 옳은 것은?

① 국민연금은 소득수준 하위 70%를 기준으로 급여자격이 부여되므로 자산조사 방식이 적용된다.

② 노인장기요양보험제도는 요양등급을 판정하여 급여를 제공하므로 진단적 구분이 적용된다.

③ 아동수당은 전체 아동이 적용대상이 아니므로 선별주의제도이다.

④ 국민기초생활보장제도는 부양의무자 조건을 완화하였으므로 보편주의 제도이다.

⑤ 장애인연금은 모든 장애인에게 지급하는 보편주의 제도이다.

해설 ① 국민연금은 사회보험이므로 자산조사를 하지 않는다. 소득수준 하위 70%를 기준으로 급여자격이 부여되는 것은 기초연금과 장애인연금이다. ③ 아동수당은 전체 아동이 적용대상이며 보편적인 제도이다. ④ 국민기초생활보장제도는 부양의무자 조건을 완화하였으나 기준 중위소득 선정기준을 적용하여 급여를 제공하는 선별주의 제도이다. ⑤ 장애인연금은 18세 이상 중증장애인 중에 소득하위 70%를 기준(소득인정액이 중증장애인의 소득, 재산, 생활수준과 물가상승률 등 고려)으로 보건복지부장관이 정하여 고시하는 금액 이하인 사람에게 지급하는 선별주의 제도이다. **정답** ②

□ 20회 15번

우리나라의 건강보험제도를 할당, 급여, 전달체계, 재정의 영역으로 구분한 것이다. 내용 연결이 옳은 것을 모두 고른 것은?

ㄱ. 할당 – 기여조건
ㄴ. 급여 – 현금급여, 현물급여
ㄷ. 전달체계 – 민간전달체계, 공공전달체계
ㄹ. 재정 – 보험료, 국고보조금, 이용료

① ㄱ, ㄴ　　　　　② ㄱ, ㄷ
③ ㄱ, ㄴ, ㄷ　　　④ ㄴ, ㄷ, ㄹ
⑤ ㄱ, ㄴ, ㄷ, ㄹ

해설 할당(수급자격), 급여(급여의 종류와 체계), 전달체계(전달방법), 재정(재정마련방법) **정답** ⑤

□ 20회 17번

기업복지의 장점에 해당하지 않는 것은?

① 조세방식보다 재분배효과가 크다.

② 노사관계의 안정화 기능을 수행한다.

③ 근로의욕을 고취하여 생산성이 향상하는 효과가 있다.

④ 기업에 대한 사회적 이미지를 제고하는 기능이 있다.

⑤ 기업의 입장에서 임금을 높여주는 것보다 조세부담의 측면에 유리하다.

해설 재분배효과는 조세방식이 가장 크다. **정답** ①

□ 20회 18번

사회복지 전달체계에서 민간 영리기관이 사회서비스를 전달하는 사례는?

① 지역자활센터가 사회적기업을 창업하는 사례

② 지방자치단체가 장애인복지관을 설치하고 민간위탁하는 사례

③ 광역지방자치단체가 사회서비스원을 설치하는 사례

④ 사회복지법인이 지역아동센터를 운영하는 사례

⑤ 개인 사업자가 노인요양시설을 운영하는 사례

해설 ①, ②, ④ 지역자활센터·장애인복지관·사회복지법인은 영리기관이 아니다. ③ 광역지방자치단체는 공공기관이다. **정답** ⑤

□ 20회 22번

사회복지 급여 형태에 관한 설명으로 옳은 것은?

① 현금급여는 사회적 통제를 강조한다.

② 현물급여는 자기결정권을 강조한다.

③ 바우처는 공급자에게 보조금을 직접 지원한다.

④ 기회를 제공하는 프로그램의 예로 장애인의무 고용제를 들 수 있다.

⑤ 소비자 선택권은 현금급여, 바우처, 현물급여 순서로 높아진다.

해설 ① 현금급여는 자기결정권을 강조한다. ② 현물급여는 사회적 통제를 강조한다. ③ 바우처는 수요자에게 선택권을 주는 제도이다. ⑤ 소비자 선택권은 현금급여, 바우처, 현물급여 순서로 낮아진다. **정답** ④

□ 19회 09번

길버트(N. Gilbert)와 스펙트(H. Specht) 등의 사회복지정책 분석에 관한 설명으로 옳지 않은 것은?

① 과정분석은 정책형성에 영향을 미치는 사회정치적·기술적·방법적 변수를 중심으로 분석하는 접근방법이다.

② 산물분석은 정책선택에 관련된 여러 가지 쟁점을 분석하는 접근방법이다.

③ 성과분석은 실행된 정책이 낳은 결과를 기술하고 분석하는 접근방법이다.

④ 산물분석은 할당, 급여, 전달체계, 재정 차원으로 구분하여 분석한다.

⑤ 과정분석은 연구자의 주관을 배제해야 한다.

해설 ⑤ 과정분석은 여성주의적 관점, 계급적 관점 등 여러 조직의 관계나 상호작용에 관심을 두어 연구자의 주관이 영향을 끼칠 수 있다. 연구자의 주관을 배제해야 하는 것은 성과분석으로 객관적이고 체계적인 분석을 요구한다. **정답** ⑤

□ 19회 10번

사회보험제도의 급여와 급여형태에 관한 설명으로 옳지 않은 것은?

① 고용보험법상 구직급여는 현물급여이다.

② 산업재해보상보험법상 요양급여는 현물급여이다.

③ 노인장기요양보험법상 재가급여는 현물급여이다.

④ 국민연금법상 노령연금은 현금급여이다.

⑤ 국민건강보험법상 장애인 보조기기에 대한 보험급여는 현금급여이다.

해설 고용보험법상 구직급여는 현금급여이다. **정답** ①

□ 19회 11번

선별주의에 근거한 제도에 해당하는 것을 모두 고른 것은?

| ㄱ. 장애인연금 | ㄴ. 아동수당 |
| ㄷ. 기초연금 | ㄹ. 의료급여 |

① ㄱ, ㄴ, ㄷ   ② ㄱ, ㄴ, ㄹ   ③ ㄱ, ㄷ, ㄹ
④ ㄴ, ㄷ, ㄹ   ⑤ ㄱ, ㄴ, ㄷ, ㄹ

해설 아동수당은 우리나라에서 가장 보편적인 사회수당이다. **정답** ③

□ 19회 12번

사회복지전달체계에 관한 설명으로 옳은 것을 모두 고른 것은?

ㄱ. 공급자와 수요자가 가격기구를 매개로 상호작용하는 것을 원칙으로 한다.

ㄴ. 공급자와 수요자를 이어주는 매개체 역할을 한다.

ㄷ. 클라이언트에게 사회복지서비스를 제공하기 위한 조직 및 인력이다.

ㄹ. 공급자들을 공간적으로 분산배치하면 전달체계에 대한 접근성을 높일 수 있다.

① ㄱ, ㄴ   ② ㄴ, ㄷ   ③ ㄷ, ㄹ
④ ㄱ, ㄷ, ㄹ   ⑤ ㄴ, ㄷ, ㄹ

해설 사회복지전달체계는 사회복지서비스의 제공자와 클라이언트의 연결을 체계적이고 조직적으로 운영하는 것으로, 공공부문과 민간부문으로 구분한다. **정답** ⑤

□ 19회 13번

사회복지정책의 수급조건에 해당하지 않는 것은?

① 연령
② 자산조사
③ 기여 여부
④ 진단평가
⑤ 최종 학력

해설 사회복지정책의 수급조건에 최종 학력은 해당하지 않는다. 수급조건은 연령, 자산조사, 기여 여부, 진단평가 중 하나를 적용하거나 여러 기준을 동시에 적용할 수도 있다. **정답** ⑤

□ 19회 14번

사회복지정책의 재정에 관한 설명으로 옳은 것은?

① 한국의 사회복지정책 재원은 주로 민간 기부금에 의존한다.
② 사회복지재정이 수행하는 기능 가운데 하나는 소득재분배이다.
③ 조세가 역진적일수록 소득재분배의 기능이 크다.
④ 한국의 조세부담률은 OECD 회원국가의 평균보다 높다.
⑤ 사회복지재원으로서 이용료는 연동제보다 정액제일 때 소득재분배 효과가 크다.

해설 ① 주로 공공재원에 의존하며, 공공재원이란 조세와 사회보험을 말한다. ③ 조세가 누진적일수록 소득재분배의 기능이 크다. ④ 평균보다 낮다. ⑤ 이용료는 정액제보다 연동제일 때 소득재분배의 효과가 크다. **정답** ②

□ 19회 15번

사회복지전달체계에서 제공되는 재화나 서비스의 속성 등에 관한 설명으로 옳은 것은?

① 사회복지 재화나 서비스는 단일한 전달체계에서 독점적으로 제공하는 것이 바람직하다.
② 공공재적인 성격이 강한 재화나 서비스는 민간에서 제공하는 것이 바람직하다.
③ 사회복지의 재화나 서비스는 정보의 불완전성으로 인해 소비자들의 합리적 선택에 차이가 난다.
④ 공공부문의 전달체계는 경쟁체제가 이루어지기 때문에 효율적이다.
⑤ 사회복지 재화나 서비스는 수급자들에 의한 오용과 남용의 문제가 발생하지 않는다.

해설 ① 사회복지 재화나 서비스는 다양한 전달체계(공공·민간)에서 제공하는 것이 바람직하다. ② 공공재적인 성격이 강한 재화나 서비스는 공공에서 제공하는 것이 바람직하다. ④ 공공부문의 전달체계는 중앙정부나 지방정부를 통해 이루어지기 때문에 경쟁체제가 이루어지지 않는다. ⑤ 사회복지 재화나 서비스는 수급자들에 의한 오용과 남용의 문제가 발생할 수 있다. **정답** ③

□ 18회 07번

사회복지 재원에 관한 설명으로 옳지 않은 것은?

① 일반세 중 재산세의 계층 간 소득재분배 효과가 가장 크다.
② 목적세는 사용목적이 정해져 있어 재원 안정성이 높다.
③ 이용료는 저소득층의 서비스 이용을 저해할 수 있다.
④ 고용주가 부담하는 사회보험료는 수직적 소득재분배 성격을 지닌다.
⑤ 기업이 직원들에게 제공하는 기업복지는 소득 역진적 성격이 강하다.

해설 ① 일반세 중 계층 간 소득재분배 효과가 가장 큰 것은 소득세이다. **정답** ①

복지혼합(welfare-mix)의 유형 중 서비스 이용자의 선택권이 작은 것에서 큰 순서로 나열한 것은?

① 세제혜택 – 계약 – 증서
② 세제혜택 – 증서 – 계약
③ 증서 – 계약 – 세제혜택
④ 계약 – 증서 – 세제혜택
⑤ 계약 – 세제혜택 – 증서

해설 서비스 이용자의 선택권은 '계약 < 증서 < 세제혜택' 순이다. **정답** ④

□ 18회 10번

이용료(본인부담금) 부과 방식에 따른 소득재분배 효과가 작은 것에서 큰 순서로 나열한 것은?

① 정액제 – 정률제 – 연동제(sliding scale)
② 정률제 – 연동제(sliding scale) – 정액제
③ 정률제 – 정액제 – 연동제(sliding scale)
④ 연동제(sliding scale) – 정액제 – 정률제
⑤ 연동제(sliding scale) – 정률제 – 정액제

해설 정액제: 소득수준과 상관없이 정해진 금액을 기여하는 방식, 정률제: 소득수준에 따라 일정한 비율로 기여하는 방식, 연동제: 해마다 전년 대비 전국 소비자 물가변동률을 연금액에 반영하는 방식. 따라서 '정액제 < 정률제 < 연동제' 순으로 소득재분배 효과가 크다. **정답** ①

□ 18회 13번

우리나라 사회복지정책의 대상 선정에 관한 설명으로 옳은 것은?

① 소득이나 자산을 조사하여 대상을 선정하는 것은 보편주의 원칙에 부합한다.
② 아동수당은 인구학적 기준을 적용한 제도이다.
③ 장애수당은 전문가의 진단을 고려하지 않는다.
④ 긴급복지지원제도는 보편주의 원칙에 부합한다.
⑤ 기초연금의 대상 선정기준에는 부양의무자 유무가 포함된다.

해설 ① 선별주의 원칙 ③ 장애수당은 수급 선정이 필요하므로 전문가의 진단이 필요하다. ④ 선별주의 원칙 ⑤ 기초연금의 대상 선정기준에는 부양의무자 유무가 포함되지 않으며, 인구학적 기준과 자산조사를 통해 대상을 선정한다. **정답** ②

□ 18회 14번

사회보험료와 조세에 관한 설명으로 옳은 것을 모두 고른 것은?

ㄱ. 정률의 사회보험료는 소득세에 비해 역진적이다.
ㄴ. 사회보험료는 조세에 비해 징수에 대한 저항이 적다.
ㄷ. 소득세와 사회보험료 모두 소득이 높은 사람이 더 많이 부담한다.
ㄹ. 조세는 지불능력(capacity to pay)과 관련되어 있다.

① ㄱ, ㄴ   ② ㄱ, ㄷ   ③ ㄴ, ㄹ
④ ㄱ, ㄴ, ㄷ   ⑤ ㄱ, ㄴ, ㄷ, ㄹ

해설 ㄱ. 정률의 사회보험료는 모든 근로소득에 부과하고 자산소득에는 추가로 부과되지 않기 때문에 자산소득이 높은 고소득층에게 유리하여 소득세에 비해 역진적이다. **정답** ⑤

□ 18회 15번

사회복지정책을 분석하는 접근방법에 관한 설명으로 옳은 것은?

① 산물분석은 특정정책이 실행된 이후 그 결과를 분석·평가하는 데 관심을 둔다.
② 산물분석은 정책이 형성되는 사회정치적 맥락을 고찰한다.
③ 성과분석은 정책결정이라는 정책활동의 결과물에 대한 내용을 분석하는 것이다.

④ 과정분석은 정책 기획과정(planning process)을 거쳐 이끌어 낸 여러 정책대안을 분석한다.

⑤ 과정분석은 정책사정(policy assessment)이 어떻게 이루어지는지를 이해하기 위한 목적에서 이루어진다.

해설 ① 성과분석 ② 과정분석 ③, ④ 산물분석 **정답** ⑤

□ 18회 16번

민영화에 관한 설명으로 옳지 않은 것은?

① 1980년대 등장한 신자유주의와 관련이 있다.

② 정부가 공급하는 재화와 서비스 비용을 절감하기 위해 도입되었다.

③ 소비자 선호와 소비자 선택을 중시한다.

④ 경쟁을 유발시켜 서비스 품질을 향상시키고자 한다.

⑤ 상업화를 통해 취약계층의 서비스 접근성이 높아진다.

해설 민영화는 자본시장에 개방하여 민간이 운영하도록 맡기는 것이기에 자본시장의 특성상 구매능력이나 지불능력이 부족한 취약계층의 서비스 접근성이 낮아질 수밖에 없다. **정답** ⑤

 핵심요약

1. 분석유형

(1) 과정분석(process)

- 정책형성, 결정의 과정에 관한 분석
- 사회복지정책이 왜 만들어지고 수정, 폐지되는지 등의 배경에 관심을 가짐
- 계획자료의 투입, 사회 내의 정치조직, 정부기관, 기타 조직들과의 관계 및 상호작용이 정책형성에 어떻게 영향을 미치는가를 분석

(2) 산물분석(product)

- 정책의 내용, 프로그램 내용에 관한 분석
- 할당체계(급여의 대상), 급여체계(급여의 내용), 전달체계, 재정체계로 구분
- 정책선택과 연관된 가치와 이론, 가정들에 대한 문제를 분석

(3) 성과분석(performance)

- 정책집행의 결과나 영향을 평가
- 과정이나 산출분석보다 더 객관적이고 체계적인 분석을 요구

2. 할당체계

(1) 보편주의와 선별주의

보편주의	선별주의
· 사회복지의 권리성, 연대의 가치 강조	· 자산조사에 의한 판별
· 사회통합, 사회효과성 강조	· 비용효과성 강조
· 운영효율성이 높음	· 목표효율성이 높음
· 사회수당, 사회보험 등	· 공공부조제도

(2) 대상선정 기준

- 귀속적 욕구: 인구학적 조건
- 보상: 사회경제적으로 특별한 기여를 한 사람, 국민연금, 사회보험
- 진단적 구분: 전문가의 분류나 판단에 따라 급여 제공
- 자산조사: 소득 및 재산조사를 통해 수급자를 선별

3. 급여체계

(1) 현금급여

- 수급자의 효용극대화, 수급자의 선택권 보장, 운영효율성 높음
- 국민기초생활보장제도: 생계급여, 교육급여, 해산급여, 장제급여
- 건강보험: 요양비, 장애인보장구 급여
- 국민연금: 노령연금, 장애연금, 유족연금
- 고용보험: 실업급여
- 산재보험: 휴업급여, 장해급여, 상병보상연금, 유족급여
- 장애인연금

(2) 현물급여

- 수급자의 선택권 제한, 사회통제적 의미, 낙인감 발생, 목표효율성 높음
- 노인장기요양보험: 재가급여, 시설급여
- 건강보험: 요양급여, 건강검진
- 산재보험: 요양급여

(3) 바우처

- 증서나 상품권(식품증서, 교육증서)
- 현금급여와 현물급여의 장단점 고려
- 공급자가 경쟁 유발시켜 재화와 서비스의 질 향상

(4) 기회

- 사회의 불이익집단에 진학, 취업, 진급 등 유리한 기회 제공
- 장애인 의무고용제도, 장애인 특례입학제도 등

(5) 권력

- 수급자에게 정책결정에 참여할 기회를 주어 그들에게 유리하게 정책이 결정되도록 함

(6) 목표효율성: 현물급여 > 바우처 > 현금급여

(7) 운영효율성: 현금급여 > 바우처 > 현물급여

4. 재정체계

(1) 공공재원

일반예산(조세)	• 소득세의 소득재분배 효과 가장 높음(누진적 방식) • 소득재분배 효과와 사회적 적절성 높음 • 재원의 안정성과 지속성 높음 • 급여내용의 보편적 제공에 유리
사회보험료	• 조세에 비해 소득재분배 효과 약함 • 목적세 성격으로 조세저항이 적고 정치적으로 유리 • 소득의 상한선으로 고소득층이 유리
조세지출	• 내야 하는 세금을 감면하거나 되돌려주는 방식 • 소득공제, 세액공제, 근로장려세제 • 소득이 높을수록 공제 대상 지출이 높아 고소득층이 유리

(2) 민간재원

사용자 부담	• 사회복지서비스 남용 방지에 효과적 • 자기존중 의식 제고 • 소득계층에 따라 역진성 발생
자발적 기여	• 제공자의 자발적 의사에 의존하기 때문에 예측 할수 없으며 재원 안정성도 낮음
기업복지	• 양질의 근로자 고용에 유리 • 중간·고소득층에 국한되어 소득역진적 성격이 강함
비공식 부문	• 가족, 친척, 이웃의 재정적 원조로 비공식적 민간복지 제공

5. 전달체계

(1) 공공부문

중앙정부	지방정부
• 공공재 성격이 강한 재화나 서비스 공급에 유리하며 안정적 유지 가능 • 변화하는 욕구에 신속한 대응 한계	• 지역 간 불평등으로 사회통합 저해 • 지역주민 욕구에 신속하게 대응

(2) 민간부문

- 서비스공급의 다양화 가능
- 신속대응, 책임성 부분 약화
- 공급자 간 경쟁 유도로 서비스 질 확보가 가능하며 효율적
- 이용자의 선택권 보장
- 규모의 경제 실현의 어려움

☑ 과락科落 말고 과락科樂 기출 선지

01. 길버트와 테렐이 제시한 사회적 효과성은, 사람들이 사회의 평등한 구성원으로 어느 정도나 대우받는가에 따라 판단하는 것으로 보편주의적 가치에 해당한다.

02. 일반적으로 보편주의는 사회적 효과성을 강조하고 선별주의는 비용적 효과성을 강조한다.

03. 사회복지정책의 주체는 국가, 지방자치단체, 공공복지기관 등 다양하다.

04. 공공재적 성격이 강한 재화나 서비스는 공공부문이 개입하는 것이 바람직하다.

05. 민간복지기관은 정부 및 공공기관에 의하여 권한을 위임받은 경우 사회복지정책의 주체가 될 수 있다.

06. 정보의 비대칭성이 강한 영역은 정부가 개입하는 것이 바람직하다.

07. 기획과정을 통해 얻게 되는 산물로서 산물분석 결과는 기존의 사회주류적 입장을 대변할 가능성이 높다.

08. 사회복지정책 급여의 적절성에 대한 기준은 시간과 환경에 따라 변한다.

09. 노인장기요양보험제도는 요양등급을 판정하여 급여를 제공하므로 진단적 구분이 적용된다.

10. 기회를 제공하는 프로그램의 예로 장애인의무고용제를 들 수 있다.

11. 아동수당은 사회수당으로 우리나라에서 가장 보편적인 복지제도이다.

12. 사회복지정책의 수급 조건은 연령, 자산조사, 기여 여부, 진단평가 중 하나를 적용하거나 여러 기준을 동시에 적용할 수도 있다.

13. 사회복지재정이 수행하는 기능 가운데 하나는 소득재분배이다.

14. 공공재적인 성격이 강한 재화나 서비스는 공공에서 제공하는 것이 바람직하다.

15. 일반세 중 계층 간 소득재분배 효과가 가장 큰 것은 소득세이다.

16. 서비스 이용자의 선택권은 '계약 < 증서 < 세제혜택' 순으로 크다.

17. 이용료 부과 방식은 '정액제 < 정률제 < 연동제' 순으로 소득재분배 효과가 크다.

18. 기초연금의 대상 선정기준에는 부양의무자 유무가 포함되지 않는다.

19. 정률의 사회보험료는 자산소득이 높은 고소득층에게 유리하여 소득세에 비해 역진적이다.

20. 민영화는 구매능력이나 지불능력이 부족한 취약계층의 서비스 접근성을 낮게 한다.

VI 사회보장론

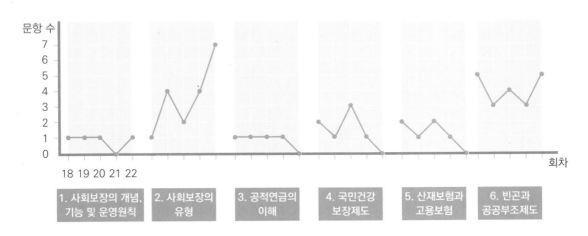

최근 5년간 출제 경향

1. 사회보장의 개념, 기능 및 운영원칙

□ 22회 16번

소득재분배에 관한 설명으로 옳은 것은?

① 수평적 재분배는 공공부조를 들 수 있다.

② 세대간 재분배는 부과방식 공적연금을 들 수 있다.

③ 수직적 재분배는 아동수당을 들 수 있다.

④ 단기적 재분배는 적립방식 공적연금을 들 수 있다.

⑤ 소득재분배는 조세를 통해서만 발생한다.

해설

수평적 재분배	특정한 조건을 가진 사람들에게 급여하는 경우의 재분배 - 건강보험, 아동수당, 실업급여, 산재보험 등
수직적 재분배	소득이 높은 사람에게서 낮은 사람으로 재분배 - 공공부조
세대간 재분배	앞 세대와 후손 세대 간의 재분배 - 부과방식 공적연금
세대내 재분배	동일한 세대 내에서의 재분배
단기적 재분배	현재의 자원을 사용하여 소득을 재분배 - 공공부조
장기적 재분배	생애에 걸쳐, 세대에 걸쳐 발생하는 재분배
소득재분배	조세, 사회보험료, 조세지출, 기여, 기업복지 등 다양함

정답 ②

□ 20회 24번

소득재분배에 관한 설명으로 옳은 것은?

① 소득재분배는 1차적으로 시장을 통해서 발생한다.

② 세대 내 재분배에서는 한 세대에서 다음 세대로 소득이 이전된다.

③ 수직적 재분배의 예로 공공부조제도를 들 수 있다.

④ 수평적 재분배는 누진적 재분배의 효과가 가장 크다.

⑤ 세대 간 재분배는 적립방식을 통해 운영된다.

해설 ① 시장의 1차적 분배를 통해 발생한 불평등을 해소하기 위해 공공영역이 복지정책을 통해 재배분하는 것이 소득재분배(2차적 분배)이다. ② 한 세대에서 다음 세대로 소득이 이전되는 것은 세대 간 재분배이다. ④ 누진적 재분배의 효과가 가장 큰 것은 수직적 재분배이다. ⑤ 세대 간 재분배는 주로 부과방식을 통해 이루어진다. **정답** ③

□ 19회 23번

소득재분배에 관한 설명으로 옳은 것을 모두 고른 것은?

> ㄱ. 조세를 재원으로 하는 공공부조제도에서 일반적으로 나타난다.
> ㄴ. 사회적 취약계층을 대상으로 하는 사회복지서비스는 수직적 재분배 효과가 있다.
> ㄷ. 위험 미발생집단에서 위험 발생집단으로 소득이 이전되는 것은 수평적 소득재분배에 해당한다.
> ㄹ. 재원조달 측면에서 부조방식이 보험방식보다 재분배 효과가 크다.

① ㄱ, ㄴ
② ㄱ, ㄴ, ㄷ
③ ㄱ, ㄷ, ㄹ
④ ㄴ, ㄷ, ㄹ
⑤ ㄱ, ㄴ, ㄷ, ㄹ

해설 모두 소득재분배를 설명하고 있다. **정답** ⑤

□ 18회 08번

사회적 배제의 개념적 특성에 관한 설명으로 옳지 않은 것은?

① 개인과 집단의 다차원적 불이익에 초점을 두고, 다층적 대책을 촉구한다.

② 특정 집단이 경험하는 배제는 정태적 사건이 아니라 동태적 과정으로 본다.

③ 사회적 배제 개념은 열등처우의 원칙으로부터 등장하였다.

④ 소득의 결핍 그 자체보다 다양한 배제 행위가 발생하는 과정에 초점을 둔다.

⑤ 사회적 관계망으로부터의 단절과 차별 문제를 제기한다.

해설 사회적 배제 개념은 소득 빈곤(열등처우의 원칙)의 문제뿐 아니라 사회적 관계에서의 권리, 기회, 자원 등 다차원적인 불이익을 포괄하는 개념이다. **정답** ③

☑ 핵심요약

1. 사회보장의 개념, 기능 및 운영원칙

(1) 개념: 사회보장이란 출산, 양육, 노령, 장애, 질병, 빈곤, 사망 등의 사회적 위험으로부터 모든 국민을 보호하고 국민 삶의 질을 향상시키는 데 필요한 소득·서비스를 보장하는 사회보험, 공공부조, 사회서비스를 말한다(사회보장기본법 제3조).

(2) 기능
- 경제적 기능: 생존권과 최저생활보장, 경제적 안정성 증대
- 소득재분배: 빈곤의 예방, 소득불균형 감소, 수직적 재분배, 수평적 재분배
- 사회통합기능: 계급간, 세대간, 다양한 집단의 갈등과 욕구를 충족시키면서 사회연대 강화

(3) 운영원칙
- 보편성: 모든 국민에게 적용
- 형평성: 사회보장제도의 급여 수준과 비용 부담 등에서 형평성을 유지
- 민주성: 사회보장제도의 정책 결정 및 시행과정에 민주적으로 결정하고 시행
- 연계성: 국민의 다양한 복지 욕구를 효율적으로 충족시키기 위하여 연계성과 전문성을 높여야 함

☑ 과락 科落 말고 과락 科樂 기출 선지

01. 시장의 1차적 분배를 통해 발생한 불평등을 해소하기 위해 공공영역이 복지정책을 통해 재배분하는 것이 소득재분배(2차적 분배)이다.

02. 한 세대에서 다음 세대로 소득이 이전되는 것은 세대 간 재분배이다.

03. 누진적 재분배의 효과가 가장 큰 것은 수직적 재분배이다.

04. 세대 간 재분배는 주로 부과방식을 통해 이루어진다.

05. 사회적 취약계층을 대상으로 하는 사회복지서비스는 수직적 재분배 효과가 있다.

06. 위험 미발생집단에서 위험 발생집단으로 소득이 이전되는 것은 수평적 소득재분배에 해당한다.

07. 재원조달 측면에서 부조방식이 보험방식보다 재분배 효과가 크다.

08. 사회적 배제 개념은 소득 빈곤(열등처우의 원칙)의 문제뿐 아니라 사회적 관계에서의 권리, 기회, 자원 등 다차원적인 불이익을 포괄하는 개념이다.

2. 사회보장의 유형

☐ 22회 18번

사회보장기본법상 사회서비스에 관한 설명으로 옳지 않은 것은?

① 주체는 민간부문을 제외한 국가와 지방자치단체이다.
② 대상은 도움이 필요한 모든 국민이다.
③ 분야는 복지, 보건, 의료, 교육, 고용, 주거, 문화, 환경 등이다.
④ 상담, 재활, 돌봄, 정보의 제공, 관련시설의 이용, 역량개발, 사회참여 지원 등을 내용으로 한다.
⑤ 인간다운 생활을 보장하고 국민의 삶의 질이 향상되도록 지원하는 제도이다.

해설 '사회서비스'란 국가·지방자치단체 및 민간부문의 도움이 필요한 모든 국민에게 복지, 보건의료, 교육, 고용, 주거, 문화, 환경 등의 분야에서 인간다운 생활을 보장하고 상담, 재활, 돌봄, 정보의 제공, 관련 시설의 이용, 역량개발, 사회참여 지원 등을 통하여 국민의 삶의 질이 향상되도록 지원하는 제도를 말한다. 서비스 주체는 공공단체만이 아니라 민간단체도 포함된다. **정답** ①

☐ 22회 19번

우리나라 사회보험제도에 관한 설명으로 옳은 것은?

① 기여방식 공적연금은 국민연금, 특수직역연금, 기초연금으로 구분하여 운영된다.
② 고용보험의 고용안정 및 직업능력개발사업 보험료는 노사가 1/2씩 부담한다.
③ 노인장기요양보험의 시설급여 제공기관에는 노인요양공동생활가정과 노인전문요양병원이 포함된다.
④ 국민건강보험의 직장가입자 보험료는 노사가 1/2씩 부담하지만 사립학교 교직원은 국가가 20% 부담한다.
⑤ 산업재해보상보험의 급여에는 상병수당과 상병보상연금이 있다.

해설 ① 기초연금은 무기여 연금이다. ② 고용보험의 고용안정 및 직업능력개발사업 보험료는 사업주가 전액 부담한다. ③ 노인장기요양보험의 시설급여 제공기관에는 노인요양시설, 노인요양공동생활가정이 포함된다. ④ 국민건강보험법 제76조: 국민건강보험의 직장가입자 보험료는 노사가 1/2씩 부담하지만 사립학교 교직원 중 교원은 국가가 20% 부담한다. ⑤ 산업재해보상보험의 급여에는 상병보상연금이 있다. 상병수당은 업무 이외의 질병이나 환자 혹은 간병 가족의 노동 능력 상실로 인한 소득상실과 경제적 부담에 대응하는 제도로 아직 실시되지 않고 있다. **정답** 출제 오류로 모두 정답 처리됨

우리나라 공공부조제도에 관한 설명으로 옳지 않은 것은?

① 긴급복지지원제도는 현금급여와 민간기관 연계 등의 지원을 제공한다.
② 국민기초생활보장제도 부양의무자 기준은 복지사각지대 해소를 위해 단계적으로 완화되고 있다.
③ 긴급복지지원제도는 단기 지원의 원칙, 선심사 후지원의 원칙, 다른 법률 지원 우선의 원칙이 적용된다.
④ 의료급여 수급권자에는 「입양특례법」에 따라 국내 입양된 18세 미만의 아동이 포함된다.
⑤ 국민기초생활보장제도 급여 신청은 신청주의와 직권주의를 병행하고 있다.

해설 ③ 긴급복지지원제도는 생계곤란 등의 위기상황에 처하여 도움이 필요한 사람을 신속하게 지원함으로써 이들이 위기상황에서 벗어나 건강하고 인간다운 생활을 하게 함을 목적으로 한다. 단기지원의 원칙, 선지원 후처리의 원칙, 다른 법률 지원 우선의 원칙, 가구 단위 지원의 원칙이 적용된다. **정답** ③

다음에서 ㄱ, ㄴ을 합한 값은?

> 긴급복지지원제도의 생계급여 지원은 최대 (ㄱ)회, 의료급여 지원은 최대 (ㄴ)회, 주거급여는 최대 12회, 복지시설 이용은 최대 6회 지원된다.

① 4   ② 6   ③ 8
④ 10   ⑤ 12

해설 긴급복지지원 종류
1. 금전 또는 현물 등의 직접지원
  가. 생계지원: 3개월간 지원, 추가 3개월 지원 가능(최대 6개월)
  나. 의료지원: 1회 지원(최대 2회)
  다. 주거지원: 1개월간, 추가 2개월 지원 가능(최대 12개월)
  라. 사회복지시설 이용지원: 1개월간, 추가 2개월 지원 가능(최대 6개월)
  마. 교육지원: 1회 지원 (최대 4회)
  바. 그 밖의 지원: 1개월간, 추가 2개월 지원 가능(최대 6개월)
2. 민간기관·단체와의 연계 등의 지원: 횟수 제한 없음
정답 ③

사회보장의 특성에 관한 설명으로 옳은 것을 모두 고른 것은?

> ㄱ. 공공부조는 사회보험에 비해 권리성이 약하다.
> ㄴ. 사회보험과 비교할 때 공공부조는 비용효과성이 높다.
> ㄷ. 사회수당과 사회보험은 기여 여부를 급여 지급 요건으로 한다.
> ㄹ. 사회보험과 공공부조는 방빈제도이고 사회수당은 구빈제도이다.

① ㄱ   ② ㄱ, ㄴ   ③ ㄴ, ㄷ
④ ㄷ, ㄹ   ⑤ ㄱ, ㄴ, ㄹ

해설 사회보험과 공공부조 비교

구분	사회보험	공공부조
대상	모든 국민(보편주의)	빈곤층(선별주의)
자산조사	불필요	필요
재원	기여금, 부담금(일부는 조세)	일반조세
낙인감	낙인감이 없고 권리로 인정	낙인감 발생
소득재분배효과	수평적, 수직적 재분배 효과가 모두 있다.	수직적 재분배 효과가 크다.

ㄷ. 사회수당은 사회적 권리를 보장하며 보편주의 원칙에 가장 가깝다. ㄹ. 사회보험은 방빈제도이고 공공부조는 구빈제도이다. **정답** ②

□ 22회 24번

사회보장 급여 중 현물급여가 아닌 것은?

① 산업재해보상보험의 요양급여

② 고용보험의 상병급여

③ 노인장기요양보험의 재가급여

④ 국민기초생활보장의 의료급여

⑤ 국민건강보험의 건강검진

해설 상병급여는 수급자격자가 구직급여 수급 중 발생한 질병, 부상, 출산으로 취업할 수 없게 된 경우 구직급여에 갈음하여 지급하는 급여로 구직급여의 급여액과 같다.

정답 ②

□ 22회 25번

보건복지부장관이 관장하는 사회보험제도를 모두 고른 것은?

> ㄱ. 국민연금
>
> ㄴ. 국민건강보험
>
> ㄷ. 산업재해보상보험
>
> ㄹ. 고용보험
>
> ㅁ. 노인장기요양보험

① ㄱ, ㄴ   ② ㄴ, ㄷ

③ ㄱ, ㄴ, ㅁ   ④ ㄱ, ㄷ, ㄹ

⑤ ㄷ, ㄹ, ㅁ

해설 ㄷ. 산업재해보상보험: 고용노동부장관 ㄹ. 고용보험: 고용노동부장관

정답 ③

□ 21회 12번

사회보험과 비교하여 공공부조제도의 장점으로 옳은 것은?

① 대상효율성이 높다.

② 가입률이 높다.

③ 수급자에 대한 낙인을 예방할 수 있다.

④ 행정비용이 발생하지 않는다.

⑤ 수평적 재분배 효과가 크다.

해설 ② 사회보험 ③ 수급자에 대한 낙인 발생 ④ 자산조사를 통하여 수급자격을 결정해야 하므로 많은 행정비용이 발생 ⑤ 수직적 재분배 효과가 크다. **정답** ①

□ 21회 13번

우리나라가 시행하고 있는 취약계층 취업지원 제도에 관한 설명으로 옳은 것은?

① 노인일자리사업의 총괄 운영기관은 대한노인회이다.

② 장애인고용의무제도는 모든 사업체에 적용된다.

③ 맞춤형 취업지원서비스로 취업성공패키지가 운영되고 있다.

④ 모든 국민기초생활보장 수급자는 반드시 자활사업에 참여해야 한다.

⑤ 고령자를 채용하지 않는 기업은 정부에 부담금을 납부해야 한다.

해설 ① 한국노인인력개발원 ② 월평균 상시근로자 50명 이상을 고용하는 국가 및 지방자치단체, 공공기관, 민간기업에 적용 ④ 조건부수급자, 자활급여특례수급자, 일반수급자등과 차상위계층등의 대상이 근로능력이 있을 경우 자활사업에 참여한다. ⑤ 고령자의 채용은 고령자 채용 시 지원금 또는 장려금을 지원하는 방식이다. **정답** ③

□ 21회 16번

우리나라 사회보험의 운영 원리에 관한 설명으로 옳지 않은 것은?

① 수익자 부담 원칙을 전제로 하고 있다.

② 사회보험은 수평적 또는 수직적 재분배 기능이 있다.

③ 가입자의 보험료율은 사회보험 종류별로 다르다.

④ 사회보험급여는 피보험자와 보험자 간 계약에 의해 규정된 법적 권리이다.

⑤ 모든 사회보험 업무가 통합되어 1개 기관에서 운영된다.

해설 보험료 징수는 통합적으로 국민건강보험공단에서 운영되고 있지만 사회보험의 업무는 각각의 해당기관에서 운영된다. **정답 ⑤**

□ 21회 25번

우리나라에서 시행 중인 소득보장제도에 관한 설명으로 옳지 않은 것은?

① 기초연금은 노인의 생활안정 지원을 목적으로 한다.
② 장애정도가 심하지 않은 장애인은 장애인연금을 받을 수 없다.
③ 장애수당은 장애로 인해 발생하는 추가비용을 보전하기 위해 도입되었다.
④ 만 10세 아동은 아동수당을 받을 수 있다.
⑤ 저소득 한부모가족에게는 아동양육비가 지급될 수 있다.

해설 아동수당은 비기여·비자산조사로 만 8세 미만의 아동에게 매달 25일에 10만원씩 지급된다. **정답 ④**

□ 20회 07번

사회보험과 민영보험의 차이점에 관한 설명으로 옳지 않은 것은?

① 사회보험은 현금급여를 원칙으로 하고, 민영보험은 현물급여를 원칙으로 한다.
② 사회보험은 대부분 국가 또는 공법인이 운영하지만 민영보험은 사기업이 운영한다.
③ 사회보험은 강제로 가입되지만 민영보험은 임의로 가입한다.
④ 사회보험은 국가가 주로 독점하지만 민영보험은 사기업들이 경쟁한다.
⑤ 사회보험은 사회적 적절성을 강조하지만 민영보험은 개별 형평성을 강조한다.

해설 민영보험은 현금급여를 원칙으로 하고, 사회보험은 다양한 급여를 제공한다. **정답 ①**

□ 20회 16번

우리나라의 사회보장기본법에 근거한 사회보장제도가 아닌 것은?

① 고용보험
② 국민연금
③ 최저임금제
④ 국민기초생활보장
⑤ 보육서비스

해설 사회보장기본법상 '사회보장'이란 사회보험, 공공부조, 사회서비스를 말한다. ①, ② 사회보험 ④ 공공부조 ⑤ 사회서비스 **정답 ③**

□ 19회 06번

새로운 사회적 위험(new social risk)에 관한 설명이 아닌 것은?

① 여성들의 유급노동시장으로의 참여 증가로 일과 가정의 양립 문제가 확산되고 있다.
② 노인인구 증가로 인한 복지비용 증가와 노인 돌봄이 중요한 문제로 대두되고 있다.
③ 노동시장의 불안정으로 근로빈곤층이 증가하고 있다.
④ 국가 간의 노동인구 이동이 줄어들고 있다.
⑤ 새로운 사회적 위험으로 인한 수요증가에 필요한 복지재정의 부족현상이 심화되고 있다.

해설 국가 간의 노동인구 이동은 점점 늘어나고 있다. **정답 ④**

아동학대의 예방 및 방지에 관한 설명으로 옳은 것을 모두 고른 것은?

> ㄱ. 아동학대를 예방하고 수시로 신고를 받을 수 있도록 아동보호전문기관은 긴급전화(1391)를 설치하여야 한다.
> ㄴ. 아동학대의 예방과 방지에 관한 관심을 높이기 위하여 아동학대 예방의 날을 지정하였다.
> ㄷ. 지역아동보호전문기관은 아동학대 신고접수, 현장조사 및 응급보호 등의 역할을 한다.
> ㄹ. 아동보호전문기관의 장은 피해아동의 가족에게 상담, 교육 및 의료적·심리적 치료 등의 필요한 지원을 제공하여야 한다.

① ㄱ, ㄹ   ② ㄴ, ㄷ   ③ ㄱ, ㄴ, ㄷ
④ ㄴ, ㄷ, ㄹ   ⑤ ㄱ, ㄴ, ㄷ, ㄹ

해설 ㄱ. 지방자치단체는 아동학대를 예방하고 수시로 신고를 받을 수 있도록 긴급전화를 설치하여야 한다. ㄹ. 시·도지사 또는 시장·군수·구청장은 아동학대 신고접수, 현장조사 및 응급보호 등의 역할을 한다. 이에 옳은 것은 ㄴ, ㄹ이다.　**정답** 출제 오류로 모두 정답 처리됨

사회복지운동에 관한 설명으로 옳지 않은 것은?

① 민간이 사회복지정책의 방향·내용에 대해 특정한 견해를 가지고 이를 관철시키기 위한 실천이다.
② 여러 사회복지정책 실천 중의 하나라고 할 수 있다.
③ 사회복지시설 종사자는 사회복지운동의 주체가 될 수 없다.
④ 사회복지운동을 통해 특정 사회복지정책이 선거정치의 의제가 되도록 촉구할 수 있다.
⑤ 1990년대 국민최저선확보운동, 사회복지입법 청원운동 등이 사회복지운동의 예이다.

해설 사회복지운동의 주체는 시민대중은 물론 사회복지시설 종사자도 될 수 있다.　**정답** ③

사회보험제도에 관한 설명으로 옳지 않은 것은?

① 사회보험제도는 위험의 분산이라는 보험기술을 사용한다.
② 사회보험 급여를 받을 권리 여부는 자산조사 결과에 근거하여 결정된다.
③ 한국의 사회보험제도는 의무가입 원칙을 적용한다.
④ 사회보험은 위험이전과 위험의 광범위한 공동분담에 기초하고 있다.
⑤ 사회보험은 피보험자의 욕구에 기초하지 않고 사전에 결정된 급여를 제공한다.

해설 공공부조제도는 급여를 받을 권리 여부가 자산조사 결과에 근거한다.　**정답** ②

공공부조, 사회보험, 사회수당의 특성에 관한 설명으로 옳지 않은 것은?

① 공공부조는 다른 두 제도에 비해 권리성이 약하다.
② 사회수당은 수평적 재분배 효과가 있다.
③ 사회보험의 급여조건은 보험료 기여조건과 함께 사회적 위험에 직면해야 하는 조건이 부가된다.
④ 사회수당은 기여 여부와 무관하게 지급된다.
⑤ 운영효율성은 세 제도 중 공공부조가 가장 높다.

해설 행정비용이 차지하는 비율로 운영효율성을 측정하므로, 행정비용이 증가할수록 운영효율성이 낮아지고 행정비용이 낮아질수록 운영효율성은 높아진다. 따라서 공공부조의 경우 대상 선정을 위한 자산조사와 부양의무자 관계 조사 등 행정비용이 증가하기 때문에 운영효율성이 가장 낮다.　**정답** ⑤

2. 사회보장의 유형

(1) 사회보험

- 국민이 미래에 직면할 수 있는 사회적 위험을 보험의 방식으로 대처하여 국민의 건강과 소득을 보장하는 제도
- 종류: 국민연금, 국민건강보험, 산업재해보상보험, 고용보험, 노인장기요양보험
- 특징: 개인적 형평성보다 사회성 중시, 보험원리 적용, 강제가입, 부양성(소득수준에 따라 차별 부담으로 저소득층의 부담경감)
- 재원: 근로자의 기여금 및 사용자의 부담금, 국가 일부 지원
- 대상: 대다수 국민에게 보편적으로 적용(보편주의)
- 급여수준: 기여금 수준, 적절성의 원칙에 따라 일정 수준 보장

(2) 공공부조

- 국가와 지방자치단체의 책임하에 생활 유지 능력이 없거나 생활이 어려운 국민의 최저생활을 보장하고 자립을 지원하는 제도
- 종류: 국민기초생활보장제도, 의료급여제도, 긴급복지지원제도, 기초연금, 장애인연금
- 특징: 국가책임, 최저생활보장, 선별주의, 자산조사, 신청주의, 평등보장, 자립 자활 보장
- 재원: 일반조세

☑ 사회보험과 공공부조 비교

	사회보험	공공부조
대상	모든 국민(보편주의)	빈곤층(선별주의)
재원	사회보험료	조세
권리성	구체적이고 강함	추상적이고 약함
특징	사전적	사후적
수급자격	기여금	자산조사
대상효율성	공공부조에 비해 낮음	다른 제도보다 높음

(3) 사회서비스

- 국가·지방단체 및 민간부문의 도움이 필요한 모든 국민에게 복지, 보건의료, 교육, 고용, 주거, 문화, 환경 등의 분야에서 인간다운 생활을 보장하고 상담, 재활, 돌봄, 정보의 제공, 관련 시설의 이용, 역량 개발, 사회참여 지원 등을 통하여 국민의 삶의 질이 향상되도록 지원하는 제도

- 종류: 아동복지, 노인복지, 장애인복지, 한부모, 모성보호, 다문화, 성매매피해 여성 등
- 재원: 국가보조금, 공동모금 등

(4) 사회수당

- 사회적 권리 보장, 모든 시민에게 정액의 현금급여 제공, 보편주의
- 특징: 운영효율성 높음, 사회통합, 낙인 발생하지 않음
- 재정: 조세
- 서유럽의 노령수당, 아동수당

(5) 사회보장의 위기

- 고령화, 저출산으로 인한 인구구조의 변화와 전통적 가족의 해체
- 노인인구 증가로 인한 복지비용 증가
- 새로운 사회적 위험으로 인한 수요증가로 복지재정의 부족 현상 심화

☑ 과락科落 말고 과락科樂 기출 선지

1. 공공부조제도는 제한된 예산으로 저소득층이나 취약계층을 위해 집중적으로 활용할 수 있다는 점에서 대상효율성이 높다.

2. 공공부조제도는 자산조사를 통하여 선별적으로 적용되기에 수급자에 대한 낙인이 발생할 수 있으며, 많은 행정비용이 발생한다.

3. 공공부조제도는 소득이 높은 사람으로부터 낮은 사람으로의 재분배되기 때문에 수직적 재분배 효과가 크다.

4. 고령자의 채용은 고령자 채용 시 지원금 또는 장려금을 지원하는 방식으로 고용에 필요한 비용을 일부 지원하고 있다.

5. 우리나라의 사회보험 보험료 징수는 통합적으로 국민건강보험공단에서 운영되고 있지만, 보험의 업무는 국민연금공단, 국민건강보험공단, 근로복지공단 등 각각의 기관에서 운영된다.

6. 아동수당은 비기여·비자산조사를 통하여 지급하는 급여로 대표적인 보편주의 제도이다.

7. 민영보험은 현금급여를 원칙으로 하고, 사회보험은 다양한 급여를 제공한다.

8. 사회보험은 피보험자의 욕구에 기초하지 않고 사전에 결정된 급여를 제공한다.

9. 공공부조의 경우 대상 선정을 위한 자산조사와 부양의무자 관계 조사 등 행정비용이 증가하기 때문에 운영효율성이 가장 낮다.

3. 공적연금의 이해

☐ 21회 17번

우리나라 사회보험방식의 공적연금에 관한 설명으로 옳은 것을 모두 고른 것은?

> ㄱ. 국민연금과 특수직역연금으로 구분하여 운영되고 있다.
> ㄴ. 국민연금이 가장 먼저 시행되었다.
> ㄷ. 2022년 12월말 기준 공적연금 수급개시연령은 동일하다.
> ㄹ. 가입자의 노령(퇴직), 장애(재해), 사망으로 인한 소득중단 시 급여를 지급한다.

① ㄱ, ㄴ   ② ㄱ, ㄹ
③ ㄱ, ㄴ, ㄹ   ④ ㄱ, ㄷ, ㄹ
⑤ ㄴ, ㄷ, ㄹ

해설 ㄴ. 최초의 공적연금은 공무원연금제도(1960)이다. ㄷ. 공적연금의 종류에 따라 수급개시의 기준이 다르므로 수급개시연령 또한 다르다. **정답** ②

☐ 20회 03번

국민연금의 연금크레딧제도 중 가장 최근에 시행된 것은?

① 실업크레딧
② 고용크레딧
③ 양육크레딧
④ 군복무크레딧
⑤ 출산크레딧

해설 출산크레딧(2008), 군복무크레딧(2008), 실업크레딧(2016) **정답** ①

☐ 19회 21번

연금제도의 적립방식과 부과방식에 관한 설명으로 옳은 것을 모두 고른 것은?

> ㄱ. 적립방식은 부과방식에 비해 세대 내 소득재분배 효과가 크다.
> ㄴ. 부과방식은 적립방식에 비해 자본축적 효과가 크다.
> ㄷ. 부과방식은 적립방식에 비해 기금확보가 더 용이하다.

① ㄱ   ② ㄴ   ③ ㄷ
④ ㄱ, ㄴ   ⑤ ㄱ, ㄷ

해설 ㄴ. 부과방식은 적립방식에 비해 자본축적 효과가 크지 않다. ㄷ. 부과방식은 적립방식에 비해 기금확보가 용이하지 않다. **정답** ①

☐ 18회 25번

기초연금제도에 관한 설명으로 옳은 것은?

① 65세 이상 모든 고령자에게 제공하는 사회수당이다.
② 무기여방식의 노후 소득보장제도이다.
③ 기초연금액의 산정 시 국민연금급여액을 고려하지 않는다.
④ 기초연금액은 가구유형, 소득과 상관없이 동일하다.
⑤ 기초연금의 수급권자가 사망하면 유족급여를 지급한다.

해설 ① 만 65세 이상, 소득인정액이 선정기준액(보건복지부장관이 고시하는 금액) 이하인 사람에게 무기여방식(공공부조)으로 제공하는 노후 소득보장제도 ③ 기준연금액과 국민연금 급여액 등을 고려하여 산정 ④ 가구유형(단독가구, 부부가구)과 소득인정액 수준(선정기준액 100분의 70)에 따라 금액 상이 ⑤ 수급권자가 사망해도 별도의 유족급여를 지급하지 않으나, 미지급분에 대해서는 청구 가능 **정답** ②

3. 공적연금의 이해

(1) 공적연금 특징

- 국가가 운영 주체인 연금
- 일반 국민을 대상으로 하는 국민연금 제도와 특수직 종사자를 대상으로 하는 군인연금, 공무원연금, 사립학교교원연금이 있음

(2) 연금의 유형

사회보험식 공적연금	보험료 등으로 재원을 조달하여 현금형태로 급여제공, 보편적 적용, 차등적 분배
사회부조식 공적연금	자산조사·소득조사를 통해 일정 소득 미만의 저소득노인에게 지급, 일반조세, 선별적 적용
사회수당식 공적연금	소득에 관계없이 전국민에게 제공, 일반조세, 보편적 적용, 보편적 분배
강제가입식 민간연금	국가가 운영하지 않고 민간 보험회사들이 판매하는 상품에 개인이 반드시 가입하도록 하는 것

(3) 연금제도의 분류

무기여 연금	재원을 일반예산에서 충당 예 공공부조, 사회수당
기여식 연금	소득의 일정 비율을 보험료로 징수, 기여금 수준에 따라 급여차등화 예 국민연금
정액연금	과거 소득과 관계없이 동일한 금액을 지급 예 기초연금
소득비례연금	과거 소득을 기준으로 급여 차등 지급 예 국민연금

(4) 급여산정방식

확정급여식	나중에 받을 연금액이 일정 비율 또는 일정한 금액으로 사전에 미리 정해짐 퇴직 후 안정된 급여보장, 물가상승과 경기침체에 대응
확정기여식	기여금만 결정되어 있고 급여액은 적립한 기여금과 운용 결과에 의해 결정 연금재정에는 유리하지만 투자의 위험은 개인이 부담

(5) 연금재정의 운용방식

적립방식	장래에 지급될 연금을 가입기간 동안 가입자로부터 기여금으로 적립하는 방식 재정의 안정적 운영 가능, 인플레이션에 취약
부과방식	매년 전체 가입자가 낸 보험료 등으로 당해연도 연금지불액을 충당하는 방식 노인인구 증가로 후세대 부담 증가, 재정운영 불안

수정적립방식	보험료와 급여수준을 점차적으로 조정해 나가는 방식으로 우리나라 채택

- 우리나라 국민연금의 운용방식: 기여연금, 소득비례연금, 확정급여식, 수정적립방식

(6) 국민연금

- 가입자 종류: 사업장가입자, 지역가입자, 임의가입자, 임의계속가입자
- 연금급여의 종류: 노령연금, 장애연금, 유족연금, 반환일시금, 사망일시금, 분할연금
- 연금보험료
  - 사업장가입자: 근로자 4.5% + 사용자 4.5%로 각각 4.5%씩 부담
  - 지역가입자, 임의가입자, 임의계속가입자: 본인이 내는 금액
- 연금급여액: 기본연금액과 부양가족연금액을 합산한 금액
  - 급여수준

가입기간	1988~1998년	1999~2007년	2008년	2009년	2010년	⋯	2028년 이후
가입월수	P1	P2	P3	P4	P5	⋯	P23
소득대체율	70%	60%	50%	49.5%	49%	⋯	40%
소득대체율에 해당하는 비례상수	2.4	1.8	1.5	1.485	1.47	⋯	1.2

* 2008년부터 소득대체율은 0.5%씩, 비례상수는 0.015씩 감소

- 크레딧제도
  - 출산크레딧

2자녀	3자녀	4자녀	5자녀 이상
12개월	30개월	48개월	50개월

  - 군복무크레딧: 6개월을 가입기간에 추가로 산입
  - 실업크레딧: 추가산입 기간은 최대 12개월

(7) 기초연금

- 지급대상: 노인들의 기초생활보장을 위해 만들어진 제도로 만 65세 이상, 소득인정액이 선정기준액 이하인 사람. 보건복지부장관은 65세 이상인 사람 중 기초연금 수급자가 100분의 70 수준이 되도록 해야 함
- 기초연금액 감액: 부부가 모두 받는 경우 각각의 기초연금액에서 20% 감액하여 지급

01. 공적연금은 가입자의 노령(퇴직), 장애(재해), 사망으로 인한 소득중단 시 급여를 지급한다.

02. 국민연금의 크레딧제도란 사회적으로 가치 있는 행위를 하였거나, 불가피한 사유로 보험료를 납부할 수 없는 경우 수급권 및 적정급여 보장을 위해 가입기간을 추가로 인정하는 제도로서 출산크레딧(2008), 군복무크레딧(2008), 실업크레딧(2016)이 있다.

03. 연금제도의 적립방식은 부과방식에 비해 세대 내 소득재분배 효과가 크다.

04. 기초연금제도는 65세 이상 소득인정액이 선정기준액(보건복지부장관이 고시하는 금액) 100분의 70 이하인 사람에게 제공하는 공공부조이다.

4. 국민건강보장제도

□ 21회 09번

우리나라 의료보장제도(국민건강보험, 의료급여)에서 시행하고 있는 것 중 의료비 절감효과와 관련이 가장 적은 것은?

① 포괄수가제
② 의료급여 사례관리제도
③ 건강보험급여 심사평가제도
④ 행위별 수가제
⑤ 본인일부부담금

해설 행위별 수가제는 진료를 제공하면 할수록 의료기관의 수입이 증가하여 과잉진료 등을 초래하여 국민의료비가 증가할 가능성이 크다. **정답** ④

□ 20회 04번

진료비 지불방식 중 행위별수가제와 포괄수가제에 관한 설명으로 옳은 것을 모두 고른 것은?

> ㄱ. 행위별수가제는 의료기관의 과잉진료를 유도할 수 있다.
> ㄴ. 행위별수가제에서는 의료진의 진료행위에 대한 자율성이 확보된다.
> ㄷ. 포괄수가제는 주로 발생빈도가 높은 질병군에 적용한다.
> ㄹ. 포괄수가제를 적용함으로써 환자의 본인부담금이 감소할 수 있다.

① ㄱ   ② ㄱ, ㄷ
③ ㄱ, ㄴ, ㄷ   ④ ㄴ, ㄷ, ㄹ
⑤ ㄱ, ㄴ, ㄷ, ㄹ

해설 우리나라는 진료비 지불방식으로 행위별 수가제를 기본으로 하면서 포괄수가제의 적용도 확대하고 있다.
정답 ⑤

우리나라의 노인장기요양보험에 관한 설명으로 옳지 않은 것은?

① 가족의 부담을 덜어줌으로써 국민의 삶의 질을 향상하는 것을 목적으로 한다.

② 노인장기요양보험기금과 국민건강보험기금은 통합하여 관리한다.

③ 노인장기요양보험료는 국민건강보험료와 통합하여 징수한다.

④ 65세 이상의 노인은 소득수준과 상관없이 적용대상자이다.

⑤ 재가급여를 시설급여에 우선하여 제공하여야 한다.

[해설] 노인장기요양보험기금과 국민건강보험기금은 통합하여 징수하나 운영은 독립적으로 한다. **[정답] ②**

우리나라의 의료급여에 관한 설명으로 옳지 않은 것은?

① 의료급여 수급권자는 1종과 2종으로 구분한다.

② 의료급여기금에는 지방자치단체의 출연금도 포함된다.

③ 의료급여 수급권자의 1촌 직계혈족 및 그 배우자는 원칙적으로 부양의무가 있다.

④ 국민기초생활보장제도 수급자 중 보장시설에서 급여를 받는 자는 2종 수급자로 구분된다.

⑤ 「약사법」에 따라 개설등록된 약국은 의료급여를 실시하는 의료기관이다.

[해설] 국민기초생활보장제도 수급자 중 보장시설에서 급여를 받는 자는 1종 수급자이다. **[정답] ④**

국민건강보험제도에 관한 설명으로 옳은 것은?

① 본인의 의사에 따라 임의가입할 수 있다.

② 조합방식 의료보험제도가 통합방식으로 전환되어 국민건강보험제도로 변경되었다.

③ 건강보험료는 수직적 소득재분배 기능을 하지 않는다.

④ 국민건강보험의 보험자는 보건복지부이다.

⑤ 직장가입자의 보험료는 평균보수월액에 보험료율을 곱하여 얻은 금액이다.

[해설] ① 강제가입 ③ 수직적 소득재분배 기능 ④ 보험자는 국민건강보험공단 ⑤ 직장가입자의 국민건강보험료 = 보수월액 × 보험료율 **[정답] ②**

국민건강보험제도에 관한 설명으로 옳지 않은 것은?

① 사립학교교원의 보험료는 가입자 본인, 사용자, 국가가 분담한다.

② 직장가입자의 보수월액은 직장가입자가 지급받는 보수를 기준으로 하여 산정한다.

③ 직장가입자의 보험료율은 건강보험정책심의위원회에서 심의·의결한다.

④ 부가급여로 임신·출산 진료비, 장제비, 상병수당을 지급하고 있다.

⑤ 국민건강보험공단의 회계연도는 정부의 회계연도에 따른다.

[해설] 제50조(부가급여) 현재 제도상 장제비는 폐지되었고, 상병수당은 2022년 7월부터 시범사업을 실시하고 있으며 2025년 도입 예정이다. **[정답] ④**

☐ 18회 24번

노인장기요양보험제도에 관한 설명으로 옳은 것은?

① 장기요양보험사업의 보험자는 보건복지부장관이다.

② 등급판정에 따른 장기요양인정의 유효기간은 최소 6개월 이상으로서 대통령령으로 정한다.

③ 통합 징수한 장기요양보험료와 건강보험료를 각각의 독립회계로 관리하여야 한다.

④ 재가 급여비용은 수급자가 해당 장기요양급여비용의 100분의 20을 부담한다.

⑤ 수급자는 시설급여와 특별현금급여를 중복하여 받을 수 있다.

해설 ① 보험자는 건강보험공단이다. ② 등급판정에 따른 장기요양인정의 유효기간은 최소 1년 이상으로서 대통령령으로 정한다. ④ 재가 급여비용은 수급자가 해당 장기요양급여비용의 100분의 15를 부담한다. ⑤ 중복하여 받을 수 없다. **정답** ③

 핵심요약

4. 국민건강보장제도

(1) 국민건강보험

- 목적: 국민의 질병·부상에 대한 예방·진단·치료·재활과 출산·사망 및 건강증진에 대하여 보험급여를 실시함으로써 국민건강을 향상시키고 사회보장을 증진함을 목적으로 함(제1조)
- 보험자: 국민건강보험공단
- 특성: 법률에 의한 강제가입, 소득재분배기능, 사회연대성 원리, 부담능력에 따른 보험료의 차등부담
- 직장가입자의 보험료는 노사가 1/2씩 부담하지만 사립학교교원의 보험료는 가입자 본인(50%), 사용자(30%), 국가(20%)가 분담한다.

가입자	대상	보험료
직장가입자	모든 사업자의 사용자와 근로자, 공무원, 교직원	보수월액보험료 = 보수월액 × 보험료율 소득월액보험료 = 소득월액 × 소득평가율 × 보험료율
지역가입자	직장가입자와 피부양자를 제외한 도시 자영업자, 개인 사업자, 농어촌 주민 등	보험료부과점수 × 부과점수당금액(전액부담)

- 제외대상: 의료급여수급권자, 유공자 등 의료보호대상자
- 급여의 종류: 요양급여, 건강검진, 요양비, 장애인 보조기기 급여비, 부가급여
- 진료비 지불방식

행위별수가제	• 의료기관에서 제공한 의료서비스를 항목별로 계산하여 진료비 책정 • 장점: 의료서비스의 질 향상, 의료기관의 수익 증가 • 단점: 과잉진료, 환자의 부담 증가

포괄수가제	• 발생빈도가 높은 질병군에 미리 정해진 표준 진료비를 지급하는 방식
	• 장점: 의료비 절감, 과잉진료 최소화, 간편한 청구 절차로 행정비용 감소
	• 단점: 의료서비스의 질 하락, 의료기관의 수익 감소
	• 현재 4개 진료과 7개 질병군 대상으로 적용
	   − 안과: 백내장수술
	   − 이비인후과: 편도수술 및 아데노이드수술
	   − 외과: 항문수술, 탈장수술, 맹장수술
	   − 산부인과: 제왕절개분만, 자궁 및 자궁부속기 수술

(2) 노인장기요양보험제도

- 신청자격: 국민건강보험가입자(피부양자 포함), 소득과 상관없이 건강보험가입자 또는 의료급여수급권자 중 65세 이상 노인과 65세 미만 노인성 질환을 앓는 자
- 급여내용
  - 재가급여: 방문요양, 방문목욕, 방문간호, 주·야간보호, 단기보호
  - 시설급여: 노인의료복지시설(노인전문병원 제외)에 장기간 입소하여 받는 급여
  - 특별현금급여: 가족요양비

☑ 과락科落 말고 과락科樂 기출 선지

01. 행위별수가제는 의료진의 진료행위에 대한 자율성이 확보되며, 과잉진료 등을 초래하여 국민의료비의 증가 가능성이 크다.

02. 포괄수가제는 주로 발생빈도가 높은 질병군에 적용하며, 환자의 본인부담금이 감소할 수 있다.

03. 노인장기요양보험과 국민건강보험은 기금으로 운영하지 않으며 통합하여 징수하되, 운영은 독립적으로 한다.

04. 의료급여 수급권자는 1종과 2종으로 구분하며, 국민기초생활보장제도 수급자 중 보장시설에서 급여를 받는 자는 1종 수급자이다.

05. 조합방식 의료보험제도가 통합방식으로 전환되어 국민건강보험제도로 변경되었다.

06. 국민건강보험제도는 국민건강보험공단이 보험자이며, 수직적 소득재분배 기능을 하는 강제보험이다.

07. 국민건강보험제도의 부가급여중 장제비는 폐지되었고, 상병수당은 시범사업을 실시 중이다.

08. 통합 징수한 장기요양보험료와 건강보험료를 각각의 독립회계로 관리하여야 한다.

5. 산재보험과 고용보험

□ 21회 14번

우리나라 고용보험과 산업재해보상보험에 관한 설명으로 옳은 것은?

① 소득활동 중 발생할 수 있는 소득상실 위험에 대한 사회안전망이라는 공통점을 가지고 있다.
② 구직급여는 구직활동 여부와 관계없이 지급된다.
③ 고용형태 및 근로시간에 관계없이 모든 근로자는 두 보험의 적용을 받는다.
④ 장해급여는 산업재해를 입은 모든 근로자에게 지급된다
⑤ 두 보험의 가입자 보험료율은 동일하다.

해설 ② 재취업을 위한 적극적 구직활동을 해야 지급된다. ③ 고용보험과 산업재해보상보험은 근로시간을 준수해야 보험의 적용을 받는다. ④ 업무상의 사유에 의하여 부상을 당하거나 질병에 걸려 치유 후 신체 등에 장해가 있는 경우의 근로자에게 지급된다. ⑤ 고용보험과 산업재해보상보험의 보험료율은 서로 다르다. **정답** ①

□ 20회 06번

우리나라의 고용보험에 관한 설명으로 옳은 것을 모두 고른 것은?

> ㄱ. 직업능력개발 훈련을 실시하는 사업주를 지원할 수 있다.
> ㄴ. 예술인은 고용보험 가입대상이 아니다.
> ㄷ. 실업 신고를 한 이후에 질병·부상 또는 출산으로 취업이 불가능하여 구직활동을 할 수 없는 경우 상병급여를 지급할 수 있다.
> ㄹ. 고용안정 및 직업능력개발사업의 보험료는 사업주와 근로자가 공동으로 부담한다.

① ㄱ, ㄴ   ② ㄱ, ㄷ   ③ ㄷ, ㄹ
④ ㄴ, ㄷ, ㄹ   ⑤ ㄱ, ㄴ, ㄷ, ㄹ

해설 ㄴ. 예술인도 2020년부터 고용보험 가입대상이다. ㄹ. 고용안정과 직업능력개발사업에 해당하는 보험료는 사용자가 단독으로 전액 부담하고 실업급여 사업에 해당하는 보험료는 사업주와 근로자가 각각 50%씩 부담한다. **정답** ②

□ 20회 09번

우리나라 산업재해보상보험의 급여가 아닌 것은?

① 요양급여   ② 상병수당
③ 유족급여   ④ 장례비
⑤ 직업재활급여

해설 산업재해보상보험의 급여는 요양급여, 휴업급여, 유족급여, 장해급여, 간병급여, 상병보상연금, 장례비, 직업재활급여가 있다. **정답** ②

□ 19회 22번

고용보험제도에 관한 설명으로 옳은 것은?

① 고용보험료는 고용보험위원회에서 부과·징수한다.
② 고용보험의 가입대상은 모든 국민과 국내에 거주하는 외국인이다.
③ 고용보험 구직급여는 30일 동안의 구직기간에는 지급되지 않는다.
④ 보험가입자는 사업주와 근로자 모두 포함한다.
⑤ 고용보험의 재원은 사용자가 단독으로 부담한다.

해설 ① 국민건강보험공단에서 부과·징수한다. ② 가입대상은 월 60시간 이상 근로자와 법률에서 정한 외국인이다. ③ 7일 동안은 대기기간으로 구직급여가 지급되지 않는다. ⑤ 고용안정과 직업능력개발사업에 해당하는 보험료는 사용자가 단독으로 전액 부담하고, 실업급여 사업에 해당하는 보험료는 사업주와 근로자가 각각 50%씩 부담한다. **정답** ④

고용보험제도에 관한 설명으로 옳은 것은?

① 실업급여를 받을 권리는 양도 또는 압류하거나 담보로 제공할 수 없다.

② 구직급여의 급여일수는 대기기간을 포함하여 산정한다.

③ 육아휴직 시작일로부터 3개월까지는 월 통상임금의 100분의 50에 해당하는 금액을 지급한다.

④ 자영업자인 피보험자의 실업급여에는 구직급여, 연장급여, 조기재취업수당이 포함된다.

⑤ 65세 이후에 자영업을 개시한 사람에게도 구직급여를 적용한다.

해설 ② 7일간은 대기기간으로 보아 구직급여를 지급하지 아니한다. ③ 육아휴직급여는 월 통상임금의 100분의 80에 해당하는 금액을 월별 지급액으로 한다. ④ 자영업자인 피보험자의 실업급여는 연장급여와 조기재취업 수당을 제외한다. ⑤ 65세 이후에 고용되거나 자영업을 개시한 사람에게는 실업급여 및 육아휴직급여를 적용하지 아니한다. **정답** ①

산업재해보상보험제도에 관한 설명으로 옳지 않은 것은?

① 근로복지공단은 보험급여를 결정하고 지급한다.

② 업무상의 재해란 업무상의 사유에 따른 근로자의 부상·질병·장해 또는 사망을 말한다.

③ 직장 내 괴롭힘, 고객의 폭언 등으로 인한 업무상 정신적 스트레스가 원인이 되어 발생한 질병은 업무상 재해로 인정되지 않는다.

④ 업무상 질병의 인정 여부를 심의하기 위하여 근로복지공단 소속 기관에 업무상 질병판정위원회를 둔다.

⑤ 국민건강보험공단이 보험료를 징수한다.

해설 직장 내 괴롭힘, 고객의 폭언 등으로 인한 업무상 정신적 스트레스가 원인이 되어 발생한 질병은 근로기준법에 따라 업무상 재해로 본다. **정답** ③

☑ 핵심요약

5. 산재보험과 고용보험

(1) 산업재해보상보험
- 특성
  - 우리나라의 사회보험 중 가장 먼저 시행됨
  - 재해근로자에 대한 무과실책임주의
  - 근로자를 사용하는 모든 사업이 가입대상
- 보험가입자: 사업주
  - 보험료는 사업주가 전액 부담
- 산재보험급여: 요양급여, 휴업급여, 부분휴업급여, 장해급여, 유족급여, 간병급여, 장의비, 직업재활급여, 상병보상연금, 특별급여 등
- 업무상 재해: 업무상 사고, 업무상 질병, 출퇴근 재해

(2) 고용보험

- 근로자가 실직한 경우에 생활안정을 위하여 일정 기간 급여를 지급하는 실업급여 사업과 구직자에 대한 직업능력개발·향상 및 적극적인 취업알선을 통한 재취업의 촉진과 실업예방을 위하여 고용안정사업, 직업능력개발사업 등의 실시를 목적으로 하는 사회보험
- 가입대상: 근로자를 사용하는 모든 사업, 적용단위는 사업 또는 사업장

☑ 과락科落 말고 과락科樂 기출 선지

01. 우리나라의 고용보험과 산업재해보상보험은 소득활동 중 발생할 수 있는 소득상실 위험에 대한 사회안전망이라는 공통점을 가지고 있다.

02. 우리나라의 고용보험은 직업능력개발 훈련을 실시하는 사업주를 지원할 수 있다.

03. 실업 신고를 한 이후에 질병·부상 또는 출산으로 취업이 불가능하여 구직활동을 할 수 없는 경우 고용보험에서 상병급여를 지급할 수 있다.

04. 고용안정과 직업능력개발사업에 해당하는 보험료는 사용자가 단독으로 전액 부담하고 실업급여 사업에 해당하는 보험료는 사업주와 근로자가 각각 50%씩 부담한다.

05. 산업재해보상보험의 급여는 요양급여, 휴업급여, 유족급여, 장해급여, 간병급여, 상병보상연금, 장례비, 직업재활급여가 있다.

06. 고용보험 구직급여는 7일 동안을 대기기간으로 하여 급여를 지급하지 않는다.

07. 실업급여를 받을 권리는 양도 또는 압류하거나 담보로 제공할 수 없다.

08. 65세 이후에 고용되거나 자영업을 개시한 사람에게는 실업급여 및 육아휴직급여를 적용하지 아니한다. 다만, 65세 전부터 피보험 자격을 유지하던 사람이 65세 이후에도 계속하여 고용된 경우는 제외한다.

6. 빈곤과 공공부조제도

□ 22회 10번

빈곤과 소득불평등의 측정에 관한 설명으로 옳은 것은?

① 반물량 방식은 엥겔계수를 활용하여 빈곤선을 추정한다.

② 상대적 빈곤은 생존에 필요한 생활수준이 최소한의 수준에 도달하지 못한 상태를 말한다.

③ 라이덴방식은 객관적 평가에 기초하여 빈곤선을 측정한다.

④ 빈곤율은 빈곤층의 소득을 빈곤선 수준으로 끌어올리는데 필요한 총소득을 나타낸다.

⑤ 지니계수가 1일 경우는 완전 평등한 분배상태를 의미한다.

해설 ② 상대적 빈곤은 그 사회의 평균적인 소득수준, 생활수준과 관련이 있으며 사회의 불평등 수준에 영향을 받는다. ③ 라이덴방식은 주관적 빈곤을 측정하는 방식이다. ④ 빈곤율은 특정 지역이나 국가 내에서 빈곤선 이하의 소득수준에 해당하는 빈곤층의 비율을 나타내는 지표이다. 빈곤층의 소득을 빈곤선 수준으로 끌어올리는 데 필요한 총소득을 나타내는 것은 빈곤갭이다. ⑤ 지니계수가 1일 경우는 완전 평등한 분배상태를 의미한다.　**정답** ①

□ 22회 11번

사회적 배제의 특성에 관한 설명으로 옳지 않은 것은?

① 문제의 초점을 소득의 결핍으로 제한한다.
② 빈곤에 대해 다차원적으로 접근하는 개념이다.
③ 빈곤의 역동성과 동태적 과정을 강조한다.
④ 개인과 집단의 박탈과 불평등을 유발하는 다양한 영역을 포괄한다.
⑤ 사회적 관계망으로부터의 단절 문제를 제기한다.

해설 ① 사회적 배제란 개인이나 그룹이 사회의 다양한 활동과 기회에서 제외되거나 격리되는 상태를 가리키는 것으로 경제적인 측면뿐만 아니라 사회적·문화적·정치적 측면까지 고려한다.　**정답** ①

□ 22회 13번

미국의 빈곤가족한시지원(TANF)에 관한 설명으로 옳지 않은 것은?

① 수급기간 제한
② 개인 책임 강조
③ 근로연계복지 강화
④ 요보호아동가족부조(AFDC)와 병행
⑤ 주정부의 역할과 기능 강화

해설 요보호아동가족부조(AFDC)는 미국에서 1935년부터 1996년까지 운영되었던 사회복지 프로그램으로 경제적으로 취약한 가정에 일시적인 금전적 지원을 하였는데, 1996년 TANF로 대체되면서 종료되었다. 빈곤가족한시지원(TANF)은 가정이 자립적으로 경제적으로 안정되는 것을 목표로 현금지원분만 아니라 고용지원, 직업훈련, 육아지원 등을 지원하는 종합적인 프로그램이다. AFDC는 미국 시민이면 누구나 권리를 가졌지만 TANF는 조건을 이행하는 사람에게만 복지급여가 제공되고 이행하지 않으면 급여를 삭감하거나 박탈했다. TANF 수급자는 엄격한 근로의무가 주어졌고 수급기간은 평생 60개월을 초과할 수 없었으며 예산은 연방정부가 포괄교부금 방식으로 지급했다.　**정답** ④

□ 22회 17번

다음에서 ㄱ, ㄴ을 순서대로 옳게 나열한 것은?

> 2024년 국민기초생활보장제도 수급자 선정 소득기준은 다음과 같다. 생계급여는 기준 중위소득의 (ㄱ)% 이하, 주거급여는 기준 중위소득의 48% 이하, 의료급여는 기준 중위소득의 (ㄴ)% 이하, 교육급여는 기준 중위소득의 50% 이하이다.

① 30, 30　　　　　② 30, 40
③ 32, 30　　　　　④ 32, 40
⑤ 35, 40

해설 생계급여: 기준 중위소득의 32% 이하, 주거급여: 기준 중위소득 48% 이하, 의료급여: 기준 중위소득 40% 이하, 교육급여: 기준 중위소득 50% 이하　**정답** ④

□ 22회 23번

우리나라 근로장려세제(EITC)에 관한 설명으로 옳지 않은 것은?

① 소득재분배 효과를 기대할 수 있다.
② 근로능력이 있는 저소득층의 근로유인을 제고한다.
③ 소득과 재산보유상태 등을 반영하여 지급한다.
④ 근로장려금 모형은 점증구간, 평탄구간, 점감구간으로 되어 있다.
⑤ 사업자는 근로장려금을 받을 수 없다.

해설 근로장려세제는 일정액 이하의 저소득 근로자 또는 사업자(전문직 제외) 가구에 대하여 가구원 구성과 총급여액 등에 따라 산정된 근로장려금을 지급함으로써 근로를 장려하고 실질소득을 지원하는 근로연계형 소득지원제도이다.

정답 ⑤

□ 21회 10번

조세특례제한법상의 '총급여액 등'을 기준으로 근로장려금 산정방식을 다음과 같이 설계하였다고 가정할 때, 총급여액 등에 따른 근로장려금 계산 결과로 옳지 않은 것은?

> · 총급여액 등 1,000만원 미만: 근로장려금 = 총급여액 등 × 100분의 20
> · 총급여액 등 1,000만원 이상 1,200만원 미만: 근로장려금 200만원
> · 총급여액 등 1,200만원 이상 3,200만원 미만: 근로장려금 = 200만원 − (총급여액 등 − 1,200만원) × 100분의 10
> ※ 재산, 가구원 수, 부양아동 수, 소득의 종류 등 다른 조건은 일체 고려하지 않음

① 총급여액 등이 500만원 일 때, 근로장려금 100만원
② 총급여액 등이 1,100만원 일 때, 근로장려금 200만원
③ 총급여액 등이 1,800만원 일 때, 근로장려금 150만원
④ 총급여액 등이 2,200만원 일 때, 근로장려금 100만원
⑤ 총급여액 등이 2,700만원 일 때, 근로장려금 50만원

해설 ③ 총급여액 등이 1,800만원 일 때, '총급여액 등 1,200만원 이상 3,200만원 미만' 구간으로, 근로장려금 = 200만원 − (1,800만원 − 1,200만원) × 100분의 10 = 근로장려금 140만원이다.

정답 ③

□ 21회 11번

최근 10년간 국민기초생활보장제도의 변화에 관한 설명으로 옳은 것을 모두 고른 것은?

> ㄱ. 수급자격 중 부양의무자 기준은 완화되었다.
> ㄴ. 기준중위소득은 2015년 이후 지속적으로 인상되었다.
> ㄷ. 교육급여가 신설되었다.
> ㄹ. 근로능력평가 방식이 변화되었다.

① ㄱ, ㄴ　　　② ㄱ, ㄷ　　　③ ㄱ, ㄹ
④ ㄴ, ㄹ　　　⑤ ㄱ, ㄴ, ㄹ

해설 교육급여는 국민기초생활보장제도로 개정되기 이전(생활보호제도)부터 존재한 급여로서 신설된 급여가 아니다.

정답 ⑤

□ 21회 15번

다음 중 상대적 빈곤선을 설정(측정)하는 방식으로 옳은 것을 모두 고른 것은?

> ㄱ. 중위소득의 일정 비율
> ㄴ. 라이덴(Leyden) 방식
> ㄷ. 반물량 방식
> ㄹ. 라운트리(Rowntree) 방식
> ㅁ. 타운센드(Townsend) 방식

① ㄱ, ㄴ　　　② ㄱ, ㅁ　　　③ ㄴ, ㅁ
④ ㄷ, ㄹ　　　⑤ ㄱ, ㄷ, ㄹ

해설 ㄴ. 라이덴 방식: 주관적 빈곤을 측정하는 방식 ㄷ. 반물량 방식: 절대적 빈곤을 측정하는 방식(오르산스키 방식) ㄹ. 라운트리 방식: 절대적 빈곤을 측정하는 방식(전물량 방식)

정답 ②

우리나라의 국민기초생활보장제도에 관한 설명으로 옳은 것은?

① 의료급여 선정기준은 기준 중위소득의 100분의 50 이상으로 한다.

② 교육급여 선정기준은 기준 중위소득의 100분의 40 이상으로 한다.

③ "수급권자"란 「국민기초생활 보장법」에 따른 급여를 받는 사람을 말한다.

④ 국민기초생활보장제도에서의 "보장기관"은 사회복지서비스를 제공하는 사회복지기관을 말한다.

⑤ 사회복지 전담공무원은 수급권자의 동의를 받아 수급권자에 대한 급여를 직권으로 신청할 수 있다.

해설 ① 의료급여(40/100) ② 교육급여(50/100) ③ 「국민기초생활 보장법」에 따른 급여를 받는 사람은 "수급자"이다. ④ 국민기초생활보장제도에서의 보장기관은 국가 + 지방자치단체이다. **정답** ⑤

빈곤의 개념에 관한 설명으로 옳지 않은 것은?

① 상대적 빈곤은 한 사회의 평균적인 생활수준을 기준으로 정한다.

② 절대적 빈곤은 최소한의 생필품을 구입하는데 필요한 비용으로 정한다.

③ 반물량 방식은 모든 항목의 생계비를 계산하지 않고 엥겔계수를 활용하여 생계비를 추정한다.

④ 중위소득의 50%를 빈곤선으로 책정할 경우, 사회구성원 99명을 소득액 순으로 나열하여 이 중 50번째 사람의 소득 50%를 빈곤선으로 한다.

⑤ 상대적 박탈은 인간의 기본적 욕구의 기준을 생물학적 요인에만 초점을 둔다.

해설 상대적 박탈은 인간의 기본적 욕구의 기준을 생물학적 요인에 초점을 둔 절대적 빈곤 개념을 비판한 타운센

드가 주장한 개념으로, 이는 다시 객관적 박탈감과 주관적 박탈감으로 나뉜다. **정답** ⑤

소득불평등과 빈곤 측정에 관한 설명으로 옳은 것을 모두 고른 것은?

> ㄱ. 로렌츠곡선의 가로축은 소득을 기준으로 하위에서 상위 순서로 모든 인구의 누적분포를 표시한다.
>
> ㄴ. 지니계수는 불평등도가 증가할수록 수치가 커져 가장 불평등한 상태는 1이다.
>
> ㄷ. 빈곤율은 모든 빈곤층의 소득을 빈곤선 수준으로 끌어올리는 데에 필요한 총소득으로 빈곤의 심도를 나타낸다.
>
> ㄹ. 5분위 배율에서는 수치가 작을수록 평등한 상태를 나타낸다.

① ㄱ, ㄴ   ② ㄱ, ㄷ   ③ ㄴ, ㄷ

④ ㄱ, ㄴ, ㄹ   ⑤ ㄱ, ㄷ, ㄹ

해설 ㄷ. 모든 빈곤층의 소득을 빈곤선 수준으로 끌어올리는 데 필요한 총소득은 빈곤갭이다. **정답** ④

사회투자전략에 관한 설명으로 옳은 것은?

① 인적자원에 대한 투자는 결과의 평등을 목적으로 한다.

② 사회적 약자 집단에 대한 현금이전을 중시한다.

③ 현재 아동세대에 대한 선제적 투자를 중시한다.

④ 사회정책과 경제정책을 분리한 전략이다.

⑤ 소득재분배와 소비 지원을 강조한다.

해설 ① 기회의 평등 강조 ② 복지의 투자적 성격과 생산적 성격 강조 ④ 경제정책을 우위에 둔 경제정책과 사회정책의 통합 강조 ⑤ 인적 자본 및 사회적 자본에의 사회투자 강조, 특히 인적 자본 중 아동 세대에 대한 선제적 투자 중시 **정답** ③

□ 19회 08번

빈곤의 기준을 정하는 방법에 관한 설명으로 옳은 것은?

① 전(全)물량 방식은 식료품비를 계산하고 엥겔수의 역을 곱해서 빈곤선을 기준으로 측정하는 방식이다.
② 기초생활보장제도의 수급자 선정기준은 상대적 빈곤 개념을 반영하고 있다.
③ 라이덴 방식은 상대적 빈곤 측정방식이다.
④ 반물량 방식은 소득분배 분포 상에서 하위 10%나 20%를 빈곤한 사람들로 간주한다.
⑤ 중위소득 또는 평균소득을 근거로 빈곤선을 측정하는 것은 절대적 빈곤 측정방식이다.

해설 ① 반물량 방식 ③ 주관적 빈곤의 대표적인 측정방식 ④ 반물량 방식은 식료품비의 비중에 의해 빈곤선을 측정하는 방식 ⑤ 상대적 빈곤 측정방식 정답 ②

□ 19회 16번

자활지원사업에 관한 설명으로 옳지 않은 것은?

① 자활급여는 근로능력이 있는 국민기초생활보장 수급자의 자활을 위한 각종 지원을 제공하는 급여이다.
② 자활기업은 조합 또는 「부가가치세법」상의 사업자로 한다.
③ 자활기관협의체의 구성 및 운영 등에 필요한 사항은 보건복지부령으로 정한다.
④ 자산형성지원으로 형성된 자산은 수급자의 소득환산액 산정 시 이를 포함한다.
⑤ 지역자활센터는 참여자의 자활의욕 고취를 위한 교육을 행한다.

해설 ④ 자산형성지원으로 형성된 자산(희망키움)은 대통령령으로 정하는 바에 따라 수급자의 소득환산액 산정 시 이를 포함하지 않는다. 포함할 경우 탈수급 문제가 발생할 수 있다. 정답 ④

□ 19회 18번

긴급복지지원제도에 관한 설명으로 옳지 않은 것은?

① 주소득자가 사망, 가출, 행방불명, 구금시설에 수용되는 등의 사유로 소득을 상실한 경우 긴급지원대상자가 될 수 있다.
② 긴급지원은 위기상황에 처한 사람에게 일시적으로 신속하게 지원하는 것을 기본원칙으로 한다.
③ 긴급지원의 종류에는 금전 또는 현물 등의 직접지원과 민간기관·단체와의 연계 등의 지원이 있다.
④ 사회복지사업법에 따른 사회복지시설의 종사자는 긴급지원을 요청할 수 있다.
⑤ 국민기초생활 보장법에 따른 지원을 받고 있는 경우에 긴급복지지원법을 우선 적용한다.

해설 ⑤ 국민기초생활 보장법에 따른 지원을 받고 있는 경우에 긴급복지지원법에서 지원하지 않는다. 정답 ⑤

□ 18회 03번

빈곤과 불평등 측정에 관한 설명으로 옳은 것은?

① 완전 평등 사회에서 로렌츠곡선은 45° 각도의 직선과 거리가 가장 멀어진다.
② 지니계수의 최대값은 1, 최소값은 −1이다.
③ 빈곤갭은 빈곤선 이하에 속하는 인구가 전체인구에서 차지하는 비율을 의미한다.
④ 빈곤율은 빈곤선과 실제소득과의 격차를 반영한다.
⑤ 센(Sen) 지수는 빈곤집단 내의 불평등 정도를 반영한다.

해설 ① 완전 평등 사회에서 로렌츠곡선은 45° 각도의 직선과 일치한다. ② 지니계수의 최대값은 1, 최소값은 0이다. ③ 빈곤갭은 모든 빈곤층의 소득을 빈곤선 수준으로 끌어올리는 데 필요한 총소득이다. ④ 빈곤율은 빈곤선을 기준으로 소득 이하 빈곤 가구에 사는 개인의 수를 전체인구로 나눈 값이다. 정답 ⑤

빈곤의 개념에 관한 설명으로 옳지 않은 것은?

① 절대적 빈곤은 육체적 효율성을 유지하기 위한 최소한의 생활필수품을 소비하지 못하는 상태이다.

② 최저생계비를 계측하여 빈곤선을 설정하는 방식은 절대적 빈곤개념을 적용한 것이다.

③ 국민기초생활보장제도는 절대적 빈곤개념을 적용하고 있다.

④ 상대적 빈곤은 한 사회의 평균적인 생활수준과 비교하여 빈곤을 규정한다.

⑤ 중위소득을 활용하여 상대적 빈곤선을 설정할 수 있다.

해설 국민기초생활보장제도는 상대적 빈곤개념을 적용하고 있다. **정답** ③

국민기초생활보장제도에 관한 설명으로 옳지 않은 것은?

① 국민기초생활보장제도는 보충성의 원칙에 기반하고 있다.

② 「북한이탈주민의 보호 및 정착지원에 관한 법률」상의 북한이탈주민과 그 가족은 의료급여 2종 수급권자에 속한다.

③ 급여는 개별가구 단위로 실시하되, 특히 필요하다고 인정하는 경우에는 개인 단위로 실시할 수 있다.

④ 수급권자와 그 친족, 그 밖의 관계인은 관할 시장·군수·구청장에게 수급권자에 대한 급여를 신청할 수 있다.

⑤ 생계급여는 수급자의 소득인정액 등을 고려하여 차등지급할 수 있다.

해설 보건복지부장관이 필요하다고 인정한 경우 1종 수급권자에 속한다. **정답** ②

우리나라의 근로장려세제에 관한 설명으로 옳지 않은 것은?

① 근로장려금 신청 접수는 보건복지부에서 담당한다.

② 근로능력이 있는 빈곤층에 대해 근로의욕을 고취한다.

③ 미국의 EITC를 모델로 하였다.

④ 근로장려금은 근로소득 외에 재산보유상태 등을 반영하여 지급한다.

⑤ 근로빈곤층에게 실질적 혜택을 제공하여 빈곤 탈출을 지원한다.

해설 근로장려세제의 시행은 국세청이 담당하고, 급여의 신청접수는 국세청 홈페이지나 관할 세무서에서 가능하다. **정답** ①

국민기초생활보장 대상 가구의 월 생계급여액은? (단, 다음에 제시된 2019년 기준으로 계산한다.)

> · 전세주택에 거주하는 부부(45세, 42세)와 두 자녀(15세, 12세)로 구성된 가구로 소득인정액은 월 100만원으로 평가됨(부양의무자는 없음)
>
> · 2019년 가구 규모별 기준 중위소득은 다음과 같이 가정함
> 1인: 1,700,000원, 2인: 2,900,000원,
> 3인: 3,700,000원, 4인: 4,600,000원

① 0원   ② 380,000원   ③ 700,000원

④ 1,380,000원   ⑤ 3,600,000원

해설 생계급여(2019년 기준 100분의 30)는 기준 중위소득의 100분의 30%에서 소득인정액을 차감하여 계산하므로, 4인 가구의 기준 중위소득 4,600,000의 30%인 1,380,000에서 소득인정액 100만원을 차감하여 380,000원이 된다. **정답** ②

6. 빈곤과 공공부조제도

(1) 빈곤의 개념

- 절대적 빈곤
  - 라운트리 방식(전물량 방식): 생계에 필요한 필수적인 물품의 양을 결정하고 이를 화폐가치로 환산해 빈곤선을 구하는 방식
  - 오르샨스키 방식(반물량 방식): 엥겔 방식, 최저한의 식료품비를 구해 3(엥겔계수의 역)을 곱해 빈곤선을 계산하는 방식
- 상대적 빈곤: 특정 사회의 평균적인 소득수준·생활수준과 밀접한 관련(우리나라의 국민기초생활보장제도). 상대적 박탈과 불평등 개념을 반영. 타운센드 박탈지표방식
- 주관적 빈곤: 라이덴 방식, 사람들의 주관적인 평가에 근거하여 빈곤을 정의
- 사회적 배제: 개인과 집단의 다차원적 불이익에 초점을 두고 소득의 결핍 그 자체보다 다양한 배제 행위가 발생하는 과정에 초점을 둠

(2) 빈곤 측정

- 빈곤율: 전체 국민 중 빈곤선 이하의 소득수준에 해당하는 빈곤층의 비율
- 빈곤갭: 모든 빈곤층의 소득을 빈곤선 수준으로 끌어올리는 데 필요한 총소득
- 센(Sen) 지수: 빈곤율, 빈곤갭, 상대적 불평등 모두 고려. 빈곤집단 내의 불평등 정도를 반영

(3) 소득불평등 측정

- 5분위 분배율: 상위 20% 가구의 소득 합 / 하위 20% 가구의 소득 합. 수치가 클수록 소득 격차가 큰 것이며 수치가 작을수록 소득 격차가 작음(완전평등은 1)
- 10분위 분배율: 하위 40% 가구의 소득 합 / 상위 20% 가구의 소득 합. 수치가 클수록 소득 격차가 작고 수치가 작을수록 소득 격차가 큼(완전평등은 2)
- 분위 분배율: 상위 20% 가구의 소득 합 / 하위 20% 가구의 소득 합. 수치가 클수록 소득 격차가 큰 것이며 수치가 작을수록 소득 격차가 작음(완전평등은 1)
- 지니계수: 로렌츠곡선을 이용하여 소득불평등을 숫자로 표시한 지표. 0과 1 사이의 값을 가지며 1에 가까울수록 불평등

(4) 공공부조

- 국가 및 지방자치단체가 주체가 되어 빈곤한 국민들의 최저생활을 보장하고 자립을 지원하는 제도로 수직적 재분배 효과가 큼
- 자산조사를 통한 선별적 대상 선정, 규제적인 성격, 행정비용 소모, 수급자의 근로의욕 저하, 낙인감 발생

(5) 국민기초생활보장제도

- 급여의 종류
  - 생계급여: 기준 중위소득의 32% 이하
  - 의료급여: 기준 중위소득의 40% 이하
  - 주거급여: 기준 중위소득의 48% 이하
  - 교육급여: 기준 중위소득의 50% 이하
  - 해산급여: 생계급여, 주거급여, 의료급여 중 하나 이상의 급여를 받는 수급자가 출산(출산예정 포함)한 경우 지급
  - 장제급여: 생계급여, 주거급여, 의료급여 중 하나 이상의 급여를 받는 수급자의 사망 시 사체의 검안, 운반, 화장 또는 매장 등 장제를 실제로 행하는 자에게 지급

(6) 저소득층 지원사업

① 긴급복지지원제도

- 위기상황에 처한 사람에게 일시적으로 신속하게 지원하는 것으로 금전 또는 현물 등의 직접 지원과 민간기관·단체와의 연계 등의 지원이 있음
- 긴급지원대상자: 주소득자가 사망, 가출, 행방불명, 구금시설에 수용되는 등의 사유로 소득을 상실한 경우
- 타급여우선의 원칙 적용
- 긴급복지지원 종류
  - 금전 또는 현물 등의 직접지원

생계지원	3개월간 지원, 추가 3개월 지원 가능(최대 6개월)
의료지원	1회 지원(최대 2회)
주거지원	1개월간, 추가 2개월 지원 가능(최대 12개월)
교육지원	1회 지원(최대 4회)
사회복지시설 이용지원	1개월간, 추가 2개월 지원 가능(최대 6개월)
그 밖의 지원	1개월간, 추가 2개월 지원 가능(최대 6개월)

  - 민간기관·단체와의 연계 등의 지원: 횟수 제한 없음

② 근로장려세제

- 일정액 이하의 저소득 가구에게 근로소득 금액을 기준으로 산정한 근로장려금을 세금 환급의 형태로 지급함으로써 근로를 장려하고 실질소득을 지원하는 근로연계형 소득지원제도
- 신청자격: 가구 단위로 소득기준과 재산기준을 모두 충족해야 함

③ 자산형성지원사업

- 근로빈곤층에 대한 근로유인 및 자산형성지원을 통한 자활 의욕 고취 및 자립 능력 향상을 지원

- 희망저축계좌Ⅰ: 일하는 생계·의료급여 수급자 대상
- 희망저축계좌Ⅱ: 일하는 주거·교육급여 수급자와 차상위가구

☑ 과락科落 말고 과락科樂 기출 선지

1. 사회복지 전담공무원은 수급권자의 동의를 받아 수급권자에 대한 급여를 직권으로 신청할 수 있다.

2. 국민기초생활보장제도에서의 보장기관은 국가 + 지방자치단체이다.

3. 상대적 빈곤은 한 사회의 평균적인 생활수준을 기준으로 정한다.

4. 상대적 빈곤선을 측정하는 방식은 중위소득의 일정 비율과 타운센드 방식이다.

5. 기초생활보장제도의 수급자 선정기준은 상대적 빈곤 개념을 반영하고 있다.

6. 라이덴 방식은 주관적 빈곤의 대표적인 측정방식이다.

7. 절대적 빈곤은 최소한의 생필품을 구입하는데 필요한 비용(최저생계비) 계측으로 정한다.

8. 반물량 방식은 모든 항목의 생계비를 계산하지 않고 엥겔계수를 활용하여 생계비를 추정한다.

9. 식료품비를 계산하고 엥겔수의 역을 곱해서 빈곤선 기준을 측정하는 것은 반물량방식이다.

10. 중위소득의 50%를 빈곤선으로 책정할 경우, 사회구성원 99명을 소득액 순으로 나열하여 이 중 50번째 사람의 소득 50%를 빈곤선으로 한다.

11. 중위소득 또는 평균소득을 근거로 빈곤선을 측정하는 것은 상대적 빈곤 측정방식이다.

12. 최근 10년간 국민기초생활부장제도는 수급자격에 있어 부양의무자 기준은 완화되고, 기준 중위소득은 2015년 이후 지속적으로 인상되었으며, 근로능력평가 방식이 변화되었다.

13. 로렌츠곡선의 가로축은 소득을 기준으로 하위에서 상위 순서로 모든 인구의 누적분포를 표시한다.

14. 지니계수는 불평등도가 증가할수록 수치가 커져 가장 불평등한 상태는 1이다.

15. 5분위 배율에서는 수치가 작을수록 평등한 상태를 나타낸다.

16. 사회투자전략은 인적 자본 및 사회적 자본에 투자의 핵심을 두며, 현재 아동세대에 대한 선제적 투자를 중시한다.

17. 자산형성지원으로 형성된 자산은 수급자의 소득환산액 산정 시 이를 포함하지 않는다.

18. 국민기초생활 보장법에 따른 지원을 받고 있는 경우에 긴급복지지원법에서 지원하지 않는다.

19. 주소득자가 사망, 가출, 행방불명, 구금시설에 수용되는 등의 사유로 소득을 상실한 경우 긴급지원대상자가 될 수 있다.

20. 긴급지원은 위기상황에 처한 사람에게 일시적으로 신속하게 지원하는 것을 기본원칙으로 한다.

21. 센(Sen) 지수는 빈곤집단 내의 불평등 정도를 반영한다.

22. 완전 불평등 사회에서 로렌츠곡선은 45° 각도의 직선과 일치한다.

23. 지니계수의 최대값은 1, 최소값은 0이다. 지니계수가 1이면 완전 불평등한 분배, 0이면 완전 평등한 분배상태를 나타낸다.

24. 빈곤갭은 모든 빈곤층의 소득을 빈곤선 수준으로 끌어올리는데 필요한 총소득이다.

25. 근로장려세제의 시행은 국세청이 담당하고 근로장려금 신청접수는 국세청 홈페이지나 관할 세무서에서 가능하다.

3교시
사회복지정책과 제도

2 사회복지행정론

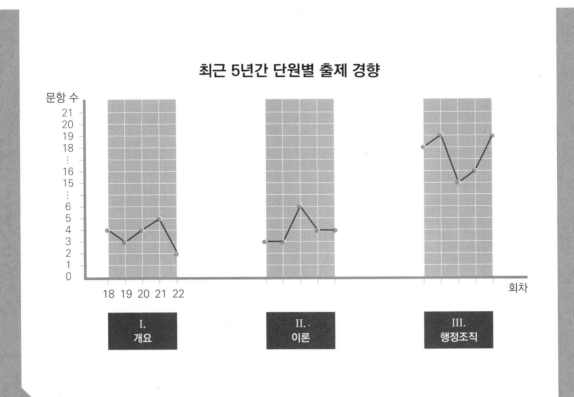

최근 5년간 단원별 출제 경향

문항 수

회차

I.
개요

II..
이론

III.
행정조직

과목 조감도

I.
개요

1. 개념

2. 특성

3. 행정과정

4. 역사

II.
이론

1. 고전이론 ── 1) 관료제이론
2) 과학적 관리론

2. 인간관계이론

3. 체계이론

4. 조직환경이론

5. 현대이론 ── 1) 총체적 품질관리
2) 학습조직이론
3) 목표관리이론
4) 품질차원의 5가지
측정기준
5) 신공공관리론

1. 구조와
조직화

1) 조직의 개념
2) 조직의 구조
3) 조직의 구조적 요소
4) 조직구조의 유형
5) 조직문화
6) 사회복지조직의 유형

사회복지행정론

III. 행정조직

2. 기획과 의사결정
1) 기획의 이해
2) 프로그램 기획의 기법
3) 의사결정

3. 전달체계
1) 개념
2) 사회복지서비스 전달체계의 구분
3) 사회복지서비스 전달체계의 구축 원칙
4) 서비스 전달체계 개선전략

4. 리더십
1) 리더십 이론
2) 리더십 유형: 칼리슬

5. 조직관리
1) 인사관리
2) 재정관리
3) 환경 및 정보관리
4) 홍보 및 마케팅
   (1) 마케팅 믹스 (4P)
   (2) 비영리조직의 마케팅

6. 조직평가
1) 책임성
2) 시설평가
3) 성과관리
4) 기준행동

7. 프로그램 기획과 평가
1) 자료수집
2) 설계 및 과정
3) 평가기준

1. 개념, 2. 특성, 3. 행정과정

☐ 22회 26번

사회복지조직의 특성에 관한 설명으로 옳지 않은 것은?

① 사회복지사의 전문성과 자율성을 인정한다.

② 클라이언트와 사회복지사의 관계에 따라 서비스의 효과성이 좌우된다.

③ 서비스의 효과성을 객관적으로 입증하기가 용이하다.

④ 다양한 상황에서 윤리적 딜레마와 가치 선택에 직면한다.

⑤ 조직의 목표가 명확하거나 구체적이기 어렵다.

해설 인간을 재료로 하는 사회복지는 서비스의 효과성을 객관적으로 입증하기 힘들다.　　**정답** ③

☐ 21회 27번

사회복지행정의 기능에 관한 설명으로 옳은 것을 모두 고른 것은?

> ㄱ. 기획(planning): 조직의 목적과 목표달성 방법을 설정하는 활동
>
> ㄴ. 조직화(organizing): 조직의 활동을 이사회와 행정기관 등에 보고하는 활동
>
> ㄷ. 평가(evaluating): 설정된 목표에 따라 성과를 평가하는 활동
>
> ㄹ. 인사(staffing): 직원 채용, 해고, 교육, 훈련 등의 활동

① ㄱ, ㄴ　　② ㄱ, ㄷ　　③ ㄱ, ㄷ, ㄹ
④ ㄴ, ㄷ, ㄹ　　⑤ ㄱ, ㄴ, ㄷ, ㄹ

해설 ㄴ. 조직화: 조직의 공식구조를 통해 업무를 규정하고, 조직목표와 과업 변화에 부응하여 조직구조를 확립한다.　　**정답** ③

☐ 21회 28번

사회복지행정의 특징에 관한 설명으로 옳은 것은?

① 서비스 성과를 평가하기 어렵다.

② 사회복지행정가는 가치중립적이어야 한다.

③ 서비스 효율성은 고려하지 않는다.

④ 재정관리는 사회복지행정에 포함되지 않는다.

⑤ 직무환경에 관계없이 획일적으로 운영된다.

해설 사회복지행정의 특징 중 하나는 인간을 원료로 하기에 서비스의 효과성이나 효율성을 평가하는 조직성과의 객관적 증명이 쉽지 않다는 것이다.　　**정답** ①

☐ 21회 32번

하센펠트(Y. Hasenfeld)가 제시한 휴먼서비스 조직의 특성으로 옳지 않은 것은?

① 인간을 원료(raw material)로 한다.

② 클라이언트와의 직접적 관계 속에서 활동한다.

③ 조직의 목표가 불확실하며 모호해지기 쉽다.

④ 조직의 업무과정에서 주로 전문가에 의존한다.

⑤ 목표 달성을 위해 명확한 지식과 기술을 사용한다.

해설 하센펠트가 제시한 휴먼서비스 조직의 특성에서 사회복지조직은 인간을 원료로 하는 휴먼서비스 조직이기에 복합적인 문제를 가진 클라이언트에게 적합한 서비스를 제공하기 위해 조직의 목표가 불확실하며 모호해지기 쉽다. 따라서 조직관리와 목표달성에 대한 지식과 기술이 한정되지 않고 그 범위를 초월한 다양한 기술과 전문적인 판단이 중요하므로 전문가에 대한 의존도가 높다.　　**정답** ⑤

□ 20회 26번

사회복지행정가가 가져야 할 능력이 아닌 것은?

① 배타적 사고　　② 대안모색
③ 조직이론 이해　　④ 우선순위 결정
⑤ 권한위임과 권한실행

정답 ①

□ 20회 27번

사회복지행정의 실행 과정을 순서대로 나열한 것은?

ㄱ. 과업 평가	ㄴ. 과업 촉진
ㄷ. 과업 조직화	ㄹ. 과업 기획
ㅁ. 환류	

① ㄱ － ㄷ － ㄹ － ㅁ － ㄴ
② ㄷ － ㄱ － ㄹ － ㄴ － ㅁ
③ ㄷ － ㄹ － ㅁ － ㄴ － ㄱ
④ ㄹ － ㄴ － ㄷ － ㄱ － ㅁ
⑤ ㄹ － ㄷ － ㄴ － ㄱ － ㅁ

해설 사회복지행정의 실행 과정(POSDCoRBE): 기획(Planning) → 조직(Organizing) → 인사(Staffing) → 지시(Directing) → 조정(Coordinating) → 보고(Reporting) → 재정(Budgeting) → 평가(Evaluating)　**정답** ⑤

□ 19회 26번

사회복지행정에서 효과성(effectiveness)에 관한 설명으로 옳은 것은?

① 조직의 목표 달성 정도
② 투입에 대한 산출의 비율
③ 사회복지기관의 지역적 집중도
④ 서비스 이용의 편의성 정도
⑤ 서비스 자원의 활용 가능성 정도

해설 사회복지행정의 이념　**정답** ①

효과성	조직목표의 달성 정도를 판단하는 가치
효율성	최소 자원으로 최대의 효과. 투입에 대한 산출의 비용을 판단하는 가치

접근성 (편의성)	서비스를 쉽게 이용할 수 있도록 제반 여건을 갖추어야 한다는 가치
공평성 (형평성)	동일한 욕구를 가진 대상자는 동일한 서비스가 제공되어야 함
대응성	욕구를 정확히 파악하여 그 욕구에 맞는 서비스를 제공하여야 함

□ 19회 28번

한국의 사회복지 행정체계에 관한 설명으로 옳지 않은 것은?

① 공공 행정체계와 민간 행정체계로 구성된다.
② 중앙정부의 사회복지 담당 부처는 보건복지부이다.
③ 지방자치단체의 사회복지 행정체계는 일반 행정체계에 포함되어 있다.
④ 민간 사회복지기관은 국가나 지방자치단체의 보조금을 받지 않는다.
⑤ 사회복지 행정체계에는 영리 사업자도 참여하고 있다.

해설 ④ 민간 사회복지기관은 비영리법인(사회복지법인 포함)으로 국가나 지방자치단체의 보조금 지원을 받을 수 있다.　**정답** ④

□ 18회 27번

사회복지행정의 개념에 관한 설명으로 옳지 않은 것은?

① 사회복지정책을 개별적이고 구체적인 서비스로 전환시키는 과정이다.
② 사회서비스 활동으로 민간조직을 제외한 공공조직이 수행한다.
③ 관리자가 조직목표를 달성하기 위해서 수행하는 과정, 기능 그리고 활동이다.
④ 사회복지 과업수행을 위해서 인적·물적 자원을 체계적으로 결합·운영하는 합리적 행동이다.
⑤ 사회복지제도와 정책을 서비스 급여, 프로그램으로 전환시키기 위한 전달체계이다.

해설 ② 사회서비스 활동은 공공조직과 민간조직이 각각 수행하고 있으며, 필요에 따라 협력체계를 구축하여 수행한다. **정답** ②

□ 18회 31번

사회복지행정의 특성에 관한 설명으로 옳지 않은 것은?

① 조직들 간의 통합과 연계를 중시한다.
② 지역사회 욕구를 충족시키기 위한 조직관리 기술을 필요로 한다.
③ 모든 구성원들이 조직운영 과정에 참여하여 일정 부분 영향을 미친다.
④ 조직내부 부서 간의 관료적이고 위계적인 조직관리 기술을 필요로 한다.
⑤ 사회복지조직의 관리자는 조직의 운영을 지역사회와 연관시킬 책임이 있다.

해설 ④ 사회복지조직은 조직내부 부서 간 관료적이고 위계적인 조직관리 운영보다는 민주적 형태의 조직관리 운영기술이 필요하다. **정답** ④

☑ 핵심요약

1. 개념

- 사회복지정책을 개별적이고 구체적인 서비스로 전환시키는 과정
- 공공조직과 민간조직이 각각 수행하고 있으며, 필요에 따라 협력체제 구축
- 목표달성을 위해 수행하는 과정, 기능 그리고 활동
- 과업수행을 위해 인적·물적자원을 체계적으로 결합·운영하는 합리적 활동
- 사회복지제도와 정책을 서비스 급여, 프로그램으로 전환시키기 위한 전달체계
- 중앙정부의 사회복지 담당 부처는 보건복지부
- 지방자치단체의 사회복지 행정체계는 일반 행정체계에 포함
- 사회복지 행정체계에는 영리 사업자도 참여
- 사회복지행정의 이념
  - 효과성: 조직 목표의 달성 정도를 판단하는 가치
  - 효율성: 최소 자원으로 최대의 효과, 투입에 대한 산출의 비용을 판단하는 가치
  - 접근성(편의성): 서비스를 쉽게 이용할 수 있도록 제반 여건을 갖추어야 한다는 가치
  - 공평성(형평성): 동일한 욕구를 가진 대상자는 동일한 서비스가 제공되어야 함
  - 대응성: 욕구를 정확히 파악하여 그 욕구에 맞는 서비스를 제공하여야 함

2. 특성

- 클라이언트와 직접 접촉하며 활동하는 인간이 사회복지조직의 원료인 활동
- 상호작용을 통한 참여적·수평적 조직구조로 창의성과 역동성 추구
- 도덕적 정당성, 인간적 가치 추구
- 불확실하며 모호한 비구체적인 목표설정

- 기술의 불확실성으로 인한 개별화의 원칙 및 조직관리 기술 필요
- 외부환경(사회·경제적 변화)에 대한 의존성이 높으므로 지역사회와의 연관 필요
- 개방적 조직구조 및 통합과 연계 중시
- 전문적인 성격의 서비스 제공 및 전문가에 대한 높은 의존도
- 효율성·효과성을 중시하나 개별화의 특성으로 인하여 표준화가 어려움
- 재원에는 기부금, 후원금, 정부와 지자체의 보조금이 있음

3. 행정과정

(1) 일반행정과 사회복지행정의 공통점 및 차이점

① 공통점: 문제 해결적 과정
- 조직 내 개인과 집단이 목표를 달성하기 위한 조력의 과정
- 공공의지(Public Will)을 실현하는 것
- 인적·물적 자원을 동원하고 조직화하는 기능

② 차이점: 사회복지행정은 지역사회와 밀접한 관련성
- 모든 구성원들이 조직운영 과정에 참여
- 전문 사회복지사의 재량권이 크고 이들의 직무수행에 의존
- 일반행정 지식의 범위를 초월

(2) 사회복지행정의 실행과정: POSDCoRBE

- 기획(Planning) → 조직(Organizing) → 인사(Staffing) → 지시(Directing) → 조정(Coordinating) → 보고(Reporting) → 재정(Budgeting) → 평가(Evaluating)
- 기획: 목표의 설정과 목표달성을 위한 과업 및 활동, 과업수행방법 결정
- 조직: 조직구조를 설정, 과업 할당 등 역할 배분
- 인사: 직원의 채용과 해고, 훈련
- 지시: 행정책임자의 관리·감독 과정
- 조정: 조직활동에서 구성원들을 상호연결하는 중요한 기능, 의사소통의 조정
- 보고: 조직에서 일어나는 상황을 기록 후 정기적으로 감사
- 재정: 회계규정에 따른 재정운영
- 평가: 서비스의 효과성 및 자원의 투입 산출에 관련된 효율성 평가 실시

(3) 사회복지행정가의 관리행동(스키드모어, 1990)

- 수용, 관심과 보호, 창의성 발휘, 민주성 발휘, 신뢰, 인정, 개인적 균형과 조화의 유지, 기회, 조직화, 우선순위 결정, 위임, 지역사회 및 타 전문직과의 관계 유지, 의사결정, 행동촉진 및 조장, 의사소통, 직원 발전의 촉진, 동기부여

☑ 과락科落 말고 과락科樂 기출 선지

01. 사회복지행정은 인간을 대상으로 하므로 인간의 가치와 도덕성을 중시한다.

02. 사회복지행정은 일반행정에 비해 지역사회와 밀접한 관련성이 있다.

03. 사회복지행정은 목표달성의 효과성 및 효율성을 측정하기 어렵다.

04. 사회복지행정의 이념에서 최소의 자원으로 최대의 성과를 내는 것은 효율성이다.

05. 선별주의적 운영방법을 따를 때 사회복지행정은 효과성·효율성 측면에서 유리하다.

06. 전문 사회복지사의 재량권이 크고 이들의 직무수행에 의존한다.

07. 핵심활동이 전문가의 재량에 의해 이루어지고, 전문가에 대한 의존도가 높기 때문에 적용되는 기술이 다양하고 불확실하며, 성과기준이 모호하여 평가가 용이하지 않다.

08. 정부보조금 외에 기부금, 후원금 등 필요한 지원을 받는다.

09. 클라이언트와 직접 접촉이 필수적이다.

10. 법률과 규칙에 의해 위탁을 받은 조직으로, 사회복지조직이 제공하는 서비스는 전문적인 성격을 가지고 있다.

11. 서비스는 클라이언트의 욕구와 특성에 따라 개별화되기 때문에 표준화가 어렵다.

12. 사회서비스 활동은 공공조직과 민간조직이 각각 수행하고 있으며, 필요에 따라 협력체계를 구축하여 수행한다.

13. 사회복지행정의 과정은 기획 – 조직 – 인사 – 지시 – 조정 – 보고 – 재정 – 평가의 순이다.

4. 역사

☐ 22회 27번

한국 사회복지행정의 역사에 관한 설명으로 옳지 않은 것은?

① 6.25 전쟁 이후 외국원조기관을 중심으로 사회복지시설이 설립되었다.

② 1960년대 외국원조기관 철수 후 자생적 사회복지단체들이 성장했다.

③ 1980년대 후반부터 지역사회 이용시설 중심의 사회복지기관이 증가했다.

④ 1980년대 후반부터 사회복지전문요원이 배치되기 시작했다.

⑤ 1990년대 후반에 사회복지시설 설치기준이 허가제에서 신고제로 바뀌었다.

해설 한국에서 자생적 사회복지단체들이 성장한 것은 1970년 사회복지사업법의 제정 및 시행에 근거하므로 1970년대로 봄이 적절하다. **정답** ②

□ 21회 26번

한국 사회복지행정의 역사에 관한 설명으로 옳지 않은 것은?

① 1950~1960년대 사회복지서비스는 주로 외국 원조단체들에 의해 제공되었다.
② 1970년대 사회복지사업법 제정으로 사회복지시설에 대한 제도적 지원과 감독의 근거가 마련되었다.
③ 1980년대에 사회복지전문요원제도가 도입되었다.
④ 1990년대에 사회복지시설 평가제도가 도입되었다.
⑤ 2000년대에 사회복지관에 대한 정부 보조금 지원이 제도화되었다.

해설 1970년 사회복지사업법의 제정으로 사회복지시설에 대한 제도적 지원과 감독의 근거가 마련되었다.

정답 ⑤

□ 21회 42번

한국의 사회복지전달체계 개편 순서를 올바르게 나열한 것은?

ㄱ. 주민생활지원서비스 전달체계
ㄴ. 사회복지통합관리망(행복e음) 개통
ㄷ. 읍·면·동 복지허브화
ㄹ. 지역사회 통합돌봄

① ㄱ - ㄴ - ㄷ - ㄹ
② ㄱ - ㄴ - ㄹ - ㄷ
③ ㄱ - ㄷ - ㄴ - ㄹ
④ ㄴ - ㄱ - ㄷ - ㄹ
⑤ ㄴ - ㄷ - ㄱ - ㄹ

해설 ㄱ. 주민생활지원서비스 전달체계(2006년 1단계, 2007년 2단계 실시) ㄴ. 사회복지통합관리망(행복e음) 개통(2010년) ㄷ. 읍·면·동 복지허브화(2016년) ㄹ. 지역사회 통합돌봄(2019년)

정답 ①

□ 20회 33번

다음에서 설명하는 사회복지정보시스템 명칭은?

• 사회복지사업 정보와 지원대상자의 자격정보, 수급이력정보 등을 통합관리하는 시스템
• 대상자의 소득, 재산, 인적자료, 수급이력정보 등을 연계하여 정확한 사회복지대상자 선정 및 효율적 복지업무 처리 지원

① 복지로
② 사회보장정보시스템(범정부)
③ 사회복지시설정보시스템
④ 사회서비스전자바우처시스템
⑤ 보건복지정보시스템

해설 ① '복지로'는 각 부처의 복지서비스 정보를 모아 한눈에 볼 수 있도록 제공하고, 맞춤 검색에서 온라인 신청까지 실생활 중심의 복지정보와 서비스를 제공하는 대한민국 대표 복지포털이다. ③ 사회복지법인 및 시설의 회계·인사·급여·후원금 관리 등 업무를 전자적으로 처리하고, 행복e음과 연계하여 각종 온라인 보고를 처리할 수 있는 '사회복지시설 통합업무관리시스템'이다. ④ 일반적인 의미에서 개인 또는 사회 전체의 복지증진 및 삶의 질 향상을 위해 사회적으로 제공되는 서비스를 말하며 공공행정(일반행정, 환경, 안전), 사회복지(보육, 아동, 장애인, 노인보호), 보건의료(간병, 간호), 교육(방과 후 활동, 특수 교육), 문화(도서관, 박물관, 미술관 등 문화시설 운영)를 포괄하는 개념이다. 바우처는 이용가능한 서비스의 금액이나 수량이 기재된 증표(이용권)로 전자바우처는 서비스 신청, 이용, 비용 지불/정산 등의 전 과정을 전산시스템으로 처리하는 전달수단을 말한다. ⑤ 「사회보장급여의 이용·제공 및 수급권자 발굴에 관한 법률」 제29조에 따라 '사회보장정보시스템'의 구축·운영·지원 및 같은 법 또는 그 밖의 다른 법령에 의해 위탁받은 사업을 합리적이고 효율적으로 수행하여 공정하고 효과적인 사회보장을 통해 국민의 삶의 질 향상에 기여함을 목적으로 한다. **정답** ②

□ 20회 48번

사회복지서비스 전달체계 도입 순서가 올바르게 제시된 것은?

> ㄱ. 희망복지지원단 설치
> ㄴ. 지역사회복지협의체 설치
> ㄷ. 읍면동 복지허브화 사업 실행

① ㄱ - ㄴ - ㄷ
② ㄱ - ㄷ - ㄴ
③ ㄴ - ㄱ - ㄷ
④ ㄴ - ㄷ - ㄱ
⑤ ㄷ - ㄴ - ㄱ

해설 희망복지지원단 설치(2012), 지역사회복지협의체 설치(2005), 읍·면·동 복지허브화 사업 실행(2016)

정답 ③

□ 19회 42번

우리나라 사회복지전달체계의 변화 과정을 순서대로 나열한 것은?

> ㄱ. 사회복지사무소 시범사업
> ㄴ. 지역사회 통합돌봄
> ㄷ. 읍·면·동 복지허브화
> ㄹ. 사회복지통합관리망(행복e음) 개통
> ㅁ. 보건복지사무소 시범사업

① ㄱ - ㅁ - ㄷ - ㄹ - ㄴ
② ㄴ - ㄱ - ㄹ - ㅁ - ㄷ
③ ㄷ - ㄴ - ㅁ - ㄹ - ㄱ
④ ㄹ - ㅁ - ㄱ - ㄷ - ㄴ
⑤ ㅁ - ㄱ - ㄹ - ㄷ - ㄴ

해설 ㄱ. 사회복지사무소 시범사업(2004) ㄴ. 지역사회 통합돌봄(2019) ㄷ. 읍·면·동 복지허브화(2016) ㄹ. 사회복지통합관리망(행복e음) 개통(2010) ㅁ. 보건복지사무소 시범사업(1995)

정답 ⑤

□ 18회 32번

1950년대 우리나라 사회복지행정 역사에 관한 설명으로 옳지 않은 것은?

① 외국민간원조기관협의회(KAVA, Korea Association of Voluntary Agencies)는 구호물자의 배분을 중심으로 사회복지행정 활동을 하였다.
② KAVA는 구호 활동과 관련된 조직관리 기술을 도입했다.
③ 사회복지기관들은 수용·보호에 바탕을 둔 행정관리 기술을 사용하였다.
④ KAVA는 서비스 중복, 누락, 서비스 제공자 간의 협력체계 구축에 초점을 두었다.
⑤ KAVA는 지역사회 조직화나 공동체 형성을 위한 조직관리 기술을 적극적으로 활용하였다.

해설 ⑤ 외국민간원조기관협의회(KAVA)는 1952년 부산에서 7개 외원기관이 모여 설립된 단체로, 외원기관들 간 정보를 교환하고, 사업내용을 상호 조정하며, 합동조사 등을 통해 단체교섭을 하고, 정부에 건의활동을 하는 기능을 하였다.

정답 ⑤

□ 18회 46번

사회복지서비스 전달체계의 도입을 시대순으로 나열한 것은?

> ㄱ. 사회복지사무소 시범사업
> ㄴ. 희망복지지원단
> ㄷ. 사회복지전문요원
> ㄹ. 보건복지사무소 시범사업
> ㅁ. 지역사회보장협의체

① ㄹ - ㄷ - ㄴ - ㄱ - ㅁ
② ㄷ - ㄹ - ㄱ - ㄴ - ㅁ
③ ㄹ - ㄱ - ㄷ - ㄴ - ㅁ
④ ㄱ - ㄷ - ㄹ - ㅁ - ㄴ
⑤ ㄷ - ㄹ - ㅁ - ㄴ - ㄱ

해설 사회복지사무소 시범사업(2004), 희망복지지원단(2012), 사회복지전문요원(1987), 보건복지사무소 시범사업(1995), 지역사회보장협의체(2015)

정답 ②

4. 역사

(1) 한국사회복지행정의 흐름

① 사회복지 전문 활동의 시작(1900~1945)
- 19세기 말 사회복지기관은 전문적 행정가가 운영하기보다는 주로 외국인 선교사에 의한 선교활동의 일환으로 전개됨
- 반열방(1906), 태화여자관(1921), 방면위원제도 도입 – 우애방문단 성격(1927)

② 외원기관의 활동과 사회복지행정의 출발(1945~1970년대)
- 외원기관들에 의한 수용시설 위주의 긴급구호, 시설보호 중심으로 이루어짐
- 사회복지사업법 제정 및 시행(1970)

③ 사회복지행정의 체계화와 본격화(1980년~1990년대)
- 사회복지 윤리강령 제정(1982)
- 사회복지전문요원제도 시행(1987)

④ 사회복지행정의 확립기(2000년대 이후)
- 사회복지전담공무원(2000)
- 시·군·구 지역사회복지협의체(2005)
- 사회복지통합관리망 '행복e음'(2010)
- 희망복지지원단(2012)
- 지역사회보장협의체(2015)
- 읍·면·동 복지허브화(2016)
- 읍·면·동 찾아가는 보건복지서비스(2017)
- 사회서비스원(2019), 지역사회 통합돌봄(2019)

2) 사회보장정보시스템

① 행복e음
- 사회복지시설의 신고·변동관리, 온라인 보고, 보조금 및 각종 복지급여 지급을 통합적으로 관리하는 지자체 복지업무 처리지원시스템
- 복지대상자의 신청, 자산조사, 지원여부 결정, 급여지급, 사후관리 등의 업무수행에 활용됨

② 범정부
- 각 부처 및 정보 보유기관에서 제공하고 있는 복지사업정보와 지원대상자의 자격정보, 수급이력정보를 통합 및 관리하는 시스템
- 대상자의 소득, 재산, 인적자료, 수급이력정보 등을 연계하여 정확한 사회복지 대

상자 선정 및 효율적 복지업무 처리 지원
- 복지재정의 효율적 운영으로 누락이나 중복 없는 맞춤형 서비스 제공

☑ 과락科落 말고 **과락科樂 기출 선지**

01. 외국민간원조기관협의회는 구호물자의 배분을 중심으로 긴급구호 및 수용시설에 대한 보호 등 임시방편적인 사회복지행정 활동을 하였다.

02. 1950년대 사회복지기관들은 수용·보호에 바탕을 둔 행정관리 기술을 사용하였다.

03. 1960년대 우리나라의 사회복지행정은 이용시설보다 생활시설 중심이었다.

04. 우리나라의 국민기초생활 보장법은 1999년에 제정되었다.

05. 2010년 사회복지통합 관리망인 '행복e음'이 구축되었다.

06. 사회복지전문요원은 1987년부터 배치되기 시작하였다.

07. 한국에서 사회복지조직이 양적으로 대규모로 팽창한 것은 1980년대 후반이다.

08. 사회복지사업법은 1970년에 제정되었다.

09. '행복e음'은 사회복지시설의 신고·변동관리, 온라인 보고, 보조금 및 각종 복지급여 지급에 대한 전자적 처리가 가능한 사회복지통합관리망이다.

10. '범정부'는 각 부처 및 정보 보유기관에서 제공하고 있는 복지사업정보와 지원대상자의 자격정보, 수급이력정보를 통합 및 관리하는 시스템으로, 대상자의 소득, 재산, 인적자료, 수급이력정보 등을 연계하여 정확한 사회복지 대상자 선정 및 효율적 복지업무 처리 지원을 위한 시스템이다.

11. 사회복지공동모금회는 1998년에 설립되었다.

12. 2016년 읍·면·동 복지허브화 전략의 구체적인 사업계획이 마련되었다.

☐ 22회 28번

메이요(E. Mayo)가 제시한 인간관계이론에 관한 설명으로 옳은 것은?

① 생산성은 근로조건과 환경에 의해서만 좌우된다.
② 심리적 요인은 생산성 향상에 영향을 미친다.
③ 사회적 상호작용은 생산성 향상에 부정적인 영향을 미친다.
④ 공식적인 부서의 형성은 생산성 향상으로 이어진다.
⑤ 근로자는 집단 구성원이 아닌 개인으로서 행동하고 반응한다.

해설 ① 고전이론 ③ 사회적 상호작용은 생산성 향상에 긍정적 영향을 미친다. ④ 고전이론 ⑤ 근로자는 집단구성원으로서 행동하고 반응한다. **정답** ②

☐ 22회 29번

조직이론에 관한 설명으로 옳지 않은 것은?

① 학습조직이론: 개인 및 조직의 학습공유를 통해 역량강화
② 정치경제이론: 경제적 자원과 권력간 상호작용 강조
③ 상황이론: 조직을 폐쇄체계로 보며, 조직 내부의 상황에 초점
④ 총체적 품질관리론: 지속적이고 총체적인 서비스 질 향상을 통한 고객만족 극대화
⑤ X이론: 생산성 향상을 위해 조직 구성원에 대한 감독, 보상과 처벌, 지시 등이 필요

해설 상황이론은 조직을 둘러싼 환경과 조건이 달라지면 그에 적합한 조직의 구조도 달라진다고 보기에 개방체계이며, 조직 외부의 상황에 초점을 둔다. **정답** ③

☐ 22회 30번

테일러(F. W. Taylor)의 과학적 관리론에 관한 설명으로 옳은 것을 모두 고른 것은?

> ㄱ. 직무의 과학적 분석: 업무시간과 동작의 체계적 분석
> ㄴ. 권위의 위계구조: 권리와 책임을 수반하는 권위의 위계
> ㄷ. 경제적 보상: 직무성과에 따른 인센티브 제공
> ㄹ. 사적 감정의 배제: 공식적인 원칙과 절차 중시

① ㄱ, ㄴ   ② ㄱ, ㄷ   ③ ㄴ, ㄹ
④ ㄱ, ㄴ, ㄷ   ⑤ ㄱ, ㄷ, ㄹ

해설 ㄴ, ㄹ은 베버의 관료제이론 **정답** ②

☐ 22회 41번

패러슈라만 등(A. Parasuraman, V. A. Zeithaml & L. L. Berry)의 SERVQUAL 구성차원에 해당하는 질문을 모두 고른 것은?

> ㄱ. 약속한 대로 서비스를 제공했는가?
> ㄴ. 안전하게 서비스를 제공했는가?
> ㄷ. 자신감을 가지고 정확하게 서비스를 제공했는가?
> ㄹ. 위생적이고 정돈된 시설에서 서비스를 제공했는가?

① ㄱ, ㄹ   ② ㄴ, ㄷ   ③ ㄴ, ㄹ
④ ㄱ, ㄴ, ㄷ   ⑤ ㄱ, ㄷ, ㄹ

해설 품질차원(SERVQUAL)의 5가지 측정기준: 신뢰성, 유형성, 공감성, 반응성, 확신성
ㄱ. 신뢰성 ㄷ. 확신성 ㄹ. 유형성 ㄴ은 안정성으로 해석할 수 있으나 서브퀄 측정기준에 포함되지 않는다. **정답** ⑤

다음에서 설명하는 조직이론은?

> · 인간의 사회적, 심리적, 정서적 욕구 강조
> · 조직 내 비공식 집단의 중요성 인식
> · 조직 내 개인은 감정적이며 비물질적 보상에
>   민감하게 반응

① 과학적 관리론
② 관료제론
③ 인간관계론
④ 행정관리론
⑤ 자원의존론

해설 인간관계론 - (1) 메이요의 호손(Hawthorne)공장에서의 실험결과를 적극 반영한 이론 (2) 고전이론에서 간과하고 있는 조직의 생산과 관리에서 인간적인 요소와 감정의 중요성, 인간의 사회적·심리적 욕구와 구성원의 사회적인 상호작용을 강조 (3) 비공식 집단이 개인의 생산성에 영향을 미치는 중요한 요소 **정답** ③

베버(M. Weber)가 제시한 이상적 관료제형으로 옳지 않은 것은?

① 공식적 위계와 업무처리 구조
② 전문성에 근거한 분업구조
③ 전통적 권위에 의한 조직 통제
④ 직무 범위와 권한의 명확화
⑤ 조직의 기능은 규칙에 의해 제한

해설 ③ 전통적 권위가 아닌 지위에 따른 권위에 의한 조직 통제 **정답** ③

신공공관리론(New Public Management)에 관한 설명으로 옳지 않은 것은?

① 공공서비스 공급에 있어 정부실패를 해결하기 위해 대두하였다.
② 신자유주의에 이론적 기반을 둔다.
③ 시장의 경쟁원리를 공공행정에 도입하였다.
④ 민간이 공급하던 서비스를 정부가 직접 공급하도록 하였다.
⑤ 정부, 시장, 시민사회의 협치를 추구한다.

해설 ④ 신자유주의 이론에 기반을 둔 신공공관리론은 정부가 공급하던 서비스를 정부와 민간 등으로 공급주체를 다양화하였다. **정답** ④

사회복지조직의 서비스 질 관리에 관한 설명으로 옳은 것은?

① 서비스 질 관리를 위하여 위험관리가 필요하다.
② 총체적 품질관리(TQM)는 기업의 소비자 만족을 극대화하기 위한 기법이므로 사회복지기관에 적용하기에는 적합하지 않다.
③ 총체적 품질관리는 지속적인 개선보다는 현상유지에 초점을 둔다.
④ 서브퀄(SERVQUAL)의 요소에 확신성(assurance)은 포함되지 않는다.
⑤ 서브퀄에서 유형성(tangible)은 고객 요청에 대한 즉각적 반응을 말한다.

해설 ① 위험관리는 서비스의 질 향상, 이용자의 안전 확보 및 만족도 향상, 조직의 유지 및 발전을 위해 중요성이 강조된다. ②, ③ 총체적 품질관리(TQM)는 고객중심의 지속적 품질개선을 위한 총체적 관리과정으로 현상유지보다는 지속적인 개선을 중시한다. ④ 서비스의 질을 판단하는 측정기준에는 신뢰성, 즉응성, 확신성, 공감성, 유형성이 있다. ⑤ 서브퀄에서 고객 요청에 대한 즉각적 반응은 즉응성(응답성)을 말한다. **정답** ①

다음의 ( )에 들어갈 내용으로 옳은 것은?

> 테일러(F. W. Taylor)가 개발한 과학적 관리론
> 은 (ㄱ)에게만 조직의 목표를 설정할 수 있는
> (ㄴ)을 부여하기 때문에 (ㄷ)의 의사결정
> (ㄹ)을(를) 지향하는 사회복지조직에 적용하
> 는 데는 한계가 있을 수 있다.

① ㄱ: 직원   ㄴ: 책임   ㄷ: 직원   ㄹ: 과업
② ㄱ: 관리자   ㄴ: 책임   ㄷ: 직원   ㄹ: 참여
③ ㄱ: 관리자   ㄴ: 과업   ㄷ: 관리자   ㄹ: 참여
④ ㄱ: 직원   ㄴ: 과업   ㄷ: 직원   ㄹ: 과업
⑤ ㄱ: 직원   ㄴ: 과업   ㄷ: 관리자   ㄹ: 참여

해설 테일러가 개발한 과학적 관리론은 관리자에게만 조직의 목표를 설정할 수 있는 책임을 부여하기 때문에 직원의 의사결정 참여를 지향하는 사회복지조직에 적용하는 데는 한계가 있을 수 있다. **정답** ②

사회복지조직관리자가 상황이론(contingency theory)을 활용할 경우 고려해야 할 것을 모두 고른 것은?

> ㄱ. 계층적 승진 제도를 통해서 직원의 성취 욕
>   구를 고려한다.
> ㄴ. 시간과 동작 분석을 활용하여 표준시간과
>   표준동작을 정한다.
> ㄷ. 사회복지조직을 둘러싸고 있는 사회, 정치,
>   경제, 문화 변수 등을 고려한다.

① ㄱ   ② ㄴ   ③ ㄷ
④ ㄱ, ㄷ   ⑤ ㄴ, ㄷ

해설 ㄱ. 계층적 승진제도를 통해서 직원의 성취욕구를 고려하는 것은 베버의 관료제이론이다. ㄴ. 시간과 동작 분석을 활용하고 표준시간과 표준동작을 정하여 분업체계를 확립한 테일러의 과학적 관리론에 대한 설명이다. **정답** ③

현대조직운영 기법에 관한 설명으로 옳지 않은 것은?

① 리스트럭처링(restructuring): 중복사업을 통합하여 조직 경쟁력 확보
② 리엔지니어링(re-engineering): 업무시간을 간소화시켜 서비스 시간 단축
③ 벤치마킹(benchmarking): 특수분야에서 우수한 대상을 찾아 뛰어난 부분 모방
④ 아웃소싱(outsourcing): 계약을 통해 외부전문가에게 조직기능 일부 의뢰
⑤ 균형성과표(balanced score card): 공정한 직원 채용을 위해서 만든 면접평가표

해설 균형성과표는 총체적 성과지표, 종합적 성과측정 기록표로 재정분 아니라 고객만족도, 과정, 직원의 학습을 통한 성장 등 여러 차원을 종합적으로 보는 평가표이다. **정답** ⑤

학습조직 구축요인에 관한 설명으로 옳은 것은?

① 자기숙련(personal mastery): 명상 활동
② 공유비전(shared vision): 개인적 비전 유지
③ 사고모형(mental models): 계층적 수직구조 이해
④ 팀학습(team learning): 최고관리자의 감독과 통제를 통한 학습
⑤ 시스템 사고(systems thinking): 전체와 부분 간 역동적 관계 이해

해설 학습조직이론: 조직의 성원들이 지속적 학습과정을 통해 조직의 구조, 인력, 재정, 직무성과 등을 개선해 나가는 혁신적 조직이다. 학습조직은 수평적 유연조직이다. ① 자기숙련(자아완성, 개인적 통제감): 직원 스스로 자신이 원하는 성과를 창조적으로 획득할 수 있는 능력 신장 ② 공유비전: 직원 간 공유된 조직의 비전은 조직학습의 목표와 에너지의 원천 ③ 사고모형(정신적 모델): 조직성원 상호 간의 지속적인 학습과정을 통해 현재의 상황과 미래에 대한 사고의 틀을 형성 ④ 팀학습: 조직 안팎의 문제

해결을 위해 팀 성원의 자유로운 의견 교환과 학습으로 문제해결능력 향상 **정답** ⑤

□ 20회 49번

패러슈라만 등(A. Parasuraman, V. A. Zeithaml & L. L. Berry)의 SERVQUAL 구성차원에 관한 설명으로 옳은 것은?

① 신뢰성: 이용자의 요구에 선제적으로 응대할 수 있는 능력
② 유형성: 시설, 장비 및 서비스 제공자 용모 등의 적합성
③ 확신성: 이용자에 대한 관심이나 상황이해 능력
④ 공감성: 전문적 지식과 기술, 정중한 태도로 이용자를 대하는 능력
⑤ 대응성: 저렴한 비용으로 서비스를 제공할 수 있는 능력

해설 SERVQUAL 구성 차원의 5가지 측정기준 – (1) 신뢰성: 약속한 서비스를 정확히 받을 수 있다는 클라이언트의 기대 만족 (2) 유형성(가시성): 물리적인 시설 및 장비, 직원들의 용모단정 등 (3) 공감성(감정이입): 고객 각각에 대한 개인적 관심과 배려 (4) 반응성(응답성): 필요할 때 즉각적 서비스를 제공할 수 있는 직원의 능력 (5) 확신성: 서비스에 대한 풍부한 지식을 갖고 신뢰와 확신을 심어 줄 수 있는 능력 **정답** ②

□ 20회 50번

총체적 품질관리(TQM)에 관한 설명으로 옳지 않은 것은?

① 지속적인 품질개선을 강조하는 일련의 과정이다.
② 자료와 사실에 기반한 의사결정을 중시한다.
③ 좋은 품질이 무엇인지는 고객이 결정한다.
④ 집단의 노력보다는 개인의 노력이 품질향상에 더 기여한다고 본다.
⑤ 조직구성원에 대한 훈련을 강조한다.

해설 ④ 총체적 품질관리(TQM)는 집단적 노력과 전체 구성원의 참여 유도라는 특징을 가진다. **정답** ④

□ 19회 29번

과학적 관리론(scientific management)에 관한 설명으로 옳은 것을 모두 고른 것은?

ㄱ. 조직 구성원의 업무를 과학적으로 분석하여 활용한다.
ㄴ. 집권화를 통한 위계구조 설정이 조직 성과의 결정적 요인이다.
ㄷ. 호손(Hawthorne) 공장에서의 실험결과를 적극 반영하였다.
ㄹ. 경제적 보상을 통해 생산성을 극대화할 수 있다.

① ㄱ, ㄴ   ② ㄱ, ㄷ   ③ ㄱ, ㄹ
④ ㄴ, ㄷ   ⑤ ㄷ, ㄹ

해설 ㄴ. 집권화를 위한 위계구조 설정이 조직 성과의 결정적 요인인 것은 관료제이론이다. ㄷ. 호손 공장에서의 실험 결과를 적극 반영한 이론은 메이요의 인간관계이론이다. 이는 고전이론에서 간과하고 있는 조직의 생산과 관리에서 인간적인 요소와 감정의 중요성, 인간의 사회적·심리적 욕구와 구성원의 사회적인 상호작용을 강조하고 있다. **정답** ③

□ 19회 30번

다음에서 설명하고 있는 조직이론은?

· 효과적인 조직관리 방법은 조직이 처한 환경과 조건에 따라 달라진다.
· 경직된 규칙과 구조를 가진 조직이 효과적일 경우도 있다.
· 어느 경우에나 적용되는 최선의 조직관리 이론은 없다.

① 상황이론   ② 관료제이론
③ 논리적합이론   ④ 인지이론
⑤ 인간관계이론

해설 상황이론에 대한 설명이다. 조직을 둘러싼 환경과 조건이 달라지면 그에 적합한 조직의 구조도 달라진다고 보는 상황이론은 사회복지조직을 둘러싸고 있는 사회, 정치, 경제, 문화 변수를 고려한다. **정답** ①

☐ 19회 41번

사회복지기관의 서비스 질에 관한 설명으로 옳지 않은 것은?

① 서브퀄(SERVQUAL)에는 신뢰성과 확신성이 포함된다.

② 서비스 질은 사회복지평가의 기준이 될 수 없다.

③ 위험관리(Risk Management)는 이용자에 대한 서비스 관리 측면과 조직관리 측면을 모두 포함한다.

④ 총체적 품질관리(TQM)에서 서비스의 질은 고객의 결정에 의한다.

⑤ 서비스 이용자와 제공자 관점에서 질적 평가가 중요시 되고 있다.

해설 사회복지기관이 고객에게 제공하는 서비스의 질은 사회복지평가의 기준이다. **정답** ②

☐ 18회 28번

사회복지조직에서 활용되고 있는 관료제의 역기능으로 옳지 않은 것은?

① 조직 운영규정 자체가 목적으로 인식될 수 있다.

② 조직변화가 어렵다.

③ 부서이기주의가 나타날 수 있다.

④ 서비스가 최저수준에 머무를 수 있다.

⑤ 조직의 복잡한 규칙을 적용하면서 창조성이 향상된다.

해설 관료제의 역기능은 의사소통 저해, 경직성과 목표전치, 직원의 사기 저하, 비인간화, 직무에 대한 권태, 연공과 업적 간의 갈등, 업무에 대한 무책임성과 창조성 결여 등을 들 수 있다. **정답** ⑤

☐ 18회 29번

다음에서 설명하고 있는 이론은?

> • 서비스 전달체계에서 업무환경을 강조한다.
> • 생존을 위해서 환경으로부터 합법성을 부여 받아야 한다.
> • 조직의 내·외부 환경의 역학 관계가 서비스 전달체계에 영향을 미친다.

① 관료제이론

② 정치경제이론

③ 인간관계이론

④ 목표관리이론(MBO)

⑤ 총체적 품질관리(TQM)

해설 정치경제이론은 조직이 능동적으로 환경에 영향을 미칠 수 있다고 보고, 조직과 환경의 상호작용 및 이러한 상호작용이 조직 내부의 역학관계에 미치는 영향에 초점을 두고 있다. 이는 조직의 내·외부 환경의 역학 관계가 서비스 전달체계에 영향을 미친다고 보고 서비스 전달체계에서의 업무환경을 강조한다. **정답** ②

☐ 18회 45번

총체적 품질관리(TQM) 원칙에 관한 설명으로 옳은 것은?

① 조직구성원들의 집단적 노력을 강조한다.

② 현상 유지가 조직의 중요한 관점이다.

③ 의사결정은 전문가의 직관을 기반으로 한다.

④ 구성원들과 각 부서는 경쟁체제를 형성한다.

⑤ 품질 결정은 전문가가 주도한다.

해설 총체적 품질관리(TQM)는 조직이 산출하는 서비스의 질을 향상시켜 고객중심, 소비자만족을 추구하기 위해서 전체 조직구성원들의 적극적인 참여와 지속적이고 효과적인 관리기법을 통합적으로 운영하는 조직관리방법이다. **정답** ①

1. 고전이론

1) 관료제이론: 베버(M. Weber)

(1) 내용

- 고도로 전문화된 지식을 바탕으로 합법적·합리적인 규칙과 최대한의 효율성을 목표한 체계
- 계층적 승진제도를 통해서 직원의 성취욕구를 고려

(2) 특징

- 인간의 개성보다 공적 지위(권위)의 위계구조
- 규칙과 규정
- 사적 감정 배제(비인간적 인간관계)
- 분업과 전문화
- 경력지향성(연공서열과 실적에 따른 승진) 및 능률성 강조

(3) 역기능

- 의사소통 저해, 경직성과 목표전치, 직원의 사기저하, 비인간화, 직무에 대한 권태, 연공과 업적 간의 갈등, 할거주의(편협한 태도) 업무에 대한 무책임성과 창조성의 결여 등

(4) 베버의 이상적 관료제

- 공적 지위에 기반을 둔 위계적인 권위구조(수직적 권위구조)
- 인간관계에 대한 무관심(비인간적)
- 명확한 직무범위와 권한
- 지위에 따른 권위를 규정하는 규칙체계(상명하복)
- 전문성에 근거한 분업구조(전문성)

2) 과학적 관리론: 테일러

- 시간과 동작분석을 활용하고 표준시간과 표준동작을 정하여 분업체계를 확립한 테일러의 이론
- 과학적 관리론은 관리자에게만 조직의 목표를 설정할 수 있는 책임을 부여하기 때문에 직원의 의사결정 참여를 지향하는 사회복지조직에 적용하는 데는 한계가 있을 수 있음

2. 인간관계이론

- 메이요의 호손(Hawthorne)공장에서의 실험결과를 적극 반영한 이론

- 고전이론에서 간과하고 있는 조직의 생산과 관리에서 인간적인 요소와 감정의 중요성, 인간의 사회적·심리적 욕구와 구성원의 사회적인 상호작용을 강조
- 조직구성원은 비공식 집단의 성원으로 행동하며, 이러한 비공식 집단이 개인의 생산성에 영향을 줌
- 노동자를 감정적 인간으로 인식하는 동태적 인간관에 기초

3. 체계이론

- 조직의 문제를 체계를 통해 분석할 수 있기 때문에 관리자에게 유리
- 폐쇄체계: 고전이론(관료제이론, 과학적 관리론), 인간관계이론
- 개방체계: 조직환경이론(상황이론, 정치경제이론, 제도이론, 조직군생태이론)

4. 조직환경이론

(1) 상황이론

- 조직을 둘러싼 환경과 조건이 달라지면 그에 적합한 조직의 구조도 달라진다고 보는 상황이론은 사회복지조직을 둘러싸고 있는 사회, 정치, 경제, 문화 변수를 고려
- 효과적인 조직관리 방법은 조직이 처한 환경과 조건에 따라 달라지므로 어느 경우에나 적용되는 최선의 조직관리이론은 없음
- 경직된 규칙과 구조를 가진 조직이 효과적일 경우도 있음

(2) 정치경제이론

- 권력의 상호작용, 권력 행사자들이 성취하려는 목적 및 생산적 교환체계에 관한 연구
- 서비스 전달체계에서 업무환경을 강조
- 생존을 위해서 환경으로부터 합법성을 부여받아야 함
- 조직의 내·외부 환경의 역학관계가 서비스 전달체계에 미치는 영향에 초점

5. 현대이론

1) 총체적 품질관리(TQM)

- 조직이 산출하는 서비스의 질을 향상시켜 궁극적으로 소비자만족을 추구하기 위해서 조직문화와 질적 향상을 위한 효과적인 관리기법을 통합적으로 운영하는 조직관리방법
- '능력 있는 조직구성원, 합리적인 조직관리, 과학적인 품질관리'가 기본요소
- 지속적인 품질개선을 통해 고품질 확보를 강조하는 총체적 관리과정
- 자료와 사실에 기반한 의사결정을 중시
- 좋은 품질이 무엇인지 고객이 결정하는 고객중심·고객만족을 중시
- 조직구성원에 대한 지속적 학습과 지속적 개선을 위한 훈련을 강조

· 집단적 노력과 전체 구성원의 참여 유도라는 특징을 가짐

2) 학습조직이론

· 조직의 성원들이 지속적 학습과정을 통해 조직의 구조, 인력, 재정, 직무성과 등을 개선해 나가는 혁신적 조직
· 학습조직 구축요인 5가지: 자기숙련, 공유비전, 사고모형, 팀학습, 시스템 사고
· 학습조직은 수평적 유연 조직

3) 목표관리이론(MBO): 피터 드러커

· 1년 이내의 명확하고 측정가능한 단기목표 설정
· 조직원들의 적극적 참여와 협조를 통한 업무수행 후 측정과 평가 진행
· 구성원들의 직무만족, 동기부여, 평가의 개선 등을 통한 조직의 효율성 도모

4) 품질차원(SERVQUAL)의 5가지 측정기준

① 신뢰성: 약속한 서비스를 정확히 받을 수 있다는 클라이언트의 기대 만족
② 유형성(가시성): 물리적인 시설 및 장비, 직원들의 용모단정 등
③ 공감성(감정이입): 고객 각각에 대한 개인적 관심과 배려
④ 반응성(응답성): 필요할 때 즉각적 서비스를 제공할 수 있는 직원의 능력
⑤ 확신성: 서비스에 대한 풍부한 지식을 갖고 신뢰와 확신을 심어 줄 수 있는 능력

5) 신공공관리론(New Public Management)

· 공공서비스 공급에 있어 정부실패를 해결하기 위해 대두
· 신자유주의에 이론적 기반
· 시장의 경쟁원리를 공공행정에 도입
· 정부가 공급하던 서비스를 정부와 민간 등으로 공급주체 확대
· 정부, 시장, 시민사회의 협치를 추구

☑ 과락科落 말고 과락科樂 기출 선지

01. 관료제이론은 분업화·전문화를 추구하며, 수직적·계층적 승진제도를 통해 직원의 성취욕구를 고려한다.

02. 고전적이론에는 관료제이론과 과학적 관리론이 포함된다.

03. 일률적인 업무를 강조하는 관료제이론은 다양한 욕구를 가진 클라이언트들을 대상으로 개별화된 서비스를 제공해야 하는 사회복지조직에서는 부적합할 수 있다.

04. 과학적 관리이론은 시간과 동작분석을 활용하여 표준시간과 표준동작을 정하고 이를 토대로 분업체계를 확립한 테일러의 이론이다.

05. 과학적 관리이론은 조직의 효율성과 생산성의 극대화를 실현하기 위한 이론이다.

06. 과학적 관리이론은 비공식 집단, 커뮤니케이션 등의 중요성을 간과하고 있다.

07. 관리자에게만 조직의 목표를 설정할 수 있는 권한과 책임을 부여하는 것은 과학적 관리이론이다.

08. 인간관계이론은 메이요의 호손(Hawthorne) 공장 실험을 통해 고전이론에서 간과하고 있는 조직의 생산과 관리에서 인간적인 요소와 감정의 중요성, 인간의 사회적·심리적 욕구와 구성원의 사회적인 상호작용을 강조하는 이론이다.

09. 인간관계이론에서 작업능률과 생산성은 조직 내 인간관계에 의해 좌우되며, 조직 내 비공식조직은 개인의 생산성에 영향을 미친다는 것이 이론의 핵심이다.

10. 인간관계이론은 맥그리거의 Y이론과 유사한 관점을 가지고 있다.

11. 체계이론은 개방체계와 폐쇄체계로 구분할 수 있는데, 고전이론(관료제이론, 과학적 관리론)과 인간관계이론은 폐쇄체계이며, 조직환경이론(상황이론, 정치경제이론, 제도이론, 조직군생태이론)은 개방체계에 속한다.

12. 제도이론은 기능론적인 성격을 띠고 적응을 다루는 반면, 신제도이론은 규범의 수용 혹은 동조로써 조직행동을 이해하는 방법론적인 성격을 띤다.

13. 조직을 둘러싼 환경과 조건이 달라지면 조직의 구조도 달라진다고 보는 상황이론은 사회복지조직을 둘러싸고 있는 사회, 정치, 경제, 문화 변수를 고려한다.

14. 상황이론은 조건이 다르면 유효한 조직과 방법 또한 달라지는데, 경우에 따라서 경직된 규칙과 구조를 가진 조직이 효과적일 수도 있다고 본다.

15. 정치경제이론은 서비스 전달체계에서 업무환경을 강조하여 조직의 내·외부 환경의 역학관계가 서비스 전달체계에 미치는 영향에 초점을 둔다.

16. 총체적 품질관리(TQM) 이론은 고객중심·고객만족을 중시하는 이론으로서 조직구성원에 대한 지속적 학습과 서비스 개선을 위한 지속적 훈련을 강조한다.

17. 총체적 품질관리(TQM)는 종업원 개인의 노력보다는 품질향상을 위한 집단적 노력과 전체 구성원의 참여 유도라는 특징을 가진다.

18. 서브퀄(SERVQUAL)의 5가지 측정기준은 서비스의 질을 판단하는 것으로서 유형성(가시성), 신뢰성, 반응성(응답성), 확신성, 공감성(감정이입)이다.

최근 5년간 출제 경향

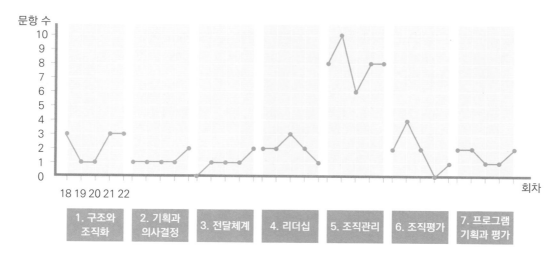

1. 구조와 조직화	2. 기획과 의사결정	3. 전달체계	4. 리더십	5. 조직관리	6. 조직평가	7. 프로그램 기획과 평가

1. 구조와 조직화

☐ 22회 31번

조직 구성요소에 관한 설명으로 옳은 것은?

① 집권화 수준을 높이면 의사결정의 권한이 분산된다.

② 업무가 복잡할수록 공식화의 효과는 더 크다.

③ 공식화 수준을 높이면 직무의 사적 영향력이 높아진다.

④ 과업분화가 적을수록 수평적 분화가 더 이루어진다.

⑤ 수직적 분화가 많아질수록 의사소통의 절차가 복잡해진다.

해설 조직의 구성요소: 집권성
① 분권화 수준을 높이면 의사결정의 권한이 분산된다.
② 업무가 복잡할수록 공식화(표준화)의 효과는 작아진다.
③ 공식화 수준을 높이면 사적 영향력은 낮아진다. ④ 과업분화가 적을수록 수평적 분화는 더 이루어질 수 없다.

정답 ⑤

☐ 22회 32번

다음에서 설명하는 조직구조는?

> • 일상 업무수행기구와는 별도로 구성
> • 특별과업이나 문제해결을 위한 전문가 중심 조직
> • 낮은 수준의 수직적 분화와 공식화

① 기계적 관료제 구조

② 사업부제 구조

③ 전문적 관료제 구조

④ 단순구조

⑤ 위원회 구조

해설 전문가 중심 조직의 대표적인 것은 위원회 구조

정답 ⑤

□ 22회 33번

조직문화에 관한 설명으로 옳지 않은 것은?

① 조직의 정체성을 결정하는 일련의 가치와 신념
이다.
② 조직과 일체감을 갖게 함으로써 구성원의 정체
감 형성에 기여한다.
③ 조직의 믿음과 가치가 깊게 공유될 때 조직문
화는 더 강해진다.
④ 경직된 조직문화는 불확실한 환경에 대처하도
록 돕는다.
⑤ 조직 내에서 자연적으로 생길 수 있다.

해설 경직된 조직문화는 불확실한 환경에 대처하기 어
렵다. **정답** ④

□ 21회 33번

조직구조에 관한 설명으로 옳은 것은?

① 조직규모가 커질수록 공식화 정도가 낮아진다.
② 공식화 정도가 높을수록 직원의 재량권이 줄어
든다.
③ 과업의 종류가 많을수록 수직적 분화가 늘어
난다.
④ 분권화 정도가 높을수록 최고관리자에게 조직
통제권한이 집중된다.
⑤ 집권화 정도가 높을수록 직원의 권한과 책임의
범위가 모호해진다.

해설 ① 조직은 규모가 커질수록 공식화 정도는 높아진
다. ③ 과업의 종류가 많을수록 수평적 분화가 늘어난다.
④ 분권화의 정도가 높을수록 최고관리자의 조직 통제권
한은 약해진다. ⑤ 집권화는 의사결정 권한이 조직의 상층
부에 집중되는 것을 말한다. 집권화 정도가 높을수록 직원
의 권한과 책임의 범위는 명확해진다. **정답** ②

□ 21회 34번

다음 사례에 해당하는 현상은?

> A사회복지기관은 프로그램 운영 성과를 높이
> 기 위해 기부금 모금실적을 직원 직무평가에 반
> 영하기로 했다. 직원들이 직무평가에서 높은
> 점수를 받기 위해 모금활동에 더 많은 시간과
> 노력을 기울이게 되면서 오히려 프로그램 운영
> 성과는 저조하게 되었다.

① 리스트럭쳐링(restructuring)
② 목적전치(goal displacement)
③ 크리밍(creaming)
④ 소진(burn out)
⑤ 다운사이징(downsizing)

해설 ② 수단인 규칙이 목적보다 중요시되어 목적과 수단
이 바뀌는 현상을 목적전치라고 한다. **정답** ②

□ 21회 49번

비영리 사회복지조직에 관한 설명으로 옳지 않은 것은?

① 수익성과 서비스 질을 고려하지 않고 조직을
운영한다.
② 정부조직에 비해 관료화 정도가 낮다.
③ 국가와 시장이 공급하기 어려운 서비스를 제공
할 수 있다.
④ 특정 이익집단을 위한 서비스를 제공할 수 있다.
⑤ 개입대상 선정과 개입방법을 특화할 수 있다.

해설 비영리조직은 사적 이익보다는 공동체의 이익을 우
선적으로 추구하지만, 필요에 따라 수익사업을 실시하기
도 한다. **정답** ①

조직구조 유형 중 태스크포스(TF)에 관한 설명으로 옳은 것을 모두 고른 것은?

> ㄱ. 팀 형식으로 운영하는 조직이다.
> ㄴ. 특정 목표달성을 위한 업무에 전문가들을 배치한다.
> ㄷ. 환경의 변화에 대응하기 위해서 만든 조직의 성격이 강하다.

① ㄱ   ② ㄴ   ③ ㄱ, ㄷ
④ ㄴ, ㄷ   ⑤ ㄱ, ㄴ, ㄷ

해설 태스크포스조직은 특정 목표달성을 위해 편성된 팀 형식으로 운영되는 동태적 조직을 일컫는다. 주로 장기적인 사안을 두고 대규모로 조직되며, 수직적 구조의 형태를 취하는 공식적인 조직구조에 표시하는 경우가 많다. TF조직은 환경의 변화에 대응하기 위해서 만든 조직의 성격이 강하다. **정답** ⑤

□ 19회 31번

비영리조직의 특성을 설명한 것으로 옳지 않은 것은?

① 사적 이익보다는 공동체의 이익을 우선적으로 추구한다.
② 필요에 따라 수익사업을 실시하기도 한다.
③ 회원 조직도 비영리조직에 포함된다.
④ 기부금이나 후원금이 조직의 중요한 재원이다.
⑤ 한국에는 비영리조직에 대한 세제혜택이 없다.

해설 ⑤ 국가의 지원금을 받고, 일정 기간 지방세와 소득세, 법인세가 감면되는 혜택이 있다. **정답** ⑤

□ 18회 26번

조직 내 비공식 조직의 순기능으로 옳은 것은?

① 조직의 응집력을 높인다.
② 공식 업무의 신뢰성과 일관성을 높인다.

③ 정형화된 구조로 조직의 안정성을 높인다.
④ 파벌이나 정실인사의 부작용이 나타난다.
⑤ 의사결정이 하층부에 위임되어 직원들의 참여의식을 높인다.

해설 ②, ③ 공식조직의 순기능 ④ 비공식조직의 역기능 ⑤ 분권형 조직의 순기능 **정답** ①

□ 18회 30번

사회복지조직의 조직문화에 관한 설명으로 옳은 것을 모두 고른 것은?

> ㄱ. 사회복지서비스 체계의 규범과 가치로서 역할을 한다.
> ㄴ. 사회복지서비스 제공자의 상황인식에 중요한 역할을 한다.
> ㄷ. 조직구성원의 행태와 인식 그리고 태도를 통해서 조직효과성과 연결하는 역할을 한다.

① ㄱ   ② ㄷ   ③ ㄱ, ㄴ
④ ㄴ, ㄷ   ⑤ ㄱ, ㄴ, ㄷ

해설 조직문화는 한번 형성되면 쉽게 변하지 않고 조직과 조직구성원들에게 학습되며, 조직의 성과에도 영향을 미친다. **정답** ⑤

□ 18회 33번

하센필드(Y. Hasenfeld)가 주장하는 조직환경 대응전략이 아닌 것은?

① 권위주의 전략
② 경쟁전략
③ 협동전략
④ 방해전략
⑤ 전문화 전략

해설 하센필드의 사회복지조직의 조직환경 대응전략은 '권위주의전략, 경쟁전략, 협동전략, 방해전략'이다. **정답** ⑤

1. 구조와 조직화

1) 조직의 개념
- 조직이란 주어진 목표나 목적을 달성하기 위해 자원과 기술의 사용을 조정하는 사람들의 공식화된 집단을 말함. 한마디로 특정 목표를 달성하기 위해 의도적으로 구조화된 계획적 단위임
- 스콧(Scott): 조직의 특성적 요소 – 사회적 구조, 참여자, 목표, 기술, 환경

2) 조직의 구조

(1) 기계적 구조: 관료제 조직

① 특징: 엄격한 직무규정, 집권적 의사결정, 높은 계층제, 분업과 전문화 강조
② 장점: 표준화된 통제를 통한 예측 가능성과 안정성 확보
③ 단점: 환경에의 대응력 부족
④ 병폐
- 관료주의화, 권위주의화, 보수주의화의 경향
- 문서주의(red-tape: 번문욕례), 동조과잉, 목적전치, 크리밍 현상 초래

(2) 유기적 구조: 학습조직

① 특징: 복합적 직무설계, 분권적 의사결정, 비공식적·인간적 관계, 팀워크
② 장점: 환경에 대한 신속한 대응
③ 단점: 신뢰성 및 내적 통제력의 미흡

3) 조직의 구조적 요소
- 팔머: 업무의 분화, 위계질서, 구조, 통제의 범위
- 직무표준화 정도가 지나치게 높으면 구성원의 재량권이 낮아짐
- 사업의 종류가 많을수록 조직의 복잡성이 증가
- 예산, 구성원 수 등으로 조직의 규모를 나타낼 수 있음

4) 조직구조의 유형

(1) 공식조직과 비공식조직

① 공식조직
- 제도적 조직, 기구 도표상으로 나타나는 가시적이고 계획적인 구조
- 기본요소: 업무의 분화, 위계, 구조, 통제의 범위 등 4가지
② 비공식조직: 현실에서 나타나는 조직, 자연발생적, 소규모, 비합리적, 감정적

③ 조직 내 비공식조직의 순기능
  - 조직의 응집력을 높임
  - 의사소통의 채널 역할
  - 직원의 자기존중감 향상
  - 공식조직에서 일어나는 긴장감·압박감 해소
  - 공식조직의 결함이나 약점 보완

(2) 수직조직과 수평조직: 복잡성에 따른 구분

① 수직조직: 위계적 구조, 상명하복, 권한과 책임이 분명, 계층적 형태, 경직성
② 수평조직
  - 팀의 형태, 전문지식과 경험 활용, 객관적 의사결정, 참모조직
  - 단점: 인사관계 복잡, 책임한계를 둘러싼 갈등, 경비지출 증가

(3) 집권화 조직과 분권화 조직: 집권성에 따른 구분

① 집권화 조직: 의사결정 권한이 상부에 집중되어 있어 단순반복적이고 획일적인 업무에 유리하나 구성원들의 자율성과 창의성이 저해될 수 있음
② 분권화 조직: 각 계층에 의사결정 권한이 위임되어 있는 조직으로 구성원의 자발적 참여와 재량권을 확대시켜 책임과 권한을 조직 내에 분산함. 환경에 대한 반응성과 유연성이 높고 정보수집에 유리함

(4) 동태적 조직

① 프로젝트조직
  - 특별한 과업을 위해 관련 부서에서 인력을 파견하고 과업 종료 시 복귀
  - 전문인력을 중심으로 한 소규모의 수평적 조직 구성
  - 목표달성을 위한 일시적인 인적·물적 자원의 결합조직

② 태스크포스(TF)조직
  - 팀 형식으로 운영하는 조직이며 해산을 전제로 하나 존속되기도 함
  - 특정 목표달성을 위한 장기적인 업무에 전문가들을 대규모로 배치
  - 환경의 변화에 대응하기 위해서 만든 조직이나 공식조직의 성격이 강함
  - 수직적 구조의 형태를 지님

③ 매트릭스조직(matrix organization, 행렬조직)
  - 수직조직 + 수평조직의 이중 권한구조를 가짐
  - 수직적이고 정형화된 구조의 장점인 안정성과 수평적 구조의 장점인 탄력성을 동시에 갖는 공식조직을 말함. 이는 1차적으로는 분과에 소속되어 있으면서 수직적인 위계에 의해 통제를 받는 비전형적 조직이며, 집중화와 분권화가 동시에 가능하여 조직의 유연성을 높일 수 있음
  - 행렬조직은 현실에서 작동하고 있는 조직의 형태임

④ 팀조직
- 동일한 목표의식의 공유
  - 장점: 신속한 의사결정, 자율적 책임체제, 조직 간 유연성, 현장중심적 서비스와 성과중심의 생산성 비교
  - 단점: 팀 간 갈등 심화, 단기적 안목 중심의 목표, 개별적 창의성 약화

⑤ 네트워크조직
- 외부자원의 효과적 활용을 도모
- 보유자원은 핵심사업에 집중하고 이외 부문은 아웃소싱으로 자원효율화 추구
- 상호신뢰를 통한 네트워크 구축과 시너지효과 창출이 중요

5) 조직문화

(1) 조직문화의 내용
- 조직문화는 한번 형성되면 쉽게 변하지 않고 조직과 조직구성원들에게 학습되며 조직성과에도 영향을 미침
- 사회복지서비스 체계의 규범과 가치로 작용
- 사회복지서비스 제공자의 상황인식에 중요한 역할 담당
- 조직구성원의 행태와 인식 그리고 태도를 통해서 조직효과성과 연결하는 역할 담당

(2) 조직문화의 기능
- 일상적으로 일어나는 업무 관행이나 의사결정 관행에 영향을 미침
- 조직이 정책이나 전략을 선택하는 데 영향을 미침
- 조직이 처한 내·외부적 환경에 대처하거나 조직에 적합한 기술을 선택하는 데 영향을 미쳐 조직의 성과를 극대화할 수 있도록 함
- 조직 내 성격이 다른 소집단을 통합하거나 합병하는 데 결정적인 요소가 됨

6) 사회복지조직의 유형

(1) 블라우와 스콧(Blau & Scott)의 조직유형
- 클라이언트의 유형(수혜자의 종류)에 따른 분류
- 1차적인 수혜자(클라이언트)가 누구인가에 따른 분류방법

① 상호수혜조직: 정당, 종교단체, 노동조합 등. 조직의 회원 우선
② 사업조직: 상업적 회사, 은행 등. 사업체 소유자 우선
③ 서비스조직: 사회복지조직 등. 클라이언트 우선
④ 공공조직: 일반대중에게 혜택
- 지배적이고 독점적인 권한을 가진 정부가 운영하는 조직으로 조세가 재원
- 특징: 관료제, 전문성, 대중에 대한 책임, 처우의 공평성, 자급자족
- 행정기관, 군대, 경찰조직 등

(2) 에치오니(Etzioni)의 조직유형

- 권력의 형태에 따른 분류로 복종관계에 의하여 조직의 유형을 9가지로 분류
- 권력의 형태에 따라 강제적 권력, 보상적 권력, 규범적 권력으로 구분
- 관여의 형태에 따라 소외적 관여, 타산적 관여, 도덕적 관여로 구분

① 강제적 조직(강제적 권력 + 소외적 관여): 강제수용소, 교도소, 정신병원 등
② 공리적 조직(보상적 권력 + 타산적 관여): 산업조직(기업체) 등
③ 규범적 조직(규범적 권력 + 도덕적 관여): 종교·정치조직, 병원, 학교, 사회복지조직 등

(3) 길버트 스미스(G. Smith)의 조직유형

- 업무의 통제성에 따른 분류
- 관료제 조직, 일선조직, 전면적 통제조직, 투과성 조직으로 분류

(4) 하센필드(Hasenfeld)의 조직유형

- 클라이언트의 상태와 조직의 기술에 따른 분류

① 조직에서 사용하는 기술
- 인간식별기술: 사회적 명칭부여와 공식적인 지위부여, 클라이언트 식별·분류
- 인간유지기술: 상태의 악화를 예방 또는 완화하거나 현 상태 유지
- 인간변화기술: 클라이언트의 개인적 속성에 변화를 가져오는 개입방법

② 조직환경대응전략
- 권위주의전략: 조직이 자금과 권위를 충분히 획득할 경우 권력을 사용하여 다른 조직의 행동을 이끌고 명령을 내리는 전략
- 경쟁전략: 다른 조직들과 경쟁하여 세력을 증가시켜 서비스의 질과 절차 등을 매력적으로 만드는 전략. 크리밍 현상 발생가능성이 높음
- 협동전략: 다른 조직에게 필요한 서비스를 제공하여 상호 불안감을 해소시키고 이에 대한 보답으로 권력을 증가시키는 전략
- 방해전략: 경쟁적 위치에 있는 다른 조직의 활동을 방해하거나 세력을 약화시키는 전략

(5) 민간 사회복지조직

- 비영리조직(NPO), 영리 사회복지조직, 사회적 경제주체
- 사회복지법인 등 민간단체가 자율적으로 운영하는 조직
- 후원금, 기부금, 이용자 부담금, 정부의 보조금 등을 재원으로 함

① 비영리조직의 특성
- 사적 이익보다는 공동체의 이익을 우선적으로 추구함
- 필요에 따라 수익사업을 실시하기도 함
- 회원조직도 비영리조직에 포함

- 기부금이나 후원금이 조직의 중요한 재원
- 국가는 비영리조직에 대해 세제혜택과 지원금을 지원
- 특정 이익집단을 위한 서비스를 제공할 수 있음
- 개입대상 선정과 개입방법을 특화할 수 있음
- 국가와 시장이 공급하기 어려운 서비스를 제공할 수 있음
- 정부조직에 비해 관료화의 정도가 낮음

☑ 과락科落 말고 과락科樂 기출 선지

01. 조직문화는 한번 형성되면 쉽게 변하지 않고 조직과 조직구성원들에게 학습되며 조직성과에도 영향을 미친다.

02. 복잡성은 조직 내 분화의 정도를 의미한다. 수평적 분화에서는 통제의 범위를, 수직적 분화에서는 조정과 의사소통의 수준을 고려하여 설계한다.

03. 구성원의 자발적 참여와 재량권을 확대시키는 것은 분권화이고, 의사결정 권한을 조직의 상층부에 집중시키는 것은 집권화이다.

04. 집권화는 조직의 체계적인 관리에 유리하고, 분권화는 변화하는 외부환경에 대한 유연한 대처에 유리하다.

05. 태스크포스(TF)조직은 특정목표 달성을 위해 다양한 전문성을 가진 구성원을 팀 형식으로 조직하여 임시적으로 운영되는 동태적 조직이다.

06. 태스크포스조직은 주로 장기적인 사안을 두고 대규모로 조직되며, 수직적 구조의 형태를 취하는 공식적인 조직구조에 표시하는 경우가 많다.

07. 비영리조직의 특성으로는 비영리성, 사회적 가치, 자발성, 독립성, 법인격, 합법성 등이 있으며, 우리나라의 경우 국가 지원과 일정기간 동안 세금감면의 혜택이 있다.

08. 조직 내 비공식조직은, 조직의 응집력을 높이고 의사소통의 채널 역할을 하며 직원의 자기존중감 향상을 통해 공식조직에서 일어나는 긴장감·압박감 해소와 더불어 조직의 결함이나 약점을 보완하는 순기능이 있다.

09. 하센필드의 사회복지조직의 조직환경 대응전략에는 '권위주의전략, 경쟁전략, 협동전략, 방해전략'이 있다.

10. 행렬조직은 수직적 구조의 장점인 안정성과 수평적 구조의 장점인 탄력성을 동시에 가지며, 직무별 분업을 인정하면서 동시에 사업별 협력을 강조하는 공식조직이자 비전형적 조직으로서 조직의 유연성을 높일 수 있는 현실에서 작동하는 조직형태이다.

11. 팔머는 조직의 구성요소에 관하여 업무의 분권화, 위계질서, 구조, 통제의 범위를 이야기하며, 직무표준화 정도가 지나치게 높으면 구성원의 재량권은 낮아지고, 사업의 종류가 많을수록 조직의 복잡성이 증가한다고 주장하였다.

12. 관료제적 병폐에는 매너리즘, 레드테이프, 할거주의, 크리밍 등이 있다.

13. 레드테이프란 관공서에서 공문서를 매는 데 쓰는 붉은 끈을 지칭하는 것으로, 관료제적 형식주의를 의미한다.

14. 크리밍이란 보다 유순하고 성공 가능성이 높은 클라이언트를 선발하기 위해 비협조적이거나 어려움이 예상되는 클라이언트를 배척하는 현상을 말한다.

2. 기획과 의사결정

□ 22회 44번

다음 설명에 해당하는 의사결정 기법은?

> • 대면하여 의사결정
> • 집단적 상호작용의 최소화
> • 민주적 방식으로 최종 의사결정

① 명목집단기법 ② 브레인스토밍
③ 델파이기법 ④ SWOT기법
⑤ 초점집단면접

해설 ① 명목집단기법: 6~9명의 소집단을 이용, 대면 진행, 구성원이 서면 작성한 의사를 투표로 결정하는 민주적 의사결정기법
☑ 대면 기법: 명목집단기법, 브레인스토밍, 초점집단면접
비대면 기법: 델파이기법, SWOT기법 **정답** ①

□ 22회 45번

다음 설명에 해당하는 프로그램 관리기법은?

> • 프로그램 진행 일정을 관리하는 목적으로 많이 활용됨
> • 프로그램을 구성하는 활동들 간 상호관계와 연계성을 명확하게 보여줌
> • 임계경로와 여유시간에 대한 정보를 파악할 수 있음

① 프로그램 평가 검토기법(PERT)
② 간트 차트(Gantt Chart)
③ 논리모델(Logic Model)
④ 임팩트모델(Impact Model)
⑤ 플로우 차트(Flow Chart)

해설 프로그램 평가 검토기법(PERT)은 활동과 과업 사이의 상관관계를 알기 쉽고, 최종목표를 달성하는 데 필요한 최단기간을 제시할 수 있으며, 임계경로에 대한 정확한 정보파악에 유용하다. **정답** ①

□ 21회 43번

사회복지조직의 의사결정모형에 관한 설명으로 옳은 것은?

① 점증모형은 여러 대안을 평가하여 합리적 평가 순위를 정하는 모형이다.
② 연합모형은 경제적·시장 중심적 시각에서 이루어지는 모형이다.
③ 만족모형은 주로 해결해야 할 문제가 분명하고 단순한 의사결정에 적용된다.
④ 쓰레기통모형은 조직의 목표가 모호하고, 조직의 기술이 막연한 경우에 적용되는 모형이다.
⑤ 공공선택모형은 시민들을 공공재의 생산자로 규정하고 정부를 소비자로 규정한다.

해설 ① 합리모형은 여러 대안을 평가하여 합리적 평가순위를 정하는 모형이다. ② 최적모형은 경제적·시장 중심적 시각에서 이루어지는 모형이다. ③ 합리모형은 주로 해결해야 할 문제가 분명하고 단순한 의사결정에 적용된다. ⑤ 공공선택모형은 정부를 공공재의 생산자로 규정하고 시민들을 소비자로 규정한다. **정답** ④

□ 20회 34번

스키드모어(R. A. Skidmore)의 기획과정을 순서대로 나열한 것은?

ㄱ. 대안 모색
ㄴ. 가용자원 검토
ㄷ. 대안 결과예측
ㄹ. 최종대안 선택
ㅁ. 구체적 목표 설정
ㅂ. 프로그램 실행계획 수립

① ㄱ – ㄴ – ㄷ – ㅁ – ㅂ – ㄹ
② ㄱ – ㄷ – ㄹ – ㄴ – ㅁ – ㅂ
③ ㄱ – ㄷ – ㅁ – ㄴ – ㅂ – ㄹ
④ ㅁ – ㄴ – ㄱ – ㄷ – ㄹ – ㅂ
⑤ ㅁ – ㅂ – ㄴ – ㄱ – ㄷ – ㄹ

해설 스키드모어의 7단계 기획과정: 목표설정 → 자원의 고려(가용자원 검토) → 대안모색 → (대안)결과 예측 → 계획 결정(최종대안 선택, 우선순위 결정) → 구체적 프로그램 수립 → 개방성 유지 **정답** ④

□ 19회 44번

기획의 모델과 기법에 관한 설명으로 옳지 않은 것은?

① 논리모델은 투입–활동–산출–성과로 도식화하는 방법이다.
② 전략적 기획은 과정을 강조하므로 우선순위를 설정하고 단계적인 계획을 수립한다.

③ 방침관리기획(PDCA)은 체계이론을 적용한 모델이다.
④ 간트 도표(Gantt Chart)는 사업별로 진행시간을 파악하여 각각 단계별로 분류한 시간을 단선적 활동으로 나타낸다.
⑤ 프로그램 평가 검토기법(PERT)은 일정한 기간에 추진해야 하는 행사에 필요한 복잡한 과업의 순서가 보이도록 하고 임계통로를 거친다.

해설 방침관리기획(PDCA)은 '계획(Plan) – 실행(Do) – 확인(Check) – 조정(Act)'에 따른 프로그램 기획기법이다. 문제를 해결하고 핵심목표를 달성하기 위해 조직의 자원을 동원하는 데 중점을 두며 전체 조직구성원의 노력을 조정하기 위해 사용한다. **정답** ③

□ 18회 47번

시간별 활동계획도표(Gantt Chart)의 설명으로 옳은 것을 모두 고른 것은?

ㄱ. 시간별 활동계획의 설계는 확인–조정–계획–실행의 순환적 과정으로 이루어진다.
ㄴ. 헨리 간트(H. Gantt)에 의해 최초로 개발되었다.
ㄷ. 목표달성 기한을 정해놓고 목표달성을 위해 설정된 주요 활동과 시간계획을 연결시켜 도표로 나타낸 것이다.
ㄹ. 활동과 활동 사이의 상관관계를 파악하기 힘들다.

① ㄱ, ㄴ   ② ㄱ, ㄷ   ③ ㄴ, ㄷ
④ ㄴ, ㄹ   ⑤ ㄷ, ㄹ

해설 ㄱ. 시간별 활동계획의 설계가 확인 – 조정 – 계획 – 실행의 순환적 과정으로 이루어지는 것은 목표관리제(MBO)이다. ㄷ. 목표달성 기한을 정해 놓고 목표달성을 위해 설정된 주요 활동과 시간계획을 연결시켜 도표로 나타낸 것은 프로그램 평가검토기법(PERT)이다. **정답** ④

의사결정에 관한 설명으로 옳지 않은 것은?

① 직관적(intuitive) 방법은 합리성보다는 감정이나 육감에 근거하여 결정된다.

② 문제 해결적(problem-solving) 방법은 정보수집, 연구, 분석과 같은 합리적인 절차를 통해 이루어진다.

③ 판단적(judgemental) 방법은 비정형적 방법이며 기존 지식과 경험에 의해 기계적으로 결정하는 것이다.

④ 정형적(programmed) 의사결정은 절차, 규정, 방침에 따라 규칙적인 의사결정 행위가 전개된다.

⑤ 비정형적(non-programmed) 의사결정은 사전에 결정된 기준 없이 이루어지며 보통 단발적이고 예상하지 못한 상황에 대한 결정이다.

해설 ③ 판단적 방법은 비정형적 방법으로서 개인의 지식과 경험에 기초하여 결정이 이루어지는 것이다. 대체로 우리가 하는 대부분의 일상적으로 진행되는 업무에 대한 결정이 이런 방식으로 이루어진다. 따라서 판단적 방법은 기계적으로 하는 결정이 아니다. **정답** ③

의사결정 방법에 관한 설명으로 옳지 않은 것은?

① 브레인스토밍은 아이디어의 양보다 질이 중요하며 능동적 참여가 중요하다.

② 변증법적 토의는 사안의 찬성과 반대를 이해함을 기본으로 한다.

③ 델파이 기법은 전문가로부터 정보를 수집하여 합의를 얻으려 할 때 적용할 수 있다.

④ 대안선택 흐름도표는 '예'와 '아니오'로 답할 수 있는 연속적 질문을 통해 예상되는 결과를 결정한다.

⑤ 명목집단 기법은 감정이나 분위기상의 왜곡 현상을 피할 수 있다.

해설 ① 브레인스토밍은 어떤 한 가지 주제에 대해 사람들이 모여 능동적으로 아이디어를 냄으로써 아이디어의 연쇄반응을 일으키게 하고, 이를 통해 집단이 가진 긍정적인 측면을 이끌어 내는 방법이다. 브레인스토밍은 질보다 양이 중요하며 비판 없는 자유로운 의사소통이 중요한 기법이다. **정답** ①

☑ 핵심요약

2. 기획과 의사결정

1) 기획의 이해

(1) 개념
- 현재와 미래의 합리적인 행위를 결정하는 과정
- 계획을 세워 나가는 활동과정으로 동적인 개념

(2) 특성
- 미래지향적이며 계속적인 과정지향적 과정
- 연속적이며 동태적인 과업
- 타당한 사업을 추진하기 위함
- 목표 지향적이며 목표를 위한 수단임
- 사회복지조직의 불확실성을 감소시킴

- 전문화된 지식체계를 기반으로 함
- 효율성과 효과성, 책임성, 합리성 증진 모두와 관련됨
- 미래의 환경변화에 대응하기 위한 의사결정과정
- 기존 상태에 대한 수정 및 미래활동에 대한 통제적 성격

(3) 과정

① 스키드모어(R. A. Skidmore)의 7단계 기획과정
- 목표설정 → 자원의 고려(가용자원 검토) → 대안모색 → (대안)결과예측 → 계획결정(최종대안 선택, 우선순위 결정) → 구체적 프로그램 수립 → 개방성 유지

② 전략적 기획의 과정: 과정 중시
- 전략적 기획 합의 → 조직 및 환경분석 → 쟁점의 구체화 → 조직의 사명 및 목적 재설정 → 전략결정 → 기획안 작성 → 실행평가

(4) 필요성

- 효율성 증진: 최소의 자원으로 최대의 성과 달성
- 효과성 증진: 효과적인 서비스 제공
- 책임성 증진: 효율성 및 효과성에 대한 책임
- 합리성 증진: 타당성 있는 수단 제공
- 미래의 불확실성 감소: 급변하는 환경과 불확실한 미래상황에 대처
- 조직성원의 사기진작: 과정에 조직성원 참여로 사기진작

2) 프로그램 기획의 기법

(1) 간트 차트(Gantt Chart, 시간별 활동계획도표)

- 헨리 간트(H. Gantt)에 의해 최초로 개발
- 세로 바(세부목표와 활동 및 프로그램 기입), 가로 바(시간 기입)
- 사업의 소요시간을 막대그래프로 나타내는 도표
- 단순 명료하나 활동과 활동 사이의 상관관계를 파악하기 힘듦

(2) 프로그램 평가검토기법(PERT)

- 목표달성 기한을 정해 놓고 진행
- 목표달성을 위해 설정된 주요 활동과 시간계획을 연결시켜 도표로 나타낸 것
- 활동과 과업 사이의 상관관계를 알 수 있음
- 최종목표를 달성하는 데 있어 필요한 최단기간을 제시할 수 있는 기법
- 과업별 소요시간을 계산하여 추정
- 임계경로 산정: 가장 오래 걸리는 시간이자 최소한 확보해야 하는 시간

(3) 방침관리기획(PDCA)

- '계획(Plan) – 실행(Do) – 확인(Check) – 조정(Act)'에 따른 프로그램 기획 기법

- 문제를 해결하고 핵심목표를 달성하기 위해 조직의 자원을 동원하는 데 중점
- 전체 조직구성원의 노력을 조정하기 위해 사용

(4) 논리모델: 체계이론을 적용하여 투입 – 활동 – 산출 – 성과로 도식화하는 방법

(5) 전략적 기획: 과정을 강조하므로 우선순위를 설정하고 단계적인 계획을 수립

(6) 책임행렬표: 목표, 활동, 책임유형을 구성원별로 제시

(7) 사례모델링: 모방 및 관찰을 통해 내담자에게 바람직한 본보기를 제공함으로써 소기의 목표행동을 학습하기 위한 기법

(8) 월별 활동계획카드: 월별 활동내용을 파악하는 주된 기법

3) 의사결정

(1) 의사결정 방법: 직관적 결정, 판단적 결정, 문제해결 결정

① 직관적 결정: 합리성보다는 감정이나 육감에 근거하여 결정하는 방법

② 판단적 결정: 개인의 지식과 경험에 의한 결정 방법, 기계적 결정은 아님

③ 문제해결 결정: 합리적인 절차에 따른 즉각적 결정 불필요 시 사용되는 방법. 정보수집, 연구, 분석 등 합리적·과학적·객관적 과정 필요

(2) 의사결정의 유형: 정형적 방법, 비정형적 방법

① 정형적 의사결정: 일상적·반복적으로 이루어져 그 방법이 관례화된 규칙적 의사결정

② 비정형적 의사결정: 사전에 결정된 기준 없이 이루어지며 보통 단발적이고 예상하지 못한 상황에 대한 비구조적인 의사결정

(3) 의사결정기법: 개인적 의사결정, 집단적 의사결정

① 개인적 의사결정 기법
- 대안선택흐름도표: '예'와 '아니요'로 답할 수 있는 연속적 질문을 통해 예상되는 결과를 결정
- 의사결정나무분석: 각 대안의 장·단점에 대해 균형 있는 시각을 갖도록 함

② 집단적 의사결정기법
- 델파이기법: 전문가로부터 정보를 수집하여 합의를 얻으려 할 때 적용
- 명목집단기법: 6~9명의 소집단을 이용하여 진행하는 의사결정기법
- 변증법적 토의: 변증법적 사고인 '정(正)–반(反)–합(合)'에 기초한 토의방법
- 브레인스토밍: 어떤 한 가지 주제에 대해 사람들이 모여 능동적으로 아이디어를 냄으로써 아이디어의 연쇄반응을 일으키게 하고, 이를 통해 집단이 가진 긍정적인 측면을 이끌어 내는 방법, 질보다 양이 중요, 비판 없는 자유로운 의사소통이 중요한 기법

(4) 의사결정모형

① 합리모형
- 인간은 이성과 고도의 합리성에 따라 행동하고 결정한다고 전제
- 비용과 편익을 비교하여 편익이 큰 대안을 선택(효율성)
- 규범적·이상적 접근방법

② 만족모형
- 현실 만족적이며 습관적으로 대안이 채택됨
- 차선의 대안을 선택하는 제한적 합리모형

③ 점증모형
- 기존 정책의 점증적 수정, 목표와 수단의 상호조절, 계속적 결정, 참여집단의 합의 중요시 등을 특징으로 함
- 기존의 정책 등을 변화된 상황에 따라 수정·보완하는 의사결정기법
- 현실적·실증적 접근방법

④ 혼합모형
- 합리모형과 점증모형의 장점을 취함
- 의사결정 간의 상호관계를 밝히고 방향을 제시

⑤ 최적모형
- 전례가 없는 새로운 의사결정 시 초합리적인 요인의 개입 불가피
- 정치적·경제적 측면에서의 실현가능성 여부에 따라 평가

⑥ 쓰레기통모형
- 조직의 목표가 모호하고, 조직의 기술이 막연한 경우에 적용
- 의도하지 않은 우연한 접점에서의 의사결정
- 고도로 복잡하고 혼란한 상황에서의 의사결정기법
- '조직화된 무정부상태'

⑦ 공공선택모형
- 주로 정부 재정부문의 정책결정에 사용하는 의사결정기법
- 가급적 많은 사람이 민주적인 논리와 방식으로 진행하는 집합적 의사결정이 바람직함을 강조

01. 기획은 미래지향적, 과정지향적, 목적지향적이며 동태적·지속적이라는 특징이 있다.

02. 기획은 프로그램의 효과성, 효율성 및 합리성을 증진시키는 동시에 프로그램 수행의 책임성을 높이는 데 필요하다.

03. 기획을 통하여 불확실성을 감소하고 조직성원의 사기를 진작할 수 있다.

04. 기획은 대상에 따라 전략적 기획과 운영기획, 즉 관리운영기획으로 구분할 수 있다.

05. 스키드모어의 7단계 기획과정은 목표설정 → 자원의 고려(가용자원 검토) → 대안모색 → (대안)결과예측 → 계획결정(최종대안 선택, 우선순위 결정) → 구체적 프로그램 수립 → 개방성 유지이다.

06. 간트차트는 단순 명료하나 활동과 활동 사이의 상관관계를 파악하기 힘든 막대그래프이다.

07. 세로에는 목표와 활동 및 프로그램을 기입하고, 가로에는 시간을 기입하여 사업의 소요시간을 나타내는 기획의 기법은 간트 차트 즉 시간별 활동계획도표이다.

08. 활동과 과업 사이의 상관관계를 알 수 있고, 최종목표를 달성하는 데 있어 필요한 최단기간을 제시할 수 있는 기법은 프로그램 평가검토기법(PERT)이다.

09. PERT는 임계통로에 대한 정확한 정보파악에 유용하다.

10. 명목집단기법은 감정이나 분위기상의 왜곡 현상을 피할 수 있는 6~9명의 소집단을 이용하여 진행하는 의사결정기법이다.

11. 브레인스토밍은 질보다 양이 중요하며 비판 없는 자유로운 의사소통이 중요한 기법이다.

12. 브레인스토밍은 어떤 한 가지 주제에 대해 사람들이 모여 능동적으로 아이디어를 냄으로써 아이디어의 연쇄반응을 일으키게 하고 이를 통해 집단이 가진 긍정적인 측면을 이끌어 내는 방법이다.

13. 브레인스토밍은 제시된 아이디어의 질보다는 양을 더욱 중시한다.

14. 델파이기법은 전문가로부터 정보를 수집하여 합의를 얻으려 할 때 적용할 수 있다.

15. 의사결정의 판단적 방법은 비정형적 방법으로서 우리가 하는 대부분의 의사결정방식이며, 개인의 지식과 경험에 기초하는 것이므로 기계적 결정이 아니다.

3. 전달체계

□ 22회 42번

공공 사회복지전달체계에 관한 설명으로 옳은 것은?

① 사회복지전담공무원 제도 이후 사회복지전문요원 제도가 실시되었다.
② 보건복지사무소와 사회복지사무소 시범사업은 동시에 진행되었다.
③ 읍·면·동 복지허브화 사업 이후 읍·면·동사무소가 주민자치센터로 변경되었다.
④ 지역사회복지협의체가 지역사회보장협의체로 명칭이 변경되었다.
⑤ 사회서비스원 설치 후 전자바우처 방식의 사회서비스 사업이 시작되었다.

해설 ① 사회복지전담공무원제도(2000), 사회복지전문요원제도(1987, 시범사업), ② 보건복지사무소(1995), 사회복지사무소(2004) ③ 읍·면·동 복지허브화사업(2016), 주민자치센터(2007) ⑤ 사회서비스원(2019), 전자바우처제도(2007)　　**정답** ④

□ 22회 43번

사회복지전달체계 구축 원칙에 관한 설명으로 옳지 않은 것은?

① 서비스 비용 부담을 낮춤으로써 접근성을 높일 수 있다.
② 서비스 간 연계성을 강화함으로써 연속성을 높일 수 있다.
③ 양·질적으로 이용자 욕구에 부응함으로써 적절성을 높일 수 있다.
④ 최소 비용으로 최대 효과를 얻음으로써 전문성을 높일 수 있다.
⑤ 이용자의 요구나 불만을 파악함으로써 책임성을 높일 수 있다.

해설 사회복지전달체계 구축 원칙: 전문성, 포괄성, 적절성(충분성), 평등성, 통합성, 지속성(연속성), 책임성, 접근

성 ④ 최소 비용으로 최대 효과를 얻는 것은 효율성에 관한 설명이다.　　**정답** ④

□ 21회 40번

한국 사회복지행정 체계에 관한 설명으로 옳지 않은 것은?

① 읍·면·동 중심의 서비스 제공에 노력하고 있다.
② 사회서비스는 단일한 공급주체에 의해 제공된다.
③ 위험관리는 위험의 사전예방과 사후관리를 모두 포함한다.
④ 지역사회 통합돌봄(커뮤니티 케어) 시행으로 지역사회 내 보건복지 서비스 제공이 확대되고 있다.
⑤ 사회서비스의 개념이 기존의 사회복지서비스를 포괄하고 있다.

해설 사회복지서비스의 공급은 사회복지법인 및 시설, 영리기업, 비영리사단법인, 협동조합 등의 사회적 경제주체 등 다양한 주체들에 의해 공급이 이루어진다.　　**정답** ②

□ 20회 47번

사회복지서비스 전달체계에 관한 설명으로 옳지 않은 것은?

① 구조·기능 차원에서 행정체계와 집행체계로 구분할 수 있다.
② 운영주체에 따라서 공공체계와 민간체계로 구분할 수 있다.
③ 전달체계의 접근성을 높이기 위해서는 서비스 이용의 장애요인을 줄여야 한다.
④ 사회복지서비스 급여의 유형과 전달체계 특성은 관련이 없다.
⑤ 서비스 제공기관을 의도적으로 중복해서 만드는 것이 전달체계를 개선해 줄 수도 있다.

해설 사회복지서비스 전달체계란 사회복지 급여를 공급하는 자들 간 및 사회복지 공급자와 소비자들 간의 조직적 연결을 말한다. 사회복지서비스 전달체계는 운영주체에

따라 공공체계와 민간체계로 구분하고, 구조·기능 차원에서 행정체계와 집행체계로 구분할 수 있다. 행정체계는 사회복지서비스를 기획, 지시, 지원, 관리 및 감독하는 업무를 주로 하는 상 – 중 – 하의 관리체계이고, 이에 따라 최종적으로 서비스 수혜자와 직접적인 대면관계를 통해 서비스를 전달하는 과정이 집행체계가 된다. **정답** ④

□ 19회 43번

사회복지전달체계 구축 시 고려해야 할 사항으로 옳지 않은 것은?

① 통합성: 서비스의 중복과 누락을 방지하고 다양한 서비스를 통합적으로 제공해야 한다.

② 포괄성: 클라이언트의 다양한 욕구 중 한 가지 욕구를 해결하기 위하여 전문가 집단이 개입하는 방식이다.

③ 적절성: 사회복지서비스의 양과 질이 서비스 수요자의 욕구 충족과 서비스 목표 달성에 적합해야 한다.

④ 접근성: 서비스 이용자에게 공간, 시간, 정보, 재정 등의 제약이 없는 서비스 제공을 의미한다.

⑤ 전문성: 충분한 사회복지전문가의 확보가 필요하다.

해설 포괄성은 클라이언트의 다양한 욕구나 문제를 해결하기 위한 다각도의 서비스 제공을 위하여 전문가 집단이 개입하는 것을 말한다. **정답** ②

☑ 핵심요약

3. 전달체계

1) 개념
- 사회복지정책을 사회복지서비스로 전환하기 위해 사회복지서비스의 공급자와 소비자를 연결시키는 조직적 체계
- 추상적이고 일반적인 사회복지정책을 구체적이고 개별적인 사회복지서비스로 전환하는 과정에 있는 조직들의 연결구조
- 전달체계는 사회복지서비스의 급여유형과 관련되는 특성이 있음

2) 사회복지서비스 전달체계의 구분

(1) 구조·기능에 따른 구분

① 행정체계
- 서비스를 기획, 지시, 지원, 관리
- 보건복지부, 시·도, 시·군·구

② 집행체계
- 주로 서비스 전달기능을 수행하며 행정기능도 수행
- 읍·면·동, 민간 복지기관 및 시설 등

(2) 운영주체에 따른 구분

① 공적전달체계
- 정부 및 공공기관이 직접 관리 및 운영하는 체계
- 보건복지부, 지방자치단체, 국민연금공단 등

② 민간전달체계
- 민간이 직접 관리 및 운영
- 복지재단, 자원봉사단체, 지역사회복지협의회, 단체, 개인, 이용 및 생활시설 등

3) 사회복지서비스 전달체계의 구축 원칙

(1) 구축 원칙

① 전문성: 전문적 서비스 제공을 위하여 전문가가 담당
② 포괄성: 다양한 욕구나 다양한 문제를 해결하기 위한 다각도의 서비스 제공
③ 적절성: 클라이언트의 욕구충족이나 문제해결 및 서비스 목표를 달성하기에 충분한 기간과 양과 질의 서비스가 제공되어야 함
④ 평등성: 연령, 성별, 지역, 소득, 종교나 지위에 관계없이 제공
⑤ 통합성: 서비스의 중복이나 누락 방지, 기관중심의 기관 간 연계를 통한 서비스 제공
⑥ 지속성: 서비스가 끊어지지 않고 지속적으로 제공되어야 함
⑦ 책임성: 사회복지조직은 서비스 제공에 대해 위임받은 조직이므로 책임을 져야 함
⑧ 접근성: 지리적·심리적인 거리, 경제적인 이유 등에 제약이 없는 서비스 제공

(2) 사회복지서비스 전달체계의 역할분담

① 중앙정부와 지방정부의 역할분담
- 분권성: 기초자치단체 우선의 원칙
- 현실성: 지방정부의 규모와 능력에 맞춘 기능 배분
- 전문성: 행정인력의 전문성 확보
- 종합성: 분업과 조정의 협력체계 필요
- 책임성: 행정책임의 명확화 원칙에 따른 책임 부과

② 공공과 민간의 역할분담
- 공공의 역할: 민간이 제공하기 어려운 서비스를 제공, 지역 내 복지자원의 연계 및 조정의 역할 수행
- 민간의 역할: 사회복지활동가 조직 및 사회복지회관 등의 역할 수행

③ 민간전달체계의 특징
- 신속성, 접근성, 창의성, 융통성, 서비스의 다양성 및 전문성
- 비수급자에게까지 서비스 확대 적용이 가능하며 서비스 선택 기회가 넓음
- 중앙정부나 지방정부의 사회복지활동에 대한 압력단체로서의 역할 수행

- 공공재적 성격의 재화공급에의 어려움과 규모의 경제에서 불리한 위치
- 재정체계 불안정성, 프로그램 지속성에서의 불리한 위치
- 민간의 사회복지 참여욕구 수렴 가능
- 선도적인 사회복지서비스 개발과 보급에 공공보다 유리

④ 공공전달체계의 문제점
- 서비스 제공 부서의 난립
- 전문인력 부족으로 인한 개별화된 전문적인 서비스 제공의 한계
- 관료주의적, 권위주의적인 운영
- 서비스 이용률의 저조와 통합력 결여
- 임기응변적 대처와 문제에 대한 예방적·근원적 치료 미흡

4) 서비스 전달체계 개선전략

① 종합서비스센터: 종합적 서비스를 제공하는 기관을 설치하는 방법
② 인테이크의 단일화: 인테이크 전담창구 개발
③ 종합적인 정보와 의뢰시스템: 통합정보망 구축을 통한 서비스 연계 강화
④ 사례관리: 지역사회 수준의 사례관리체계 도입
⑤ 트래킹: 기관 간 클라이언트 정보의 공유

☑ 과락科落 말고 과락科樂 기출 선지

01. 사회복지서비스 전달체계는 구조·기능 차원에서 행정체계와 집행체계로 구분하고, 운영주체에 따라서는 공공체계와 민간체계로 구분할 수 있다.

02. 사회복지 행정체계에는 영리 사업자도 참여할 수 있으며, 민간 사회복지기관이라 할지라도 국가나 지방자치단체의 보조금을 받는다.

03. 사회복지서비스 전달체계 구축에서 포괄성이라 함은 클라이언트의 다양한 욕구나 다양한 문제를 해결하기 위한 다각도의 서비스 제공을 말한다.

04. 사회복지서비스 전달체계 구축에서 적절성이라 함은 클라이언트의 욕구충족이나 문제해결 및 서비스 목표를 달성하기에 충분한 기간, 양, 질의 서비스 제공을 말한다.

05. 사회복지서비스 전달체계 구축 원칙에서 통합성의 원칙은 클라이언트의 문제가 대부분의 경우 복합적이고 상호 연관되어 있으므로 기관 간 연계를 통한 서비스를 제공하고, 서비스의 누락 및 중복을 방지하는 것에 중심을 둔다.

06. 사회복지서비스의 공급은 사회복지법인 및 시설, 영리기업, 비영리사단법인, 협동조합을 비롯한 사회적 경제주체 등 다양한 주체들에 의해 공급이 이루어진다.

07. 사회복지서비스는 전문적인 서비스 제공을 위하여 사회복지전문가가 담당한다.

08. 서비스 과활용은 욕구가 없는 사람에게도 서비스를 제공하는 것이다. 이는 자원의 낭비를 가져온다는 문제가 있다.

09. 전달체계의 접근성을 높이기 위해서는 서비스 이용의 장애요인을 줄여야 한다.

10. 사회복지서비스 급여의 유형과 전달체계 특성은 관련이 있다.

11. 중앙정부와 지방정부 간 사회복지 역할분담에서는 주민들의 욕구를 가장 정확히 파악하고, 행정 능률성 향상을 위해 기초자치단체 우선의 원칙을 적용한다.

12. 트래킹은 기관 간 클라이언트의 정보를 공유하는 것이다.

13. 사회복지 전달체계 중 지역 내 자원의 연계 및 조정은 공공의 역할이다.

14. 비수급자에게까지 서비스를 확대 적용이 가능한 것은 민간조직의 특징이다.

15. 민간복지기관은 재정에 있어 정부에 대한 의존도가 크다.

16. 민간부문 사회복지서비스는 서비스의 중복·누락현상이 발생할 가능성이 크다.

17. 서비스 이용에 소요되는 비용부담은 사회복지서비스 이용의 장애요인이 된다.

18. 서비스 제공기관을 의도적으로 중복해서 만드는 것이 전달체계를 개선해 줄 수도 있다.

4. 리더십

□ 22회 34번

섬김 리더십(servant leadership)에 관한 설명으로 옳은 것을 모두 고른 것은?

ㄱ. 인간 존중, 정의, 정직성, 공동체적 윤리성 강조
ㄴ. 가치의 협상과 계약
ㄷ. 청지기(stewardship) 책무 활동
ㄹ. 지능, 사회적 지위, 교육 정도, 외모 강조

① ㄱ, ㄷ
② ㄴ, ㄹ
③ ㄷ, ㄹ
④ ㄱ, ㄴ, ㄷ
⑤ ㄱ, ㄴ, ㄷ, ㄹ

해설 섬김 리더십은 힘과 권력에 의한 조직의 지배를 지양한다. ㄴ. 거래적 리더십: 교환관계를 기반으로 하여 조직성과를 높이고자 한다. ㄹ. 특성이론(자질이론): 리더만이 갖는 고유한 개인적 특성에 초점을 둔다. **정답** ①

□ 21회 35번

리더십 이론에 관한 설명으로 옳지 않은 것은?

① 상황이론에 의하면 상황에 따라 적합하게 대응하는 리더십이 효과적이다.

② 행동이론에서 컨트리클럽형(country club management)은 사람에 대한 관심과 일에 대한 관심이 모두 높은 리더이다.

③ 행동이론에서 과업형은 일에만 관심이 있고 사람에 대해서는 전혀 관심이 없는 리더이다.

④ 서번트 리더십(servant leadership)은 사회복지조직 관리에 적합한 리더십이 될 수 있다.

⑤ 생산성 측면에서 서번트 리더십은 자발적 행동의 정도를 중시한다.

해설 컨트리클럽형은 사람에 대한 관심은 높으나 일(조직의 사업)에 대한 관심이 낮은 리더이다. **정답** ②

□ 21회 48번

사회복지조직의 혁신에 관한 설명으로 옳은 것은?

① 변혁적 리더십은 부하 직원의 변화를 필요로 하지 않는다.

② 혁신은 목표를 더 효과적으로 달성하기 위한 인위적이고 계획적인 활동이다.

③ 사회환경 변화와 조직 혁신은 무관하다.

④ 조직 내부환경을 고려하지 않고 변화를 추진할 때 혁신이 성공한다.

⑤ 변혁적 리더십은 조직보다는 개인의 사적 이익을 강조한다.

해설 ①, ③ 변혁적 리더십은 구성원의 변화를 위한 새로운 비전 제시 및 지적 자극, 조직문화 창출을 지향하며, 변화추구적이고 환경변화에 민감하다. ④ 조직 내부환경을 고려하여 변화를 추진할 때 조직의 혁신은 성공한다. ⑤ 조직보다 개인의 사적 이익을 강조하는 것은 거래적 리더십을 말한다. **정답** ②

□ 20회 43번

변혁적 리더십에 관한 설명으로 옳은 것을 모두 고른 것은?

> ㄱ. 구성원들에게 봉사하는 것을 핵심적 가치로 한다.
> ㄴ. 구성원들에 대한 상벌체계를 강조한다.
> ㄷ. 구성원들 스스로 혁신할 수 있도록 비전을 제시해주는 것을 강조한다.

① ㄱ   ② ㄴ   ③ ㄷ
④ ㄱ, ㄴ   ⑤ ㄴ, ㄷ

해설 ㄱ. 구성원들에게 봉사하는 것을 핵심적 가치로 하는 것은 서번트 리더십이다. ㄴ. 구성원들에 대한 상벌체계를 강조하는 것은 거래적 리더십이다. **정답** ③

□ 20회 45번

리더십 이론에 관한 설명으로 옳은 것은?

① 블레이크와 머튼(R. Blake & J. Mouton)의 관리격자 모형은 자질이론 중 하나이다.

② 블레이크와 머튼의 관리격자 모형에서 가장 바람직한 행동유형은 극단에 치우치지 않은 중도형이다.

③ 허시와 블랜차드(P. Hersey & K. H. Blanchard)의 상황적 리더십 모형에서는 구성원의 성숙도를 중요하게 고려한다.

④ 퀸(R. Quinn)의 경쟁가치 리더십 모형은 행동이론의 대표적 모형이다.

⑤ 퀸의 경쟁가치 리더십 모형에서는 조직환경의 변화에 따라 리더십이 달라져서는 안 된다는 것을 강조한다.

해설 ① 블레이크와 머튼의 관리격자 모형은 행동이론 중 하나이다. ② 블레이크와 머튼의 관리격자 모형에서 가장 바람직한 행동유형은 조직과 구성원 간의 상호의존성 및 공동체 의식을 강조하는 팀형이다. ④, ⑤ 퀸의 경쟁가치 리더십 모형은 내부지향 – 외부지향의 가로축과 유연성 – 통제성의 세로축으로 구분하여 4가지 영역에 대한 리더십을 제시하고 있으며, 특정 이론의 분류에 따르지 않는 통합적 관점이라는 특징이 있다. 조직환경의 변화에 따라 리더십이 달라져서는 안 된다는 것을 강조한다. **정답** ③

☐ 20회 46번

참여적 리더십에 관한 설명으로 옳지 않은 것은?

① 의사결정의 시간과 에너지가 절약될 수 있다.
② 하급자가 의사결정에 참여하는 것을 강조한다.
③ 동기부여 수준이 높은 업무자로 구성된 조직에서 효과적이다.
④ 책임성 소재가 모호해질 수 있다.
⑤ 사회복지의 가치와 부합한다.

해설 칼리슬의 리더십 유형 중 참여적 리더십은 민주적 리더십으로서, 성원들의 지식과 경험, 기술의 활용이 용이하고 구성원의 참여동기가 증대되며 의사소통이 활발해질 수 있으나 책임소재가 모호해질 가능성이 있다는 단점이 있다. 또한 의사결정의 과정에서 구성원들의 참여가 활발하여 시간과 에너지가 많이 소모되기에 긴급한 사안에 대해 결정하는 것은 불리하다. **정답** ①

☐ 19회 34번

관리격자(managerial grid) 이론에 따르면 다음에 해당하는 리더십 유형은?

A사회복지관의 관장은 직원 개인의 문제와 상황에 관심을 갖고 적극적으로 지원한다. 관장은 조직 내 인간관계도 중요하게 여겨서 공식·비공식적 방식으로 직원들의 공동체 의식을 키우기 위해 노력한다. 사회복지관 사업관리는 서비스제공 팀장에게 일임하고 있으며, 자신은 화기애애한 조직 분위기를 조성하는 역할에 전념한다.

① 무기력형(impoverished management)
② 과업형(task management)
③ 팀형(team management)

④ 중도형(middle of the road management)
⑤ 컨트리클럽형(country club managemen

해설 ① 무기력형: 조직의 목표달성(생산)과 직원(인간) 모두 최소한의 관심만 있는 리더 ② 과업형: 목표달성(생산)에만 집중하는 리더 ③ 팀형: 목표달성(생산)과 직원(인간) 모두에게 관심이 높은 팀 중심적 리더, 조직과 구성원 간의 상호의존성 및 공동체 의식을 강조 ④ 중도형: 5-5. 목표달성(생산)과 직원(인간)에 대한 적절한 관리 **정답** ⑤

☐ 19회 35번

다음에 해당하는 리더십 유형은?

• 조직의 목표에 대한 구성원의 참여동기가 증대될 수 있다.
• 조직의 리더와 구성원 간 의사소통이 활발해질 수 있다.
• 집단의 지식, 경험, 기술의 활용이 용이하다.

① 지시적 리더십　　② 참여적 리더십
③ 방임적 리더십　　④ 과업형 리더십
⑤ 위계적 리더십

해설 참여적 리더십에 관한 내용이다. **정답** ②

☐ 18회 34번

리더십이론에 관한 설명으로 옳지 않은 것은?

① 관리격자이론은 조직원의 특성과 같은 상황적 요소를 고려하고 있다.
② 특성이론의 비판적 대안으로 행동이론이 등장하였다.
③ 섬김의 리더십(servant leadership)은 힘과 권력에 의한 조직지배를 지양한다.
④ 거래적 리더십은 교환관계를 기반으로 하여 조직성과를 높이고자 한다.
⑤ 상황이론은 과업환경에 따라 적합하게 대응하는 리더십이 효과적이라고 가정한다.

☑ 관리격자이론은 리더의 행동을 '생산'에 대한 관심과 '인간'에 대한 관심 차원에서 리더의 유형을 제시한다. 블레이크와 머튼의 관리격자모형에서 가장 바람직한 행동유형은 조직과 구성원 간의 상호의존성 및 공동체 의식을 강조하는 팀형 (9–9)이다. 정답 ①

□ 18회 42번

변혁적 리더십에 관한 설명으로 옳은 것을 모두 고른 것은?

ㄱ. 새로운 비전제시 및 지적 자극, 조직 문화 창출을 지향한다.

ㄴ. 성과에 대한 금전적인 보상이 구성원의 높은 헌신을 가능하게 한다.

ㄷ. 조직목표 중 개인의 사적이익을 가장 우선시 한다.

① ㄱ   ② ㄴ   ③ ㄱ, ㄷ
④ ㄴ, ㄷ   ⑤ ㄱ, ㄴ, ㄷ

해설 ㄴ, ㄷ은 거래적 리더십에 대한 설명이다. 거래적 리더십은 성과에 대한 금전적인 보상이 구성원의 높은 헌신을 가능하게 하므로 조직목표 중 개인의 사적 이익을 가장 우선시하는 리더십이론이다.   정답 ①

☑ 핵심요약

4. 리더십

1) 리더십 이론

(1) 특성이론(자질이론): 리더만이 갖는 고유한 개인적 특성에 초점을 둠

(2) 행동이론(행태론): 블레이크와 머튼의 '관리격자모형' 5가지 유형
- 특성이론의 비판적 대안으로 등장한 행동이론 중 하나
- 리더의 행동을 '생산'과 '인간'에 대한 관심 차원에서 유형을 분류한 이론
- 컨트리클럽형, 무기력형(1–1), 중도형(5–5), 팀형(9–9), 과업형이 있음

① 컨트리클럽형: 직원(인간)에 대한 관심은 높으나 일(사업)에 대한 관심은 낮음
② 무기력형: 조직의 목표달성(생산)과 직원(인간) 모두 최소한의 관심만 있는 리더
③ 과업형: 목표달성(생산)에만 집중하는 리더
④ 팀형(단합형): 목표달성(생산)과 직원(인간) 모두에게 관심이 높은 팀 중심적 리더, 조직과 구성원 간의 상호의존성 및 공동체 의식을 강조
⑤ 중도형: 5–5. 목표달성(생산)과 직원(인간)에 대한 적절한 관리

(3) 상황론적 이론: 허시와 블랜차드(P. Hersey & K. H. Blanchard)
- 상황적 리더십 모형에서는 구성원의 성숙(능력과 의지)도를 중요하게 고려
- 지시형, 제시형, 참여형, 위임형
- 상황이론에 의하면 구성원의 성숙도가 낮을 경우 지시형 리더십이 적합

- 상황이론은 과업환경에 따라 적합하게 대응하는 리더십이 효과적이라고 가정

(4) 거래적 리더십: 현상유지 중심, 단기 성과

- 교환관계를 기반으로 하여 조직성과를 높이고자 함
- 조직목표 중 개인의 사적 이익을 가장 우선시
- 성과에 대한 금전적인 보상이 구성원의 높은 헌신을 가능하게 함

(5) 변혁적 리더십: 변화추구적이고 개혁적인 리더십, 환경변화에 민감

- 새로운 비전제시 및 지적 자극, 조직문화 창출을 지향
- 리더와 구성원이 협력하는 과정에서 리더십이 형성된다고 보는 이론
- 장기적인 목표달성을 목적으로 함
- 단순구조나 임시조직에 적합한 리더십으로 비일상적 과업에 사용
- 리더와 구성은 상호독립적 관계

(6) 경쟁적 가치 리더십(퀸): 동기부여형 리더십은 목표달성가 리더십과 상반된 가치를 추구함

(7) 서번트 리더십: 섬김의 리더십

① 힘과 권력에 의한 조직의 지배를 지양
② 인간 존중, 정의, 정직성, 공동체적 윤리성 강조
③ 청지기 책무 활동

2) 리더십 유형: 칼리슬

(1) 참여적 리더십(민주적 리더십)

- 조직의 목표에 대한 구성원의 참여동기가 증대될 수 있으나 책임 분산 가능
- 조직의 리더와 구성원 간 의사소통이 활발해질 수 있음
- 집단의 지식, 경험, 기술의 활용이 용이
- 하급자가 의사결정에 참여하는 것을 강조
- 동기부여 수준이 높은 업무자로 구성된 조직에서 효과적
- 책임성 소재가 모호해질 수 있음
- 사회복지의 가치와 부합

(2) 지시적 리더십

- 명령과 복종을 강조
- 독선적 지도자가 보상·처벌의 연속선상에서 조직성원들을 통제
- 정책에 일관성이 있고 신속한 결정이 가능하며 위기 시 기여
- 조직성원들의 사기저하, 조직의 경직성 초래

(3) 방임적 리더십(자율적 리더십)

- 대부분의 결정을 부하직원에게 위임
- 특정 과업을 해결하기 위한 전문가 조직에 적합
- 업무처리에 대한 정보제공이 부족하며, 내부갈등에 개입이 어려움

☑ 과락科落 말고 과락科樂 기출 선지

1. 블레이크와 머튼의 '관리격자모형'에는 컨트리클럽형, 무기력형(1-1), 중도형(5-5), 팀형(9-9), 과업형이 있다.

2. 블레이크와 머튼의 '관리격자모형'은 리더의 행동을 '생산'과 '인간'에 대한 관심 차원에서 분류하였다.

3. 블레이크와 머튼의 관리격자모형은 행동이론과 관련된다.

4. 허시와 블랜차드의 상황적 리더십 모형에서는 구성원의 성숙도를 중요하게 고려하며, 과업환경에 따라 적합하게 대응하는 리더십이 효과적이라고 가정한다.

5. 허시와 블랜차드의 상황이론에 의하면 구성원의 성숙도가 낮을 경우 지시형 리더십이 적합하고 성숙도가 높으면 위임형 리더십이 효과적이다.

6. 민주적 리더십에 해당하는 것은 참여적 리더십이다.

7. 참여적 리더십은 의사결정의 시간과 에너지가 많이 소모된다는 단점이 있다.

8. 방임적 리더십은 특정 과업을 해결하기 위한 전문가 조직에 적합하다.

9. 거래적 리더십은 성과에 대한 금전적인 보상이 구성원의 높은 헌신을 가능하게 하므로 조직목표 중 개인의 사적 이익을 가장 우선시하는 리더십 이론이다.

10. 변혁적 리더십은 새로운 비전 제시 및 지적 자극, 조직문화 창출을 지향한다.

11. 칼리슬의 리더십 유형 중 참여적 리더십은 민주적 리더십으로서, 성원들의 지식과 경험, 기술의 활용이 용이하고 구성원의 참여동기가 증대되며 의사소통이 활발해질 수 있으나 책임이 분산될 가능성이 있다.

12. 참여적 리더십은 사회복지와 부합한다.

5. 조직관리

1) 인사관리

□ 22회 35번

사회복지행정가 A는 직원의 불만족 요인을 낮추기 위하여 급여를 높이고, 업무환경 개선을 위한 사무실 리모델링을 진행하여 조직의 성과를 높이고자 하였다. 이때 적용한 이론은?

① 브룸(V. H. Vroom)의 기대이론
② 허즈버그(F. Herzberg)의 동기위생이론
③ 스위스(K. E. Swiss)의 TQM이론
④ 맥그리거(D. McGregor)의 XY이론
⑤ 아담스(J. S. Adams)의 형평성 이론

해설 동기위생이론(허즈버그): 위생요인 – 불만의 초래 요인으로 환경적 요인과 연관, 동기요인 – 만족을 주는 요인으로 정신적 성장 및 자기실현 욕구와 연관 **정답** ②

□ 22회 36번

인적자원관리의 구성요소에 관한 설명으로 옳지 않은 것은?

① 확보: 직원모집, 심사, 채용
② 개발: 직원훈련, 지도, 감독
③ 보상: 임금, 복리후생
④ 정치: 승진, 근태관리
⑤ 유지: 인적자원 유지, 이직관리

해설 인적자원관리란 조직이 필요로 하는 인사의 채용(확보), 개발, 유지(보상), 활용을 의미한다. **정답** ④

□ 22회 37번

다음에서 설명하는 인적자원개발 방법은?

- 짧은 시간에 많은 사람을 대상으로 교육내용을 체계적으로 전달할 때 사용
- 직원들에게 사회복지시설 평가제도에 대한 이해를 높여서 기관평가에 좋은 결과를 얻도록 하기 위하여 사용

① 멘토링
② 감수성 훈련
③ 역할연기
④ 소시오 드라마
⑤ 강의

해설 짧은 시간에 많은 사람을 대상으로 진행하는 강의는 교육내용을 체계적으로 전달할 때 사용하는 대표적인 인적자원개발 방법이다. **정답** ⑤

□ 22회 38번

직무수행평가 순서로 옳은 것은?

ㄱ. 실제 직무수행을 직무수행 평가기준과 비교
ㄴ. 직원과 평가결과 회의 진행
ㄷ. 평가도구를 사용하여 직원의 실제 직무수행을 측정
ㄹ. 직무수행 기준 확립
ㅁ. 직무수행 기대치를 직원에게 전달

① ㄷ – ㄹ – ㅁ – ㄱ – ㄴ
② ㄹ – ㄷ – ㄴ – ㅁ – ㄱ
③ ㄹ – ㅁ – ㄷ – ㄱ – ㄴ
④ ㅁ – ㄱ – ㄷ – ㄴ – ㄹ
⑤ ㅁ – ㄹ – ㄴ – ㄷ – ㄱ

해설 직무수행평가의 순서: 기준 확립 → 기대치 전달 → 측정 → 비교 → 평가결과회의 **정답** ③

☐ 21회 36번

사회복지조직의 인적자원관리에 관한 설명으로 옳지 않은 것은?

① 동기부여를 위한 보상관리는 해당되지 않는다.
② 직원채용, 직무수행 평가, 직원개발을 포함한다.
③ 목표관리법(MBO)으로 직원을 평가할 수 있다.
④ 직무수행 과정에서 경력을 개발해 나갈 수 있도록 한다.
⑤ 직무만족도 개선과 소진관리가 포함된다.

해설 인적자원관리는 직원을 채용하고 능력을 개발하며, 조직에 헌신할 수 있도록 직무 배치 및 승진, 평가하는 활동이므로 동기부여를 위한 보상관리도 해당된다. **정답** ①

☐ 21회 37번

직무기술서에 관한 설명으로 옳은 것을 모두 고른 것은?

> ㄱ. 작업조건을 파악해서 작성한다.
> ㄴ. 직무수행을 위한 책임과 행동을 명시한다.
> ㄷ. 종사자의 교육수준, 기술, 능력 등을 포함한다.
> ㄹ. 직무의 성격, 내용, 수행 방법 등을 정리한 문서이다.

① ㄱ, ㄴ
② ㄱ, ㄷ
③ ㄱ, ㄴ, ㄹ
④ ㄴ, ㄷ, ㄹ
⑤ ㄱ, ㄴ, ㄷ, ㄹ

해설 직무기술서는 작업조건 파악을 위해 작성하는 것으로서, 직무의 명칭 및 개요, 직무내용, 직무수행 방법, 핵심 과업 및 장비, 환경, 직무활동 등이 포함된다. 따라서 ㄷ. 종사자의 교육수준, 기술, 능력은 포함되지 않는다. **정답** ③

☐ 21회 38번

사회복지 슈퍼비전에 관한 설명으로 옳지 않은 것은?

① 행정적 기능, 교육적 기능, 지지적 기능이 있다.
② 소진 발생 및 예방에 영향을 미친다.
③ 동료집단 간에는 슈퍼비전이 수행되지 않는다.
④ 슈퍼바이저는 직속상관이나 중간관리자가 주로 담당한다.
⑤ 직무를 수행하면서 훈련을 받을 수 있다는 장점이 있다.

해설 사회복지 슈퍼비전에서 동료집단 슈퍼비전은 특정 슈퍼바이저 없이 모든 구성원이 동등하게 참여하는 형태의 슈퍼비전이다. **정답** ③

☐ 20회 42번

동기부여 이론에 관한 설명으로 옳은 것은?

① 알더퍼(C. Alderfer)의 ERG이론은 고순위 욕구가 충족되지 못하면 저순위 욕구를 더욱 원하게 된다는 좌절퇴행(frustration regression) 개념을 제시한다.
② 맥그리거(D. McGregor)의 X·Y이론은 조직에 대한 기대와 현실 간 차이가 동기수준을 결정한다는 점을 강조한다.
③ 허즈버그(F. Herzberg)의 동기-위생요인 이론은 불만 초래 요인을 동기요인으로 규정한다.
④ 맥클리랜드(D. McClelland)의 성취동기이론은 조직 공정성을 성취동기 고취를 위한 핵심요소로 간주한다.
⑤ 매슬로우(A. Maslow)의 욕구단계 이론은 욕구가 존재, 관계, 성장욕구의 세 단계로 구성된다고 주장한다.

해설 ② 조직에 대한 기대와 현실 간 차이가 동기수준을 결정한다는 점을 강조한 것은 브룸의 기대이론이다. ③ 허즈버그의 동기 – 위생요인 이론은 불만 초래 요인을 위생요인으로 규정하고, 동기요인은 만족을 주는 요인으로 규정하고 있다. ④ 맥클리랜드의 성취동기이론은 권력욕구, 친화욕구, 성취욕구로 구성되어 있으며, 성취욕구가 가장 중요하다고 보았다. 조직공정성을 성취동기 고취를 위한 핵심요소로 간주하는 것은 아담스의 공평성이론이다. ⑤ 매슬로우의 욕구단계 이론은 '생리적 욕구 → 안전의 욕구 → 사랑과 소속의 욕구 → 자기존중의 욕구 → 자아실현의 욕구'로 모두 5단계이다. 욕구가 '존재욕구, 관계욕구, 성장욕구'의 세 단계로 구성된다는 주장은 알더퍼의 ERG이론이다.

정답 ①

□ 20회 44번

인적자원관리에 관한 설명으로 옳은 것을 모두 고른 것은?

> ㄱ. 직무분석은 직무명세 이후 가능하다.
> ㄴ. 직무명세는 특정 직무수행을 위해 필요한 지식과 기능, 능력 등을 작성하는 것이다.
> ㄷ. 직무평가에서는 조직목표 달성에 대한 구성원의 기여도를 고려한다.

① ㄴ   ② ㄱ, ㄴ
③ ㄱ, ㄷ   ④ ㄴ, ㄷ
⑤ ㄱ, ㄴ, ㄷ

해설 ㄱ. 항상 직무분석이 가장 먼저 이루어져야 한다. 직무분석을 토대로 직무명세서와 직무기술서를 만든다.

정답 ④

□ 19회 36번

인적자원관리의 영역에 해당하지 않는 것은?

① 채용   ② 배치
③ 평가   ④ 승진
⑤ 재무

해설 인적자원관리의 영역은 직원을 채용하고 능력을 개발하며, 조직에 헌신할 수 있도록 동기직무 배치, 승진, 평가하는 활동이 해당된다. 재무는 재정관리와 관련이 있다.

정답 ⑤

□ 19회 37번

직무를 통한 연수(OJT)에 관한 설명으로 옳은 것을 모두 고른 것은?

> ㄱ. 직원이 지출한 자기개발 비용을 조직에서 지원한다.
> ㄴ. 일반적으로 조직의 상사나 선배를 통해 이루어진다.
> ㄷ. 일상적인 업무를 통해 이루어지는 경우가 많다.
> ㄹ. 조직 외부의 전문교육 기관에서 제공된다.

① ㄱ, ㄴ   ② ㄱ, ㄷ
③ ㄱ, ㄹ   ④ ㄴ, ㄷ
⑤ ㄷ, ㄹ

해설 ㄱ. 자기계발비 지원에 관한 설명 ㄹ. 직장 외 훈련(Off-JT)에 관한 내용

정답 ④

□ 19회 38번

직무기술서에 포함되어야 할 내용으로 옳지 않은 것은?

① 급여 수준
② 직무 명칭
③ 직무 내용
④ 직무 수행방법
⑤ 핵심 과업

해설 직무기술서에는 직무의 명칭 및 개요, 직무 내용, 직무 수행 방법, 핵심 과업 및 장비, 환경, 직무 활동 등이 포함된다.

정답 ①

다음 사례에서 설명하는 동기이론은?

> A는 자신보다 승진이 빠른 입사 동기인 사회복지사 B와의 비교로, 보충해야 할 업무역량을 분석하였다. A는 B가 가진 프로그램 기획력과 사례관리 역량의 필요성을 알게 되었고, 직무 향상과 승진을 위해 대학원 진학을 결정하였다.

① 욕구위계이론(A. Maslow)
② 동기위생이론(F. Herzberg)
③ ERG이론(C. Alderfer)
④ 형평성이론(J. S. Adams)
⑤ 기대이론(V. H. Vroom)

해설 아담스는 형평성(공평성)이론에서 조직이 공평성을 실천함으로써 구성원을 동기부여할 수 있다고 보았다. 사람은 자신의 투입과 비교하여 받은 보상이 어느 정도인지를 다른 사람과 비교하여 그 차이를 줄이고 균형을 맞추기 위한 형평성에 의해 동기가 발생한다고 보는 이론이다. **정답** ④

직무수행평가에 관한 설명으로 옳은 것은?

① 기준의 확립은 평가의 마지막 단계에서 이루어진다.
② 조직원들에게 직무수행의 기대치를 전달하는 목적을 지니고 있다.
③ 도표평정식평가(graphic rating scale)는 관대화 오류(leniency error)가 발생되지 않는다.
④ 자기평가는 서비스 이용자에 의한 평가보다 많은 비용이 소모되는 어려움이 있다.
⑤ 동료평가는 직무에 대해서 평가대상자보다 넓은 지식과 이해를 하고 있다는 전제를 바탕으로 실시한다.

해설 ① 평가기준의 확립은 평가의 초기단계에서 이루어지는 것이 바람직하다. ③ 도표평정식평가는 가장 공통적인 측정도구로서 주관적 직무수행평가이다. 평정표의

작성과 평정이 쉽다는 장점이 있지만, 직원들 간의 관대화 오류가 발생할 수도 있다는 단점도 있다. ④ 자기평가는 서비스 이용자에 의한 평가보다 적은 비용이 소모된다. ⑤ 동료평가는 함께 지내는 동료들끼리의 평가이므로, 동료와의 관계에 따라 평가점수가 달라지는 경우가 발생할 수 있으며, 평가자가 평가대상자보다 직무에 대해서 넓은 지식과 이해를 하고 있다고 확신할 수는 없다. **정답** ②

다음에서 설명하는 직원능력 개발방법은?

> • 지속적이고 새로운 전문지식 습득 방법
> • 지역사회의 필요 및 구성원의 욕구에 따라 융통성 있게 실시 가능
> • 사회복지사에게 직무연수 방식으로 제공

① 패널토의(Panel Discussion)
② 순환보직(Job Rotation)
③ 계속교육(Continuing Education)
④ 역할연기(Role Playing)
⑤ 분임토의(Syndicate)

해설 ③ 계속교육은 정규교육을 마친 개인에게 교육받을 수 있는 기회를 제공하는 평생교육의 한 형태이다. **정답** ③

직무소진(burnout)에 관한 설명으로 옳은 것을 모두 고른 것은?

> ㄱ. 직무에서 비롯되는 스트레스에 대한 반응이다.
> ㄴ. 목적의식이나 관심을 점차적으로 상실하는 과정이다.
> ㄷ. 감정이입이 업무의 주요 기술인 직무현장에서 발생하는 현상이다.

① ㄱ　　　② ㄴ　　　③ ㄱ, ㄷ
④ ㄴ, ㄷ　　　⑤ ㄱ, ㄴ, ㄷ

해설 직무소진은 열성의 단계 → 침체의 단계 → 좌절의 단계 → 무관심의 단계를 거친다. 직무소진의 정도는 정서 적 고갈, 비인격화, 성취감 감소 등을 측정도구로 한다.

정답 ⑤

☑ **핵심요약**

5. 조직관리

1) 인사관리

(1) 개요

① 개념: 조직이 필요로 하는 인사의 채용, 개발, 유지, 활용하는 일련의 관리
  - 직원능력개발의 방법: 계속교육, 토의, 패널토의, 포럼, 분임토의, 사례연구, 역할연기, OJT(현장훈련), 감수성 훈련 등
② 절차: 모집·충원 → 선발 → 임용 → 오리엔테이션 → 배치 → 활용
③ 모집의 절차: 충원계획수립 → 직무분석 → 직무기술서, 직무명세서 작성 → 모집공고
④ 직무분석
  - 직무에 대한 업무내용과 책임을 종합적으로 분류하는 것
  - 항상 직무분석이 가장 먼저 이루어지고, 그 직무분석을 토대로 직무명세서와 직무기술서를 작성
  - 직무분석 자료의 특징
    - 최신의 정보 반영
    - 사실 그대로를 적시
    - 논리적 방식의 체계화
    - 다양한 목적으로의 활용가능성

⑤ 직무기술서: 직무 자체의 내용 중심
  - 맡은 일과 그에 따른 책임의 내용을 구체적으로 기술한 문서
  - 교육훈련, 업적평가 등을 위한 기초자료로 활용
  - 포함되는 정보
    - 직무명칭(소속부서, 직무번호 등) 및 내용
    - 직무개요
    - 직무수행에 필요한 각종 장비 및 도구
    - 직무수행 과제 및 방법과 절차
    - 작업조건, 직무가 수행되는 장소 등의 환경
    - 작업활동 등

⑥ 직무명세서: 인적 요건 중심

- 특정 직무수행을 위해 필요한 지식과 기능, 능력 등 인적 요건에 대해 작성한 문서
- 모집, 선발을 위한 자료로 활용
- 포함되는 정보
  - 적성 및 교육수준
  - 지식 및 기능·기술·능력 수준
  - 판단력, 주도력, 성격·가치·흥미·태도 등의 정신적·육체적 특성
  - 작업경험 및 자격요건 등
  - 의사소통 기술 및 책임 정도

⑦ 직무평가
- 각종 직무들 간의 상대적인 가치를 결정하는 평가
- 직무평가에서는 조직목표 달성에 대한 구성원의 기여도를 고려
- 직무평가기준의 확립은 평가의 초기단계에서 이루어지는 것이 바람직함

⑧ 직무수행평가
- 업적을 측정·평가하고 이를 다시 구성원들에게 피드백하는 과정
- 조직원들에게 직무수행의 기대치를 전달하는 목적을 지니고 있음
- 도표평정식평가는 가장 공통적인 측정도구로서 주관적 직무수행평가
- 도표평정식평가는 평정표의 작성과 평정이 쉽다는 장점이 있지만, 직원들 간의 관대화오류가 발생될 수 있는 단점도 존재
- 자기평가는 서비스 이용자에 의한 평가보다 적은 비용이 소모됨
- 동료평가는 함께 지내는 동료들끼리의 평가이므로, 동료와의 관계에 따라 평가점수가 달라지는 경우가 발생할 수 있음
- 평가자가 평가대상자보다 직무에 대해서 넓은 지식과 이해를 하고 있다고 확신할 수는 없음

⑨ 직무확대
- 개별 업무자가 담당하는 직무의 과업 수를 늘려서 업무량을 확대하는 방법

⑩ 직무충실
- 업무에 계획, 준비, 통제 등의 내용을 추가해 책임이나 권한의 범위를 확대하는 것

(2) 직원능력개발

① 직무를 통한 연수(OJT): 직무상 현장에서 이루어지는 직장 내 훈련
② 실제로 일상적인 직무를 수행하는 과정을 통해 피훈련자가 감독자 또는 선임자로부터 업무수행에 관한 지식과 기술을 학습하는 것

(3) 직무소진

① 직무와 관련된 스트레스를 효과적으로 대처하지 못함으로써 표출되는 정서적·육체적·태도적 고갈 상태

② 열성의 단계 → 침체의 단계 → 좌절의 단계 → 무관심의 단계
③ 측정도구: 정서적 고갈, 비인격화, 성취감 감소 등

(4) 동기이론(동기부여이론)

① 매슬로우(A. Maslow)의 욕구단계이론
- 욕구는 낮은 단계에서 높은 단계로 계층적이다.
- 생리적 욕구 → 안전의 욕구 → 사랑과 소속의 욕구 → 자기존중의 욕구 → 자아실현의 욕구
- 욕구단계이론에서 최상위 단계는 자아실현 욕구

② 허즈버그(F. Herzberg)의 동기-위생이론
- 위생요인: 불만의 초래 요인, 환경적 요인과 연관
- 감독, 안전, 급여, 인간관계, 조직의 정책과 경영은 위생요인에 해당
- 동기요인: 만족을 주는 요인, 정신적 성장 및 자기실현 욕구와 연관

③ 알더퍼(C. Alderfer)의 ERG이론
- 욕구는, '존재욕구(Existence), 관계욕구(Relatedness), 성장욕구(Growth)'의 세 단계로 구성
- 각 욕구는 순서대로 나타나는 것이 아니라 어느 시점, 어느 욕구든 나타날 수 있음
- 알더퍼(C. Alderfer)의 ERG이론은 고순위 욕구가 충족되지 못하면 저순위 욕구를 더욱 원하게 된다는 좌절퇴행(frustration regression) 개념을 제시
- 매슬로우의 욕구단계이론을 비판

④ 맥클랜드(또는 맥클리랜드)의 성취동기이론
- '성취욕구, 권력욕구, 친화욕구'로 구성
- 성취욕구를 가장 중요시함
- 성취욕구: 힘들고 어려운 일을 달성하려는 욕구
- 권력욕구: 구성원들에게 통제력을 행사하거나 행동에 영향을 미치려는 욕구, 다른 구성원들 위에 권위로 군림하려는 욕구
- 친화욕구: 우호적이고 따뜻한 관계유지를 중시하는 욕구, 사회적 관계를 유지하는 것에 관심이 많음

⑤ 맥그리거의 X·Y이론
- X이론: 인간은 원래 일을 싫어하기 때문에 통제와 강제의 대상
- Y이론: 자율성 중시

⑥ 아담스(J. S. Adams)의 공평성(형평성)이론
- 조직이 공평성을 실천함으로써 구성원을 동기부여 할 수 있음
- 조직의 공정성을 성취동기 고취를 위한 핵심요소로 간주

⑦ 부름(V. H. Vroom)의 기대이론
  - 인간이 행동하는 방향과 강도는 그 행동이 일정한 성과로 이어진다는 기대의 강도
    와 실제 이어지는 결과에 대해 느끼는 매력에 따라 다름

(5) 슈퍼비전

① 의의 및 특징
  - 인적자원개발에 관심을 두는 행정행위로 볼 수 있음
  - 슈퍼비전의 질은 슈퍼바이저의 역량에 의해 좌우
  - 사회복지사의 관리 및 통제의 수단으로 활용
  - 긍정적 슈퍼비전은 사회복지사의 소진 예방에 도움
② 기능: 교육적 기능, 관리적 기능(행정적 기능), 지지적 기능
③ 역할: 교육자, 행정적 상급자, 상담자로서의 역할 수행
④ 조건: 풍부하고 종합적인 지식, 실천기술과 경험, 개방적 접근용이, 솔직성, 헌신적인
  사명감, 감사와 칭찬의 태도

(6) 모형

① 개인교습모형: 일대일 관계의 슈퍼비전
② 사례상담: 일대일 또는 제3의 업무자 참여에서 이루어지는 슈퍼비전
③ 슈퍼비전 집단: 개인교습모형의 확대형태로서의 집단 슈퍼비전
④ 동료집단 슈퍼비전: 특정 슈퍼바이저 없이 모든 구성원이 동등하게 참여
⑤ 직렬 슈퍼비전: 동료집단 슈퍼비전의 발전형태, 두 명의 업무자 참여
⑥ 팀 슈퍼비전: 팀 동료들 간의 상호작용에 의한 의사결정 슈퍼비전

☑ 과락科落 말고 과락科樂 기출 선지

01. 매슬로우의 욕구단계 이론은 5단계의 계층으로 구성되어 있으며, '생리적 욕구 → 안전의 욕구 → 사랑과 소속의 욕구 → 자기존중의 욕구 → 자아실현의 욕구'로 가장 높은 단계는 '자아실현의 욕구'이다.

02. 욕구가 '존재욕구, 관계욕구, 성장욕구'의 세 단계로 구성된다는 주장은 알더퍼의 ERG이론이다.

03. 허즈버그의 동기-위생요인 이론은 불만 초래 요인을 위생요인으로 규정하고, 동기요인은 만족을 주는 요인으로 규정하고 있다.

04. 맥클랜드의 성취동기이론은 '성취욕구, 권력욕구, 친화욕구'로 구성되어 있으며, 성취욕구를 가장 중요시한다.

05. 아담스는 공평성이론에서 조직이 공평성을 실천함으로써 구성원을 동기부여할 수 있으므로 조직의 공정성을 성취동기 고취의 핵심요소로 보았다.

6. 항상 직무분석이 가장 먼저 이루어지고, 그 직무분석을 토대로 직무명세서와 직무기술서를 작성한다.

7. 인적자원관리의 영역은 직원을 채용하고 능력을 개발하며, 조직에 헌신할 수 있도록 동기부여와 유지를 목적으로 행하는 직무 배치, 승진, 평가하는 활동이 해당된다.

8. 직무평가기준의 확립은 평가의 초기단계에서 이루어지는 것이 바람직하다.

9. 직무를 통한 연수(OJT)는 직무상 현장에서 이루어지는 직장 내 훈련이다.

10. 직무기술서에는 직무의 명칭 및 개요, 직무내용, 직무수행 방법, 핵심과업 및 장비, 환경, 직무 활동 등이 포함된다.

11. 직무의 특성이 강조되는 것은 직무기술서이다.

12. 인적 요건이 강조되며 주로 모집과 선발에 사용되는 것은 직무명세서이다.

13. 직무분석의 결과는 직무기술서와 직무명세서로 종합·정리되어 제공된다.

14. 직무확대는 개별 업무자가 담당하는 과업의 종류나 수를 확대하는 것이다.

15. 도표평정식평가는 가장 공통적인 측정도구로서 주관적 직무수행평가이다.

16. 도표평정식평가는 평정표의 작성과 평정이 쉽다는 장점이 있지만, 직원들 간의 관대화오류가 발생될 수도 있는 단점도 있다.

17. 직무소진은 '열성의 단계 → 침체의 단계 → 좌절의 단계 → 무관심의 단계'를 거쳐 나타나며, 소진의 정도는 정서적 고갈, 비인격화, 성취감 감소 등을 측정도구로 한다.

2) 재정관리

☐ 22회 39번

사회복지조직의 재정관리에 관한 설명으로 옳지 않은 것은?

① 「사회복지법인 및 사회복지시설 재무·회계 규칙」을 따른다.

② 사회복지법인과 시설은 매년 1회 이상 감사를 실시한다.

③ 시설운영 사회복지법인인 경우, 시설회계와 법인회계는 통합하여 관리한다.

④ 사회복지법인의 회계년도는 정부의 회계년도를 따른다.

⑤ 사회복지법인이 설치·운영하는 시설의 경우 시설운영위원회에 보고하고 법인 이사회의 의결을 통해 예산편성을 확정한다.

해설 시설운영 사회복지법인은 시설회계와 법인회계를 분리하여 관리하여야 한다. 정답 ③

□ 22회 40번

예산집행의 통제 기제에 관한 설명으로 옳지 않은 것은?

① 개별 기관의 제약조건, 요구사항 및 기대사항에 맞게 고안되어야 한다.
② 예외적 상황에 적용되는 규칙을 명시해야 한다.
③ 보고의 규정을 두어야 한다.
④ 강제성을 갖는 규정은 두지 않는다.
⑤ 필요할 경우 규칙은 새로 개정할 수 있다.

해설 예산통제(집행)의 9가지 원칙: 개별화의 원칙, 강제의 원칙, 예외의 원칙, 보고의 원칙, 개정의 원칙, 효율성의 원칙, 의미의 원칙, 환류의 원칙, 생산성의 원칙 **정답** ④

□ 21회 39번

예산에 관한 설명으로 옳은 것은?

① 영기준 예산(Zero Based Budgeting)은 전년도 예산 내역을 반영하여 수립한다.
② 계획 예산(Planning Programming Budgeting System)은 국가의 단기적 계획 수립을 위한 장기적 예산편성 방식이다.
③ 영기준 예산(Zero Based Budgeting)은 비용 – 편익분석, 비용 – 효과분석을 거치지 않고 수립한다.
④ 성과주의 예산(Performance Budgeting)은 전년도 사업의 성과를 고려하지 않고 수립한다.
⑤ 품목별 예산(Line Item Budgeting)은 수입과 지출을 항목별로 명시하여 수립한다.

해설 ① 영기준 예산은 전년도 예산 내역을 반영하지 않는다. ② 계획 예산은 국가의 장기적 계획 수립에 유리한 예산편성 방식이다. ③ 영기준 예산은 비용 → 편익분석, 비용 → 효과분석을 거쳐서 수립한다. ④ 성과주의 예산은 전년도 사업의 성과를 고려하여 수립한다. **정답** ⑤

□ 20회 35번

예산 통제의 원칙으로 옳지 않은 것은?

① 강제의 원칙
② 개별화의 원칙
③ 접근성의 원칙
④ 효율성의 원칙   ⑤ 예외의 원칙

해설 예산통제(집행)의 원칙 9가지: 개별화의 원칙, 강제의 원칙, 예외의 원칙, 보고의 원칙, 개정의 원칙, 효율성의 원칙, 의미의 원칙, 환류의 원칙, 생산성의 원칙 **정답** ③

□ 20회 36번

사회복지법인 및 시설 재무·회계 규칙상 사회복지관에서 예산서류를 제출할 때 첨부하는 서류가 아닌 것은?

① 예산총칙
② 세입·세출 명세서
③ 사업수입 명세서
④ 임직원 보수 일람표
⑤ 예산을 의결한 이사회 회의록 또는 예산을 보고받은 시설운영위원회 회의록 사본

해설 예산에 첨부하는 서류: 예산총칙, 세입·세출명세서, 추정대차대조표, 추정수지계산서, 임직원 보수일람표, 예산을 의결한 이사회 회의록 또는 예산을 보고받은 시설운영위원회 회의록 사본 **정답** ③

예산에 관한 설명으로 옳지 않은 것은?

① 영기준 예산(Zero Based Budgeting)은 예산의 효율성을 중요시 한다.

② 영기준 예산(Zero Based Budgeting)은 전년도 예산을 고려하지 않는다.

③ 성과주의 예산(Performance Budgeting)은 업무에 중점을 두는 관리지향의 예산제도이다.

④ 기획예산제도(Planning Programming Budgeting System)는 미래의 비용을 고려하지 않는다.

⑤ 품목별 예산(Line Item Budgeting)은 전년도 예산을 근거로 한다.

해설 ④ 기획예산제도(계획지향예산)은 계획과 예산수립의 괴리를 좁혀 효과성을 높이기 위한 장기적 계획에 유리하며, 목표달성을 강조하는 계획자에게 유리한 예산이다.

정답 ④

사회복지조직의 재원에 관한 설명으로 옳은 것은?

① 국가와 지방자치단체의 보조금은 포함되지 않는다.

② 후원금은 증가하거나 감소하는 유동적인 재원이다.

③ 서비스 이용료로 재정을 충당할 수 없다.

④ 별도의 재원 확보를 위한 모금 전략은 불필요하다.

⑤ 사회복지법인 등 비영리법인의 전입금은 공적 재원이다.

해설 사회복지조직의 재원 – (1) 정부측 재정원천: 정부보조금, 위탁비, 바우처제도 (2) 민간 측 재정원천: 기부금, 후원금, 특별행사를 통한 모금, 회비, 공동모금의 배분, 서비스 이용요금, 기타 자체 수익사업 ☑ 사회복지법인 등 비영리법인의 전입금은 사적 재원이다.

정답 ②

사회복지법인 및 사회복지시설 재무·회계규칙상 사회복지관의 결산보고서에 첨부해야 하는 서류가 아닌 것은?

① 과목 전용조서

③ 사업비명세서

② 사업수입명세서

④ 세입·세출명세서

⑤ 인건비명세서

해설 ④ 세입·세출명세서는 예산서류 제출 시 첨부하는 서류이다. ☑ 결산보고서 첨부서류: 세입·세출결산서, 과목 전용조서, 예비비 사용조서, 대차대조표, 수지계산서, 현금 및 예금명세서, 유가증권명세서, 미수금명세서, 재고자산명세서, 기타유동자산명세서, 고정자산명세서, 부채명세서, 제충당금명세서, 기본재산수입명세서, 사업수입명세서, 정부보조금명세서, 후원금수입명세서 및 사용결과보고서, 후원금 전용계좌의 입출금내역, 인건비명세서, 사업비명세서, 기타비용명세서, 감사보고서, 법인세신고서

정답 ④

품목별 예산에 관한 설명으로 옳지 않은 것은?

① 예산의 남용을 방지할 수 있다.

② 회계책임을 명백히 할 수 있다.

③ 신축성 있게 예산을 집행할 수 있다.

④ 급여와 재화 및 서비스 구매에 효과적이다.

⑤ 정책 및 사업의 우선순위를 소홀히 할 수 있다.

해설 ③ 품목별 예산은 비탄력적이므로 예산 증감의 신축성이 없다. ☑ 품목별 예산(항목별 예산)은 비탄력적이고, 예산 증대의 정당성 근거가 희박하며, 사업내용 파악이 곤란한 효율성이 무시되는 예산유형이다. 품목별 예산은 통제중심의 예산이므로 예산통제에 효과적이며, 지출근거가 명확하게 드러나는 간편하고 쉬운 사용으로 회계실무자에게 유리한 가장 기본적인 예산형식이다.

정답 ③

2) 재정관리

(1) 예산의 수립

- 예산 첨부 서류: 예산총칙, 세입·세출명세서, 추정대차대조표, 추정수지계산서, 임직원 보수일람표, 예산을 의결한 이사회 회의록 또는 예산을 보고받은 시설운영위원회 회의록 사본

(2) 예산수립의 원칙

① 사전의결: 예산은 회계연도 개시 전에 심의·의결을 거쳐야 함
② 독립성: 회계연도 독립의 원칙에 따라 1년 단위로 수립
③ 수지균형: 건전재정운영을 위해 수지균형을 조화있게 함
④ 정확성: 예산과 결산은 가급적 일치해야 함
⑤ 한정성: 정해진 목적을 위해 정해진 금액을 정해진 기간 내에 사용
⑥ 공개성: 예산과정의 주요 단계는 공개해야 함
⑦ 예산총계주의: 모든 수입과 지출이 예산에 나타나야 한다는 것으로 완전성의 원칙이라고도 함
⑧ 통일성: 기부금, 후원금, 사업수익 등 모든 수입을 하나의 공통된 창구에 포함한 후 지출해야 한다는 것으로, 특정 수입과 특정 사업을 직접 연결시켜서는 안 된다는 원칙

(3) 준예산체제

- 「사회복지법인 및 사회복지시설 재무·회계 규칙」 제12조에 따라 임·직원의 보수, 법인 및 시설운영에 직접 사용되는 필수적인 경비, 법령상 지급의무가 있는 경비를 전년도 예산에 준하여 집행할 수 있음

(4) 예산의 집행 및 결산

① 예산통제(집행)의 원칙 9가지
- 개별화의 원칙, 강제의 원칙, 예외의 원칙, 보고의 원칙, 개정의 원칙, 효율성의 원칙, 의미의 원칙, 환류의 원칙, 생산성의 원칙

② 결산보고서 첨부서류
- 세입·세출결산서, 과목 전용조서, 예비비 사용조서, 대차대조표, 수지계산서, 현금 및 예금명세서, 유가증권명세서, 미수금명세서, 재고자산명세서, 기타유동자산명세서, 고정자산명세서, 부채명세서, 제충당금명세서, 기본재산수입명세서, 사업수입명세서, 정부보조금명세서, 후원금수입명세서 및 사용결과보고서, 후원금 전용계좌의 입출금내역, 인건비명세서, 사업비명세서, 기타비용명세서, 감사보고서, 법인세신고서

(5) 예산모형

① 품목별 예산(항목별 예산, LIB)

- 1회계연도를 기준으로 작성하는 실무자에게 유리한 가장 기본적인 예산형식
- 특징: 통제중심의 예산으로 전년도 예산이 주요 근거
- 장점: 지출근거가 명확하여 예산 통제에 효과적이며 회계에 유리하고 단순
- 단점: 예산 증감의 신축성이 없고(비탄력적), 사업내용의 파악이 곤란하여 예산 증대의 정당성 근거가 희박함, 효율성을 무시하는 예산

② 성과주의 예산(기능적 예산관리, PB)

- 특징: 개별 지출 항목을 조직활동과 연결시킴, 관리중심 예산이며 과정중심으로 장기적 계획은 고려하지 않고 효율성을 중시하는 관리자에게 유리한 예산
- 장점: 모니터링이 가능하고 프로그램의 효율성, 합리적 자금배분이 가능
- 단점: 범위 확정이 힘들고, 단위설정과 단위원가 책정이 어려움

③ 기획예산제도(프로그램기획 예산, PPBS)

- 특징: 계획지향예산, 계획과 예산수립의 괴리를 좁혀 효과성을 높이기 위한 장기적 계획에 유리하며, 목표달성을 강조하는 계획자에게 유리한 예산

④ 영기준 예산(ZBB)

- 특징
  - 탄력적이고 합리적인 자금배분과 사업의 효율성·효과성 제고에 기여
  - 순위지향예산이며, 의사결정기능이 강하고 소비자에게 유리한 예산
  - 전년도 예산과는 무관하게 0의 상태에서 예산편성
  - 재정자원의 합리적인 배분이 가능(탄력성)
  - 장기적인 프로그램의 예산계획에는 부적절

(6) 사회복지조직의 재원

① 정부측 재정원천: 정부보조금, 위탁비, 바우처제도
② 민간측 재정원천: 기부금, 후원금, 특별행사를 통한 모금, 회비, 공동모금의 배분, 서비스 이용요금, 기타 자체 수익사업

01. 예산서류 첨부서류는 예산총칙, 세입·세출명세서, 추정대차대조표, 추정수지계산서, 임직원 보수일람표, 예산을 의결한 이사회 회의록 또는 예산을 보고받은 시설운영위원회 회의록 사본이다.

02. 결산보고서 첨부서류는 세입·세출결산서, 과목 전용조서, 예비비 사용조서, 대차대조표, 수지계산서, 현금 및 예금명세서, 유가증권명세서, 미수금명세서, 재고자산명세서, 기타유동자산명세서, 고정자산명세서, 부채명세서, 제충당금명세서, 기본재산수입명세서, 사업수입명세서, 정부보조금명세서, 후원금수입명세서 및 사용결과보고서, 후원금전용계좌의 입출금내역, 인건비명세서, 사업비명세서, 기타비용명세서, 감사보고서, 법인세신고서 등이다.

03. 예산통제(집행)의 원칙은 '개별화의 원칙, 강제의 원칙, 예외의 원칙, 보고의 원칙, 개정의 원칙, 효율성의 원칙, 의미의 원칙, 환류의 원칙, 생산성의 원칙'이다.

04. 품목별 예산(항목별 예산)은 비탄력적이고, 예산 증대의 정당성 근거가 희박하며, 사업내용 파악이 곤란한 효율성이 무시되는 예산유형이다.

05. 품목별 예산은 통제중심의 예산이므로 예산통제에 효과적이며, 지출근거가 명확하게 드러나는 간편하고 쉬운 사용으로 회계실무자에게 유리한 가장 기본적인 예산형식이다.

06. 영기준 예산은 순위지향적 예산이며 의사결정기능이 강하고 소비자에게 유리한 예산으로서, 탄력적이고 합리적인 자금배분과 사업의 효율성·효과성 제고에 기여한다.

07. 성과주의 예산은 관리중심 예산이며 과정중심적이므로 장기적 계획은 고려하지 않고 효율성을 중시하는 관리자에게 유리한 예산이다.

08. 기획예산제도는 프로그램기획 예산이라고도 한다.

09. 기획예산제도는 계획지향 예산이라 계획과 예산수립의 괴리를 좁혀 효과성을 높이기 위한 장기적 계획에 유리하며, 목표달성을 강조하는 계획자에게 유리하다.

10. 「사회복지법인 및 사회복지시설 재무·회계 규칙」 제12조에 따라 임·직원의 보수, 법인 및 시설운영에 직접 사용되는 필수적인 경비, 법령상 지급의무가 있는 경비를 전년도 예산에 준하여 집행할 수 있다(준예산).

11. 예산은 사전의결 원칙에 따라 회계연도 개시 전에 심의·의결을 거쳐야 한다.

12. 사회복지조직은 1년 단위로 예산을 수립하여야 한다.

3) 환경 및 정보관리

□ 21회 44번

사회복지정보화에 관한 설명으로 옳지 않은 것은?

① 조직의 업무효율성을 증대시킬 수 있다.
② 대상자 관리의 정확성, 객관성을 확보할 수 있다.
③ 클라이언트에 대한 사생활침해 가능성이 높아졌다.
④ 학습조직의 필요성이 감소하였다.
⑤ 사회복지행정가가 정보를 체계적으로 다룰 수 있다.

해설 사회복지정보화에 있어서 학습조직의 필요성은 증가하고 있는 추세이다. **정답 ④**

□ 21회 50번

사회복지행정환경의 변화에 관한 설명으로 옳지 않은 것은?

① 책임성 요구가 높아지고 있다.
② 서비스 이용자의 소비자주권이 강해지고 있다.
③ 빅데이터 활용이 증가하고 있다.
④ 사회서비스 공급에 민간의 참여가 증가하고 있다.
⑤ 기업의 경영관리 기법 도입이 줄어들고 있다.

해설 사회복지행정에서 기업의 경영관리 기법 도입은 확대되고 있다. **정답 ⑤**

□ 20회 40번

최근 사회복지조직의 환경변화로 옳은 것을 모두 고른 것은?

> ㄱ. 사회복지 공급주체의 다양화
> ㄴ. 행정관리능력 향상으로 거주시설 대규모화
> ㄷ. 성과에 대한 강조와 마케팅 활성화
> ㄹ. 기업의 경영관리 기법 도입

① ㄱ, ㄴ   ② ㄱ, ㄷ
③ ㄴ, ㄹ   ④ ㄱ, ㄷ, ㄹ
⑤ ㄴ, ㄷ, ㄹ

해설 최근 사회복지조직은 사회복지 공급주체가 공공과 민간 등으로 다양해졌으며, 기업의 경영관리 기법을 도입하여 성과에 대한 강조와 마케팅의 활성화를 통해 적극적인 홍보에 나서고 있다. 사회복지조직의 변화는 민간부문의 경우 지역중심 강화(탈시설화), 소비자주권, 수요중심, 기관의 개방화와 투명화, 자립중심, 민영화, 기업경영 방식 도입을 모색하고 있으며, 공공부분의 경우 민·관 협력의 다양한 방식을 모색하고, 서비스의 통합, 지방분권화에 따른 지역 중심 서비스를 모색 중이다. **정답 ④**

□ 19회 32번

다음에 해당하는 사회복지조직 구조의 변화는?

> A지방자치단체는 아동학대 문제에 적극 대처하기 위해 'A지역 아동보호네트워크'를 발족했다. 이 네트워크에는 지역 내 공공기관, 아동보호전문기관, 초등학교, 지역아동센터, 병원, 시민단체, 편의점 등이 참여하여 학대가 의심되는 아동을 발견했을 때 신속하게 신고, 접수 및 대응할 수 있도록 했다.

① 지역복지 거버넌스 구축
② 사업성과 평가체계 구축
③ 서비스 경쟁체계 도입
④ 복지시설 확충
⑤ 서비스 품질인증제 도입

해설 지역복지 거버넌스는 지역복지서비스 공급을 위해 지방정부와 다양한 지역사회 구성인자 간 협력적 네트워크를 구축하는 것이다. **정답 ①**

사회복지조직의 환경에 관한 설명으로 옳지 않은 것은?

① 다른 기관과의 경쟁은 고려하지 않는다.
② 과학기술의 발전은 사회복지기관의 서비스에도 영향을 미친다.
③ 사회인구적 특성은 사회문제와 밀접한 관계가 있다.
④ 경제적 상황은 서비스 수요에 영향을 미친다.
⑤ 법적 규제가 많을수록 서비스에 대한 클라이언트의 접근이 제한된다.

해설 사회복지시설의 설치가 허가제에서 신고제로 전환됨에 따라 기관의 수가 증가하였고, 시설평가제도가 실시되면서 사회복지조직은 다른 기관과의 경쟁을 통해 서비스 품질 향상과 수요자 중심의 복지서비스 체계를 추구하고 있다.　　　　　　　　　　　　　**정답** ①

해설 지역사회 통합돌봄은 돌봄이 필요한 클라이언트가 살던 곳에서 본인의 욕구에 맞는 복지서비스를 누리며 지역사회와 함께 어울려 살아갈 수 있도록 통합적 지원을 모색하는 정책이다. 따라서 생활시설 거주자의 퇴소를 금지하는 것과는 관련이 없다.　　　　　　　　**정답** ④

사회복지행정 환경의 동향에 관한 설명으로 옳지 않은 것은?

① 사회서비스 확대로 사회적 일자리가 창출되고 있다.
② 지방자치단체에서 주민참여를 활성화하고 있다.
③ 주민센터를 행정복지센터로 개편하는 추세이다.
④ 지역사회 통합돌봄 추진에 따라 생활시설 거주자의 퇴소를 금지하고 있다.
⑤ 지역사회 통합돌봄 도입으로 전문직종 간 서비스를 연계하여 제공한다.

최근 사회복지행정의 환경변화로 옳지 않은 것은?

① 지역사회 주민운동의 활성화
② 사회서비스 공급의 주체로서 영리부문의 참여
③ 지역사회보장협의체를 통한 민·관 협력체계 구축
④ 사회적 경제에 의한 비영리조직의 시장경쟁력 강화 필요
⑤ 복지다원주의 패러다임 등장으로 국가 주도의 복지서비스 공급

해설 ⑤ 복지다원주의는 사회복지서비스가 국가뿐 아니라 민간, 기업, 자원봉사자 등 다양한 주체에 의해 다원적으로 공급되는 것을 의미한다.　　　　**정답** ⑤

3) 환경 및 정보관리

(1) 사회복지조직의 환경관리

① 사회복지조직의 환경
- 사회복지조직을 둘러싼 환경은 일반환경과 과업환경으로 구분해 볼 수 있음. 다만, 조직과 상황에 따라 적용되기에 모든 조직에 동일하게 적용되는 절대적 구분은 없음
- 일반환경: 사회복지조직에 일방적으로 영향을 주는 조건
  - 정치적·법적 조건, 경제적 조건, 사회인구학적 조건, 문화적 조건, 기술적 조건
- 과업환경: 업무와 관련하여 상호작용하는 기관, 단체, 개인
  - 재정자원의 공급자, 클라이언트 제공자, 급여 또는 서비스의 대상자, 경쟁조직들의 보충적 서비스 제공자, 합법성 및 권위 제공자

(2) 사회복지조직의 환경관리전략

① 권위주의전략
- 조직이 자금과 권위를 사용하여 다른 조직의 행동을 이끌고 명령하는 전략
- 전달체계에서 우세한 위치일 때 가능
- 정부조직

② 경쟁전략
- 필요한 자원들이 외부환경에 분산되어 있음
- 타조직과 세력균형을 유지할 수 있을 정도의 내적 자원이 있을 때 가능
- 크리밍 현상(유순하고 성공가능성이 높은 클라이언트를 선호하고, 비협조적인 클라이언트를 배척하는 현상)이 발생할 수 있음

③ 협동적 전략
- 사회복지조직이 가장 많이 사용할 수 있는 전략으로 계약, 연합, 흡수가 있음

④ 방해전략
- 경쟁적 위치에 있는 다른 조직의 활동을 방해하여 세력을 약화시키는 전략으로 목표조직의 자원생산능력을 의도적으로 위협하는 전략
- 최후 전략

(3) 최근 사회복지조직의 환경변화

① 공급주체의 다양화 및 탈시설화(시설복지 → 지역복지)
② 소비자주권(욕구 충족 → 수요 충족)
③ 자립(자활)중심
④ 조직의 개방화, 투명화를 통한 경쟁력 강화

⑤ 기업경영관리 기법의 도입에 의한 성과 및 마케팅 활성화, 품질관리 강화 등
⑥ 학습조직의 필요성 증가

(4) 사회복지조직의 정보관리

필요성	정보관리시스템의 유형
· 기관의 책임성 및 업무효율성 증대 · 사회복지서비스의 확대 · 정보의 중요성 증대 · 상시적 평가와 환류로 정확성, 객관성, 타당성의 확보 · 서비스 질에 대한 모니터링 · 정보의 일괄처리 및 정보분석 능력 향상과 조직성과의 대내외적 제시 · 유관기관 간 서비스 연계 및 신속하고 정확한 의사소통	· 자료처리응용단계(DP) · 정보관리체계(MIS)=관리정보체계 단계 · 지식기반체계(KBS) · 의사결정지원체계(DSS) · 업무수행지원체계(PSS)

☑ 과락科落 말고 과락科樂 기출 선지

01. 사회복지조직은 서비스의 공급주체가 공공과 민간 등으로 다양해졌으며, 기업의 경영관리 기법을 도입하여 성과에 대한 강조와 마케팅의 활성화를 통해 적극적인 홍보에 나서고 있다.

02. 사회복지조직의 변화는 민간부문의 경우 지역중심 강화(탈시설화), 소비자주권, 수요, 기관의 개방화와 투명화, 자립중심, 민영화, 기업경영 방식 도입을 모색하고 있으며, 공공부분의 경우 민·관 협력의 다양한 방식을 모색하고, 서비스의 통합, 지방분권화에 따른 지역중심 서비스를 모색 중이다.

03. 지역사회 통합돌봄은 돌봄이 필요한 클라이언트가 살던 곳에서 본인의 욕구에 맞는 복지서비스를 누리며 지역사회와 함께 어울려 살아갈 수 있도록 통합적 지원을 모색하는 정책이다.

04. 지역복지 거버넌스는 지역복지서비스 공급을 위해 지방정부와 다양한 지역사회 구성인자 간 협력적 네트워크를 구축하는 것이다.

05. 사회복지시설의 설치가 허가제에서 신고제로 전환됨에 따라 기관의 수가 증가하였고, 시설평가제도가 실시되면서 사회복지조직은 다른 기관과의 경쟁을 통해 서비스 품질 향상과 수요자 중심의 복지서비스 체계를 추구하고 있다.

4) 홍보 및 마케팅

☐ 22회 46번

사회복지서비스 마케팅 과정을 옳게 연결한 것은?

> ㄱ. STP 전략 설계
> ㄴ. 고객관계관리(CRM)
> ㄷ. 마케팅 믹스
> ㄹ. 고객 및 시장 조사

① ㄱ - ㄴ - ㄷ - ㄹ
② ㄱ - ㄹ - ㄴ - ㄷ
③ ㄷ - ㄹ - ㄱ - ㄴ
④ ㄹ - ㄱ - ㄴ - ㄷ
⑤ ㄹ - ㄱ - ㄷ - ㄴ

해설 마케팅 과정: 고객 및 시장 조사 → STP 전략 설계 → 마케팅 믹스 → 실행(CRM, 고객관계관리)　**정답** ⑤

☐ 22회 47번

사회복지 마케팅 기법에 관한 설명으로 옳지 않은 것은?

① 다이렉트 마케팅은 방송이나 잡지 등 대중매체를 활용하는 방식이다.
② 기업연계 마케팅은 명분마케팅이라고도 한다.
③ 데이터베이스 마케팅은 이용자에 대한 각종 정보를 수집, 분석하여 활용하는 방식이다.
④ 사회 마케팅은 대중에 대한 캠페인 등을 통해 행동변화를 유도하는 방식이다.
⑤ 고객관계관리 마케팅은 개별 고객특성에 맞춘 서비스를 지속적으로 제공하는 방식이다.

해설 다이렉트 마케팅(DM): 우편물 발송을 통한 마케팅, 기존 및 잠재적 후원자에게도 정보전달 가능　**정답** ①

☐ 21회 45번

비영리조직 마케팅의 특성으로 옳지 않은 것은?

① 이윤추구보다는 사회적 가치 실현에 주안점을 둔다.
② 마케팅에서 교환되는 것은 유형의 재화보다는 무형의 서비스가 대부분이다.
③ 영리조직에 비해 인간의 태도나 행동을 변화시키는 것이 어렵다.
④ 서비스의 생산과 소비의 동시성을 고려한다.
⑤ 조직의 목표달성과 측정이 용이하다.

해설 비영리조직의 마케팅은 인간의 태도나 행동을 변화시키는 것이기에 조직의 목표달성과 측정이 어렵다는 한계가 있다.　**정답** ⑤

☐ 21회 46번

마케팅믹스 4P에 관한 설명으로 옳은 것을 모두 고른 것은?

> ㄱ. 유통(Place): 고객이 서비스를 쉽게 이용할 수 있도록 하는 조직적 활동
> ㄴ. 가격(Price): 판매자가 이윤 극대화를 위하여 임의로 설정하는 금액
> ㄷ. 제품(Product): 고객의 욕구를 충족시키기 위하여 제공하는 재화나 서비스
> ㄹ. 촉진(Promotion): 판매 실적에 따라 직원을 승진시키는 제도

① ㄱ, ㄴ
② ㄱ, ㄷ
③ ㄱ, ㄴ, ㄷ
④ ㄴ, ㄷ, ㄹ
⑤ ㄱ, ㄴ, ㄷ, ㄹ

해설 마케팅 믹스(4P) - (1) 제품(Product): 제공할 프로그램과 서비스 (2) 가격(Price): 수익사업의 이용료 및 비금전적 비용도 포함 (3) 입지(Place): 접근성, 지역사회 네트워크 형성 (4) 촉진(Promotion): 홍보와 기부금 등의 확보를 위한 커뮤니케이션 수단들　**정답** ②

다음에서 설명하는 마케팅 방법은?

> A초등학교의 학부모들이 사회복지사에게 본인들의 자녀와 연령대가 비슷한 아이들을 돕고 싶다고 이야기하였다. 이에 사회복지사들은 월 1회 아동문화체험 프로그램을 기획하여 이들을 후원자로 참여할 수 있도록 요청하였다.

① 사회 마케팅
② 공익연계 마케팅
③ 다이렉트 마케팅
④ 데이터베이스 마케팅
⑤ 고객관계관리 마케팅

해설 ① 사회마케팅: 공공의 건강, 안전, 환경 등 특정 행동의 변화를 목적으로 하는 방식 ② 공익연계 마케팅(기업연계 마케팅): 기업의 이미지 향상과 동시에 사회복지기관의 후원자 개발에도 도움을 주는 전략적 연계 방식의 마케팅 ③ 다이렉트 마케팅(DM): 우편 발송을 통한 마케팅, 기존 및 잠재적 후원자에게도 정보전달 가능한 전통적 마케팅 ④ 데이터베이스 마케팅(DB): 대상자의 지리적·인구적·심리적 특성 및 각종 정보를 데이터베이스화하여 활용하는 마케팅 ⑤ 고객관계관리 마케팅(CRM): 고객의 특정한 기호에 맞추는 마케팅 **정답 ⑤**

마케팅 믹스(Marketing mix)의 4P에 해당하지 않는 것은?

① 제품(Product)
② 가격(Price)
③ 판매촉진(Promotion)
④ 입지(Place)
⑤ 성과(Performance)

해설 마케팅 믹스(4P): 상품, 가격, 입지, 판매촉진 **정답 ⑤**

비영리조직 마케팅에 관한 설명으로 옳은 것은?

① 영리추구의 목적으로만 마케팅을 추진한다.
② 비영리조직 간의 경쟁에 대한 대응은 필요없다.
③ 공익사업과 수익사업의 적절한 운영을 위하여 필요하다.
④ 사회복지조직이 제공하는 비물질적인 서비스는 마케팅 대상이 아니다.
⑤ 비영리조직의 재정자립은 마케팅의 목표가 될 수 없다.

해설 비영리조직의 마케팅 - (1) 조직의 목적달성을 위한 클라이언트 관리, 서비스 개발 및 전달, 재정확보, 홍보, 비용 등에 관하여 기업의 마케팅 기법을 도입하여 경쟁력을 확보하려는 노력이다. (2) 인간의 태도나 행동을 변화시키는 것이기에 조직의 목표달성과 측정이 어렵다. **정답 ③**

사회복지관에서 우편으로 잠재적 후원자에게 기관의 현황이나 정보 등을 제공하여 후원자를 개발하는 마케팅 방법은?

① 고객관계 관리 마케팅
② 데이터베이스 마케팅
③ 다이렉트 마케팅
④ 소셜 마케팅
⑤ 클라우드 펀딩

해설 ① 고객관계관리 마케팅(CRM): 고객의 특정한 기호에 맞추는 마케팅 ② 데이터베이스 마케팅(DB): 대상자의 지리적·인구적·심리적 특성 및 각종 정보를 데이터베이스화하여 활용하는 마케팅 ④ 사회 마케팅: 공공의 건강, 안전, 환경 등 특정 행동의 변화를 목적으로 하는 방식 ⑤ 클라우드 펀팅: 웹이나 모바일 네트워크를 통해 다수에게서 자금을 모으는 마케팅 **정답 ③**

4) 홍보 및 마케팅

(1) 마케팅 믹스(4P)

- 마케팅 믹스란 마케팅의 모든 요소를 종합하여 그 효과를 최대화하는 것
- 보통 4P로 정의하나 사람(Person)을 추가하여 5P로 정의하기도 함

① 상품(Product, 제품): 제공할 프로그램과 서비스
② 가격(Price): 수익사업의 이용료 및 비금전적 비용도 포함
③ 입지(Place, 유통): 클라이언트의 접근성, 지역사회 네트워크 형성
④ 촉진(Promotion, 판촉): 서비스의 유용성 전달에 관한 홍보와 기부금 등의 확보를 위한 커뮤니케이션 수단들

(2) 비영리조직의 마케팅

① 사회복지 마케팅의 특징 및 필요성
- 사회복지 마케팅의 특징은 무형성, 다양성과 복잡성, 동시성, 소멸성
- 책임성 측면, 대상자 관리 측면, 서비스 개발 측면, 재정확보 측면에서 사회복지 마케팅의 필요성은 인정됨

② 비영리조직의 마케팅
- 조직의 목적달성을 위한 클라이언트 관리, 서비스 개발 및 전달, 재정확보, 홍보, 비용 등에 관하여 기업의 마케팅 기법을 도입하여 경쟁력을 확보하려는 노력
- 인간의 태도나 행동을 변화시키는 것이므로 조직의 목표달성과 측정이 어려움

③ 종류
- 사회마케팅: 공공의 건강, 안전, 환경 등 특정 행동의 변화를 목적으로 하는 방식
- 공익연계 마케팅(기업연계 마케팅): 기업의 이미지 향상과 동시에 사회복지기관의 후원자 개발에도 도움을 주는 전략적 연계 방식의 마케팅
- 다이렉트 마케팅(DM): 우편 발송을 통한 마케팅, 기존 및 잠재적 후원자에게도 정보전달이 가능한 전통적 마케팅
- 데이터베이스 마케팅(DB): 대상자의 지리적·인구적·심리적 특성 및 각종 정보를 데이터베이스화하여 활용하는 마케팅
- 고객관계관리 마케팅(CRM): 고객의 특정한 기호에 맞추는 마케팅
- 클라우드 펀딩: 웹이나 모바일 네트워크를 통해 다수에게서 자금을 모으는 마케팅

④ 과정
- 기관환경분석 → 마케팅조사 → 목표설정 → 기부시장분석 → 도구설정 → 계획작성 및 실행 → 평가

⑤ 홍보의 최근 경향
- 단발성 → 지속성/즉흥적 → 계획적/일방적 → 쌍방적/소극적 → 적극적

01. 사회복지 마케팅의 특징은 무형성, 다양성과 복잡성, 동시성, 소멸성이다.

02. 공익연계 마케팅(기업연계 마케팅)은 기업의 이미지 향상과 동시에 사회복지기관의 후원자 개발에도 도움을 주는 전략적 연계 방식의 마케팅이다.

03. 다이렉트 마케팅(DM)은 우편 발송을 통한 마케팅으로 기존 및 잠재적 후원자에게도 정보전달이 가능한 전통적 마케팅이다.

04. 비영리조직의 마케팅은 조직의 목적달성을 위한 클라이언트 관리, 서비스 개발 및 전달, 재정확보, 홍보, 비용 등에 관하여 기업의 마케팅 기법을 도입하여 경쟁력을 확보하려는 노력이다.

05. 홍보의 최근 경향은 지속적이고 계획적이며, 쌍방적·적극적이라는 특징이 있다.

06. 마케팅 믹스란 마케팅의 모든 요소를 종합하여 그 효과를 최대화하는 것이다.

07. 마케팅 믹스에서 4P는 제품(상품), 가격, 유통(입지), 판촉(촉진)이다.

08. 마케팅 믹스는 보통 4P로 정의하나 사람(Person)을 추가하여 5P로 정의하기도 한다.

6. 조직평가

☐ 22회 48번

다음 설명에 해당되는 것은?

> · 비(非)표적 인구가 서비스에 접근하여 나타나는 문제
> · 사회적 자원의 낭비 유발

① 서비스 과활용 ② 크리밍
③ 레드테이프 ④ 기준행동
⑤ 매몰비용

[해설] ② 크리밍: 경쟁적 환경전략에서 조직목표 달성에 불리한 클라이언트를 배척하는 현상 ③ 레드테이프: 문서주의, 지나친 형식주의, 관료제에서 발생하는 병폐 ④ 기준행동: 양적지표를 가지고 평가를 할 때 기준에 적합한 활동만 하려고 나타나는 현상 ⑤ 매몰비용: 합리적 모형에서 기존에 투입된 비용을 매몰하는 것 **[정답]** ①

☐ 20회 37번

사회복지조직의 책임성에 관한 설명으로 옳지 않은 것은?

① 사회업무수행 결과에 대한 책임뿐만 아니라 업무과정에 대한 정당성을 의미한다.

② 책임성 이행측면에서 효율성을 배제하고 효과성을 극대화해야 한다.

③ 지역사회와의 관계뿐만 아니라 조직 내 상호작용에서도 정당성을 확보해야 한다.

④ 정부 및 재정자원제공자, 사회복지조직, 사회복지전문직, 클라이언트 등에게 책임성을 입증해야 한다.

⑤ 클라이언트 집단의 욕구를 충족시키고 당면한 사회문제를 해결하고 있다는 증거를 보여줘야 한다.

[해설] ② 사회복지조직의 책임성 이행 측면에서 효율성과 효과성은 모두 중요하다. **[정답]** ②

사회복지관에서 제공해야 하는 서비스의 최저기준에 포함되지 않는 것은?

① 시설의 환경　　② 시설의 규모
③ 시설의 안전관리　　④ 시설의 인력관리
⑤ 시설 이용자의 인권

해설 사회복지시설평가는 1997년 개정된 사회복지사업법에 근거하여 이용시설과 거주시설 모두 3년마다 평가를 실시하고 있다. 사회복지시설평가 영역은 시설의 환경, 시설의 안전관리, 시설의 인력관리, 시설이용자의 인권과 더불어 지역사회 관리와 재정 및 조직관리가 포함된다. 사회복지시설의 규모는 시설 종류에 따라 각각 다른 기준이 적용되므로 최저기준을 제시하지 않고 있다. 정답 ②

사회복지관 운영에 관한 설명으로 옳은 것은?

① 기초 지방자치단체 마다 설치해야 한다.
② 사회복지전담공무원을 의무적으로 고용해야 한다.
③ 지역사회를 기반으로 운영되는 사회복지기관이다.
④ 중산층 주민은 이용할 수 없다.
⑤ 프로젝트팀 구조를 활용할 수 없다.

해설 ① 의무규정이 있는 것은 아니다. ② 사회복지전담공무원은 공공기관의 경우 의무적으로 고용해야 한다. ④ 모든 지역주민이 이용할 수 있다. ⑤ 프로젝트 팀 구조 활용이 가능하다. 정답 ③

사회복지의 책임성 평가에 관한 설명으로 옳지 않은 것은?

① 효과성 평가를 위하여 비용편익분석을 실시한다.
② 형성평가는 과정을 파악하는 동태적 분석으로 프로그램 진행 중에 실시할 수 있다.
③ 사회복지 프로그램 평가를 통하여 프로그램 수정과 정책 개발 등에 활용한다.
④ 사회복지전달체계는 사회복지의 책임성을 이행할 수 있도록 구축되어야 한다.
⑤ 우리나라의 사회복지시설 평가는 사회복지사업법에 근거하여 실시한다.

해설 목표달성에 가장 효과적인 대안을 찾기 위한 비용편익분석은 효율성 평가를 위하여 실시한다. 따라서 ①은 효율성 평가를 설명하고 있다. 정답 ①

우리나라의 사회복지시설 평가제도에 관한 설명으로 옳은 것은?

ㄱ. 3년마다 평가 실시
ㄴ. 5년마다 평가 실시
ㄷ. 평가 결과의 비공개원칙
ㄹ. 평가 결과를 시설 지원에 반영

① ㄱ, ㄷ　　② ㄱ, ㄹ　　③ ㄴ, ㄷ
④ ㄴ, ㄹ　　⑤ ㄷ, ㄹ

해설 사회복지사업법에 따라 모든 사회복지시설은 3년마다 최소 1회 이상 평가를 받아야 하며, 그 평가 결과를 공개하고 시설 지원에 반영한다. 정답 ②

사회복지평가의 기준이 되는 효율성에 관한 설명으로 옳지 않은 것은?

① 사회복지조직의 책임성 평가 방식이다.
② 투입한 자원과 산출된 결과의 비율을 측정한다.
③ 자금이나 시간의 투입과 서비스 제공 실적의 비율을 파악한다.
④ 비용 절감은 서비스 이용자의 욕구 충족을 위한 목표와 관련성이 없다.
⑤ 최소한의 비용으로 최대한의 효과를 거둘 수 있도록 한다.

해설 비용 절감은 서비스 이용자의 욕구 충족을 위한 목표와 관련이 있다. 이는 효율성을 극대화하여 클라이언트의 욕구를 고려한 다양한 사회복지서비스의 제공을 가능하게 하는 기준이 된다. 정답 ④

□ 18회 36번

사회복지시설평가에 관한 설명으로 옳지 않은 것은?

① 평가의 근거는 1997년 개정된 사회복지사업법이다.
② 평가의 목적은 시설운영의 효율화 등을 위한 것이다.
③ 이용자의 권리에 관한 지표의 경우 거주시설(생활시설)에 한해서 적용하여 평가한다.
④ 개별 사회복지시설의 고유성이 반영되지 못하는 점은 평가의 한계점으로 여겨진다.
⑤ 평가지표 선정 시 현장의견수렴 절차가 필요하다.

해설 사회복지시설평가는 1997년 개정된 사회복지사업법에 근거하여 이용시설과 거주시설 모두 3년마다 평가를 실시하고 있다. 정답 ③

□ 18회 38번

사회복지조직의 책임성을 확보하기 위한 노력이 아닌 것은?

① 개인정보 보호를 위해 사회복지조직 후원금 사용 정보의 미공개
② 「사회복지사업법」에 따른 사회복지법인 이사회 구성
③ 「사회복지법인 및 사회복지시설 재무·회계 규칙」에 근거한 예산 편성
④ 배분사업 공모를 통한 사회복지 프로그램 재정지원 시행
⑤ 사회복지예산 수립을 위한 주민참여제도 시행

해설 ① 사회복지조직의 후원금 사용 정보는 공개함이 원칙이다. 정답 ①

☑ 핵심요약

6. 조직평가

1) 책임성

(1) 내용

① 사회업무수행 결과에 대한 책임뿐만 아니라 업무과정에 대한 정당성을 의미
② 사회복지조직의 책임성 이행 측면에서 효율성과 효과성은 둘 다 중요
③ 지역사회와의 관계뿐만 아니라 조직 내 상호작용에서도 정당성을 확보해야 함
④ 정부 및 재정자원제공자, 사회복지조직, 사회복지전문직, 클라이언트 등에게 책임성 입증
⑤ 클라이언트 집단의 욕구를 충족시키고 당면한 사회문제를 해결하고 있다는 증거를 보여줘야 함

(2) 주체 및 대상

① 주체: 정부, 민간 사회복지조직, 사회복지전문직, 클라이언트, 국민 모두

② 대상
- 클라이언트에 대한 책임: 자기결정권 존중, 개인정보/사생활 보호, 이용자 중심의 서비스 전달
- 사회에 대한 책임: 사회적 공동목표 추구, 공평성 확보 등

(3) 영향을 미치는 요인
- 내부적 요인: 서비스의 다양성, 기술의 복잡성, 목표의 불확실성
- 외부적 요인: 공급주체의 다원화, 민영화, 법률의 정비

(4) 책임성 확보를 위한 노력
① 후원금 사용 정보의 공개
② 사회복지사업법에 따른 사회복지법인 이사회 구성
③ 사회복지법인 및 사회복지시설 재무·회계 규칙에 근거한 예산편성
④ 배분사업 공모를 통한 사회복지 프로그램 재정지원 시행
⑤ 주민참여제도 시행

2) 시설평가

(1) 평가의 내용
① 이용시설과 거주시설 모두 3년마다 평가를 실시하고 그 결과를 공개하며, 이를 시설지원에 반영
② 시설의 평가지표는 환경, 안전, 인력, 시설 이용자의 인권과 더불어 지역사회 관리와 재정 및 조직관리 등 전반적인 운영실태를 포함
③ 기관의 유형에 따라 평가의 내용이 달라짐
④ 개별 사회복지시설의 고유성이 반영되지 못하는 점은 평가의 한계점으로 여겨짐
⑤ 평가지표 선정 시 현장의견수렴 절차가 필요

(2) 배경과 목적

배경	목적
· 1997년 사회복지사업법 개정, 1999년 1기 평가 실시 · 서비스 공급 확대에 따른 책임성 검증 요구 · 사회복지기관의 개방성·투명성·효율성 확보	· 사회복지 서비스의 질적 수준에 대한 제고 · 사회복지기관 운영의 개선 · 효과성·효율성에 대한 검증 · 전문성·책임성의 확보

3) 성과관리

(1) 개념: 성과관리란 목표달성을 위한 계획수립, 자원배분, 업무추진, 성과측정, 개선책 모색, 업무자에 대한 보상 등을 관리하는 과정

(2) 특징

- 활동 그 자체보다는 결과에 초점을 둠
- 조직의 활동과 과정이 조직의 목표에 부합되도록 함
- 성과에 대한 평가는 효율성·효과성을 넘어 이용자 만족도, 품질평가 등 다차원적 접근이 이루어져야 함

(3) 과정: 목표수립 → 측정을 위한 척도 마련 → 성과수준의 결정 → 지속적인 관리 → 성과분석 → 종합 및 의사소통

4) 기준행동

- 사회복지서비스 평가로 인해 발생 가능한 부정적 현상으로, 업무자들이 기준으로 제시된 측정가능한 사안들에만 집중함으로써 실질적인 서비스의 효과성에 대해서는 무관심하게 되는 것을 말함
- 양적 평가지표가 많을 때 증가되기 쉬움
- 평가지표 충족에만 관심이 집중되어 서비스 효과성이 낮아질 수 있음

☑ 과락科落 말고 **과락科樂** 기출 선지

01. 사회복지조직의 책임성 이행 측면에서 효율성과 효과성은 둘 다 중요하다.

02. 사회복지조직의 책임성이란 결과에 대한 책임성과 함께 과정에서의 정당성도 갖춰야 함을 의미한다.

03. 책임성의 주체는 정부(공공), 사회복지조직, 사회복지전문가, 클라이언트, 국민 모두이다.

04. 책임성의 기준은 도의적 책임, 법적 책임, 책무적(기능적) 책임을 근거로 한다.

05. 기준행동은 양적 평가지표가 많을 때 증가되기 쉽다.

06. 기준행동이란 사회복지서비스 평가로 인해 발생가능한 부정적 현상으로, 업무자들이 기준으로 제시된 측정가능한 사안들에만 집중하여 실질적 서비스의 효과성에 대해서는 무관심하게 되는 것을 말한다.

07. 사회복지시설평가는 1997년 개정된 사회복지사업법에 근거하여 이용시설과 거주시설 모두 3년마다 실시하고 결과를 공개하며, 이를 시설지원에 반영한다.

08. 사회복지시설의 규모는 시설 종류에 따라 각각 다른 기준이 적용되므로 최저기준을 제시하지 않고 있다.

09. 레드테이프는 관료제적 형식주의 또는 문서주의를 의미한다.

10. 모듈화는 큰 단위를 작은 단위로 나누는 것을 말한다.

11. 옴부즈맨이란 정부의 독주를 막기 위한 일종의 행정감찰관 제도이다.

12. 분절성은 서비스의 파편화 현상과 관련이 있다.

13. 성과관리란 목표달성을 위한 계획수립, 자원배분, 업무추진, 성과측정, 개선책 모색, 업무자에 대한 보상 등을 관리하는 과정이다.

7. 프로그램 기획과 평가

☐ 22회 49번

사회복지 프로그램 평가의 목적과 그 설명으로 옳은 것은?

① 정책개발: 사회복지실천 이념 개발
② 책임성 이행: 재무·회계적, 전문적 책임 이행
③ 이론 형성: 급여의 공평한 배분을 위한 여론 형성
④ 자료수집: 종사자의 기준행동 강화
⑤ 정보관리: 민간기관의 행정협상력 약화

해설 프로그램 평가의 목적: 이론 형성, 서비스 전달체계 개선, 정보관리, 책임성 이행, 합리적 자원배분 **정답** ②

☐ 22회 50번

사회복지조직 혁신의 방해 요인으로 옳지 않은 것은?

① 무사안일주의
② 비전의 영향력을 과소평가
③ 비전에 대한 불충분한 의사소통
④ 핵심리더의 변화노력에 대한 구성원의 공개 지지
⑤ 변화를 막는 조직구조나 보상체계의 유지

해설 핵심리더의 변화노력에 대한 구성원의 공개 지지는 사회복지조직 혁신의 주요 요인이다. **정답** ④

☐ 21회 47번

프로그램 평가에 관한 설명으로 옳은 것을 모두 고른 것은?

ㄱ. 비용 – 효과분석은 프로그램의 비용과 결과의 금전적 가치를 고려하지 않는다.
ㄴ. 비용 – 편익분석은 프로그램의 비용과 결과를 금전적 가치로 환산하여 평가한다.
ㄷ. 노력성 평가는 프로그램 수행에 투입된 인적·물적 자원 등을 기준으로 평가한다.
ㄹ. 효과성 평가는 프로그램의 목표 달성 정도를 평가한다.

① ㄱ, ㄴ   ② ㄱ, ㄷ   ③ ㄴ, ㄹ
④ ㄴ, ㄷ, ㄹ   ⑤ ㄱ, ㄴ, ㄷ, ㄹ

해설 ㄱ. 비용 – 효과분석은 프로그램의 비용과 결과의 금전적 가치를 고려한다. **정답** ④

☐ 20회 39번

다음에서 설명하는 프로그램 평가의 기준은?

· 서비스를 받은 클라이언트 수
· 목표달성을 위해 투입된 시간 및 자원의 양
· 프로그램 담당자의 제반활동

① 노력   ② 영향
③ 효과성   ④ 효율성
⑤ 서비스의 질

해설 사회복지 프로그램 평가기준으로서의 노력성은 얼마나 많은 양의 서비스를 제공하였는가, 어떤 활동이 있었는가에 대한 평가로 클라이언트의 수, 투입된 시간 및 자원의 양 등 투입에 관한 내용을 말한다. **정답** ①

사회복지 프로그램 목표에서 성과목표로 옳은 것은?

① 1시간씩 학습지도를 제공한다.
② 월 1회 요리교실을 진행한다.
③ 자아존중감을 10% 이상 향상한다.
④ 10분씩 명상훈련을 실시한다.
⑤ 주 2회 물리치료를 제공한다.

해설 ①, ②, ④, ⑤는 활동목표이다. **정답** ③

☑ 사회복지 프로그램의 목표

소비자 목표	얼마나 많은 소비자들이 서비스를 받게 될 것인지를 구체화한 것 **예** 100명의 프로그램 참가자
활동목표	얼마나 많은 서비스가 제공될 것인지에 대해 주로 시간개념 단위 사용 **예** 2시간짜리 5회기 프로그램으로 진행

성취목표	무엇이 어느 정도 성취되어야 하는지의 프로그램 목적을 숫자화한 것으로 변화양상을 중심으로 표현한다. **예** 소비자 만족도 20% 이상
영향목표	프로그램이 문제지표에 미치는 영향을 구체화한 것 **예** 경력단절 중년여성 학생들의 재취업률을 향상시킴

중·장년 고독사 예방 프로그램을 기획하기 위해 사회복지관에서 근무하는 사회복지사, 사회복지 전담공무원, 보건소 간호사 등이 모여 상호간 질의와 응답을 통해 자료를 수집하는 방법은?

① 패널 조사
② 초점집단 조사
③ 델파이 기법
④ 사회지표 조사
⑤ 서베이 조사

해설 ② 초점집단조사는 어떤 문제와 관련된 소수의 사람을 대상으로 하여 집중적인 대화를 통해 정보를 찾아내는 면접조사 방법이다. **정답** ②

☑ **핵심요약**

7. 프로그램 기획과 평가

1) 자료수집

- 패널조사: 동일한 조사대상에게 조사시점마다 동일한 질문을 반복하여 조사하는 방법
- 델파이기법: 우편이나 이메일을 통해 전문가를 대상으로 반복적인 익명의 설문을 진행하여 의견을 수집·교환함으로써 합의에 이르기까지 제시된 의견을 발전시켜 나가는 방법
- 사회지표조사: 정부기관이나 사회복지 관련 조직의 기존 자료를 분석하여 욕구를 알아내는 방법으로 이차자료에 해당
- 서베이조사: 전체를 대표할 수 있는 표본을 선정하여 설문지 또는 면접의 방식으로 수혜자에게 직접 욕구파악을 위한 자료를 수집하는 방법
- 초점집단조사: 어떤 문제와 관련된 소수의 사람을 대상으로 하여 집중적인 대화를

통해 정보를 찾아내는 면접조사 방법
- 명목집단조사: 한 장소에 모여 말 없이 의견을 적어 내고 발표를 통해 아이디어 공유
- 주요 정보제공자기법: 욕구에 대해 잘 알 만한 지역사회 내 지도자, 서비스 제공자, 전문가 등의 의견을 통해 욕구를 파악하는 방법

2) 설계 및 과정

(1) 프로그램 설계 과정

문제확인 및 욕구사정 → 목적과 목표 설정 → 개입전략 선정 → 프로그램 설계 → 예산 편성 → 평가계획

(2) 사회복지 프로그램의 목표설정

① 목표들의 위계: 소비자 목표 → 활동목표 → 성취목표 → 영향목표
② 소비자목표: 얼마나 많은 소비자가 서비스를 받게 될 것인지 구체화한 것
　　예 100명의 프로그램 참가자
③ 활동목표: 얼마나 많은 서비스가 제공될 것인지에 대해 주로 시간 개념 단위 사용
　　예 2시간짜리 5회기 프로그램으로 진행
④ 성취목표: 무엇이 어느 정도 성취되어야 하는지 프로그램 목적을 숫자화 한 것으로 변화양상을 중심으로 표현한다. 예 소비자 만족도 20% 이상
⑤ 영향목표: 프로그램이 문제지표에 미치는 영향을 구체화한 것
　　예 경력단절 중년여성 학생들의 재취업률을 향상시킴

(3) 프로그램 설계에서의 대상집단 선정

- 문제와 관련된 표적집단을 확인하고 클라이언트의 수를 확인하여 규모를 가늠
- 일반집단 → 위기집단 → 표적집단 → 클라이언트 집단 순으로 좁혀 가며 선정
① 일반집단: 대상집단이 속한 모집단
② 위기집단: 일반집단 중 문제에 노출되었거나 문제를 겪은 경험이 있는 사람들
③ 표적집단: 문제해결의 대상이 되는, 반드시 서비스가 필요한 집단
④ 클라이언트 집단: 실제로 서비스를 받을 사람들

(4) 프로그램 목표 설정의 원칙(SMART 원칙)

- 구체적일 것(Specipic)/측정가능할 것(Measurable)/달성가능할 것(Attainable)/결과 지향적일 것(Result-oriented)/시간제한적일 것(Time bounded)

(5) 프로그램 평가의 목적

① 환류기능
② 책임성 이행
③ 외부자원 확보
④ 합리적 자원배분

⑤ 이론 형성

⑥ 서비스 전달체계 개선

3) 평가기준

(1) 프로그램 평가 요소(논리모델)

① 투입: 프로그램에 필요한 인적·물적 자원, 클라이언트의 자격요건

② 전환(과정): 프로그램에 투입된 요소들이 전달되는 과정으로 서비스 및 개입방법 등

③ 산출: 프로그램에서 생성된 서비스 및 생산물, 양적 측면 파악

④ 성과: 프로그램 종결 후 나타난 클라이언트의 변화, 질적 측면 파악

⑤ 영향: 의도했던 문제해결에 프로그램이 미친 영향, 장기적·거시적 차원의 성과

⑥ 환류(피드백): 프로그램 전반에 대한 재검토

(2) 사회복지 프로그램 평가의 유형

① 형성평가(과정평가): 프로그램 진행 과정 중에 실시하는 평가 예 모니터링

② 총괄평가: 프로그램 종료 후 진행되는 평가, 효과성·효율성에 초점

③ 통합평가: 형성평가＋총괄평가 방식을 혼합한 평가

④ 메타평가: 평가에 대한 평가

- 평가목적에 따른 분류: 형성평가, 총괄평가, 통합평가, 메타평가
- 평가주체에 따른 분류: 자체평가, 내부평가, 외부평가
- 평가기준에 따른 분류: 효과성, 효율성, 노력성, 공평성, 영향성, 서비스 질, 과정

(3) 프로그램 평가 기준

① 노력성: 얼마나 많은 양의 서비스를 제공하였는가, 어떤 활동이 있었는가에 대한 평가, 서비스를 받은 클라이언트 수, 투입된 시간 및 자원의 양, 담당자의 활동

② 효율성: 능률성, 비용 대비 산출을 비교하는 평가

- 비용－편익분석: 프로그램에 관련된 편익과 비용을 모두 금전적 가치로 환산한 다음 상대적 크기 비교를 통해 효율성을 평가
- 비용－효과분석: 프로그램에 투입되는 비용은 금전적 가치로 환산하나, 얻게 되는 편익 또는 산출은 그대로 분석에 활용하는 것

③ 효과성: 목표달성 정도, 프로그램 참여자의 변화 정도를 평가

④ 공평성: 공평한 분배, 동일한 접근기회의 제공 여부에 대한 평가

⑤ 영향: 사회문제 해결에 미친 영향

⑥ 서비스의 질: 이용자의 욕구 충족과 프로그램의 전문성 강조

⑦ 과정: 미리 정해진 절차나 규정에 따라 서비스가 제공되고 있는지를 평가

01. 패널조사는 동일한 조사대상에게 조사시점마다 동일한 질문을 반복하여 조사하는 방법을 말한다.

02. 델파이기법은 우편이나 이메일을 통해 전문가를 대상으로 반복적인 익명의 설문을 진행하여 의견을 수집·교환함으로써 합의에 이르기까지 제시된 의견을 발전시켜 나가는 방법이다.

03. 사회지표조사는 정부기관이나 사회복지 관련 조직의 기존 자료를 분석하여 욕구를 알아내는 방법으로 이차자료에 해당한다.

04. 서베이조사는 전체를 대표할 수 있는 표본을 선정하여 설문지 또는 면접의 방식으로 수혜자(잠재적)에게 직접 욕구파악을 위한 자료를 수집하는 방법이다.

05. 초점집단조사는 어떤 문제와 관련된 소수의 사람을 대상으로 하여 집중적인 대화를 통해 정보를 찾아내는 면접조사 방법이다.

06. 노력성이란 클라이언트의 수, 투입된 시간 및 자원의 양 등 투입에 관한 내용에 관한 것이다.

07. 일반집단이란 대상집단이 속한 모집단을 말한다.

08. 위기집단은 일반집단 중 문제에 노출되었거나 문제를 겪은 경험이 있는 사람들이다.

09. 표적집단이란 문제해결의 대상이 되는, 반드시 서비스가 필요한 집단이다.

10. 클라이언트 집단이란 실제로 서비스를 받을 사람들이다.

11. 프로그램 평가 기준에는 효과성, 효율성, 노력성, 공평성, 영향, 서비스 질, 과정평가 등이 있다.

12. 사회복지 프로그램 평가의 유형에는 형성평가, 총괄평가, 통합평가, 메타평가 등이 있다.

13. 형성평가는 과정평가로서 프로그램 진행 과정 중에 실시하는 평가이다.

14. 총괄평가는 프로그램 종료 후에 진행되는 평가로서 효과성·효율성에 초점을 둔다.

15. 통합평가는 형성평가와 총괄평가의 방식을 혼합한 평가이다.

16. 메타평가는 평가에 대한 평가이다.

17. 프로그램 평가의 논리모델 또는 로직모델은 체계이론을 적용하여 '투입 – 전환 – 산출 – 성과 – 영향(또는 환류)' 간의 관계를 설명하는 도식을 활용한다.

3교시
사회복지정책과 제도

3 사회복지법제론

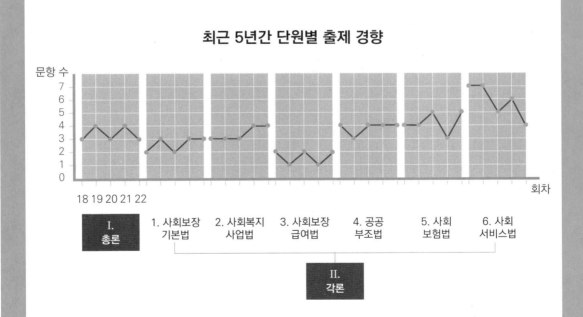

최근 5년간 단원별 출제 경향

```
                              ┌─────────────────────┐
              ┌───────────────┤                     ├───────────────────────────────┐
       ┌──────┴──────┐                        ┌──────┴──────┐
       │     I.      │                        │     II.     │
       │    총론      │                        │    각론      │
       └──────┬──────┘                        └──────┬──────┘
```

I. 총론

- 1. 사회복지법의 제정
- 2. 사회복지법 체계 및 법원
- 3. 한국 사회복지법의 역사

II. 각론

1. 사회보장기본법

1) 용어의 정의
2) 사회보장제도의 운영원칙
3) 사회보장 기본계획
4) 사회보장위원회
5) 사회보장수급권
6) 사회보장급여의 관리
7) 국가와 지방자치 단체의 책임

2. 사회복지사업법

1) 기본이념
2) 사회복지법인
3) 사회복지시설
4) 운영위원회
5) 사회복지사
6) 사회복지 서비스 제공의 원칙

3. 사회보장급여의 이용·제공 및 수급권자 발굴에 관한 법률

1) 정의
2) 사회보장급여
3) 사회복지전담공무원

사회복지법제론

4. 공공부조법

1) 국민기초생활 보장법
2) 의료급여법
3) 기초연금법
4) 긴급복지지원법

5. 사회보험법

1) 국민연금법
2) 국민건강보험법
3) 고용보험법
4) 산업재해보상보험법
5) 노인장기요양보험법

6. 사회서비스법

1) 노인복지법
2) 아동복지법
3) 장애인복지법
4) 한부모가족지원법
5) 사회복지공동모금회법
6) 성폭력방지 및 피해자보호 등에 관한 법률
7) 다문화가족지원법
8) 가정폭력방지 및 피해자보호 등에 관한 법률
9) 자원봉사활동 기본법
10) 건강가정기본법
11) 정신건강증진 및 정신질환자 복지서비스 지원에 관한 법률
12) 사회복지법상 연령 규정
13) 판례

헌법 제10조의 일부이다. (   )에 들어갈 내용으로 옳은 것은?

> 모든 국민은 인간으로서의 존엄과 가치를 가지며, (   )을 추구할 권리를 가진다.

① 자유권
② 생존권
③ 인간다운 생활
④ 행복
⑤ 인권

해설 헌법 제10조는 인권과 행복추구권에 관한 내용을 담고 있다. '모든 국민은 인간으로서의 존엄과 가치를 가지며, 행복을 추구할 권리를 가진다. **정답** ④

법률의 제정 연도가 가장 최근인 것은?

① 아동복지법
② 노인복지법
③ 장애인복지법
④ 한부모가족지원법
⑤ 다문화가족지원법

해설 아동복지법(1981), 노인복지법(1981), 장애인복지법(1989), 한부모가족지원법(2007), 다문화가족지원법(2008) **정답** ⑤

우리나라 사회복지법의 법원에 관한 설명으로 옳은 것은?

① 관습법은 사회복지법의 법원이 될 수 없다.
② 법률은 정부의 의결을 거쳐 제정·공포된 법을 말한다.

③ 지방자치단체의 조례는 성문법원이다.
④ 명령은 행정기관이 제정한 법규로 국회의 의결을 거쳐야 한다.
⑤ 일반적으로 승인된 국제법규는 사회복지법의 법원에 포함되지 않는다.

해설 ① 우리나라는 성문법주의를 채택하고 있으나 예외적으로 민법에서 관습법과 조리를 법원으로 하고 있다. ② 법률은 국회의 의결을 거쳐 제정된다. ④ 명령은 국회의 의결을 거치지 않는다. ⑤ 승인된 국제법규나 국제조약도 성문법에 해당하므로 우리나라 사회복지법의 법원에 포함된다. **정답** ③

법률의 제정 연도가 빠른 순서대로 옳게 나열된 것은?

> ㄱ. 국민기초생활보장법
> ㄴ. 산업재해보상보험법
> ㄷ. 사회복지사업법
> ㄹ. 고용보험법
> ㅁ. 노인복지법

① ㄱ - ㄴ - ㄷ - ㄹ - ㅁ
② ㄴ - ㄱ - ㅁ - ㄷ - ㄹ
③ ㄴ - ㄷ - ㅁ - ㄹ - ㄱ
④ ㄷ - ㄱ - ㄹ - ㅁ - ㄴ
⑤ ㄷ - ㅁ - ㄴ - ㄹ - ㄱ

해설 ㄱ. 국민기초생활 보장법(1999) ㄴ. 산업재해보상보험법(1963) ㄷ. 사회복지사업법(1970) ㄹ. 고용보험법(1993) ㅁ. 노인복지법(1981) **정답** ③

□ 21회 52번

헌법 제34조 규정의 일부이다. ㄱ~ㄷ에 들어갈 내용으로 옳은 것은?

> • 국가는 (ㄱ)·(ㄴ)의 증진에 노력할 의무를 진다.
> • 신체장애자 및 질병·노령 기타의 사유로 생활능력이 없는 국민은 (ㄷ)이 정하는 바에 의하여 국가의 보호를 받는다.

① ㄱ: 사회보장 ㄴ: 사회복지   ㄷ: 법률
② ㄱ: 사회보장 ㄴ: 공공부조   ㄷ: 법률
③ ㄱ: 사회복지 ㄴ: 공공부조   ㄷ: 헌법
④ ㄱ: 사회복지 ㄴ: 사회복지서비스 ㄷ: 헌법
⑤ ㄱ: 공공부조 ㄴ: 사회복지서비스 ㄷ: 법률

해설 헌법 제34조 제2항: 국가는 사회보장·사회복지의 증진에 노력할 의무를 진다. 제5항: 신체장애자 및 질병·노령 기타의 사유로 생활능력이 없는 국민은 법률이 정하는 바에 의하여 국가의 보호를 받는다. **정답** ①

□ 21회 53번

사회복지법의 역사적 변천에 관한 설명으로 옳은 것을 모두 고른 것은?

> ㄱ. 2014년 기초노령연금법이 제정되면서 기초연금법은 폐지되었다.
> ㄴ. 1999년 제정된 국민의료보험법은 국민건강보험법을 대체한 것이다.
> ㄷ. 1973년 제정된 국민복지연금법은 1986년 국민연금법으로 전부개정 되었다.

① ㄱ   ② ㄴ   ③ ㄷ
④ ㄱ, ㄴ   ⑤ ㄴ, ㄷ

해설 ㄱ. 2014년에 기초연금법이 제정되면서 기초노령연금법이 폐지되었다. ㄴ. 1999년 제정된 국민건강보험법은 국민의료보험법을 대체한 것이다. **정답** ③

□ 21회 57번

자치법규에 관한 설명으로 옳지 않은 것은?

① 지방의회는 규칙 제정권을 갖고 지방자치단체의 장은 조례 제정권을 갖는다.
② 시·군 및 자치구의 조례는 시·도의 조례를 위반해서는 아니 된다.
③ 사회복지시설의 설치·운영 및 관리는 주민의 복지증진과 관련된 지방자치단체의 사무이다.
④ 지방자치단체는 법령의 범위안에서 자치에 관한 규정을 제정할 수 있다.
⑤ 주민은 지방자치단체의 조례를 제정할 것을 청구할 수 있다.

해설 지방자치법 제28조(조례)와 제29조(규칙)에 의하여, 지방의회는 조례 제정권을 갖고 지방자치단체의 장은 규칙 제정권을 갖는다. **정답** ①

□ 20회 51번

헌법 규정의 사회적 기본권에 관한 설명으로 옳지 않은 것은?

① 국가는 근로자의 고용의 증진과 적정임금의 보장에 노력하여야 한다.
② 국가는 여자의 복지와 권익의 향상을 위하여 노력하여야 한다.
③ 국가는 모든 공무원인 근로자의 단결권·단체교섭권 및 단체행동권을 보장하여야 한다.
④ 국가는 평생교육을 진흥하여야 한다.
⑤ 국가는 모성의 보호를 위하여 노력하여야 한다.

해설 헌법이 규정하고 있는 사회적 기본권에는 사회권(생존권)으로서 '교육받을 권리(제31조), 근로권(제32조), 근로 3권(제33조), 인간다운 생활을 할 권리(제34조), 환경권(제35조), 혼인·모성보호·보건(제36조)' 등이 있다. ☑ 헌법 제33조 제2항: "공무원인 근로자는 법률이 정하는 자에 한하여 단결권과 단체교섭권 및 단체행동권을 가진다." 모든 공무원에게 근로 3권이 보장되는 것은 아니다. **정답** ③

우리나라 사회복지법의 법원에 해당하는 것을 모두 고른 것은?

> ㄱ. 대통령령
> ㄴ. 조례
> ㄷ. 일반적으로 승인된 국제법규
> ㄹ. 규칙

① ㄱ   ② ㄱ, ㄴ   ③ ㄱ, ㄴ, ㄹ
④ ㄴ, ㄷ, ㄹ   ⑤ ㄱ, ㄴ, ㄷ, ㄹ

해설 법원(法源)은 법의 존재 양식으로서 성문법과 불문법을 포함한다. 다만, 우리나라의 경우 성문법주의를 채택하고 있으므로 우리나라 사회복지법의 법원(法源)이라 함은 성문법에 속하는 헌법, 법률, 명령(시행령, 시행규칙), 자치법규(조례, 규칙), 일반적으로 승인된 국제조약과 국제법규가 이에 해당된다. **정답** ⑤

□ 20회 53번

법률의 제정연도가 가장 빠른 것은?

① 사회보장기본법   ② 국민건강보험법
③ 고용보험법   ④ 영유아보육법
⑤ 노인복지법

해설 법제론에서 연도를 묻는 문제는 시행연도가 아니라 제정연도를 묻는다. 따라서 법의 제정연도를 중심으로 암기한다. 노인복지법(1981), 영유아보육법(1991), 고용보험법(1993), 사회보장기본법(1995), 국민건강보험법(1999) **정답** ⑤

□ 19회 51번

법률과 그 제정연대의 연결이 옳은 것은?

① 산업재해보상보험법, 장애인복지법 – 1970년대
② 사회복지사업법, 국민기초생활 보장법 – 1980년대
③ 고용보험법, 사회복지공동모금회법 – 1990년대
④ 국민연금법, 노인복지법 – 2000년대
⑤ 아동복지법, 국민건강보험법 – 2010년대

해설 산업재해보상보험법(1963), 사회복지사업법(1970), 노인복지법(1981), 아동복지법(1981), 장애인복지법(1989), 국민연금법(1986), 국민기초생활 보장법(1999), 국민건강보험법(1999), 고용보험법(1993), 사회복지공동모금법은 1997년에 제정되어 1999년에 사회복지공동모금회법으로 전부 개정되었다. **정답** ③

□ 19회 52번

사회복지법의 성문법원에 해당하는 것끼리 묶은 것은?

① 관습법, 판례법   ② 헌법, 판례법
③ 헌법, 명령   ④ 관습법, 법률
⑤ 법률, 조리

해설 성문법에는 헌법, 법률, 명령(시행령, 시행규칙), 자치법규(조례, 규칙), 국제조약 및 국제법규 등이 해당한다. 우리나라는 성문법주의를 채택하고 있다. **정답** ③

□ 19회 53번

자치법규에 관한 설명으로 옳지 않은 것은?

① 조례는 지방의회에서 제정하는 자치법규이다.
② 지방자치단체는 법령의 범위와 무관하게 조례를 제정할 수 있다.
③ 규칙은 지방자치단체의 장이 법령이나 조례가 위임한 범위에서 그 권한에 속하는 사무에 관하여 제정할 수 있는 자치법규이다.
④ 시·군 및 자치구의 조례나 규칙은 시·도의 조례나 규칙을 위반하여서는 아니 된다.
⑤ 조례안이 지방의회에서 의결되면 의장은 의결된 날부터 5일 이내에 그 지방자치단체의 장에게 이를 이송하여야 한다.

해설 지방자치단체는 법률에 의하여 인정된 자치권의 범위 내에서 자기의 사무 또는 주민의 권리, 의무와 자치에 관한 규칙인 자치법규를 제정할 수 있다. 자치법규에는 조례와 규칙이 있으며, 지방의회의 의결로 조례를, 단체의 장이 법령 또는 조례가 위임한 범위 내에서 규칙을 제정할 수 있다. **정답** ②

□ 19회 54번

우리나라 법체계에 관한 설명으로 옳지 않은 것은?

① 법규범 위계에서 최상위 법규범은 헌법이다.
② 법률은 법규범의 위계에서 헌법 다음 단계의 규범이다.
③ 법률은 국회에서 제정하거나 행정부에서 제출하여 국회의 의결을 거쳐 제정된다.
④ 시행령은 국무총리나 행정각부의 장이 발(發)하는 명령이다.
⑤ 명령에는 시행령과 시행규칙이 있다.

해설 법의 적용과 해석은 상위법 우선·특별법 우선·신법 우선의 원칙에 따른다. ☑ 우리나라는 헌법을 가장 상위에 두고 법률, 명령(시행령, 시행규칙), 자치법규(조례, 규칙)의 순으로 법체계의 위계를 둔다. 시행령은 명령으로서 대통령이 발하는 명령(대통령령)이다. 정답 ④

□ 18회 51번

제정연도가 가장 빠른 것과 가장 늦은 것을 순서대로 짝지은 것은?

| ㄱ. 긴급복지지원법 | ㄴ. 고용보험법 |
| ㄷ. 노인복지법 | ㄹ. 기초연금법 |

① ㄴ, ㄱ   ② ㄴ, ㄹ   ③ ㄷ, ㄱ
④ ㄷ, ㄴ   ⑤ ㄷ, ㄹ

해설 노인복지법(1981), 고용보험법(1993), 긴급복지지원법(2005), 기초연금법(2014) 정답 ⑤

□ 18회 52번

헌법 제34조 규정의 일부이다. (   )에 들어갈 내용이 순서대로 옳은 것은?

> · 국가는 사회보장·(   )의 증진에 노력할 의무를 진다.
> · 신체장애자 및 질병·노령 기타의 사유로 생활 능력이 없는 국민은 (   )이 정하는 바에 의하여 국가의 보호를 받는다.

① 공공부조, 헌법   ② 공공부조, 법률
③ 사회복지, 헌법   ④ 사회복지, 법률
⑤ 자원봉사, 법률

해설 법제론에서 반드시 기억해야 하는 헌법 조항: 헌법 제34조 ① 모든 국민은 인간다운 생활을 할 권리를 가진다. ② 국가는 사회보장·사회복지의 증진에 노력할 의무를 진다. ③ 국가는 여자의 복지와 권익의 향상을 위하여 노력하여야 한다. ④ 국가는 노인과 청소년의 복지향상을 위한 정책을 실시할 의무를 진다. ⑤ 신체장애자 및 질병·노령 기타의 사유로 생활능력이 없는 국민은 법률이 정하는 바에 의하여 국가의 보호를 받는다. ⑥ 국가는 재해를 예방하고 그 위험으로부터 국민을 보호하기 위하여 노력하여야 한다. 정답 ④

□ 18회 53번

법령의 제정에 관한 헌법의 내용으로 옳은 것은?

① 국무총리는 총리령을 발할 수 없다.
② 지방자치단체의 장은 부령을 발할 수 있다.
③ 정부는 법률안을 제출할 수 없다.
④ 법률안은 국무회의의 심의를 거쳐야 한다.
⑤ 법률은 특별한 규정이 없는 한 공포한 날로부터 90일을 경과함으로써 효력을 발생한다.

해설 국무총리 또는 행정 각부의 장은 소관 사무에 관하여 법률이나 대통령령의 위임 또는 직권으로 총리령 또는 부령을 발할 수 있다. 법률안은 국회의원과 정부가 제출할 수 있다. 국무회의의 심의를 거쳐 대통령이 서명하고, 국무총리 및 관계 국무위원이 부서하여 국회에 제출하면 심의와 의결의 과정을 거치게 된다. 법률은 특별한 규정이 없는 한 공포한 날로부터 20일을 경과함으로써 효력을 발생한다. 정답 ④

1. 사회복지법의 제정

- 법률의 제정 및 개정의 권한인 '입법권'은 "국회"에 있다.
- 법률안의 심의·의결은 국회의 고유권한이다.
- 법률안 제출은 정부도 할 수 있으며, 국무회의의 심의를 거쳐 대통령이 서명하고 국무총리 및 관계 국무위원이 부서하여 국회에 제출한다.
- 국회에서 의결된 법률은 정부에 이송되어 15일 이내에 대통령이 공포한다.
- 법률안에 이의가 있을 시 대통령은 거부권을 행사하고 재의를 요구할 수 있다.
- 법률은 특별한 규정이 없는 한 공포한 날로부터 20일을 경과함으로써 효력을 발생한다.

2. 사회복지법 체계 및 법원(法源)

(1) 법령의 적용과 해석

- 상위법 우선의 원칙: 하위법이 상위법에 저촉되는 경우 상위법을 우선 적용한다.
- 특별법 우선의 원칙: 특별법이 일반법에 우선한다.
- 신법 우선의 원칙: 시간적으로 나중에 제정된 것이 우선한다.

(2) 법규범의 위계

- 헌법 – 법률 – 명령(시행령, 시행규칙) – 자치법규(조례, 규칙)

(3) 법원(法源)

- 성문법: 헌법, 법률, 명령, 자치법규, 국제조약, 국제법규
- 불문법: 관습법, 판례법, 조리
- 우리나라는 성문법주의를 채택하고 있으므로 헌법, 법률, 명령, 자치법규, 국제조약 및 국제법규가 성문법에 의한 사회복지법의 법원이 되며, 불문법에서는 관습법과 조리를 예외적으로 인정하고 있다.
- 헌법: 최상위의 법
- 법률: 국회의 심의·의결에 의해 제정
- 명령: 대통령 이하의 행정기관이 제정한 법규
- 자치법규: 조례(법령의 범위 안에서 지방의회가 제정)
              규칙(법령 또는 조례가 위임한 범위 내에서 지방자치단체의 장이 정립)

(4) 헌법 제34조

① 모든 국민은 인간다운 생활을 할 권리를 가진다.
② 국가는 사회보장·사회복지의 증진에 노력할 의무를 진다.

③ 국가는 여자의 복지와 권익의 향상을 위하여 노력하여야 한다.

④ 국가는 노인과 청소년의 복지향상을 위한 정책을 실시할 의무를 진다.

⑤ 신체장애자 및 질병·노령 기타의 사유로 생활능력이 없는 국민은 법률이 정하는 바에 의하여 국가의 보호를 받는다.

⑥ 국가는 재해를 예방하고 그 위험으로부터 국민을 보호하기 위하여 노력하여야 한다.

3. 한국 사회복지법의 역사

1960년대	공무원연금법 시행(1960), 갱생보호법(1961), 재해구호법(1962), 군인연금법(1963), 산업재해보상보험법(1963. 4대 보험 중 가장 먼저 제정된 법)
1970년대	사회복지사업법(1970), 공무원 및 사립학교교직원 의료보험법(1977)
1980년대	노인복지법(1981), 아동복지법(1981), 모자복지법(1989), 장애인복지법(1989)
1990년대	고용보험법(1993), 사회보장기본법(1995), 사회복지공동모금법(1997), 청소년보호법(1997), 가정폭력방지 및 피해자보호 등에 관한 법률(1997), 국민기초생활보장법(1999), 국민건강보험법(1999)
2000년대	의료급여법(2001), 긴급복지지원법(2005), 자원봉사활동 기본법(2005), 노인장기요양보험법(2007), 한부모가정지원법(2007), 다문화가족지원법(2008)
2010년대 이후	장애인연금법(2010), 기초연금법(2014), 사회보장급여의 이용·제공 및 수급권자 발굴에 관한 법률(2014)

☑ 과락科落 말고 과락科樂 기출 선지

1. 법률은 국회와 정부가 제출하여 국회의 의결로 제정된다.

2. 국회에서 의결된 법률안은 정부에 이송되어 15일 이내에 대통령이 공포하고, 특별한 규정이 없는 한 공포 후 20일을 경과함으로써 효력을 발생한다.

3. 대통령은 이송된 법률안에 이의가 있을 시 거부권을 행사하고 재의를 요구할 수 있다. 기간 내에 대통령이 거부권을 행사하거나 재의를 요구하지 않을 시 그 법률은 법률로서 효력을 가진다.

4. 성문법원은 헌법, 법률, 명령(시행령, 시행규칙), 자치법규(조례, 규칙), 국제법규 및 국제조약이 있다.

5. 지방자치단체는 법령의 범위 내에서 그 사무에 관하여 조례를 제정할 수 있다.

6. 규칙은 법령 또는 조례의 범위 내에서 그 권한에 속하는 사무에 관하여 정립한다.

1. 사회보장기본법

□ 22회 58번

사회보장기본법상 사회보장에 관한 국민의 권리에 대한 설명으로 옳지 않은 것을 모두 고른 것은?

> ㄱ. 지방자치단체는 최저보장수준과 최저임금을 매년 공표하여야 한다.
> ㄴ. 사회보장수급권은 구두로 통지하여 포기할 수 있다.
> ㄷ. 사회보장수급권이 제한되는 경우에는 제한하는 목적에 필요한 최소한의 범위에 그쳐야 한다.
> ㄹ. 사회보장수급권을 포기하는 것이 다른 사람에게 피해를 주게 되는 경우 사회보장수급권을 포기할 수 없다.

① ㄱ, ㄴ   ② ㄴ, ㄹ
③ ㄱ, ㄷ, ㄹ   ④ ㄴ, ㄷ, ㄹ
⑤ ㄱ, ㄴ, ㄷ, ㄹ

해설 ㄱ. 국가는 최저보장수준과 최저임금을 매년 공표하여야 한다. ㄴ. 사회보장수급권은 서면으로 통지하여 포기할 수 있다. **정답** ①

□ 22회 59번

사회보장기본법상 사회보장제도의 운영에 관한 설명으로 옳은 것은?

① 사회보험은 국가와 지방자치단체의 책임으로 시행한다.
② 국가는 사회보장 관계 법령에서 정하는 바에 따라 사회보장에 관한 상담에 응하여야 한다.
③ 일정 소득 수준 이하의 국민에 대한 사회서비스에 드는 비용은 수익자 부담을 원칙으로 한다.
④ 통계청장은 제출된 사회보장통계를 종합하여 사회보장위원회에 제출하여야 한다.
⑤ 지방자치단체의 장은 사회보장제도를 신설할 경우 보건복지부장관과 합의하여야 한다.

해설 ① 사회보험은 국가의 책임으로 시행한다. ③ 일정 소득 수준 이하의 국민에 대한 사회서비스에 드는 비용은 국가와 지방자치단체가 부담한다. ④ 보건복지부장관은 제출된 사회보장통계를 종합하여 사회보장위원회에 제출하여야 한다. ⑤ 지방자치단체의 장은 사회보장제도를 신설할 경우 보건복지부장관과 협의하여야 한다. **정답** ②

□ 22회 60번

사회보장기본법의 내용으로 옳지 않은 것은?

① 사회보장위원회의 위원 임기는 3년으로 한다.
② 국가와 지방자치단체는 평생사회안전망을 구축하여야 한다.
③ 사회보장 기본계획에는 사회보장 관련 기금 운용방안이 포함되어야 한다.
④ 사회보장제도를 운영하는 자는 불법행위의 책임이 있는 자에 대하여 구상권을 행사할 수 있다.
⑤ 사회보장에 관한 다른 법률을 개정하는 경우에는 이 법에 부합되도록 하여야 한다.

해설 사회보장위원회의 위원 임기는 2년으로 한다. 다만, 공무원인 위원의 임기는 그 재임 기간으로 한다. **정답** ①

□ 21회 54번

사회보장기본법상 국가와 지방자치단체의 사회보장 운영원칙에 관한 설명으로 옳지 않은 것은?

① 사회보험은 지방자치단체의 책임으로 시행하는 것을 원칙으로 한다.
② 공공부조와 사회서비스는 국가와 지방자치단체의 책임으로 시행하는 것을 원칙으로 한다.

③ 사회보장제도의 급여수준과 비용부담 등에서 형평성을 유지하여야 한다.

④ 사회보장제도를 필요로 하는 모든 국민에게 적용하여야 한다.

⑤ 국민의 다양한 복지욕구를 효율적으로 충족시키기 위하여 연계성과 전문성을 높여야 한다.

해설 사회보험은 국가의 책임으로 한다. **정답** ①

□ 21회 55번

사회보장기본법상 사회보장수급권에 관한 설명으로 옳지 않은 것은?

① 사회보장급여를 받으려는 사람은 국가나 지방자치단체에 신청하는 것을 원칙으로 하고 있다.

② 사회보장수급권은 다른 사람에게 양도하거나 담보로 제공할 수 없다.

③ 사회보장수급권은 원칙적으로 제한되거나 정지될 수 없다.

④ 사회보장수급권은 구두로 통지하여 포기할 수 있다.

⑤ 사회보장수급권의 포기는 취소할 수 있다.

해설 사회보장수급권은 정당한 권한이 있는 기관에 서면으로 통지하여 포기할 수 있다(제14조 제1항). **정답** ④

□ 21회 56번

사회보장기본법상 사회보장위원회에 관한 설명으로 옳은 것은?

① 대통령 소속의 위원회이다.

② 위원장 1명, 부위원장 2명과 행정안전부장관, 고용노동부장관을 포함한 40명 이내의 위원으로 구성한다.

③ 위원의 임기는 3년으로 하되, 공무원인 위원의 임기는 그 재임기간으로 한다.

④ 고용노동부에 사무국을 둔다.

⑤ 관계 중앙행정기관의 장은 위원회의 심의·조정 사항을 반영하여 사회보장제도를 운영 또는 개선하여야 한다.

해설 사회보장기본법상 사회보장위원회(제20조), 위원회의 구성 등(제21조) ① 사회보장에 관한 주요 시책을 심의·조정하기 위하여 국무총리 소속으로 사회보장위원회를 둔다. ② 위원회는 위원장 1명, 부위원장 3명과 행정안전부장관, 고용노동부장관, 여성가족부장관, 국토교통부장관을 포함한 30명 이내의 위원으로 구성한다. ③ 위원의 임기는 2년으로 하되, 공무원인 위원의 임기는 그 재임기간으로 한다. ④ 위원회의 사무를 효율적으로 처리하기 위하여 보건복지부에 사무국을 둔다. **정답** ⑤

□ 20회 54번

사회보장기본법상 사회보장제도의 운영원칙에 관한 사항이다. (   )에 들어갈 내용으로 옳은 것은?

사회보험은 (ㄱ)의 책임으로 시행하고, 공공부조와 사회서비스는 (ㄴ)의 책임으로 시행하는 것을 원칙으로 한다.

① ㄱ: 국가   ㄴ: 국가

② ㄱ: 지방자치단체   ㄴ: 지방자치단체

③ ㄱ: 국가와 지방자치단체   ㄴ: 국가

④ ㄱ: 국가   ㄴ: 국가와 지방자치단체

⑤ ㄱ: 국가와 지방자치단체   ㄴ: 국가와 지방자치단체

해설 사회보장기본법상 사회보장제도의 운영원칙(제25조 제5항) ☑ 사회보험은 국가의 책임으로 하고, 공공부조와 사회서비스는 국가와 지방자치단체의 책임으로 시행하는 것을 원칙으로 한다. 다만, 국가와 지방자치단체의 재정 형편 등을 고려하여 이를 협의·조정할 수 있다. **정답** ④

□ 20회 55번

사회보장기본법상 국가와 지방자치단체에 관한 설명으로 옳지 않은 것은?

① 국가와 지방자치단체는 모든 국민의 인간다운 생활을 유지·증진하는 책임을 가진다.

② 국가와 지방자치단체는 사회보장에 관한 책임과 역할을 합리적으로 분담하여야 한다.

③ 국가와 지방자치단체는 사회보장제도의 안정적인 운영을 위하여 중장기 사회보장 재정 추계를 매년 실시하고 이를 공표하여야 한다.

④ 국가와 지방자치단체는 지속가능한 사회보장제도를 확립하고 매년 이에 필요한 재원을 조달하여야 한다.

⑤ 국가와 지방자치단체는 가정이 건전하게 유지되고 그 기능이 향상되도록 노력하여야 한다.

해설 국가는 사회보장제도의 안정적인 운영을 위하여 중장기 사회보장 재정추계를 격년으로 실시하고 이를 공표하여야 한다(제5조 제4항). **정답** ③

□ 20회 56번

사회보장기본법상 사회보장위원회 위원으로 포함되어야 하는 중앙행정기관의 장을 모두 고른 것은?

| ㄱ. 행정안전부장관 | ㄴ. 고용노동부장관 |
| ㄷ. 기획재정부장관 | ㄹ. 국토교통부장관 |

① ㄱ, ㄴ, ㄷ   ② ㄱ, ㄴ, ㄹ   ③ ㄱ, ㄷ, ㄹ
④ ㄴ, ㄷ, ㄹ   ⑤ ㄱ, ㄴ, ㄷ, ㄹ

해설 제21조(위원회의 구성 등) ① 위원회는 위원장 1명, 부위원장 3명과 행정안전부장관, 고용노동부장관, 여성가족부장관, 국토교통부장관을 포함한 30명 이내의 위원으로 구성한다. ② 위원장은 국무총리가 되고 부위원장은 기획재정부장관, 교육부장관 및 보건복지부장관이 된다. **정답** ⑤

□ 19회 55번

사회보장기본법상 사회보장수급권에 관한 내용으로 옳은 것을 모두 고른 것은?

ㄱ. 모든 국민은 사회보장 관계 법령에서 정하는 바에 따라 사회보장급여를 받을 권리인 사회보장수급권을 가진다.

ㄴ. 사회보장수급권은 정당한 권한이 있는 기관에게 구두로 통지하여 포기할 수 있다.

ㄷ. 사회보장수급권은 수급자 임의로 다른 사람에게 양도할 수 있다.

ㄹ. 사회보장수급권의 포기는 취소할 수 없다.

① ㄱ   ② ㄱ, ㄹ   ③ ㄷ, ㄹ
④ ㄱ, ㄴ, ㄹ   ⑤ ㄱ, ㄷ, ㄹ

해설 모든 국민은 사회보장 관계 법령에서 정하는 바에 따라 사회보장급여를 받을 권리를 가진다(제9조). 사회보장수급권은 관계 법령에서 정하는 바에 따라 다른 사람에게 양도하거나 담보로 제공할 수 없으며, 이를 압류할 수 없다(제12조). 사회보장수급권은 정당한 권한이 있는 기관에 서면으로 통지하여 포기할 수 있다. 사회보장수급권의 포기는 취소할 수 있다(제14조 제1항·제2항). **정답** ①

□ 19회 56번

각 법률의 권리구제절차 내용으로 옳은 것은?

① 국민연금법에 따르면 심사청구와 재심사청구의 순으로 진행된다.

② 국민건강보험법에 명시되어 있는 권리구제절차는 심사청구이다.

③ 고용보험법에 명시되어 있는 권리구제절차는 이의신청이다.

④ 한부모가족지원법에 따르면 이의신청과 심판청구의 순으로 진행된다.

⑤ 기초연금법에 명시되어 있는 권리구제절차는 이의신청과 재심사청구이다.

해설 국민건강보험법, 의료급여법 – 이의신청, 심판청구 / 고용보험법, 노인장기요양보험법, 산업재해보상보험법, 국민연금 – 심사청구, 재심사청구 / 한부모가족지원법 – 심사청구 / 국민기초생활보장법, 기초연금법 – 이의신청 (1차, 2차) **정답** ①

사회보장기본법상 용어의 정의에 관한 내용으로 옳은 것을 모두 고른 것은?

> ㄱ. "사회보험"이란 국민에게 발생하는 사회적 위험을 보험의 방식으로 대처함으로써 국민의 건강과 소득을 보장하는 제도를 말한다.
> ㄴ. "공공부조"(公共扶助)란 국가와 지방자치단체의 책임 하에 생활 유지 능력이 없거나 생활이 어려운 국민의 최저생활을 보장하고 자립을 지원하는 제도를 말한다.
> ㄷ. "평생사회안전망"이란 생애주기에 걸쳐 보편적으로 충족되어야 하는 기본욕구와 특정한 사회위험에 의하여 발생하는 특수욕구를 동시에 고려하여 소득·서비스를 보장하는 맞춤형 사회보장제도를 말한다.

① ㄱ
② ㄱ, ㄴ
③ ㄱ, ㄷ
④ ㄴ, ㄷ
⑤ ㄱ, ㄴ, ㄷ

해설 제3조(정의)에서는 제시된 지문 외에 '사회보장', '사회서비스'에 관하여도 명시하고 있다. 1. '사회보장'이란 출산, 양육, 실업, 노령, 장애, 질병, 빈곤 및 사망 등의 사회적 위험으로부터 모든 국민을 보호하고 국민 삶의 질을 향상시키는 데 필요한 소득·서비스를 보장하는 사회보험, 공공부조, 사회서비스를 말한다. 4. '사회서비스'란 국가·지방자치단체 및 민간부문의 도움이 필요한 모든 국민에게 복지, 보건의료, 교육, 고용, 주거, 문화, 환경 등의 분야에서 인간다운 생활을 보장하고 상담, 재활, 돌봄, 정보의 제공, 관련 시설의 이용, 역량 개발, 사회참여 지원 등을 통하여 국민의 삶의 질이 향상되도록 지원하는 제도를 말한다. **정답** ⑤

사회보장기본법상 사회보장제도의 신설 또는 변경에 따른 협의 및 조정에 관한 내용으로 옳지 않은 것은?

① 국가와 지방자치단체는 기존 제도와의 관계, 사회보장 전달체계와 재정 등에 미치는 영향 등을 사전에 충분히 검토하여야 한다.
② 지방자치단체의 장은 국무조정실장과 협의하여야 한다.
③ 중앙행정기관의 장은 보건복지부장관과 협의하여야 한다.
④ 국가와 지방자치단체는 사회보장급여가 중복 또는 누락되지 아니하도록 하여야 한다.
⑤ 중앙행정기관의 장은 협의에 관련된 자료의 수집·조사 및 분석에 관한 업무를 사회보장정보원에 위탁할 수 있다.

해설 중앙행정기관의 장과 지방자치단체의 장은 사회보장제도를 신설하거나 변경할 경우 신설 또는 변경의 타당성, 기존 제도와의 관계, 사회보장 전달체계에 미치는 영향, 지역복지 활성화에 미치는 영향 및 운영방안 등에 대하여 대통령령으로 정하는 바에 따라 보건복지부장관과 협의하여야 한다(제26조 제2항). **정답** ②

사회보장기본법의 내용으로 옳지 않은 것은?

① 사회보장위원회의 위원장은 보건복지부장관이 된다.
② 사회보장위원회는 30명 이내의 위원으로 구성한다.
③ 사회보장 기본계획은 5년마다 수립하여야 한다.
④ 보건복지부장관은 사회보장정보시스템의 구축·운영을 총괄한다.
⑤ 모든 국민은 사회보장 관계 법령에서 정하는 바에 따라 사회보장급여를 받을 권리를 가진다.

해설 ② 위원장은 국무총리가 되고 부위원장은 기획재정부장관, 교육부장관 및 보건복지부장관이 된다(제21조 제2항). **정답** ①

1. 사회보장기본법(1995년 제정)

- 사회보장기본법은 제2조에서, 사회보장은 모든 국민이 다양한 사회적 위험으로부터 벗어나 행복하고 인간다운 생활을 향유할 수 있도록 자립을 지원하며, 사회통합과 행복한 복지사회를 실현하는 것을 기본 이념으로 한다고 명시하고 있다. 또한 제9조를 통하여, 모든 국민은 사회보장 관계 법령에서 정하는 바에 따라 사회보장급여를 받을 권리("사회보장수급권")를 가진다고 명시하였다.

1) 용어의 정의(제3조)

- "사회보장": 출산, 양육, 실업, 노령, 장애, 질병, 빈곤 및 사망 등의 사회적 위험으로부터 모든 국민을 보호하고 국민 삶의 질을 향상시키는 데 필요한 소득·서비스를 보장하는 사회보험, 공공부조, 사회서비스
- "사회보험": 국민에게 발생하는 사회적 위험을 보험의 방식으로 대처함으로써 국민의 건강과 소득을 보장하는 제도
- "공공부조": 국가와 지방자치단체의 책임 하에 생활 유지 능력이 없거나 생활이 어려운 국민의 최저생활을 보장하고 자립을 지원하는 제도
- "사회서비스": 국가·지방자치단체 및 민간부문의 도움이 필요한 모든 국민에게 복지, 보건의료, 교육, 고용, 주거, 문화, 환경 등의 분야에서 인간다운 생활을 보장하고 상담, 재활, 돌봄, 정보의 제공, 관련 시설의 이용, 역량 개발, 사회참여 지원 등을 통하여 국민의 삶의 질이 향상되도록 지원하는 제도
- "평생사회안전망": 생애주기에 걸쳐 보편적으로 충족되어야 하는 기본욕구와 특정한 사회위험에 의하여 발생하는 특수욕구를 동시에 고려하여 소득·서비스를 보장하는 맞춤형 사회보장제도
- "사회보장 행정데이터": 국가, 지방자치단체, 공공기관 및 법인이 법령에 따라 생성 또는 취득하여 관리하고 있는 자료 또는 정보로서 사회보장 정책 수행에 필요한 자료 또는 정보

2) 사회보장제도의 운영원칙(제25조)

- 보편성: 이 제도를 필요로 하는 모든 국민에게 적용하여야 한다.
- 형평성: 사회보장제도의 급여 수준과 비용 부담 등에서 형평성을 유지하여야 한다.
- 민주성: 정책 결정 및 시행 과정에 공익의 대표자 및 이해관계인 등을 참여시켜 이를 민주적으로 결정하고 시행하여야 한다.
- 연계성과 전문성: 국민의 다양한 복지 욕구를 효율적으로 충족시키기 위하여 연계성과 전문성을 높여야 한다.
- 사회보험은 국가의 책임으로 시행하고, 공공부조와 사회서비스는 국가와 지방자치단체의 책임으로 시행하는 것을 원칙으로 한다. 다만, 국가와 지방자치단체의 재정

형편 등을 고려하여 이를 협의·조정할 수 있다.

3) 사회보장 기본계획(제16조)

- 보건복지부장관은 관계 중앙행정기관의 장과 협의하여 사회보장 증진을 위하여 사회보장에 관한 기본계획을 5년마다 수립하여야 한다.
- 기본계획에는 국내외 사회보장환경의 변화와 전망, 사회보장의 기본목표 및 중장기 추진방향, 주요 추진과제 및 추진방법, 필요한 재원의 규모와 조달방안, 사회보장 관련 기금 운용방안, 사회보장 전달체계, 그 밖에 사회보장정책의 추진에 필요한 사항이 포함되어야 한다.

4) 사회보장위원회(제20조~제21조)

- 사회보장에 관한 주요 시책을 심의·조정하기 위하여 국무총리 소속으로 사회보장위원회를 둔다.
- 위원회는 다음 각 호의 사항을 심의·조정한다.
  1. 사회보장 증진을 위한 기본계획
  2. 사회보장 관련 주요 계획
  3. 사회보장제도의 평가 및 개선
  4. 사회보장제도의 신설 또는 변경에 따른 우선순위
  5. 둘 이상의 중앙행정기관이 관련된 주요 사회보장정책
  6. 사회보장급여 및 비용 부담
  7. 국가와 지방자치단체의 역할 및 비용 분담
  8. 사회보장의 재정추계 및 재원조달 방안
  9. 사회보장 전달체계 운영 및 개선
  10. 제32조 제1항에 따른 사회보장통계
  11. 사회보장정보의 보호 및 관리
  12. 제26조 제4항에 따른 조정
  13. 그 밖에 위원장이 심의에 부치는 사항
- 위원회는 위원장 1명, 부위원장 3명과 행정안전부장관, 고용노동부장관, 여성가족부장관, 국토교통부장관을 포함한 30명 이내의 위원으로 구성한다.
- 위원장은 국무총리가 되고 부위원장은 기획재정부장관, 교육부장관 및 보건복지부장관이 된다.
- 위원의 임기는 2년으로 한다. 다만, 공무원인 위원의 임기는 그 재임 기간으로 한다.
- 보궐위원의 임기는 전임자 임기의 남은 기간으로 한다.

5) 사회보장수급권(제9조~제14조)

- 모든 국민은 사회보장 관계 법령에서 정하는 바에 따라 사회보장급여를 받을 권리("사회보장수급권")를 가진다.
- 국가와 지방자치단체는 모든 국민이 건강하고 문화적인 생활을 유지할 수 있도록 사

회보장급여의 수준 향상을 위하여 노력하여야 한다. 국가는 관계 법령에서 정하는 바에 따라 최저보장수준과 최저임금을 매년 공표하여야 하고, 국가와 지방자치단체는 이를 고려하여 사회보장급여의 수준을 결정하여야 한다.

- 사회보장급여를 받으려는 사람은 관계 법령에서 정하는 바에 따라 국가나 지방자치단체에 신청하여야 한다. 다만, 법령에서 따로 정하는 경우 국가나 지방자치단체가 신청을 대신할 수 있다.
- 사회보장수급권은 다른 사람에게 양도하거나 담보로 제공할 수 없으며, 이를 압류할 수 없다.
- 사회보장수급권은 제한되거나 정지될 수 없다. 다만, 법령에서 따로 정하고 있는 경우에는 그러하지 아니하다. 사회보장수급권이 제한되거나 정지되는 경우에는 제한 또는 정지하는 목적에 필요한 최소한의 범위에 그쳐야 한다.
- 사회보장수급권은 정당한 권한이 있는 기관에 서면으로 통지하여 포기할 수 있다. 사회보장수급권의 포기는 취소할 수 있다. 다만, 사회보장수급권을 포기하는 것이 다른 사람에게 피해를 주거나 사회보장에 관한 관계 법령에 위반되는 경우에는 포기할 수 없다.

6) 사회보장급여의 관리(제30조)

- 국가와 지방자치단체는 국민의 사회보장수급권의 보장 및 재정의 효율적 운용을 위하여 사회보장수급권자 권리구제, 사회보장급여의 사각지대 발굴, 사회보장급여의 부정·오류 관리, 사회보장급여의 과오지급액의 환수 등 관리에 관한 사회보장급여의 관리체계를 구축·운영하여야 한다.

7) 국가와 지방자치단체의 책임(제5조)

- 국가와 지방자치단체는 모든 국민의 인간다운 생활을 유지·증진하는 책임을 가진다.
- 국가와 지방자치단체는 사회보장에 관한 책임과 역할을 합리적으로 분담하여야 한다.
- 국가와 지방자치단체는 국가 발전수준에 부응하고 사회환경의 변화에 선제적으로 대응하며 지속가능한 사회보장제도를 확립하고 매년 이에 필요한 재원을 조달하여야 한다.
- 국가는 사회보장제도의 안정적인 운영을 위하여 중장기 사회보장 재정추계를 격년으로 실시하고 이를 공표하여야 한다.

01. 사회보장수급권은 관계 법령에서 정하는 바에 따라 다른 사람에게 양도하거나 담보로 제공할 수 없으며, 이를 압류할 수 없다.

02. 사회보장수급권은 신청에 의하여 행사할 수 있다.

03. 사회보장수급권은 서면을 통하여 포기할 수 있으며, 포기를 취소할 수 있다. 다만, 사회보장수급권을 포기하는 것이 다른 사람에게 피해를 주거나 법령에 위반되는 경우에는 포기할 수 없다.

04. 국내에 거주하는 외국인에게 사회보장제도를 적용할 때는 상호주의 원칙에 따른다.

05. 모든 국민은 사회보장 관계 법령에서 정하는 바에 따라 사회보장을 받을 권리를 가진다.

06. 국가는 관계 법령에서 정하는 바에 따라 최저보장수준과 최저임금을 매년 공표하여야 한다.

07. 사회보장에 관한 주요 시책을 심의·조정하기 위하여 국무총리 소속으로 사회보장위원회를 둔다.

08. 사회보장위원회는 위원장 1명(국무총리), 부위원장 3명(기획재정부장관, 교육부장관, 보건복지부장관), 행정안전부장관, 고용노동부장관, 여성가족부장관, 국토교통부장관을 포함한 30명 이내의 위원으로 구성한다.

09. 사회보장위원의 임기는 2년이다. 다만, 공무원의 임기는 재임기간으로 한다.

10. 보건복지부장관은 관계 중앙행정기관의 장과 협의하여 사회보장에 관한 기본계획을 5년마다 수립하여야 한다.

11. 국가는 사회보장제도의 안정적인 운영을 위하여 중장기 사회보장 재정추계를 격년으로 실시하고 이를 공표하여야 한다.

12. 사회보험은 국가의 책임으로 시행하고, 공공부조와 사회서비스는 국가와 지방자치단체의 책임으로 시행하는 것을 원칙으로 한다.

13. 사회보장은 사회적 위험으로부터 모든 국민을 보호하고 국민 삶의 질을 향상시키는 데 필요한 소득·서비스를 보장하는 사회보험, 공공부조, 사회서비스를 말한다.

14. 공공부조는 생활 유지 능력이 없거나 생활이 어려운 국민의 최저생활을 보장하고 자립을 지원하는 제도이다.

2. 사회복지사업법

□ 22회 54번

사회복지사업법상 사회복지사업 관련 법률을 모두 고른 것은?

> ㄱ. 아동복지법
> ㄴ. 장애인복지법
> ㄷ. 국민기초생활 보장법
> ㄹ. 기초연금법

① ㄱ, ㄴ ② ㄷ, ㄹ
③ ㄱ, ㄴ, ㄷ ④ ㄱ, ㄴ, ㄹ
⑤ ㄱ, ㄴ, ㄷ, ㄹ

해설 사회보험 관련 법률을 제외한 공공부조, 사회복지서비스 관련 법률이 모두 해당한다. **정답** ⑤

□ 22회 55번

사회복지사업법상 사회복지법인(이하 '법인'으로 한다)에 관한 설명으로 옳지 않은 것은?

① 정관에는 회의에 관한 사항이 포함되어야 한다.
② 법인은 사회복지사업의 운영에 필요한 재산을 소유하여야 한다.
③ 감사 중에 결원이 생겼을 때 3개월 이내에 보충하여야 한다.
④ 법인은 임원을 임면하는 경우에 지체 없이 시·도지사에게 보고하여야 한다.
⑤ 법인이 목적사업 외의 사업을 하였을 때 설립허가가 취소될 수 있다.

해설 사회복지법인은 감사 중에 결원이 생겼을 때 2개월 이내에 보충하여야 한다. **정답** ③

□ 22회 56번

사회복지사업법상 사회복지시설(이하 '시설'이라 한다)에 관한 설명으로 옳지 않은 것은?

① 사회복지관은 직업 및 취업 알선이 필요한 지역주민에게 사회복지서비스를 우선 제공하여야 한다.
② 지방자치단체는 시설의 책임보험 가입에 드는 비용의 전부를 보조할 수 없다.
③ 국가는 시설을 운영할 수 있다.
④ 시설 종사자의 근무환경 개선에 관한 사항은 운영위원회에서 심의한다.
⑤ 회계부정이 발견되었을 때 보건복지부장관은 시설의 폐쇄를 명할 수 있다.

해설 지방자치단체는 시설의 책임보험 가입에 드는 비용의 전부 또는 일부를 보조할 수 있다. **정답** ②

□ 22회 57번

사회복지사업법의 내용으로 옳은 것은?

① 사회복지서비스는 현금과 현물로 제공하는 것을 원칙으로 한다.
② 국가는 사회복지 자원봉사활동을 지원·육성하기 위하여 자원봉사활동의 홍보 및 교육을 실시하여야 한다.
③ 사회복지에 관한 조사·연구 및 정책 건의를 위하여 한국사회복지사협회를 둔다.
④ 사회복지사 자격증을 다른 사람에게 빌려주거나 빌린 사람은 10년 이하의 징역 또는 1억원 이하의 벌금에 처한다.
⑤ 시·도지사는 사회복지에 관한 전문지식과 기술을 가진 사람에게 사회복지사 자격증을 발급할 수 있다.

해설 ① 사회복지서비스는 현물로 제공함을 원칙으로 하되 시·군·구청장에 의해 바우처를 제공할 수 있다. ③ 사회복지에 관한 조사·연구 및 정책 건의를 위하여 한국사회복지협의회를 둔다. ④ 사회복지사 자격증을 다른 사람에게 빌려주면 그 자격을 취소한다. ⑤ 사회복지사 자격증은 보건복지부장관이 발급한다. **정답** ②

사회복지사업법상 사회복지서비스 제공의 원칙에 관한 설명으로 옳지 않은 것은?

① 사회복지서비스는 현물로 제공하는 것이 원칙이다.
② 지방자치단체는 사회복지서비스의 품질향상을 위하여 필요한 시책을 마련하여야 한다.
③ 지방자치단체는 사회복지시설의 서비스 환경 등을 평가할 수 있다.
④ 시장·군수·구청장은 보호대상자에게 사회복지서비스 이용권을 지급할 수 있다.
⑤ 보건복지부장관은 사회복지서비스 품질 평가를 위한 전문기관을 직접 설치·운영해야 하며, 관계기관 등에 위탁하여서는 아니 된다.

해설 ⑤ 보건복지부장관은 사회복지서비스 품질 평가를 위한 전문기관을 직접 설치·운영해야 하며, 관계 기관 등에 위탁할 수 있다. 정답 ⑤

사회복지사업법상 사회복지사에 관한 설명으로 옳지 않은 것은?

① 사회복지사의 등급은 1급·2급으로 한다.
② 보건복지부장관은 정신건강사회복지사·의료사회복지사·학교사회복지사의 자격을 부여할 수 있다.
③ 보건복지부장관은 사회복지사가 거짓이나 그 밖의 부정한 방법으로 자격을 취득한 경우 그 자격을 1년의 범위에서 정지할 수 있다.
④ 사회복지법인에 종사하는 사회복지사는 정기적으로 보수교육을 받아야 한다.
⑤ 자신의 사회복지사 자격증은 타인에게 빌려주어서는 아니 된다.

해설 보건복지부장관은 사회복지사가 거짓이나 그 밖의 부정한 방법으로 자격을 취득한 경우 그 자격을 취소하여야 한다. 정답 ③

사회복지사업법상 사회복지시설에 관한 설명으로 옳은 것은?

① 사회복지시설 운영위원회는 심의·의결기구이다.
② 사회복지시설은 손해배상책임의 면책사업자이다.
③ 사회복지시설의 장은 비상근으로 근무할 수 있다.
④ 사회복지시설은 둘 이상의 사회복지사업을 통합하여 수행할 수 있다.
⑤ 지방자치단체는 사회복지시설을 설치·운영하여서는 아니 된다.

해설 ① 시설의 장은 시설의 운영에 관한 사항을 심의하기 위하여 시설에 운영위원회를 두어야 한다(제36조 제1항). ② 시설의 운영자는 손해배상책임을 이행하기 위하여 손해보험회사의 책임보험에 가입하거나 한국사회복지공제회의 책임공제에 가입하여야 한다(제34조의3 제1항). ③ 시설의 장은 상근(常勤)하여야 한다(제35조 제1항). ⑤ 국가나 지방자치단체는 사회복지시설을 설치·운영할 수 있다(제34조 제1항). 정답 ④

사회복지사업법령상 보건복지부장관이 시설에서 제공하는 서비스의 최저기준을 마련하지 않아도 되는 시설은?

① 사회복지관
② 자원봉사센터
③ 아동양육시설
④ 장애인 지역사회재활시설
⑤ 부자가족복지시설

해설 자원봉사센터는 사회복지사업을 목적으로 한다고 볼 수 없으므로 사회복지시설에서 제공하는 서비스의 최저기준을 마련하지 않아도 된다. 정답 ②

사회복지사업법의 내용으로 옳지 않은 것은?

① 보건복지부장관은 사회복지사가 거짓으로 자격을 취득한 경우 그 자격을 취소하여야 한다.

② 사회복지법인을 설립하려는 자는 대통령령으로 정하는 바에 따라 시·도지사의 허가를 받아야 한다.

③ 사회복지법인이 설립 후 기본재산을 출연하지 아니한 때 시·도지사는 시정명령을 내릴 수 있다.

④ 누구든지 정당한 이유 없이 사회복지시설의 설치를 방해하여서는 아니 된다.

⑤ 사회복지를 필요로 하는 사람은 누구든지 자신의 의사에 따라 서비스를 신청하고 제공받을 수 있다.

해설 사회복지법인이 설립 후 기본재산을 출연하지 아니한 때 시·도지사는 설립허가를 취소하여야 한다. **정답** ③

사회복지사업법상 사회복지시설(이하 '시설'이라고 한다)에 관한 설명으로 옳은 것은?

① 지방자치단체가 시설을 설치·운영하려는 경우에는 보건복지부에 신고하여야 한다.

② 사회복지법인의 대표는 시설에 대하여 정기 및 수시 안전점검을 실시하여야 한다.

③ 시설을 설치·운영하는 자는 시설에 근무할 종사자를 채용할 수 있다.

④ 시설의 장은 시설의 운영에 관한 사항을 의결하기 위하여 시설에 운영위원회를 두어야 한다.

⑤ 지방자치단체는 시설의 책임보험 가입에 드는 비용의 전부를 보조하여야 한다.

해설 ① 국가나 지방자치단체는 사회복지시설을 설치·운영할 수 있다(제34조 제1항). ② 시설의 장은 시설에 대하여 정기 및 수시 안전점검을 실시하여야 한다(제34조의4 제1항). ④ 시설의 장은 시설의 운영에 관한 사항을 심

의하기 위하여 시설에 운영위원회를 두어야 한다(제36조 제1항). ⑤ 국가나 지방자치단체는 예산의 범위에서 제1항에 따른 책임보험 또는 책임공제의 가입에 드는 비용의 전부 또는 일부를 보조할 수 있다(제34조의3 제2항). **정답** ③

사회복지사업법상 사회복지법인(이하 '법인'으로 한다)에 관한 설명으로 옳지 않은 것은?

① 법인이 설치한 사회복지시설의 장과 직원은 그 법인의 이사를 겸할 수 없다.

② 파산선고를 받고 복권되지 아니한 사람은 임원이 될 수 없다.

③ 법인은 대표이사를 포함한 이사 7명 이상과 감사 2명 이상을 두어야 한다.

④ 이사회는 안건, 표결수 등을 기재한 회의록을 작성하여야 한다.

⑤ 해산한 법인의 남은 재산은 정관으로 정하는 바에 따라 국가 또는 지방자치단체에 귀속된다.

해설 이사는 법인이 설치한 사회복지시설의 장을 제외한 그 시설의 직원을 겸할 수 없다(제21조 제1항). 따라서 이사는 시설의 장은 겸직할 수 있으나 직원은 겸할 수 없으며, 시설의 장과 직원을 겸직할 수 없는 것은 감사이다. **정답** ①

사회복지사업법상 기본이념에 해당하는 것은?

① 사회통합과 행복한 복지사회의 실현

② 국민의 복지증진에 이바지

③ 어려운 사람의 자활을 지원

④ 사회 참여와 평등을 통한 사회통합

⑤ 사회복지서비스를 이용하는 사람의 선택권 보장

해설 제1조의2(기본이념) ① 사회복지를 필요로 하는 사람은 누구든지 자신의 의사에 따라 서비스를 신청하고 제

공받을 수 있다. ② 사회복지법인 및 사회복지시설은 공공성을 가지며 사회복지사업을 시행하는 데 있어서 공공성을 확보하여야 한다. ③ 사회복지사업을 시행하는 데 있어서 사회복지를 제공하는 자는 사회복지를 필요로 하는 사람의 인권을 보장하여야 한다. ④ 사회복지서비스를 제공하는 자는 필요한 정보를 제공하는 등 사회복지서비스를 이용하는 사람의 선택권을 보장하여야 한다. **정답** ⑤

□ 19회 60번

사회복지사업법의 내용으로 옳은 것은?

① 「사회보장기본법」상 사회서비스는 사회복지서비스의 범위에 포함되는 개념이다.

② 사회복지서비스 제공은 현물 제공이 원칙이다.

③ 사회복지사 자격은 1년을 초과하여 정지시킬 수 있다.

④ 사회복지법인은 보건복지부장관의 허가를 받아 설립한다.

⑤ 보건복지부장관은 시설에서 제공하는 서비스의 적정기준을 마련하여야 한다.

해설 ① 사회복지서비스는 사회서비스의 범위에 포함되는 개념이다. ③ 보건복지부장관은 사회복지사가 사회복지사의 자격을 취소하거나 1년의 범위에서 정지시킬 수 있다. ④ 사회복지법인의 설립은 대통령령으로 정하는 바에 따라 시·도지사의 허가를 받아야 한다. ⑤ 보건복지부장관은 시설에서 제공하는 서비스의 최저기준을 마련하여야 한다. **정답** ②

□ 19회 61번

사회복지사업법에 명시된 날에 해당하는 것은?

① 장애인의 날 4월 20일

② 노인의 날 10월 2일

③ 아동학대 예방의 날 11월 19일

④ 사회복지의 날 9월 7일

⑤ 어버이날 5월 8일

해설 국가는 국민의 사회복지에 대한 이해를 증진하고 사회복지사업 종사자의 활동을 장려하기 위하여 매년 9월 7

일을 사회복지의 날로 하고, 사회복지의 날부터 1주간을 사회복지주간으로 한다(제15조의2 제1항). '장애인의 날'은 장애인복지법 제14조, '노인의 날'은 노인복지법 제6조 제1항, '아동학대 예방의 날'은 아동복지법 제23조, '어버이날'은 노인복지법 제6조 제2항에 명시되어 있다. **정답** ④

□ 18회 58번

사회복지사업법에서 열거하고 있는 사회복지사업 관련 법률에 해당하지 않는 것은?

① 아동복지법
② 노인복지법
③ 입양특례법
④ 국민건강보험법
⑤ 사회복지공동모금회법

해설 "사회복지사업"이란 다음 각 목의 법률에 따른 보호·선도(善導) 또는 복지에 관한 사업과 사회복지상담, 직업지원, 무료 숙박, 지역사회복지, 의료복지, 재가복지(在家福祉), 사회복지관 운영, 정신질환자 및 한센병력자의 사회복귀에 관한 사업 등 각종 복지사업과 이와 관련된 자원봉사활동 및 복지시설의 운영 또는 지원을 목적으로 하는 사업을 말한다(제2조). ④ 국민건강보험법은 사회복지사업법과 관련되지 않는 별도의 법률이다. **정답** ④

□ 18회 59번

사회복지사업법상 사회복지법인(이하 '법인'이라 한다)에 관한 내용으로 옳은 것은?

① 법인 설립 허가자는 보건복지부장관이다.

② 법인 설립은 시장·군수·구청장에 신고한다.

③ 해산한 법인의 남은 재산은 설립자에 귀속된다.

④ 이사는 법인이 설치한 사회복지시설의 장을 겸직할 수 있다.

⑤ 주된 사무소가 서로 다른 시·도에 소재한 법인이 합병할 경우 시·도지사에게 신고하여야 한다.

해설 ① 법인 설립의 허가자는 시·도지사이다. ② 시장·군수·구청장에게 신고하는 것은 시설이다. ③ 해산한 법인의 남은 재산은 정관으로 정하는 바에 따라 국가 또는 지방자치단체에 귀속된다. ④ 이사는 법인이 설치한 사회복지시설의 장을 제외한 그 시설의 직원을 겸할 수 없다. 따라서 이사가 시설의 장을 겸직하는 것은 가능하다. ⑤ 주된 사무소가 서로 다른 시·도에 소재한 법인 간 합병의 경우에는 보건복지부장관의 허가를 받아야 한다. **정답** ④

□ 18회 60번

사회복지사업법상 사회복지시설(이하 '시설'이라 한다)의 운영위원회에 관한 내용으로 옳은 것은?

① 시설의 장은 운영위원이 될 수 없다.
② 운영위원회의 위원은 시설의 장이 위촉한다.
③ 시설 거주자 대표는 운영위원이 될 수 없다.
④ 운영위원회는 시설운영에 관하여 의결권을 갖는다.
⑤ 시설 거주자의 보호자 대표는 운영위원이 될 수 있다.

해설 ①, ③ 시설의 장, 시설 거주자 대표는 운영위원이 될 수 있다. ② 운영위원회의 위원은 시·군·구청장이 임명하거나 위촉한다. ④ 운영위원회는 시설운영에 관하여 심의권을 갖는다.

정답 ⑤

☑ 핵심요약

2. 사회복지사업법(1970년 제정, 2011년 개정)

1) 기본이념

· 사회복지를 필요로 하는 사람은 누구든지 자신의 의사에 따라 서비스를 신청하고 제공받을 수 있다.
· 사회복지법인 및 사회복지시설은 공공성을 가지며 사회복지사업을 시행하는 데 있어서 공공성을 확보하여야 한다.
· 사회복지사업을 시행하는 데 있어서 사회복지를 제공하는 자는 사회복지를 필요로 하는 사람의 인권을 보장하여야 한다.
· 사회복지서비스를 제공하는 자는 필요한 정보를 제공하는 등 사회복지서비스를 이용하는 사람의 선택권을 보장하여야 한다.

2) 사회복지법인

· 제16조(법인의 설립허가) ① 사회복지법인을 설립하려는 자는 대통령령으로 정하는 바에 따라 시·도지사의 허가를 받아야 한다.
· 제18조(임원) ① 법인은 대표이사를 포함한 이사 7명 이상과 감사 2명 이상을 두어야 한다.
  ④ 이사의 임기는 3년으로 하고 감사의 임기는 2년으로 하며, 각각 연임할 수 있다.
  ⑤ 외국인인 이사는 이사 현원의 2분의 1 미만이어야 한다.
· 제20조(임원의 보충) 이사 또는 감사 중에 결원이 생겼을 때에는 2개월 이내에 보충하여야 한다.
· 제21조(임원의 겸직 금지) ① 이사는 법인이 설치한 사회복지시설의 장을 제외한 그

시설의 직원을 겸할 수 없다.

② 감사는 법인의 이사, 법인이 설치한 사회복지시설의 장 또는 그 직원을 겸할 수 없다.

- 제28조(수익사업) ② 법인은 제1항에 따른 수익사업에서 생긴 수익을 법인 또는 법인이 설치한 사회복지시설의 운영 외의 목적에 사용할 수 없다.
- 제27조(남은 재산의 처리) ① 해산한 법인의 남은 재산은 정관으로 정하는 바에 따라 국가 또는 지방자치단체에 귀속된다.
- 제15조의2(사회복지의 날) ① 국가는 국민의 사회복지에 대한 이해를 증진하고 사회복지사업 종사자의 활동을 장려하기 위해 매년 9월 7일을 사회복지의 날로 하고, 사회복지의 날부터 1주간을 사회복지주간으로 한다.

3) 사회복지시설

- 제34조(사회복지시설의 설치) ① 국가나 지방자치단체는 사회복지시설을 설치·운영할 수 있다. ② 국가 또는 지방자치단체 외의 자가 시설을 설치·운영하려는 경우에는 보건복지부령으로 정하는 바에 따라 시장·군수·구청장에게 신고하여야 한다. (후략)
- 제34조의3(보험가입 의무) ① 시설의 운영자는 다음 각 호의 손해배상책임을 이행하기 위하여 손해보험회사의 책임보험에 가입하거나 (중략) 한국사회복지공제회의 책임공제에 가입하여야 한다.
- 제34조의4(시설의 안전점검 등) ① 시설의 장은 시설에 대하여 정기 및 수시 안전점검을 실시하여야 한다. ② 시설의 장은 제1항에 따라 정기 또는 수시 안전점검을 한 후 그 결과를 시장·군수·구청장에게 제출하여야 한다.
- 41조(시설 수용인원의 제한) 각 시설의 수용인원은 300명을 초과할 수 없다. 다만, 대통령령으로 정하는 경우에는 그러하지 아니하다.

4) 운영위원회

① 시설의 장은 시설의 운영에 관한 각 호의 사항을 심의하기 위하여 시설에 운영위원회를 두어야 한다. 다만, 보건복지부령으로 정하는 경우에는 복수의 시설에 공동으로 운영위원회를 둘 수 있다. (중략)

② 운영위원회의 위원은 다음 각 호의 어느 하나에 해당하는 사람 중에서 관할 시장·군수·구청장이 임명하거나 위촉한다.

1. 시설의 장
2. 시설 거주자 대표
3. 시설 거주자의 보호자 대표
4. 시설 종사자의 대표
5. 해당 시·군·구 소속의 사회복지업무를 담당하는 공무원
6. 후원자 대표 또는 지역주민

7. 공익단체에서 추천한 사람

8. 그 밖에 시설의 운영 또는 사회복지에 관하여 전문적인 지식과 경험이 풍부한 사람

5) 사회복지사

- 제11조(사회복지사 자격증의 발급 등) ② 사회복지사의 등급은 1급·2급으로 한다. ③ 사회복지사 1급 자격은 국가시험에 합격한 사람에게 부여하고, 정신건강사회복지사·의료사회복지사·학교사회복지사의 자격은 1급 사회복지사의 자격이 있는 사람 중에서 보건복지부령으로 정하는 수련기관에서 수련을 받은 사람에게 부여한다.

- 제11조의2(사회복지사의 결격사유) 다음 각 호의 어느 하나에 해당하는 사람은 사회복지사가 될 수 없다.
  1. 피성년후견인
  2. 금고 이상의 형을 선고받고 그 집행이 끝나지 아니하였거나 그 집행을 받지 아니하기로 확정되지 아니한 사람
  3. 법원의 판결에 따라 자격이 상실되거나 정지된 사람
  4. 마약·대마 또는 향정신성의약품의 중독자
  5. 「정신건강증진 및 정신질환자 복지서비스 지원에 관한 법률」 제3조 제1호에 따른 정신질환자. 다만, 전문의가 사회복지사로서 적합하다고 인정하는 사람은 그러하지 아니하다.

- 11조의3(사회복지사의 자격취소 등) ① 보건복지부장관은 사회복지사가 다음 각 호의 어느 하나에 해당하는 경우 그 자격을 취소하거나 1년의 범위에서 정지시킬 수 있다. 다만, 제1호부터 제3호까지에 해당하면 그 자격을 취소하여야 한다.
  1. 거짓이나 그 밖의 부정한 방법으로 자격을 취득한 경우
  2. 제11조의2 각 호의 어느 하나에 해당하게 된 경우
  3. 자격증을 대여·양도 또는 위조·변조한 경우

- 제13조(사회복지사의 채용 및 교육 등)와 관련하여 사회복지사 의무채용시설이 아닌 사회복지시설은 노인여가복지시설, 수화통역센터, 점자도서관, 점자도서 및 녹음서 출판시설, 어린이집, 성매매피해상담소, 정신요양시설 및 정신재활시설, 성폭력피해상담소이다.

6) 사회복지서비스 제공의 원칙

- 사회복지서비스를 필요로 하는 사람에 대한 사회복지서비스 제공은 현물(現物)로 제공하는 것을 원칙으로 한다.
- 시장·군수·구청장은 국가 또는 지방자치단체 외의 자로 하여금 제1항의 서비스 제공을 실시하게 하는 경우에는 보호대상자에게 사회복지서비스 이용권을 지급하여 국가 또는 지방자치단체 외의 자로부터 그 이용권으로 서비스 제공을 받게 할 수 있다.
- 국가와 지방자치단체는 사회복지서비스의 품질향상과 원활한 제공을 위하여 필요

한 시책을 마련하여야 한다.

· 국가와 지방자치단체는 사회복지서비스의 품질을 관리하기 위하여 사회복지서비스를 제공하는 기관·법인·시설·단체의 서비스 환경, 서비스 제공 인력의 전문성 등을 평가할 수 있다.

· 보건복지부장관은 제4항에 따른 평가를 위하여 평가기관을 설치·운영하거나, 평가의 전부 또는 일부를 관계 기관 또는 단체에 위탁할 수 있다.

· 보건복지부장관은 제5항에 따라 평가를 위탁한 기관 또는 단체에 대하여 그 운영에 필요한 비용을 지원할 수 있다.

☑ 과락科落 말고 과락科樂 기출 선지

1. 사회복지법인을 설립하려는 자는 대통령령으로 정하는 바에 따라 시·도지사의 허가를 받아야 한다.

2. 이사는 법인이 설치한 사회복지시설의 장을 제외한 그 시설의 직원을 겸할 수 없다.

3. 감사는 법인의 이사, 법인이 설치한 사회복지시설의 장 또는 그 직원을 겸할 수 없다.

4. 해산한 법인의 남은 재산은 정관으로 정하는 바에 따라 국가 또는 지방자치단체에 귀속된다.

5. 사회복지법상 매년 9월 7일을 사회복지의 날로 한다. 사회복지사의 날은 3월 30일이다.

6. 국가나 지방자치단체는 사회복지시설을 설치·운영할 수 있다.

7. 국가 또는 지방자치단체 외의 자가 시설을 설치·운영하려는 경우에는 시장·군수·구청장에게 신고하여야 한다.

8. 시설의 장은 시설의 운영에 관한 사항을 심의하기 위하여 운영위원회를 두어야 한다.

9. 보건복지부장관은 사회복지사의 자격을 취소하거나 1년의 범위에서 정지시킬 수 있다.

10. 노인여가복지시설, 수화통역센터, 점자도서관, 점자도서 및 녹음서 출판시설, 어린이집, 성매매피해상담소, 정신요양시설 및 정신재활시설, 성폭력피해상담소 등은 사회복지사 의무채용시설이 아니다.

11. 사회복지서비스의 제공은 현물(現物)로 제공하는 것을 원칙으로 한다.

12. 사회복지법인 이사의 임기는 3년으로 하고 감사의 임기는 2년으로 하며, 각각 연임할 수 있다. 외국인인 이사는 이사 현원의 2분의 1 미만이어야 한다.

13. 사회복지법인 또는 사회복지시설에 종사하는 사회복지사는 연간 8시간 이상의 보수교육을 받아야 한다.

14. 사회복지법인은 대표이사를 포함한 이사 7명 이상과 감사 2명 이상을 두어야 한다.

15. 사회복지법인이 정관을 변경하고자 할 때에는 시·도지사의 인가를 받아야 한다.

16. 보건복지부장관은 시설에서 제공하는 서비스의 최저기준을 마련하여야 한다.

3. 사회보장급여의 이용·제공 및 수급권자 발굴에 관한 법률

☐ 22회 61번

사회보장급여의 이용·제공 및 수급권자 발굴에 관한 법률의 내용으로 옳지 않은 것은?

① 보장기관은 지역의 사회보장 수준이 균등하게 실현될 수 있도록 노력하여야 한다.

②「청소년 기본법」에 따른 청소년상담사는 지원대상자의 사회보장급여를 신청할 수 있다.

③ 보장기관의 장은 위기가구를 발굴하기 위하여 노력하여야 한다.

④ 정부는 한국사회보장정보원의 설립·운영에 필요한 비용을 출연할 수 없다.

⑤ 특별자치시 지역사회보장계획은 사회보장급여 담당 인력의 양성 및 전문성 제고 방안을 포함하여야 한다.

해설 정부는 한국사회보장정보원의 설립·운영에 필요한 비용을 출연할 수 있다. **정답** ④

☐ 22회 62번

사회보장급여의 이용·제공 및 수급권자 발굴에 관한 법률상 지원대상자의 발굴에 관한 설명으로 옳은 것은?

① "지원대상자"란 사회보장급여를 제공받을 권리를 가진 사람을 말한다.

② 사회복지시설의 장은 사회보장급여의 제공을 직권으로 신청할 수 있다.

③ 국민건강보험공단 이사장은 보험료를 7개월 이상 체납한 사람의 가구정보를 사회보장정보시스템을 통하여 처리할 수 있다.

④ 시·도지사는 지원대상자에 대한 발굴조사를 1년마다 정기적으로 실시하여야 한다.

⑤ 보장기관의 장은 지원대상자를 발굴하기 위하여 사회보장급여의 제공규모에 대한 정보의 제공과 홍보에 노력하여야 한다.

해설 ① "수급권자"란 사회보장급여를 제공받을 권리를 가진 사람을 말한다(제2조). ② 보장기관의 전담공무원은 사회보장급여의 제공을 직권으로 신청할 수 있다(제5조). ③ 보건복지부장관은 보험료를 3개월 이상 체납한 사람의 가구정보를 사회보장정보시스템을 통하여 처리할 수 있다(제12조). ④ 시·도지사는 지원대상자에 대한 발굴조사를 분기마다 정기적으로 실시하여야 한다(제12조의2). **정답** ⑤

☐ 21회 58번

사회보장급여의 이용·제공 및 수급권자의 발굴에 관한 법률의 내용으로 옳은 것은?

① 시장·군수·구청장은 중앙생활보장위원회를 둔다.

② 보건복지부장관은 사회보장급여 부정수급 실태조사를 3년마다 실시하고 그 결과를 공개하여야 한다.

③ "수급권자"란 사회보장급여를 제공하는 국가기관과 지방자치단체를 말한다.

④ 보장기관의 업무담당자는 지원대상자가 심신미약 등 대통령령으로 정하는 경우에 해당하면 지원대상자의 동의하에서만 직권으로 사회보장급여의 제공을 신청할 수 있다.

⑤ 보장기관의 장은 지원대상자 발굴체계의 운영 실태를 3년마다 점검하고 개선방안을 마련하여야 한다.

해설 ① 시장·군수·구청장은 지역의 사회보장을 증진하고, 사회보장과 관련된 서비스를 제공하는 관계 기관·법인·단체·시설과 연계·협력을 강화하기 위하여 해당 시·군·구에 지역사회보장협의체를 둔다(제41조 제1항). ③ "수급권자"란「사회보장기본법」제9조에 따른 사회보장급여를 제공받을 권리를 가진 사람을 말한다(제2조 제2호). ④ 보장기관의 업무담당자는 지원대상자가 누락되지 아니하도록 하기 위하여 관할 지역에 거주하는 지원대상자에 대한 사회보장급여의 제공을 직권으로 신청할 수 있다. 이 경우 지원대상자의 동의를 받아야 하며, 동의를 받은 경우에는 지원대상자가 신청한 것으로 본다(제5조

제2항). 제2항 후단에도 불구하고 보장기관의 업무담당자는 지원대상자가 심신미약 또는 심신상실 등 대통령령으로 정하는 경우에 해당하면 지원대상자의 동의 없이 직권으로 사회보장급여의 제공을 신청할 수 있다. 이 경우 보장기관의 업무담당자는 직권 신청한 사실을 보장기관의 장에게 지체 없이 보고하여야 한다(제5조 제3항). ⑤ 보건복지부장관은 지원대상자 발굴체계의 운영 실태를 매년 정기적으로 점검하고 개선방안을 마련하여야 한다(제12조의2 제2항).

정답 ②

□ 20회 57번

사회보장급여의 이용·제공 및 수급권자 발굴에 관한 법률의 내용으로 옳지 않은 것은?

① 보장기관의 장은 「긴급복지지원법」 제7조의2에 따른 발굴조사를 실시한 경우를 제외하고 지원대상자에 대한 발굴조사를 1년마다 정기적으로 실시하여야 한다.

② 보장기관은 지역의 사회보장 수준이 균등하게 실현될 수 있도록 노력하여야 한다.

③ 누구든지 사회적 위험으로 인하여 사회보장급여를 필요로 하는 지원대상자를 발견하였을 때에는 보장기관에 알려야 한다.

④ 이의신청은 그 처분을 받은 날로부터 90일 이내에 처분을 결정한 보장기관의 장에게 할 수 있다.

⑤ 사회서비스 제공기관의 운영자는 위기가구의 발굴 지원업무 수행을 위해 사회서비스정보시스템을 이용할 수 있다.

해설 ① 보장기관의 장은 지원대상자에 대한 발굴조사를 분기마다 정기적으로 실시하여야 한다. 다만, 「긴급복지지원법」 제7조의2에 따라 발굴조사를 실시한 경우에는 그러하지 아니하다(제12조의2 제1항). 국가 및 지방자치단체는 위기상황에 처한 사람에 대한 발굴조사를 연 1회 이상 정기적으로 실시하여야 한다(긴급복지지원법 제7조의2 제1항).

정답 ①

□ 20회 58번

사회보장급여의 이용·제공 및 수급권자 발굴에 관한 법률상 수급자격 확인을 위해 지원 대상자와 그 부양의무자에 대하여 조사할 수 있는 사항을 모두 고른 것은?

> ㄱ. 인적사항 및 가족관계 확인에 관한 사항
> ㄴ. 소득·재산·근로능력 및 취업상태에 관한 사항
> ㄷ. 사회보장급여 수급 이력에 관한 사항
> ㄹ. 수급권자를 선정하기 위하여 보장기관의 장이 필요하다고 인정하는 사항

① ㄱ, ㄴ   ② ㄷ, ㄹ   ③ ㄱ, ㄴ, ㄷ
④ ㄴ, ㄷ, ㄹ   ⑤ ㄱ, ㄴ, ㄷ, ㄹ

해설 제7조(수급자격의 조사) ① 보장기관의 장은 제5조에 따른 사회보장급여의 신청을 받으면 지원대상자와 그 부양의무자(배우자, 1촌의 직계혈족 및 그 배우자)에 대하여 사회보장급여의 수급자격 확인을 위하여 다음 각 호의 어느 하나에 해당하는 자료 또는 정보를 제공받아 조사하고 처리할 수 있다. (중략) 1. 인적사항 및 가족관계 확인에 관한 사항, 2. 소득·재산·근로능력 및 취업상태에 관한 사항, 3. 사회보장급여 수급이력에 관한 사항, 4. 그 밖에 수급권자를 선정하기 위하여 보장기관이 장이 필요하다고 인정하는 사항

정답 ⑤

□ 19회 58번

사회보장급여의 이용·제공 및 수급권자 발굴에 관한 법률의 설명으로 옳은 것은?

① 2017년 12월 30일에 제정, 2018년 7월 1일부터 시행되었다.

② 지원대상자가 누락되지 않도록 하기 위해 보장기관의 업무담당자는 지원대상자의 동의를 받지 않고도 직권으로 사회보장급여의 제공을 신청할 수 있다.

③ 수급자란 사회보장급여를 받고 있는 사람을 말한다.

④ 보건복지부 장관은 사회보장급여 부정수급 실태조사를 5년마다 실시하고 그 결과를 공개해야 한다.

⑤ 이 법에 따른 처분에 이의가 있는 수급권자 등은 그 처분을 받은 날부터 30일 이내에 처분을 결정한 보장기관의 장에게 이의신청을 해야 한다.

해설 ① 2014년 12월 30일 제정, 2015년 7월 1일부터 시행 ② 보장기관의 업무담당자가 직권으로 신청할 수 있다. 다만, 지원대상자의 동의를 받아야 한다. ④ 실태조사는 3년마다 실시한다. ⑤ 이의신청은 90일 이내이다. **정답** ③

□ 18회 56번

사회보장급여의 이용·제공 및 수급권자 발굴에 관한 법률상 사회보장정보원에 관한 내용으로 옳지 않은 것은?

① 사회보장정보원은 법인으로 한다.

② 정부는 사회보장정보원의 설립에 필요한 비용을 출연할 수 있다.

③ 사회보장정보원의 운영에 필요한 비용은 정부가 지원할 수 없으며 정보이용자가 지불하는 부담금으로 충당한다.

④ 사회보장정보원에 관하여 이 법에서 규정한 사항 외에는 「민법」 중 재단법인에 관한 규정을 준용한다.

⑤ 사회보장정보원의 임직원은 그 직무상 알게 된 비밀을 다른 용도로 사용하여서는 아니 된다.

해설 정부는 사회보장급여의 이용 및 제공이 원활히 이루어질 수 있도록 한국사회보장정보원의 설립·운영에 필요한 비용을 출연하거나 지원할 수 있다(제29조 제4항). 사회보장정보시스템의 운영·지원을 위하여 한국사회보장정보원을 설립한다(제29조 제1항). **정답** ③

□ 18회 57번

사회보장급여의 이용·제공 및 수급권자 발굴에 관한 법률상 사회복지전담공무원에 관한 내용으로 옳지 않은 것을 모두 고른 것은?

> ㄱ. 시·군·구, 읍·면·동에 사회복지전담공무원을 둘 수 있고 시·도에는 둘 수 없다.
> ㄴ. 사회복지전담공무원은 「사회복지사업법」에 따른 사회복지사의 자격을 가진 사람으로 한다.
> ㄷ. 시·도지사 및 시장·군수·구청장은 「지방공무원 교육훈련법」에 따라 사회복지전담공무원의 교육훈련에 필요한 시책을 수립·시행하여야 한다.

① ㄱ   ② ㄴ
③ ㄱ, ㄴ   ④ ㄱ, ㄷ
⑤ ㄴ, ㄷ

해설 사회복지전담공무원은 「사회복지법」 제11조에 따른 사회복지사의 자격을 가진 사람(제43조 제2항)으로서 시·도, 시·군·구, 읍·면·동 또는 사회보장사무 전담기구에 둘 수 있다(제43조 제1항). **정답** ①

3. 사회보장급여의 이용·제공 및 수급권자 발굴에 관한 법률(2014, 약칭: 사회보장급여법)

1) 정의

- "사회보장급여"란 보장기관이 제공하는 현금, 현물, 서비스 및 그 이용권을 말한다.
- "수급권자"란 사회보장급여를 제공받을 권리를 가진 사람을 말한다.
- "수급자"란 사회보장급여를 받고 있는 사람을 말한다.
- "지원대상자"란 사회보장급여를 필요로 하는 사람을 말한다.
- "보장기관"이란 사회보장급여를 제공하는 국가기관과 지방자치단체를 말한다.

2) 사회보장급여

- 보장기관의 업무담당자는 지원대상자가 누락되지 아니하도록 하기 위하여 관할 지역에 거주하는 지원대상자에 대한 사회보장급여의 제공을 직권으로 신청할 수 있다. 이 경우 지원대상자의 동의를 받아야 하며, 동의를 받은 경우에는 지원대상자가 신청한 것으로 본다(제5조 제2항).
- 보장기관의 장은 「긴급복지지원법」 제7조의2에 따른 발굴조사를 실시한 경우를 제외하고 지원대상자에 대한 발굴조사를 분기마다 정기적으로 실시하여야 한다(제12조의2 제1항).
- 보건복지부장관은 지원대상자 발굴체계의 운영 실태를 매년 정기적으로 점검하고 개선방안을 마련하여야 한다(제12조의2 제2항).
- 보건복지부장관은 사회보장급여 부정수급 실태조사를 3년마다 실시하고 그 결과를 공개하여야 한다(제19조의2 제1항).
- 보장기관의 장은 지원대상자와 그 부양의무자(배우자와 1촌의 직계혈족 및 그 배우자)에 대하여 사회보장급여의 수급자격 확인을 위하여 다음의 자료 또는 정보를 제공받아 조사하고 처리할 수 있다(제7조 제1항).
  - 인적사항 및 가족관계 확인에 관한 사항
  - 소득·재산·근로능력 및 취업상태에 관한 사항
  - 사회보장급여 수급이력에 관한 사항
  - 그 밖에 수급권자를 선정하기 위하여 보장기관의 장이 필요하다고 인정하는 사항

3) 사회복지전담공무원

- 사회복지전담공무원은 「사회복지사업법」 제11조에 따른 사회복지사의 자격을 가진 사람으로 하며(제43조 제2항), 시·도, 시·군·구, 읍·면·동 또는 사회보장사무 전담기구에 사회복지전담공무원을 둘 수 있다(제43조 제1항).
- 국가는 사회복지전담공무원의 보수 등에 드는 비용의 전부 또는 일부를 보조할 수 있다(제43조 제4항).

01. 보장기관이 제공하는 현금, 현물, 서비스 및 그 이용권을 사회보장급여라 한다.

02. 지원대상자는 사회보장급여를 필요로 하는 사람이다.

03. 수급권자는 사회보장기본법에 따른 사회보장급여를 제공받을 권리를 가진 사람(모든 국민)을 말한다.

04. 보장기관의 업무담당자는 지원대상자가 누락되지 아니하도록 하기 위하여 관할 지역에 거주하는 지원대상자에 대한 사회보장급여의 제공을 직권으로 신청할 수 있다. 이 경우 지원대상자의 동의를 받아야 하며, 동의를 받은 경우에는 지원대상자가 신청한 것으로 본다.

05. 시·도지사는 시·도의 사회보장 증진을 위하여 시·도사회보장위원회를 둔다.

06. 보장기관이란 관계 법령 등에 따라 사회보장급여를 제공하는 국가기관과 지방자치단체를 말한다.

07. 보건복지부 장관은 사회보장급여 부정수급 실태조사를 3년마다 실시한다.

08. 처분에 이의가 있는 수급권자 등은 그 처분을 받은 날부터 90일 이내에 처분을 결정한 보장기관의 장에게 이의신청을 해야 한다.

09. 사회보장급여의 이용·제공 및 수급권자 발굴에 관한 법률은 2014년에 제정되었다.

4. 공공부조법

1) 국민기초생활 보장법

□ 22회 63번

국민기초생활 보장법상 급여의 종류와 방법에 관한 설명으로 옳은 것은?

① 생계급여는 물품으로는 지급할 수 없다.
② 생계급여는 수급자에게 주거 안정에 필요한 임차료, 수선유지비, 그 밖의 수급품을 지급하는 것으로 한다.
③ 장제급여는 자활급여를 받는 수급자가 사망한 경우 장제조치를 하는 것으로 한다.
④ 자활급여는 관련 비영리법인에 위탁하여 실시할 수 있다.
⑤ 교육급여는 보건복지부장관의 소관으로 한다.

해설 ① 생계급여는 금전으로 지급하되 금전으로 지급할 수 없거나 금전 지급이 적당하지 아니할 때 물품으로 지급할 수 있다. ② 주거급여 ③ 장제급여는 생계급여·주거급여·의료급여의 수급자가 사망한 경우 장제조치를 하는 것으로 한다. ⑤ 교육급여는 교육부장관의 소관으로 한다.

정답 ④

□ 22회 64번

국민기초생활 보장법상 지역자활센터의 사업이 아닌 것은?

① 자활을 위한 사업자금 융자
② 자활을 위한 정보제공, 상담, 직업교육 및 취업 알선
③ 생업을 위한 자금융자 알선
④ 자활기업의 설립·운영 지원
⑤ 자영창업 지원 및 기술·경영 지도

① ㄱ, ㄴ　　　② ㄷ, ㄹ　　　③ ㄱ, ㄴ, ㄷ
④ ㄴ, ㄷ, ㄹ　　　⑤ ㄱ, ㄴ, ㄷ, ㄹ

해설 지역자활센터의 사업(제16조 제1항) 1. 자활의욕 고취를 위한 교육, 2. 자활을 위한 정보제공, 상담, 직업교육 및 취업알선, 3. 생업을 위한 자금융자 알선, 4. 자영창업 지원 및 기술·경영 지도, 5. 자활기업의 설립·운영 지원
정답 ①

□ 21회 62번

국민기초생활 보장법상 급여의 종류와 방법에 관한 설명으로 옳은 것은?

① 부양의무자가 「병역법」에 따라 징집되거나 소집된 경우 부양능력이 있는 것으로 본다.

② 보장기관은 차상위자의 가구별 생활여건을 고려하여 예산의 범위에서 급여의 전부 또는 일부를 실시할 수 있다.

③ 생계급여 선정기준은 기준 중위소득의 100분의 50 이상으로 한다.

④ 생계급여는 상반기·하반기로 나누어 지급하여야 한다.

⑤ 주거급여는 주택 매입비, 수선유지비 등이 포함된다.

해설 ① 부양의무자가 「병역법」에 따라 징집되거나 소집된 경우 부양능력이 없는 것으로 본다(제8조의2 제2항). ③ 생계급여 선정기준은 기준 중위소득의 100분의 32 이하로 한다. ④ 생계급여는 대통령령으로 정하는 바에 따라 매월 정기적으로 지급하여야 한다(제9조 제2항). ⑤ 주거급여는 수급자에게 주거 안정에 필요한 임차료, 수선유지비, 그 밖의 수급품을 지급하는 것으로 한다(제11조 제1항).
정답 ②

□ 21회 63번

국민기초생활 보장법상 급여의 기본원칙을 모두 고른 것은?

ㄱ. 근로능력 활용
ㄴ. 보충급여
ㄷ. 타법 우선
ㄹ. 수익자부담

해설 제3조(급여의 기본원칙) ① 이 법에 따른 급여는 수급자가 자신의 생활의 유지·향상을 위하여 그의 소득, 재산, 근로능력 등을 활용하여 최대한 노력하는 것을 전제로 이를 보충·발전시키는 것을 기본원칙으로 한다. ② 부양의무자의 부양과 다른 법령에 따른 보호는 이 법에 따른 급여에 우선하여 행하여지는 것으로 한다. (후략)
정답 ③

□ 21회 67번

국민기초생활 보장법상 보장기관에 관한 설명으로 옳은 것은?

① 교육급여 및 의료급여는 시·도교육감이 실시한다.

② 생계급여는 수급자의 거주지를 관할하는 시·도지사와 시장·군수·구청장이 실시한다.

③ 보장기관은 위기개입상담원을 배치하여야 한다.

④ 생활보장위원회는 자문기구이다.

⑤ 소관 중앙행정기관의 장은 5년마다 기초생활보장 시행계획을 수립하여야 한다.

해설 ① 이 법에 따른 급여는 수급권자 또는 수급자의 거주지를 관할하는 시·도지사와 시장·군수·구청장이, 교육급여인 경우에는 "시·도교육감"이 실시한다(제19조 제1항). ③ 보장기관은 수급권자·수급자·차상위계층에 대한 조사와 수급자 결정 및 급여의 실시 등 이 법에 따른 보장업무를 수행하게 하기 위하여 「사회복지사업법」 제14조에 따른 사회복지 전담공무원을 배치하여야 한다(제19조 제4항). ④ 이 법에 따른 생활보장사업의 기획·조사·실시 등에 관한 사항을 심의·의결하기 위하여 보건복지부와 시·도 및 시·군·구에 각각 생활보장위원회를 둔다(제20조 제1항). ⑤ 소관 중앙행정기관의 장은 수급자의 최저생활을 보장하기 위하여 3년마다 소관별로 기초생활보장 기본계획을 수립하여 보건복지부장관에게 제출하여야 한다(제20조의2 제1항).
정답 ②

국민기초생활 보장법상 보장기관과 보장시설에 대한 예시이다. '보장기관 – 보장시설'을 순서대로 옳게 짝지은 것은?

> ㄱ. 「장애인복지법」 제58조 제1항 제1호의 장애인 거주시설
> ㄴ. 「사회복지사업법」 제2조 제4호의 사회복지시설 중 결핵 및 한센병요양시설
> ㄷ. 대전광역시장
> ㄹ. 전라남도지사
> ㅁ. 인천광역시 교육감

① ㄱ – ㄴ   ② ㄴ – ㅁ
③ ㄷ – ㄱ   ④ ㄹ – ㄷ
⑤ ㅁ – ㄹ

해설 제19조(보장기관) 이 법에 따른 급여는 수급권자 또는 수급자의 거주지를 관할하는 '시·도지사와 시장·군수·구청장, 시·도교육감'이 실시한다. 제32조(보장시설) 이 법에서 "보장시설"이란 제7조에 규정된 급여를 실시하는 「사회복지사업법」에 따른 사회복지시설로서 '장애인 거주시설, 노인의료복지시설, 아동복지시설 및 통합 시설, 정신요양시설 및 정신재활시설, 노숙인재활시설 및 노숙인요양시설, 가정폭력피해자 보호시설, 성매매피해자등을 위한 지원시설, 성폭력피해자보호시설, 한부모가족복지시설, 결핵 및 한센병요양시설, 그 밖에 보건복지부령으로 정하는 시설'을 말한다. **정답** ③

국민기초생활 보장법상 외국인에 대한 특례 규정이다. (　　)에 들어갈 내용이 옳지 않은 것은?

> 국내에 체류하고 있는 외국인 중 (ㄱ)하여 본인 또는 배우자가 임신 중이거나 (ㄴ)하고 있거나 (ㄷ)과 (ㄹ)으로서 (ㅁ)으로 정하는 사람이 이 법에 따른 급여를 받을 수 있는 자격을 가진 경우에는 수급권자가 된다.

① ㄱ: 대한민국 국민과 혼인
② ㄴ: 대한민국 국적의 미성년 자녀를 양육
③ ㄷ: 배우자의 대한민국 국적인 직계비속
④ ㄹ: 생계나 주거를 같이하고 있는 사람
⑤ ㅁ: 대통령령

해설 제5조의2(외국인에 대한 특례) 국내에 체류하고 있는 외국인 중 대한민국 국민과 혼인하여 본인 또는 배우자가 임신 중이거나 대한민국 국적의 미성년 자녀를 양육하고 있거나 배우자의 대한민국 국적인 직계존속과 생계나 주거를 같이하고 있는 사람으로서 대통령령으로 정하는 사람이 이 법에 따른 급여를 받을 수 있는 자격을 가진 경우에는 수급권자가 된다. **정답** ③

국민기초생활 보장법상 5년 이하의 징역 또는 5천만원 이하의 벌금에 처해지는 경우는?

① 부정한 방법으로 급여를 받은 경우
② 수급권자의 금융정보를 사용·제공한 경우
③ 지급받은 급여를 용도 외로 사용한 경우
④ 직무상 알게 된 비밀을 누설한 경우
⑤ 종교상의 행위를 강제한 경우

해설 제48조(벌칙) 제23조의2 제6항을 위반하여 업무를 수행하면서 취득한 수급권자의 금융정보 등을 사용·제공 또는 누설한 자는 5년 이하의 징역 또는 5천만원 이하의 벌금에 처한다. ①, ③, ④ 1년 이하 1천만원 이하의 벌금 ⑤ 300만원 이하의 벌금 **정답** ②

국민기초생활 보장법상 용어의 정의로 옳은 것은?

① 수급권자란 이 법에 따른 급여를 받는 사람을 말한다.
② 기준 중위소득이란 국민 가구소득의 평균값을 말한다.
③ 보장기관이란 이 법에 따른 급여를 실시하는 사회복지시설을 말한다.

④ 소득인정액이란 보장기관이 급여의 결정 및 실시 등에 사용하기 위하여 산출한 개별 가구의 소득평가액과 재산의 소득환산액을 합산한 금액을 말한다.

⑤ 최저생계비란 국민이 쾌적한 문화생활을 유지하기 위하여 필요한 적정선의 비용을 말한다.

해설 ① 수급권자란 급여를 받을 수 있는 자격을 가진 사람이다. 급여를 받는 사람은 수급자라고 한다(제2조 제1호, 제2호). ② 기준 중위소득이란 국민 가구소득의 중위값을 말한다(제2조 제11호). ③ 보장기관이란 이 법에 따른 급여를 실시하는 국가 또는 지방자치단체(시·도지사, 시·군·구청장, 시·도교육감)를 말한다(제2조 제4호). ⑤ 최저생계비란 국민이 건강하고 문화적인 생활을 유지하기 위하여 필요한 최소한의 비용으로서 보건복지부장관이 계측하는 금액이다(제2조 제7호).　**정답** ④

□ 18회 62번

국민기초생활 보장법상 자활 지원에 관한 내용으로 옳지 않은 것은?

① 보장기관은 자활지원사업의 원활한 추진을 위하여 자활기금을 적립한다.

② 보장기관은 지역자활센터에 국유·공유 재산의 무상임대 지원을 할 수 있다.

③ 보장기관은 수급자 및 차상위자가 자활에 필요한 자산을 형성할 수 있도록 재정적인 지원을 할 수 있다.

④ 보장기관은 수급자 및 차상위자의 자활 촉진에 필요한 사업을 수행하게 하기 위하여 법인 등의 신청을 받아 지역자활센터를 지정할 수 있다.

⑤ 수급자 및 소득인정액이 기준 중위소득의 100분의 70 이상인 자는 상호 협력하여 자활기업을 설립·운영할 수 있다.

해설 제18조(자활기업) ① 수급자 및 차상위자(소득인정액이 기준 중위소득의 100분의 50 이하인 자)는 상호 협력하여 자활기업을 설립·운영할 수 있다. ② 제1항에 따른 자활기업을 설립·운영하려는 자는 다음 각 호의 요건을 모두 갖추어 보장기관의 인정을 받아야 한다.　**정답** ⑤

2) 의료급여법

□ 22회 65번

의료급여법의 내용으로 옳은 것은?

① 시·도지사는 의료급여증을 발급하여야 한다.

② 급여비용의 재원을 충당하기 위하여 보건복지부에 의료급여기금을 설치한다.

③ 보건복지부에 두는 의료급여심의위원회는 의료급여의 수가에 관한 사항을 심의한다.

④ 시·도지사는 상환받은 대지급금을 의료급여기금에 납입하여야 한다.

⑤ 수급권자가 의료급여를 거부한 경우 시·도지사는 의료급여를 중지해야 한다.

해설 ① 시·군·구청장은 의료급여증을 발급하여야 한다(제8조). ② 급여비용의 재원을 충당하기 위하여 시·도에 의료급여기금을 설치한다(제25조). ④ 시·군·구청장은 상환받은 대지급금을 의료급여기금에 납입하여야 한다(제21조). ⑤ 수급권자가 의료급여를 거부한 경우 시·군·구청장은 의료급여를 중지해야 한다(제17조).　**정답** ③

□ 20회 63번

의료급여법상 의료급여의 내용에 해당하지 않는 것은?

① 진찰·검사

② 예방·재활

③ 입원

④ 간호

⑤ 화장 또는 매장 등 장제 조치

해설 의료급여의 내용에는 진찰·검사, 약제(藥劑)·치료재료의 지급, 처치·수술과 그 밖의 치료, 예방·재활, 입원, 간호, 이송과 그 밖의 의료목적 달성을 위한 조치가 있다(제7조 제1항).　**정답** ⑤

3) 기초연금법

□ 22회 66번

기초연금법의 내용으로 옳은 것을 모두 고른 것은?

> ㄱ. 본인과 그 배우자가 모두 기초연금 수급권자인 경우에는 각각의 기초연금액에서 기초연금액의 100분의 20에 해당하는 금액을 감액한다.
> ㄴ. 기초연금 수급권자의 권리는 3년간 행사하지 아니하면 시효의 완성으로 소멸한다.
> ㄷ. 기초연금 수급자가 대통령령으로 정하는 바에 따라 사망한 것으로 추정되는 경우 수급권을 상실한다.

① ㄱ   ② ㄱ, ㄴ   ③ ㄱ, ㄷ
④ ㄴ, ㄷ   ⑤ ㄱ, ㄴ, ㄷ

해설 ㄴ. 기초연금 수급권자의 권리는 5년간 행사하지 아니하면 시효의 완성으로 소멸한다. ㄷ. 기초연금 수급권자가 대통령령으로 정하는 바에 따라 사망한 것으로 추정되는 경우 수급권을 정지한다. **정답** ①

□ 20회 64번

기초연금법상 기초연금의 지급정지 사유에 해당하는 것을 모두 고른 것은?

> ㄱ. 기초연금 수급자가 금고 이상의 형을 선고받고 교정시설 또는 치료감호시설에 수용되어 있는 경우
> ㄴ. 기초연금 수급자가 행방불명되거나 실종되는 등 대통령령으로 정하는 바에 따라 사망한 것으로 추정되는 경우
> ㄷ. 기초연금 수급권자가 국적을 상실한 때
> ㄹ. 기초연금 수급자의 국외 체류기간이 60일 이상 지속되는 경우

① ㄱ, ㄴ   ② ㄷ, ㄹ   ③ ㄱ, ㄴ, ㄷ
④ ㄱ, ㄴ, ㄹ   ⑤ ㄱ, ㄴ, ㄷ, ㄹ

해설 기초연금 수급권자는 '사망한 때, 국적을 상실하거나 국외로 이주한 때, 제3조에 따른 기초연금 수급권자에 해당하지 아니하게 된 때' 수급권을 상실한다(제17조). **정답** ④

□ 19회 65번

기초연금법상 수급권자의 범위에 관한 내용이다. ( )에 들어갈 숫자가 옳은 것은?

> • 기초연금은 (ㄱ)세 이상인 사람으로서 소득인정액이 보건복지부장관이 정하여 고시하는 금액(이하 "선정기준액"이라 한다) 이하인 사람에게 지급한다.
> • 보건복지부장관은 선정기준액을 정하는 경우 (ㄱ)세 이상인 사람 중 기초연금 수급자가 100분의 (ㄴ) 수준이 되도록 한다.

① ㄱ: 60, ㄴ: 70
② ㄱ: 65, ㄴ: 70
③ ㄱ: 65, ㄴ: 80
④ ㄱ: 70, ㄴ: 70
⑤ ㄱ: 70, ㄴ: 80

해설 기초연금은 65세 이상인 사람으로서 소득인정액이 보건복지부장관이 정하여 고시하는 금액 이하인 사람에게 지급한다(제3조 제1항). 보건복지부장관은 선정기준액을 정하는 경우 65세 이상인 사람 중 기초연금 수급자가 100분의 70 수준이 되도록 한다(제3조 제2항). **정답** ②

기초연금법의 내용이다. ( )에 들어갈 숫자가 순서대로 옳은 것은?

> • 보건복지부장관은 선정기준액을 정하는 경우 65세 이상인 사람 중 기초연금 수급자가 100분의 ( ) 수준이 되도록 한다.
> • 본인과 그 배우자가 모두 기초연금 수급권자인 경우에는 각각의 기초연금액에서 기초연금액의 100분의 ( )에 해당하는 금액을 감액한다.

① 60, 40　　② 60, 50　　③ 70, 20
④ 70, 30　　⑤ 80, 10

해설 보건복지부장관은 선정기준액을 정하는 경우 65세 이상인 사람 중 기초연금 수급자가 100분의 70 수준이 되도록 한다(제3조 제2항). 본인과 그 배우자가 모두 기초연금 수급권자인 경우에는 각각의 기초연금액에서 기초연금액의 100분의 20에 해당하는 금액을 감액한다(제8조 제1항). **정답 ③**

4) 긴급복지지원법

긴급복지지원법상 "위기상황"에 해당하는 사유를 모두 고른 것은?

> ㄱ. 주소득자가 사망, 가출, 행방불명 등으로 소득을 상실하여 생계유지가 어렵게 된 경우
> ㄴ. 본인이 중한 질병 또는 부상을 당하여 생계유지가 어렵게 된 경우
> ㄷ. 본인이 가구구성원으로부터 방임 등을 당하여 생계유지가 어렵게 된 경우
> ㄹ. 본인이 가구구성원으로부터 성폭력을 당하여 생계유지가 어렵게 된 경우

① ㄱ, ㄴ, ㄷ　　② ㄱ, ㄴ, ㄹ　　③ ㄱ, ㄷ, ㄹ
④ ㄴ, ㄷ, ㄹ　　⑤ ㄱ, ㄴ, ㄷ, ㄹ

해설 "위기상황"이란 본인 또는 본인과 생계 및 주거를 같이 하고 있는 가구구성원이 다음 하나에 해당하는 사유로 인하여 생계유지 등이 어렵게 된 것을 말한다. 1. 주소득자(主所得者)가 사망, 가출, 행방불명, 구금시설에 수용되는 등의 사유로 소득을 상실한 경우, 2. 중한 질병 또는 부상을 당한 경우, 3. 가구구성원으로부터 방임(放任) 또는 유기(遺棄)되거나 학대 등을 당한 경우, 4. 가정폭력을 당하여 가구구성원과 함께 원만한 가정생활을 하기 곤란하거나 가구구성원으로부터 성폭력을 당한 경우, 5. 화재 또는 자연재해 등으로 인하여 거주하는 주택 또는 건물에서 생활하기 곤란하게 된 경우, 6. 주소득자 또는 부소득자(副所得者)의 휴업, 폐업 또는 사업장의 화재 등으로 인하여 실질적인 영업이 곤란하게 된 경우, 7. 주소득자 또는 부소득자의 실직으로 소득을 상실한 경우(제2조) **정답 ⑤**

긴급복지지원법상 직무수행 과정에서 긴급지원대상자가 있음을 알게 된 경우 이를 신고하고, 긴급지원대상자가 신속하게 지원을 받을 수 있도록 노력하여야 하는 자에 해당하지 않는 것은?

① 「의료법」에 따른 의료기관의 종사자
② 「고등교육법」에 따른 직원
③ 「지방공무원법」에 따른 공무원
④ 「무형문화재 보전 및 진흥에 관한 법률」에 따라 지정된 국가무형문화재의 보유자
⑤ 「사회복지사업법」에 따른 사회복지시설의 종사자

해설 제7조(지원요청 및 신고) (중략) 1. 「의료법」에 따른 의료기관의 종사자, 2. 「유아교육법」, 「초·중등교육법」 및 「고등교육법」에 따른 교원, 직원, 산학겸임교사, 강사, 3. 「사회복지사업법」에 따른 사회복지시설의 종사자, 4. 「국가공무원법」 및 「지방공무원법」에 따른 공무원, 5. 「장애인활동 지원에 관한 법률」 제20조에 따른 활동지원기관의 장 및 그 종사자와 같은 법 제26조에 따른 활동지원인력, 6. 「학원의 설립·운영 및 과외교습에 관한 법률」 제6조에 따른 학원의 운영자·강사·직원 및 같은 법

제14조에 따른 교습소의 교습자·직원, 7. 「건강가정기본법」 제35조에 따른 건강가정지원센터의 장과 그 종사자, 8. 「청소년 기본법」 제3조 제6호에 따른 청소년시설 및 같은 조 제8호에 따른 청소년 단체의 장과 그 종사자, 9. 「청소년 보호법」 제35조에 따른 청소년 보호·재활센터의 장과 그 종사자, 10. 「평생교육법」 제2조에 따른 평생교육기관의 장과 그 종사자 (후략) **정답** ④

□ 18회 63번

긴급복지지원법의 내용으로 옳지 않은 것은?

① 주거지가 불분명한 자도 긴급지원대상자가 될 수 있다.
② 국내에 체류하는 모든 외국인은 긴급지원대상자가 될 수 없다.

③ 위기상황에 처한 사람에게 일시적으로 신속하게 지원하는 것을 기본원칙으로 한다.
④ 누구든지 긴급지원대상자를 발견한 경우에는 관할 시장·군수·구청장에게 신고하여야 한다.
⑤ 국가 및 지방자치단체는 위기상황에 처한 사람에 대한 발굴조사를 연 1회 이상 정기적으로 실시하여야 한다.

해설 ② 국내에 체류하고 있는 외국인 중 대통령령으로 정하는 사람(대한민국 국민과 혼인 중인 사람, 대한민국 국민인 배우자와 이혼하거나 그 배우자가 사망한 사람으로서 대한민국 국적을 가진 직계존비속을 돌보고 있는 사람, 난민법에 따른 난민으로 인정된 사람, 본인의 귀책사유 없이 화재·범죄·천재지변으로 피해를 입은 사람)이 위기상황에 처한 경우에는 긴급지원대상자가 된다(제5조의2). **정답** ②

 핵심요약

4. 공공부조법

1) 국민기초생활 보장법

(1) 정의

- "수급권자"란 이 법에 따른 급여를 받을 수 있는 자격을 가진 사람을 말한다.
- "수급자"란 이 법에 따른 급여를 받는 사람을 말한다.
- "수급품"이란 이 법에 따라 수급자에게 지급하거나 대여하는 금전 또는 물품을 말한다.
- "보장기관"이란 이 법에 따른 급여를 실시하는 국가 또는 지방자치단체를 말한다.
- "부양의무자"란 수급권자를 부양할 책임이 있는 사람으로서 수급권자의 1촌의 직계혈족 및 그 배우자를 말한다. 다만, 사망한 1촌의 직계혈족의 배우자는 제외한다.
- "최저보장수준"이란 국민의 소득·지출 수준과 수급권자의 가구 유형 등 생활실태, 물가상승률 등을 고려하여 제6조에 따라 급여의 종류별로 공표하는 금액이나 보장수준을 말한다.
- "최저생계비"란 국민이 건강하고 문화적인 생활을 유지하기 위하여 필요한 최소한의 비용으로서 제20조의2 제4항에 따라 보건복지부장관이 계측하는 금액을 말한다.
- "개별가구"란 이 법에 따른 급여를 받거나 이 법에 따른 자격요건에 부합하는지에

관한 조사를 받는 기본단위로서 수급자 또는 수급권자로 구성된 가구를 말한다. 이 경우 개별가구의 범위 등 구체적인 사항은 대통령령으로 정한다.

- "소득인정액"이란 보장기관이 급여의 결정 및 실시 등에 사용하기 위하여 산출한 개별가구의 소득평가액과 재산의 소득환산액을 합산한 금액을 말한다.
- "차상위계층"이란 수급권자(제14조의2에 따라 수급권자로 보는 사람은 제외한다)에 해당하지 아니하는 계층으로서 소득인정액이 기준 중위소득의 100분의 50 이하인 사람을 말한다.
- "기준 중위소득"이란 보건복지부장관이 급여의 기준 등에 활용하기 위하여 제20조 제2항에 따른 중앙생활보장위원회의 심의·의결을 거쳐 고시하는 국민 가구소득의 중위값을 말한다.

(2) 외국인에 대한 특례

- 국내에 체류하고 있는 외국인 중 '대한민국 국민과 혼인하여 본인 또는 배우자가 임신 중이거나 대한민국 국적의 미성년 자녀를 양육하고 있거나 배우자의 대한민국 국적인 직계존속(直系尊屬)과 생계나 주거를 같이하고 있는 사람'으로서 대통령령으로 정하는 사람이 이 법에 따른 급여를 받을 수 있는 자격을 가진 경우에는 수급권자가 된다(제5조의2).

(3) 급여의 종류

- 급여는 '생계급여, 주거급여, 의료급여, 교육급여, 해산급여(解産給與), 장제급여(葬祭給與), 자활급여가 있다(제7조).

① 생계급여: 생계급여는 금전을 지급하는 것으로 한다. 다만, 금전으로 지급할 수 없거나 금전으로 지급하는 것이 적당하지 아니하다고 인정하는 경우에는 물품을 지급할 수 있다. 생계급여는 매월 정기적으로 지급하여야 한다(제9조).
② 주거급여: 주거급여는 수급자에게 주거 안정에 필요한 임차료, 수선유지비, 그 밖의 수급품을 지급하는 것으로 한다(제11조).
③ 교육급여: 수급자에게 입학금, 수업료, 학용품비, 그 밖의 수급품을 지급하는 것으로 하되, 학교의 종류·범위 등에 관하여 필요한 사항은 대통령령으로 정한다. 교육급여는 교육부장관의 소관으로 한다(제12조).
④ 해산급여: 해산급여는 '조산(助産), 분만 전과 분만 후에 필요한 조치와 보호'를 위하여 보장기관이 지정하는 의료기관에 위탁하여 실시할 수 있다(제13조).
⑤ 장제급여: 수급자가 사망한 경우 사체의 검안(檢案)·운반·화장 또는 매장, 그 밖의 장제조치를 하는 것으로 한다(제14조).

2) 의료급여법

(1) 정의

- "수급권자"란 이 법에 따라 의료급여를 받을 수 있는 자격을 가진 사람을 말한다.

- "의료급여기관"이란 수급권자에 대한 진료·조제 또는 투약 등을 담당하는 의료기관 및 약국 등을 말한다.
- "부양의무자"란 수급권자를 부양할 책임이 있는 사람으로서 수급권자의 1촌의 직계혈족 및 그 배우자를 말한다.

(2) 의료급여의 내용

- 수급권자의 질병·부상·출산 등에 대한 의료급여는 '진찰·검사, 약제(藥劑)·치료 재료의 지급, 처치·수술과 그 밖의 치료, 예방·재활, 입원, 간호, 이송과 그 밖의 의료 목적 달성을 위한 조치'를 내용으로 한다.
- 의료급여는 1종과 2종으로 구분하며, 국민기초생활 보장법상의 '수급자 중 근로 능력자가 포함된 가구의 수급자'만 2종이고 나머지는 모두 1종이다.

3) 기초연금법

(1) 기초연금 수급권자의 범위

- 기초연금은 65세 이상인 사람으로서 소득인정액이 보건복지부장관이 정하여 고시하는 금액("선정기준액") 이하인 사람에게 지급한다.
- 보건복지부장관은 선정기준액을 정하는 경우 65세 이상인 사람 중 기초연금 수급자가 100분의 70 수준이 되도록 한다.
- 기초연금 수급권자의 권리는 5년간 행사하지 아니하면 시효의 완성으로 소멸한다.
- 제1항에도 불구하고 다음 각 호의 어느 하나에 해당하는 연금의 수급권자와 그 배우자나 다음 각 호의 어느 하나에 해당하는 연금을 받은 사람 중 대통령령으로 정하는 사람과 그 배우자에게는 기초연금을 지급하지 아니한다.
  1. 「공무원연금법」 제28조, 「공무원 재해보상법」 제8조 또는 「사립학교교직원 연금법」 제42조 제1항에 따른 퇴직연금, 퇴직연금일시금, 퇴직연금공제일시금, 장해연금, 비공무상 장해연금, 비직무상 장해연금, 장해일시금, 비공무상 장해일시금, 비직무상 장해일시금, 퇴직유족연금, 장해유족연금, 순직유족연금, 직무상유족연금, 위험직무순직유족연금, 퇴직유족연금일시금 또는 퇴직 유족일시금
  2. 「군인연금법」 제7조에 따른 퇴역연금, 퇴역연금일시금, 퇴역연금공제일시금, 퇴역유족연금, 퇴역유족연금일시금 또는 「군인 재해보상법」 제7조에 따른 상이연금, 상이유족연금, 순직유족연금, 순직유족연금일시금
  3. 「별정우체국법」 제24조 제2항에 따른 퇴직연금, 퇴직연금일시금, 퇴직연금공제일시금, 유족연금 또는 유족연금일시금
  4. 「국민연금과 직역연금의 연계에 관한 법률」 제10조 또는 제13조에 따른 연계퇴직연금 또는 연계퇴직유족연금 중 같은 법 제2조 제1항 제7호에 따른 직역재직기간이 10년 이상인 경우의 연계퇴직연금 또는 연계퇴직유족연금

(2) 급여의 신청 및 지급

- 기초연금 수급권자 또는 대리인(배우자, 자녀, 형제자매, 친족 등), 관계 공무원은 특별자치시장·특별자치도지사·시·군·구청장에게 지급을 신청할 수 있다(제10조).
- 특별자치시장·특별자치도지사·시·군·구청장은 기초연금의 지급을 신청한 날이 속하는 달부터 기초연금 수급권을 상실한 날이 속하는 달까지 매월 정기적으로 기초연금을 지급한다(제14조).

(3) 수급권의 상실 및 보호

- 기초연금 수급권자는 '사망한 때, 국적을 상실하거나 국외로 이주한 때, 기초연금 수급권자에 해당하지 아니하게 된 때' 수급권을 상실한다(제17조).
- 기초연금 수급권은 양도하거나 담보로 제공할 수 없으며, 압류 대상으로 할 수 없다. 기초연금으로 지급받은 금품은 압류할 수 없다(제21조).

(4) 기초연금액의 감액

- 본인과 그 배우자가 모두 기초연금 수급권자인 경우에는 각각의 기초연금액에서 기초연금액의 100분의 20에 해당하는 금액을 감액한다(제8조).

4) 긴급복지지원법

- 이 법에 따른 지원은 위기상황에 처한 사람에게 일시적으로 신속하게 지원하는 것을 기본원칙으로 한다(제1조).

(1) 정의

- 이 법에서 "위기상황"이란 본인 또는 본인과 생계 및 주거를 같이하고 있는 가구구성원이 다음에 해당하는 사유로 인하여 생계유지 등이 어렵게 된 것을 말한다.
  - 주소득자(主所得者)가 사망, 가출, 행방불명, 구금시설에 수용되는 등의 사유로 소득을 상실한 경우
  - 중한 질병 또는 부상을 당한 경우
  - 가구구성원으로부터 방임(放任) 또는 유기(遺棄)되거나 학대 등을 당한 경우
  - 가정폭력을 당하여 가구구성원과 함께 원만한 가정생활을 하기 곤란하거나 가구구성원으로부터 성폭력을 당한 경우
  - 화재 또는 자연재해 등으로 인하여 거주하는 주택 또는 건물에서 생활하기 곤란하게 된 경우
  - 주소득자 또는 부소득자(副所得者)의 휴업, 폐업 또는 사업장의 화재 등으로 인하여 실질적인 영업이 곤란하게 된 경우
  - 주소득자 또는 부소득자의 실직으로 소득을 상실한 경우

(2) 긴급지원의 종류 및 내용

① 금전 또는 현물(現物) 등의 직접지원
- 생계지원: 식료품비·의복비 등 생계유지에 필요한 비용 또는 현물 지원

- 의료지원: 각종 검사 및 치료 등 의료서비스 지원
- 주거지원: 임시거소(臨時居所) 제공 또는 이에 해당하는 비용 지원
- 사회복지시설 이용 지원: 「사회복지사업법」에 따른 사회복지시설 입소(入所) 또는 이용 서비스 제공이나 이에 필요한 비용 지원
- 교육지원: 초·중·고등학생의 수업료, 입학금, 학교운영지원비 및 학용품비 등 필요한 비용 지원
- 그 밖의 지원: 연료비나 그 밖에 위기상황의 극복에 필요한 비용 또는 현물 지원

② 민간기관·단체와의 연계 등의 지원
- 「대한적십자사 조직법」에 따른 대한적십자사, 「사회복지공동모금회법」에 따른 사회복지공동모금회 등의 사회복지기관·단체와의 연계 지원
- 상담·정보제공, 그 밖의 지원

(3) 지원요청 및 신고

- 「의료법」에 따른 의료기관의 종사자
- 「유아교육법」, 「초·중등교육법」 및 「고등교육법」에 따른 교원, 직원, 산학겸임교사, 강사
- 「사회복지사업법」에 따른 사회복지시설의 종사자
- 「국가공무원법」 및 「지방공무원법」에 따른 공무원
- 「장애인활동 지원에 관한 법률」 제20조에 따른 활동지원기관의 장 및 그 종사자와 같은 법 제26조에 따른 활동지원인력
- 「학원의 설립·운영 및 과외교습에 관한 법률」 제6조에 따른 학원의 운영자·강사·직원 및 같은 법 제14조에 따른 교습소의 교습자·직원
- 「건강가정기본법」 제35조에 따른 건강가정지원센터의 장과 그 종사자
- 「청소년 기본법」 제3조 제6호에 따른 청소년시설 및 같은 조 제8호에 따른 청소년단체의 장과 그 종사자
- 「청소년 보호법」 제35조에 따른 청소년 보호·재활센터의 장과 그 종사자
- 「평생교육법」 제2조에 따른 평생교육기관의 장과 그 종사자

(4) 외국인에 대한 특례

- 국내에 체류하고 있는 외국인 중 대통령령으로 정하는 사람(대한민국 국민과 혼인 중인 사람, 대한민국 국민인 배우자와 이혼하거나 그 배우자가 사망한 사람으로서 대한민국 국적을 가진 직계존비속을 돌보고 있는 사람, 난민법에 따른 난민으로 인정된 사람, 본인의 귀책사유 없이 화재·범죄·천재지변으로 피해를 입은 사람, 그 밖에 보건복지부장관이 긴급한 지원이 필요하다고 인정하는 사람)이 위기상황에 처한 경우에는 긴급지원대상자가 된다(제5조의2).

1) 국민기초생활 보장법

01. 국내에 체류하고 있는 외국인 중 '대한민국 국민과 혼인하여 본인 또는 배우자가 임신 중이거나 대한민국 국적의 미성년 자녀를 양육하고 있거나 배우자의 대한민국국적인 직계존속(直系尊屬)과 생계나 주거를 같이하고 있는 사람'으로서 이 법에 따른 급여를 받을 수 있는 자격을 가진 경우에는 수급권자가 된다

02. 수급자 및 차상위자는 상호 협력하여 자활기업을 설립·운영할 수 있다.

03. 수급권자란 이 법에 따른 급여를 받을 수 있는 자격을 가진 사람을 말한다.

04. 수급자란 이 법에 따른 급여를 받는 사람을 말한다.

05. 보장기관이란 이 법에 따른 급여를 실시하는 국가 또는 지방자치단체(시·도지사, 시·군·구청장, 시·도교육감)를 말한다.

06. 차상위계층이란 수급권자가 아닌 기준 중위소득의 100분의 50 이하인 사람을 말한다.

07. 기준 중위소득이란 중앙생활보장위원회의 심의·의결을 거쳐 고시하는 국민 가구소득의 중위값을 말한다.

08. 급여는 '생계급여, 주거급여, 의료급여, 교육급여, 해산급여(解産給與), 장제급여(葬祭給與), 자활급여가 있다.

2) 의료급여법

01. "부양의무자"란 수급권자를 부양할 책임이 있는 사람으로서 수급권자의 1촌 직계혈족 및 그 배우자를 말한다.

02. 수급권자의 질병·부상·출산 등에 대한 의료급여는 '진찰·검사, 약제(藥劑)·치료재료의 지급, 처치·수술과 그 밖의 치료, 예방·재활, 입원, 간호, 이송과 그 밖의 의료목적 달성을 위한 조치'를 내용으로 한다.

03. '장례비'는 의료급여가 아니다.

3) 기초연금법

01. 기초연금은 65세 이상인 사람으로서 소득인정액이 보건복지부장관이 정하여 고시하는 금액("선정기준액") 이하인 사람에게 지급한다.

02. 보건복지부장관은 선정기준액을 정하는 경우 65세 이상인 사람 중 기초연금 수급자가 100분의 70 수준이 되도록 한다.

03. 기초연금 수급권자는 '사망한 때, 국적을 상실하거나 국외로 이주한 때, 수급권자에 해당하지 아니하게 된 때' 수급권을 상실한다.

04. 기초연금 수급권은 양도하거나 담보로 제공할 수 없으며, 압류 대상으로 할 수 없다. 기초연금으로 지급받은 금품은 압류할 수 없다.

05. 본인과 그 배우자가 모두 기초연금 수급권자인 경우에는 각각의 기초연금액에서 기초연금액의 100분의 20에 해당하는 금액을 감액한다.

4) 긴급복지지원법

01. 긴급지원 중 금전 또는 현물(現物) 등의 직접지원에는 '생계지원, 의료지원, 주거지원, 사회복지시설 이용지원, 교육지원, 그 밖의 지원'이 있다.

02. 국내에 체류하고 있는 외국인도 긴급지원의 대상이 될 수 있다.

5. 사회보험법

1) 국민연금법(1986)

□ 22회 69번

국민연금법의 내용으로 옳은 것은?

① 가입자의 가입 종류가 변동되면 그 가입자의 가입기간은 각 종류별 가입기간을 합산한 기간으로 한다.
② 국민연금사업은 기획재정부장관이 맡아 주관한다.
③ "수급권자"란 이 법에 따른 급여를 받을 권리를 말한다.
④ 국내에 거주하는 국민으로서 18세 이상 65세 미만인 자는 국민연금 가입 대상이 된다.
⑤ 「국민연금법」을 적용할 때 배우자에는 사실상의 혼인관계에 있는 자는 포함되지 않는다.

해설 ② 국민연금사업은 보건복지부장관이 맡아 주관한다. ③ "수급권"이란 이 법에 따른 급여를 받을 권리를 말한다. ④ 국내에 거주하는 국민으로서 18세 이상 60세 미만인 자는 국민연금 가입 대상이 된다. ⑤ 사실상의 혼인관계에 있는 자도 포함된다. **정답** ①

□ 20회 67번

국민연금법상 급여의 종류에 해당하는 것을 모두 고른 것은?

ㄱ. 노령연금	ㄴ. 장애인연금
ㄷ. 장해급여	ㄹ. 장애연금
ㅁ. 반환일시금	

① ㄱ, ㄴ, ㄹ   ② ㄱ, ㄴ, ㅁ   ③ ㄱ, ㄷ, ㅁ
④ ㄱ, ㄹ, ㅁ   ⑤ ㄴ, ㄷ, ㄹ

해설 제49조(급여의 종류) 이 법에 따른 급여의 종류는 다음과 같다. 1. 노령연금, 2. 장애연금, 3. 유족연금, 4. 반환일시금 **정답** ④

□ 19회 66번

국민연금법상 급여의 종류에 해당하는 것을 모두 고른 것은?

| ㄱ. 노령연금 | ㄴ. 장해급여 |
| ㄷ. 유족연금 | ㄹ. 반환일시금 |

① ㄱ, ㄴ, ㄷ   ② ㄱ, ㄴ, ㄹ   ③ ㄱ, ㄷ, ㄹ
④ ㄴ, ㄷ, ㄹ   ⑤ ㄱ, ㄴ, ㄷ, ㄹ

해설 제49조(급여의 종류) 이 법에 따른 급여의 종류는 '노령연금, 장애연금, 유족연금, 반환일시금'이다. **정답** ③

2) 국민건강보험법(1999)

□ 22회 67번

국민건강보험법의 내용으로 옳지 않은 것은?

① 「의료급여법」에 따라 의료급여를 받는 사람은 건강보험의 가입자가 될 수 없다.

② 보건복지부장관은 국민건강보험종합계획에 따라 연도별 시행계획에 따른 추진실적을 매년 평가하여야 한다.

③ 건강보험 가입자는 국내에 거주하지 아니하게 된 날에 그 자격을 잃는다.

④ 건강보험정책에 관한 사항을 심의·의결하기 위하여 보건복지부장관 소속으로 건강보험정책심의위원회를 둔다.

⑤ 건강보험 지역가입자는 직장가입자와 그 피부양자를 제외한 가입자를 말한다.

해설 건강보험 가입자는 국내에 거주하지 아니하게 된 날의 다음 날에 그 자격을 잃는다(제10조). **정답** ③

□ 20회 66번

국민건강보험법상 건강보험심사평가원의 업무에 해당하는 것은?

① 요양급여의 적정성 평가

② 가입자의 자격 관리

③ 보험급여의 관리

④ 보험급여 비용의 지급

⑤ 보험료의 부과·징수

해설 제47조의4(요양급여의 적정성 평가) ① 심사평가원은 요양급여에 대한 의료의 질을 향상시키기 위하여 요양급여의 적정성 평가를 실시할 수 있다. ② 심사평가원은 요양기관의 인력·시설·장비, 환자안전 등 요양급여와 관련된 사항을 포함하여 평가할 수 있다. ③ 심사평가원은 평가 결과를 평가대상 요양기관에 통보하여야 하며, 평가 결과에 따라 요양급여비용을 가산 또는 감산할 경우에는 그 결정사항이 포함된 평가 결과를 가감대상 요양기관 및 공단에 통보하여야 한다. ④ 제1항부터 제3항까지에 따른 평가의 기준·범위·절차·방법 등에 필요한 사항은 보건복지부령으로 정한다. **정답** ①

□ 19회 68번

국민건강보험법상 국민건강보험공단이 관장하는 업무에 해당하지 않는 것은?

① 가입자 및 피부양자의 자격관리

② 자산의 관리·운영 및 증식사업

④ 건강보험에 관한 교육훈련 및 홍보

③ 의료시설의 운영

⑤ 요양급여비용의 심사

해설 ⑤ 요양급여비용의 심사는 건강보험심사평가원(심사평가원)에서 관할한다(제62조). 공단은 보험급여의 관리와 비용의 지급을 담당하고 있다(제14조). **정답** ⑤

□ 18회 65번

국민건강보험법상 요양급여에 해당하지 않는 것은?

① 예방·재활

② 이송(移送)

③ 요양병원간병비

④ 처치·수술 및 그 밖의 치료

⑤ 약제(藥劑)·치료재료의 지급

해설 요양급여에는 진찰·검사, 약제(藥劑)·치료재료의 지급, 처치·수술 및 그 밖의 치료, 예방·재활, 입원, 간호, 이송(移送)이 있다(제41조). **정답** ③

3) 고용보험법(1993)

☐ 22회 70번

고용보험법의 내용으로 옳은 것은?

① "실업의 인정"이란 근로의 의사와 능력이 있음에도 불구하고 취업하지 못한 상태에 있는 것을 말한다.

② "일용근로자"란 3개월 미만 동안 고용되는 사람을 말한다.

③ 지방자치단체는 매년 보험사업에 드는 비용의 일부를 일반회계에서 부담하여야 한다.

④ 고용보험기금은 고용노동부장관이 관리·운용한다.

⑤ 실업급여를 받을 권리는 양도 또는 압류하거나 담보로 제공할 수 있다.

해설 ① "실업"이란 근로의 의사와 능력이 있음에도 불구하고 취업하지 못한 상태에 있는 것을 말한다. ② "일용근로자"란 1년 미만 동안 고용되는 사람을 말한다. ③ 국가는 매년 보험사업에 드는 비용의 일부를 일반회계에서 부담하여야 한다. ⑤ 실업급여를 받을 권리는 양도 또는 압류하거나 담보로 제공할 수 없다. **정답** ④

☐ 22회 71번

고용보험법상 실업급여의 종류로 취업촉진 수당에 해당하는 것을 모두 고른 것은?

```
ㄱ. 이주비
ㄴ. 광역 구직활동비
ㄷ. 직업능력개발 수당
ㄹ. 조기재취업 수당
```

① ㄱ, ㄴ, ㄷ ② ㄱ, ㄴ, ㄹ ③ ㄱ, ㄷ, ㄹ
④ ㄴ, ㄷ, ㄹ ⑤ ㄱ, ㄴ, ㄷ, ㄹ

해설 실업급여의 종류에는 구직급여와 취업촉진 수당이 있는데, 제시된 모두가 취업촉진 수당에 해당한다.
정답 ⑤

☐ 21회 68번

고용보험법령상 중대한 귀책사유로 해고된 피보험자로서 구직급여 수급자격의 제한사유에 해당되는 것을 모두 고른 것은?

```
ㄱ. 「형법」을 위반하여 금고 이상의 형을 선고
   받은 경우
ㄴ. 정당한 사유 없이 근로계약을 위반하여 장
   기간 무단 결근한 경우
ㄷ. 사업기밀을 경쟁관계에 있는 사업자에게
   제공한 경우
```

① ㄱ ② ㄷ ③ ㄱ, ㄴ
④ ㄴ, ㄷ ⑤ ㄱ, ㄴ, ㄷ

해설 중대한 귀책사유(歸責事由)로 해고된 피보험자로서 구직급여 수급자격의 제한 사유에 해당하는 것: 1. 「형법」 또는 직무와 관련된 법률을 위반하여 금고 이상의 형을 선고받은 경우, 2. 사업에 막대한 지장을 초래하거나 재산상 손해를 끼친 경우로서 고용노동부령으로 정하는 기준에 해당하는 경우, 3. 정당한 사유 없이 근로계약 또는 취업규칙 등을 위반하여 장기간 무단 결근한 경우(제58조 제1호) **정답** ⑤

☐ 20회 69번

고용보험법의 내용으로 옳은 것은?

① 고용보험기금은 기획재정부장관이 관리·운용한다.

② 국가는 매년 보험사업에 드는 비용의 일부를 일반회계에서 부담하여야 한다.

③ 취업촉진 수당의 종류로는 구직급여, 직업능력개발 수당 등이 있다.

④ "실업"이란 근로의 의사와 능력이 없어 취업하지 못한 상태에 있는 것을 말한다.

⑤ "일용근로자"란 6개월 미만 동안 고용되는 사람을 말한다.

해설 ① 기금은 고용노동부장관이 관리·운용한다. ③ 취업촉진수당에는 조기재취업수당, 직업능력개발수당, 광역 구직활동비, 이주비 등이 있다. ④ "실업"이란 근로의 의사와 능력이 있음에도 불구하고 취업하지 못한 상태에 있는 것을 말한다. ⑤ "일용근로자"란 1개월 미만 동안 고용되는 사람을 말한다. **정답** ②

□ 19회 67번

고용보험법의 내용으로 옳은 것은?

① 구직급여를 지급받으려는 사람은 이직 후 지체 없이 직업안정기관에 출석하여 실업을 신고하여야 한다.
② 농업·임업 및 어업 중 법인이 아닌 자가 상시 4명의 근로자를 사용하는 사업에 대하여 고용보험법은 적용된다.
③ 구직급여의 수급 요건으로서 기준기간은 피보험자의 이직일 이전 36개월로 한다.
④ 실업 신고일부터 계산하기 시작하여 14일간의 대기기간 중에는 구직급여를 지급하지 않는다.
⑤ 이주비는 구직급여의 종류에 해당한다.

해설 ② 농업·임업 및 어업 중 법인이 아닌 자가 상시 4명 이하의 근로자를 사용하는 사업에는 적용하지 아니한다. ③ 기준기간은 이직일 이전 18개월로 한다. ④ 실업의 신고일부터 계산하기 시작하여 7일간은 대기기간으로 보아 구직급여를 지급하지 아니한다. ⑤ 이주비는 취업촉진수당이다. **정답** ①

□ 18회 67번

고용보험법의 내용으로 옳은 것은?

① 고용노동부장관은 보험사업에 대하여 3년마다 평가를 하여야 한다.
② 국가는 매년 보험사업에 드는 비용의 20%를 특별회계에서 부담하여야 한다.
③ 피보험자는 이 법이 적용되는 사업에 고용된 날의 다음 달부터 피보험자격을 취득한다.
④ 실업급여로서 지급된 금품에 대하여 국가는 「국세기본법」에 따른 모든 공과금을 부과하여야 한다.

⑤ 고용보험사업으로 고용안정·직업능력개발 사업, 실업급여, 육아휴직 급여 및 출산전후 휴가 급여 등을 실시한다.

해설 ① 고용노동부장관은 보험사업에 대하여 상시적이고 체계적인 평가를 해야 한다. ② 국가는 매년 보험사업에 드는 비용의 일부를 일반회계에서 부담하여야 한다. ③ 피보험자는 이 법이 적용되는 사업에 고용된 날부터 피보험자격을 취득한다. ④ 실업급여로서 지급된 금품에 대하여는 국가나 지방자치단체의 공과금을 부과하지 않는다. **정답** ⑤

---

4) 산업재해보상보험법(1963)

□ 21회 69번

산업재해보상보험법령상 유족급여에 관한 설명으로 옳지 않은 것은?

① 근로자가 업무상의 사유로 사망한 경우 유족에게 지급한다.
② 유족보상연금 수급권자가 2명 이상 있을 때 그 중 1명을 대표자로 선임할 수 있다.
③ 근로자와 「주민등록법」상 세대를 같이 하고 동거하던 유족으로서 근로자의 소득으로 생계의 상당 부분을 유지하고 있던 사람은 유족에 해당한다.
④ 근로자의 소득으로 생계의 전부를 유지하고 있던 유족으로서 학업으로 주민등록을 달리하였거나 동거하지 않았던 사람은 유족에 해당되지 않는다.
⑤ 유족보상연금 수급 권리는 배우자·자녀·부모·손자녀·조부모 및 형제자매의 순서로 한다.

해설 제63조(유족보상연금 수급자격의 범위) ① 유족보상연금을 받을 수 있는 자격이 있는 사람은 근로자가 사망할 당시 그 근로자와 생계를 같이 하고 있던 유족 중 배우자와 다음 각 호의 어느 하나에 해당하는 사람으로 한다. 이 경우 근로자와 생계를 같이 하고 있던 유족의 판단 기준은 대통령령으로 정한다. 1. 부모 또는 조부모로서 각각 60세 이상인 사람, 2. 자녀로서 25세 미만인 사람, 2의2. 손자녀로서 25세 미만인 사람, 3. 형제자매로서 19세 미만이거나 60세 이상인 사람, 4. 제1호부터 제3호까지의 규정 중 어느 하나에 해당하지 아니하는 자녀·부모·손자녀·조부모 또는 형제자매로서 「장애인복지법」 제2조에 따른 장애인 중 고용노동부령으로 정한 장애 정도에 해당하는 사람 **정답 ④**

□ 20회 68번

산업재해보상보험법의 내용으로 옳지 않은 것은?

① "업무상의 재해"란 업무상의 사유에 따른 근로자의 부상·질병·장해 또는 사망을 말한다.

② 보험급여에는 간병급여, 상병보상연금, 실업급여 등이 있다.

③ 근로복지공단은 법인으로 한다.

④ "출퇴근"이란 취업과 관련하여 주거와 취업장소 사이의 이동 또는 한 취업장소에서 다른 취업장소로의 이동을 말한다.

⑤ 요양급여는 근로자가 업무상의 사유로 부상을 당하거나 질병에 걸린 경우에 그 근로자에게 지급한다.

해설 ② 보험급여의 종류에는 요양급여, 휴업급여, 장해급여, 간병급여, 유족급여, 상병(傷病)보상연금, 장례비, 직업재활급여가 있다(제36조 제1항). **정답 ②**

□ 19회 64번

산업재해보상보험법상 '업무상 사고'에 해당하지 않는 것은?

① 근로자가 근로계약에 따른 업무나 그에 따르는 행위를 하던 중 발생한 사고

② 사업주가 제공한 시설물 등을 이용하던 중 그 시설물 등의 결함이나 관리소홀로 발생한 사고

③ 사업주가 주관하거나 사업주의 지시에 따라 참여한 행사나 행사준비 중에 발생한 사고

④ 비통상적인 경로와 방법으로 출퇴근하는 중 발생한 사고

⑤ 휴게시간 중 사업주의 지배관리하에 있다고 볼 수 있는 행위로 발생한 사고

해설 업무상 사고(제37조 제1항 제1호): 가. 근로자가 근로계약에 따른 업무나 그에 따르는 행위를 하던 중 발생한 사고, 나. 사업주가 제공한 시설물 등을 이용하던 중 그 시설물 등의 결함이나 관리소홀로 발생한 사고, 라. 사업주가 주관하거나 사업주의 지시에 따라 참여한 행사나 행사준비 중에 발생한 사고, 마. 휴게시간 중 사업주의 지배관리하에 있다고 볼 수 있는 행위로 발생한 사고, 바. 그 밖에 업무와 관련하여 발생한 사고 ☑ 출퇴근 재해: 통상적인 경로와 방법으로 출퇴근하는 중 발생한 사고 **정답 ④**

□ 18회 66번

산업재해보상보험법상 업무상 사고에 해당하지 않는 것은?

① 출장기간 중 발생한 모든 사고

② 근로자가 근로계약에 따른 업무나 그에 따르는 행위를 하던 중 발생한 사고

③ 휴게시간 중 사업주의 지배관리 하에 있다고 볼 수 있는 행위로 발생한 사고

④ 사업주가 주관하거나 사업주의 지시에 따라 참여한 행사나 행사준비 중에 발생한 사고

⑤ 사업주가 제공한 시설물 등을 이용하던 중 그 시설물 등의 결함이나 관리소홀로 발생한 사고

해설 업무상 사고(제37조의 제1항 제1호) ☑ 19회 64번 해설 참조 **정답 ①**

5) 노인장기요양보험법(2007)

□ **22회 68번**

노인장기요양보험법의 내용으로 옳지 않은 것은?

① "노인등"이란 65세 이상의 노인 또는 65세 미만의 자로서 치매·뇌혈관성질환 등 대통령령으로 정하는 노인성 질병을 가진 자를 말한다.

② 장기요양급여는 노인등이 가족과 함께 생활하면서 가정에서 장기요양을 받는 재가급여를 우선적으로 제공하여야 한다.

③ 장기요양보험사업은 보건복지부장관이 관장한다.

④ 장기요양급여를 받고 있는 수급자는 장기요양등급의 내용을 변경하여 장기요양급여를 받고자 하는 경우 국민건강보험공단에 변경신청을 하여야 한다.

⑤ 재가급여에는 방문요양, 방문목욕, 특별현금급여가 포함된다.

해설 재가급여에는 방문요양, 방문목욕, 방문간호, 주·야간보호, 단기보호, 기타재가급여가 있다(제23조 제1호).

정답 ⑤

□ **21회 73번**

다음의 역할을 하는 노인장기요양보험법상 기구는?

- 장기요양요원의 권리 침해에 관한 상담 및 지원
- 장기요양요원의 역량강화를 위한 교육지원
- 장기요양요원에 대한 건강검진 등 건강관리를 위한 사업

① 장기요양위원회
② 등급판정위원회
③ 장기요양심사위원회
④ 장기요양요원지원센터
⑤ 공표심의위원회

해설 제47조의2(장기요양요원지원센터의 설치 등) ① 국가와 지방자치단체는 장기요양요원의 권리를 보호하기 위하여 장기요양요원지원센터를 설치·운영할 수 있다. ② 장기요양요원지원센터는 다음 각 호의 업무를 수행한다. 1. 장기요양요원의 권리 침해에 관한 상담 및 지원, 2. 장기요양요원의 역량강화를 위한 교육지원, 3. 장기요양요원에 대한 건강검진 등 건강관리를 위한 사업, 4. 그 밖에 장기요양요원의 업무 등에 필요하여 대통령령으로 정하는 사항

정답 ④

□ **20회 70번**

노인장기요양보험법의 내용으로 옳은 것은?

① 장기요양보험사업은 보건복지부장관이 관장한다.

② "장기요양급여"란 장기요양등급판정 결과에 따라 1개월 이상 동안 혼자서 일상생활을 수행하기 어렵다고 인정되는 자에게 신체활동·가사활동의 지원 또는 간병 등의 서비스를 말한다.

③ 장기요양기관은 수급자에게 재가급여 또는 시설급여를 제공한 경우 시·도지사에게 장기요양 급여비용을 청구하여야 한다.

④ "노인등"이란 60세 이상의 노인 또는 60세 미만의 자로서 치매·뇌혈관성질환 등 대통령령으로 정하는 노인성 질병을 가진 자를 말한다.

⑤ 재가급여에는 방문요양, 방문목욕, 특별현금급여가 있다.

해설 ② "장기요양급여"란 제15조 제2항에 따라 6개월 이상 동안 혼자서 일상생활을 수행하기 어렵다고 인정되는 자에게 신체활동·가사활동의 지원 또는 간병 등의 서비스나 이에 갈음하여 지급하는 현금 등을 말한다. ③ 장기요양기관은 수급자에게 재가급여 또는 시설급여를 제공한 경우 공단에 장기요양급여비용을 청구하여야 한다(제38조). ④ "노인등"이란 65세 이상의 노인 또는 65세 미만의 자로서 치매·뇌혈관성질환 등 대통령령으로 정하는 노인성 질병을 가진 자를 말한다(제2조). ⑤ 재가급여에는 방문요양, 방문목욕, 방문간호, 주·야간보호, 단기보호, 기타재가급여가 있다.

정답 ①

□ 18회 68번

노인장기요양보험법상 장기요양급여 제공의 기본원칙에 해당하는 것을 모두 고른 것은?

ㄱ. 노인등의 심신상태나 건강 등이 악화되지 아니하도록 의료서비스와 연계하여 이를 제공하여야 한다.

ㄴ. 노인등이 자신의 의사와 능력에 따라 최대한 자립적으로 일상생활을 수행할 수 있도록 제공하여야 한다.

ㄷ. 노인등이 가족과 함께 생활하면서 가정에서 장기요양을 받는 재가급여를 우선적으로 제공하여야 한다.

ㄹ. 노인등의 심신상태·생활환경과 노인등 및 그 가족의 욕구·선택을 종합적으로 고려하여 필요한 범위 안에서 이를 적정하게 제공하여야 한다.

① ㄴ, ㄹ
② ㄱ, ㄴ, ㄷ
③ ㄱ, ㄷ, ㄹ
④ ㄴ, ㄷ, ㄹ
⑤ ㄱ, ㄴ, ㄷ, ㄹ

해설 제3조(장기요양급여 제공의 기본원칙) ① 장기요양급여는 노인등이 자신의 의사와 능력에 따라 최대한 자립적으로 일상생활을 수행할 수 있도록 제공하여야 한다. ② 장기요양급여는 노인 등의 심신상태·생활환경과 노인 등 및 그 가족의 욕구·선택을 종합적으로 고려하여 필요한 범위 안에서 이를 적정하게 제공하여야 한다. ③ 장기요양급여는 노인등이 가족과 함께 생활하면서 가정에서 장기요양을 받는 재가급여를 우선적으로 제공하여야 한다. ④ 장기요양급여는 노인등의 심신상태나 건강 등이 악화되지 아니하도록 의료서비스와 연계하여 이를 제공하여야 한다. **정답** ⑤

☑ 핵심요약

5. 사회보험법

1) 국민연금법(1986)

(1) 가입자의 종류

① 사업장가입자: 대통령령으로 정하는 사업장의 18세 이상 60세 미만인 근로자와 사용자(제8조)

② 지역가입자: 사업장가입자가 아닌 18세 이상 60세 미만인 자(제9조)

③ 임의가입자: 사업장가입자·지역가입자가 아닌 18세 이상 60세 미만인 자가 공단에 가입을 신청하면 임의가입자가 될 수 있다(제10조).

④ 임의계속가입자: 국민연금 가입자 또는 가입자였던 자로서 60세가 된 자이거나 특수직종근로자로서 노령연금 수급권을 취득한 사람은 65세가 될 때까지 국민연금공단에 가입을 신청하면 임의계속가입자가 될 수 있다. 이 경우 가입 신청이 수리된 날에 그 자격을 취득한다(제13조).

(2) 가입자 자격의 상실 시기

• 사업장가입자는 '사망한 때, 국적을 상실하거나 국외로 이주한 때, 사용관계가 끝

난 때, 60세가 된 때'의 다음 날에 자격을 상실하고, 제6조 단서에 따른 '국민연금 가
입대상 제외자에 해당하게 된 때'는 그날에 자격을 상실한다(제12조 제1항).
- 지역가입자는 '사망한 때, 국적을 상실하거나 국외로 이주한 때, 제9조 제1호에 따
른 배우자로서 별도의 소득이 없게 된 때, 60세가 된 때'에 해당하는 날의 다음 날
에 자격을 상실하고, '제6조 단서에 따른 국민연금 가입대상 제외자에 해당하게 된
때', '사업장가입자의 자격을 취득한 때'는 그날에 자격을 상실한다(제12조 제2항).

(3) 급여의 종류

① 노령연금(제61조)
- 가입기간이 10년 이상인 가입자 또는 가입자였던 자에 대하여는 60세(특수직종근
로자는 55세)가 된 때부터 그가 생존하는 동안 지급한다.
- 가입기간이 10년 이상인 가입자 또는 가입자였던 자로서 55세 이상인 자가 대통령
령으로 정하는 소득이 있는 업무에 종사하지 아니하는 경우 본인이 희망하면 60세
가 되기 전이라도 연금("조기노령연금")을 받을 수 있다.

② 장애연금(제67조)
- 가입자 또는 가입자였던 자가 질병이나 부상으로 신체상 또는 정신상의 장애가 있
는 경우에는 장애 정도를 결정하는 기준이 되는 날부터 그 장애가 계속되는 기간 동
안 장애 정도에 따라 장애연금을 지급한다.
- 해당 질병 또는 부상의 초진일 당시 연령이 18세 이상이고 노령연금의 지급연령 미
만일 것

③ 유족연금: 노령연금 수급권자, 가입기간이 10년 이상인 가입자 또는 가입자였던 자,
연금보험료를 낸 기간이 가입대상 기간의 3분의 1 이상인 가입자 또는 가입자였던
자, 사망일 5년 전부터 사망일까지의 기간 중 연금보험료를 낸 기간이 3년 이상인 가
입자 또는 가입자였던 자, 장애등급이 2급 이상인 장애연금 수급권자가 사망하면 그
유족에게 연금을 지급한다(제72조).

④ 반환일시금: 가입자 또는 가입자였던 자의 가입기간이 10년 미만인 자가 60세가 된
때, 가입자 또는 가입자였던 자가 사망한 때, 국적을 상실하거나 국외로 이주한 때의
어느 하나에 해당하게 되면 본인이나 그 유족의 청구에 의하여 반환일시금을 지급받
을 수 있다(제77조).

⑤ 사망일시금: 가입자 또는 가입자였던 사람, 노령연금 수급권자, 장애등급이 3급 이상
인 장애연금 수급권자의 어느 하나에 해당하는 사람이 사망한 때에 제73조에 따른 유
족이 없으면 그 배우자·자녀·부모·손자녀·조부모·형제자매 또는 4촌이내 방계혈족
(傍系血族)에게 사망일시금을 지급한다. 다만, 가출·실종 등 대통령령으로 정하는 경
우에 해당하는 사람에게는 지급하지 아니하며, 4촌 이내 방계혈족의 경우에는 대통
령령으로 정하는 바에 따라 사망 당시 그 사람에 의하여 생계를 유지하고 있던 사람
에게만 지급한다(제80조).

(4) 기타 내용

- 미지급 급여를 받을 순위는 배우자, 자녀, 손자녀, 조부모, 형제자매의 순으로 한다(제55조 제2항).
- 배우자, 남편 또는 아내에는 사실상의 혼인관계에 있는 자를 포함한다(제3조 제2항).
- 수급권을 취득할 당시 가입자 또는 가입자였던 자의 태아가 출생하면 그 자녀는 가입자 또는 가입자였던 자에 의하여 생계를 유지하고 있던 자녀로 본다(제3조 제3항). 배우자인 수급권자가 재혼하면 수급권은 소멸한다(제75조 제1항).

2) 국민건강보험법(1999)

- 공단은 이 법에서 정한 요양급여 외에 대통령령으로 정하는 바에 따라 임신·출산 진료비, 장제비, 상병수당, 그 밖의 급여를 실시할 수 있다(제50조 부가급여). 그러나 현재 제도상 장제비는 폐지되었고, 상병수당은 2025년 도입 예정으로 실시되지 않고 있음을 유의해야 한다.
- 심사평가원은 요양급여에 대한 의료의 질을 향상시키기 위하여 요양급여의 적정성 평가를 실시할 수 있다(제47조의4).
- 국내에 거주하는 모든 국민(의료급여 수급권자, 유공자등 의료보호대상자는 제외)은 가입자 또는 피부양자가 된다. 피부양자는 직장가입자의 배우자, 직계존속, 직계비속 및 그 배우자, 형제·자매 중 직장가입자에게 주로 생계를 의존하는 사람으로서 소득 및 재산이 보건복지부령으로 정하는 기준 이하에 해당하는 사람을 말한다(제5조).
- 보험급여의 종류에는 요양급여, 요양비, 임신·출산 진료비, 장애인에 대한 특례, 건강검진 등이 있다.
- 요양급여에는 가입자와 피부양자의 질병, 부상, 출산 등에 대하여 '진찰·검사, 약제(藥劑)·치료재료의 지급, 처치·수술 및 그 밖의 치료, 예방·재활, 입원, 간호, 이송(移送)'이 있다(제41조).
- 가입자가 자격을 상실하는 시기는 '사망한 날의 다음 날, 국적을 잃은 날의 다음 날, 국내에 거주하지 아니하게 된 날의 다음 날, 직장가입자의 피부양자가 된 날, 수급권자가 된 날, 건강보험을 적용받고 있던 사람이 유공자 등 의료보호대상자가 되어 건강보험의 적용배제 신청을 한 날' 등에 해당하게 된 날에 그 자격을 상실한다(제10조).
- 건강보험의 보험자는 국민건강보험공단으로 한다(제13조).

3) 고용보험법(1993)

- 기금은 고용노동부장관이 '금융기관에의 예탁, 재정자금에의 예탁, 국가·지방자치단체 또는 금융기관에서 직접 발행하거나 채무이행을 보증하는 유가증권의 매입, 보험사업의 수행 또는 기금 증식을 위한 부동산의 취득 및 처분, 그 밖에 대통령령으로

정하는 기금 증식 방법'으로 관리·운용한다(제79조).

- 기금은 '고용안정·직업능력개발사업에 필요한 경비, 실업급여의 지급, 국민연금보험료의 지원, 육아휴직 급여 및 출산전후휴가 급여등의 지급, 보험료의 반환, 일시차입금의 상환금과 이자, 업무를 대행하거나 위탁받은 자에 대한 출연금, 필요한 경비'의 용도로 사용하여야 한다(제80조).
- 국가는 매년 보험사업에 드는 비용의 일부를 일반회계에서 부담하여야 한다(제5조).
- 농업·임업 및 어업 중 법인이 아닌 자가 상시 4명 이하의 근로자를 사용하는 사업에는 적용하지 아니한다.
- 기준기간은 이직일 이전 18개월로 한다(제40조 제2항).
- "실업"이란 근로의 의사와 능력이 있음에도 불구하고 취업하지 못한 상태에 있는 것을 말한다(제2조 제3호).
- "일용근로자"란 1개월 미만 동안 고용되는 사람을 말한다(제2조 제6호).
- 65세 이후에 고용(65세 전부터 피보험 자격을 유지하던 사람이 65세 이후에 계속하여 고용된 경우는 제외한다)되거나 자영업을 개시한 사람에게는 실업급여 및 육아휴직 급여를 적용하지 아니한다(제10조 제2항).

(1) 고용안정·직업능력개발 사업

- 고용노동부장관은 피보험자 및 피보험자였던 사람, 그 밖에 취업할 의사를 가진 사람에 대한 실업의 예방, 취업의 촉진, 고용기회의 확대, 직업능력개발·향상의 기회 제공 및 지원, 그 밖에 고용안정과 사업주에 대한 인력 확보를 지원하기 위하여 고용안정·직업능력개발 사업을 실시한다(제19조 제1항).

(2) 실업급여

- 실업급여는 구직급여와 취업촉진 수당으로 구분한다(제37조 제1항).
- 구직급여를 지급받으려는 사람은 이직 후 지체 없이 직업안정기관에 출석하여 실업을 신고하여야 한다(제42조 제1항).
- 구직급여는 '기준기간 동안의 피보험 단위기간이 합산하여 180일 이상일 것, 근로의 의사와 능력이 있음에도 불구하고 취업하지 못한 상태에 있을 것, 이직사유가 수급자격의 제한 사유에 해당하지 아니할 것, 재취업을 위한 노력을 적극적으로 할 것, 수급자격 인정신청일이 속한 달의 직전 달 초일부터 수급자격 인정신청일까지의 근로일 수의 합이 같은 기간 동안의 총 일수의 3분의 1 미만일 것, 건설일용근로자로서 수급자격 인정신청일 이전 14일간 연속하여 근로내역이 없을 것, 최종 이직 당시의 기준기간 동안의 피보험 단위기간 중 다른 사업에서 수급자격의 제한 사유에 해당하는 사유로 이직한 사실이 있는 경우에는 그 피보험 단위기간 중 90일 이상을 일용근로자로 근로하였을 것'의 요건을 모두 갖춘 경우에 지급한다(제40조 제1항).

- 실업의 신고일부터 계산하기 시작하여 7일간은 대기기간으로 보아 구직급여를 지급하지 아니한다(제49조).
- 실업급여를 받을 권리는 양도 또는 압류하거나 담보로 제공할 수 없다(제38조 제1항).
- 취업촉진 수당에는 조기재취업 수당, 직업능력개발 수당, 광역 구직활동비, 이주비가 있다(제37조 제2항).

(3) 육아휴직 급여

- 고용노동부장관은 육아휴직을 30일(근로기준법에 따른 출산전후휴가기간과 중복되는 기간은 제외한다) 이상 부여받은 피보험자 중 육아휴직을 시작한 날 이전에 피보험 단위기간이 합산하여 180일 이상인 피보험자에게 육아휴직 급여를 지급한다(제70조 제1항).
- 육아휴직기간은 1년 이내이며, 자녀 1명당 1년 이내이므로 자녀 수에 따라 사용가능하다. 부모가 모두 근로자라면 부와 모가 각각 사용이 가능하다.
- 시행령 제95조(육아휴직 급여) ① 법 제70조 제1항에 따른 육아휴직 급여는 육아휴직 시작일을 기준으로 한 월 통상임금의 100분의 80에 해당하는 금액을 월별 지급액으로 한다. 다만, 해당 금액이 150만원을 넘는 경우에는 150만원으로 하고, 해당 금액이 70만원보다 적은 경우에는 70만원으로 한다.

(4) 출산전후휴가 급여 등

- 고용노동부장관은 피보험자가 출산전후휴가 또는 유산·사산휴가를 받은 경우와 배우자 출산휴가를 받은 경우로서 각 호의 요건을 모두 갖춘 경우에 출산전후휴가 급여 등을 지급한다(제75조).

(5) 자영업자인 피보험자에 대한 실업급여 적용의 특례

- 자영업자인 피보험자의 실업급여의 종류는 제37조에 따른다. 다만, 연장급여와 조기재취업 수당은 제외한다(제69조의2).

(6) 예술인인 피보험자에 대한 고용보험 특례

- 근로자가 아니면서 「예술인 복지법」에 따른 예술인 등 대통령령으로 정하는 사람 중 문화예술용역 관련 계약을 체결하고 다른 사람을 사용하지 아니하고 자신이 직접 노무를 제공하는 사람과 이들을 상대방으로 하여 문화예술용역 관련 계약을 체결한 사업에 대해서는 이 장을 적용한다(제77조의2 제1항).
- 고용노동부장관은 예술인인 피보험자 또는 피보험자였던 사람이 출산 또는 유산·사산을 이유로 노무를 제공할 수 없는 경우에는 출산전후급여 등을 지급한다(제77조의4 제1항).

(7) 노무제공자인 피보험자에 대한 고용보험 특례

- 근로자가 아니면서 자신이 아닌 다른 사람의 사업을 위하여 자신이 직접 노무를 제공하고 해당 사업주 또는 노무수령자로부터 일정한 대가를 지급받기로 하는 계약을 체결한 사람 중 대통령령으로 정하는 직종에 종사하는 사람과 이들을 상대방으로 하여 노무제공계약을 체결한 사업에 대해서는 이 장을 적용한다(제77조의6 제1항).
- 고용노동부장관은 노무제공자인 피보험자 또는 피보험자였던 사람이 출산 또는 유산·사산을 이유로 노무를 제공할 수 없는 경우에는 출산전후급여등을 지급한다(제77조의9 제1항).

(8) 중대한 귀책사유로 해고된 피보험자로서 구직급여 수급자격의 제한사유

- 「형법」 또는 직무와 관련된 법률을 위반하여 금고 이상의 형을 선고받은 경우
- 사업에 막대한 지장을 초래하거나 재산상 손해를 끼친 경우로서 고용노동부령으로 정하는 기준(사업기밀을 경쟁관계에 있는 사업자에게 제공한 경우)에 해당하는 경우
- 정당한 사유 없이 근로계약을 위반하여 장기간 무단 결근한 경우

4) 산업재해보상보험법(1963)

(1) 정의

- "업무상 재해"란 업무상의 사유에 따른 근로자의 부상·질병·장해 또는 사망을 말한다.
- "유족"이란 사망한 사람의 배우자(사실상 혼인 관계에 있는 사람을 포함한다)·자녀·부모·손자녀·조부모 또는 형제자매를 말한다.
- "치유"란 부상 또는 질병이 완치되거나 치료의 효과를 더이상 기대할 수 없고 그 증상이 고정된 상태에 이르게 된 것을 말한다.
- "장해"란 부상 또는 질병이 치유되었으나 정신적 또는 육체적 훼손으로 인하여 노동능력이 상실되거나 감소된 상태를 말한다.
- "중증요양상태"란 업무상의 부상 또는 질병에 따른 정신적 또는 육체적 훼손으로 노동능력이 상실되거나 감소된 상태로서 그 부상 또는 질병이 치유되지 아니한 상태를 말한다.
- "진폐(塵肺)"란 분진을 흡입하여 폐에 생기는 섬유증식성(纖維增殖性) 변화를 주된 증상으로 하는 질병을 말한다.
- "출퇴근"이란 취업과 관련하여 주거와 취업장소 사이의 이동 또는 한 취업장소에서 다른 취업장소로의 이동을 말한다.

(2) 근로복지공단

- 공단은 법인으로 한다(제12조).
- 공단의 다음의 사업을 수행한다(제11조).
  - 보험가입자와 수급권자에 관한 기록의 관리·유지
  - 보험료징수법에 따른 보험료와 그 밖의 징수금의 징수
  - 보험급여의 결정과 지급
  - 보험급여 결정 등에 관한 심사 청구의 심리·결정
  - 산업재해보상보험 시설의 설치·운영
  - 업무상 재해를 입은 근로자 등의 진료·요양 및 재활
  - 재활보조기구의 연구개발·검정 및 보급
  - 보험급여 결정 및 지급을 위한 업무상 질병 관련 연구
  - 근로자 등의 건강을 유지·증진하기 위하여 필요한 건강진단 등 예방 사업
  - 근로자의 복지 증진을 위한 사업
  - 그 밖에 정부로부터 위탁받은 사업

(3) 업무상 재해

- 업무상 재해에는 업무상 사고, 업무상 질병, 출퇴근 재해가 있다.
- 업무상 사고는 '근로자가 근로계약에 따른 업무나 그에 따르는 행위를 하던 중 발생한 사고, 사업주가 제공한 시설물 등을 이용하던 중 그 시설물 등의 결함이나 관리 소홀로 발생한 사고, 사업주가 주관하거나 사업주의 지시에 따라 참여한 행사나 행사준비 중에 발생한 사고, 휴게시간 중 사업주의 지배관리하에 있다고 볼 수 있는 행위로 발생한 사고, 그 밖에 업무와 관련하여 발생한 사고'이다.
- 출퇴근 재해는 통상적인 경로와 방법으로 출퇴근하는 중 발생한 사고를 말한다.

(4) 보험급여의 종류

- 요양급여, 휴업급여, 장해급여, 간병급여, 유족급여, 상병(傷病)보상연금, 장례비, 직업재활급여

① 요양급여(제40조)

- 요양급여는 근로자가 업무상의 사유로 부상을 당하거나 질병에 걸린 경우에 그 근로자에게 지급한다.
- 요양급여는 산재보험 의료기관에서 요양을 하게 한다. 다만, 부득이한 경우 요양을 갈음하여 요양비를 지급할 수 있다.
- 부상 또는 질병이 3일 이내의 요양으로 치유될 수 있으면 지급하지 아니한다.
- 요양급여의 범위는 다음과 같다.
  - 진찰 및 검사
  - 약제 또는 진료재료와 의지(義肢)나 그 밖의 보조기의 지급
  - 처치, 수술, 그 밖의 치료

- 재활치료
- 입원
- 간호 및 간병
- 이송
- 그 밖에 고용노동부령으로 정하는 사항

② 휴업급여: 업무상 사유로 부상을 당하거나 질병에 걸린 근로자에게 요양으로 취업하지 못한 기간에 대하여 지급하되, 1일당 지급액은 평균임금의 100분의 70에 상당하는 금액으로 한다. 다만, 취업하지 못한 기간이 3일 이내이면 지급하지 아니한다(제52조).

③ 장해급여: 근로자가 업무상의 사유로 부상을 당하거나 질병에 걸려 치유된 후 신체 등에 장해가 있는 경우에 그 근로자에게 지급한다(제57조).

④ 간병급여: 요양급여를 받은 사람 중 치유 후 의학적으로 상시 또는 수시로 간병이 필요하여 실제로 간병을 받는 사람에게 지급한다(제61조).

⑤ 유족급여: 근로자가 업무상의 사유로 사망한 경우에 유족에게 지급한다(제62조).

⑥ 상병보상연금: 요양급여를 받는 근로자가 요양을 시작한 지 2년이 지난 날 이후에 다음 각 호의 요건 모두에 해당하는 상태가 계속되면 휴업급여 대신 상병보상연금을 그 근로자에게 지급한다(제66조).

⑦ 장례비: 근로자가 업무상의 사유로 사망한 경우에 지급하되, 평균임금의 120일분에 상당하는 금액을 그 장례를 지낸 유족에게 지급한다(제71조).

⑧ 직업재활급여: 장해급여 또는 진폐보상연금을 받은 사람이나 장해급여를 받을 것이 명백한 사람으로서 대통령령으로 정하는 사람 중 취업을 위하여 직업훈련이 필요한 사람에 대하여 실시하는 '직업훈련에 드는 비용 및 직업훈련수당, 직장복귀지원금, 직장적응훈련비 및 재활운동비'를 말한다(제72조).

5) 노인장기요양보험법(2007)

- 장기요양기관은 수급자에게 재가급여 또는 시설급여를 제공한 경우 건강보험공단에 장기요양급여비용을 청구하여야 한다(제38조 제1항).

(1) 정의

- "노인등"이란 65세 이상의 노인 또는 65세 미만의 자로서 치매·뇌혈관성질환 등 대통령령으로 정하는 노인성 질병을 가진 자를 말한다.
- "장기요양급여"란 제15조 제2항에 따라 6개월 이상 동안 혼자서 일상생활을 수행하기 어렵다고 인정되는 자에게 신체활동·가사활동의 지원 또는 간병 등의 서비스나 이에 갈음하여 지급하는 현금 등을 말한다.
- "장기요양사업"이란 장기요양보험료, 국가 및 지방자치단체의 부담금 등을 재원으로 하여 노인등에게 장기요양급여를 제공하는 사업을 말한다.
- "장기요양기관"이란 제31조에 따른 지정을 받은 기관으로서 장기요양급여를 제공하

는 기관을 말한다.
- "장기요양요원"이란 장기요양기관에 소속되어 노인등의 신체활동 또는 가사활동 지원 등의 업무를 수행하는 자를 말한다.

(2) 장기요양급여 제공의 기본원칙
- 장기요양급여는 노인등이 자신의 의사와 능력에 따라 최대한 자립적으로 일상생활을 수행할 수 있도록 제공하여야 한다.
- 장기요양급여는 노인등의 심신상태·생활환경과 노인등 및 그 가족의 욕구·선택을 종합적으로 고려하여 필요한 범위 안에서 이를 적정하게 제공하여야 한다.
- 장기요양급여는 노인등이 가족과 함께 생활하면서 가정에서 장기요양을 받는 재가급여를 우선적으로 제공하여야 한다.
- 장기요양급여는 노인등의 심신상태나 건강 등이 악화되지 아니하도록 의료서비스와 연계하여 이를 제공하여야 한다.

(3) 장기요양인정의 신청자격 및 유효기간
- 신청할 수 있는 자는 노인등으로서 '장기요양보험가입자 또는 그 피부양자, 의료급여수급권자'이다(제12조).
- 장기요양인정의 유효기간은 최소 1년 이상으로서 대통령령(유효기간은 2년, 장기요양 1등급의 경우: 4년, 장기요양 2등급부터 4등급까지의 경우: 3년, 장기요양 5등급 및 인지지원등급의 경우: 2년)으로 정한다(제19조).

(4) 장기요양급여의 종류
① 재가급여
- 방문요양, 방문목욕, 방문간호, 주·야간보호, 단기보호, 기타재가급여
- 본인부담금은 해당 장기요양급여비용의 100분의 15(시행령 제15조의8 제1호)
② 시설급여
- 장기요양기관에 장기간 입소한 수급자에게 신체활동 지원 및 심신기능의 유지·향상을 위한 교육·훈련 등을 제공하는 장기요양급여
- 본인부담금은 해당 장기요양급여비용의 100분의 20(시행령 제15조의8 제2호)
③ 특별현금급여: 가족요양비, 특례요양비, 요양병원간병비

(5) 장기요양요원지원센터의 업무
- 장기요양요원의 권리 침해에 관한 상담 및 지원
- 장기요양요원의 역량강화를 위한 교육지원
- 장기요양요원에 대한 건강검진 등 건강관리를 위한 사업
- 그 밖에 장기요양요원의 업무 등에 필요하며 대통령령으로 정하는 사항

1) 국민연금법(1986)

1. 유족연금 수급권자인 배우자가 재혼한 때에 그 수급권은 소멸한다.

2. 국민연금 가입자의 종류는 사업장가입자, 지역가입자, 임의가입자, 임의계속가입자가 있다.

3. 임의계속가입자는 국민연금 가입자 또는 가입자였던 자로서 60세가 된 자이거나 특수직종근로자로서 노령연금 수급권을 취득한 사람은 65세가 될 때까지 국민연금공단에 가입을 신청하면 임의계속가입자 가 될 수 있다.

4. 급여의 종류에는 노령연금, 유족연금, 장애연금, 반환일시금, 사망일시금이 있다.

5. 노령연금은 가입기간이 10년 이상인 가입자 또는 가입자였던 자에 대하여는 60세(특수직종근로자는 55세)가 된 때부터 그가 생존하는 동안 지급한다. 가입기간이 10년 이상인 가입자 또는 가입자였던 55세 이상인 자가 대통령령으로 정하는 소득이 있는 업무에 종사하지 아니하는 경우 60세가 되기 전이라도 연금("조기노령연금")을 받을 수 있다.

6. 미지급 급여의 받을 순위는 배우자, 자녀, 손자녀, 조부모, 형제자매의 순이다.

7. 부담금이란 사업장가입자의 사용자가 부담하는 금액을 말한다.

8. 분할연금은 요건을 모두 갖추게 된 때부터 5년 이내에 청구하여야 한다.

9. 사업장가입자는 국적을 상실하거나 국외로 이주한 때의 다음 날 자격을 상실한다.

2) 국민건강보험법(1999)

1. 보험급여의 종류에는 요양급여, 요양비, 임신·출산 진료비, 장애인에 대한 특례, 건강검진 등이 있다.

2. 요양급여에는 가입자와 피부양자의 질병, 부상, 출산 등에 대하여 '진찰·검사, 약제(藥劑)·치료재료의 지급, 처치·수술 및 그 밖의 치료, 예방·재활, 입원, 간호, 이송(移送)'이 있다.

3. 피부양자는 직장가입자의 배우자, 직계존속, 직계비속 및 그 배우자, 형제·자매 중 직장가입자에게 주로 생계를 의존하는 사람으로서 소득 및 재산이 보건복지부령으로 정하는 기준 이하에 해당하는 사람을 말한다.

3) 고용보험법(1993)

1. 국가는 매년 보험사업에 드는 비용의 일부를 일반회계에서 부담하여야 한다.

2. 취업촉진수당은 조기재취업수당, 직업능력개발수당, 광역구직활동비, 이주비가 있다.

3. 실업이란 근로의 의사와 능력이 있음에도 불구하고 취업하지 못한 상태에 있는 것이다.

4. 일용근로자란 1개월 미만 동안 고용되는 사람을 말한다.

5. 고용노동부장관은 고용안정·직업능력개발사업을 실시한다.

6. 피보험자가 구직급여를 받기 위해서는 이직일 이전 18개월간 피보험 단위기간이 통산하여 180일 이상이어야 한다.

7. 중대한 귀책사유로 해고되었거나 자기 사정으로 이직한 피보험자는 수급자격이 없다.

8. 고용보험기금의 관리·운용은 고용노동부장관이 한다.

4) 산업재해보상보험법(1963)

1. 근로복지공단은 법인으로 하며, 보험급여의 결정과 지급을 수행한다.

2. 휴게시간 중 사업주의 지배관리하에 있다고 볼 수 있는 행위로 발생한 사고는 업무상사고에 해당한다.

3. 출퇴근 재해는 통상적인 경로와 방법으로 출퇴근하는 중 발생한 사고를 말한다.

4. 보험급여는 지급 결정일로부터 14일 이내에 지급한다.

5. 부상 또는 질병이 3일 이내의 요양으로 치유될 수 있으면 지급하지 아니한다.

6. 진폐는 분진을 흡입하여 폐에 생기는 섬유증식성 변화를 주된 증상으로 하는 질병이다.

7. 유족이란 사망한 사람의 배우자(사실상 혼인 관계에 있는 사람을 포함한다)·자녀·부모·손자녀·조부모 또는 형제자매를 말한다.

8. 산재보험급여는 요양급여, 휴업급여, 장해급여, 간병급여, 유족급여, 상병(傷病)보상연금, 장례비, 직업재활급여가 있다.

9. 업무상 사고는 '근로자가 근로계약에 따른 업무나 그에 따르는 행위를 하던 중 발생한 사고, 사업주가 제공한 시설물 등을 이용하던 중 그 시설물 등의 결함이나 관리소홀로 발생한 사고, 사업주가 주관하거나 사업주의 지시에 따라 참여한 행사나 행사준비 중에 발생한 사고, 휴게시간 중 사업주의 지배관리하에 있다고 볼 수 있는 행위로 발생한 사고, 그 밖에 업무와 관련하여 발생한 사고'이다.

5) 노인장기요양보험법(2007)

1. 노인등이란 65세 이상의 노인 또는 65세 미만의 자로서 치매·뇌혈관성질환 등 대통령령으로 정하는 노인성 질병을 가진 자를 말한다.

2. 장기요양급여란 6개월 이상 동안 혼자서 일상생활을 수행하기 어렵다고 인정되는 자에게 신체활동·가사활동의 지원 또는 간병 등의 서비스나 이에 갈음하여 지급하는 현금 등을 말한다.

3. 장기요양보험사업의 보험자는 국민건강보험공단으로 한다.

04. 장기요양인정의 유효기간은 최소 1년 이상으로 한다.

05. 대통령령에 의한 장기요양인정의 유효기간은 2년이다.

06. 장기요양급여는 노인등이 최대한 자립적으로 일상생활을 수행할 수 있도록 필요한 범위 안에서 재가급여를 우선적으로 하여 의료서비스와 연계하여 이를 제공하여야 한다.

07. 보건복지부장관은 3년마다 실태조사를 정기적으로 실시하고, 5년 단위로 기본계획을 수립·시행해야 한다.

6. 사회서비스법

1) 노인복지법

□ 22회 72번

노인복지법의 내용으로 옳은 것은?

① 노인복지주택에 입소할 수 있는 자는 65세 이상의 노인으로 한다.
② 국가는 지역 간의 연계체계를 구축하고 노인학대를 예방하기 위하여 중앙노인보호전문기관을 설치·운영하여야 한다.
③ 노인취업알선기관은 지역사회 등에서 노인에 의한 재화의 생산·판매 등을 직접 담당하는 기관이다.
④ 노인요양공동생활가정은 노인들에게 일상생활에 필요한 편의를 제공함을 목적으로 하는 노인주거복지시설이다.
⑤ 지역노인보호전문기관은 시·군·구에 둔다.

해설 ① 노인복지주택에 입소할 수 있는 자는 60세 이상의 노인으로 한다(제33조의2). ③ 노인일자리지원기관은 지역사회 등에서 노인에 의한 재화의 생산·판매 등을 직접 담당하는 기관이다(제23조의2, 본 조항은 2024.11.01.자로 삭제됨). ④ 노인공동생활가정은 노인들에게 일상생활에 필요한 편의를 제공함을 목적으로 하는 노인주거복지시설이다(제32조). ⑤ 지역노인보호전문기관은 시·도에 둔다(제39조의5). **정답** ②

□ 20회 72번

노인복지법의 내용으로 옳지 않은 것은?

① 노인복지주택 입소자격자는 60세 이상의 노인이다.
② 보건복지부장관은 요양보호사가 거짓으로 자격증을 취득한 경우 그 자격을 취소하여야 한다.
③ 누구든지 노인학대를 알게 된 때에는 노인보호전문기관 또는 수사기관에 신고할 수 있다.
④ 노인일자리전담기관에는 노인인력개발기관, 노인취업알선기관, 노인일자리지원기관이 있다.
⑤ 지방자치단체는 65세 이상의 자에 대하여 건강진단과 보건교육을 실시할 수 있다.

해설 요양보호사의 자격을 취소하는 것은 시·도지사이다(제39조의14). **정답** ②

□ 19회 70번

노인복지법상 노인복지시설의 종류에 해당하지 않는 것은?

① 노인주거복지시설
② 독거노인종합지원센터
③ 노인보호전문기관
④ 학대피해노인 전용쉼터
⑤ 노인일자리지원기관

해설 노인복지시설의 종류에는 '노인주거복지시설, 노인의료복지시설, 노인여가복지시설, 재가노인복지시설, 노인보호전문기관, 노인일자리지원기관, 학대피해노인 전용쉼터'가 있다(제31조). **정답** ②

□ 18회 71번

노인복지법상 노인학대에 관한 내용으로 옳지 않은 것은?

① 「119구조·구급에 관한 법률」에 따른 119구급대의 구급대원은 65세 이상의 사람에 대한 노인학대 신고의무자에 속한다.

② 노인학대를 알게 된 때에는 신고의무자만 신고할 수 있다.

③ 법원이 노인학대관련범죄자에 대하여 취업제한명령을 하는 경우, 취업제한기간은 10년을 초과하지 못한다.

④ 노인학대신고를 접수한 노인보호전문기관의 직원은 지체없이 노인학대의 현장에 출동하여야 한다.

⑤ 국가와 지방자치단체는 노인학대를 예방하고 수시로 신고를 받을 수 있도록 긴급 전화를 설치하여야 한다.

해설 누구든지 노인학대를 알게 된 때에는 노인보호전문기관 또는 수사기관에 신고할 수 있다. 그 직무상 65세 이상의 사람에 대한 노인학대를 알게 된 때에는 즉시 노인보호전문기관 또는 수사기관에 신고하여야 한다(제39조의6). **정답** ②

2) 아동복지법

□ 22회 73번

아동복지법의 내용으로 옳지 않은 것은?

① 지방자치단체는 아동이 항상 이용할 수 있는 아동전용시설을 설치하도록 노력하여야 한다.

② 시·도지사 또는 시장·군수·구청장은 보호조치 중인 보호대상아동의 양육상황을 분기별로 점검하여야 한다.

③ 아동정책조정위원회 위원장은 국무총리가 된다.

④ 아동위원은 명예직으로 하되, 아동위원에 대하여는 수당을 지급할 수 있다.

⑤ 보건복지부장관은 아동정책의 효율적인 추진을 위하여 5년마다 아동정책기본계획을 수립하여야 한다.

해설 시·도지사 또는 시장·군수·구청장은 보호조치 중인 보호대상아동의 양육상황을 매년 점검하여야 한다(제15조의3). **정답** ②

□ 21회 74번

다음과 같은 역할을 하는 사회복지시설은?

- 아동의 안전한 보호
- 안전하고 균형 있는 급식 및 간식의 제공
- 등·하교 전후, 야간 또는 긴급상황 발생 시 돌봄서비스 제공
- 체험활동 등 교육·문화·예술·체육 프로그램의 연계·제공
- 돌봄 상담, 관련 정보의 제공 및 서비스의 연계

① 장애인 지역사회재활시설

② 다함께돌봄센터

③ 아동보호전문기관

④ 지역장애아동지원센터

⑤ 노인공동생활가정

□ 21회 75번

아동복지법상 보호가 필요한 아동을 발견하고 양육환경을 개선할 수 있도록 지원하기 위하여 이용할 수 있는 자료와 정보에 해당하는 것을 모두 고른 것은?

> ㄱ. 「국민건강보험법」 제41조 제1항 각 호에 따른 요양급여 실시 기록
> ㄴ. 「국민건강보험법」 제52조에 따른 영유아건강검진 실시 기록
> ㄷ. 「초·중등교육법」 제25조에 따른 학교생활기록 정보
> ㄹ. 「전기사업법」 제14조에 따른 단전 가구정보

① ㄱ, ㄴ, ㄷ   ② ㄱ, ㄴ, ㄹ
③ ㄱ, ㄷ, ㄹ   ④ ㄴ, ㄷ, ㄹ
⑤ ㄱ, ㄴ, ㄷ, ㄹ

해설 보건복지부장관은 보호가 필요한 아동을 발견하고 양육환경을 개선할 수 있도록 지원하기 위하여 「사회보장기본법」 제37조에 따른 사회보장정보시스템을 통하여 문제에서 제시된 자료 또는 정보를 처리할 수 있으며, 해당 자료를 토대로 아동보호를 위한 실태조사 대상 아동을 선정할 수 있다(제15조의4). 정답 ⑤

□ 20회 74번

아동복지법의 내용으로 옳은 것은?

① 시장·군수·구청장은 보호조치 중인 보호대상아동의 양육상황을 3년마다 점검하여야 한다.
② 시·군·구에 두는 아동위원은 명예직으로 수당을 지급할 수 없다.

③ 보건복지부장관 소속으로 아동정책조정위원회를 둔다.
④ 아동권리보장원의 장은 아동학대가 종료된 이후에도 아동학대의 재발 여부를 확인하여야 한다.
⑤ 아동복지시설의 장은 보호하고 있는 12세 이상의 아동을 대상으로 자립지원계획을 수립하여야 한다.

해설 ① 보건복지부장관은 아동정책의 효율적인 추진을 위하여 5년마다 아동정책기본계획을 수립하여야 한다(제7조). ② 시·군·구에 아동위원을 둔다. 아동위원은 명예직으로 하되, 수당을 지급할 수 있다(제14조). ③ 국무총리 소속으로 아동정책조정위원회를 둔다(제10조). ⑤ 보장원의 장, 가정위탁지원센터의 장 및 아동복지시설의 장은 보호하고 있는 15세 이상의 아동을 대상으로 매년 개별 아동에 대한 자립지원계획을 수립하고, 그 계획을 수행하는 종사자를 대상으로 자립지원에 관한 교육을 실시하여야 한다(제39조). 정답 ④

□ 18회 69번

아동복지법의 내용이다. (　　)에 들어갈 내용이 순서대로 옳은 것은?

> · 국무총리 소속으로 (　　)를 둔다.
> · 시·도지사, 시장·군수·구청장 소속으로 (　　)를 각각 둔다.
> · 보건복지부장관은 아동정책기본계획을 (　　)년마다 수립하여야 한다.
> · 보건복지부장관은 아동종합실태를 (　　)년마다 조사하여 그 결과를 공표하여야 한다.

① 아동복지심의위원회, 아동정책조정위원회, 3, 5
② 아동정책조정위원회, 아동복지심의위원회, 3, 5
③ 아동복지심의위원회, 아동정책조정위원회, 5, 3
④ 아동정책조정위원회, 아동복지심의위원회, 5, 3
⑤ 아동정책조정위원회, 아동복지심의위원회, 5, 5

3) 장애인복지법

□ 20회 73번

장애인복지법의 내용으로 옳은 것은?

① 「난민법」 제2조 제2호에 따른 난민인정자는 장애인등록을 할 수 있다.

② 보건복지부장관은 3년마다 장애인정책종합계획을 수립·시행하여야 한다.

③ 보건복지부장관은 5년마다 장애실태조사를 실시하여야 한다.

④ 보건복지부장관은 피해장애인의 임시 보호 및 사회복귀 지원을 위하여 장애인 쉼터를 설치·운영할 수 있다.

⑤ 장애인복지시설의 장은 장애인 거주시설에서 제공하여야 하는 서비스의 최저기준을 마련하여야 한다.

해설 ② 보건복지부장관은 장애인의 권익과 복지증진을 위하여 관계 중앙행정기관의 장과 협의하여 5년마다 장애인정책종합계획을 수립·시행하여야 한다(제10조의2). ③ 보건복지부장관은 장애인 복지정책의 수립에 필요한 기초.자료로 활용하기 위하여 3년마다 장애실태조사를 실시하여야 한다(제31조). ④ 특별시장·광역시장·특별자치시장·도지사·특별자치도지사는 피해장애인의 임시 보호 및 사회복귀 지원을 위하여 장애인 쉼터를 설치·운영할 수 있다(제59조의13). ⑤ 보건복지부장관은 장애인 거주

시설에서 제공하여야 하는 서비스의 최저기준을 마련하여야 한다(제60조의3). 정답 ①

□ 19회 69번

학대에 관한 설명으로 옳은 것을 모두 고른 것은?

ㄱ. 장애인복지법상 장애인 학대에 경제적 착취는 포함되지 않는다.

ㄴ. 아동학대범죄의 처벌 등에 관한 특례법에 따른 아동학대범죄는 아동복지법상 아동학대관련범죄에 해당한다.

ㄷ. 노인복지법상 노인학대라 함은 노인에 대하여 신체적·정신적·정서적·성적 폭력 및 경제적 착취 또는 가혹행위를 하거나 유기 또는 방임을 하는 것을 말한다.

① ㄷ   ② ㄱ, ㄴ   ③ ㄱ, ㄷ

④ ㄴ, ㄷ   ⑤ ㄱ, ㄴ, ㄷ

해설 ㄱ. "장애인학대"란 장애인에 대하여 신체적·정신적·정서적·언어적·성적 폭력이나 가혹행위, 경제적 착취, 유기 또는 방임을 하는 것을 말한다(제2조 제3항). 정답 ④

□ 18회 70번

장애인복지법에 근거하여 설치 또는 설립하는 것이 아닌 것은?

① 장애인 거주시설

② 한국장애인개발원

③ 장애인권익옹호기관

④ 발달장애인지원센터

⑤ 장애인자립생활지원센터

해설 ④ 발달장애인지원센터는 「발달장애인 권리보장 및 지원에 관한 법률」에 근거한다. 보건복지부장관은 제4조에 따른 책무를 효과적으로 수행하고 발달장애인에 대한 통합적 지원체계를 마련하기 위하여 중앙발달장애인지원센터를 설치하여야 한다(제3조). 정답 ④

4) 한부모가족지원법

□ 22회 74번

한부모가족지원법의 내용으로 옳은 것은?

① 여성가족부장관은 5년마다 한부모가족에 대한 실태조사를 실시하고 그 결과를 공표하여야 한다.
② "청소년 한부모"란 18세 이하의 모 또는 부를 말한다.
③ 교육부장관은 청소년 한부모가 학업을 계속할 수 있도록 여성가족부장관에게 협조를 요청하여야 한다.
④ "모" 또는 "부"에는 아동인 자녀를 양육하는 미혼자(사실혼 관계에 있는 자는 제외한다)도 해당된다.
⑤ 한부모가족에 대한 국민의 이해와 관심을 제고하기 위하여 매년 9월 7일을 한부모가족의 날로 한다.

해설 ① 실태조사는 3년마다 실시 ② "청소년 한부모"란 24세 이하의 모 또는 부를 말한다. ③ 여성가족부장관은 청소년 한부모가 학업을 계속할 수 있도록 교육부장관에게 협조를 요청하여야 한다. ⑤ 매년 5월 10일을 한부모가족의 날로 한다. **정답** ④

□ 21회 71번

다음이 설명하는 한부모가족지원법상의 한부모가족복지시설은?

> 배우자(사실혼 관계에 있는 사람을 포함한다)가 있으나 배우자의 물리적·정신적 학대로 아동의 건전한 양육이나 모의 건강에 지장을 초래할 우려가 있을 경우 일시적 또는 일정 기간 동안 모와 아동 또는 모에게 주거와 생계를 지원하는 시설

① 일시지원복지시설
② 부자가족복지시설
③ 모자가족복지시설
④ 한부모가족복지상담소
⑤ 미혼모자가족복지시설

해설 일시지원시설에 대한 설명(제19조 제4호) **정답** ①

□ 20회 71번

한부모가족지원법의 내용으로 옳지 않은 것은?

① "청소년 한부모"란 24세 이하의 모 또는 부를 말한다.
② 한부모가족의 모 또는 부와 아동은 한부모가족 관련 정책결정과정에 참여할 권리가 있다.
③ 여성가족부장관은 자녀양육비 산정을 위한 자녀양육비 가이드라인을 마련하여 법원이 이혼 판결 시 적극 활용할 수 있도록 노력하여야 한다.
④ 국가와 지방자치단체는 청소년 한부모의 건강증진을 위하여 건강진단을 실시할 수 있다.
⑤ 국가나 지방자치단체는 아동양육비를 대여할 수 있다.

해설 ⑤ 국가나 지방자치단체는 제11조에 따른 복지 급여의 신청이 있으면 '생계비, 아동교육지원비, 아동양육비'의 복지 급여를 실시하여야 한다(제12조). **정답** ⑤

5) 사회복지공동모금회법

☐ 22회 75번

사회복지공동모금회법상 사회복지공동모금회(이하 '모금회'라 한다)에 관한 설명으로 옳지 않은 것은?

① 모금회는 사회복지사업을 지원하기 위하여 연중 기부금품을 모집할 수 있다.

② 지방자치단체는 모금회에 기부금품 모집에 필요한 비용을 보조할 수 있다.

③ 배분분과실행위원회는 20명 이상의 위원으로 구성된다.

④ 모금회는 정관을 작성하여 보건복지부장관의 허가를 받아 등기함으로써 설립된다.

⑤ 모금회는 매년 8월 31일까지 다음 회계연도의 공동모금재원 배분기준을 정하여 공고하여야 한다.

해설 모금회는 정관을 작성하여 보건복지부장관의 인가를 받아 등기함으로써 설립된다(제4조). **정답** ④

☐ 20회 75번

사회복지공동모금회법의 내용으로 옳은 것은?

① 배분분과실행위원회는 위원장 1명을 포함하여 20명 이내의 위원으로 구성한다.

② 국가나 지방자치단체는 모금회의 관리·운영에 필요한 비용을 보조할 수 있다.

③ 기부금품의 기부자는 배분지역, 배분대상자 또는 사용 용도를 지정할 수 없다.

④ 사회복지공동모금회는 언론기관을 모금창구로 지정할 수 있으나 지정된 언론기관의 명의로 모금계좌를 개설할 수 없다.

⑤ 모금회의 정관으로 규정하지 아니한 사항은 「민법」 중 사단법인에 관한 규정을 준용한다.

해설 ① 분과실행위원회는 위원장 1명을 포함하여 20명 이내의 위원으로 구성한다. 다만, 모금분과실행위원회 및 배분분과실행위원회는 각각 20명 이상의 위원으로 구성한다(제13조). ③ 기부금품의 기부자는 배분지역, 배분대상자 또는 사용 용도를 지정할 수 있다(제27조). ④ 모금회는 기부금품의 접수를 효율적이고 공정하게 하기 위하여 언론기관을 모금창구로 지정하고, 지정된 언론기관의 명의로 모금계좌를 개설할 수 있다(제19조). ⑤ 이 법 또는 모금회의 정관으로 규정하지 아니한 사항은 「민법」 중 재단법인에 관한 규정을 준용한다(제34조). **정답** ②

☐ 19회 72번

사회복지공동모금회법의 내용으로 옳지 않은 것은?

① 기부하는 자의 의사에 반하여 기부금품을 모집하여서는 아니 된다.

② 공동모금재원은 지역·단체·대상자 및 사업별로 복지수요가 공정하게 충족되도록 배분하여야 한다.

③ 공동모금재원의 배분은 객관적인 기준에 따라 효율적으로 이루어지도록 하고, 그 결과를 공개하여야 한다.

④ 이 법 또는 모금회의 정관으로 규정하지 아니한 사항은 「민법」 중 사단법인에 관한 규정을 준용한다.

⑤ 국가나 지방자치단체는 모금회에 기부금품 모집에 필요한 비용과 모금회의 관리·운영에 필요한 비용을 보조할 수 있다.

해설 ④ 제34조(다른 법률과의 관계) 이 법 또는 모금회의 정관으로 규정하지 아니한 사항은 「민법」 중 재단법인에 관한 규정을 준용한다. **정답** ④

☐ 18회 73번

사회복지공동모금회법상 공동모금재원 배분기준에 포함되어야 하는 사항으로 명시되지 않은 것은?

① 배분한도액

② 배분심사기준

③ 배분신청자의 재산

④ 공동모금재원의 배분대상

⑤ 배분신청기간 및 배분신청서 제출 장소

해설 모금회는 매년 8월 31일까지 다음 회계연도의 공동모금재원 배분기준을 정하여 공고하여야 한다(제20조). 내용에는 위 제시된 내용 외에 배분자원의 과부족 시 조정 방법, 배분신청 시 제출할 서류 등이 포함된다. **정답** ③

---

6) 성폭력방지 및 피해자보호 등에 관한 법률

□ 19회 74번

성폭력방지 및 피해자보호 등에 관한 법률의 내용으로 옳지 않은 것은?

① 피해자의 의사에 반하여 피해자 상담을 할 수 있다.

② 보호시설의 장이나 종사자는 업무상 알게 된 비밀을 누설해서는 아니 된다.

③ 보호시설에 대한 보호비용의 지원 방법 및 절차 등에 필요한 사항은 여성가족부령으로 정한다.

④ 시장·군수·구청장은 민간의료시설을 피해자 등의 치료를 위한 전담의료기관으로 지정할 수 있다.

⑤ 국가 또는 지방자치단체는 이 법 제27조 제2항에 따른 치료 등 의료지원에 필요한 경비의 전부 또는 일부를 지원할 수 있다.

해설 ① 상담소, 보호시설 및 통합지원센터의 장과 종사자는 피해자등이 분명히 밝힌 의사에 반하여 상담소의 업무 및 보호시설의 업무 등을 할 수 없다(제24조). **정답** ①

□ 18회 74번

성폭력방지 및 피해자보호 등에 관한 법률상 성폭력피해자보호시설의 종류가 아닌 것은?

① 일반보호시설

② 상담지원시설

③ 외국인보호시설

④ 특별지원 보호시설

⑤ 자립지원 공동생활시설

해설 성폭력방지 및 피해자보호 등에 관한 법률상 성폭력피해자보호시설의 종류에는 일반보호시설, 장애인보호시설, 특별지원 보호시설, 외국인보호시설, 자립지원 공동생활시설, 장애인 자립지원 공동생활시설이 있다(제12조). **정답** ②

---

7) 다문화가족지원법

□ 18회 72번

다문화가족지원법의 내용으로 옳지 않은 것은?

① 다문화가족은 대한민국 국적을 취득한 자로 이루어진 가족이어야 한다.

② 다문화가족이 이혼 등의 사유로 해체된 경우에도 그 구성원이었던 자녀에 대하여 이 법을 적용한다.

③ 다문화가족지원센터는 결혼이민자등에 대한 한국어 교육 업무를 수행한다.

④ 국가와 지방자치단체는 다문화가족에 대해 가족생활교육 등을 추진하는 경우, 문화의 차이를 고려한 전문적인 서비스가 제공될 수 있도록 노력하여야 한다.

⑤ 여성가족부장관은 5년마다 다문화가족정책에 관한 기본계획을 수립하여야 한다.

해설 ① "다문화가족"이란 「재한외국인 처우 기본법」의 결혼이민자(대한민국 국민과 혼인한 적이 있거나 혼인관계에 있는 재한외국인)와 「국적법」의 규정[출생에 의한 국적 취득, 인지(認知)에 의한 국적 취득, 귀화에 의한 국적 취득]에 따라 대한민국 국적을 취득한 자로 이루어진 가족(제2조 제1호) **정답** ①

8) 가정폭력방지 및 피해자보호 등에 관한 법률

□ 18회 75번

가정폭력방지 및 피해자보호 등에 관한 법률의 내용으로 옳지 않은 것은?

① 이 법에서의 "아동"이란 18세 미만인 자를 말한다.

② 국가인권위원회 위원장은 3년마다 가정폭력에 대한 실태조사를 실시하여야 한다.

③ 시·도지사는 외국어 서비스를 제공하는 긴급 전화센터를 따로 설치·운영할 수 있다.

④ 지방자치단체는 가정폭력 관련 상담소를 외국인, 장애인 등 대상별로 특화하여 운영할 수 있다.

⑤ 지방자치단체는 가정폭력 관련 상담원 교육 훈련시설을 설치·운영할 수 있다.

해설 ② 여성가족부장관은 3년마다 가정폭력에 대한 실태조사를 실시하여 그 결과를 발표하고, 이를 가정폭력을 예방하기 위한 정책수립의 기초자료로 활용하여야 한다(제4조의2). **정답** ②

9) 자원봉사활동 기본법

□ 19회 73번

자원봉사활동의 기본방향에 관한 자원봉사활동 기본법 제2조제2호 규정이다. (   )에 들어갈 내용이 아닌 하나는?

> 자원봉사활동은 무보수성, 자발성, (   ), (   ), (   ), (   )의 원칙 아래 수행될 수 있도록 하여야 한다.

① 공익성　　　　　　② 비영리성
③ 비정파성(非政派性)　④ 비종파성(非宗派性)
⑤ 무차별성

해설 자원봉사활동은 무보수성, 자발성, 공익성, 비영리성, 비정파성(非政派性), 비종파성(非宗派性)의 원칙 아래 수행될 수 있도록 하여야 한다(제2조 제2호). **정답** ⑤

10) 건강가정기본법

□ 21회 65번

건강가정기본법에 관한 설명으로 옳지 않은 것은?

① "가족"이라 함은 혼인·혈연·입양으로 이루어진 사회의 기본단위를 말한다.

② 모든 국민은 혼인과 출산의 사회적 중요성을 인식하여야 한다.

③ "1인가구"라 함은 성인 1명 또는 그와 생계를 같이하는 미성년자녀로 구성된 생활단위를 말한다.

④ 국가는 양성이 평등한 육아휴직제 등의 정책을 적극적으로 확대 시행하여야 한다.

⑤ 국가는 생애주기에 따르는 가족구성원의 종합적인 건강증진대책을 마련하여야 한다.

해설 "1인 가구"라 함은 1명이 단독으로 생계를 유지하고 있는 생활단위를 말한다(제3조 제2의2호). **정답** ③

11) 정신건강증진 및 정신질환자 복지서비스 지원에 관한 법률

□ 21회 70번

정신건강증진 및 정신질환자 복지서비스 지원에 관한 법률상 정신질환자의 보호의무자가 될 수 있는 사람은?

① 후견인

② 파산선고를 받고 복권되지 아니한 사람

③ 해당 정신질환자를 상대로 소송 중인 사람
④ 행방불명자
⑤ 미성년자

해설 정신건강증진 및 정신질환자 복지서비스 지원에 관한 법률상 후견인은 보호의무자가 될 수 있다. 다만, 피성년후견인 및 피한정후견인의 경우에 해당하는 사람은 보호의무자가 될 수 없다(제39조). **정답** ①

12) 사회복지법상 연령 규정

☐ 19회 71번

사회복지법상 연령 규정이 옳지 않은 것은?

① 다문화가족지원법상 "아동·청소년"이란 24세 이하인 사람을 말한다.
② 아동복지법상 "아동"이란 18세 미만인 사람을 말한다.
③ 한부모가족지원법상 "청소년 한부모"란 24세 이하의 모 또는 부를 말한다.
④ 한부모가족지원법상 "취학 중인 경우의 아동"은 24세 미만인 사람을 말한다.
⑤ 노인복지법상 노인의 정의에 대한 연령 규정은 없다.

해설 ① 제2조 제3호: "아동·청소년"이란 24세 이하인 사람을 말한다. ② 제3조 제1호: "아동"이란 18세 미만인 사람을 말한다. ③ 제4조 제1의2호: "청소년 한부모"란 24세 이하의 모 또는 부를 말한다. ④ 제4조 제5호: "아동"이란 18세 미만(취학 중인 경우에는 22세 미만을 말하되, 「병역법」에 따른 병역의무를 이행하고 취학 중인 경우에는 병역의무를 이행한 기간을 가산한 연령 미만을 말한다)의 자를 말한다. ⑤ 제1조의2(정의)에서 1. "부양의무자", 2."보호자", 3."치매", 4."노인학대", 5."노인학대관련 범죄"를 다루고 있으므로 노인의 정의에 대한 연령 규정은 없다. **정답** ④

13) 판례

☐ 21회 72번

의족 파손에 따른 요양급여 청구사건 대법원 판례 (2012두20991)의 내용으로 옳지 않은 것은?

(개요) 의족을 착용하고 아파트 경비원으로 근무하던 갑이 제설작업 중 넘어져 의족이 파손되는 등의 재해를 입고 요양급여를 신청하였으나, 근로복지공단이 '의족 파손'은 요양급여 기준에 해당하지 않는다는 이유로 요양불승인처분을 한 사안에 대하여 요양불승인처분 취소

① 업무상 재해로 인한 부상의 대상인 신체를 반드시 생래적 신체에 한정할 필요는 없다.
② 의족 파손을 업무상 재해로 보지 않을 경우 장애인 근로자에 대한 보상과 재활에 상당한 공백을 초래한다.
③ 신체 탈부착 여부를 기준으로 요양급여 대상을 가르는 것이 합리적이라 할 수 없다.
④ 의족 파손을 업무상 재해에서 제외한다면, 사업자들로 하여금 의족 착용 장애인들의 고용을 소극적으로 만들 우려가 있다.
⑤ 업무상의 사유로 근로자가 장착한 의족이 파손된 경우는 「산업재해보상보험법」상 요양급여의 대상인 근로자의 부상에 포함되지 않는다.

해설 의족 파손에 따른 요양급여 청구사건 대법원 판례 (2012두20991) ☑ 【판시사항】 업무상 사유로 근로자가 장착한 의족이 파손된 경우는 산업재해보상보험법상 요양급여의 대상인 근로자의 부상에 포함된다고 한 사례 【판결요지】 의족을 착용하고 아파트 경비원으로 근무하던 甲이 제설작업 중 넘어져 의족이 파손되는 등의 재해를 입고 요양급여를 신청하였으나, 근로복지공단이 '의족 파손'은 요양급여 기준에 해당하지 않는다는 이유로 요양불승인처분을 한 사안에서, 산업재해보상보험법과 장애인차별금지 및 권리구제 등에 관한 법률의 입법 취지와 목적, 요양급여 및 장애인보조기구에 관한 규정의 체계, 형식과 내

용, 장애인에 대한 차별행위의 개념 등에 의하면, 산업재해 보상보험법의 해석에서 업무상 재해로 인한 부상의 대상인 신체를 반드시 생래적 신체에 한정할 필요는 없는 점 등을 종합적으로 고려하면, 의족은 단순히 신체를 보조하는 기구가 아니라 신체의 일부인 다리를 기능적·물리적·실질적으로 대체하는 장치로서, 업무상의 사유로 근로자가 장착한 의족이 파손된 경우는 산업재해보상보험법상 요양급여의 대상인 근로자의 부상에 포함된다고 한 사례이다.

정답 ⑤

□ 19회 75번

장애인고용부담금 부과처분과 관련한 헌법재판소 결정(2001헌바96)의 내용으로 옳지 않은 것은?

① 기업의 경제상 자유는 공공복리를 위해 법률로 제한할 수 있다.
② 국가는 경제주체 간의 조화를 통한 경제민주화를 위해 규제와 조정을 할 수 있다.
③ 고용부담금제도는 장애인고용의무제의 실효성을 확보하는 수단이므로 입법목적의 정당성이 인정된다.
④ 고용부담금제도는 그 자체가 고용의무를 성실히 이행하는 사업주와 그렇지 않는 사업주간의 경제적 부담의 불균형을 조정하는 기능을 하기 때문에 고용부담금제도 자체의 차별성은 문제가 되지 않는다.
⑤ 대통령령이 정하는 일정 수 이상의 근로자를 고용하는 사업주는 기준고용률 이상에 해당하는 장애인을 고용해야 한다고 규정한 구 장애인고용촉진등에관한법률 제35조 제1항 본문은 헌법에 불합치한다.

해설 구 장애인고용촉진등에관한법률 제35조 제1항: 대통령령이 정하는 일정 수 이상의 근로자를 고용하는 사업주는 그 근로자의 총수의 100분의 1이상 100분의 5이내의 범위 안에서 대통령령이 정하는 비율 이상에 해당하는 장애인을 고용하여야 한다. 다만, 장애인을 사용하기 어렵다고 인정하는 직종의 근로자가 상당한 비율을 차지하는 업종에 대하여는 노동부장관이 위원회의 심의를 거쳐 정하는 적용 제외률에 해당하는 근로자의 수를 그 근로자의 총수에서 제외할 수 있다. ☑ 판례: 장애인고용부담금 부과처분과 관련한 헌법재판소 결정(2001헌바96) 【판결요지】 외국인은 원칙적으로 대한민국 헌법에 따른 사회적 기본권을 누릴 수 없거나 제한적으로밖에 향유하지 못하므로 '자신의 국적국에서만 생활·근무하는 외국인'이 단지 현지에서 대한민국의 법인과 근로계약을 체결하여 근무하고 있다고 하여 우리 헌법이 보장하는 사회적 기본권을 모두 누릴 수 있다고 보기 어려운 점 등에 비추어, 해외 현지채용 직원은 국내에서 과거에 근무하였거나 장차 근무할 가능성이 있는 등의 특별한 사정이 없는 이상 장애인고용부담금의 산정근거인 장애인고용촉진 및 직업재활법 제28조 제1항의 '근로자의 총수'에 포함되지 않는다. 【결론】 원고 승소. 합헌결정을 선고한 판례

정답 ⑤

6. 사회서비스법

1) 노인복지법

(1) 용어의 정의

- "부양의무자"라 함은 배우자(사실상의 혼인관계에 있는 자를 포함한다)와 직계비속 및 그 배우자(사실상의 혼인관계에 있는 자를 포함한다)를 말한다.
- "보호자"라 함은 부양의무자 또는 업무·고용 등의 관계로 사실상 노인을 보호하는 자를 말한다.
- "치매"란 퇴행성 뇌질환 또는 뇌혈관계 질환 등으로 인하여 기억력, 언어능력, 지남력(指南力), 판단력 및 수행능력 등의 기능이 저하됨으로써 일상생활에서 지장을 초래하는 후천적인 다발성 장애를 말한다.
- "노인학대"라 함은 노인에 대하여 신체적·정신적·정서적·성적 폭력 및 경제적 착취 또는 가혹행위를 하거나 유기 또는 방임을 하는 것을 말한다.

(2) 노인의 날

- 노인에 대한 사회적 관심과 공경의식을 높이기 위하여 매년 10월 2일을 노인의 날로, 매년 10월을 경로의 달로 한다.
- 부모에 대한 효사상을 앙양하기 위하여 매년 5월 8일을 어버이날로 한다.
- 범국민적으로 노인학대에 대한 인식을 높이고 관심을 유도하기 위하여 매년 6월 15일을 노인학대예방의 날로 지정하고, 국가와 지방자치단체는 노인학대예방의 날의 취지에 맞는 행사와 홍보를 실시하도록 노력하여야 한다.

(3) 노인복지시설의 종류

- 노인복지시설의 종류는 다음과 같다.
  - 노인주거복지시설: 양로시설, 노인공동생활가정, 노인복지주택
  - 노인의료복지시설: 노인요양시설, 노인요양공동생활가정
  - 노인여가복지시설: 노인복지관, 경로당, 노인교실
  - 재가노인복지시설: 방문요양서비스, 주·야간보호서비스, 단기보호서비스, 방문목욕서비스, 그 밖의 서비스
  - 노인보호전문기관: 노인학대 예방
  - 「노인 일자리 및 사회활동 지원에 관한 법률」 제9조 제1항 제2호에 따른 노인일자리지원기관
  - 제39조의19에 따른 학대피해노인 전용쉼터

(4) 노인에 대한 금지행위

- 누구든지 65세 이상의 사람에 대하여 다음의 행위를 하여서는 아니 된다.

– 노인의 신체에 폭행을 가하거나 상해를 입히는 행위
– 노인에게 성적 수치심을 주는 성폭행·성희롱 등의 행위
– 자신의 보호·감독을 받는 노인을 유기하거나 의식주를 포함한 기본적 보호 및 치료를 소홀히 하는 방임행위
– 노인에게 구걸을 하게 하거나 노인을 이용하여 구걸하는 행위
– 노인을 위하여 증여 또는 급여된 금품을 그 목적 외의 용도에 사용하는 행위
– 폭언, 협박, 위협 등으로 노인의 정신건강에 해를 끼치는 정서적 학대행위

(5) 노인학대예방조치 및 신고

- 누구든지 노인학대를 알게 된 때에는 노인보호전문기관 또는 수사기관에 신고할 수 있다(제39조의6 제1항).
- 그 직무상 65세 이상의 사람에 대한 노인학대를 알게 된 때에는 즉시 노인보호전문기관 또는 수사기관에 신고하여야 한다(제39조의6 제2항).
- 국가 및 지방자치단체는 노인학대를 예방하고 수시로 신고를 받을 수 있도록 긴급전화를 설치하여야 한다(제39조의4).
- 학대노인의 보호와 관련된 업무에 종사하였거나 종사하는 자는 그 직무상 알게 된 비밀을 누설하지 못한다(제39조의12).

(6) 요양보호사 자격의 취소

- 시·도지사는 요양보호사가 다음의 어느 하나에 해당하는 경우 그 자격을 취소하여야 한다.
  – 제39조의13(요양보호사의 결격사요) 각 호의 어느 하나에 해당하게 된 경우
  – 제39조의9의 금지행위를 위반하여 제55조의2부터 제55조의4까지의 규정에 따른 처벌을 받은 경우
  – 거짓이나 그 밖의 부정한 방법으로 자격증을 취득한 경우

2) 아동복지법

(1) 정의

- "아동"이란 18세 미만인 사람을 말한다.
- "아동복지"란 아동이 행복한 삶을 누릴 수 있는 기본적인 여건을 조성하고 조화롭게 성장·발달할 수 있도록 하기 위한 경제적·사회적·정서적 지원을 말한다.
- "보호자"란 친권자, 후견인, 아동을 보호·양육·교육하거나 그러한 의무가 있는 자 또는 업무·고용 등의 관계로 사실상 아동을 보호·감독하는 자를 말한다.
- "보호대상아동"이란 보호자가 없거나 보호자로부터 이탈된 아동 또는 보호자가 아동을 학대하는 경우 등 그 보호자가 아동을 양육하기에 적당하지 아니하거나 양육할 능력이 없는 경우의 아동을 말한다.
- "지원대상아동"이란 아동이 조화롭고 건강하게 성장하는 데에 필요한 기초적인 조

건이 갖추어지지 아니하여 사회적·경제적·정서적 지원이 필요한 아동을 말한다.

- "가정위탁"이란 보호대상아동의 보호를 위하여 성범죄, 가정폭력, 아동학대, 정신 질환 등의 전력이 없는 보건복지부령으로 정하는 기준에 적합한 가정에 보호대상 아동을 일정 기간 위탁하는 것을 말한다.
- "아동학대"란 보호자를 포함한 성인이 아동의 건강 또는 복지를 해치거나 정상적 발달을 저해할 수 있는 신체적·정신적·성적 폭력이나 가혹행위를 하는 것과 아동 의 보호자가 아동을 유기하거나 방임하는 것을 말한다.
- "아동복지시설"이란 제50조에 따라 설치된 시설을 말한다.
- "아동복지시설 종사자"란 아동복지시설에서 아동의 상담·지도·치료·양육, 그밖에 아동의 복지에 관한 업무를 담당하는 사람을 말한다.

(2) 아동정책 기본계획 및 아동종합 실태조사

- 국무총리 소속으로 아동정책조정위원회를 둔다(제10조).
- 시·도지사, 시장·군수·구청장은 그 소속으로 아동복지심의위원회를 각각 둔다(제 12조).
- 보건복지부장관은 아동정책의 효율적인 추진을 위하여 5년마다 아동정책기본계획 을 수립하여야 한다(제7조).
- 보건복지부장관은 3년마다 아동의 양육 및 생활환경, 언어 및 인지 발달, 정서적· 신체적 건강, 아동안전, 아동학대 등 아동의 종합실태를 조사하여 그 결과를 공표하 고, 이를 기본계획과 시행계획에 반영하여야 한다(제11조).

(3) 아동보호 사각지대 발굴 및 실태조사

- 보건복지부장관은 보호가 필요한 아동을 발견하고 양육환경을 개선할 수 있도록 지원하기 위하여 「사회보장기본법」 제37조에 따른 사회보장정보시스템을 통하여 다음의 자료 또는 정보를 처리할 수 있으며, 해당 자료를 토대로 아동보호를 위한 실태조사 대상 아동을 선정할 수 있다.
  1. 「국민건강보험법」 제41조제1항 각 호에 따른 요양급여 실시 기록
  2. 「국민건강보험법」 제52조에 따른 영유아건강검진 실시 기록 및 「의료급여법」 제 14조에 따른 건강검진 실시 기록 중 6세 미만에 대한 기록
  3. 「초·중등교육법」 제25조에 따른 학교생활기록 정보
  4. 「사회보장급여의 이용·제공 및 수급권자 발굴에 관한 법률」 제12조 제1항에 따 른 정보
     - 「전기사업법」 제14조에 따른 단전, 「수도법」 제39조에 따른 단수, 「도시가스 사업법」 제19조에 따른 단가스 가구정보
     - 「초·중등교육법」 제25조에 따른 학교생활기록 정보 중 담당교원이 위기상황 에 처하여 있다고 판단한 학생의 가구정보
     - 「국민건강보험법」 제69조에 따른 보험료를 3개월 이상 체납한 사람의 가구정보

- 「국민기초생활 보장법」 또는 「긴급복지지원법」에 따른 신청 또는 지원 중 탈락가구의 가구정보
- 「사회복지사업법」 제35조에 따른 시설의 장이 입소 탈락자나 퇴소자 중 위기상황에 처하여 있다고 판단한 사람의 가구정보
- 「신용정보의 이용 및 보호에 관한 법률」에 따른 보건복지부장관이 위기상황에 처하여 있다고 판단한 사람의 연체정보로서 금융위원회 위원장과 협의하여 정하는 개인신용정보
- 「공공주택 특별법」에 따른 임대료를 3개월 이상 체납한 임차인의 가구정보
- 「공동주택관리법」 법에 따른 관리비를 3개월 이상 체납한 입주자의 가구정보
5. 「감염법의 예방 및 관리에 관한 법률」 제24조 제1항에 따른 필수예방접종 실시기록

3) 장애인복지법

(1) 장애인복지법의 내용

- "장애인학대"란 장애인에 대하여 신체적·정신적·정서적·언어적·성적 폭력이나 가혹행위, 경제적 착취, 유기 또는 방임을 하는 것을 말한다(제2조 제3항).
- 보건복지부장관은 장애인권익옹호기관의 업무 실적에 대하여 <u>3년마다 성과평가</u>를 실시하여야 한다(제59조의17).
- 보건복지부장관은 관계 중앙행정기관의 장과 협의하여 5년마다 장애인정책종합계획을 수립·시행하여야 한다(제10조의2).
- 보건복지부장관은 장애인 복지정책의 수립에 필요한 기초 자료로 활용하기 위하여 3년마다 장애실태를 조사하여야 한다(제31조).
- 재외동포 및 외국인 중 '국내거소신고를 한 사람, 재외국민으로 주민등록을 한 사람, 대한민국에 영주할 수 있는 체류자격을 가진 사람, 결혼이민자, 난민인정자'는 장애인 등록을 할 수 있다(제32조의2).

(2) 벌칙

① 제59조의9 제1호의 행위를 한 사람은 10년 이하의 징역 또는 1억원 이하의 벌금에 처한다. 〈개정 2017. 2. 8.〉

> 제59조의9(금지행위) 누구든지 다음 각 호의 어느 하나에 해당하는 행위를 하여서는 아니 된다.
> 　1. 장애인에게 성적 수치심을 주는 성희롱·성폭력 등의 행위
> 　2. 장애인의 신체에 폭행을 가하거나 상해를 입히는 행위
> 　2의2. 장애인을 폭행, 협박, 감금, 그 밖에 정신상 또는 신체상의 자유를 부당하게 구속하는 수단으로써 장애인의 자유의사에 어긋나는 노동을 강요하는 행위
> 　3. 자신의 보호·감독을 받는 장애인을 유기하거나 의식주를 포함한 기본적 보호 및 치료를 소홀히 하는 방임행위

4. 장애인에게 구걸을 하게 하거나 장애인을 이용하여 구걸하는 행위

5. 장애인을 체포 또는 감금하는 행위

6. 장애인의 정신건강 및 발달에 해를 끼치는 정서적 학대행위

7. 장애인을 위하여 증여 또는 급여된 금품을 그 목적 외의 용도에 사용하는 행위

8. 공중의 오락 또는 흥행을 목적으로 장애인의 건강 또는 안전에 유해한 곡예를 시키는 행위

② 다음 각 호의 어느 하나에 해당하는 사람은 7년 이하의 징역 또는 7천만원 이하의 벌금에 처한다.

1. 제59조의9 제2호(상해에 한정한다)의 행위를 한 사람

2. 제59조의9 제2호의2의 행위를 한 사람

③ 다음 각 호의 어느 하나에 해당하는 사람은 5년 이하의 징역 또는 5천만원 이하의 벌금에 처한다.

1. 제50조의3 제6항을 위반하여 금융정보등을 이 법에서 정한 목적 외의 용도로 사용하거나 다른 사람 또는 기관에 제공 또는 누설한 사람

2. 제59조의7 제2항 각 호 외의 부분 전단, 같은 조 제3항 또는 제5항에 따른 업무를 수행 중인 장애인권익옹호기관의 직원에 대하여 폭행 또는 협박하거나 위계 또는 위력으로써 그 업무를 방해한 사람

3. 제59조의9 제2호(폭행에 한정한다)부터 제6호까지에 해당하는 행위를 한 사람

④ 다음 각 호의 어느 하나에 해당하는 사람은 3년 이하의 징역 또는 3천만원 이하의 벌금에 처한다.

1. 제59조의6에 따라 준용되는 「특정범죄신고자 등 보호법」 제8조를 위반하여 신고자의 인적사항 또는 신고자임을 미루어 알 수 있는 사실을 다른 사람에게 알려주거나 공개 또는 보도한 사람

2. 제59조의9 제7호에 해당하는 행위를 한 사람

3. 제85조의2를 위반하여 업무 수행 중 알게 된 정보 또는 비밀 등을 이 법에서 정한 목적 외에 다른 용도로 사용하거나 다른 사람 또는 기관에 제공 또는 누설한 사람

⑤ 제59조의9 제8호의 행위를 한 사람은 1년 이하의 징역 또는 1천만원 이하의 벌금에 처한다.

4) 한부모가족지원법

(1) 내용

- "청소년 한부모"란 24세 이하의 모 또는 부를 말한다(제4조 제1의2호).
- 한부모가족의 모 또는 부와 아동은 한부모가족 관련 정책결정과정에 참여할 권리가 있다(제3조 제2항).
- 여성가족부장관은 자녀양육비 산정을 위한 자녀양육비 가이드라인을 마련하여 법

원이 이혼 판결 시 적극 활용할 수 있도록 노력하여야 한다(제17조의3).
- 국가와 지방자치단체는 청소년 한부모의 건강증진을 위하여 건강진단을 실시할 수 있다(제17조의5).
- 국가나 지방자치단체는 복지 급여의 신청이 있으면 '생계비, 아동교육지원비, 아동양육비'의 복지 급여를 실시하여야 한다(제12조).

5) 사회복지공동모금회법

(1) 내용

- 분과실행위원회는 위원장 1명을 포함하여 20명 이내의 위원으로 구성한다. 다만, 모금분과실행위원회 및 배분분과실행위원회는 각각 20명 이상의 위원으로 구성한다(제13조).
- 기부금품의 기부자는 배분지역, 배분대상자 또는 사용 용도를 지정할 수 있다(제27조).
- 모금회는 기부금품의 접수를 효율적이고 공정하게 하기 위하여 언론기관을 모금창구로 지정하고, 지정된 언론기관의 명의로 모금계좌를 개설할 수 있다(제19조).
- 이 법 또는 모금회의 정관으로 규정하지 아니한 사항은 「민법」 중 재단법인에 관한 규정을 준용한다(제34조).

(2) 배분기준

① 모금회는 매년 8월 31일까지 다음의 사항이 포함된 다음 회계연도의 공동모금재원 배분기준을 정확히 공고하여야 한다.
- 공동모금재원의 배분대상
- 배분한도액
- 배분신청기간 및 배분신청서 제출 장소
- 배분심사기준
- 배분재원의 과부족 시 조정방법
- 배분신청 시 제출할 서류
- 기타 공동모금재원의 배분에 필요한 사항

② 모금회는 재난구호 및 긴급구호 등 긴급히 지원하여야 할 필요가 있는 경우에는 제1항에 준하여 별도의 배분기준에 따라 지원할 수 있다.

(3) 임원

- 모금회에는 '회장 1명, 부회장 3명, 이사(회장·부회장 및 사무총장을 포함한다) 15명 이상 20명 이하, 감사 2명'의 임원을 둔다. 임원의 임기는 3년으로 하되, 한 차례만 연임할 수 있다(제7조).

(4) 복권의 발행

- 모금회는 사회복지사업이나 그 밖의 사회복지활동 등을 지원하기 위한 재원을 조

성하기 위하여 복권을 발행할 수 있다. 복권을 발행하려면 그 종류·조건·금액 및 방법 등에 관하여 미리 보건복지부장관의 승인을 얻어야 한다(제18조의2).

6) 성폭력방지 및 피해자보호 등에 관한 법률

(1) 내용

- 피해자등이 분명히 밝힌 의사에 반하여 피해자 상담을 할 수 없다(제24조).
- 보호시설의 장이나 종사자는 업무상 알게 된 비밀을 누설해서는 아니 된다(제30조).
- 보호시설에 대한 보호비용의 지원 방법 및 절차 등에 필요한 사항은 여성가족부령으로 정한다(제14조).
- 시장·군수·구청장은 민간의료시설을 피해자등의 치료를 위한 전담의료기관으로 지정할 수 있다(제27조).
- 국가 또는 지방자치단체는 이 법 제27조 제2항에 따른 치료 등 의료지원에 필요한 경비의 전부 또는 일부를 지원할 수 있다(제28조).

(2) 보호시설의 종류

- 일반보호시설
- 장애인보호시설
- 특별지원 보호시설
- 외국인보호시설
- 자립지원 공동생활시설
- 장애인 자립지원 공동생활시설

(3) 국가와 지방자치단체의 책무

- 성폭력 신고체계의 구축·운영
- 성폭력 예방을 위한 조사·연구, 교육 및 홍보
- 피해자를 보호·지원하기 위한 시설의 설치·운영
- 피해자에 대한 주거지원, 직업훈련 및 법률구조 등 사회복귀 지원
- 피해자에 대한 보호·지원을 원활히 하기 위한 관련 기관 간 협력체계의 구축·운영
- 성폭력 예방을 위한 유해환경 개선
- 피해자보호·지원을 위한 관계 법령의 정비와 각종 정책의 수립·시행 및 평가

7) 다문화가족지원법

(1) 정의

- "다문화가족"이란 「재한외국인 처우 기본법」의 결혼이민자(대한민국 국민과 혼인한 적이 있거나 혼인관계에 있는 재한외국인)와 「국적법」의 규정[출생에 의한 국적 취득, 인지(認知)에 의한 국적 취득, 귀화에 의한 국적 취득]에 따라 대한민국 국적

을 취득한 자로 이루어진 가족을 말한다.

- "결혼이민자등"이란 다문화가족의 구성원으로서 결혼이민자, 귀화허가를 받은 자 중 어느 하나에 해당하는 자를 말한다.
- "아동·청소년"이란 24세 이하인 사람을 말한다.

(2) 내용

- 다문화가족이 이혼 등의 사유로 해체된 경우에도 그 구성원이었던 자녀에 대하여 이 법을 적용한다(제14조의2).
- 다문화가족지원센터는 결혼이민자등에 대한 한국어 교육 업무를 수행한다(제12조).
- 국가와 지방자치단체는 다문화가족에 대해 가족생활교육 등을 추진하는 경우, 문화의 차이를 고려한 전문적인 서비스가 제공될 수 있도록 노력하여야 한다(제7조).
- 여성가족부장관, 관계 중앙행정기관의 장과 시·도지사는 매년 기본계획에 따라 다문화가족정책에 관한 시행계획을 수립·시행하여야 한다(제3조의3).
- 국무총리 소속으로 다문화가족정책위원회를 둔다(제3조의4).
- 여성가족부장관은 5년마다 다문화가족정책에 관한 기본계획을 수립하여야 한다(제3조의2).
- 여성가족부장관은 3년마다 실태조사를 실시하고 그 결과를 공표하여야 한다(제4조).

(3) 다문화가족지원센터의 설치·운영

- 국가와 지방자치단체는 다문화가족지원센터를 설치·운영할 수 있다.
- 국가 또는 지방자치단체는 지원센터의 설치·운영을 대통령령으로 정하는 법인이나 단체에 위탁할 수 있다.
- 국가 또는 지방자치단체 아닌 자가 지원센터를 설치·운영하고자 할 때에는 미리 시·도지사 또는 시장·군수·구청장의 지정을 받아야 한다.

8) 가정폭력방지 및 피해자보호 등에 관한 법률

(1) 정의

- "가정폭력"이란 「가정폭력범죄의 처벌 등에 관한 특례법」 제2조 제1호의 행위를 말한다.
- "가정폭력행위자"란 「가정폭력범죄의 처벌 등에 관한 특례법」 제2조 제4호의 자를 말한다.
- "피해자"란 가정폭력으로 인하여 직접적으로 피해를 입은 자를 말한다.
- "아동"이란 18세 미만인 자를 말한다.

(2) 내용

- 여성가족부장관은 3년마다 가정폭력에 대한 실태조사를 실시하여 그 결과를 발표

하고, 이를 가정폭력을 예방하기 위한 정책수립의 기초자료로 활용하여야 한다(제4조의2).

- 가정폭력에 대한 사회적 경각심을 높이고 가정폭력을 예방하기 위하여 대통령령으로 정하는 바에 따라 1년 중 1주간을 가정폭력 추방 주간으로 한다(제4조의7).

(3) 보호시설의 종류

- 단기보호시설: 피해자등을 6개월의 범위에서 보호하는 시설
- 장기보호시설: 피해자등에 대하여 2년의 범위에서 자립을 위한 주거편의 등을 제공하는 시설
- 외국인보호시설: 외국인 피해자등을 2년의 범위에서 보호하는 시설
- 장애인보호시설: 장애인인 피해자등을 2년의 범위에서 보호하는 시설

9) 자원봉사활동 기본법

(1) 기본 방향

- 자원봉사활동은 국민의 협동적인 참여 능력을 높일 수 있는 방향으로 추진하여야 한다.
- 자원봉사활동은 무보수성, 자발성, 공익성, 비영리성, 비정파성(非政派性), 비종파성(非宗派性)의 원칙 아래 수행될 수 있도록 하여야 한다.
- 모든 국민은 나이, 성별, 장애, 지역, 학력 등 사회적 배경에 관계없이 누구든지 자원봉사활동에 참여할 수 있도록 하여야 한다.
- 자원봉사활동의 진흥을 위한 정책은 민·관 협력의 기본 정신을 바탕으로 하여 추진하여야 한다.

(2) 정의

- "자원봉사활동"이란 개인 또는 단체가 지역사회·국가 및 인류사회를 위하여 대가 없이 자발적으로 시간과 노력을 제공하는 행위를 말한다.
- "자원봉사자"란 자원봉사활동을 하는 사람을 말한다.
- "자원봉사단체"란 자원봉사활동을 주된 사업으로 하거나 이를 지원하기 위하여 설립된 비영리 법인 또는 단체를 말한다.
- "자원봉사센터"란 자원봉사활동의 개발·장려·연계·협력 등의 사업을 수행하기 위하여 법령과 조례 등에 따라 설치된 기관·법인·단체 등을 말한다.

(3) 내용

- 지원을 받는 자원봉사단체 및 자원봉사센터는 그 명의 또는 그 대표의 명의로 특정 정당이나 특정인의 선거운동을 하여서는 아니 된다(제5조).
- 국가는 매년 12월 5일을 자원봉사자의 날로 하고 자원봉사자의 날부터 1주일간을 자원봉사주간으로 설정한다(제13조).

10) 건강가정기본법

- 정의(제3조)
  - "가족"이라 함은 혼인·혈연·입양으로 이루어진 사회의 기본단위를 말한다.
  - "가정"이라 함은 가족구성원이 생계 또는 주거를 함께 하는 생활공동체로서 구성원의 일상적인 부양·양육·보호·교육 등이 이루어지는 생활단위를 말한다.
  - "1인가구"라 함은 1명이 단독으로 생계를 유지하고 있는 생활단위를 말한다.
  - "건강가정"이라 함은 가족구성원의 욕구가 충족되고 인간다운 삶이 보장되는 가정을 말한다.
  - "건강가정사업"이라 함은 건강가정을 저해하는 문제의 발생을 예방하고 해결하기 위한 여러 가지 조치와 가족의 부양·양육·보호·교육 등의 가정기능을 강화하기 위한 사업을 말한다.

11) 정신건강증진 및 정신질환자 복지서비스 지원에 관한 법률

- 정신건강증진 및 정신질환자 복지서비스 지원에 관한 법률상 다음의 어느 하나에 해당하는 사람은 보호의무자가 될 수 없다(제39조).
  - 피성년후견인 및 피한정후견인
  - 파산선고를 받고 복권되지 아니한 사람
  - 해당 정신질환자를 상대로 한 소송이 계속 중인 사람 또는 소송한 사실이 있었던 사람과 그 배우자
  - 미성년자
  - 행방불명자
  - 그 밖에 보건복지부령으로 정하는 부득이한 사유로 보호의무자로서의 의무를 이행할 수 없는 사람

12) 사회복지법상 연령 규정

- 「다문화가족지원법」상 "아동·청소년"이란 24세 이하인 사람을 말한다.
- 「아동복지법」상 "아동"이란 18세 미만인 사람을 말한다.
- 「한부모가족지원법」상 "청소년 한부모"란 24세 이하의 모 또는 부를 말한다.
- 「한부모가족지원법」상 "취학 중인 경우의 아동"은 22세 미만인 사람을 말한다.
- 「노인복지법」상 노인의 정의에 대한 연령 규정은 없다.

13) 판례

1) 노인복지법

01. 노인의 능력과 적성에 맞는 일자리지원사업을 전문적·체계적으로 수행하기 위한 노인일자리전담기관에는 '노인인력개발기관, 노인일자리지원기관, 노인취업알선기관'이 있다.

02. 누구든지 노인학대를 알게 된 때에는 노인보호전문기관 또는 수사기관에 신고할 수 있다. 그 직무상 65세 이상의 사람에 대한 노인학대를 알게 된 때에는 즉시 노인보호전문기관 또는 수사기관에 신고하여야 한다.

03. 노인복지법에서 규정하고 있는 노인 관련 날들은 노인의 날(10월 2일), 어버이날(5월 8일), 노인학대예방의 날(6월 15일)이 있다.

04. 보건복지부장관은 노인의 보건 및 복지에 관한 실태조사를 3년마다 실시하고 결과를 공표하여야 한다.

05. 재가노인복지시설은 방문요양서비스, 주·야간보호서비스, 단기보호서비스, 방문목욕서비스를 제공한다.

06. 노인주거복지시설에는 양로시설, 노인공동생활가정, 노인복지주택이 있다.

2) 아동복지법

01. "아동"이란 18세 미만인 사람을 말한다.

02. 국무총리 소속으로 아동정책조정위원회를 두고, 시·도지사, 시장·군수·구청장 소속으로 아동복지심의위원회를 둔다.

03. 보건복지부장관은 아동정책의 효율적인 추진을 위하여 5년마다 아동정책기본계획을 수립하여야 하고, 3년마다 실태조사를 하여야 한다.

3) 장애인복지법

01. "장애인학대"란 장애인에 대하여 신체적·정신적·정서적·언어적·성적 폭력이나 가혹행위, 경제적 착취, 유기 또는 방임을 하는 것을 말한다.

02. 보건복지부장관은 장애인권익옹호기관의 업무 실적에 대하여 3년마다 성과평가를 실시하여야 한다.

03. 보건복지부장관은 5년마다 관계 중앙행정기관의 장과 협의하여 장애인정책종합계획을 수립·시행하여야 한다.

04. 보건복지부장관은 3년마다 장애실태를 조사하여야 한다.

4) 한부모가족지원법

01. "청소년 한부모"란 24세 이하의 모 또는 부를 말한다.

02. 여성가족부장관은 자녀양육비 산정을 위한 자녀양육비 가이드라인을 마련하여 법원이 이혼 판결 시 적극 활용할 수 있도록 노력하여야 한다.

03. 국가나 지방자치단체는 신청에 따라 '생계비, 아동교육지원비, 아동양육비'를 급여로 실시하여야 한다.

5) 사회복지공동모금회법

01. 배분분과실행위원회 및 모금분과실행위원회는 위원장 1명을 포함하여 20명 이상의 위원으로 구성한다.

02. 기부금품의 기부자는 배분지역, 배분대상자 또는 사용 용도를 지정할 수 있다.

03. 모금회는 기부금품의 접수를 효율적이고 공정하게 하기 위하여 언론기관을 모금창구로 지정하고, 지정된 언론기관의 명의로 모금계좌를 개설할 수 있다.

04. 이 법 또는 모금회의 정관으로 규정하지 아니한 사항은 「민법」 중 재단법인에 관한 규정을 준용한다.

6) 성폭력방지 및 피해자보호 등에 관한 법률

01. 피해자의 의사에 반하여 피해자 상담을 할 수 없다.

02. 보호시설의 장이나 종사자는 업무상 알게 된 비밀을 누설해서는 아니 된다.

03. 보호시설에 대한 보호비용의 지원 방법 및 절차 등에 필요한 사항은 여성가족부령으로 정한다.

04. 시장·군수·구청장은 민간의료시설을 피해자등의 치료를 위한 전담의료기관으로 지정할 수 있다.

05. 국가 또는 지방자치단체는 이 법 제27조 제2항에 따른 치료 등 의료지원에 필요한 경비의 전부 또는 일부를 지원할 수 있다.

7) 다문화가족지원법

01. "다문화가족"이란 결혼이민자와 대한민국 국적을 취득한 자로 이루어진 가족을 말한다.

02. "결혼이민자등"이란 다문화가족의 구성원으로서 결혼이민자, 귀화허가를 받은 자 중 어느 하나에 해당하는 자를 말한다.

03. 국가 또는 지방자치단체 아닌 자가 지원센터를 설치·운영하고자 할 때에는 미리 시·도지사 또는 시장·군수·구청장의 지정을 받아야 한다.

04. 대한민국 국민과 사실혼 관계에서 출생한 자녀를 양육하고 있는 다문화가족 구성원에 대하여 제5조부터 제12조까지의 규정을 준용한다.

05. 다문화가족이 이혼 등의 사유로 해체된 경우에도 그 구성원이었던 자녀에 대하여는 이 법을 적용한다.

8) 가정폭력방지 및 피해자보호 등에 관한 법률

01. "아동"이란 18세 미만인 자를 말한다.

02. 여성가족부장관은 3년마다 가정폭력에 대한 실태조사를 실시하여야 한다.

03. 보호시설의 종류에는 '단기보호시설, 장기보호시설, 외국인보호시설, 장애인보호시설'이 있다.

9) 자원봉사활동 기본법

01. 자원봉사활동은 무보수성, 자발성, 공익성, 비영리성, 비정파성(非政派性), 비종파성(非宗派性)의 원칙 아래 수행될 수 있도록 하여야 한다.

02. 지원을 받는 자원봉사단체 및 자원봉사센터는 그 명의 또는 그 대표의 명의로 특정 정당이나 특정인의 선거운동을 해서는 안 된다.

10) 건강가정지원법

01. "1인가구"라 함은 1명이 단독으로 생계를 유지하고 있는 생활단위를 말한다.

02. "건강가정"이라 함은 가족구성원의 욕구가 충족되고 인간다운 삶이 보장되는 가정을 말한다.

11) 정신건강증진 및 정신질환자 복지서비스 지원에 관한 법률

01. 피성년후견인 및 피한정후견인은 보호의무자가 될 수 없다.

02. 파산선고를 받고 복권되지 아니한 사람은 보호의무자가 될 수 없다.

03. 해당 정신질환자를 상대로 한 소송이 계속 중인 사람 또는 소송한 사실이 있었던 사람과 그 배우자는 보호의무자가 될 수 없다.

04. 미성년자와 행방불명자는 보호의무자가 될 수 없다.

12) 사회복지법상 연령 규정

01. 「다문화가족지원법」상 "아동·청소년"이란 24세 이하인 사람을 말한다.

02. 「아동복지법」상 "아동"이란 18세 미만인 사람을 말한다.

03. 「한부모가족지원법」상 "청소년 한부모"란 24세 이하의 모 또는 부를 말한다.

04. 「한부모가족지원법」상 "취학 중인 경우의 아동"은 22세 미만인 사람을 말한다.

05. 「노인복지법」상 노인의 정의에 대한 연령 규정은 없다.

한국방송통신대학교 사회복지사협회(방사협)

한국방송통신대학교(이하 방송대) 사회복지학과 1기 졸업생과 대학원 원우가 뜻을 모아 세운 비영리 단체이다. 졸업 후에도 방송대 사회복지학과의 철학과 의미를 나누고, 현장에서 이를 실천하는 시민이자 사회복지사가 되겠다는 목표로 설립되었다. 사회적 위험에 공적으로 대응한다는 사회복지의 철학을 실천하기 위해 사회 각 분야의 기관들과 연대해 다양한 사회활동도 펼치고 있다.

방사협은 1급 사회복지사 자격증 취득을 준비하는 수험생 지원에도 관심을 기울이고 있다. 특히 '일사대(1급 사회복지사 자격증 대비반)'라는 스터디 모임을 통해 제공하는 무료 강의가 수험생들의 큰 호응을 얻고 있다. 1급 자격을 취득한 선배들로 이루어진 강사진의 철저한 기출문제 분석과 체계적 학습 전략 나눔이 매년 좋은 성과로 이어지는 중이다. 수험생들의 요청과 응원에 힘입어 그간의 노하우가 집약된 이 책을 출간하게 되었다.

집필진

서강민
1급 사회복지사
방송대 사회복지학과 대학원 1기
방사협 이사장
대표집필자

지현진
1급 사회복지사
방송대 사회복지학과 대학원 1기
일사대 강사단장

신중옥
1급 사회복지사
방송대 사회복지학과 대학원 3기
방사협 사무처장
일사대 강사

이수미
1급 사회복지사
방송대 사회복지학과 대학원 4기
방사협 교육사업국 차장
일사대 강사

방사협 가입신청서

MEMO